"十三五"国家重点出版物出版规划项目·重大出版工程规划
中国工程院重大咨询项目成果文库
秦巴山脉区域绿色循环发展战略研究丛书（第一辑）

秦巴山脉区域绿色循环发展战略研究
（河南卷）

刘炯天 等 主编

科学出版社
北京

内 容 简 介

秦巴山脉区域河南片区（伏牛山区）位于秦巴山脉东部，涵盖河南省西部和西南部的洛阳市、平顶山市、三门峡市和南阳市，属于国家限制开发的重点生态功能区，经济发展与生态保护矛盾十分突出。本书分析了该区域"强生态环境"和"弱经济基础"的特点，提出"构建强生态条件下的现代产业绿色循环发展体系"战略思路，以"生态保护"与"产业发展"为两个基本点，创新"伏牛山生态-产业协同双向梯度发展"模式；以"一圈一带二区"划分片区功能，建设"伏牛山南北坡绿色循环经济产业发展示范区"等战略目标。秉持"创新、协调、绿色、开放、共享"五大发展理念，走绿色循环产业发展与环境保护生态文明有机结合，相互反哺与相互支撑的可持续发展道路，推动秦巴山脉区域河南片区（伏牛山区）经济社会快速发展。

本书可为政府部门科学决策，广大企业、相关研究机构的专家学者开展深入研究提供有价值的参考和借鉴。

审图号：GS（2019）3233号
图书在版编目（CIP）数据

秦巴山脉区域绿色循环发展战略研究. 第一辑. 河南卷 / 刘炯天等主编. —北京：科学出版社，2019.11
"十三五"国家重点出版物出版规划项目·重大出版工程规划
中国工程院重大咨询项目成果文库　国家出版基金项目
ISBN 978-7-03-062566-3

Ⅰ.①秦… Ⅱ.①刘… Ⅲ.①绿色经济-区域经济发展-发展战略-研究-河南 Ⅳ.①F127
中国版本图书馆CIP数据核字（2019）第223321号

责任编辑：方小丽 / 责任校对：王丹妮
责任印制：霍　兵 / 封面设计：无极书装

科学出版社　出版
北京东黄城根北街16号
邮政编码：100717
http://www.sciencep.com

北京九天鸿程印刷有限责任公司　印刷
科学出版社发行　各地新华书店经销

*

2019年11月第　一　版　开本：720×1000　1/16
2019年11月第一次印刷　印张：32 1/4
字数：650 000
定价：398.00元
（如有印装质量问题，我社负责调换）

"秦巴山脉区域绿色循环发展战略研究丛书"编委会名单

顾问（按姓氏拼音排序）

何季麟　邱冠周　任南琪　王　浩　王一德　王玉普　徐匡迪
杨志峰　殷瑞钰　周　济　左铁镛

主编

徐德龙

编委会成员（按姓氏拼音排序）

傅志寰　侯立安　金　涌　李德仁　李佩成　刘　旭　刘炯天
罗平亚　潘云鹤　彭苏萍　邱定蕃　吴良镛　吴志强　谢和平
徐德龙　薛群基　张寿荣　钟志华

"秦巴山脉区域绿色循环发展战略研究（河南卷）"课题组成员名单

课题负责人
　　刘炯天　郑州大学　教授（院士）

顾问（按专题顺序排序）
　　张红春　河南省交通运输厅高速公路管理局　高级工程师
　　龙志刚　河南省交通规划设计研究院股份有限公司　高级工程师
　　岳利军　河南省水文水资源局　高级工程师（教授级）
　　张成才　郑州大学水利科学与工程学院　教授
　　姚公一　河南省政府参事工作研究会　资深参事；河南省有色地质勘查局　高级工程师（教授级）
　　赵恒勤　中国地质科学院郑州矿产综合利用研究所　研究员
　　龚绍东　河南省社会科学院工业经济研究所　研究员
　　许继清　郑州大学综合设计研究院有限公司　总建筑师、高级工程师（教授级）
　　赵永江　河南省科学院地理研究所　总工程师
　　杜书云　郑州大学旅游管理学院　教授
　　叶永忠　河南农业大学　教授
　　史团省　郑州大学生命科学学院　教授
　　刘殿敏　河南省政府发展研究中心　研究员
　　杨云香　郑州大学教育学院　教授

专题负责人（按专题顺序排序）
　　刘炯天　郑州大学　教授（院士）
　　王复明　郑州大学　教授（院士）

吴泽宁　郑州大学水利科学与工程学院　教授
宋翔宇　郑州大学化工学院　高级工程师（教授级）
汤建伟　郑州大学生态与环境学院　教授
童丽萍　郑州大学土木工程学院　教授
任　瀚　郑州大学旅游管理学院　教授
黄进勇　郑州大学农学院　教授
蔡玉平　郑州大学商学院　教授

参加研究成员（按专题分列分别排序）

绿色循环发展战略研究（总论）
汤建伟　郑州大学生态与环境学院　教授

绿色交通体系战略研究专题
郭成超　郑州大学水利科学与工程学院　副教授
魏保立　郑州航空工业管理学院　讲师
李松涛　郑州大学水利科学与工程学院　博士研究生
张　蓓　郑州大学水利科学与工程学院　教授
钟燕辉　郑州大学水利科学与工程学院　教授
张君静　郑州大学教务处　高级工程师
方宏远　郑州大学水利科学与工程学院　教授
李晓龙　郑州大学水利科学与工程学院　副教授
李　嘉　郑州大学水利科学与工程学院　讲师
范永丰　河南交通投资集团有限公司　高级工程师（教授级）
万继志　河南省交通规划设计研究院股份有限公司　高级工程师
李　乾　交通运输部公路科学研究院　高级工程师
张东方　郑州市交通规划勘察设计研究院　高级工程师
张　宁　河南省交通规划设计研究院股份有限公司　高级工程师
田泽垠　河南省交通规划设计研究院股份有限公司　高级工程师
王若亚　河南省交通规划设计研究院股份有限公司　高级工程师
周　城　河南省交通规划设计研究院股份有限公司　高级工程师
曹光辉　河南省交通规划设计研究院股份有限公司　工程师

水资源保护与利用研究专题
申季维　河南省防汛抗旱指挥部办公室　主任
于鲁冀　郑州大学水利科学与工程学院　教授

原文林　郑州大学水利科学与工程学院　副教授
越　飞　河南省水文水资源局　高级工程师
梁亦欣　郑州大学环境政策规划评价研究中心　高级工程师
王燕云　郑州大学水利科学与工程学院　硕士生
靖中秋　郑州大学环境政策规划评价研究中心　工程师
吕晓燕　郑州大学环境政策规划评价研究中心　工程师
李晓琳　郑州大学环境政策规划评价研究中心　工程师

矿产资源绿色开发利用战略研究专题
韩桂洪　郑州大学化工学院　副教授
张永胜　郑州大学化工学院　副教授

绿色工业与信息发展战略研究专题
刘　丽　郑州大学化工学院　高级工程师；《磷肥与复肥》编辑部　主任
何凤斌　《磷肥与复肥》杂志　编辑
刘　咏　郑州大学化工学院　讲师
芦雷鸣　河南科技大学　讲师
梁童昕　河南信息统计职业学院　助教
赵文莲　《磷肥与复肥》杂志　编辑
吴鸣建　郑州大学化工学院　教授
张　莉　郑州大学化工学院　博士生

绿色城乡空间建设战略研究专题
李建东　郑州大学建筑学院　讲师
吕红医　郑州大学建筑学院　教授
宋亚亭　华北水利水电大学建筑学院　讲师
杨晓林　郑州大学建筑学院　讲师
贺小华　郑州大学城市规划设计研究院　规划师
靳灵云　郑州大学城市规划设计研究院　规划师
蔡志伟　郑州大学城市规划设计研究院　规划师
蒋非凡　郑州大学城市规划设计研究院　规划师
高　晖　郑州大学城市规划设计研究院　规划师
屈路平　郑州大学城市规划设计研究院　规划师

文化旅游产业绿色发展战略研究专题
郑　鹏　郑州大学旅游管理学院　副教授
彭　超　郑州大学管理工程学院　讲师

王庆伟　郑州大学旅游管理学院　讲师
金彩玉　郑州大学旅游管理学院　副教授
苏晓姗　郑州大学旅游管理学院　讲师
翟东方　郑州大学科技园　讲师

农林畜药绿色循环发展战略研究专题
陆　阳　郑州大学农学院　讲师
张建波　郑州大学生命科学学院　硕士生
晋睿冲　郑州大学生命科学学院　硕士生

绿色循环发展政策体系研究专题
庞玉萍　郑州大学商学院　副教授
王建丰　郑州大学商学院　副教授

丛 书 序

秦巴山脉雄踞中国地理版图中心，是中国南北气候的分界线、黄河水系与长江水系的分水岭；是中华民族的重要发祥地、中华文明的摇篮；是国家重点生态功能区和生物多样性保护优先区，是中国的中央水库、生态绿肺和生物基因库；与欧洲阿尔卑斯山脉、北美落基山脉一同被世界地质和生物学界称为"地球三姐妹"，孕育了众多举世闻名的历史城市和人类聚居地。同时，秦巴山脉区域目前也是中国跨省级行政区最多、人口最多的集中连片贫困区，生态保护与扶贫攻坚任务艰巨。秦巴山脉区域及周边大中城市构成了中国承东启西、连接南北的重要战略区。认知秦巴、保护秦巴、振兴秦巴，坚持"绿水青山就是金山银山"的发展目标，协同做好绿色发展这篇大文章，对于确保国家生态安全，全面建成小康社会，推进区域协同创新发展，实现中华民族伟大复兴中国梦，具有重大战略意义。

2015年，中国工程院实施"秦巴山脉区域绿色循环发展战略研究"重大咨询项目，组织水资源保护、绿色交通、城乡统筹、农林畜药、工业信息、矿产资源、文化旅游等专题组和陕西、河南、湖北、四川、甘肃、重庆六省市地方组，由分属化工、环境、农业、土木、管理、能源、信息、机械等8个学部的24位院士分别负责相关课题，在六省市党政领导，国家发展和改革委员会、科学技术部、交通运输部、环境保护部、工业和信息化部、国家林业局、国务院发展研究中心等部委和单位的高度重视与大力支持下，由全国300余名专家学者参与，深入实地，对秦巴山脉区域进行了广泛的调研和认真研究。项目历时两年，先后召开大型研讨会14次，专题研讨会50余次，并赴阿尔卑斯山脉和落基山脉进行了有针对性的比对调研，探讨了秦巴山脉区域生态环境保护与经济社会发展之间的绿色、低碳、循环发展路径，形成了一系列研究成果；在项目执行期间，项目组以中国工程院名义向国务院提交建议报告一份，以全国人大代表名义向全国人大提交建议3份，完成研究报告15份，发表相关研究论文60余篇；协助组织"丹江口水都论坛"一次，成功举办了"第231场中国工程科技论坛——秦巴论坛"，并在该论坛上发布《秦巴宣言》。

本丛书是"秦巴山脉区域绿色循环发展战略研究"重大咨询项目研究成果的

整体凝练，从8个领域的专业视角，以及相关六省市的地域综合视角，通过跨领域、跨地域研究体系的搭建，以秦巴山脉区域为主要研究对象，同时对周边城市地区进行关联研究，提出了秦巴山脉区域生态保护与绿色发展必须以周边城市区域为依托协同共进的重要思路，探索了生态高敏感地区保护与发展创新路径，并从国家公园建设、产业转型培育、空间整理优化、文化保护传承、教育体制创新等方面明晰了战略对策。本丛书可为秦巴山脉区域和国内其他贫困山区实现"绿水青山就是金山银山"的战略目标提供借鉴，可供咨询研究单位、各级行政管理部门和大专院校师生学习参考。

"秦巴山脉区域绿色循环发展战略研究"重大咨询项目的实施旨在牢固树立优美的生态环境就是生产力、保护生态环境就是保护生产力、改善生态环境就是发展生产力的理念，倡导绿色生产、生活方式，使蓝天常在、青山常在、绿水常在，实现人与自然和谐共处的创新发展新格局！

周济

序

美丽中国是实现中华民族伟大复兴中国梦的重要内容，美丽中国建设功在当代、利在千秋。习近平总书记"绿水青山就是金山银山"的科学论断，要求我们既要创造更多物质和精神财富，又要提供更多优质生态产品以满足人民日益增长的优美生态环境需要。"秦巴山脉区域绿色循环发展战略研究"课题的开展及《秦巴山脉区域绿色循环发展战略研究（河南卷）》的出版顺应了这种发展大势，具有十分重要的现实意义。

秦巴山脉区域河南片区统称为伏牛山区，它位于河南省西部和西南部，行政区划涵盖河南省洛阳市、平顶山市、三门峡市和南阳市，处于黄河流域、淮河流域和长江流域三大流域交会处，自北向南分布有小秦岭、崤山、熊耳山、外方山和伏牛山等山脉，以伏牛山和淮河干流为界，以南属亚热带，以北属暖温带，是淮河发源地与南水北调（中线）水源地，生态条件优良是其突出特点，具有典型的地域与区域特征。秦巴山脉区域既是我国11个集中连片特殊困难地区之一，也是国家新一轮扶贫开发攻坚战主战场中涉及省市（河南、湖北、重庆、陕西、四川、甘肃）最多的片区。秦巴山脉区域保护与开发，既要切实做好保护，又要努力推进开发，形成明确的发展方向与推进思路，具有十分重要的战略意义。

"秦巴山脉区域绿色循环发展战略研究"是中国工程院2015年重大咨询项目，"秦巴山脉区域河南片区绿色循环发展战略研究"是该项目重要课题之一。该研究课题基于本区域的"强生态环境"和"弱经济基础"特点，提出"构建强生态条件下的现代产业绿色循环发展体系"战略思路，创新"伏牛山生态-产业协同双向梯度发展"模式，建设"伏牛山南北坡绿色循环经济发展示范区"等战略目标。基于课题背景，本书首先系统介绍了秦巴山脉区域河南片区区情特点，提出了秦巴山脉区域河南片区绿色循环发展战略思路、目标，重点推进措施及建议，然后从绿色交通发展、水资源保护与利用、矿产绿色开发与利用、绿色工业（green industry）与信息发展、绿色城乡空间发展、文化与旅游发展、农林畜药发展和绿色循环发展政策等8个领域分别细化介绍了领域特点、存在问题，提出了该领域具体发展思路、目标和相关措施、建议。

全书资料丰富、数据翔实、观点鲜明，战略思路、发展目标与具体措施兼而有之，对于秦巴山脉区域河南片区乃至整个秦巴山脉区域，特别是其他集中连片的特殊困难地区大力推进绿色发展将起到积极促进或借鉴作用，对于地方政府决策及相关研究，具有一定参考价值。

郑州大学

2019年8月

目　录

第一篇　秦巴山脉区域河南片区（伏牛山区）绿色循环发展战略研究（总论）

第一章 秦巴山脉区域河南片区情况与特点 …………………………………… 3
　　第一节　地貌及行政区划 ……………………………… 6
　　第二节　人口及城镇化 ………………………………… 8
　　第三节　土地及人口密度 ……………………………… 9
　　第四节　经济社会发展 ………………………………… 13
　　第五节　存在问题 ……………………………………… 18

第二章 秦巴山脉区域河南片区绿色循环发展战略思路、目标与重点 ………… 20
　　第一节　绿色循环发展战略思路 ……………………… 20
　　第二节　绿色循环发展目标 …………………………… 20
　　第三节　主体功能区规划 ……………………………… 22
　　第四节　生态-产业协同双向梯度发展模式 ………… 24
　　第五节　绿色循环发展战略重点 ……………………… 26
　　第六节　重点推进措施及建议 ………………………… 27

参考文献 …………………………………………………………………………… 31

第二篇　秦巴山脉区域河南片区（伏牛山区）绿色交通体系战略研究

第三章 秦巴山脉区域河南片区绿色交通战略基础 …………………………… 35
　　第一节　研究背景 ……………………………………… 35

　　　　第二节　交通现状 ………………………………………………… 36
　　　　第三节　战略意义 ………………………………………………… 43
　　　　第四节　交通运输发展战略建议 ………………………………… 46
　　　　第五节　交通发展战略定位 ……………………………………… 48

第四章　秦巴山脉区域河南片区绿色交通战略设想……………………**49**

　　　　第一节　指导思想与总体目标 …………………………………… 49
　　　　第二节　构建与产业布局相适应的交通运输空间布局 ………… 51
　　　　第三节　重点项目与技术支撑 …………………………………… 52
　　　　第四节　保障体系 ………………………………………………… 54

第五章　秦巴山脉区域河南片区绿色交通战略任务……………………**55**

　　　　第一节　打造低碳交通运输基础设施 …………………………… 55
　　　　第二节　推广绿色交通运输装备 ………………………………… 56
　　　　第三节　片区绿色交通国家级战略任务 ………………………… 57
　　　　第四节　绿色交通河南省级战略任务 …………………………… 58
　　　　第五节　片区绿色交通市域级战略任务 ………………………… 64

第六章　秦巴山脉区域河南片区绿色交通战略措施……………………**73**

　　　　第一节　交通建设绿色持续发展 ………………………………… 73
　　　　第二节　交通管养绿色循环发展 ………………………………… 73
　　　　第三节　核心区域绿色融合发展 ………………………………… 74
　　　　第四节　生态保护区绿色渗透发展 ……………………………… 75
　　　　第五节　旅游经济特区绿色定向发展 …………………………… 76
　　　　第六节　片区城市圈绿色环状发展 ……………………………… 77
　　　　第七节　绿色交通发展政策体制 ………………………………… 78

第七章　秦巴山脉区域河南片区绿色交通战略合作……………………**80**

参考文献………………………………………………………………………**83**

第三篇　秦巴山脉区域河南片区（伏牛山区）水资源保护与利用研究

第八章　秦巴山脉区域河南片区水资源保护与利用现状 …………………… **87**
　　第一节　研究技术路线 ………………………………………… 87
　　第二节　水资源利用现状分析 ………………………………… 88
　　第三节　水环境现状分析 ……………………………………… 92
　　第四节　水资源保护与利用现存主要问题分析 ……………… 98

第九章　秦巴山脉区域河南片区水资源保护与利用趋势预测和承载力分析 … **102**
　　第一节　近期、中期、远期水资源分析 ……………………… 102
　　第二节　区域水污染物排放预测分析 ………………………… 114
　　第三节　水资源保护与利用承载力分析 ……………………… 120

第十章　秦巴山脉区域河南片区水资源保护与利用空间布局合理性分析及战略目标制定 ……………………………………………… **124**
　　第一节　战略定位分析 ………………………………………… 124
　　第二节　压力与挑战分析 ……………………………………… 125
　　第三节　规划空间布局合理性分析 …………………………… 127
　　第四节　水资源保护与利用战略定位及目标 ………………… 127

第十一章　秦巴山脉区域河南片区水资源保护与利用战略对策及建议 ……… **130**
　　第一节　农业用水及污染防治对策及建议 …………………… 130
　　第二节　工业用水及污染防治对策及建议 …………………… 132
　　第三节　生活用水及污染防治对策及建议 …………………… 133
　　第四节　加强良好水体保护对策及建议 ……………………… 135
　　第五节　水土流失治理模式对策及建议 ……………………… 135
　　第六节　完善水资源保护与利用政策机制对策及建议 ……… 136
　　第七节　跨区域水资源利用及生态补偿对策和建议 ………… 138

第十二章　结论与建议 ………………………………………………………… **140**

参考文献 ………………………………………………………………………… **143**

第四篇　秦巴山脉区域河南片区（伏牛山区）矿产资源绿色开发利用战略研究

第十三章　秦巴山脉区域河南片区矿产资源绿色开发利用战略研究的背景、思路与目标 …………………………………………………………… **147**

　　第一节　研究背景与意义 ……………………………………………… 147
　　第二节　指导思想 ……………………………………………………… 147
　　第三节　基本原则 ……………………………………………………… 148
　　第四节　研究思路和目标 ……………………………………………… 151

第十四章　秦巴山脉区域河南片区矿产资源开发利用现状及特点 ………… **152**

　　第一节　优势矿产资源禀赋 …………………………………………… 152
　　第二节　矿业发展状况 ………………………………………………… 155
　　第三节　矿业发展水平评价 …………………………………………… 169
　　第四节　矿产资源开发存在问题 ……………………………………… 169

第十五章　秦巴山脉区域河南片区矿产资源开发利用战略定位 …………… **172**

　　第一节　国家矿业政策 ………………………………………………… 172
　　第二节　秦巴山脉区域河南片区矿业政策 …………………………… 178
　　第三节　矿业发展战略和规划 ………………………………………… 185

第十六章　秦巴山脉区域河南片区矿产资源开发利用调查评价 …………… **190**

　　第一节　矿产资源业态分析 …………………………………………… 190
　　第二节　矿业管理 ……………………………………………………… 194
　　第三节　地质环境、灾害调查与评价 ………………………………… 196
　　第四节　绿色矿山重点矿产企业建设实践 …………………………… 201

第十七章　秦巴山脉区域河南片区矿产资源开发利用战略研究 …………… **204**

　　第一节　绿色矿产资源发展体系及绿色化支撑技术研究 …………… 204
　　第二节　"互联网+绿色矿业"融合发展模式研究 …………………… 212
　　第三节　传统矿业向绿色矿业转型升级发展研究 …………………… 219
　　第四节　绿色矿业评价指标体系研究 ………………………………… 225
　　第五节　省际矿业开发合作机制研究 ………………………………… 231

参考文献……233

第五篇 秦巴山脉区域河南片区（伏牛山区）绿色工业与信息发展战略研究

第十八章 绪论……237
第一节 研究背景和意义……237
第二节 绿色发展和绿色工业……238
第三节 信息化融合发展……241
第四节 绿色工业发展内涵和考核监督……243

第十九章 秦巴山脉区域河南片区工业与信息化发展现状及特点……247
第一节 经济发展现状……247
第二节 产业分布及结构……252
第三节 工业发展现状……260
第四节 邮电通信业发展概况……268
第五节 工业及信息化发展存在问题……271

第二十章 国家工业政策对秦巴山脉区域河南片区发展的指导意义……273
第一节 国家产业发展战略及部署……273
第二节 国家对工业与信息化发展的政策和措施……276
第三节 工业绿色发展目标要求……278

第二十一章 "两化"融合对秦巴山脉区域河南片区构建现代产业体系的意义……280
第一节 我国制造业与互联网融合发展状况……280
第二节 国内外制造业与互联网融合发展趋势……281
第三节 推进制造业与互联网融合发展存在的问题……282
第四节 片区制造业与互联网融合发展措施……282

第二十二章 河南省对秦巴山脉区域河南片区工业发展的指导意义……284
第一节 河南省工业发展重点领域及主攻方向……284
第二节 河南省工业绿色转型发展重点工作……286

第三节　河南省产业集聚区提质转型创新发展 …………………… 288

第二十三章　秦巴山脉区域河南片区产业发展的政策和规划要求………… 290
第一节　河南省对秦巴山脉区域河南片区产业发展思路 ………… 291
第二节　片区产业集聚区发展现状 ………………………………… 292
第三节　信息化发展目标及任务 …………………………………… 294

第二十四章　构建秦巴山脉区域河南片区产业绿色循环发展体系………… 298
第一节　构建秦巴山脉区域河南片区产业体系原则 ……………… 298
第二节　构建"秦巴山脉区域河南片区（伏牛山）南北坡绿色循环经济发展示范区" …………………………………………… 300
第三节　以发展现代产业为目标，推进产业体系建设 …………… 303
第四节　推进"秦巴山脉区域河南片区（伏牛山）南北坡绿色循环经济发展示范区"建设主要措施………………………… 306

第二十五章　总结 …………………………………………………………… 309

参考文献 ………………………………………………………………………… 310

第六篇　秦巴山脉区域河南片区（伏牛山区）绿色城乡空间建设战略研究

第二十六章　秦巴山脉区域河南片区城乡空间发展基础分析…………… 313
第一节　绿色发展优势基础 ………………………………………… 313
第二节　发展困境 …………………………………………………… 326

第二十七章　秦巴山脉区域河南片区绿色城乡空间发展的战略构想及战略任务 338
第一节　指导思想 …………………………………………………… 338
第二节　总体战略目标 ……………………………………………… 338
第三节　城乡空间建设战略构想 …………………………………… 339
第四节　城乡空间建设战略任务 …………………………………… 340

第二十八章　秦巴山脉区域河南片区绿色城乡空间发展的战略思路与方法… 342
第一节　基于生态资源的空间管制战略 …………………………… 342

第二节	基于多维视角的区域协同战略	345
第三节	基于外向疏解的城镇化发展战略	346
第四节	圈层—放射—网络的城乡空间发展战略	347
第五节	基于乡土文脉的绿色城乡风貌战略	349

第二十九章　秦巴山脉区域河南片区绿色城乡空间发展的实施策略 352

第一节	明确生态分区，管制生态环境	352
第二节	形成多层级区域空间协同发展的战略	353
第三节	基于绿色循环的产业发展思路优化产业布局	354
第四节	构建绿色循环的山地可持续城镇化及城乡空间组织模式	355
第五节	展开传统城镇及村庄的保护利用，形成城乡特色风貌体系	357

参考文献 360

第七篇　秦巴山脉区域河南片区（伏牛山区）文化旅游产业绿色发展战略研究

第三十章　秦巴山脉区域河南片区旅游业发展概况与评价 365

第一节	区域旅游业发展概况	365
第二节	绿色旅游发展优势	366
第三节	绿色旅游发展劣势	368
第四节	绿色旅游时空均衡发展评价	369

第三十一章　秦巴山脉区域河南片区绿色旅游发展战略分析 374

第一节	绿色旅游发展新内涵	374
第二节	绿色旅游发展背景分析	375
第三节	绿色旅游发展目标与布局原则	378

第三十二章　秦巴山脉区域河南片区绿色旅游发展战略与空间布局 381

第一节	绿色旅游发展战略	381
第二节	绿色旅游发展空间布局	382
第三节	绿色旅游产品创新	385
第四节	绿色旅游发展保障措施	390

第三十三章	秦巴山脉区域河南片区绿色旅游发展方向与展望	393
第一节	绿色旅游循环发展路径	393
第二节	绿色旅游发展方向	396
第三节	绿色旅游发展展望	397

第三十四章	结论	401

参考文献 ··· 402

第八篇　秦巴山脉区域河南片区（伏牛山区）农林畜药绿色循环发展战略研究

第三十五章	秦巴山脉区域河南片区绿色循环农林畜药产业发展现状	407
第一节	研究背景	407
第二节	农林畜药产业发展状况	408
第三节	农林畜药产业发展存在的突出问题	420

第三十六章	秦巴山脉区域河南片区农林畜药绿色循环发展战略研究	422
第一节	农林畜药产业发展战略设想	422
第二节	农林畜药产业发展战略任务	424
第三节	农林畜药产业发展模式	426
第四节	农林畜药产业发展战略措施	431
第五节	研究结论	434

参考文献 ··· 437

第九篇　秦巴山脉区域河南片区（伏牛山区）绿色循环发展政策体系研究

第三十七章	秦巴山脉区域河南片区绿色循环发展政策现状及实施效果	441
第一节	绿色循环发展政策现状	441
第二节	政策实施的总体成效	447
第三节	政策体系构建及实施中存在的问题	450

第三十八章　绿色循环发展政策构建的国际经验与启示 ········· 452

  第一节　欧盟环境政策的演变与特征 ············· 452
  第二节　美国环境政策的演变与特征 ············· 456
  第三节　日本环境政策的演变与特征 ············· 459
  第四节　国际经验对中国绿色循环发展政策的启示 ············ 460

第三十九章　秦巴山脉区域河南片区绿色循环发展政策体系构建的依据 ······ 463

  第一节　政策体系构建的出发点 ············· 463
  第二节　政策体系构建的理论依据 ············· 464
  第三节　政策体系构建的原则和目标 ············· 467
  第四节　政策工具与政策机制 ············· 469

第四十章　秦巴山脉区域河南片区绿色循环发展政策体系构建的思路 ······· 473

  第一节　规制型政策体系 ············· 473
  第二节　市场型政策体系 ············· 476
  第三节　基础型政策 ············· 478
  第四节　绿色循环发展政策体系的实施保障 ············· 483

参考文献 ·· 486

"秦巴山脉区域河南片区绿色循环发展战略研究"大事记 ············ 488

第一篇
秦巴山脉区域河南片区（伏牛山区）绿色循环发展战略研究（总论）

第一章　秦巴山脉区域河南片区情况与特点

　　党的十八大以来，以习近平同志为核心的党中央形成了一系列治国理政新理念、新思想、新战略，为在新的历史条件下深化改革开放、加快推进社会主义现代化提供了科学的理论指导和行动指南。党的十八届五中全会提出到2020年全面建成小康社会，为实现第二个百年奋斗目标、实现中华民族伟大复兴的中国梦奠定更加坚实的基础。全面建成小康社会新的目标要求：经济保持中高速增长，在提高发展平衡性、包容性、可持续性的基础上，到2020年国内生产总值（GDP）和城乡居民人均收入比2010年翻一番，产业迈向中高端水平，消费对经济增长贡献明显加大，户籍人口城镇化率加快提高。农业现代化取得明显进展，人民生活水平和质量普遍提高，我国现行标准下贫困人口实现脱贫，贫困县全部摘帽，解决区域性整体贫困。国民素质和社会文明程度显著提高。生态环境质量总体改善。各方面制度更加成熟更加定型，国家治理体系和治理能力现代化取得重大进展。牢牢守住发展和生态两条底线。

　　在2017年10月召开的党的十九大会议上，习近平总书记所做的报告指明了一张建设"美丽中国"目标的时间表，到2020年，坚决打好污染防治攻坚战；到2035年，生态环境根本好转，美丽中国目标基本实现；到21世纪中叶，把我国建成富强民主文明和谐美丽的社会主义现代化强国，物质文明、政治文明、精神文明、社会文明、生态文明将全面提升。按照习近平新时代中国特色社会主义思想的指引，要树立和践行"绿水青山就是金山银山"的理念，形成绿色发展方式和生活方式。要构建绿色低碳循环发展，低投入、高产出，低消耗、少排放，能循环、可持续的国民经济体系。要建设人与自然和谐共生的现代化，既要创造更多物质财富和精神财富以满足人民日益增长的美好生活需要，也要提供更多优质生态产品以满足人民日益增长的优美生态环境需要。继科教兴国战略、人才强国战略、创新驱动战略、可持续发展战略之后，党又提出了乡村振兴战略，这是又一具有深远意义的发展理念。党的十九大报告对实施乡村振兴战略提出了20个字的总要求，即"产业兴旺、生态宜居、乡风文明、治理有效、生活富裕"，分别从乡村的生产发展、生态建设、精神面貌、社会治理、生活状态这5个角度提出了具体要求，同时特别提出要建立健全城乡融合发展体制机制和政策体系，加快推进农业农村现代化。

"十三五"时期是第一个百年大业最关键的冲刺五年。党的十八届五中全会指出：实现"十三五"时期的发展目标，破解发展难题，厚植发展优势，必须牢固树立并切实贯彻创新、协调、绿色、开放、共享的发展理念。坚持创新发展，必须把创新摆在国家发展全局的核心位置，不断推进理论创新、制度创新、科技创新、文化创新等各方面创新，让创新贯穿党和国家一切工作，让创新在全社会蔚然成风。拓展发展新空间，形成以沿海沿江沿线经济带为主的纵向横向经济轴带，培育壮大若干重点经济区，实施网络强国战略，实施"互联网+"行动计划，发展分享经济，实施国家大数据战略。创新和完善宏观调控方式，在区间调控基础上加大定向调控力度，减少政府对价格形成的干预，全面放开竞争性领域商品和服务价格。坚持协调发展，必须牢牢把握中国特色社会主义事业总体布局，正确处理发展中的重大关系，重点促进城乡区域协调发展，促进经济社会协调发展，促进新型工业化、信息化、城镇化、农业现代化同步发展，在增强国家硬实力的同时注重提升国家软实力，不断增强发展整体性。坚持绿色发展，必须坚持节约资源和保护环境的基本国策，坚持可持续发展，坚定走生产发展、生活富裕、生态良好的文明发展道路，加快建设资源节约型、环境友好型社会，形成人与自然和谐发展现代化建设新格局，推进美丽中国建设，为全球生态安全做出新贡献。坚持开放发展，必须顺应我国经济深度融入世界经济的趋势，奉行互利共赢的开放战略，发展更高层次的开放型经济，积极参与全球经济治理和公共产品供给，提高我国在全球经济治理中的制度性话语权，构建广泛的利益共同体。坚持共享发展，必须坚持发展为了人民、发展依靠人民、发展成果由人民共享，做出更有效的制度安排，使全体人民在共建共享发展中有更多获得感，增强发展动力，增进人民团结，朝着共同富裕的方向稳步前进。

秦巴山脉区域是我国11个集中连片特殊困难地区之一，同时集革命老区、大型水库区和自然灾害易发多发区于一体，内部差异大、贫困因素复杂，是国家新一轮扶贫开发攻坚战主战场中涉及省份（5省1市）最多的片区。秦巴山脉区域的发展对于落实国家生态绿色转型思路，推进新型城镇化战略，助力丝绸之路经济带建设，推动西部大开发进一步开展均具有重要战略意义[1]。

秦巴山脉位于我国地理中心腹地，处于全国交通枢纽中心和亚欧大陆桥、沿长江两条横向通道及包（头）昆（明）纵向通道的核心交会区。秦巴山脉区域覆盖河南、湖北、重庆、陕西、四川、甘肃5省1市20个设区市、甘肃省甘南藏族自治州、湖北省神农架林区，119个县（区、县级市），总面积30.86万平方千米，总人口6 164万人，常住人口4 021万人，城镇人口1 317万人，常住人口城镇化率32.75%，户籍人口城镇化率21.37%；剥除山脉外围15个（半山区半平原）县后的山区腹地总面积28.19万平方千米，总人口5 120万人，常住人口3 294万人，城镇人口1 055万人，常住人口城镇化率32.03%，户籍人口城镇化率20.61%[2]。

秦巴山脉是沟通南北、连接东西的中心之地，是丝绸之路向西北、西南沟通的必经之路，是国家提出的"一带一路"（"丝绸之路经济带"和"21世纪海上丝绸之路"）倡议的交会区域，是东中部地区向西开放大通道的转换平台。秦巴山脉是我国南北方的地理分界线，周边分布有中原经济区、以郑州为中心的中原城市群等多个国家级经济圈和城镇群。秦岭、大巴山两大山脉横贯东西，汉江、丹江穿境而过，地形地貌多样，高山丘陵延绵，盆地谷地广布，土地肥沃，气候温和，河流纵横，阡陌交错。秦巴山脉是长江上游地区一个重要的生态屏障，水、热、林、草资源及土特产品、矿藏等自然资源极为丰富，水能资源藏量丰富，分布合理。在《全国主体功能区规划》（国发〔2010〕46号）中，秦巴山脉被确定为生态多样性保育区，是国家南水北调工程的重要水源涵养区。《全国主体功能区规划》将秦巴山脉片区整体划为限制开发区域，基本功能为生物多样性及水土保持[2]。

党中央、国务院高度重视区域协调发展，就加大扶贫开发力度、深入推进西部大开发和促进中部地区崛起做出了一系列战略部署，这为加快秦巴山脉区域发展提供了根本保证。中共中央、国务院印发了《中共中央国务院关于加快推进生态文明建设的意见》，要求把生态文明建设放在更加突出的战略位置，融入经济建设、政治建设、文化建设、社会建设各方面和全过程，协同推进新型工业化、信息化、城镇化、农业现代化和绿色化。《中国农村扶贫开发纲要（2011—2020）年》将秦巴山脉列为我国扶贫攻坚战的主战场。国家"十二五"扶贫开发纲要指出，要"启动集中连片特殊困难地区扶贫开发攻坚工程，加快贫困地区脱贫致富步伐"。经过多年特别是"十二五"时期的持续发展，随着国家对连片特困地区投入和支持力度的加大，该区域内经济结构逐步优化，优势产业对经济发展的支撑作用日益明显，交通、能源等制约发展的"瓶颈"因素逐步得到缓解，经济发展的内生动力和发展活力越来越强，这为秦巴山脉区域实现跨越发展提供了坚实的基础条件和强大的物质支撑。

党的十八大明确提出，到2020年我国要全面建成小康社会。通过"秦巴山脉区域绿色循环发展战略研究"，为秦巴山脉实现经济社会可持续发展，走绿色发展、循环发展、低碳发展路子，形成节约资源和保护环境的空间格局、产业结构、生产方式，提供有价值的发展战略报告。

第一节　地貌及行政区划

秦巴山脉区域河南片区位于河南省西部，京广铁路以西，属于中原经济区范围；处于黄河流域、淮河流域和长江流域三大流域，水资源丰富；以伏牛山南坡和淮河干流为界，以南属亚热带，以北属暖温带，南北地区的年平均气温、日照时数、年均降水量、无霜期等各项气候指标差异明显；物种丰富，整体生态环境较好；习惯称为豫西山地丘陵区，自北向南分布有小秦岭、崤山、熊耳山、外方山和伏牛山等山脉，统称为伏牛山区。秦巴山脉区域河南片区地理位置见图1-1。

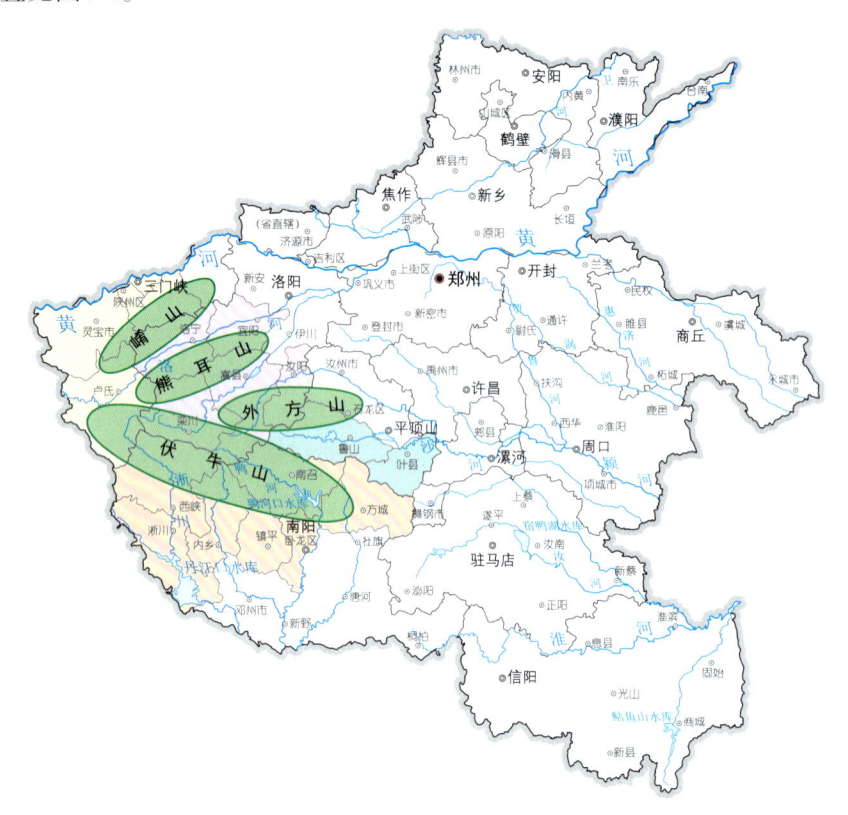

图1-1　秦巴山脉区域河南片区地理位置

秦巴山脉区域河南片区行政区划涵盖河南省洛阳市、平顶山市、三门峡市和南阳市4个省辖市属的17个县（区、县级市），行政区划及面积、人口如表1-1所示。

表1-1　2016年秦巴山脉区域河南片区17县（区、县级市）面积及人口

省辖市	县（区、县级市）	面积/平方千米	年末总人口/万人	常住人口/万人
洛阳市 （5县）	洛宁县	2 306	49.1	43.2
	宜阳县	1 616	69.8	61.2
	嵩县	3 009	60.2	52.1
	汝阳县	1 332	48.5	42.7
	栾川县	2 477	34.2	35.1
	小计	10 740	261.8	234.3
平顶山市 （2县）	鲁山县	2 407	94.64	78.16
	叶县	1 387	88.34	75.67
	小计	3 794	182.98	153.83
三门峡市 （1区、1县级市、 1县）	陕州区	1 763	34.85	34.05
	灵宝市	3 011	75.06	75.7
	卢氏县	4 004	36.83	38.23
	小计	8 778	146.74	147.98
南阳市 （1区、6县）	卧龙区	1 017	99.92	94.8
	南召县	2 933	65.53	54.21
	镇平县	1 490	103.89	84.74
	方城县	2 542	109.73	89.4
	内乡县	2 301	72.19	55.69
	淅川县	2 818	71.86	66.27
	西峡县	3 454	47.2	43.91
	小计	16 555	570.32	489.02
合计	17	39 867	1 161.84	1 025.13

资料来源：河南省及各市2017年统计年鉴；数据来自不同的地市年鉴，编制规范并不统一

由于秦巴山脉区域河南片区以伏牛山为东西横贯轴的南北坡，资源禀赋、气候、水资源、流域分布、交通、地理，以及社会经济发展等存在不同特点，为便于归类分析，在课题研究中，将秦巴山脉洛阳市5县、平顶山市2县和三门峡市1区1县级市1县划为伏牛山北坡，南阳市1区6县划为伏牛山南坡。

第二节 人口及城镇化

据国家及河南省统计局数据,截至2016年底,我国总人口(包括31个省、自治区、直辖市和中国人民解放军现役军人,不包括香港、澳门特别行政区和台湾省及海外华侨人数,下文类似提法中同此)为138 271万人,城镇常住人口为79 298万人,乡村常住人口为58 973万人,城镇化率57.35%。河南省总人口为10 788万人,常住人口为9 532万人,常住人口中城镇人口为4 623万人,乡村人口为4 909万人,城镇化率48.5%,低于全国8.85个百分点[3]。全国31个省级单位中城镇化率最高的是上海市(87.9%),最低的是西藏自治区(29.56%),河南省低于四川省的49.21%,高于新疆维吾尔自治区的48.35%、广西壮族自治区的48.08%、云南省的45.03%、甘肃省的44.69%、贵州省的44.15%,在全国排列第25位(倒数第7位)。

秦巴山脉区域河南片区4省辖市17县(区、县级市)2016年总人口为1 161.84万人,占河南省总人口的10.8%,占所在4个省辖市总人口的43.6%。其中洛阳市、平顶山市、三门峡市和南阳市秦巴山脉区域人口分别为261.8万人、182.98万人、146.74万人和570.32万人,分别占河南省总人口的2.43%、1.73%、1.36%和5.29%,占秦巴山脉区域河南片区总人口的22.53%、15.75%、12.63%和49.09%,占所在省辖市总人口的37.13%、34.05%、63.78%和48.0%[4~7]。秦巴山脉区域河南片区4省辖市17县(区、县级市)城镇化率最高的为南阳市卧龙区(60.99%),其次为西峡县(46.85%),最低的是洛宁县(31.8%)。除卧龙区外,均低于全国城镇化率57.35%的水平,也低于河南省城镇化率48.5%的水平,表明该区域农业人口基数较大。各县(区、县级市)人口状况及城镇化率如表1-2所示。

表1-2 2016年秦巴山脉区域河南片区各县(区、县级市)人口情况

所在市	县(区、县级市)	年末总人口/万人	常住人口/万人	城镇人口/万人	城镇化率	与全国[1]比较	与全省[1]比较	与所在市[1]相比较
洛阳市	洛宁县	49.1	43.2	13.8	31.80%	−25.55%	−16.70%	−22.55%
	宜阳县	69.8	61.2	21	34.33%	−26.58%	−17.73%	−23.58%
	嵩县	60.2	52.1	17.1	32.78%	−24.57%	−15.72%	−21.57%
	汝阳县	48.5	42.7	14.3	33.41%	−23.02%	−14.17%	−20.02%
	栾川县	34.2	35.1	16.2	46.23%	−11.12%	−2.27%	−8.12%
	小计	261.8	234.3	82.4				
	平均				35.18%	−22.17%	−13.32%	−19.17%

续表

所在市	县（区、县级市）	年末总人口/万人	常住人口/万人	城镇人口/万人	城镇化率	城镇化率 与全国[1]比较	城镇化率 与全省[1]比较	城镇化率 与所在市[1]相比较
平顶山市	鲁山县	94.64	78.16	27.57	35.27%	−22.08%	−13.23%	−17.26%
	叶县	88.34	75.67	26.41	34.91%	−22.44%	−13.59%	−17.62%
	小计	182.98	153.83	53.98				
	平均				35.09%	−22.26%	−13.41%	−17.44%
三门峡市	陕州区	34.85	34.05	15.33	45.01%	−12.34%	−3.49%	−8.10%
	灵宝市	75.06	75.7	32.59	43.05%	−14.30%	−5.45%	−10.06%
	卢氏县	36.83	38.23	13.77	36.01%	−21.34%	−12.49%	−17.10%
	小计	146.74	147.98	61.69				
	平均				41.36%	−15.99%	−7.14%	−11.75%
南阳市	卧龙区	99.92	94.8	57.82	60.99%	3.64%	12.49%	18.02%
	南召县	65.53	54.21	20.38	37.61%	−19.74%	−10.89%	−5.36%
	镇平县	103.89	84.74	32.48	38.33%	−19.02%	−10.17%	−4.64%
	方城县	109.73	89.4	31.85	35.63%	−21.72%	−12.87%	−7.34%
	内乡县	72.19	55.69	21.34	38.32%	−19.03%	−10.18%	−4.65%
	淅川县	71.86	66.27	26.56	40.08%	−17.27%	−8.42%	−2.89%
	西峡县	47.2	43.91	20.57	46.85%	−10.50%	−1.65%	3.88%
	小计	570.32	489.02	211.00				
	平均				42.54%	−14.81%	−5.96%	−0.43%
总计		1 161.84	1 025.13	409.07				
平均					39.90%	−18.81%	−9.96%	−12.20%

1）据国家统计局公开资料及河南省、各市2017年统计年鉴数据，2016年全国城镇化率为57.35%，河南省48.5%，洛阳市54.35%，平顶山市52.53%，三门峡市53.11%，南阳市42.97%

资料来源：河南省及各市2017年统计年鉴

第三节　土地及人口密度

2016年秦巴山脉区域河南片区4省辖市总土地面积60 095平方千米（含洛阳市15 208平方千米、平顶山市7 882平方千米、三门峡市10 496平方千米和南阳市26 509平方千米），占河南省总土地面积167 000平方千米的35.99%，其中秦巴山脉17县（区、县级市）土地面积为39 867平方千米（含洛阳市10 740平方千米、平顶山市3 794平方千米、三门峡市8 778平方千米和南阳市16 555平方千米），占4省辖市总土地面积的66.34%，占河南省总土地面积的23.87%，如图1-2所示[3~7]。

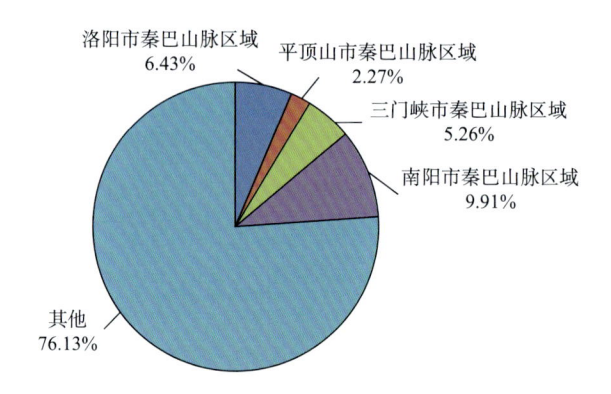

图1-2　2016年秦巴山脉区域河南片区4省辖市属17县（区、县级市）土地面积占河南省土地面积比例

秦巴山脉区域河南片区17县（区、县级市）中，洛阳市属5县、平顶山市属2县、三门峡市属3县（区、县级市）和南阳市属7县（区）各占其所隶属的省辖市全市总土地面积比例，从高到低依次为三门峡市（84%）、洛阳市（71%）、南阳市（63%）、平顶山市（48%），如图1-3~图1-6所示。

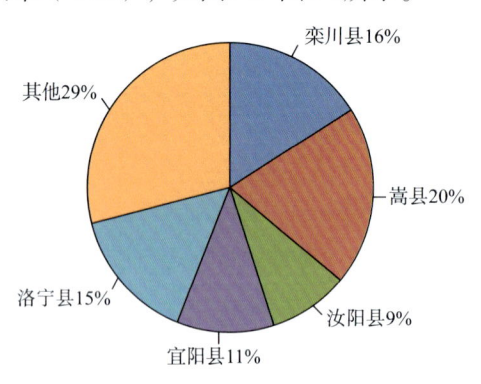

图1-3　2016年秦巴山脉区域河南片区洛阳市属5县占全市土地面积比例

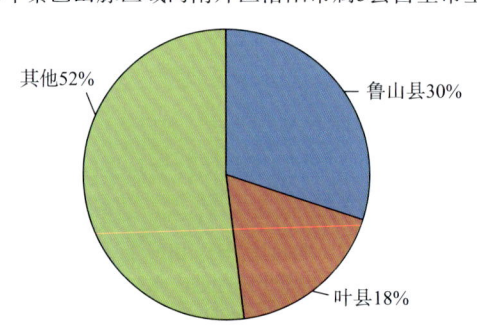

图1-4　2016年秦巴山脉区域河南片区平顶山市属2县占全市土地面积比例

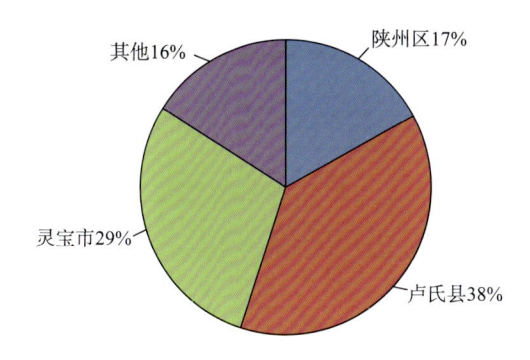

图1-5 2016年秦巴山脉区域河南片区三门峡市属3县（区、县级市）占全市土地面积比例

图1-6 2016年秦巴山脉区域河南片区南阳市属7县（区）占全市土地面积比例

2016年全国、河南省和秦巴山脉区域河南片区4省辖市、17县（区、县级市）人口密度如表1-3和表1-4所示。人口密度最高的区县为南阳市卧龙区（932人/千米^2），其次是镇平县（569人/千米^2），最低为卢氏县（95人/千米^2）。该片区人口密度较高，除栾川县、西峡县、卢氏县外，其余均高于全国平均水平（144人/千米^2）。

表1-3 2016年全国、河南省、秦巴山脉区域河南片区4省辖市人口密度

名称	面积/平方千米	常住人口/万人	人口密度/（人/千米^2）
全国	9 600 000	138 271	144
河南省	167 000	9 532	571
洛阳市	15 208	680	447
平顶山市	7 882	498	632
三门峡市	10 496	226	215
南阳市	26 509	1 007	380
4省辖市合计	60 095	2 411	
平均			401

资料来源：《河南统计年鉴2017》

表1-4　2016年秦巴山脉区域河南片区各县（区、县级市）人口密度

省辖市	县（区、县级市）	面积/平方千米	常住人口/万人	人口密度/（人/千米^2）
洛阳市	洛宁县	2 306	43.2	187
	宜阳县	1 616	61.2	379
	嵩县	3 009	52.1	173
	汝阳县	1 332	42.7	321
	栾川县	2 477	35.1	142
	小计	10 740	234.3	
	平均			218
平顶山市	鲁山县	2 407	78.16	325
	叶县	1 387	75.67	546
	小计	3 794	153.83	
	平均			405
三门峡市	陕州区	1 763	34.05	193
	灵宝市	3 011	75.7	251
	卢氏县	4 004	38.23	95
	小计	8 778	147.98	
	平均			169
南阳市	卧龙区	1 017	94.8	932
	南召县	2 933	54.21	185
	镇平县	1 490	84.74	569
	方城县	2 542	89.4	352
	内乡县	2 301	55.69	242
	淅川县	2 818	66.27	235
	西峡县	3 454	43.91	127
	小计	16 555	489.02	
	平均			295
秦巴山脉区域河南片区合计		39 867	1 025.13	
秦巴山脉区域河南片区平均				257

资料来源：河南省及各市2017年统计年鉴

第四节　经济社会发展

截至2016年，河南省有国家级贫困县38个，省级贫困县15个，共53个贫困县，占全省87个建制县的比例为60.92%，占全省158个县级单位（含87县、21县级市、50市辖区）的比例为33.54%。

秦巴山脉区域河南片区（伏牛山区）是国家和河南省扶贫开发工作重点地区。秦巴山脉区域河南片区4省辖市17县（区、县级市）中，有国家级和省级贫困县13个，占秦巴山脉区域河南片区17个县级单位的76.47%，占河南省省级以上贫困县的24.53%；其中国家级贫困县有11个，省级贫困县有2个。河南省2014年底有贫困人口576万人，其中秦巴山脉区域河南片区贫困人口89.28万，所占比例15.5%。2016年列入国家级和河南省级贫困县名单见表1-5，2014年秦巴山脉区域河南片区贫困人口及贫困村情况见表1-6。

表1-5 2016年秦巴山脉区域河南片区列入国家级和河南省级贫困县名单 单位：个

省辖市	国家扶贫开发工作重点县		河南省省定扶贫开发工作重点县
	国家连片特困地区重点县	国家扶贫开发重点县	
洛阳市	栾川县、嵩县、洛宁县、汝阳县	宜阳县	
平顶山市	鲁山县		叶县
三门峡市	卢氏县		
南阳市	南召县、镇平县、内乡县、淅川县		方城县
片区合计	10	1	2
河南省总计	26	12	15

资料来源：河南省扶贫开发办公室网站，2016年12月

表1-6 2014年秦巴山脉区域河南片区贫困人口与贫困村情况

省辖市及所属县（区、县级市）		贫困人口/万人	贫困村数量/个	行政村数量/个	贫困村比例
洛阳市	洛宁县	4.75	88	390	22.56%
	宜阳县	6.05	77	348	22.13%
	嵩县	6.01	85	322	26.40%
	汝阳县	4.35	64	220	29.09%
	栾川县	3.45	67	213	31.46%
	小计	24.61	381	1 493	
	平均				25.52%

续表

省辖市及所属县（区、县级市）		贫困人口/万人	贫困村数量/个	行政村数量/个	贫困村比例
平顶山市	鲁山县	10.86	161	551	29.22%
	叶县	5.8	107	552	19.38%
	小计	16.66	268	1 103	
	平均				24.30%
三门峡市	陕州区	4.17	46	271	16.97%
	灵宝市	0	0	461	0
	卢氏县	6.03	100	367	27.25%
	小计	10.2	146	1 099	
	平均				13.28%
南阳市	卧龙区	0	0	222	0
	南召县	5.8	77	325	23.69%
	镇平县	7.93	74	410	18.05%
	方城县	7.45	94	540	17.41%
	内乡县	5.62	73	288	25.35%
	淅川县	8.8	107	503	21.27%
	西峡县	2.21	50	288	17.36%
	小计	37.81	475	2 576	
	平均				18.44%
合计		89.28	1 270	6 271	
平均					20.25%

2016年，秦巴山脉区域河南片区4省辖市生产总值为10 086.08亿元，其中秦巴山脉17县（区、县级市）生产总值为3 474.93亿元，占4省辖市生产总值的34.45%，占全省生产总值40 471.79亿元的8.59%[4~7]。

2016年，秦巴山脉区域河南片区4省辖市属17县（区、县级市）第一产业、第二产业和第三产业产值分别为499.14亿元、1 654.34亿元和1 321.45亿元，河南全省第一产业、第二产业和第三产业产值分别为4 286.30亿元、19 055.44亿元和16 818.27亿元，秦巴山脉区域河南片区第一、二、三产业产值分别占河南省第一、二、三产业产值的11.65%、8.68%和7.86%。秦巴山脉区域河南片区4省辖市属17县（区、县级市）第一产业、第二产业、第三产业产值占河南省生产总值40 471.79亿元的比重仅分别约为1.14%、4.09%和3.27%。17县（区、县级市）生产总值排序（从高到低）：灵宝市、卧龙区、宜阳县、西峡县、镇平县、叶县、淅川县、陕州区、方城县、洛宁县、栾川县、内乡县、嵩县、鲁山县、汝阳县、南召县、卢氏县。

2016年秦巴山脉区域河南片区4省辖市属17县（区、县级市）第一产业、第二产业和第三产业产值见图1-7。

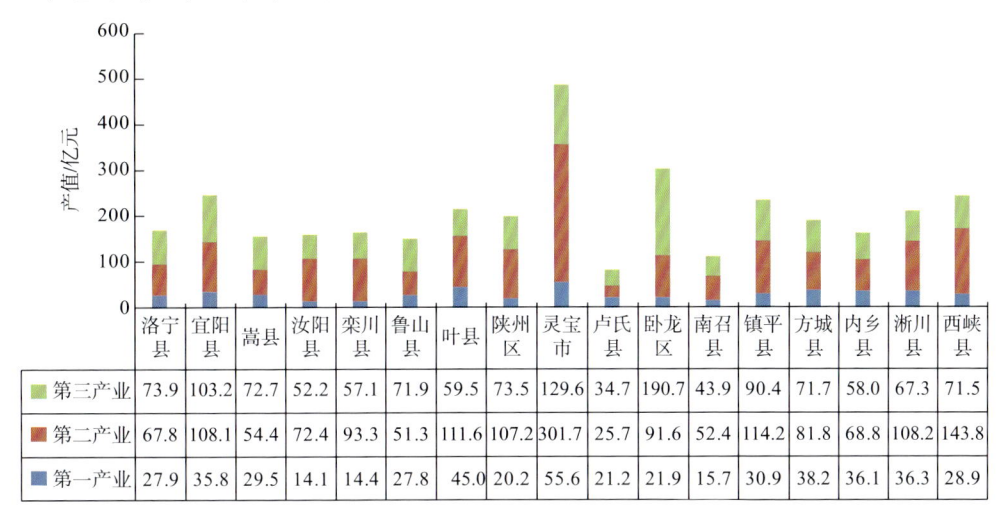

	洛宁县	宜阳县	嵩县	汝阳县	栾川县	鲁山县	叶县	陕州区	灵宝市	卢氏县	卧龙区	南召县	镇平县	方城县	内乡县	淅川县	西峡县
第三产业	73.9	103.2	72.7	52.2	57.1	71.9	59.5	73.5	129.6	34.7	190.7	43.9	90.4	71.7	58.0	67.3	71.5
第二产业	67.8	108.1	54.4	72.4	93.3	51.3	111.6	107.2	301.7	25.7	91.6	52.4	114.2	81.8	68.8	108.2	143.8
第一产业	27.9	35.8	29.5	14.1	14.4	27.8	45.0	20.2	55.6	21.2	21.9	15.7	30.9	38.2	36.1	36.3	28.9

图1-7　2016年秦巴山脉区域（河南片区）4省辖市属17县（区、县级市）第一产业、第二产业和第三产业产值

资料来源：《河南统计年鉴2017》《洛阳统计年鉴2017》《平顶山统计年鉴2017》《三门峡统计年鉴2017》《南阳统计年鉴2017》

秦巴山脉区域河南片区4省辖市属17县（区、县级市）2016年人均生产总值如图1-8所示。2016年，全国人均生产总值53 980元，河南省人均生产总值42 575元，仅为全国的78.87%。秦巴山脉区域河南片区17县（区、县级市）中仅三门峡灵宝市、陕州区及南阳西峡县人均生产总值高于全国平均值，最高的灵宝市为66 789元，为全国人均生产总值的123.73%，全省人均生产总值的156.87%。低于全国水平60%的县有9个，其中卢氏县、南召县、方城县、鲁山县4县不足全国平均水平的1/2。17县（区、县级市）中仅灵宝市、西峡县、陕州区、栾川县人均生产总值高于全省平均值，最低的平顶山市鲁山县为19 217元，仅为全国人均生产总值的35.60%，全省人均生产总值的45.14%。2016年全国、河南省及秦巴山脉区域河南片区4省辖市主要经济指标及秦巴山脉区域河南片区17县（区、县级市）主要经济指标分别如表1-7和表1-8所示。

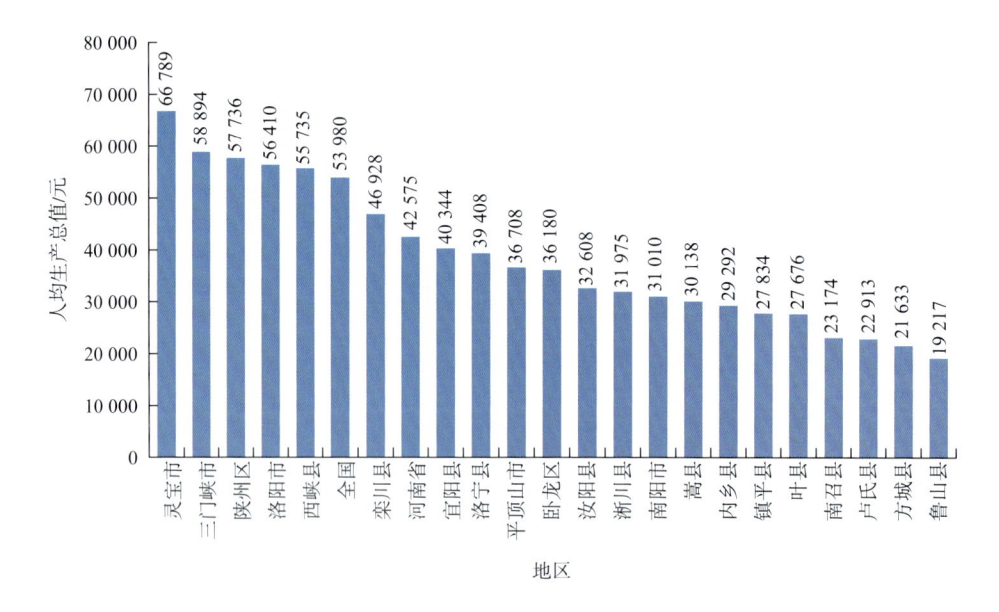

图1-8　2016年秦巴山脉区域河南片区4省辖市属17县（区、县级市）人均生产总值

资料来源：《河南统计年鉴2017》《洛阳统计年鉴2017》《平顶山统计年鉴2017》
《三门峡统计年鉴2017》《南阳统计年鉴2017》

表1-7　2016年全国、河南省及秦巴山脉区域（河南片区）4省辖市主要经济指标

区域	生产总值/亿元	第一产业/亿元	第二产业/亿元	第三产业/亿元	人均生产总值/元	全社会固定资产投资总额/亿元
全国	744 128	63 671	296 236	384 221	53 980	606 466
河南省	40 471.79	4 286.21	19 275.82	16 909.76	42 575	40 415.09
洛阳市	3 820.12	234	1 791.32	1 794.8	56 410	4 120.1
平顶山市	1 825.14	176.75	895.05	753.34	36 708	1 755.5
三门峡市	1 325.86	123.5	748.93	453.43	58 894	1 782.96
南阳市	3 114.97	515.5	1 364.35	1 235.12	31 010	3 471.71

区域	固定资产投资/亿元	粮食产量/万吨	城镇居民人均可支配收入/元	农村人均可支配收入/元	工业主营业务收入/亿元	利润总额/亿元
全国	596 501	61 624	31 554	11 149	1 109 853	66 187
河南省	39 753.93	5 946.6	27 233	11 697	79 657.15	5 240.61
洛阳市	4 082.68	231.44	30 752	11 457	7 468.82	276
平顶山市	1 732.73	206.8	27 102	11 244	2 480.53	186.52
三门峡市	1 773.12	66.79	25 254	11 982	3 194.3	205.73
南阳市	3 395.49	638.39	26 898	11 701	4 513.85	179.51

数据来源：国家统计局公开资料及河南省、各市2017年统计年鉴

表1-8 2016年秦巴山脉区域（河南片区）17县（区、县级市）主要经济指标

区域	县（区、县级市）	生产总值/亿元	第一产业/亿元	第二产业/亿元	第三产业/亿元	人均生产总值/元	全社会固定资产投资总额/亿元
洛阳市	洛宁县	169.58	27.85	67.84	73.89	39 408	238.67
	宜阳县	247.05	35.75	108.12	103.18	40 344	321.9
	嵩县	156.61	29.54	54.42	72.65	30 138	239.8
	汝阳县	138.78	14.1	72.44	52.24	32 608	186.6
	栾川县	164.84	14.37	93.33	57.14	46 928	250.97
平顶山市	鲁山县	151.02	27.79	51.33	71.9	19 217	188.71
	叶县	216.05	44.99	111.55	59.51	27 676	214.05
三门峡市	陕州区	200.62	20.2	107.19	73.23	57 736	318.9
	灵宝市	486.83	55.55	301.71	129.57	66 789	405.68
	卢氏县	81.59	21.18	25.72	34.69	22 913	128.41
南阳市	卧龙区	304.06	21.86	91.55	190.65	36 180	209.83
	南召县	112.07	15.73	52.44	43.9	23 174	175.16
	镇平县	235.47	30.86	114.19	90.42	27 834	286.94
	方城县	191.61	38.18	81.77	71.66	21 633	239.91
	内乡县	162.89	36.07	68.78	58.04	29 292	256.76
	淅川县	211.74	36.27	108.165	67.3	31 975	290.15
	西峡县	244.12	28.85	143.79	71.48	55 735	310.52

区域	县（区、县级市）	固定资产投资/亿元	粮食产量/万吨	城镇居民人均可支配收入/元	农村人均纯收入/元	工业主营业务收入/亿元	利润总额/亿元
洛阳市	洛宁县	234.68	25.6	24 312.33	9 020.22	336.81	16.96
	宜阳县	317.54	37.12	24 525.95	9 281.62	353.79	17.69
	嵩县	235.43	20.75	24 980.77	9 776.9	123.23	3.58
	汝阳县	185.12	17.91	23 245.94	9 099.21	91.92	2.33
	栾川县	248.01	4.4	26 831.96	9 799.74	199.58	11.74
平顶山市	鲁山县	183.87	20.91	19 737.16	7 889.31	198.9	6.35
	叶县	209.58	60.64	21 301.52	10 232.97	448.2	34.86
三门峡市	陕州区	317.8	11.04	24 054.5	16 080.4	299.03	4.24
	灵宝市	400.95	22.35	25 547.5	18 242.6	1 477.6	121.96
	卢氏县	127.2	11.98	22 560.7	12 534.6	57.9	2.36
南阳市	卧龙区	207.12	31.16	29 662	13 400	219.73	87.11
	南召县	173.11	18.03	23 517	9 686	198.99	13.04
	镇平县	277.32	50.26	24 043	12 050	361.76	23.71

续表

区域	县（区、县级市）	固定资产投资/亿元	粮食产量/万吨	城镇居民人均可支配收入/元	农村人均纯收入/元	工业主营业务收入/亿元	利润总额/亿元
南阳市	方城县	231.22	61.47	24 206	10 845	257.16	24.8
	内乡县	250.37	31.85	25 002	11 355	253.8	29.96
	淅川县	284.99	25	25 942	9 991	317.58	13.62
	西峡县	307.99	9.63	27 126	13 944	402.04	24.22

资料来源：河南省及各市2017年统计年鉴

综上，对秦巴山脉区域河南片区生产总值、三次产业贡献率、人均生产总值、城镇化率等诸项指标进行比较可以得出，秦巴山脉区域河南片区经济社会发展不仅落后于全国平均水平，而且也落后于河南省平均水平。

第五节 存在问题

与整个秦巴山脉区域一样，秦巴山脉区域河南片区地处伏牛山区，也属于集中连片特殊困难地区，大多都处于山区、农业区，工业化、城镇化水平低，且大部分地区属于国家限制开发的重点生态功能区，生态建设任务重，经济发展与生态保护矛盾十分突出，要实现到2020年与全省同步建设小康社会的目标任务十分艰巨。

国家及河南省高度重视秦巴山脉区域河南片区（伏牛山区）的扶贫开发工作，经过持续的政策扶持，其贫困状况发生了很大改变。但与全省经济社会快速发展的势头相比，呈现发展差距逐步拉大的趋势。随着河南全省新型城镇化、新型工业化、新型农业现代化深入推进，特别是新农村建设步伐加快，农业农村经济不断发展壮大，农民收入持续较快增加，为秦巴山脉区域河南片区等贫困地区发展奠定了物质基础。根据河南省加快新型城镇化进程、建设社会主义新农村的总体要求，依据《中国农村扶贫开发纲要（2011—2020年）》和《中共河南省委 河南省人民政府关于贯彻落实〈中国农村扶贫开发纲要（2011—2020年）〉的实施意见》（豫发〔2011〕21号）的精神，为加快伏牛山区（秦巴山脉区域河南片区）、大别山区、太行山深山区（简称"三山地区"）经济社会发展的步伐，如期实现全面小康的目标，2013年10月制定的《河南省大别山伏牛山太行山贫困地区群众脱贫工程规划（2014—2020年）》，是加快贫困地区发展的重大举措，是促进全省经济社会科学健康发展、全面建成小康社会的重大战略部署。《中共河南省委 河南省人民政府关于贯彻落实〈中国农村扶贫开发纲要（2011—2020年）〉的实施意见》（豫发〔2011〕21号）要求，在扶贫开发中应避免重蹈人与自然不和谐的覆辙和经济发展陷入"贫困—生态环境恶化—贫困"的恶性循环，增强可持续发展的能力。目前，秦巴山脉区域河南片区面临的困难和问题有以下几点。

1）区域生态环境脆弱，开发与保护矛盾突出

秦巴山脉区域河南片区承担着南水北调中线工程水源保护、生物多样性保护、水源涵养、水土保持等重大任务，且域内旱、涝、风、雹等多种自然灾害频发，泥石流、山体滑坡等地质灾害易发。经济发展与生态保护矛盾非常尖锐，产业结构调整受生态环境制约极大。

2）基础设施薄弱，市场体系不完善

综合交通运输网络化程度低，项目建设成本高昂，项目经济效益较差，难以有效吸引社会资本投资建设，部分投资较大的项目难以启动或进展缓慢。区域内仓储、包装、运输等基础条件差，产品要素交换和对外开放程度低，物流成本高，制约了区位优势和资源优势的发挥。

3）区域内经济社会发展不平衡，城乡差距大

区域内人均地区生产总值、城镇化率和农民人均纯收入均低于全国和全省平均水平，且差距呈进一步拉大趋势。区域内政府财政能力普遍较弱，配套资金筹措困难，县与县之间、县内乡镇之间存在不同程度的发展差距。

4）社会事业发展滞后，基本公共服务不足

教育、文化、卫生、体育等方面软硬件建设严重滞后，城乡居民就业不充分。人均教育、卫生、社保和就业支出低，医疗卫生条件差，妇幼保健力量弱，基层卫生服务能力不足。中高级专业技术人员严重缺乏，科技对经济增长的贡献率低。

5）产业对拉动经济社会发展表现乏力

三次产业结构不尽优化，产业融合与反哺发展滞后。传统产业高投入、高能耗、高污染、低效益"三高一低"无根本改变，产业升级转型缓慢，工业技术相对落后。产业以资源粗加工为主，经济增长方式比较粗放，工业产品大多处于竞争链中低端，企业数量、规模、效益和品牌不足。市场竞争力弱，产能过剩，技术研发投入及创新薄弱。

6）新兴产业和高成长性产业发展滞后

高新技术产业集聚效果不明显，抢抓新一代信息技术发展机遇，发展壮大装备制造、新能源汽车、新材料、生物医药等智能制造领域，培育物联网、云计算、大数据等新型业态还处于规划起步阶段。

7）省际、地区间综合协作配套不畅

工业、农业和矿产资源开发加工、产品国内外市场定价销售和资源综合利用，上下游产业链协作，环境生态保护及治理，文化旅游资源整合，美丽乡镇建设，交通互联互通共享，受行政区划、企业隶属关系和自身利益制约，协作配套不畅。

第二章　秦巴山脉区域河南片区绿色循环发展战略思路、目标与重点

第一节　绿色循环发展战略思路

按照构建"强生态条件下，现代工业与现代产业发展体系"的总体发展战略思路（一个总体战略），根据秦巴山脉区域河南片区特点和国家及河南省政策要求和引领（一个引领），绿色循环发展应从秦巴山脉区域河南片区的社会结构、生态状况、区位特点、资源优势和产业基础出发，以市场为导向，立足于生态，着眼于经济，以科技创新为驱动（一个驱动），乡村振兴为抓手，走低碳绿色循环产业发展与环境保护生态文明有机结合的相互反哺与相互支撑道路，推动秦巴山脉区域河南片区经济社会的可持续快速发展（一个总体目标）。

该战略思路可概括为4个"一"：一个总体战略、一个引领、一个驱动、一个总体目标。

第二节　绿色循环发展目标

按照总体战略思路，要进一步强化生态保护理念，积极实施科技创新驱动，加快重要基础设施建设，积极调整优化产业布局和产品结构，推进片区与内外产业融合发展，提高产业整体效益，消除制约发展的瓶颈，努力改善生产生活条件，促进秦巴山脉区域河南片区生态环境保护与产业发展的良性互动和可持续发展。秦巴山脉区域河南片区经济社会的可持续快速发展可以分为三个阶段性目标。

一、第一阶段（2016~2020年）

全面贯彻绿色循环发展理念，通过政策鼓励、财政投入、强化基础、技术服务、品牌建设等各项措施，提高区域内教育、卫生、文化、就业、住房、社会保障等民生工程保障水平，完善区域内综合交通运输体系；加快传统产业转型提质增效，调整优化产业布局和产品结构，加大产业布局向秦巴山脉区域河南片区域内倾斜转移力度；加快推进特色农业发展和精准扶贫，借助"互联网+山区特色农（林、牧、渔、药）业"，推进农业现代化建设及智慧和美丽乡村的文化旅游建设；大力培养各类紧缺的实用技术（工匠）人才，提高劳动力素质，加大创业和就业。同时，推动相关配套的高成长企业，如食品加工、文化旅游等劳动密集型产业快速发展。到2020年秦巴山脉区域河南片区经济社会快速发展的基础条件已经具备，生产生活条件得到改善，农民人均纯收入达到中等县人均收入水平，与河南全省同步实现全面建成小康社会的目标。

二、第二阶段（2021~2035年）

以科技创新为驱动，消除发展瓶颈，走低碳绿色循环产业发展与环境保护生态文明有机结合的相互反哺与相互支撑道路，形成产城融合、具有区域特色的绿色产业体系和生态支柱产业，在绿色农副产品精深加工、中药材加工、食品饮料、纺织丝绸、汽车和装备制造业、矿产资源加工、传统手工艺等优势特色产业领域，壮大规模和提升水平；培育生物医药、高效洁净能源、新型材料等战略性新兴产业，构建现代工业与现代产业发展体系；加快无公害、绿色和有机农产品生产基地建设，加快绿色生态农业发展；加快发展旅游、文化等业态先进、支撑未来的高成长性服务业。增强秦巴山脉区域河南片区造血功能和内生动力，为区域发展奠定基础，推动不同示范区绿色循环发展稳步开展。秦巴山脉区域河南片区经济社会快速发展，片区生态环境进一步好转，到2035年经济社会发展等综合指标达到河南全省的平均水平，步入全省中等发达地区之列。

三、第三阶段（2036~2050年）

深化科技创新与区域间协同，立足强生态条件，加快新兴产业发展，实现发展动能转换，推动资源优势向产业优势转变，使区域内特色农副产品及加工、休闲养生及文化旅游、职业教育等产业步入全国先进行列。强化"智能制造"，大力发展新兴节能环保产业、新能源产业、装备制造、食品、汽车零部件等技术含量高、市场潜力大的高成长性制造业和生物医药、高效洁净能源、新型材料等战略性新兴产业，产业整体效益良好，实现秦巴山脉区域河南片区生态环境保护与产业发展的良性互动，到2050年经济社会发展综合指标达到全国平均水平。

第三节　主体功能区规划

2014年1月21日，河南省政府颁布《河南省主体功能区规划》，该规划是国土空间开发的战略性、基础性和约束性规划，对河南省推进形成人口、经济和资源环境相协调的国土空间开发格局，持续探索不以牺牲农业和粮食、生态和环境为代价的"三化"（工业化、城镇化和农业现代化）协调、"四化"（工业化、信息化、城镇化、农业现代化）同步科学发展的路子，促进经济长期平稳较快发展和社会和谐稳定，加快中原崛起、河南振兴和富民强省，实现全面建成小康社会目标具有重要意义。遵循《河南省主体功能区规划》精神，秦巴山脉区域河南片区的主体功能区规划要点如下。

（1）总体要求：构建主体功能更为鲜明、布局更为合理、区域发展更为协调的空间开发格局。推进形成主体功能区，既要根据主体功能定位开发，也要重视发挥其他功能。

根据不同区域的资源环境承载能力、现有开发强度和发展潜力及全省发展战略布局，将河南省国土空间按开发方式分为重点开发区域、限制开发区域和禁止开发区域；按开发内容分为城市化地区、农产品主产区、重点生态功能区。重点开发区域：作为城市化地区，具有一定经济基础，资源环境承载能力较强，发展潜力较大，进一步集聚人口和经济条件较好，可以重点进行工业化、城镇化开发的地区；限制开发区域：作为农产品主产区和重点生态功能区，关系国家农产品供给安全和生态安全的地区，需加强基本农田保护和生态保护；禁止开发区域：依法设立的各级各类自然文化资源保护区域。各区域的主体功能如下。

第一，重点开发区域：必须把增强综合经济实力作为首要任务，既要发挥集聚人口和经济的主体功能，又要保护区域内的耕地，降低资源消耗，减少对生态环境的损害。

第二，限制开发区域：农产品主产区和重点生态功能区，保障农产品供给安全和生态系统稳定，同时在明确主体功能的前提下，科学引导能源和矿产资源开发，支持发展与当地资源环境相适宜的特色产业。

第三，禁止开发区域：呈点状分布于重点开发区、农产品主产区、重点生态功能区内的依法设立的各级各类自然文化资源保护区域，以及其他需要特殊保护的地区，要严格禁止不符合主体功能定位的开发活动，可以发挥当地的自然及人文优势，适度发展旅游、观光及文化产业。

把农产品主产区作为限制进行大规模、高强度的工业化、城镇化开发区域，是为了切实保护这类农业发展条件较好区域的耕地，使之能集中各种资源发展现代农业，不断提高农业综合生产能力。同时，也可以使国家强农惠农政策更集中地落实到这类区域，确保农民收入不断增长，农村面貌不断改善。此外，通过集中布局、点状开发，在县城及产业集聚区、专业园区适度发展非农产业，可以避免过度分散发展工业带来的对耕地过度占用等问题。能源和矿产资源富集的地区大多是生态脆弱或生态重要的区域，不适宜大规模、高强度地进行工业化、城镇化开发。能源和矿产资源开发往往只是"点"的开发，主体功能区中的工业化、城镇化开发，更多的是"片"的开发。一些能源和矿产资源富集的地区被划为限制开发区域，并不是要限制能源和矿产资源开发，而是应该按照该区域的主体功能定位实行"面上保护、点上开发"。

（2）战略任务：构建以中原城市群为主体的城市化战略格局。

坚持"核心带动、轴带发展、节点提升、对接周边"的原则，构建放射状、网络化、板块式的空间开发格局。构建以城市近郊都市高效农业区、南阳盆地等优质粮食生产核心区，豫南豫西豫北山丘区生态绿色农业区为主体，以区域特色农业基地为依托的现代农业布局。大力发展京广铁路沿线、南阳盆地和豫西、豫南浅山丘陵区的生猪产业基地，豫西南肉牛产业基地，沿黄地区和豫西南奶业基地，豫南水禽产业基地。建设形成郑州、洛阳、豫南南阳花卉产业基地，中心城市郊区、传统优势区域和重要交通干线沿线地区蔬菜产业基地，伏牛丹江茶产业基地，豫西、豫南高标准林果产业基地，沿黄河、淮河水产基地，豫西和豫西南中药材基地。

建设伏牛山地生态区，构建横跨东西的黄河滩区生态涵养带、沿淮生态走廊和纵贯南北的南水北调中线生态保护带的区域生态格局。

（3）国家级重点开发区域功能定位。

河南省的经济核心、交通区位与经济区位优势突出，是东部地区产业转移和西部地区资源输出的战略枢纽，是中部地区重要的人流、物流、信息流中心。

（4）省级重点开发区域区域功能定位。

省级重点开发区域范围为重要产业带结点城市（包括县城），呈点状分布、局部相连特征，包括南阳等7个省辖市市区，17个位于重要产业带发展条件较好的县（市）或省辖市近郊县（市）及省直管县（市），国家农产品主产区和省级重点生态功能区的县城关镇、少数建制镇镇区及产业集聚区。秦巴山脉区域河南片区的主体功能定位如下：支撑全国经济增长的重要增长极，全国重要的高新技术产业、先进制造业和现代服务业基地，能源原材料基地、综合交通枢纽和物流中心，区域性的科技创新中心，全国重要的人口和经济密集区。区域内划为省级重点开发区域的县（区）有三门峡市陕州区和南阳市镇平县。该区域的主体功能定位是：地区性中心城市发展区，人口和经济的重要集聚区，全省城市体系的重要支撑点。

（5）农产品主产区。

农产品主产区是指以提供农产品为主体功能，承担国家粮食生产核心区建设重要任务的农业地区。要重点打造城市近郊都市高效农业区、南阳盆地优质粮食生产核心区和豫南山丘区生态绿色特色高效农产品优势区，加强粮食生产加工基地建设，提高粮食综合生产能力和效益；推进优质畜产品生产和加工基地建设，提高农业生产规模化、集约化、标准化和产业化水平。在有条件的县城周边，规划建设一批具有城市"菜篮子"、生态绿化、休闲观光等综合功能的农业园区。

（6）重点生态功能区。

重点生态功能区是指生态系统重要、关系到较大空间范围生态安全的区域。河南省重点生态功能区主要分布在豫西伏牛山等区域。省级重点生态功能区的功能定位为：保障全省生态安全的主体区域，全省重要的重点生态功能区，人与自然和谐相处的示范区。

河南省重点生态功能区类型分为水源涵养型、水土保持型、生物多样性维护型三种类型。秦巴山脉区域河南片区的伏牛山生态功能区属于生物多样性维护类型；秦巴山脉区域河南片区的丹江口水库属于水源涵养功能区类型，南水北调中线工程源头。

第四节　生态-产业协同双向梯度发展模式

鉴于秦巴山脉区域河南片区的强生态环境和弱经济基础的基本特征，秦巴山脉区域河南片区绿色循环发展战略应坚守产业发展和生态保护双轮驱动的战略思路。依据国家主体功能区和河南省主体功能区规划，遵循整体保护秦巴山脉区域河南片区（"面"保护）、集中发展循环经济产业园区（"点"开发）的原则，按照国家总体发展战略及新型城镇化和实施乡村振兴战略的总要求，贯彻"中国制造2025"发展战略，通过强化秦巴山脉区域河南片区4个省辖市与17县（区、县级市）的联系，综合考虑气候、资源、市场需求、交通等条件，将"产业开发"与"生态保护"两者相互兼顾并有机结合，提出具有区域特色的"互联网+"绿色产业空间战略规划布局，确定秦巴山脉区域河南片区重点产业发展区域。

将陇海铁路南缘（洛阳—三门峡—豫陕界段，串起片区内洛阳、三门峡2个区域内中心城市），焦柳铁路西缘（洛阳—平顶山—南阳—豫鄂界段，串起片区内平顶山、南阳2个区域内中心城市）和豫陕鄂省界围合，以"三门峡—洛阳—平顶山—南阳"为广域环秦巴山脉中心城市圈，17个县（区、县级市）为狭域片区节点城镇，建设环伏牛山中心城市圈（围合外缘）、绿色循环发展城镇带（17个县、区、县级市散点）、生态农业区（过渡区）、生态保护区（内核）的"一圈一带二区"，从环伏牛山中心城市圈外缘到生态保护区内核，生态保护强度逐步增大，从内核到外缘，产业发展强度逐步增大，形成创新的"伏牛山生态-产业协同双向梯度发展模式"，如图2-1所示。

图2-1 "伏牛山绿色循环发展城镇带、生态农业区、生态保护区"示意图

在"一圈一带二区"绿色产业战略发展区内，推进"伏牛山生态-产业协同双向梯度发展模式"，其具体内涵如下。

（1）环伏牛山中心城市圈（围合外缘）：积极做大、做强区域性中心枢纽城市，形成区域文化、教育、制造、商贸、物流、交通中心，大力发展战略性新兴产业和高成长型产业，促进环伏牛山中心城市圈之间产业战略协作，发挥中心城市对片区的引领、带动和辐射、反哺作用，构建环伏牛山中心城市圈之间、"一圈一带二区"相互之间互联互通、快捷便利的高速铁路、高速公路、航空等立体交通体系。

（2）绿色循环发展城镇带（重点发展区）：积极推进工业化、城镇化，适度集中人口、集聚产业，着力提高综合承载能力。通过优化资源配置，实现资源高效利用，促进绿色发展、循环发展、低碳发展。

（3）生态农业区（过渡区）：积极发展特色高效设施农业和现代农业，培育优势特色农产品品牌，推进设施农业发展。建设相对集中连片种植的规模化、标准化、专业化、特色化的良繁和生产基地。

（4）生态保护区（核心区）：基于优越的生态条件及特色地域文化，以生态建设与环境保护为主，适度发展康养、文化旅游及水经济产业，限制其他生产建设活动，构建国家中央公园有机组成部分。

第五节　绿色循环发展战略重点

一、科技创新引领的绿色产业发展支撑战略

基于秦巴山脉区域河南片区的"强生态环境"和"弱经济基础"特点，只有实现跨越发展才能摆脱以往的路径依赖，实现结构优化和动力转换，要充分发挥科技创新对绿色产业发展的引领作用，强化现代产业技术与现代网络技术融合发展模式，以生态文明建设为根本，以绿色产业发展为支撑，构建秦巴山脉区域河南片区绿色循环发展体系，强力助推该片区域步入发展快车道。

二、全面保护和局部开发的协调战略

依据国家主体功能区和河南省主体功能区规划，秦巴山脉区域河南片区属于国家限制开发的重点生态功能区，区域社会经济发展与生态保护两者任务都异常繁重，矛盾十分突出。然而，秦巴山脉区域河南片区又具有得天独厚的资源优势，实现跨越发展需要摆脱以往的路径依赖、实现结构优化和动力转换。

遵循秦巴山脉区域河南片区整体保护（"面"保护）、集中发展局部产业园区（"点"开发）的原则，强化4省辖市与17县（区、县级市）的联系，将"产业开发"与"生态保护"两者有机结合，布局具有区域特色的绿色产业空间战略规划，明确秦巴山脉区域河南片区重点产业发展区域。建设环伏牛山中心城市圈（一圈）、17县（区、县级市）为狭域片区散点城镇的绿色循环发展城镇带（一带）、生态农业区（过渡区）和生态保护区（核心区）的"一圈一带二区"。

三、生态-产业协同双向梯度发展战略

依据国家主体功能区规划、中原经济区、秦巴山脉区域河南片区主体功能区规划，结合"中国制造2025"发展战略，摸清秦巴山脉区域河南片区各类资源现状，区位及产业布局现状特点，分析片区优势及劣势条件，综合考虑气候、资源、市场需求、交通等条件。

基于"一圈一带二区"绿色产业战略发展区，生态保护强度与产业发展强度双方的此消彼长趋势，推进"伏牛山生态-产业协同双向梯度发展模式"，提出智能时代具有区域特色的"互联网+"绿色产业战略规划布局，明确重点产业发展区域。

四、南北坡绿色循环经济特色产业发展战略

秦巴山脉区域河南片区（伏牛山区）总体工业化、城镇化水平低，且大部分地区属于国家限制开发的重点生态功能区，生态建设任务重，经济发展与生态保护矛盾十分突出。在秦巴山脉区域河南片区内部，发展也不够平衡，4省辖市中，位于伏牛山北坡的洛阳市、三门峡市经济发展较为迅速，传统支柱产业和高载能产业居于重要地位。洛阳市产业结构比较合理。三门峡市第二产业过高，第三产业亟待加强。平顶山市产业结构相对合理，但由于人口多，尤其是鲁山县经济发展严重滞后，发展受限。位于伏牛山南坡的南阳市，部分高成长产业发展较为迅速，第一产业过高，人口多，城镇化率低，第二产业和第三产业都急需大力发展，制约因素较多。

以"生态保护"与"产业发展"为两个基本点，按照"一圈一带二区"为特征的"伏牛山生态-产业协同双向梯度发展"模式，根据秦巴山脉区域河南片区伏牛山北坡和南坡社会、经济、资源禀赋和产业结构的不同特点，将以伏牛山为东西横贯轴划分为南北坡，根据南北坡地区不同特点，探寻不同的生态保护与产业发展道路，构建"伏牛山南北坡绿色循环经济产业发展示范区"。

第六节　重点推进措施及建议

一、加快重要基础设施建设，大力改善生产生活条件

在国家和地方各级政府的大力支持和帮助下，调整优化产业布局和产品结

构，加大产业布局向秦巴山脉区域河南片区内倾斜转移力度；产业协作配套分工，推进片区与内外产业融合发展，提高产业整体效益，促进秦巴山脉区域河南片区生态环境保护与扶贫开发的良性互动；加强秦巴山脉各省（直辖市）合作，加大统筹力度，集中实施一批教育、卫生、文化、就业、住房、社会保障等民生工程，吸引国内外投资，持续推进高速公路、高速铁路、民用机场等交通基础设施建设，实施农村公路改造，构建综合交通运输体系，促进互联互通与开放共享。加快重要基础设施建设，大力改善生产生活条件，强化生态建设与环境保护，消除制约发展的瓶颈。使秦巴山脉区域河南片区经济社会快速发展，到2020年与河南全省基本同步实现全面建成小康社会的目标，到2035年综合指标达到河南全省的平均水平，到2050年综合指标达到全国平均水平。

二、加强资源能源节约，加快传统产业转型升级，提升发展质量和效益

全面加强资源节约，推动资源利用方式转变。坚持节约优先，加强资源开发利用全过程管理，推动资源利用方式由高投入、高污染、高排放向绿色、低碳、循环发展转变。调整优化能源生产和消费结构，积极开发利用生物质能、太阳能、风能等清洁能源和可再生能源。大力发展低耗水、高产出的节水型农业与清洁型、循环型节水工业。加快农作物秸秆、畜禽粪便等农业生产废弃物资源化利用。积极推行矿山绿色开采，加强有色金属、贵金属、稀有稀散元素矿等共伴生矿产资源的综合开发利用，提高资源保障能力。

实施传统产业升级改造战略，积极推进南北坡产业转型升级为高成长性制造业、战略性新兴产业。北坡要加快传统机械制造业、采矿业等产业升级，南坡要加强生物医药、食品等产业的精深加工；通过对"伏牛山生态保护区"核心区现有污染负荷大的工业企业的搬迁改造到外围"伏牛山循环发展城镇带"的产业集聚区，整合产业集聚区各类企业上下游产业链，延伸产品精深加工产业链，提高资源附加值，确保实现产业链循环运行；加强"伏牛山生态保护区"核心区内现有矿山生态保护与恢复治理，建立矿山地质环境治理长效机制，构建生态安全屏障。大力发展"互联网+"，实施"1+2+3"产业融合的第六产业发展，以区域内产业发展带动和扩大就业。

三、培育壮大特色优势产业，加快新兴产业发展

以工业为主形成产城融合的发展新格局，构建具有区域特色的绿色产业体系和生态支柱产业。在绿色农副产品精深加工、中药材加工、食品饮料、纺织丝绸、汽车和装备制造业、矿产资源加工、传统手工艺等优势特色产业，以壮大规模和提升水平为主攻方向，形成绿色工业的发展重点。充分分析伏牛山南北坡不

同区情特点，推动南北坡不同示范区绿色循环发展稳步开展。重点支持加快发展片区外围"伏牛山循环发展城镇带"产业集聚区，大力发展新兴节能环保产业、新能源产业、装备制造、食品、汽车零部件等技术含量高、市场潜力大的高成长性制造业；培育生物医药、高效洁净能源、新型材料等战略性新兴产业，构建现代工业与现代产业发展体系。增强秦巴山脉区域河南片区造血功能和内生动力，为区域发展奠定基础。

四、加强生态建设，将"伏牛山生态保护区"打造为文化旅游、休闲养生之地

加强生态建设，构建生态安全屏障。按照国家主体功能区划的要求，以河南省生态功能区划为基础，依据环境容量和生态承载力，明确区域发展定位和方向。加快建设伏牛山地生态区和南水北调中线生态保护带。加强矿山生态保护与恢复治理，建立矿山地质环境治理长效机制，严格控制矿山开发对生态环境的破坏。加强自然保护区建设与管理，对重要生态系统和物种资源实施强制性保护，切实保护动植物、古树名木及自然生境，努力构建全省绿色生态屏障。

依托区域优势，加快发展旅游、文化等业态先进、支撑未来的高成长性服务业。借鉴美国落基山脉、加拿大班夫公园和欧洲阿尔卑斯山国家公园旅游资源保护和特色城镇建设的成功经验，大力推进特色集镇、旅游集镇，完善相应的设施和功能，增强承载能力，将"伏牛山生态保护区"建设为"秦巴山脉国家中央公园"的重要组成部分，全力打造具有国际影响力的文化旅游、休闲养生之地[8]。

五、借助"互联网+"，促进设施农业、特色林果业和畜牧业快速发展

在"生态农业区"内，加快推进特色农业发展和精准扶贫，培育和发展山区绿色、特色农业（食用菌、特色林果、花卉苗木、中药材等），支持有优势资源的南阳市积极发展小辣椒、食用菌（如香菇）等绿色蔬菜产业，大力发展高标准林果种植基地，加快建设中药材种植基地，做大做强西峡山茱萸、南召辛夷、镇平杜仲、方城裕丹参等中药材品牌，打造高效生态经济示范区。

加快推进特色农业发展和精准扶贫，借助"互联网+山区特色农（林、牧、渔、药）业"，在秦巴山脉区域河南片区4个中心城市建设特色农副产品大数据网络服务平台，在17县（区、县级市）域建立网络骨干节点平台，在特色乡镇建立网络终端平台，三级平台加强网络服务、实现资源共享。政府制定政策措施，鼓励引导农业技术部门提供科技服务，不断改良品种，提高产品品质，增强产品竞争力，培育山区绿色、特色农副产品品牌。强化快速物流通道，扩大冷链物流，缩短"消费者—生产者"的时空差，提高产品绿色、保鲜、成熟度。通过政

策鼓励、财政投入、强化基础、技术服务、品牌建设等各项惠农措施，推进农业现代化建设，推进智慧和美丽乡村建设[8]。

六、发展社会事业，打造"中国职业教育基地"，提高人力资源素质

大力发展社会事业，提高公共服务保障能力。该片区域处于我国中原文化、荆楚文化、巴蜀文化和少数民族文化的一体多元中华文化交融之地，人文、历史资源丰富，崇文重教的民风基础扎实，具有得天独厚的地缘、交通、人力资源和环境生态优势，应优先发展教育事业，坚持公共教育资源向该片区域倾斜。大力发展不同层次、不同类型的教育（普通教育和职业教育），尤其应打造"中国职业教育基地"，培育"有文化、懂技术、会经营"的新型人才，培养各类紧缺的实用技术（工匠）人才，提高劳动力素质，使他们可以在更广阔的范围内（居家就近或去沿海地区）创业和就业，从而阻断贫困代际传递。同时，以教育作为杠杆，撬动相关配套的电子信息等高新技术产业，食品加工、文化旅游等劳动密集型产业发展，扩大就业岗位，引导农村贫困劳动力向这些岗位转移，开辟新的增收门路。开拓劳务输出市场，认真开展就业指导和服务。加快建设覆盖城乡的社会保障体系和社会救助体系。增强医疗卫生服务能力，切实解决看病就医等问题。加强文化设施、广播电视和体育设施建设，大力开展"文明村""文明户"创建活动，提升群众文明素质[8]。

七、实行特殊扶持政策措施，加快经济社会发展

实施秦巴山脉区域河南片区生态产业扶持政策。支持发展生态产业，加大对生态农业、生态林业、生态旅游业和清洁能源项目建设的支持力度。

加大对省、市、县三级环境监测能力和环保建设的支持力度，在政策、资金等方面适当给予倾斜。秦巴山脉区域河南片区要加大工业污染深度治理，同时由于农业农村污染量大面广、农村环保基础设施条件较差，应加大对秦巴山脉区域河南片区农村环境连片整治的投入力度。在农村公路、面源污染防治等方面给予政策倾斜支持；加大废水处理设施升级改造、废水处理厂管网配套、垃圾无害化处理等密切关系水环境安全的项目投资力度。

提高现有生态补偿转移支付标准，加大支付力度。进一步增强区域生态功能，扩大重要生态功能保护区生态补偿财政转移支付范围，将具有重要生态功能的县（区、县级市）纳入中央财政生态补偿转移支付范围，优化生态环境。同时，将区域内主要水库列入国家江河湖泊生态专项，逐步提高国家级公益林和森林管理补贴中央财政标准，加快建立公益林补偿稳步增长机制。

参 考 文 献

[1] 中国工程院.中国工程院关于呈报协同推进秦巴山区生态主体功能区建设和扶贫开发工作建议的报告[Z].中国工程院中工发〔2016〕2号,2016-01-06.
[2] 中国工程院.中国工程院2015年重大咨询项目"秦巴山脉绿色循环发展战略研究"[Z].综合组资料,2015.
[3] 河南省统计局,国家统计局河南调查总队.河南统计年鉴2017[M].北京:中国统计出版社,2017.
[4] 洛阳市统计局.洛阳统计年鉴2017[M].北京:中国统计出版社,2017.
[5] 平顶山市统计局.平顶山统计年鉴2017[M].北京:中国统计出版社,2017.
[6] 三门峡市统计局.三门峡统计年鉴2017[M].北京:中国统计出版社,2017.
[7] 南阳市统计局.南阳统计年鉴2017[M].北京:中国统计出版社,2017.
[8] 刘炯天.秦巴山脉河南片区(伏牛山区)绿色循环发展战略研究[J].中国工程科学,2016,18(5):80-91.

第二篇
秦巴山脉区域河南片区（伏牛山区）绿色交通体系战略研究

第三章　秦巴山脉区域河南片区绿色交通战略基础

第一节　研究背景

交通运输业在国民经济和综合体系中的地位日益显著，作用日益突出，实施交通运输业可持续发展战略，提升资源利用效率，减少环境污染和降低交通事故，实现交通运输新的跨越发展，是秦巴山脉区域河南片区乃至全国当前一项重要的战略性任务。

目前，秦巴山脉区域河南片区交通运输业的发展仍存在很多弊端。例如，破坏环境、能耗过大、资源浪费；交通运输各部门分割不合理，管理政策不当；运输网规划不合理，运输系统不完善等。目前区域内省际、县际断头路多，铁路网覆盖范围不足，还有县区整体不通高速公路。机场建设和航空运输严重滞后，水运尚处于初期规划阶段，没有有效的水运航道运输。交通运输骨干网络不完善，综合交通运输网络化程度低，制约了区位优势和资源优势的发挥。

当前，秦巴山脉区域河南片区绿色交通建设的主要目标如下。

（1）构建秦巴山脉区域河南片区绿色交通体系，加强交通基础设施建设规划，突破交通瓶颈制约，改善区域发展环境、增加交通基础设施总量，进一步优化运输方式衔接，提高交通运输服务质量、技术装备水平。建成完善的高速公路网、比较完善的铁路网和民用航空枢纽，巩固提升洛阳、三门峡、南阳、平顶山现代综合交通枢纽地位，初步形成网络设施配套衔接、覆盖城乡、连通内外、安全高效的现代综合交通运输体系。

（2）提升秦巴山脉区域河南片区交通基础设施运输服务功能和质量、科技进步和信息化水平，实现资源能源集约节约高效利用，降低单位运输能源消耗，完成全国公路、水路交通运输节能减排规划目标。有效控制污染排放，基本建成绿色循环低碳交通运输体系，进一步提升交通运输可持续发展能力。

现阶段，秦巴山脉区域河南片区绿色交通发展战略任务主要包括打造低碳交通运输基础设施，推进交通运输基础设施畅通化、网络化发展，积极发展循环经济模式；推广绿色交通运输装备，优化交通运输装备结构，积极推进绿色养护装配；加强交通设施绿色检测装备建设，加强交通运输装备排放控制。

通过对秦巴山脉区域河南片区绿色交通体系的战略分析，提出该片区绿色交通国家级战略任务、河南省级战略任务、4个市域级战略任务，以交通建设绿色持续发展、交通管养绿色循环发展、核心区域绿色融合发展、生态保护区绿色渗透发展等为战略措施，积极推进绿色交通体系构建，实现秦巴山脉区域河南片区绿色交通体系发展的战略目标。

第二节 交通现状

秦巴山脉区域河南片区内现有宁西、焦枝等铁路，二广、宁洛、沪陕、兰南等高速公路，洛阳机场、南阳机场，以及规划和建设中的内邓、三淅、洛栾、郑卢等高速公路和郑渝、蒙西至华中铁路等跨区域重大交通项目，初步构筑起对外立体交通大通道，完成了一大批路、桥、坝新建改建工程，交通、能源等重大基础设施取得突破性进展，具备了一定的发展基础和条件[1-3]。

（一）地理区位战略功能明显，交通支撑力不足

秦巴山脉区域河南片区地理位置处于国家中原经济区、关中-天水经济区、成渝经济区和汉江经济带的中间位置，战略功能明显，具有承东启西，贯通南北的地理区位。随着我国工业化、信息化、城镇化、市场化、国际化深入发展，区域格局调整和生产要素流动加速，经济转型和产业转移步伐加快，跨国、跨区域交通运输对接更加频繁，运输服务需求不断提升。

河南片区的公路、铁路等交通网络虽然已经形成环状格局，但均是以周边4个中心城市洛阳、三门峡、南阳、平顶山为节点，片区内部的交通网络稀疏，没有高速和主线铁路，路网人均密度低于周边经济区域，不能很好地支撑周边经济区或经济带的发展，与其地理位置的战略重要性不相匹配。

（二）交通运输能力不能支撑中原经济区快速发展

随着河南工业化、城镇化水平的迅速提升，结构调整和转型升级步伐持续加快，区域经济交流与合作进一步加强，经济社会发展对交通运输的需求总量和需求层次将不断提高。加快构建综合交通运输体系，将强化中原经济区在全国综合交通

运输体系中的战略地位，适应河南产业转型发展和大宗物资对快速化、专业化、大型化和一体化交通运输的需求，加快现代城镇体系布局优化和城乡一体化进程，密切与长三角、山东半岛、江苏沿海、京津冀等区域的合作，推动内陆对外开放高地建设，支撑中原经济区在全国发展大局中发挥腹地效应，实现"三化"协调发展，带动中部崛起。河南省公路、水路交通运输需求潜力分析如表3-1所示[4]。

表3-1 河南省公路、水路交通运输需求潜力分析

项目	客运量/亿人	货运量/亿吨	旅客周转量/（亿人/千米）	货物周转量/（亿吨/千米）
2015年	13	20	900	5 200
2020年	15	27	1 150	7 300
年均增速	3.5%	6.5%	5.0%	7.0%

资料来源：《河南省"十三五"现代综合交通运输体系发展规划》

秦巴山脉区域河南片区交通运输能力薄弱，以片区内的洛阳市为例，作为河南省经济发展的副中心城市，洛阳在秦巴山脉区域河南片区中属于经济发达城市，但航空网络线路少，设施发展滞后；铁路线路不够，缺少与周边城市的城际铁路线；公路的辐射能力不足，与周边城市旅游资源的衔接不够[5]。同时，各交通形式间协调能力不足，区际交通与区内交通的无缝对接工作不到位，集散中心不足以协调日益增长的客运需求。片区内的其他城市（三门峡、南阳市、平顶山市）的交通运输能力与洛阳相比处于劣势。综合看，秦巴山脉区域河南片区交通运输能力远不能支撑中原经济区的快速发展。

（三）交通体系整体性不完善，不能满足建设小康社会的需求

虽然"十二五"期间秦巴山脉区域河南片区交通运输发展成效显著，但与全面建成小康社会的新要求、人民群众安全便捷出行的新期待相比仍存在一定的差距，突出表现在：综合交通运输体系建设亟待加快，基础设施网络仍需进一步完善；结构性矛盾依然突出，发展质量效益仍需提高；区域间、城乡间、方式间发展不均衡，统筹发展压力大；物流基础设施较为薄弱，企业规模化、集约化程度较低；科技引领作用尚未充分发挥，交通信息化开发应用水平有待提高；发展需求旺盛与资金相对短缺的矛盾十分突出，土地、环境等刚性约束不断增强；交通安全监管和应急救援能力仍需加强；法规体系和制度建设亟待完善，管理体制机制有待进一步优化。

（四）地方区域交通网络不健全，服务地方产业经济发展能力不够

秦巴山脉区域河南片区各个地市的产业重心不同，以秦巴山脉为分界，位于北坡的三门峡、洛阳、平顶山以矿产、重型工业为主，如表3-2所示，而位于南坡的南阳以中医药材和传统农业为主，如表3-3所示。

表3-2　河南省主要矿产资源开发利用布局表

矿种	开采基地	加工基地	矿业在全国的地位
煤炭	平顶山、永城、义马、郑州、焦作、鹤壁等	平顶山、永城、义马、郑州、焦作、鹤壁、神火等煤电化工基地	煤炭产量排全国第三位，国家13个大型煤炭基地之一
铝土矿	巩义、新安、偃师、陕州区、渑池等	中铝公司河南分公司、中铝公司中州分公司、新安电力、三门峡东方希望、开曼公司、义煤集团、中美铝业、平顶山汇源公司等	氧化铝产量全国第一，占全国总产量的38%
钼矿	栾川县、卢氏县、嵩县、汝阳县、镇平县等	洛阳市钼冶炼及深加工基地	钼精矿产量全国第一，占全国总产量的26.8%
铁矿	舞钢地区、安阳—林州地区等	安钢、舞钢、济源钢铁公司等	河南省铁矿石供应量严重不足
金矿	灵宝、嵩县、洛宁、栾川、桐柏等	灵宝、洛阳黄金冶炼加工基地	黄金产量连续多年排全国第二位，灵宝为我国第二大黄金产地

表3-3　2018年南阳市中医药文化旅游相关设施汇总

序号	中医药相关机构		主要内容	归属地
1	中医诊疗机构	南阳市中医院	南阳市最大的中医特色诊疗机构	南阳城区
		宛城区中医院	宛城区特色的中医诊疗机构	南阳城区
		南阳市张仲景国医院	南阳市中医特色诊疗机构，儿科为省级重点学科	南阳城区
		南阳市二院	内设有中医诊疗科室	特色商业区北边界
		张仲景中医院	特色的中医药诊疗机构，有省级重点学科中风科	特色商业区内
2	中医药文化旅游	医圣祠	国家级文物保护单位	特色商业区内
		淅川县医药园	淅川福森药业建设，为中医药文化旅游公园	淅川县
		宛西医药园	南阳宛西制药建设，为中医药文化旅游公园	西峡县
3	中药材市场	药都中药材集散中心	南阳市唯一的中药材专业集散交易市场，拥有商户400多户	特色商业区内
		西峡县米坪中药材集散地	依托当地中药材种植形成了集散地	西峡县
4	中医药教育	南阳理工学院国医国药系张仲景国医学院南阳医学高等专科学校南阳中医药学校	南阳市中医药人才培养涵盖本科、大专、中专三个层次 南阳医学高等专科学校为专业的中医药人才培养机构，大专学校。委托管理南阳中医药学校、南阳理工学院国医国药系等 南阳市中医药学校是教育部命名的首批国家级重点中专学校，是南阳基层中医药人才培养的基地，拥有大、中专两个层次，办学规模5 000人	南阳城区
		河南中医学院韩国留学生培训班	专业的中医药人才培养机构	南阳城区

续表

序号	中医药相关机构	主要内容	归属地
5	中药种植园区	南阳十大中草药种植基地	以西峡县为中心的万亩山茱萸、天麻种植基地；以南召为中心的辛夷花种植基地；以桐柏为中心的桔梗种植基地；以方城为中心的裕丹参、木瓜种植基地；以邓州为中心的万亩麦冬种植基地；以镇平为中心的万亩杜仲种植基地；以唐河县为中心的万亩栀子种植基地；以社旗为中心的板蓝根种植基地，组成南阳市十大中草药种植基地	南阳辖区

2015年南阳市中药材种植基地建设初具规模，种植150多种，面积近13.33万公顷，年产值达50亿元，已形成山茱萸、辛夷、丹参、桔梗、天麻、杜仲、半夏、木瓜、栀子等中药材种植基地，其中山茱萸年产量415万千克，约占全国的60%，辛夷花年产量840万千克，约占全国的70%[6]。

南阳市现有中药企业13家，拥有宛西制药、福森药业、利欣药业、华丰药业等一批龙头企业，具有较强的生产加工能力，年产值近30亿元。其中宛西制药在河南、安徽、福建等地建立了六大中药材基地，年营业收入27亿元，主导产品六味地黄丸全国市场销量第一，并出口20多个国家和地区，连续多年被认定为中国制药工业百强、中国中药企业50强。

南阳市中医药诊疗保健机构发展较好，其中大中型医院已经有5家，但在小型中医诊疗保健方面没有形成规模和品牌；中医药教育发展良好，拥有多个专业中医药高等院校；中药材市场发展规模不大，仅有药都中药材集散中心1家；中医药文化旅游园区仅有3家，目前规模均不大，功能也相对单一。

结合秦巴山脉区域河南片区南北坡不同的产业格局，着力构建公路、铁路、航空、水运"四位一体"的现代交通体系。密切与丝绸之路经济带沿线中心城市和海上丝绸之路支点的联系，促进基础设施互联互通。借助河南省米字形高铁和水路交通建设，发挥资源优势和产业优势，积极顺应国家发展"新棋局"，着力创新体制机制，主动对接长江经济带和京津冀都市圈，从国家大战略中寻求机遇，谋求发展。

（五）综合交通方式不协调，交通设施对发展旅游产业的支撑不足

秦巴山脉区域河南片区地处中原，周边散布着众多代表华夏文明的旅游资源和历史遗存，通过公路交通将这些旅游资源要素进行整合衔接，可以大幅度提升该区域的旅游吸引力。秦巴山脉区域河南片区有淅川丹江口水库；栾川鸡冠洞、老君山、养子沟、龙峪湾、重渡沟、抱犊寨；嵩县白云山、天池山、陆浑湖；卢

氏豫西大峡谷、双龙湾、玉皇山、九龙山、熊耳山；内乡、南召宝天曼、西峡老界岭、西峡恐龙遗迹园；镇平、南召五朵山；淅川丹江口水库；鲁山尧山、六羊山、中原大佛等自然人文景区和上汤、中汤、下汤、昭平台水库的温泉度假中心及航空展览馆等军事路线；豫西邓小平故居纪念馆的红色旅游路线；洛宁神灵寨、故县西子湖、全宝山、禹门河水库等重点景区。目前，该区域交通设施对发展旅游产业支撑不足，表现在以下五个方面。

1. 景区接待能力有限，留不住游客

随着游客数量的持续增长，景区在接待能力和服务方面的不足逐渐显现，致使游客的数量增长幅度较小。

2. 航空客运不足流失大量高端旅客

航空客运是国际游客和国内高端游客的主要旅游出行方式。秦巴山脉区域河南片区中心城市洛阳、南阳机场每周到发航班数不足50个，通航城市不足20个，与国内其他同等级的二线旅游城市（如厦门、青岛、大连）相比，洛阳、南阳的航空旅游客运发展明显滞后，导致大量的高端游客取道郑州或其他城市，航空客运的短板直接制约了国际旅游目的地的发展进程。

3. 铁路旅游客运潜力有待挖掘

高铁是国内游客的主要交通出行方式。目前区域内仅有郑西高速铁路客运专线将洛阳和郑州、西安连接起来，为洛阳附近秦巴山脉区域河南片区的旅游产业进一步打开国内旅游市场创造了积极的条件。但目前还缺乏南北向的快速铁路客运通道，制约了洛阳附近秦巴山脉区域河南片区旅游在这两个方向上的吸引力；洛阳龙门高铁站尚未开通始发列车，高铁站与城市公交、旅游交通的衔接还不够完善，影响了游客的旅游体验；城际铁路虽已提上日程，仍未开工建设。应加快这一快速客运网络的开通，推动整个中原地区的旅游资源整合和旅游市场发展，提高各车站站点提供旅游服务的能力。

4. 公路客运对地区周边旅游资源的整合不足

从片区目前的旅游公路交通看，还存在着交通不便，缺少城区到周边景区景点的旅游交通服务；舒适度不高，缺少有组织的、区域性的特色主题旅游线路；各旅游景点分散经营、各自为政等问题。

5. 城区交通影响旅游体验，各交通形式间协调能力不足

目前秦巴山脉区域河南片区的城区道路交通状况不理想，缺乏特色风貌道

路，影响了游客对中原历史文化的直观认识；各交通形式间协调能力不足，游客交通转换不够方便。

综上所述，秦巴山脉区域河南片区应抓住区域交通条件得到改善的重大机遇，加强区域旅游合作，努力开拓旅游市场，在充分保护风景名胜资源的基础上，积极推进精品旅游线路交通建设，形成以等级公路为主体的快速旅游通道，构建立体交通网络，实现旅游交通无缝对接。建设以游客为中心的服务体系，建设和完善景区道路、通信、供水、供电等基础设施和垃圾、废水收集处理设施。加强中心城市、县城和景区旅游接待服务功能建设，不断提升整体服务能力和水平，把片区建成豫西地区旅游综合服务中心和对外形象的窗口。依托旅游资源，完善小城镇旅游服务功能。支持具有地方特色的中小旅游企业发展，繁荣旅游市场。

（六）交通整体能力的提升速度不能满足区域人民生活需求

随着国家扶贫开发力度的加大和区域经济交流的频繁，秦巴山脉区域河南片区民众的出行和生活需要也在增加。河南片区北坡以三门峡市为例，2017年三门峡市交通运输、仓储和邮政业增加值107.81亿元，比2016年增长7.4%。2017年三门峡市社会公路货运量6 555万吨，比2016年增长30.7%；公路旅客运输量2 292万人，下降1.9%；公路货运周转量168.10亿吨公里，增长11%；公路旅客周转量11.88亿人公里，增长1.7%[7]。

2017年三门峡市邮电业务总量37.61亿元，比2016年增长75.6%。其中，邮政业务总量5.01亿元，增长47.4%；电信业务总量32.60亿元，增长80.9%。2017年末固定电话用户9.7万户，比2016年减少1.0万户。2017年末移动电话用户212.8万户，比2016年增加9.9万户；每百人拥有移动电话96.5部，比2016年增加3.4部。

2017年末，三门峡市共有国际旅行社和国内旅行社49家；旅游景区（点）24处，其中，A级旅游景区（点）18处，4A级以上景区14处；旅游星级饭店16家。2017年共接待海内外游客3 467.90万人次，其中接待入境游客10.72万人次，接待国内游客3 457.18万人次。2017年旅游总收入301亿元。

秦巴山脉区域河南片区南坡的南阳，近年来交通运输业不断发展，各项交通运输经济指标平稳增长。2017年南阳年交通运输、仓储和邮政业增加值161.61亿元，比2016年增长9.1%。2017年末高速公路通车里程726千米。2017年客运量比2016年增长17.3%；货运量比2016年增长36.2%；旅客周转量比2016年增长10.8%，货物周转量比2016年增长23.0%；机场旅客吞吐量增长29.1%，机场货邮吞吐量增长19.4%。2017年末民用汽车保有量89万辆[8]。

2017年南阳市邮电业务总量124.10亿元，下降13.3%，其中，邮政业务总量21.90亿元，增长46.9%；电信业务102.2亿元，下降20.3%。2017年末局用电话交换机总容量1 374.3万门，同比增长4.7%；本地固定电话用户29.12万户，同比下降15.4%；移动电话用户840.26万户，同比增长3.4%。电话普及率为89.8部/百人，其中，城市104.5部/百人，乡村78.9部/百人。2017年末互联网用户153.8万户，增长15.4%。

2017年南阳市共接待旅游人数约5 200万人次，比2016年增长13.6%。其中，国际游客2.38万人次，增长17.4%；国内游客5 197.6万人次，增长13.7%。旅游总收入280.3亿元，增长15.6%。2017年末共有A级旅游景区38处，其中，4A级以上景区17处。星级酒店73个，国际国内旅行社75家。

总之，秦巴山脉区域河南片区与京津冀、长三角、环渤海等经济区之间缺乏大能力快捷通道连接，对外快速运输通道缺乏。区域内部分县市处在新丝绸之路经济带上，具有充分的地理优势，但是通向中亚、欧洲的陆路通道，通向东南亚、南亚的水运通道均未打通，尚未形成南北物流通道。铁路建设严重滞后，对外铁路通道多为单线，技术标准低，能力饱和，行车速度慢，"重客轻货""重连接轻时效"的弊端较为突出；机场能力和空域资源不足，支线机场少，能力较弱，不适应客货运输快速增长的需要；内河航道技术等级偏低，码头作业能力有限，内河航道难以实现常年全线畅通。

通过现场调研和分析，总结出秦巴山脉区域河南片区交通运输业的发展呈现出以下几个特点。

1. 基础设施具备一定的发展基础和条件

宁西、焦枝等铁路，二广、宁洛、沪陕、兰南等高速公路，洛阳机场、南阳机场，以及规划和建设中的内邓、三淅、洛栾、郑卢等高速公路和郑渝、蒙西至华中铁路等跨区域重大交通项目，初步构筑起对外立体交通大通道，完成了一大批路、桥、坝新建改建工程，交通、能源等重大基础设施取得突破性进展，具备了一定的发展基础和条件。

2. 基础设施总量依然不足

铁路运输"瓶颈"制约尚未消除，货运汽车满足率低、客运"一票难求"仍未缓解；民航发展滞后，运输规模偏小；干线公路规模不足，路网结构不尽合理；农村骨干路网不畅，技术标准偏低；运输场站发展滞后；邮政快递基础设施薄弱。

3. 基础设施薄弱，生态环境脆弱

区域内交通设施尚需完善，水利设施薄弱且严重老化，电力和通信设施落后。还有许多自然村不通柏油（水泥）路、不通电、不通电话、不通广播电视。该片区海拔差异大，气候垂直差异明显，极端气候多，降水多集中在7~9月，且多为强对流性大暴雨，极易发生洪涝、泥石流等自然灾害，冬、春两季有效降水偏少，经常发生旱灾。经济发展与生态保护矛盾尖锐，产业结构调整受生态环境制约大。

4.综合交通运输方式协调发展有待加强

综合交通枢纽和一体化运输发展滞后，铁路、公路、民航等各种运输方式尚未实现高效衔接；综合运输结构不尽合理，铁路、民航运输需进一步扩大规模；城市交通与外部交通衔接不畅，公共交通发展滞后。

总之，目前区域内省际、县际断头路多，铁路网覆盖范围不足，还有县区整体不通高速公路。机场建设和航空运输严重滞后，水运也处于初期规划阶段，未有有效的水运航道运输。交通运输骨干网络不完善，综合交通运输网络化程度低，制约了区位优势和资源优势的发挥。

第三节 战 略 意 义

（一）全面建设小康社会实现中国复兴的需要

随着中国特色社会主义建设事业的深入，建设小康社会的内涵和意义不断地得到丰富和发展。从2017年到2020年，是全面建成小康社会的决胜期，按照中共十六大报告、十七大报告、十八大报告提出的全面建成小康社会各项要求，中共十九大报告指出，我国的经济正处于转变发展方式的攻关期，在优化结构、提高效益、降低消耗、保护环境的基础上，到新中国成立一百年时，基本实现现代化，把我国建成社会主义现代化国家。秦巴山脉区域河南片区建设与发展符合我国全面建设小康社会实现中国复兴的需要。

（二）河南省融入国家战略规划的需要

推进"一带一路"建设，是党中央、国务院深刻把握全球发展大势，统筹国内国际两个大局，开创我国全方位对外开放新格局做出的重大战略决策。河南地处我国中心地带，是中华民族和中华文明的重要发祥地，在历史上长期是我国政治、经济、文化中心，在古丝绸之路发展繁荣过程中发挥了重要支撑作用。而秦巴山脉区域河南片区的地理位置正处在古丝绸之路的源头延伸线上，该地区的建设发展效果决定了河南省的综合经济实力的成果。改革开放以来，河南综合经济实力显著提升，开放型经济加快发展，与"一带一路"沿线国家的产业合作、经贸往来、人文交流日益密切。积极参与"一带一路"建设，加强以政策沟通、设施联通、贸易互通、资金融通、民心相通为主要内容的交流与合作，是新时期贯彻落实党中央、国务院部署，推动河南省全方位对外开放的重大战略举措，有利于抓住国家战略机遇，提升河南在全国发展大局中的地位；有利于融入全球分工体系，提升对内对外开放层次；有利于发挥自身优势，建设内陆开放高地。

（三）支撑中原经济区的快速发展的需要

《国务院关于支持河南省加快建设中原经济区的指导意见》明确赋予中原经济区"全国区域协调发展的战略支点和重要的现代综合交通枢纽"的战略定位。中原经济区地处全国东西南北的枢纽地带，陆桥、满洲里至港澳台等运输大通道承东启西、连南贯北。秦巴山脉区域河南片区的建设发展有利于充分发挥河南作为东部地区产业转移、西部地区资源输出和南北区域交流合作的战略通道作用，提高全国"五纵五横"大通道运输的整体效能，加快在中部腹地形成全国重要的现代综合交通枢纽；秦巴山脉区域河南片区的建设发展将强化中原经济区在全国综合交通运输体系中的战略地位，使之适应河南产业转型发展和大宗物资运输对快速化、专业化、大型化和一体化交通运输的需求，加快现代城镇体系布局优化和城乡一体化进程，密切与长三角、山东半岛、江苏沿海、京津冀等区域的合作，推动内陆对外开放高地建设，支撑中原经济区在全国发展大局中发挥腹地效应，实现"三化"协调发展，带动中部崛起。

（四）地方特色经济发展与扶贫攻坚的需要

河南省委、省政府高度重视秦巴山脉区域河南片区（伏牛山区）的扶贫开发工作，经过持续的政策扶持，该地区贫困状况发生了很大改变。但与全省经济社会快速发展的势头相比，仍然呈发展差距逐步拉大的趋势。随着全省新型城镇化、新型工业化、新型农业现代化建设的深入推进，特别是新农村建设步伐的加快，农业农村经济不断发展壮大，农民收入持续较快增加，这为贫困地区发展奠定了物质基础。河南省委、省政府着眼全省经济社会发展大局，将扶贫攻坚与小康建设作为重大专题来抓。根据河南省委、省政府加快新型城镇化进程、建设社会主义新农村的总体要求，依据《中国农村扶贫开发纲要（2011—2020年）》和《中共河南省委河南省人民政府关于贯彻落实〈中国农村扶贫开发纲要（2011—2020年）〉的实施意见》（豫发〔2011〕21号）精神，为加快"三山地区"经济社会发展步伐，如期实现全面小康的目标，河南省人民政府2013年10月制定了《河南省大别山伏牛山太行山贫困地区群众脱贫工程规划（2014—2020年）》，这是加快贫困地区发展的重大举措，是促进全省经济社会科学健康发展、全面建成小康社会的重大战略部署。因此，秦巴山脉区域河南片区交通运输发展是河南省及地市特色经济快速发展和扶贫攻坚建设的需要。

（五）生态文明建设和可持续发展的需要

秦巴山脉区域河南片区地处亚热带向暖温带过渡的地带，属典型的季风大陆半湿润气候，四季分明，阳光充足，雨量充沛。片区内山川丘陵交错，地形复杂，河流密布，分属黄河、淮河、长江三大水系，主要有洛河、伊河、清河、磁河、铁滦河、涧河、瀍河、丹江等河流。水资源丰富，水能资源蕴藏量较大。

南水北调中线工程贯穿秦巴山脉区域河南片区，取水于南阳的丹江口水库，中线工程可缓解华北地区水资源危机，为河南、河北、北京、天津的生活、工业增加供水64亿立方米，增供农业用水30亿立方米。这能大大改善供水区生态环境和投资环境，推动中国中部地区的经济发展。中线工程的总干渠不仅是一条"清水长廊"，还是一条"绿色长廊"。总干渠不经过崇山峻岭，施工条件优越，对环境的影响小，沿线河流均与总干渠立体交叉，可保证水质，改善河道的水环境。中线工程可以带动绿化、生态农业和绿色农业的发展，改善当地的生态环境。南水北调中线工程是一项宏伟的生态工程。中线工程受水区现年均缺水量在60亿立方米以上，经济社会的发展不得不靠大量超采地下水维持，从而造成地下水水位大范围、大幅度下降，甚至部分地区的含水层已呈疏干状态。南水北调中线工程可以使受水地区的缺水问题得到有效解决，生态环境将有显著改善[9]。

实施秦巴山脉区域河南片区的绿色交通综合体系发展有利于保障南水北调中线水源区的生态安全，为京津地区送去安全水、放心水，促进生态文明建设和可持续发展。

（六）支撑区域旅游产业绿色循环发展的需要

秦巴山脉区域河南片区不仅生态资源富集，森林覆盖率高，矿产品种多样，是国家重要的生物多样性和水源涵养生态功能区，同时也是国家级集中连片贫困地区。这里旅游资源丰富，文化底蕴深厚，亦是世界级旅游资源聚集地。三门峡陕州区的崤函古道石壕段遗址是丝绸之路世界文化遗产的重要节点，南阳宝天曼1993年成为世界生物圈网络成员，河南省伏牛山2006年10月被评为世界地质公园，这三处世界级旅游资源显示出秦巴山脉区域河南片区巨大的旅游发展潜力。

文化旅游业被认为是秦巴山脉区域河南片区这种强生态弱经济区最佳的发展方式之一。旅游资源吸引力的大小、开发效果的好坏很大程度上依赖于交通的通达性高低，实施秦巴山脉区域河南片区的绿色交通综合体系发展是影响旅游资源吸引力大小和开发规划的关键因素，对秦巴山脉区域河南片区发展旅游能产生重要影响。而更为重要的是，交通和其他基础设施对区域的旅游发展具有先行基础作用，也必将使秦巴山脉区域河南片区交通成为区域旅游发展的必要条件，成为旅游产业的重要组成部分。因此，实施秦巴山脉区域河南片区的绿色交通综合体系是完成区域旅游产业循环发展不可或缺的条件。

第四节 交通运输发展战略建议

秦巴山脉区域河南片区内4个中心城市（洛阳、三门峡、平顶山和南阳）紧紧围绕"三大国家战略规划"的实施和新型城镇化建设，不断加大基础设施建设投入力度，加快推进产业集聚区公路建设、集中连片特困地区路网升级改造、城市组团至中心城区快速通道建设和农村公路"乡村通畅"工程实施，路网技术等级、通行能力和服务水平不断提升，初步形成了以高速公路支撑轴带发展、以快速通道服务城市组团式发展、以国省干线公路保障产业集聚区建设、以农村公路助力粮食生产核心区建设的路网格局。同时，不断加大内河水运投入力度，着力提升运输服务能力和水平，加强安全应急、养护管理、科技信息、法律法规、行业标准等服务能力建设，努力推动邮政快递业转型升级，公路水路交通运输业和邮政快递业发展取得了较好成绩。但是区域交通运输发展在全国甚至河南省仍然处于低位发展状态，通过调研提出以下绿色交通发展战略建议。

（一）夯实现有交通设施基础，加强区域地理战略功能

依据秦巴山脉区域河南片区已有交通通道基础，着力打造纵横"井"字形运输通道。

陇海通道：提升现有连霍高速、陇海铁路、郑西客专[①]、郑卢高速东西方向陇海通道服务水平和基础设施，构建陇海交通通道，形成东西横线主要交通干线。

三洋通道：以规划铁路三（门峡）—洋（口）铁路为基础，结合现有沪陕高速、G312国道，构建三洋交通通道，形成东西横线第二交通干线。

蒙华通道：以三淅高速、蒙华铁路为主要通道，结合G209国道，构建蒙华交通通道，形成南北纵线西位支线。

焦柳通道：以焦柳铁路、二广高速、规划建设洛阳—十堰—贵阳铁路、在建郑万铁路为主要通道，结合G207国道，构建平顶山—南阳交通通道，形成南北纵线东位支线。

强化区域与周边经济区的联系，加快推进区域性综合交通运输通道由交通走廊向经济走廊转型，消除通道瓶颈，拓展辐射范围，强化"井"字形区域性综合交通运输通道对片区的支撑作用，从而加强秦巴山脉区域河南片区地理战略要道功能。以升级改造、改善路况、优化网络为重点，对G209国道、G207国道、G310国道等拥挤路段进行扩容改造，加大省际连通道路建设力度，实施高速公路连接线工程，着力优化秦巴山脉区域河南片区、大别山区对外通道。

[①] 客专是客运专线的简称。

（二）提升交通综合运输服务能力，支持区域经济发展

秦巴山脉区域河南片区交通运输服务能力水平近年来持续提升，但是综合运输服务能力仍然不能支持经济发展的需要。在现有设施基础之上，持续扩充各类运力资源，不断满足全社会日益增加和升级的运输需求。客运方面，逐步形成以密集的公路客运班线为基础，铁路、航空运输为骨干，以广泛辐射的农村客运为补充，以高频度的城市客运为主体的客运服务体系，支撑区域多样化客运出行需求。进一步巩固公路水路在综合运输体系中的基础性作用和主体地位。积极开展城乡道路客运一体化试点工作，提高秦巴山脉区域河南片区建制村通班车率，提升客运基本公共服务均等化水平。

（三）提高交通基础设施抗灾能力，强化生态环境保护

继续完善区域内交通设施，提升水利设施、公路设施等抵抗自然灾害的能力，特别是加强在秦巴山脉内部及周边10千米内基础设施抵抗洪涝、泥石流、山洪等自然灾害的能力，确保秦巴山脉生态环境的原生态，减少自然灾害对生态环境的破坏。积极推进邮电设施建设，积极扩展"互联网+"在秦巴山脉区域的应用领域，转变区域内居民的出行方式，使产业经济发展与生态保护协调发展。

（四）加强综合交通枢纽建设，完善综合交通体系网络

秦巴山脉区域河南片区现有综合交通枢纽数量不足，建议构建综合交通运输体系，强化多种交通方式有效衔接，加快集多种运输方式与城市交通为一体的现代化大型综合交通枢纽的建设步伐，建设集铁路客运专线、城际铁路、长途客车、公交、出租等多种交通方式为一体的客运综合枢纽。积极建设铁路集装箱中心站，构建洛阳、南阳国家公路运输枢纽。

以客运"零距离换乘"和货运"无缝衔接"为发展目标，重点推进综合客运枢纽建设、促进普通公路客运站升级改造。建成多个综合客运枢纽和公路客运站，积极建设公路货运枢纽（物流园区）。

（五）加快科技进步和信息化建设，提升居民幸福感

在科技创新方面，加强交通领域新成果的应用转化和科技创新，积极推广"公路桥梁安全检测与加固技术""厂拌乳化沥青冷再生技术"等科技成果。在信息化建设方面，推广应用公路客运联网售票平台；交通运输统计分析监测和投资计划管理信息系统、公路水路安全畅通和应急处理系统、公路超限检测四级联网系统等信息技术。在节能减排和"绿色交通"建设方面，提倡绿色循环低碳交通建设，鼓励和支持公共交通使用新能源车辆等。

（六）深化交通管理体制改革，保证绿色交通可循环发展

以建设"平安交通"为载体，深入开展道路交通综合整治活动，强力推进企业安全生产标准化建设。积极推进区域性公路交通应急装备物资储备与救援中心、公路水路安全畅通和应急处置系统项目，进一步增强安全监管和应急处置能力，稳定交通安全生产形势。

以建设交通运输法制政府部门为主线，强化顶层设计，逐步健全地方性规章，贯彻实施《河南省水路交通管理办法》和《河南省治理货物运输车辆超限超载办法》。强化执法行为规范化和执法队伍建设，优化治超站点布局，逐步提高依法行政能力和水平。积极推进交通运输行政执法改革试点工作，积极稳妥推进省、市、县三级行政执法体制改革工作。强力推动运管体制改革，启动全省普通公路建养管一体化改革试点工作，深入推进行政审批制度改革。

第五节　交通发展战略定位

（1）特色高效农业示范基地。

依托山区独特的特色产业和自然生态优势，发展具有区域特色的主导产品，促进农产品参与市场竞争。加快中药材、食用菌、药用菌、养殖业、花卉种苗发展，通过壮大种养业龙头企业、培育农民专业合作组织、建设高标准、立体化产业基地，构筑特色农产品物流市场体系。创新科技扶贫模式，加大科技扶贫力度，逐步形成特色产业链，打造特色高效农业示范基地。

（2）历史文化与生态旅游基地。

利用丰富独特的历史文化和山水生态旅游资源优势，促进旅游产业转型升级和发展方式转变，推进省际历史文化与生态旅游协作，建成国内外具有重大影响力的历史文化旅游基地。

（3）跨省协作创新试验区。

发挥加快建设中原经济区重大战略的政策优势，加强区域交通体系建设，深化跨省市经济技术交流与合作，拓展与陕西关中-天水经济区、山西国家资源型经济转型发展综合配套改革试验区、成渝经济区、武汉城市圈等重点经济区的合作，积极探索跨省交界欠发达地区经济一体化发展的新途径、新机制，实现优势互补，共同发展。

（4）中部地区重要生态安全屏障。

按照2010年发布的《全国主体功能区规划》要求，统筹经济社会发展与生态环境保护，推进生态文明建设，发挥亚热带森林系统核心区和国家生物多样性宝库的作用，建成黄河流域、长江流域、淮河流域重要的生态屏障。

第四章　秦巴山脉区域河南片区绿色交通战略设想

第一节　指导思想与总体目标

一、指导思想

以科学发展为主题，以加快转变交通运输发展方式为主线，紧紧围绕经济区域建设，按照适度超前原则，以"客运快速化、货运物流化"为方向，以持续提升运输效率和服务水平为目标，以综合运输通道、综合交通枢纽和重要节点建设为关键点，以推进多种运输方式有机衔接、一体化发展为着力点，深化体制机制改革，推动绿色安全发展，加快构建网络设施衔接顺畅、综合枢纽功能完善、运输服务安全高效的现代化综合交通运输体系，充分发挥交通在区域大流通格局中的重要作用，为建设中原经济区、加快中原崛起河南振兴提供有力支撑。

"十三五"时期是河南省全面建成小康社会加快现代化建设的关键时期，也是深入贯彻落实"四个全面"[①]战略布局，融入"一带一路"倡议，加快实施粮食生产核心区、中原经济区和郑州航空港经济综合实验区三大国家战略规划，建设"四个河南"[②]的重要时期。为加快构建安全、便捷、高效、绿色的现代综合交通运输体系，依据《河南省全面建成小康社会加快现代化建设战略纲要》、《河南省国民经济和社会发展第十三个五年规划纲要》和交通运输部《综合运输服务"十三五"发展规划》等，以科学发展观为指导，以提质增效升级为导向，以"改中求进、适度超前"为总基调，以综合交通、智慧交通、绿色交通、平安交通、法治交通、服务交通为发展方向，满足现代交通运输业的发展要求，实现公路和水路等多种方式综合协调发展。

---

① 全面建成小康社会，全面深化改革，全面推进依法治国，全面从严治党。
② 2013年11月河南省委书记郭庚茂在多个重大场合提出，要把党的十八大"五位一体"的总体布局在河南具体化，筹划好"富强河南、文明河南、平安河南、美丽河南"建设。

坚持加快区域发展与扶贫攻坚相结合。把保障和改善民生作为发展的出发点和落脚点，通过片区发展为扶贫攻坚创造更好的基础条件，有效提高扶贫攻坚整体工作水平，使人民群众特别是贫困人口共享发展和改革成果；通过扶贫攻坚加快脱贫致富步伐，激发广大群众参与发展的积极性和创造性，推动片区县经济社会实现跨越式发展。

坚持经济发展与生态环境保护相结合。以人口资源环境承载力为前提，以产业集聚区为重要载体，优化产业结构和空间布局。集约节约利用资源，严格保护耕地，改善生态环境。坚持高起点规划、高标准要求、高水平建设，走新型工业化、城镇化和农业现代化道路，切实转变经济发展方式，促进经济发展和生态建设形成良性互动格局。

坚持加快发展与改革创新相结合。把解放思想、转变观念、大胆探索、锐意创新作为推动区域发展与扶贫攻坚的强大动力，深化重点领域和关键环节的改革，允许在相关领域先行先试。促进区内优势互补与协作发展，积极推进区域一体化建设，加强对外交流合作，打造全方位对外开放和全社会扶贫新格局。

坚持统筹协调与突出重点相结合。促进连片特困地区发展是系统工程，既要着眼长远打牢发展基础，又要立足当前解决突出问题；既要统筹区域整体发展，又要着力突破薄弱环节；既要通盘考虑总体规划，又要分步实施稳步推进。

坚持市场调节与政府引导相结合。充分发挥市场机制在资源配置中的基础性作用，加快区域经济发展步伐。更加注重发挥政府政策的引导作用，大力促进各种资源向最困难的地区、最贫困的人口倾斜，确保贫困群体优先受益。

坚持国家支持与自力更生相结合。片区广大干部群众是促进区域发展和扶贫攻坚的主体，要继续发扬不等不靠、自强不息和艰苦奋斗的精神，不断增强自我发展能力；片区加快发展离不开国家的支持和引导，要进一步争取加大投入力度，并广泛动员社会各界参与扶贫开发，解决片区发展的特殊困难。

二、总体目标

构建秦巴山脉区域河南片区绿色交通体系，加强交通基础设施建设规划，突破交通等瓶颈制约，改善区域发展环境，进一步增加交通基础设施总量，进一步优化运输方式衔接，提高交通运输服务质量，提升技术装备水平。建成完善的高速公路网、比较完善的铁路网和民用航空枢纽，巩固提升洛阳、三门峡、南阳、平顶山现代综合交通枢纽地位，初步形成网络设施配套衔接、覆盖城乡、连通内外、安全高效的现代综合交通运输体系。

提升秦巴山脉区域河南片区交通基础设施运输服务功能和质量，提高科技进步和信息化水平，资源能源集约节约高效利用，进一步提高能源利用效率，继续降低单位运输能源消耗，完成全国公路、水路交通运输节能减排规划目标。有效控制污染排放，基本建成绿色循环低碳交通运输体系，进一步提升交通运输可持续发展能力。基础设施日趋完善，基本公共服务主要领域指标接近全国平均水平，农村社会保障和服务水平进一步提升；生态系统良性循环、结构优化、密切协作的产业发展格局形成，人均地区生产总值达到全省平均水平以上，城乡居民收入和经济发展实现同步增长，发展差距扩大趋势得到扭转；区域协作体制机制全面建立、高效运转，区域发展步入一体化协调发展轨道。民族团结稳定，社会和谐繁荣，与全国基本同步实现全面建设小康社会的目标。

第二节　构建与产业布局相适应的交通运输空间布局

以秦巴山脉为生态保护区，构建秦巴山脉南北坡产业格局，构建"以南阳、洛阳中心城市为主体的产业走廊"经济发展格局，形成发展要素集聚、产业特色突出、区域联系紧密、城镇体系完善的主体空间结构。

（1）南阳—商洛—西安经济走廊。以国家高速公路上海—西安（G40）、宁西铁路为依托，重点发展汽车配件制造业、新材料产业、机械加工业、生态旅游业、现代中药、特色农业。

（2）洛阳、三门峡—南阳—十堰、襄阳经济走廊。以国家高速公路二连浩特—广州（G55）、焦柳铁路、郑渝高速铁路为依托，重点发展汽车制造业、机械加工业、精细磷化工业、旅游业、现代农业。

以秦巴山脉区域河南片区为中心，形成"井"字形空间发展格局。着力构建"两横两纵"运输发展通道，强化纵向主通道联系，提升横向主通道交通运输能力，在区域内形成纵贯关中—天水经济区与成渝经济区，横接中原经济区和武汉城市圈，通江达海的交通运输主通道。

陇海通道：提升现有连霍高速、陇海铁路、郑西客专、郑卢高速东西方向陇海通道服务水平和基础设施，构建陇海交通通道，形成东西横线主要交通干线。

三洋通道：以规划铁路三（门峡）—洋（口）铁路为基础，结合现有沪陕高速、G312国道，构建三洋交通通道，形成东西横线第二交通干线，加快前期论证建设商洛—卢氏—嵩县高速公路，完成和陕西商洛的对接。

蒙华通道：以三淅高速、蒙华铁路为主要通道，结合G209国道，构建蒙华交通通道，形成南北纵线西位支线，加快三门峡—卢氏—十堰高速公路建成通车，加快蒙西—华中铁路煤运通道三门峡—淅川段开工建设。

焦柳通道：以焦柳铁路、二广高速、规划建设洛阳—十堰—贵阳铁路、在建郑万铁路为主要通道，结合G207国道，构建平顶山—南阳交通通道，形成南北纵线东位支线，加快前期论证建设内乡—保康—宜昌高速公路，完成和湖北境建成的保康—宜昌高速公路的对接。

第三节　重点项目与技术支撑

一、重点项目

全面加快高速铁路网建设，建成郑州至万州、郑州至阜阳、太原至焦作铁路河南段，形成以郑州为中心的"米"字形高速铁路网；开工建设（北）京九（龙）高铁，规划研究合（肥）西（安）、运（城）三（门峡）和呼（和浩特）南（宁）高铁豫西通道等项目。加快推进新郑机场至郑州南站至登封至洛阳、焦作至济源至洛阳等城际铁路建设。建成蒙西至华中铁路，统筹推进三门峡经亳州至江苏洋口港铁路等普速干线铁路建设，形成"四纵六横"普速干线铁路网。

以跨省通道和中原城市群核心圈加密路段、紧密圈联通路段为重点，继续加快高速公路建设，有序推进高速公路拥挤路段扩容改造。打通芮城至灵宝、济源至阳城等跨省通道，建成尧山至栾川至西峡、济源至洛阳西、周口至南阳等内联项目。依托宁（南京）西（安）铁路、合（肥）西（安）高铁，沪陕、淮信高速，G312国道、淮河航道等，打通横贯东西的运输通道，向西衔接关中城市群，向东联系长三角城市群，省内串联南阳、信阳，引导沿淮经济带、秦巴山脉区域河南片区、大别山革命老区产业转型升级，形成支撑豫南区域发展的综合运输走廊。

规划完善区域内以公路为主的高速公路断头路建设，开工建设规划的尧山—西峡高速公路项目，开工建设规划的卢氏—栾川高速公路项目，加快鲁山支线机场建设和区域至中心城市机场快速路建设。

加强内河航道养护，着力推进沙颍河、淮河、唐河等航运开发，建设完善直通华东地区的水上通道，建设内河航道304千米。依托国家干线输气管道，完善省内支线网络，重点建设日照至濮阳至洛阳原油管道、洛阳石化至郑州机场航空煤油、洛阳至三门峡至运城等成品油管道和配套油库，积极推进西气东输三线、新疆煤制天然气外输新粤浙管线及豫鲁支线等国家骨干管道河南段，以及漯河至周口、唐河至伊川等省内支线建设。

二、技术支撑

（一）基于优化算法和专家智慧的综合交通规划和优化设计

传统的路径优化算法是基于静态信息的计算，现今城市路面交通状况每况愈下，传统的路径优化算法已经无法满足目前路径优化的需求[10]。随着GPS （global positioning system，全球定位系统）的发展，以及各种路况采集技术的成熟，以往无法收集到的实时交通数据现在已经完全可以作为路径优化的全新计算参数，这为基于大数据优化提供了可能。今后随着4G[①]网络和Wi-Fi[②]的普及，信息的传递将更加便捷。利用信息网络和交通实时大数据的综合交通规划将进一步加强，同时考虑到交通规划的合理性和经济性，结合专家智慧进行优化，为构建综合交通体系提供技术支持。

（二）绿色环保可循环利用道路修筑材料，以及与当地环境和气候相适应的友好筑路材料

以国家建筑节能和绿色环保政策为基础，充分考虑秦巴山脉区域河南片区的自然和地理条件，在交通基础设施修筑时，采用绿色环保的路面材料和土木材料。在道路修筑时积极利用废弃物沥青路面再生技术、低热路面修筑技术、汽车尾气吸收分解路面修筑技术等绿色环保的施工工艺[11]。

（三）低交通量耐久性农村道路的修筑技术，农村道路快速养护修复技术

秦巴山脉区域河南片区是河南集中连片贫困区，区域内交通基础设施以低等级的乡村道路为主，在构建绿色交通体系的过程中，区域内现有的道路通过升级改造可以更好、更快地构建综合交通网络。在现有道路改造过程中，通过对路面结构病害部位注射多组分高聚物材料，利用高聚物材料发生聚合反应后体积迅速膨胀并固化的特性，实现对空洞和裂隙的快速填充和对土体的黏结挤密，从而达到加固和修复路面结构的目的。与传统的注浆加固修复技术相比，高聚物注浆技术具有轻质、膨胀、早强、耐久、快速等优点，采用公路高聚物注浆修复快速养护修复技术可以为绿色交通循环发展提供很好的技术支持[12]。

（四）拓宽交通融资渠道，优化政策环境，提升管理服务水平

推动省、市级交通融资平台创新融资理念，提升融资能力[13]。通过设立河南铁路产业投资基金，采取市场化方式发行专项债、企业债和私募债，利用保险资金股权投资等多渠道筹措省级铁路建设资金。大力争取中央资金支持，积极利用PSL（pledged supplementary lending，抵押补充贷款），推进公益性交通基础设施建设。推广PPP（public private partnership，公私合营模式），引导和鼓励社会资本参与交通基础设施建设。鼓励省、省辖市合作对交通项目周边及沿线土地进行综合开发融资。探索开放站房、地铁站、机场航站楼、港口码头一定期限的商

---

① 第四代移动通信技术。
② 一种短距离高速无线数据传输技术，主要用于无线上网。

业经营权。强化公共财政对交通运输公益性事业的资金支持。各地可结合本地实际需要，统筹省级转贷的地方政府债券资金加大对交通建设的投入。

第四节　保障体系

引领带动，适度超前。充分发挥交通对经济社会发展的先行引领作用，加强与相关规划衔接，兼顾现实基础和战略需求，适度超前建设交通基础设施，更好地服务建设经济强省，打造"三个高地"，实现"三个提升"[4]。

开放协调，优化衔接。协调区域、城市、城乡交通发展，以郑州枢纽为中心，高效衔接航空、铁路、公路等多种运输方式，推进省内与国内、国际交通网络融合发展。完善枢纽、物流设施与口岸功能，加强与海港和国际航空枢纽对接发展，构建内联外通的开放平台。

服务为本，安全高效。强化运营和服务管理，加快多式联运发展，促进客运服务便捷舒适、货运服务集约高效，推动综合交通运输服务提质增效升级发展，充分释放新需求，形成发展新动力。强化交通运输安全生产监管和应急保障体系建设，全面提升综合交通运输体系的安全性和可靠性。

绿色智慧，共享发展。调整运输结构，推广节能减排，实现综合交通运输发展绿色化。推动信息技术与交通运输服务深度融合，充分发挥智慧交通对交通运输现代化发展的核心带动作用。大力实施交通扶贫脱贫攻坚工程，消除贫困地区交通瓶颈制约，推进交通运输公共服务均等化。

深化改革，创新机制。转变政府职能，充分发挥市场在交通资源配置中的主导作用，形成多元化的交通投融资机制。聚焦市场急需、群众关切、带动力强和影响持久的领域，推动交通供给侧结构性改革。加快构建权责匹配、运转高效的交通运输管理体系。完善现代交通治理体系，推进交通运输治理能力现代化。

合理交通规划，建立以公路、水运、航空、铁路（包括轨道交通和客运专线）和管道相结合的综合交通体系，各种交通方式均衡发展，规划适度超前，建设有所偏重。

重视优化设计，线路优化、线形优化、结构形式优化，减少对环境的破坏，减少对生态的破坏，减少对能源的消耗。

提倡节能环保，建设和运营过程中，尽量利用太阳能及可回收、可循环利用的新材料、新技术等。

第五章　秦巴山脉区域河南片区绿色交通战略任务

第一节　打造低碳交通运输基础设施

一、推进交通运输基础设施畅通化、网络化发展

交通基础设施网络密度进一步提高,结构不断优化,布局更加合理,交通供给能力明显增强。积极促进铁路、公路、水路、民航和城市交通等不同交通方式之间的高效组织和顺畅衔接,加快形成便捷、安全、经济、高效的综合运输体系。着力扩大路网规模,完善路网结构,提高路网质量,统筹铁路综合枢纽协调发展,形成人畅其行、货畅其流的现代化铁路运输体系。进一步完善高速公路、国省干线和农村公路网络,优化公路客货运站场布局,大力促进城乡客运一体化进程。加快形成以高等级航道为主体的内河航道网,推进港口结构调整。积极推行公交优先战略,进一步提升城市公共交通分担率,建立以公共交通为主体,多种交通出行方式相互补充、协调运转的城市客运体系。

二、积极发展循环经济模式

加强交通运输循环经济研究,大力推进交通资源减量化、再利用和循环再生。广泛应用公路节能新技术,推广路面材料再生和废旧资源再利用技术。开发研制节约优质能源并适合我国公路的基于改性乳化沥青的路面就地冷再生技术[14]与快速修复技术及一体化装备[15]。

落实各项扬尘防治措施,做好交通扬尘治理。积极推广港口废水集中处理等技术,实现港口绿色发展。探索使用可再生能源技术,推动交通能源结构多样化。

第二节　推广绿色交通运输装备

一、优化交通运输装备结构

鼓励发展高档、环保、高效低耗清洁能源和新能源客运车辆，严禁对实载率低于70%的线路新增运力，支持引导城市公交发展清洁能源和新能源客车。以运输装备能源清洁化、专业标准化和绿色低碳化为重点，推进交通运输装备的绿色升级，有效地调整用能结构、优化用能方式、降低能源消耗，积极构建"三低"（低增速、低增量、低碳化）能源消费结构。水运方面，以内河运输船舶为重点，开展天然气推广应用。

二、积极推进绿色养护装备

积极推进沥青路面就地冷再生技术及成套装备、高速公路深层隐含病害快速识别与非开挖修复技术及装备[16]、环保型道路维修新材料。高速公路绿色养护维修技术符合国家节能减排和可持续性发展战略的迫切需求，具有重大经济社会环境效益和广阔的发展前景。

三、加强交通设施绿色检测装备建设

交通基础设施的保养维护技术包括检测、监测、评价和修复加固。检测、监测与评价技术的发展分为两个阶段，第一阶段是以人工为主，辅以无损检测技术；我国在第一阶段保养维护理念和技术上都与国际先进水平存在较大的差距，如雷达、超声、声发射、CT[①]扫描、激光扫描等基础设施无损检测技术，还主要依赖从欧洲和美国等进口[17]。因而，要积极推进快速修复技术及路基缺陷检测和快速无损修复技术[18]，为高速公路养护建设提供基础性的背景资料，积极推进交通基础建设的绿色检测装备的制造和发展。

四、加强交通运输装备排放控制

严格执行营运车辆燃料消耗量限值标准，杜绝超标准车辆进入运输市场。调整货运车辆结构，推广使用重型车、箱式货车、专用车。严格落实交通运输装备

---

① computed tomography，电子计算机断层。

废气净化、噪声消减、废水处理、垃圾回收等装置的安装要求，有效控制排放和污染。严格执行交通运输装备排放标准和检测维护制度，加快淘汰超标排放交通运输装备。积极做好黄标车淘汰及限行工作，对未取得环保检验标志的营运汽车不予办理相关营运手续，限期完成营运黄标车淘汰任务。积极推广内河船舶免停靠报港信息服务系统，加快淘汰老旧船舶，鼓励发展大型化、专业化、标准化船型。做好船舶垃圾及油废水接收上岸工作，配套完善垃圾回收船舶、转运车辆等装备，建立船舶污染物接收处理和运营管理机制。

第三节　片区绿色交通国家级战略任务

按照整体保护、集聚发展的原则，秦巴山脉区域河南片区可划分为重点发展区、生态农业区和生态保护区。

（1）重点发展区。其主要包括地市级城市、县城等重点城镇及重点项目区。要充分利用城镇空间和产业基础条件，推进工业化、城镇化，促进人口集中、产业集聚，壮大区域经济增长极，提高综合承载能力。

（2）生态农业区。其主要包括汉中盆地、南阳盆地等河谷平坝及低山丘陵地区。以种养殖业和村庄聚居区为主，大力发展特色农业和设施农业，改善农村生产和生活环境。

（3）生态保护区。其主要包括森林、高山草场、湿地及各级自然保护区、水产种质资源保护区、森林公园、地质公园、地质公园等重要生态功能区。以生态建设与环境保护为主，除适当发展生态旅游、种养殖业和必要的科学试验外，限制其他生产建设活动。结合生态建设、防灾减灾和扶贫开发，推进人口易地安置。

国务院扶贫开发领导小组办公室、国家发展和改革委员会制定的《秦巴山片区区域发展与扶贫攻坚规划（2011—2020年）》显示，在规划期间按照统筹规划、适度超前、优化布局、保护环境、协调推进的原则，加强交通、能源、水利等基础设施建设，为片区扶贫攻坚和经济社会发展奠定坚实基础。

《秦巴山片区区域发展与扶贫攻坚规划（2011—2020年）》在交通基础设施建设中明确表示，要在秦巴山脉区域河南片区加快推进国家铁路、国家高速公路等重点项目建设，加强国省干线改扩建，规划建设"三横六纵"交通运输主通道，积极推进洛阳、南阳等机场建设。构建洛阳、南阳、平顶山等国家公路运输枢纽。强化纵向主通道联系，提升横向主通道交通运输能力，形成纵贯关中-天水经济区与成渝经济区、横接中原经济区和武汉城市圈、通江达海的交通运输主通道。

在区域内交通方面,《秦巴山片区区域发展与扶贫攻坚规划(2011—2020年)》表示要加强与国家公路、铁路网规划的衔接,加快省道、专支线铁路及主通道联络线规划建设。构建卢氏、栾川、鲁山等区域性综合交通枢纽。加快支线和通用机场建设。加强三门峡黄河水上通道扩容,完善洛阳伊洛河通道、南阳白河通道通航设施。提高县际及通县公路的技术等级和通行能力。继续推进农村公路通达工程、通畅工程和农村客运网络化工程。形成布局完善、干支结合、结构合理的区域综合交通运输网络。

第四节 绿色交通河南省级战略任务

"十三五"时期,河南省交通运输领域将率先基本实现现代化,建成连通境内外、辐射东中西的现代立体交通体系和物流通道枢纽;综合交通网络更加完善,综合运输通道格局基本形成,建成发达的航空网、高效的铁路网、便捷的公路网,基本建成郑州现代综合交通枢纽和多式联运国际物流中心;公众出行更加便捷,货运与物流服务更具竞争力,初步形成现代运输服务体系;交通综合治理达到国内领先水平;交通支撑引领作用进一步强化。

1. 能力充分

基本形成米字形+井字形综合运输通道,铁路运营里程达到7 000千米,实现所有省辖市通快速铁路;力争高速公路通车里程达到7 800千米以上,基本实现所有县(市)通高速公路。新增油气长输管道3 000千米左右,力争管道天然气覆盖所有产业集聚区和60%以上的乡镇。

2. 优质高效

中原城市群、中心城市、县乡三级交通圈及郑州大都市区一体化交通网基本建成,公众出行服务便捷高效。市区人口100万以上的省辖市公共交通机动化出行分担率达到60%左右,基本实现所有建制村通客车。快递终端服务网点建制村覆盖率达到100%,实现"乡乡有网点、村村通快递"。运输装备标准化水平显著提升,中高级营运客车所占比例达到80%,内河船舶标准化率达到80%。公路管养效能明显提升,高速公路、普通干线公路优良路比例分别达到90%、85%以上,县乡公路优良中等路比例不低于70%。

3. 智慧引领

综合运输服务与新一代信息技术实现深度融合,公众出行服务信息化全面发展，所有二级及以上客运站联网售票，基本实现ETC[①]高速公路收费站全覆盖，全面实现省辖市、省直管县（市）交通"一卡通"互联互通。基本建成综合交通运输监测网络，高速公路重点路段、干线公路特大桥隧、二级及以上客运站监测覆盖率达到100%。

4. 绿色安全

交通运输体系绿色低碳建设成果显著，资源集约节约利用水平显著提升，清洁能源与新能源运输装备得到推广应用，新增清洁能源、新能源公交车比例提高到75%。综合交通运输安全保障体系基本建立，应急救援能力进一步增强，一般灾害情况下公路应急救援到达时间不超过2小时。

打造现代综合交通枢纽。按照"零距离换乘、无缝化衔接"要求，全面提升枢纽设施一体化水平，加快构建郑州现代综合交通枢纽，统筹推进地区性枢纽建设，形成以郑州枢纽为核心，与地区性枢纽联动互补、层次分明、功能配套的现代综合交通枢纽体系，大力发展枢纽经济。

围绕"一带一路"重要节点城市、国家中心城市定位，强化设施建设，完善服务功能，促进多式联运发展，将郑州打造成为服务"一带一路"建设的国际性现代化综合交通枢纽。

支持地区性中心城市加快建设支线机场、高速铁路站、城际铁路站、港口码头及公路运输场站等枢纽场站，配套建设公交枢纽站、城市轨道站等换乘设施，加强交通枢纽空间布局规划，加密完善快速集疏运通道，构建内捷外畅的地区性综合交通枢纽。依托综合交通枢纽和城市轨道交通场站，强化区域联动开发，进行综合用地开发，鼓励建设城市综合体。建成信阳明港、商丘、安阳支线机场，开工建设平顶山鲁山机场。积极利用社会资本，创新建设模式，建设一批通用机场，大力发展农林作业、飞行培训、应急救援、航空运动等通用航空业务。统筹布局城市物流配送中心，建设洛阳、漯河等省内快递分拣中心节点。加快南阳卧龙综合保税区发展，支持鹤壁、洛阳、信阳等地申建综合保税区和保税物流中心，在洛阳、安阳等具备条件的省辖市规划建设一批具有报关报检功能的口岸查验区。到2020年，全省形成干支结合的民用机场格局，二类以上通用机场达到15个以上，全省民航旅客年吞吐量突破3 100万人次，货邮吞吐量达到100.5万吨，建成20个以上公路综合客运枢纽和货运枢纽（物流园区），23个邮政快递分拨中心，全省二级及以上公路客运站达到270个。

按照统筹规划、合理布局、适度超前的原则，以航空网、米字形高速铁路网、高等级公路网为重点，统筹推进交通基础设施和油气管网建设，形成多式联运、内捷外畅的现代综合交通网络。

---

① electronic toll collection，电子不停车收费系统。

1. 航空网

以郑州机场为核心，开辟航线、加密航班，完善通航点布局，构建连接全球重要枢纽机场和主要经济体的空中通道。串联亚洲航线，以仁川、香港、东京、吉隆坡、阿布扎比等枢纽机场为主要通航点，覆盖亚洲地区；加密欧美航线，力争开通郑州至法兰克福、洛杉矶、纽约等国际客货运航线，以卢森堡、芝加哥等枢纽机场为主要通航点，辐射欧美地区；拓展非洲航线，以阿布扎比、迪拜机场为中转点，连接开罗、开普敦等非洲主要机场；开通悉尼、墨尔本航线，辐射南太平洋区域。完善国内航线网络，实施差异化发展战略，开通郑州至广州、深圳、昆明、乌鲁木齐、厦门等城市的"空中快线"，提高郑州至成都、杭州等省会、重点旅游和沿海开放城市的航线密度。到2020年，实现郑州机场客运通航城市达到110个，其中国际地区30个；在郑州机场运营的货运航空公司达到25家，国际地区货运航线达到40条以上（含加密和中转航线），通航点达到35个；年旅客吞吐量突破3 000万人次，货邮吞吐量超过100万吨。

2. 铁路网

全面加快高速铁路网建设，建成郑州至徐州、郑州至万州、郑州至阜阳、太原至焦作铁路和郑州至济南铁路河南段，形成以郑州为中心的米字形高速铁路网；开工建设（北）京九（龙）高铁，规划研究合（肥）西（安）、运（城）三（门峡）和呼（和浩特）南（宁）高铁豫西通道等项目。加快推进新郑机场至郑州南站至登封至洛阳、焦作至济源至洛阳等城际铁路建设。建成蒙西至华中铁路，统筹推进三门峡经亳州至江苏洋口港铁路等普速干线铁路建设，形成"四纵六横"普速干线铁路网。到2020年，全省新增高速铁路营业里程约1 200千米，高速铁路总里程突破2 000千米；全省铁路营业里程达到7 000千米，实现所有省辖市通快速铁路，基本实现铁路客运快速化、货运重载化、区域城际化和路网系统化。

3. 公路网

第一，高速公路。以跨省通道和中原城市群核心圈加密路段、紧密圈联通路段为重点，继续加快高速公路建设，有序推进高速公路拥挤路段扩容改造；打通芮城至灵宝、济源至阳城等跨省通道，建成尧山至栾川至西峡、济源至洛阳西、周口至南阳等内联项目；力争2015~2020年新增高速公路1 500千米以上、新开工高速公路1 500千米以上，基本建成完善的内联外通高速公路网。

第二，普通干线公路。重点推进普通国道省际路段、连接城市组团关键路段和贫困地区低等级路段的升级改造；加快以二级公路为主的国省道低等级路段升级改造，将部分重要路段升级为一级公路，积极推进国省道城市过境段与城市道路有机衔接，着力推进跨黄河特大桥建设。2015~2020年新改建普通干线公路5 000千米左右，到2020年，二级及以上公路所占比例达到75%以上。

第三，农村公路。实施农村公路畅通安全工程，加快县乡公路和桥梁建设，加快推进公路安全生命防护工程和"渡改桥"等工程建设，全面提升通村公路通达深度和服务水平。推动有条件的地方农村公路向自然村延伸，实现一定人口规模的自然村通硬化路。加强农村公路管理养护。2015~2020年新改建农村公路10万千米、桥梁16万米。

4. 内河水运网

加强内河航道养护，着力推进沙颍河、淮河、唐河等航运开发，建设完善直通华东地区的水上通道，建设内河航道304千米。到2020年，全省内河通航里程达到1 800千米以上，其中高等级航道达到690千米。

5. 油气管道网

依托国家干线输气管道，完善省内支线网络，重点建设日照至濮阳至洛阳原油管道、洛阳石化至郑州机场航空煤油、洛阳至三门峡至运城等成品油管道和配套油库，积极推进西气东输三线、新疆煤制天然气外输新粤浙管线及豫鲁支线等国家骨干管道河南段，以及漯河至周口、唐河至伊川等省内支线建设。到2020年，新增油气长输管道3 000千米左右。

统筹布局大能力、高品质综合交通网络，构建连接东西、贯通南北、辐射八方的综合运输通道，基本形成以郑州为中心的国际运输通道、米字形主通道和井字形侧通道布局，提升河南省在全国交通格局中的地位。

1. 东联西进、贯通全球的国际运输通道

以陆桥通道为主轴，依托国家铁路和公路主通道，促进交通基础设施互联互通，打通东联西进的陆路通道。东向重点开行、加密至青岛、连云港、日照、天津、上海等沿海港口的五定班列，发展铁海联运，衔接海上丝绸之路，实现陆海相通；西向依托中欧班列（郑州），持续深化与国内西北地区和欧洲、俄罗斯、中亚、西亚、蒙古和东南亚等国家、地区的交流合作，融入丝绸之路经济带建设。按照"开美、稳欧、拓非、连亚"的思路，开辟、加密连接孟菲斯、法兰克福等世界主要枢纽机场的客货运航线，形成贯通全球的运输通道。

2. 米字形综合运输主通道

新亚欧大陆桥通道。依托陇海铁路、徐（州）兰（州）高铁、连霍高速、

G310、沱浍河航道等，形成连接东西的运输通道，向东连接东陇海地区等东部沿海港口城市，向西连接关中—天水城市群及西部内陆广大地区，省内串联三门峡、洛阳、郑州、开封、商丘，提升郑州、洛阳等综合交通枢纽节点功能，促进郑汴一体化发展，形成河南省联系西亚、欧洲的东西国际物流通道，支撑"一带一路"建设。

京港澳通道。依托（北）京广（州）铁路、京广高铁、京港澳高速、G107等，打造贯通南北的运输通道，向北衔接京津冀城市群及哈（尔滨）长（春）地区，向南联系长江中游城市群及珠三角城市群，省内串联安阳、鹤壁、新乡、郑州、许昌、漯河、驻马店、信阳，强化南北区域经济交流与产业协作能力，打造我省重要的南北经济增长轴，对接国家京津冀协同发展、长江经济带发展战略。

济（南）郑（州）渝（重庆）通道。依托郑州至济南铁路、郑州至重庆铁路、兰南高速、S103、S101、唐河航道等，打通东北至西南地区对角联通新通道，向东北直连环渤海地区，向西南连接重庆、昆明及东南亚广大地区，省内覆盖濮阳、新乡、郑州、许昌、平顶山、南阳，建设河南省直通胶东、衔接成渝的重要客货运输通道。

太（原）郑（州）合（肥）通道。依托郑州至太原铁路、郑州至合肥铁路、宁洛高速、晋新高速、机西高速及S102、S104等，打通西北至东南地区对角联通新通道，向西北直连山西、内蒙古等内陆地区，向东南连接长三角城市群，省内带动焦作、济源、郑州、许昌、周口，培育我省直通海上丝绸之路核心区的便捷通道。

3. 井字形综合运输通道

大（庆）广（州）通道。依托（北）京九（龙）铁路、京九高铁、濮阳至潢川铁路、大广、济广、德上、濮阳至湖北阳新高速公路、G106、G220等，形成连接南北的运输通道，向北衔接京津冀城市群，向南连接环鄱阳湖城市群及珠三角城市群，省内串联濮阳、商丘、周口、信阳，加强豫东省际区域经济交流与产业协作。

二（连浩特）广（州）通道。依托焦（作）柳（州）、蒙西至华中铁路、二广、呼北高速公路、G208、G209等，打通贯通南北的运输通道，向北衔接太原城市群及呼包鄂榆城市群，向南联系长株潭城市群及广西、广东、海南等区域，省内串联济源、洛阳、三门峡、南阳，促进豫西区域资源开发和客货流通。

晋豫鲁通道。依托晋豫鲁铁路、菏宝高速、G341等，形成联系东西的运输通道，向西连接黄河上游城市群及西北内陆区域，向东衔接山东半岛城市群，省内带动安阳、鹤壁、濮阳，形成豫北区域资源输出和人员交流的综合运输通道。

沪（上海）陕（西安）通道。依托宁（南京）西（安）铁路、合（肥）西（

安）高铁，沪陕、淮信高速，G312、淮河航道等，打通横贯东西的运输通道，向西衔接关中城市群，向东联系长三角城市群，省内串联南阳、信阳，引导沿淮经济带、秦巴山区、大别山革命老区产业转型升级，形成支撑豫南区域发展的综合运输走廊。

以运输结构优化、装备技术革新、运输效率提升为重点，强化绿色安全理念，推动交通全面协调可持续发展。

1. 加大交通运输节能减排力度

优化综合交通运输结构，提高铁路、水运在综合交通运输中的所占比例，大力发展公共交通，提升多式联运的组合效率，降低单位运输量能耗。提高运输装备能效和污染排放标准，严格实施运输装备能源消耗量准入制度，推广使用高效低耗的现代化运输装备。淘汰黄标车、老旧船舶等落后装备，积极推广混合动力、纯电动、液化天然气等清洁能源运输装备、装卸装备，配套建设加气站、充电桩等设施。组织实施绿色低碳技术创新示范工程，支持交通运输企业开展绿色低碳交通专项行动。

2. 促进交通设施与生态协调发展

统筹利用交通线位、运输枢纽等资源，推动铁路、公路等共线使用桥梁、隧道；推进生态工程技术、材料在设计、建设、养护、管理全过程应用，建设生态型交通基础设施；推动交通基础设施建设节能降耗和资源综合循环利用，鼓励标准化设计及工厂化预制，推动钢材、水泥等主要建材循环利用，积极推动废旧路面、沥青等材料再生综合利用；强化交通生产水污染、大气污染处理技术应用，保障废水、废气、固体废弃物达标排放。

3. 加强安全生产和监管体系建设

加强安全生产执业资格制度建设，严把从业人员资质关。健全公共运输装备日常维护检查制度，加强维护、检测和等级评定监督。有计划、分步骤地逐年增加和改善道路交通安全设施。大力推进公路安全生命防护工程，到2020年，基本完成乡道及以上等级公路隐患治理。严格落实交通安全设施与道路建设主体工程同时设计、同时施工、同时投入使用制度，新建、改建、扩建道路工程在竣（交）工验收时必须进行安全评价。实施邮政寄递渠道安全监管"绿盾"工程。建立安全监管绩效评价体系，科学量化分析和评估安全监管成效。

4. 推进交通保障力量建设

依托大中型运输企业，组建专业运输和工程抢险（抢修）等保障队伍，结合突发事件、抢险救灾等行动，组织开展综合演练。依托航空运输企业、通用航空企业，逐步提升民航应急运输搜救能力。加快建设河南国家区域性公路交通应急物资储备和救援中心、河南省水上交通应急搜救中心等重大工程，研究建设铁路应急基地，提升应急保障能力。

第五节　片区绿色交通市域级战略任务

一、洛阳市交通运输发展主要任务

以实现市内通畅、市外通达为目标，以提升能力、强化枢纽、完善设施、公交优先为主要内容，加快航空、铁路、公路、水路、运输枢纽场站等交通基础设施建设，统筹各种运输方式发展，构建区内畅通、区外通达的综合交通运输体系，提升洛阳区域性重要交通枢纽地位。

1. 推进航空事业加快发展

完善提升洛阳机场功能。按照"错位竞争、联动发展"的思路，大力拓展国内航空市场，积极开辟国际航空市场。扩大洛阳一类航空口岸的开放度，推动洛阳机场由4D级提升为4E级[①]。加大客货运航线开发力度，积极争取与国内省会城市和经济重要城市通航，着力培育国际航线，努力发展国际旅游市场。积极寻求与郑州航空港经济综合实验区对接，着力发展全货机航班，推动空空中转、空地联运，促进现代物流业和空港产业发展。贯彻落实洛阳航空港经济区规划，加快推动机场扩建和空港产业发展。力争到"十三五"末，实现年航空游客吞吐量300万人次，年货邮吞吐量6 000吨。

积极发展通用航空。把握国内通用航空产业发展战略机遇，积极发展通航运营、通航服务、飞行员培训三大业务。立足于丰富的旅游资源发展通航旅游等通航运营业务；发挥工业基础和交通优势，打造覆盖中原经济区的飞机维护、航材供应等通用航空服务基地；加快建设民航和通用航空飞行员培训基地。

2. 加快铁路综合枢纽建设

构建"一纵三横两支四城际"铁路网骨架。加快客货运专线和城际铁路建

[①] 4D级机场是指在标准条件下，可用跑道长度大于等于1 800米，可用最大飞机的翼展36~52米，主起架外轮外侧间距9~14米；4E级机场是指在标准条件下，可用跑道长度大于等于1 800米，可用最大飞机的翼展52~65米，主起落架外轮外侧间距9~14米。

设,加强与全省米字形高铁联系,实现与中原城市群的互联互通,增强对外辐射作用。积极推动新郑国际机场至登封至洛阳、洛阳至济源城际铁路、洛阳至平顶山城际铁路和洛宜铁路延伸至洛宁。积极推动伊川至嵩县、栾川延伸至西峡铁路前期工作。到"十三五"末,全市铁路网规模达到812千米以上,新增铁路里程546千米,其中市域内城际铁路规模达到200千米。

加快铁路枢纽建设。实施龙门高铁站扩建工程,建设动车运用所,实现高速铁路、城际铁路和城市轨道交通、长途客运等多种交通方式的零换乘无缝对接,进一步强化龙门高铁站的综合交通枢纽地位,将其打造成豫西地区铁路客运中心场站和洛阳市最大的对外交通枢纽。加快推进洛阳站集疏运系统建设,形成中心城区洛河以北地区重要的对外交通枢纽。加快推进洛阳东站和关林站市域辅助性铁路客运场站建设,有效疏解中心城区主要铁路客运场站对外交通压力,方便市民对外出行。

构建现代物流货运场站体系。加快铁路货运站场建设和改造,沿铁路沿线形成货运综合服务中心、综合性货运站和周边区域服务的小型货场的多层次布局,实现洛阳市货运系统对产业集聚区、城市及区域物流的发展和支撑。建成洛阳北铁路物流中心(一主),充分满足中心城区货运需求,形成支持洛阳工业、物流业发展的核心场站;开工建设洛阳西、李屯中心场站(两辅)。围绕既有车站布局,改建及新建洛阳东站,形成南岗村站、铁门站、新安县站、伊川站、偃师站、首阳山站、宜阳站、孟津站、汝阳站、洛宁站、嵩县站、栾川站12个车站货场(十二节点),在市域铁路范围内形成"一主两辅十二节点"的货运系统布局。

3. 完善公路交通网

构建"两纵两横五放射一环"高速公路网。按照全省高速公路调整规划,加快推进郑西高速尧山至栾川至西峡段、洛阳西至济源、栾川至卢氏高速公路建设。建成尧山至栾川至西峡高速和济源至洛阳西高速公路,研究二广高速洛阳环城段及二广高速与宁洛高速交会处至连霍高速段扩建工程。加快推进渑池至洛宁至栾川、洛阳至郑州第三条高速通道、新安至宜阳至伊川高速环线等项目的前期工作并适时开工建设,力争到"十三五"末,高速公路通车总里程达到788千米。积极开展城市出入口通达能力综合交通组织方案的制订和实施,规划论证新增6个高速出入口,满足城市出入需求。

加强"三纵五横""六纵九横三联"国省干道网。全面提升干线公路骨干网技术等级,实现国道覆盖县城,省道覆盖乡镇、市县直连、县际顺畅、市际无缝衔接的干线公路网络。大力建设"三纵五横"国道网、省道网。以突出区位交通优势为中心,以"一核一圈一带多点"为主要对象,依托洛偃、洛吉、洛宜(至洛宁)、洛伊(至嵩县栾川)、洛新五条快速通道,新建洛偃、洛宜第二快速通道,加快形成"一环七放射"的快速通道网,完善中心城区至周边县(市、区)的快速通道网络,到"十三五"末,一级公路通车里程达到655千米,二级公路通车里程达到2 379千米。加快建设县市至重要乡镇及重要乡镇间的快速通道,完善市域干线公路布局,加密农村路网,提升路网通行能力和效率。

完善公路客运站。按照"优化北部、强化南部、转移东部、加强西部"的总体布局,加快打造北部、南部、东部、西部4个客运场站组团、8个主要客运场站。"十三五"期间,建设长途客运中心站和洛阳长途客运南站2个一级综合客运枢纽,打造一体化的旅客换乘枢纽;进一步完善县级客运站的配套设施建设,实现每个县(市)至少有1个一级站、1个二级客运站;强化重要的旅游集散地客运站建设,在重要景区及乡镇设置三级客运站。

综合交通体系建设重大工程如下。

"一纵三横两支四城际"铁路网骨架。"一纵"即焦柳铁路(对外货运主通道);"三横"即郑西客专(对外客运主通道)、陇海铁路(对外货运主通道)、三门峡至洋口港(对外客、货运辅助通道);"两支"即洛宜铁路延伸至蒙西铁路洛宁站、伊川—嵩县—栾川—西峡铁路;"四城际"即新郑机场—登封—洛阳、焦作—济源—洛阳、洛阳—平顶山、洛阳—郑州。

"两纵两横五放射一环"高速公路网。"两纵"即二连浩特—广州高速公路、渑池—栾川高速公路;"两横"即连云港—霍尔果斯高速公路、尧山—栾川—卢氏高速公路;"五放射"即盐城—洛阳高速公路、南京—洛阳高速公路、洛阳—栾川高速公路、洛阳—卢氏高速公路、洛阳—济源高速公路;"一环"即与连云港—霍尔果斯高速公路、二连浩特—广州高速公路共同构成洛阳市高速环城。

"三纵五横"国道网。"三纵"即国道G207乌兰浩特—海安(偃师市光明—偃登交界)、国道G208二连浩特—淅川(吉利区横涧村—南阳西峡县界)、国道G241呼和浩特—北海(宜阳与渑池交界—嵩县木札岭);"五横"即国道G310连云港—共和(偃师市营防口—新安县铁门)、国道G311连云港—栾川(嵩县木札岭—栾川县庙子)、国道G343大丰—卢氏(伊川县五里头—洛宁县焦寺河)、国道G344东台—灵武(汝阳县西车坊—栾川县皮皮岭)、国道G345启东—那曲(南阳市南召县界—黄土岭隧道)。

"六纵九横三联"省道网。"六纵"即省道S237沁阳—新野、省道S240济源—邓州、省道S241洛阳—驻马店、省道S242南村—嵩县、省道S243渑池—邓州和省道S244三门峡—邓州;"九横"即省道S310长垣—邵原公路、省道S312兰考—灵宝沿黄河公路、省道S313宜阳—陕州区公路、省道S314虞城—灵宝公路、省道S315郑州—卢氏公路、省道S317永城—孟津公路、省道S319夏邑—宜阳公路、省道S322鹿邑—嵩县公路、省道S325漯河—嵩县公路；"三联"即省道S511连庄—上观公路、省道S521冷水镇—三川镇公路、省道S539偃师东—顾县公路。

"一环七放射"快速通道网。依托现有干线公路网络，对连接偃师、孟津、新安、宜阳、伊川等县（市）之间的S314郑三线、S246南石线、S318洛陕线、S323八官线、S243郭木线、S320顾龙线各路段进行升级改造，形成畅通四县一市的"五县环"高等级公路。依托洛偃、洛吉、洛宜（至洛宁）、洛伊（至嵩县栾川）、洛新五条快速通道，中期增加洛偃、洛宜第二快速通道。

4. 培育特色水运

按照水资源保护和开发并重的原则，积极提升航道等级，改善港口设施，加快内河航运发展。推动小浪底至三门峡库区航道由七级提高至四级；开通小浪底中心码头、桐树岭码头和南石山码头等3个码头之间的旅游客运服务；在西霞院库区内的孟津境规划建设1个综合客运码头，在吉利境设置2个客运码头，实施对开旅游或环线旅游客运，拉动两岸旅游；扩建故县水库码头，建设水上旅游专用线路。对连接水库道路进行提升改造。

5. 建设绿色畅达的公交都市

建设"井字+外环"城市道路网络。积极完善城市干道支路系统，加大旧损道路改造力度，拓展延伸"断头路"，提高支路路网密度。重点推进东外环（中原大道）、南环（腾飞路）、西外环路建设；与王城大道、九都路、古城路、李城路城市内部快速井字通道，形成"井字+外环"的快速道路网络。到"十三五"末，城市人均拥有道路面积达15平方米。有效整合停车资源，科学规划建设立体停车场和地下停车设施。加快与城市电网规划相结合的充电桩、充电站、加气站等配套服务设施建设。

构建绿色低碳的城市公共交通体系。实施公交优先策略，坚持绿色出行，建设高效畅达的现代公交都市。加快推进城区轨道交通前期工作，近期适时开工建设覆盖洛河以北东西向主客流走廊的1号线，远期建设连接洛阳站和龙门高铁站两大枢纽的2号线，逐步形成横穿涧西、西工、老城、瀍河和纵贯洛北城区及洛南新区的"十"字形城市轨道线网骨架。到"十三五"末，公交分担率达到40%以上，公交通达度达到100%，居民工作平均通勤时间控制在30分钟以内，努力将洛阳建设成为河南省最具代表性的公交都市。

打造安全低碳的绿色慢行系统。推广公共自行车租赁系统，倡导绿色交通出行方式。与文化旅游景点、历史遗存遗迹相结合建设城市绿道系统，打造优美宜人的旅游交通系统。建设快慢分离、独立安全、与公交系统有效衔接的慢行交通网络。大力建设城市绿道系统，形成结构合理、功能完善、惠及民生的绿道网体系。

6. 交通基础设施重点项目

航空。加快洛阳机场改扩建，在有条件的县区开展通用航空机场项目工作。

铁路。实施郑州—登封—洛阳城际铁路、焦作—济源—洛阳城际铁路、三洋铁路洛阳段及城市轨道交通项目一期，"十三五"期间计划总投资217亿元。

公路。重点实施S88郑西高速公路尧山至嵩县至栾川段、S93济洛高速济源至洛阳西段、S57渑栾高速渑池至洛宁至栾川段、S94栾卢高速栾川至卢氏段等项目建设。

二、平顶山交通运输发展主要任务

发挥交通运输支撑引领作用，强化交通运输体系建设，完善运输通道，优化网络布局，统筹城际、城市、城乡交通协调发展，加快形成"北环过山、南环越湖、沙河复航、高铁通行、机场投用"交通格局，建成功能齐全、布局合理、衔接顺畅、绿色智能的现代综合交通体系，打造豫中南综合交通枢纽，为经济社会发展提供有力支撑。

加快客运交通运输枢纽建设。按照"零距离换乘、无缝化衔接"要求，推进多种交通运输方式的有效衔接，打造"一主（平宝叶鲁主枢纽）两副（郏县、舞钢）"枢纽格局，融入全省现代综合交通运输体系。

客运交通运输枢纽布局如下。

平宝叶鲁主枢纽：做好郑万铁路平顶山站、平顶山火车站、平顶山西站等综合客运枢纽建设，积极抓好平顶山湛南公路客运枢纽、平顶山建西汽车站、叶县客运南站、叶县客运北站、鲁山华运、华阳汽车场站等客运站建设。

舞钢枢纽、郏州区枢纽：做好舞钢长途汽车客运站、郏州区长途汽车站建设，推进郑万铁路郏州区站、禹亳铁路郏州区站等场站建设。

推进与周边城市及城市群的快速连接。构建以"X形"（郑万、洛平漯周）快速铁路、"两横两纵"（孟平、三洋为横，焦柳、月随为纵）普速铁路、"两横四纵"（宁洛、周南为横，二广、郑尧、兰南、焦桐为纵）高速公路为骨架，以国省干线公路为脉络，以水运、航空为补充的便捷高效的综合交通网络，实现由交通节点城市向综合枢纽城市的跨越，提升连接周边城市及中原、成渝、长三角等城市群的能力。

强化城市组团间内连外通。加强城市组团快速联系通道建设，强化中心城市与城市组团之间的交通联系。围绕"一点（高铁站）一线（城市轻轨）"，开展高铁站及周边、城市轻轨沿线规划建设。优化高速路网结构，加强高速路网与城市路网衔接，规划建设南北环绕城高速，畅通城市出入口道路，提升内外连通能力。加快推进现有及新增国省干线公路提档升级，积极强化组团间快速通道连接。

提升公共交通服务均等化水平。加快城市内部交通设施建设，优化公交场站和线路布局，规划建设城市轨道交通，启动公交专用道建设，提高公共交通出行分担比率。提升农村公路路网密度和公路等级，推进农村骨干路网和重点工业功能区周边公路建设，加强通村公路、干线公路、高速公路的配套协调，提升农村公路畅通水平。优化城乡公共交通网络，加快公交服务向郊区延伸覆盖，推进农村客运线路公交化，形成城乡公交相互衔接、方便快捷的城乡客运网络。

"十三五"期间重大交通基础设施项目如下。

航空。实施平顶山机场项目，"十三五"期间计划总投资11亿元。

铁路。实施郑万铁路、月山至随州铁路、三门峡至平顶山铁路等项目平顶山段建设，积极推进洛平漯城际铁路、城市轨道交通一号线一期工程，"十三五"期间计划总投资340亿元。

高速公路。实施郑西高速平顶山段、周南高速舞钢段、南北绕城高速等项目建设，"十三五"期间计划总投资35亿元。

公路。实施新郑线、时南线、焦桐线等新建、改扩建项目，建设平叶、平鲁快速通道、西二环等项目，新建农村公路1 400千米，"十三五"期间计划总投资65亿元。

内河航运。实施沙河航运工程，"十三五"期间计划总投资4.4亿元。

三、三门峡市交通运输发展主要任务

按照充分利用、加强衔接、分离过境、优化组织、做强枢纽、拓展腹地的原则，依托国家及区域性交通网络，打造三门峡市域由高速公路、国道和高铁、普铁构成的对外综合交通网络。推进公路、铁路等交通基础设施建设，规划形成"一纵两横两支"铁路网、"三纵两横一联"高速公路网、"两纵三横"国道网。完善综合交通运输服务体系，优化各级交通枢纽及场站布局。近期利用运城关公机场和洛阳北郊机场，中远期考虑新建三门峡机场的可行性，在灵宝大王镇北营北村预留4C支线机场。

三门峡市"十三五"期间基本建成"基础设施衔接顺畅、运输服务便捷高效、科技信息先进适用、资源环境低碳绿色、安全应急可靠高效、行业管理规范有序"的交通运输网络。

2016~2020年，三门峡市将新建高速公路172千米，新增一级公路82.1千米，升级改造二级公路665千米，进一步完善干线公路信息化建设、干线综合服务区建设、节能环保生态修复工程、安全生命防护系统等项目建设，全市初步建成结构合理、功能完善、安全可靠的干线公路网和"乡村通畅、标准适宜、管养到位、人便于行"的农村公路网络。计划新改建客运场站6处，货运场站（物流园区）7处。同时，进一步完善区域铁路网，完成蒙华铁路、运城至三门峡铁路建设，力争三门峡至洋口港铁路三门峡段开工建设，努力打造高效、便捷、舒适的城市综合公共交通运输体系，并完善水上交通应急救助体系，提高应对水上突发事件的能力。另外，基本建成布局合理、技术先进、便捷高效、绿色环保、安全有序的现代物流服务体系。

"十三五"农村公路发展重点以县乡道升级，村道及其桥梁建设为重点。初步规划2015~2020年农村公路建设里程2 000千米，桥梁改造4 000米，安保工程1 000千米，总投资19.1亿元。其中，县乡公路1 000千米，投资13亿元；村道1 000千米，投资4亿元；桥梁改造投资1.4亿元；安保工程投资7 000万元。创建文明示范路建设1 990千米，新建养护站点15个。实现所有县乡公路油路率100%，提高道路通行能力，为促进县域经济社会发展、全面建成小康社会提供有力支撑。

规划在全市主要大中型库区（水域）三门峡库区和窄口水库建设集港口航道、安全监管和应急搜救为一体的综合港航安全基础设施项目，实现水上运输的集中统一管理，提高水上运输安全监管水平，切实保障人民生命和财产安全。其中，窄口水库港航安全基础设施工程建设内容包括综合管理站房、码头斜坡道、航标设施、趸船、巡逻搜救艇和监控救援设备、港内道路等，预计投资800万元，服务水上旅游，并形成水路联动的救援中心。三门峡库区主要建设旅游码头，预计投资300万元，开发陕州公园和黄河公园水域水上旅游，保障旅游发展。

四、南阳市交通运输发展主要任务

优化交通网络布局，加快运输通道建设，强化综合枢纽功能，统筹区际、城际、城市、城乡交通协调发展，建成高效的铁路网络、发达的航空网络、便捷的公路网络，形成设施先进、衔接顺畅、绿色智能的大交通格局，基本实现交通现代化。

全面推进铁路网建设。以增加规模、提高质量、提升能力为重点，加快实施大能力货运通道和高速铁路建设。建成蒙西至华中煤运通道、郑州至万州高速铁路，争取启动南京至西安高速铁路、焦柳高铁。规划南阳至山东济宁、南阳至安徽阜阳、月山至湖北随州等铁路项目。规划建设官庄工区至南阳至鸭河工区、社旗至南阳至镇平城市轻轨，开展南阳经南召至西峡县城伏牛山旅游轻轨等项目线网规划，争取城市轻轨与郑万高铁同步建设。到2020年，新增铁路265千米，其中高速铁路148千米，全市铁路营运总里程达到757千米。

强力推进公路网建设。优化市域内高速公路网络，启动改扩建许平南高速公路南阳段，建设栾川至西峡、周口至南阳、方城至唐河至枣阳等高速公路，规划建设南阳张华岗至渠首、桐柏至邓州、西峡至十堰丁家营、九重至寺湾等高速公路。积极实施国防和旅游公路建设。建成环丹江口水库公路。加快推进"一心五环六射两连"干线公路网建设。到2020年，公路通车总里程达到3.6万千米以上，其中高速公路通车里程达到900千米左右，普通国省干线公路达到3 800千米左右，二级及以上普通国省干线公路所占比例达到85%以上。

公路建设重点工程如下。

高速公路。启动改扩建许平南高速公路南阳段。建设栾川至西峡、周口至南阳、方城经唐河至枣阳等高速公路。尽早开工建设兰南高速赵河出口立交、二广高速潦河坡出口立交、南阳北绕城高速龙祥路出口立交。

干线公路。"一心五环六射两连"国省干线公路网。一心以南阳中心城区为中心。一环线由信臣路、机场路、雪峰路等组成，功能定位为中心城区近期绕城环线，规划建设标准为城市主干道；二环线为中心城区远期绕城环线，规划建设标准为城市快速路和一级公路；三环线为中心城区30分钟交通圈，主要服务宛城、卧龙、南阳城乡一体化示范区、鸭河工区、官庄工区、和镇平县，功能为城市组团间快速通道；四环线为中心城区60分钟交通圈，连接内乡、新野、唐河、社旗、方城、南召及部分产业集聚区，并串联南阳北部伏牛山旅游景区；五环线为中心城区90分钟交通圈，联通部分偏远乡镇和西峡、淅川、南召县城，促进偏远山区扶贫开发，服务伏牛山旅游区建设发展。一射线为南阳—方城一级公路；二射线为南阳—唐河—桐柏一级公路；三射线为南阳—新野一级公路；四射线为南阳—邓州一级公路；五射线为南阳—镇平—内乡—西峡一级公路；六射线为南阳—南召一级公路。两连为城市组团快速通道，分别是南阳—社旗、南阳—鸭河工区。重点建设官庄工区—南阳、鸭河工区—南阳、社旗—南阳快速通道，南阳中心城区二环路、G209西峡段、G312桐柏至唐河段、内乡西峡界—西峡段等一级公路。对G234、G345、G241等重要国道和S329、S328、S334、S234等重要省道拥挤路段进行二级公路改造，完善6纵3横国家干线公路网和24条省级干线公路网。新改建国省普通干线公路1 400千米。

农村公路。改建农村公路7 500千米，改造险桥、危桥30 000米。

积极推进航空网建设。完善南阳机场功能，加密开辟国内航线，力争开通国际（地区）航班，提高航线辐射能力，打造1 000千米左右高密度支线航空网络。到2020年，争取航线达到20条以上，年旅客吞吐量达到100万人次、货运量达到2 000吨。启动南阳机场迁建前期工作。提升灵山机场保障水平。加快通用航空产业发展，规划新建淅川、西峡、内乡、社旗、方城、镇平、鸭河等县区通用航空机场和起降点，大力发展农林作业、飞行培训、航空运动等通用航空业务。

加快推进内河航运基础设施建设。以恢复航道、提高等级、改善设施为重点，建设唐河复航工程，打造通江达海水上通道，启动丹江库区航运综合开发工程。到2020年，内河航运通航里程达到516千米左右，新增内河等级航道268千米，全市港口货运吞吐能力达到600万吨。

着力推进综合交通枢纽建设。统筹组织各种交通运输方式协调发展，构建集疏运一体化现代综合交通枢纽。完成南阳火车站改扩建工程。积极推进汽车站南阳中心站改扩建，新建汽车西站、北站、高教园区站等公路客运枢纽。加快县级客运站升级改造步伐，推进城乡交通一体化发展，合理配置城乡公共交通资源，加快城乡客运站点体系建设，初步建立与中心城区联为一体、与周边区县紧密对接、覆盖广大农村的城乡客运网络体系。依托唐河复航工程，建设公路、铁路、水运联运枢纽。高标准建设南阳高铁站，统筹规划铁路、航空、汽车客运、城市公交、城市停车场等各种交通运输方式，预留宁西客专、城市轨道、旅游轻轨等引进、引出条件，充分利用智能交通、"互联网+"等先进科技，加强各种运输方式在线路、节点上的匹配与衔接，建设"公铁水空"现代立体综合交通枢纽，实现零距离换乘无缝化衔接。

全面提升交通管理和服务水平。加快发展智慧交通，建设全市统一与省联网的智慧交通云平台、公众出行信息服务平台、多式联运综合运输服务平台，推动交通运输资源在线集成，加强跨地域、跨类型交通信息互联互通。推行客运"一票式"和货运"一单制"联程服务，构建多方式可选、多层次融合、全过程连贯的一体化客运换乘体系，引导传统货运企业向综合物流服务商转型，推进公众出行服务、货运与物流服务现代化。深化交通投融资体制和交通运输行政执法体制改革，加快普通干线公路建管养一体化改革，探索建立顺畅高效的综合交通运输管理协调机制。加快发展铁路、水运和公共交通等低碳、高效、大容量运输方式，改造升级运输装备，倡导绿色出行。

第六章　秦巴山脉区域河南片区绿色交通战略措施

第一节　交通建设绿色持续发展

在交通基础设施建设工程中积极探索节约资源、保护生态、美化环境的新技术。公路工程建设项目工可阶段、设计阶段、招投标阶段均编制节能篇章，节能篇章编制率达100%；在高速公路、普通国省干道及配套设施建设工程中，强化土地综合利用，充分利用老路进行改造；大力推广应用冷再生、热再生、温拌沥青等节能新技术；积极开展组合降噪、太阳能加热沥青等技术的研究应用。在城市快速路建设中积极推广水性环氧沥青、LED[①]灯具、隧道自然通风等新材料和新技术。在航道工程规划设计、施工建设和营运管理的全生命周期内，广泛应用路线设计优化的理念，推广应用膨胀土改良、整体滑动钢模等绿色循环低碳技术[19]，广泛推广土方综合利用、生态护坡等技术，积极推进LED节能航标灯的推广应用，打造绿色生态廊道。推动港口节能减排新技术研发，积极开展船用岸电、RTG（rubber-tyred container gantry crane，轮胎式集装箱门式起重机）"油改电"、港区绿色照明、大型装卸设备能量回收、港口生产工艺优化、清洁能源应用等技术的推广和应用。

第二节　交通管养绿色循环发展

秦巴山脉区域河南片区的地理位置特点不同，以洛阳、平顶山两个城市为支持点的秦巴山脉区域河南片区北坡，交通设施基础较好。在秦巴山脉区域河南

---

① light emitting diode，发光二极管。

片区开发建设的过程中，原有能满足使用需求的交通基础设施必定要进行大范围的养护，特别是高速公路需要高标准的养护，但目前从整体上看，我国高速公路的养护维修较大程度上仍然依靠传统养护方式，养护机械的完好率和利用率比较低，对一些国外引进机械的性能开发严重不足，使用频率低，设备闲置浪费现象比较严重；对国外已有的新技术、新工艺、新材料只处在试验阶段，还没有大规模推广使用；无法确保高速公路养护的及时性、快捷性和高效性。

如何保持路网的完好并不断改善高等级公路的技术状况，降低养护的成本，延长公路使用寿命，保障高速、便捷、安全和舒适的高等级公路特性，使高等级公路为经济的发展提供更加良好的交通运输性能和服务，是当前公路养护所需解决的重要课题。非开挖施工技术是指在不开挖地表的条件下铺设、修复和更换各种地下设施的一种技术和方法。与传统的施工方法相比，具有不影响交通、不破坏环境、施工周期短、综合成本低、安全性好等优点[20]，结合路面的智能检测技术，能快速准确地定位道路病害，使检测、维修一体化，有效节省资源，是未来道路养护的新兴方向[16]。

第三节　核心区域绿色融合发展

高速公路的修建不可避免地会对景观造成影响，改变原来的自然景观，使原来的田园景观逐渐现代化，使成片的绿色农田被公路带蜿蜒分割，也改变了高山的地形地貌，切断了自然风光的连续性[21]。高速公路的高填筑、大开挖，破坏了自然地貌的连续性，如隔断平原，草地，切断山脉、森林，跨越河流、峡谷，毁坏了局部自然景观。

为降低和减少高速公路对环境的影响，使公路与环境相协调，应把高速公路主体设计与环保工程设计有机地结合起来，提倡交通绿色融合发展。在秦巴山脉区域河南片区原始生态区，建议修建磁悬浮轨道交通，以最大限度地减少对生态环境的破坏，尽量做到不留人为破坏的痕迹，使交通基础设施真正地融入深山绿水之中。

慢行旅游交通理念来源于慢行城市，其理念的目标是促进具有地方特色的小城镇的内在发展，而这些小城镇一般来说，其地方行政管理体系都不够专业化和完善，不足以应对一个现代化的本土社区所面临的所有挑战[22]。这一理念的宗旨是，在人口少于5万居民的小城镇里改善地方发展，使之趋向可持续发展的目标，扩大城市影响，并使用慢行城市品牌进行城市营销。进一步扩大交通的可达性，从城市中心的可达性拓展为整个城市的可达性，形成和完善城市"轨道交通—自行车—步行"一体化的绿色交通模式。

根据慢行交通理念，结合秦巴山脉区域河南片区的旅游和矿产资源优势，以及县域规模，打造秦巴山脉的慢行旅游交通，建设环秦巴山脉的绿色磁悬浮轨道交通网，重点建设嵩县、卢氏、栾川、鲁山旅游城镇，在秦巴山脉生态保护区内部建设绿色交通支线；结合旅游环线发展生态旅游、矿产旅游慢行交通网络；结合区域高速公路建设规划，建设汽车旅馆等旅游基础设施，完善"高速公路（汽车旅馆）—自行车—步行"的绿色交通模式。

第四节　生态保护区绿色渗透发展

秦巴山脉区域河南片区加强环境保护和生态建设，节约集约利用资源，提高资源利用效率和保障水平。支持实施生态移民、水土保持、天然林保护等工程，巩固退耕还林成果，构建伏牛山生态区。维持秦巴山脉区域河南片区的原生态，提倡绿色交通的渗透发展，构建生态慢行廊道，结合内河沿岸及景观周边地区的更新改造，构筑服务于旅游区内的休闲、旅游、游憩、购物的特色慢行交通系统。规划在游憩休闲区及行人较多的地方提供二层平台式的步行网络；在文化休闲商业区开辟行人专用区，改善人行网络重要通道的路面铺砌及无障碍通行设施。

道路静态交通是城市交通的重要内容，它直接影响到城市交通功能的发挥。由于我国不少城市未把静态交通发展置于与动态交通同等重要的地位，"只管车行、不管车停"的现象普遍存在，故随着机动车的骤增，道路负荷加重，停车供需失衡，交通矛盾日益突出[23]。从宏观战略角度看，静态交通总体发展战略措施应该是保证道路建设与城市土地利用的合理结合；以"适量建设"弥补历史遗留的设施欠账；以"产业化"促进停车市场的健康发育；以"区位优化"完成停车设施的合理布局；以"严格管理"实现停车设施运作的规范化。因此重视静态交通的发展，合理确立城市静态交通发展战略是缓解城市交通矛盾，促进交通发展走上可持续发展之路的重要环节。

随着秦巴山脉区域河南片区的开发建设，城市的经济发展和建设步伐必然加快，人们在惊喜地感受城市日新月异的风貌的同时，为了避免"行车难、停车难"问题的出现，势必适度提前规划静态交通的建设，政府部门也应该给予足够的重视，结合城市未来发展趋势，提出秦巴山静态交通发展的战略目标及具体设想，使市静态交通合理、有序地发展。

根据静态交通规划理论，静态交通总体发展战略措施应该是保证道路建设与城市土地利用的合理结合；以"适量建设"弥补历史遗留的设施欠账；以"产业化"促进停车市场的健康发育；以"区位优化"完成停车设施的合理布局；以"严格管理"实现停车设施运作的规范化。停车泊位的具体建设布局采取不同区域不同策略：规划在秦巴山脉区域河南片区周边四个中心城市结合点，形成产业发展区和旅游休闲商业区，形成三门峡灵宝、洛阳汝阳、南阳南召、平顶山叶县客货转乘枢纽，选择在城市边缘区节点规划建设大容量的公共停车场库，从而合理布局停车泊位，满足不同层次需求，有效缓解秦巴中心生态区的道路交通压力[24]。

第五节 旅游经济特区绿色定向发展

目前秦巴山脉正处于新常态、新理念、新机遇、新任务、新难题、新矛盾、新政策的社会时代背景下，应依据可持续发展、产业融合、区域联动、发扬本土文化的战略布局原则，选择全域旅游发展战略、"旅游+"跨界融合发展战略、双轮驱动发展战略、荒野保护战略，规划生态观光、休闲度假、文化体验、养生康体的旅游产品体系，重点发展山地康体休闲游、通用航空休闲游等项目，具体从整合营销保障、生态优先保障、完善基础设施保障、管理体制保障、社区参与保障五个方面来开展。以建设智慧旅游助力智慧秦巴建设，智慧秦巴建设应与秦巴山脉区域河南片区的中期和远期战略目标配套并行，联合17个片区建设智慧旅游指挥中心，通过四大平台——智慧旅游公共服务平台、智慧旅游综合监管平台、智慧旅游电子商务平台和智慧旅游市场营销平台的支撑，形成智慧旅游业态——智慧旅游景区、智慧旅游饭店、智慧旅游餐饮、智慧旅游购物、智慧旅游乡村、智慧旅行社、智慧旅游交通、智慧旅游项目。

旅游专线公路是用于沟通旅游景区至外部城镇或连通该地区干线公路网的公路，是吸引游客进入旅游景区的必经路线，并承担部分地方交通[25]。我国早期的旅游公路主要连接国家自然保护区或世界自然遗产，但随着旅游产业在国民经济发展中的比重越来越大，旅游公路对旅游产业的促进作用越来越明显，各地纷纷启动了旅游专线公路的规划与建设。旅游专线公路是进入旅游景区的重要通道，有的旅游专线公路甚至与旅游景区融为一体，这些功能都要求旅游专线公路具有可观赏性、舒适性和安全性等特征。专线公路的建设可以提高区域旅游发展能力，主要目的是连接多个重要景区的进出通道，降低游客特别是私家车旅游队伍进入旅游景区的成本。

根据秦巴山脉区域河南片区旅游资源的具体分布特点，秦巴山脉南阳片区主要涉及古文化旅游资源，包括楚文化系列、汉文化系列、三国文化系列。南阳片区可以形成方城—南召—西峡—内乡—镇平—南阳旅游专线，提升现有公路等级，尽可能修建旅游轨道交通，打造古文化旅游经济圈，发展假日经济，搞活旅游市场。

秦巴山脉洛阳片区包括洛宁县、汝阳县、宜阳县、栾川县、嵩县五个县，这里不仅自然资源得天独厚，人文底蕴更是颇为丰厚，具有很大的旅游开发潜力。围绕"丝路起点，山水洛阳"打造旅游品牌形象。着力提升现有景区交通等级，改善旅游服务设施，建设洛宁—嵩县—汝阳旅游客运专线，和郑州—洛阳的客运专线连接，形成旅游客专观光专线，打造双休日旅游专线，形成沟通郑州、连接丝路的特色旅游观光通道。

秦巴山脉平顶山片区主要有鲁山县和叶县。鲁山县地处河南省中部，是八百里伏牛山的东大门，山川秀美，景色宜人，以"佛、山、汤"闻名；叶县文化灿烂，岩盐资源丰富，形成了叶县独具一格的旅游景观。可以规划建设叶县—鲁山—栾川旅游专线高速，围绕"祈福圣地，度假天堂"打造旅游专线品牌。

秦巴山脉三门峡片区主要涉及灵宝市、陕州区、卢氏县3个地区，是历史上豫晋陕三省交界的经济、文化中心，拥有丰富的自然和人文旅游资源，森林覆盖率达到47.99%，区域内有3个国家森林公园、1个黄河湿地国家级自然保护区，生物物种多样，深山区古木奇树较多，可以规划修建三门峡—灵宝旅游客专，建设磁悬浮轨道交通，形成探寻黄帝文化和中华文明的重要旅游专线，发展绿色文化旅游经济。

第六节　片区城市圈绿色环状发展

秦巴山脉区域河南片区拥有丰富的生态资源，片区内四个中心城市洛阳、平顶山、南阳和三门峡位于秦巴山麓，环绕秦巴山形成片区的地市级都市圈，随着中原经济区一体化发展的不断推进，关中—天水经济区、成渝经济区与武汉城市圈的规划，给秦巴山脉区域河南片区带来了前所未有的机遇和挑战，而提前谋划轨道交通发展是建设生态秦巴，实现持续健康发展的必然要求。城市轻轨交通系统建设，对于加强片区区域衔接，调整与优化城市空间结构，科学构建城市交通发展模式，促进土地集约使用，整合旅游资源，支撑产业升级具有非常重要的意义。城市轻轨不但可以解决交通问题，带动轻轨周边地区经济发展，打造环秦巴山脉轻轨旅游特色线路，还可为旅游业带来新的经济增长点。

轻轨交通的发展提高了城市旅游的交通便捷度和吸引度，这有利于形成独具特色的地区旅游产品，促进观光旅游的发展。轻轨使人们的出行变得更加便捷，有了城市轻轨交通，居民也可以居住在环境较好，出行更便捷，距市中心较远的郊区。城市轻轨交通的发展，为城市的旅游业带来了新的机遇和挑战，城市轻轨交通建设，轻轨沿线商业发展，能够提供大量的就业岗位和就业机会，优化配置劳动力资源。城市轻轨交通的发展将会改变人们的出行方式，改变城市的客流走向，人们可以选择高效快速、安全准时的轻轨交通，节约时间，降低疲劳度，有利于提高劳动积极性和工作效率。

片区城市圈绿色环状发展是以城市轻轨交通构建环秦巴山脉轻轨环线，以服务旅游客流为主，侧重于片区内各景点之间的短途旅行。秦巴山脉区域河南片区内的旅游景点沿轻轨环线成径向分布，与生态保护区的静态交通、核心区域的慢行交通及旅游特区的旅游专线布局形成互助趋势，线位优势明显。片区轻轨交通主要发展策略如下：轻轨交通线网以洛（阳）—平（顶山）—南（阳）—三（门峡）为整个线网的基础和骨干，配备片区内多条线路发挥作用。应合理选择适合片区的轻轨交通线网结构，优化线网布局，构建低密度、高强度的轻轨交通线网。轻轨线网应结合片区地形、环境、道路等条件，优先利用现有铁路发展城市轻轨交通，节省成本。轻轨线网应考虑现有公交及其客流的影响，线网应采用以中运量线路为骨干，以低运量线路为补充的网络，合理选择轻轨交通车站位置，应照顾沿线居民和旅游景区，并以景区为主。车站位置应综合考虑客流需求、城市对外交通、环境等因素，与其他公共交通方便换乘。线网规划的各种方案，均应进行定性、定量分析，充分考虑整合本地旅游资源，打造旅游特色线路，合理安排轻轨交通建设实施计划，做到一体化开发，统一规划，分期分段实施。

第七节　绿色交通发展政策体制

（1）政府主导，全民参与。坚持政策引导，利用市场机制，发挥企业主体作用，吸引公众参与，形成全社会共同推进的良好格局。

（2）统筹规划，分级落实。强化顶层设计，做好规划引领，逐级落实责任。

（3）调整结构，创新驱动。坚持节约优先，调整优化结构，强化衔接配套，实施创新驱动，集约高效利用，实现永续发展。

（4）健全制度，强化监督。建立健全目标责任和统计核算制度，加强监督检查。

（5）深化改革、创新发展。全面深化交通运输改革，加快体制创新、政策创新、管理创新，努力破解深层次矛盾和问题，充分发挥市场配置资源的决定性作用和政府行业监管作用，实现交通运输业创新发展。

（6）适度超前、服务发展。把建设人民群众满意交通、服务经济社会发展作为出发点与落脚点，努力实现交通基础设施和服务能力适度超前配置，在全面建成小康社会、加快现代化建设进程中发挥引领作用。

（7）统筹兼顾、协调发展。大力推进综合交通运输体系建设，统筹公路水路与其他运输方式协调发展，统筹建设、养护、运营、管理发展，统筹区域、城乡交通运输均衡发展，促进交通运输基本公共服务均等化，努力推进交通运输全面综合发展。

（8）科技引领、智慧发展。以科技信息化为引领，把智慧交通建设作为主战场，着力加强交通科技创新能力建设，加快推进"互联网+"等新一代信息技术的应用，以信息化智能化引领交通运输现代化发展，努力推动行业提质增效升级。

（9）绿色低碳、安全发展。以建成资源节约型、环境友好型行业为目标，强化节能减排、环境保护和资源节约集约利用，加快推进绿色循环低碳交通基础设施建设，不断提升基础设施的安全性、可靠性和行业应对自然灾害、突发事件的能力，强化运输安全保障，实现交通运输业安全发展。

（10）依法治交、和谐发展。把依法治交作为根本保证，将法治建设落实到交通运输发展的各个领域，切实加强行风政风和行业软实力建设，充分调动全行业的主动性和积极性，推动行业文明和谐发展。

第七章　秦巴山脉区域河南片区绿色交通战略合作

推进秦巴山脉区域河南片区跨区域交通合作，充分发挥政府的主导作用，积极利用市场机制。加强管理与技术体系统筹，强化行业数据资源治理，推动各类平台有效对接，打破部门分割和行业壁垒，政企合作，上下联动，共同推进数据资源开放共享。以跨部门、跨地区、跨领域业务协同需求为导向，注重盘活整合现有资源，实现行业数据资源有效共享。以提升综合交通服务品质为导向，推动行业数据资源向社会开放，充分释放行业数据红利，实现多方共赢。

一、省域协调联络合作

建立和完善秦巴山脉区域河南片区多省交通协调联络机制，协调完善交通规划，构建方便、快捷的交通运输网络。在省外，建立秦巴山片区省市联席会议制度，定期研究解决相关问题，协调推进规划实施；在省内，各市县人民政府之间也要建立相应的协调机制，开展多层次多方位合作交流，共同促进区域发展。

进一步加强规划对接、建设协同、运输一体化，建议秦巴山脉区域河南片区区域各交通运输厅联合争取将秦巴山脉区域河南片区全域纳入交通运输部扶贫规划范围，落实支持政策；联合编制振兴发展交通专项规划，形成规划"一张图"，共同打造互联互通的快速、便捷、高效、安全的区域交通运输体系；建立秦巴山脉区域河南片区交通协作联席机制，在规划编制、前期工作、项目实施等方面建立良好的沟通协调渠道，确保在重大边际项目方面做到同步规划、同期启动。按照"多省联动、主体推动、市级主动"的工作思路，加快构建跨省快速交通圈，协作推进区域内铁路、高速公路、国道、省道、县乡道项目建设，进一步提升综合运输一体化水平，服务秦巴山脉区域河南片区经济社会发展。

充分发挥区域优势，积极融入中原经济区，密切加强与周边城市的联系，加大面向沿海地区开放力度，进一步拓展发展空间。依托南水北调中线工程和西气东输工程建设，密切与相关区域的经济联系和产业合作，形成合作互利、优势互补的开放发展格局。

二、技术资源共享合作

一是建立秦巴山脉区域河南片区绿色交通体系技术与资源共享机制，在整个区域推广完善；建立协调机制。围绕构建综合交通服务体系，借鉴其他省份的成功经验，由省交通运输厅牵头，建立综合交通部门协调机制，完善枢纽规划建设衔接机制、组织协调机制、运输服务应急保障机制、管理信息共享机制等。二是制定综合交通服务标准规范。建议成立综合交通标准委员会，加快制定综合交通标准体系；深入贯彻落实国家《综合交通运输标准体系》，加紧制定出台《综合交通运输标准计划表》。

三、交通运输跨域合作

广泛开展交通运输方面的合作，实施跨区域运输，在路线规划、票价、税收等方面进行跨区域的经营合作。以规划为平台，建立片区内市际、县际协作机制，统筹规划实施，合理布局产业，优化生产要素配置，加强项目衔接和基础设施对接，推进区域一体化发展。支持革命老区开展扶贫开发与经济协作示范区建设，支持南水北调中线工程水源保护区协作开展生态文明示范建设。充分发挥洛阳、南阳、平顶山、三门峡等区域中心城市的辐射带动作用，以城带乡、以工补农，打破城乡二元经济格局，推进城乡一体化发展。

实施"互联网+综合交通"服务行动计划，以"绿色交通、智慧出行"信息平台建设为抓手，以整合资源和开放共享为重点。一是推动实现智慧交通服务"一点通"。支持各种交通方式智能信息系统建设，支持提供基于移动终端的出行信息查询系统。推进智慧物流，支持物流企业研发应用货物动态跟踪系统，推广应用电子运单，实现货物状态全程监控、流程实施可查。二是推动实现公共出行支付"一卡通"。建立交通"一卡通"清分结算、服务价格、风险管控、绩效评价等制度规则，推动组建交通"一卡通"清分结算平台，实现"一卡通"支付业务的清分结算。

四、合作创新样本机制

创新秦巴山脉区域河南片区交通合作机制，为其他地区和其他方面建立样本。要进一步完善交通发展战略，努力从适应型发展向主动引导型发展转变，从主要解决中心城交通问题向统筹城乡和区域一体化交通转变，从大力推进交通设施建设向更加注重综合管理和功能提升转变，推进交通在新起点上实现更高发展。

强化交通与城乡空间统筹发展，强化公共交通优先发展，更加注重小客车需求调控，更加注重绿色发展，更加注重精细管理。强化城市总体规划对城市发展的综合调控，促进人口、产业合理布局，均衡交通需求分布。加强交通规划与城乡规划的统筹协调，强化公共交通引导和支撑城市发展的规划模式，促进交通与用地融合发展。把公共交通发展放在城市交通发展的首要位置，在规划、投资、建设、运行、服务等各环节充分体现公交优先。在不断强化轨道交通骨干作用的同时，加快提升公共汽（电）车服务水平，并加强与各类交通方式的衔接，完善公共交通体系，进一步提高公共交通吸引力。优化交通能源结构，提高能源利用效率，降低交通排放强度。持续提高运输工具的排放标准，逐步淘汰高污染的运输工具。倡导绿色出行，显著改善步行和自行车等交通方式的出行环境。

不断完善体制、机制、法制，强化交通参与各方协同联动。充分应用最新信息技术手段，创新交通管理模式，提升交通组织管理水平，提高交通资源利用效率。加强社会动员，引导全社会共同营造文明交通环境。

积极推进秦巴山脉区域河南片区绿色交通发展规划、实施和总结工作，有效地选取和树立特定区域进行改革试点，推行绿色交通体系战略计划，为其他地区和其他方面建立先行试验区做创新试点铺垫。

参 考 文 献

[1] 河南省人民政府. 河南省"十二五"现代综合交通运输体系发展规划（豫政〔2012〕109号）[EB/OL]. http://www.henan.gov.cn，2012-12-31.

[2] 国家发展和改革委员会. 国家公路网规划（2013年—2030年）[EB/OL]. http://zfxxgk.ndrc.gov.cn/web/iteminfo.jsp?id=285，2013-05-24.

[3] 国家发展和改革委员会.《中原城市群城际轨道交通网规划》[EB/OL]. http://www.ndrc.gov.cn，2010-08-13.

[4] 河南省人民政府. 河南省"十三五"现代综合交通运输体系发展规划（豫政〔2017〕42号）[EB/OL]. http://www.henan.gov.cn，2017-03-06.

[5] 洛阳市城乡规划局.《洛阳市城市综合交通发展战略规划2014—2020》[EB/OL]. http://www.lysghj.gov.cn，2015-10-13.

[6] 王伟，卢忠哲，金键，等. 河南南阳中医药产业发展战略规划论证会在南阳召开[J]. 中国医药导报，2010，（32）：103.

[7] 三门峡市人民政府. 2017年三门峡市国民经济和社会发展统计公报[EB/OL]. http://www.smx.gov.cn，2018-03-16.

[8] 南阳市统计局. 2016年南阳市国民经济和社会发展统计公报[EB/OL]. http://www.ha.stats.gov.cn/sitesources/hntj/page_pc/tjfw/tjgb/sxsgb/article1d41052c678043efa51d1fc39b81862b.html，2017-03-28.

[9] 工程惠及长黄淮海四大流域（焦点直击·透视南水北调工程）[EB/OL]. http://www.people.com.cn/GB/paper39/8174/771925.html，2003-01-06.

[10] 李林超，何赏璐，张健. 时空因素影响下在线短时交通量预测[J]. 交通运输系统工程与信息，2016，16（5）：165-171.

[11] 殷志峰，程麟. 绿色道路胶凝材料的研究现状及发展趋势[J]. 材料导报，2007，21（5）：94-97.

[12] 郭成超，王复明，钟燕辉. 水泥混凝土路面脱空高聚物注浆技术研究[J]. 公路，2008，（10）：232-236.

[13] 熊兵. 轨道交通设施建设的多元融资模式研究[J]. 理论与改革，2015，（5）：96-98.

[14] 王金辉.沥青路面水稳就地冷再生施工与质量控制[J].工程技术（全文版），2016，（4）：5.
[15] 王复明，郭大进，钟燕辉，等.道路基层加固的高聚物加载注浆方法：CN102031747A[P].2011.
[16] 王复明，钟燕辉，许建强，等.集成式高聚物注浆系统.CN 103276735 A[P].2013.
[17] 唐慎秀，丁静.公路路面性能的自动化无损检测[J].城市建设理论研究，2016，（13）：853.
[18] 徐平，王复明，蔡迎春，等.高速公路路基施工质量的测试方法和仪器选用[J].中国市政工程，2009，（3）：1-3.
[19] 黄泳霖.新型无机复合材料空心墙——树立绿色建筑理念、推广低碳建筑新技术、建立生态城乡建筑新体系[C].中国科协年会第11分会场：低成本、高性能复合材料发展论坛，2012.
[20] 潘金刚，王文娟.市政工程施工中非开挖施工技术研究[J].工程技术（全文版），2016，（12）：16.
[21] 李满良，郑晨，王朝辉，等.绿色生态型城市道路评价指标体系[J].交通运输工程学报，2015，（2）：10-21.
[22] 李聪颖，马荣国，王玉萍，等.城市慢行交通网络特性与结构分析[J].交通运输工程学报，2011，（2）：72-78.
[23] 杨忠振，高春雨，陈东旭.考虑动静态交通转换的中心商业区停车供给优化研究[J].系统工程理论与实践，2016，36（8）：2091-2100.
[24] 成俊梅.城镇化导向下城市中心商业区停车问题研究[D].上海交通大学硕士学位论文，2015.
[25] 张震宇，肖海龙.客运专线对不同出游动机旅游者的综合效用评价[J].统计与决策，2009，（19）：79-81.

第三篇
秦巴山脉区域河南片区（伏牛山区）水资源保护与利用研究

第八章　秦巴山脉区域河南片区水资源保护与利用现状

第一节　研究技术路线

　　秦巴山脉区域河南片区水资源利用与保护战略研究是在调研的基础上，通过水资源利用和水环境保护现状问题识别，结合国家和省级战略定位分析、相关规划空间布局合理性分析、水资源保护与利用面临的形势与压力分析，进行发展战略设想及战略目标制定，综合上述因素针对各个行业提出水资源利用与保护的对策建议，并对各规划水平年秦巴山脉区域河南片区水资源保护与利用结果进行展望。秦巴山脉区域河南片区水资源保护与利用战略研究技术路线如图8-1所示。

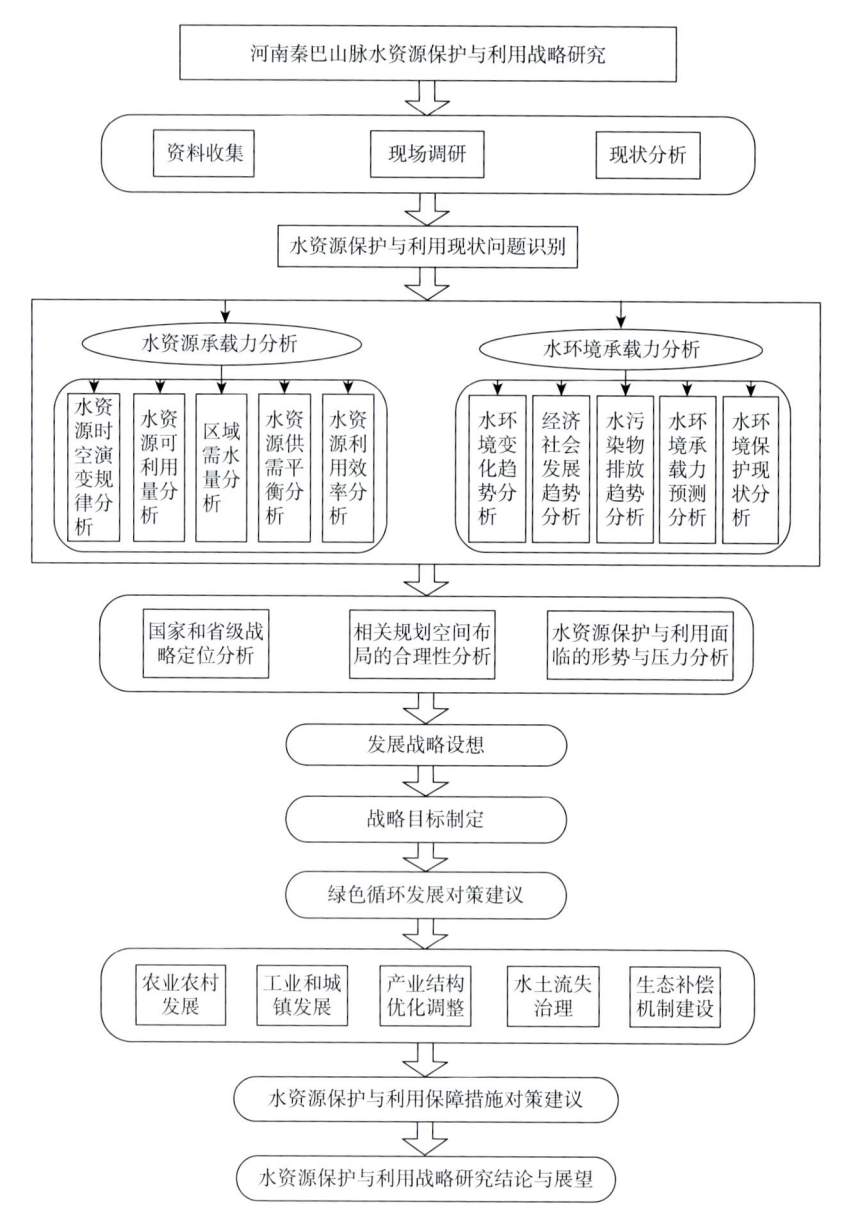

图8-1 秦巴山脉区域河南片区水资源保护与利用战略研究技术路线

第二节 水资源利用现状分析

秦巴山脉区域河南片区的水资源比较丰富，水资源的开发利用和保护工程也较多，有丹江口水库、鸭河口水库、故县水库、陆浑水库、昭平台水库、杨楼水库、孤石滩水库、窄口水库大型水库8座，中小型水库661座，共669座；水电站共279座，占河南省水电站总数的53.04%；灌区共1 828处，占河南灌区总数的12.58%；泵站工程782处，占河南省泵站工程总数的15.82%。以伏牛山为界，其南坡南阳市水利工程数量高于其他地市。

一、水资源可利用水量现状分析

秦巴山脉区域河南片区包含河南省黄河流域、淮河流域、长江流域的部分流域面积，占省辖各流域的比例分别为41.99%、6.68%和77.57%。根据河南省水资源公报统计分析，秦巴山脉区域河南片区地表水水资源可利用量多年平均为28亿立方米，浅层地下水可采量多年平均为17亿立方米，总的水资源可利用量多年平均约为40亿立方米，分别占河南省地表水水资源可利用水量、浅层地下水可开采量、总的水资源可利用水量的22.91%、17.37%、20.48%。河南片区人均水资源可利用量高于河南省平均水平，水资源可利用量比较丰富（表8-1）[1]。

表8-1　秦巴山脉区域河南片区多年平均水资源可利用量

区域	水资源可利用量/亿立方米	人均可利用量/（米³/人）
洛阳市	7.02	273
平顶山市	6.17	341
三门峡市	8.03	554
南阳市	18.84	237
秦巴山脉区域河南片区	40.05	291
河南省	195.24	183

资料来源：2001~2016年《河南统计年鉴》

由表8-1可知，秦巴山脉区域河南片区的人均水资源可利用量约291米³/人，高于河南省的平均水平183米³/人，其中三门峡市的人均可利用量最高，为554米³/人，约是河南省人均可利用量的3倍。洛阳市、平顶山市、南阳市的人均可利用量分别为273米³/人、341米³/人、237米³/人，分别约为河南省人均可利用量的1.49倍、1.86倍、1.30倍，区域可利用水量丰富。

二、水资源供需平衡现状

秦巴山脉区域河南片区供用水平衡分析，以4个省辖市为计算单元，主要依据研究片区内多年平均地表水可利用量和地下水可开采量，对秦巴山脉区域河南片区地表水和地下水供水量计算余缺量进行平衡分析（表8-2）。

表8-2 秦巴山脉区域河南片区供用水平衡分析计算结果 单位：亿立方米

区域	总用水量	地表水可利用量	地表水余缺量	地下水可开采量	地下水余缺量
洛阳市	10.65	5.46	−0.76	2.46	−1.97
平顶山市	6.08	5.46	1.53	1.50	−0.65
三门峡市	3.84	3.82	1.47	5.24	3.75
南阳市	17.37	13.20	6.10	8.06	−2.20
总量	37.94	27.94	8.34	17.26	−1.07

从表8-2可知，洛阳市的地表水实际供水量大于地表水的可利用量，即洛阳市的地表水不能满足该市的用水需求，该市除了有一定的区域外调水作支撑外，地下水存在一定程度的超采。南阳市、平顶山市地表水供水量小于地表水的可利用量，而南阳市地下水的用水量大于地下水的可开采量，主要由于作为粮食主产区，大中型灌区的供水配套设施建设进展缓慢，井灌发展迅速，同时地表水污染较大，地下水利用超出了可开采量。三门峡市地表水的实际供水量小于其地表水的可利用水量，剩余量为1.47亿立方米，地下水开采量小于地下水的可开采量，剩余量为3.75亿立方米。

三、水资源利用效率

秦巴山脉区域河南片区的主要支柱产业为农业和工业，在水资源利用方面，农业用水和工业生产用水的所占比例相对较大，尤其是农业用水。因此，在进行片区水资源用水效率分析时，针对农业和工业的用水特点，采取亩均用水量和万元工业产值用水量这两个指标对秦巴山脉区域河南片区用水效率进行分析，具体数据见表8-3。

表8-3 农业、工业用水效率情况

区域	灌溉面积/万亩	农业用水量/万立方米	亩均用水量/立方米	工业总产值/亿元	工业用水量/万吨	万元工业产值用水量/(吨/万元)
洛阳市	39	12 408	318	303	3 558	12
平顶山市	75	8 819	118	37	362	10
南阳市	259	41 285	159	430	5 638	13
三门峡市	44	8 600	195	201	3 200	16
秦巴山脉区域河南片区	418	71 112	170	971	12 758	13
河南省	5 089	1 426 240	280	9 902	177 235	18
全国	95 200	36 000 000	378	844 269	12 289 000	15

由表8-3可以看出，研究区的用水效率高于河南省及全国的用水效率。片区内洛阳市的亩均用水量最大，为318立方米，高于河南省的亩均用水量280立方米，低于全国的亩均用水量378立方米，三门峡市、平顶山市、南阳市的亩均用水量分别为195立方米、118立方米、159立方米，均低于全国的亩均用水量，其中三门峡市高于片区的亩均用量170立方米；片区内万元工业产值用水量低于河南省的万元工业产值用水量，略低于全国的平均水平，工业用水效率处在较高的水平。从整体上看，在农业用水方面，洛阳市的农业用水效率有待提高，在工业用水方面，三门峡市的工业用水效率有待提高。

四、水资源保护与利用法规政策

党的十八届五中全会研究通过的《中共中央关于制定国民经济和社会发展第十三个五年规划的建议》指出，"十二五"期间，生态文明建设取得了新的进展。在水资源的开发利用及水利设施的建设方面，出台了一系列的政策，如各市水利局出台的《"十二五"节水型社会建设规划》《取水许可总量控制指标方案规划》《三门峡市重要河流水功能区纳污能力核定和分阶段限排总量控制方案》。

2011年，中央一号文件《关于加快水利改革发展的决定》明确提出，实行最严格的水资源管理制度，建立用水总量控制、用水效率控制和水功能区限制纳污"三项制度"，相应地划定用水总量、用水效率和水功能区限制纳污"三条红线"。河南省2013年已开始实施最严格的水资源管理制度，秦巴山脉区域河南片区所涉及的地市也都严格执行"三条红线"的考核制度。同时，《关于加快水利改革发展的决定》提出推进依法治水。建立健全水法规体系，抓紧完善水资源配置、节约保护、防汛抗旱、农村水利、水土保持、流域管理等领域的法律法规。全面推进水利综合执法，严格执行水资源论证、取水许可、水工程建设规划同意书、洪水影响评价、水土保持方案等制度。加强河湖管理，严禁建设项目非法侵占河湖水域。加强国家防汛抗旱督察工作制度化建设。推进依法治水不仅仅与全面推行依法治国紧紧契合，更对水资源的开发利用行为进行了规范，使水资源能够持续利用，实现绿色循环发展。《中共中央关于制定国民经济和社会发展第十三个五年规划的建议》也就"加快改善生态环境"做了具体阐述，包括"加快建设主体功能区""推进资源节约集约利用""加大环境综合治理力度""加强生态保护修复""发展绿色环保产业"等。

我国水法规体系由《中华人民共和国水法》《中华人民共和国防洪法》《中华人民共和国水土保持法》《中华人民共和国水污染防治法》4部法律和18部行政法规、50余件部门规章及700余件地方性法规规章组成，这为我国水利事业的跨越式发展提供了有力支撑和保障。

第三节　水环境现状分析

一、河流水环境质量状况分析

根据河南省省控及责任目标考核断面设置，秦巴山脉区域河南片区共涉及15条河流24个考核断面，根据各个河流考核断面的21项监测因子进行评价，2016年秦巴山脉区域河南片区内河流水质在Ⅱ~Ⅴ类均有分布，如图8-2所示，其中17个断面水体水质为Ⅱ类，占总考核断面个数的70.83%，3个断面水体水质为Ⅲ类，占总的考核断面个数的12.50%，2个断面水体水质为Ⅳ类，占总的考核断面个数的8.33%，2个断面水体水质为Ⅴ类，占总的考核断面个数的8.33%。三门峡宏农涧河、南阳刁河河流为中度污染，洛阳洛河和南阳湍河河流为轻度污染。主要是此区域的污染物排放比较集中，污染负荷较高，超出了河流自然降解能力，造成河流的水质较差。

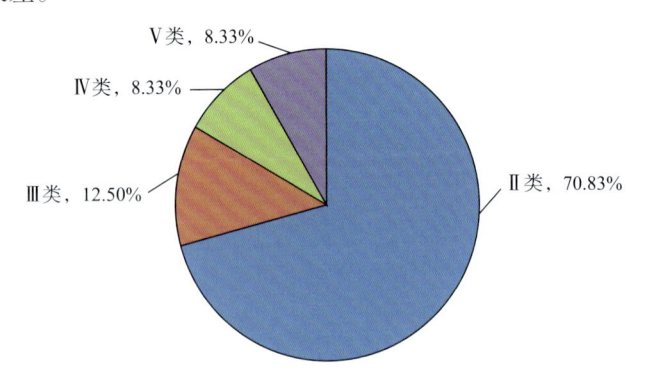

图8-2　秦巴山脉区域河南片区2016年河流水质类别分布
各项百分比之和不等于100%，是因为进行过舍入修约

总体来看，秦巴山脉区域河南片区河流基本位于上游，水环境质量状况较好，部分区域河流水体，如宏农涧河、刁河等需进一步加大水污染防治力度，确保河流水体进一步改善。

二、水污染物排放情况

（一）污染物总体排放特征

根据河南省污染物排放统计数据，2015年秦巴山脉区域河南片区废水排放总量为3.8亿吨，COD（chemical oxygen demand，化学需氧量）排放总量为13.51万吨，氨氮排放总量为1.39万吨，分别占河南省废水和污染物排放总量的8.76%、10.50%和10.32%[2]。

2015年秦巴山脉区域河南片区废水排放的主要来源为生活源，其排放量为3.08亿吨，占秦巴山脉区域河南片区废水排放总量的约81%，工业源排放量仅占总排放量的19%。COD排放主要来自于农业源，农业源COD排放量占研究区域总排放量的62%，其次为生活源，占30%；氨氮排放主要来自生活源，其排放量占研究区域氨氮总排放量的50%，其次为农业源所占比例，为42%；工业污染源的COD及氨氮排放量所占比例均较小，占秦巴山脉区域河南片区排放总量的8%和7%（图8-3）。

（a）COD排放量所占比例

（b）氨氮排放量所占比例

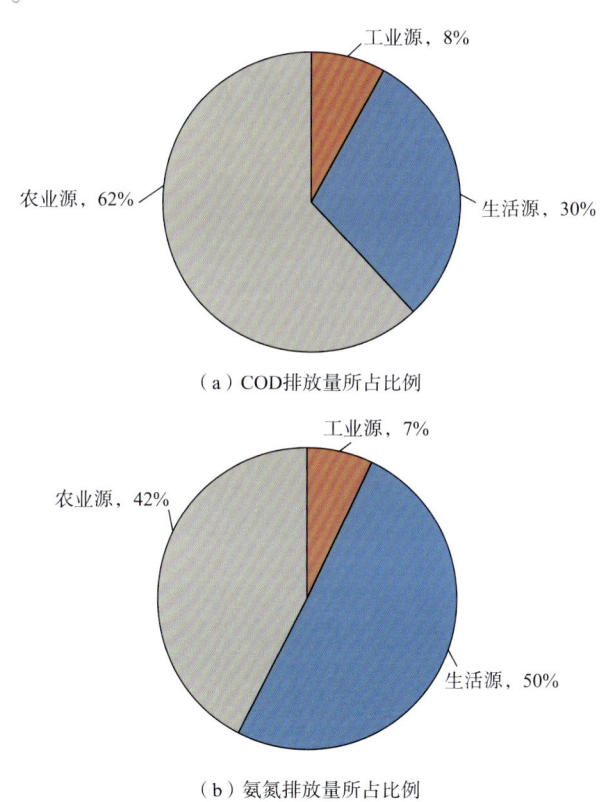

图8-3　2015年秦巴山脉区域河南片区COD及氨氮的污染源分析示意图
各项百分比之和不等于100%，是因为进行过舍入修约

（二）各地市污染物排放特征

由于目前废水排放统计不包括农业源，研究对2015年秦巴山脉区域河南片区

生活源和工业源的统计结果如图8-4所示，其中南阳市污染物排放量最大，其废水排放量及COD、氨氮排放量分别占区域总排放量的35.0%、37.9%和41.6%；平顶山及三门峡排放量较低。

图8-4　2015年秦巴山脉区域河南片区4市废水及污染物排放情况

2015年秦巴山脉区域河南片区17个县（区、县级市）中以鲁山县、叶县、灵宝市、卧龙区、镇平县的废水排量最大，废水排量均超过了2 500万吨，卢氏县、南召县和西峡县的年废水排量较小，均低于1 500万吨。其中，栾川县、灵宝市、陕州区、卧龙区、镇平县和内乡县的工业废水排放所占比例相对较高，在25.85%~52.45%，其他各县市的废水排放以生活源为主（图8-5）。

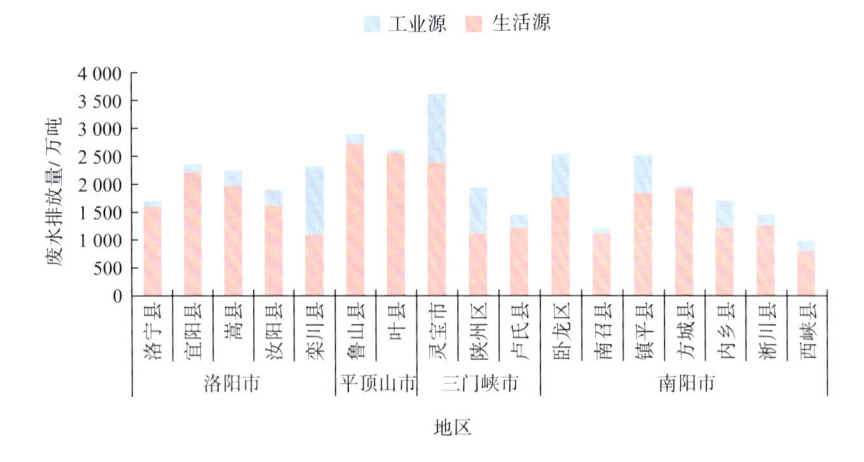

图8-5　2015年秦巴山脉区域河南片区17县（区、县级市）废水排放总量

整体来看，秦巴山脉区域河南片区水污染物主要来自农业源和生活源污染物排放。从各县市水污染物COD及氨氮的排放特征（图8-6）看，鲁山县的COD和

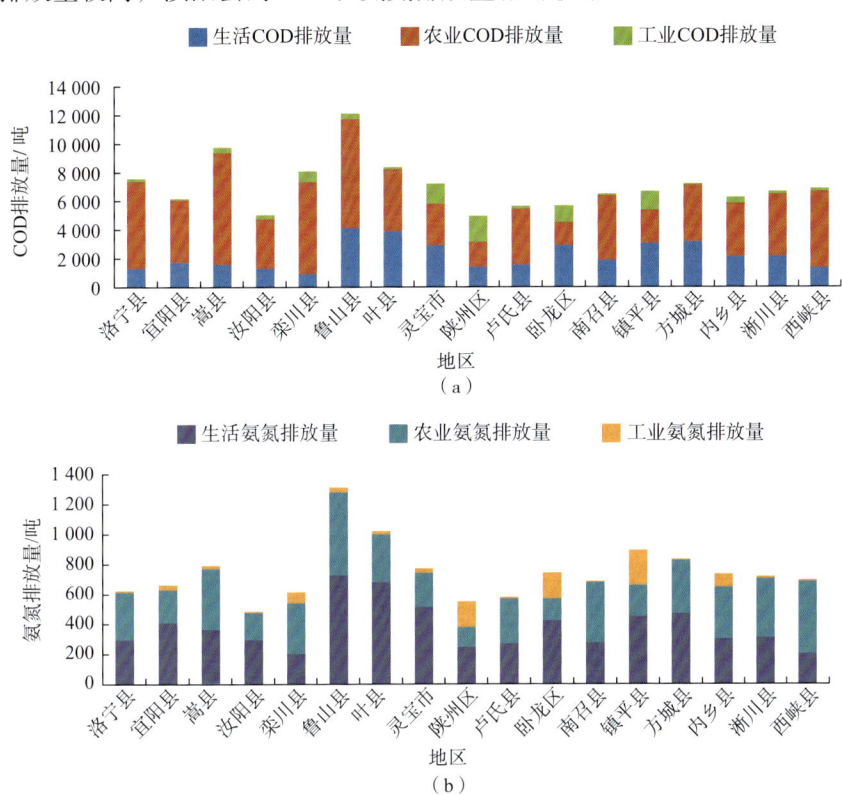

氨氮排放量较高，汝阳县的COD和氨氮排放量相对较小。

图8-6　2015年秦巴山脉17县（区、县级市）COD及氨氮的总排放量

从污染特征看，秦巴山脉区域河南片区各县市的污染排放与各地市的区位优势、经济基础、资源丰富程度等密切相关，主要呈现以下特点。

（1）秦巴山脉区域河南片区主要污染源的类型按照该县市距离地市级行政中心的距离，呈现生活源到农业源、生活源混合再到农业源的规律。

这是由于秦巴山脉区域河南片区外围的灵宝市、陕州区、卧龙区、镇平县等区域位于"三门峡—洛阳—平顶山—南阳"中心城市发展区，经济发展较好，人口密集，城镇化率较高，农业经济所占比例不断下降，区域污染以生活源或农业源、生活源、工业源混合污染为主；宜阳县、汝阳县、鲁山县、叶县、内乡县、方城县距离中心城市群较近，仍然能够受到中心城市发展的辐射带动作用，或者有优势资源作为带动，城镇化发展有一定水平，而原有的农业规模也仍相对较大，区域的污染呈现农业源和生活源混合型污染的特点；位于秦巴山脉区域河南片区核心区域的洛宁县、嵩县、栾川县、卢氏县、南召县、淅川县、西峡县等地区地处偏远，经济发展以农业发展为主，其污染类型也以农业源为主。

（2）秦巴山脉区域河南片区矿产资源丰富，资源的开采加工带动了一些县市的发展，但这些区域的经济资源依赖性强，工业结构单一、高耗能、高污染型企业密集，造成区域工业污染突出。片区内的灵宝市、陕州区、栾川县、镇平县等都同时具有资源优势和交通优势，资源型工矿企业密集，这造成区域污染工业源所占比例较高。

（三）水污染治理状况

河南省委、省政府高度重视水污染防治工作，"十一五""十二五"期间，河南省政府先后发布了《河南省淮河海河黄河中上游流域水污染防治规划（2006—2010年）》《河南省流域水污染防治规划（2006—2010年）》《河南省流域水污染防治规划（2011—2015年）》，通过流域环境综合整治、环保基础设施建设、重点污染排查等全面开展全省水环境防治工作。

"十一五"期间，秦巴山脉区域河南片区的洛阳、三门峡、平顶山、南阳市各级政府开展对伊洛河、汝河、沙河、澧河、湍河、刁河等流域的水污染综合整治工程；新建及部分改造12座县级废水处理厂；加强对重点区域、重点污染行业的集中综合整治，发布限期整改命令，并关闭了一大批造纸、水泥、耐材等高污染企业，同时加大对重点监控排污企业废水处理设施的建设及监管，区域水污染防治工作取得初步的进展。

"十二五"期间，根据《河南省流域水污染防治规划（2011—2015年）》，秦巴山脉区域河南片区三大流域及丹江口水库共涉及重点水污染防治工程项目171个，总投资金额为40.41亿元，开展工业污染防治、城镇废水处理及配套设施建设、畜禽养殖污染防治、重金属污染防治和区域水环境综合整治五大类项目。通过规划投资项目的实施，流域水污染防治取得积极进展。

为贯彻党的十八大和十八届三中、四中全会精神，落实国家的《水污染防治行动计划》（简称"水十条"），2014年以来，河南省政府批准了《河南省城市河流清洁行动计划》《2014年度全省碧水工程工作计划》《2015年度全省碧水工程工作计划》《河南省省辖市重点河流水质达标工作方案》等水环境保护计划，进一步加强对河南省的水环境污染治理、流域水污染综合整治工作。

（四）水土流失状况

1）水土流失成因及分布情况

河南省土地总面积16.7万平方千米，其中豫西北、豫西和豫南地区山区面积7.9万平方千米。土壤侵蚀类型有水力侵蚀、风力侵蚀和重力侵蚀，以水力侵蚀为主。根据河南省水土保持公报统计，中华人民共和国成立初期全省原有水土流失面积7.04万平方千米，水力侵蚀面积近6.06万平方千米，风力侵蚀面积0.98万平方千米[3]。

秦巴山脉区域河南片区位于秦巴山脉的东部边缘，是我国第二阶梯和第三阶梯的过渡地带，地形地貌复杂，是水土流失的敏感区域。根据2000年全国第三次土壤侵蚀遥感调查，秦巴山脉区域河南片区北坡黄土高原区是水力侵蚀的极强烈侵蚀分布区，南坡是轻度侵蚀区，区域的水土流失类型复杂，既有自然因素也有人为因素。

一方面，秦巴山脉区域河南片区水土流失受自然因素的影响极大。片区位于伏牛山系山区及丘陵区，地势陡峭，土壤侵蚀敏感度高，气候属于北亚热带与暖温带的过渡带，地带性植被是针叶和落叶阔叶混交林，中山区森林覆盖率较高，部分地方存在原始森林，低山丘陵区森林覆盖率较低；年降雨量700~800毫米，降雨量多于我国北部及东部平原地区，是降雨冲蚀潜力（R值）的中度和高度敏感区。

另一方面，人类活动的扩张又加剧了区域水土流失的形成。秦巴山脉区域河南片区位于秦岭造山成矿带，三门峡—洛阳—平顶山一带，是金、银、钼、铅锌等有色金属资源和岩盐、水泥灰岩等非金属资源的集中分布区域。三门峡市、平顶山市作为我国重要的资源型城市，资源开采及加工产业链条已经成熟，片区矿山生产能力占整个秦巴山脉区域的55%。由于区域受到长期采矿活动的破坏，天然植被造成了严重的破坏，人工林和灌丛面积很大，地表土壤受雨水冲刷形成水土流失的风险增高。

2）水土流失治理进展

经统计，"十一五"以来，河南省秦巴山脉所在的洛阳、三门峡、南阳、平顶山等地区累计治理水土流失面积达到1.26万平方千米。截至目前，洛阳市重点实施了黄河水土保持生态工程、中央专项资金水土保持工程、农业生态县建设工程、黄河重点支流治理和小流域坝系工程等，累计治理水土流失总面积6 200平方千米，占应治理面积的60%，全市水土流失严重现象得到有效遏制。南阳市累计完成水土流失治理面积593平方千米，建成了大柏河、青塘河、黑沟河等一批水土流失小流域综合治理示范工程。三门峡市陆续开工建设了伊洛河流域渑池项目区一期、二期工程，丹江口库区老灌河上游水土保持治理项目区及灵宝老天沟坝系、陕州区大架河坝系等一批重点水保项目，累计治理水土流失面积1 056平方千米，年可减少土壤流失量110万吨以上，增加水资源拦蓄量2 500万立方米以上。平顶山市原有水土流失面积4 500平方千米，"十二五"末，水土流失治理面积累计达到3 000平方千米。

丹江口水库作为南水北调中线工程水源地，共涉及河南省南阳、洛阳、三门峡3个省辖市的淅川、西峡、内乡、邓州、栾川、卢氏6个县（市），47个乡镇，流域面积7 815平方千米。其水土保持工作对减少土壤流失、增加水源含蓄、减少面源污染、保障水质安全具有重要意义。2006年2月，国务院批复了《丹江口库区及上游水污染防治和水土保持"十二五"规划》，2007年丹江口库区及上游水土保持一期工程开工，在陕西、河南、湖北3省25个县（区、县级市）开展水土保持生态建设，进行小流域水土流失治理。根据《丹江口库区及上游水污染防治和水土保持"十二五"规划》，目前区域涉及的淅川、西峡两县已累计治理水土流失面积2 269平方千米，水源地森林覆盖率由44%提高到56.4%，年减少土壤流失量472万吨，增加水源涵蓄能力4 390万立方米，年减少面源污染量6.76万吨，丹江口水库稳定保持Ⅱ类水质。

第四节　水资源保护与利用现存主要问题分析

通过分析秦巴山脉区域河南片区的水资源调查评价、水资源保护、水资源开发利用相关技术和文献资料，进行实地调研和交流、访谈，从水资源时空分布特征及变化规律、水资源开发利用方式、水质污染等方面，综合分析秦巴山脉区域河南片区水资源保护和利用的现状和特点。

1）水资源时空分布不均匀，南北坡存在差异

总体来看，秦巴山脉区域河南片区地表水资源量，由南向北逐渐递减，南阳市水资源量最大，平顶山水资源量最小。

在空间上，以伏牛山为界，南阳市多年平均降水量为792毫米、平顶山市多年平均降水量为790毫米，远远高于洛阳市的684毫米和三门峡市678毫米。从流域划分，南坡长江流域可利用水资源量相对较大，地表水水资源量具有较大开发潜力；北坡的黄河流域水资源量虽然高于淮河流域，但开发程度较高，可开发潜力较小。对比秦巴山脉区域河南片区各省辖市人均水资源占有量与全省及国家水平（图8-7），研究区域人均水资源占有量为533~911立方米，相对于河南省平均水平338立方米比较充沛，但不足全国人均水平的1/3。

2）水资源开发程度不一，用水效率具有提高潜力

秦巴山脉区域河南片区水资源开发利用程度具有从南到北、从西到东依次递减的趋势。受研究区域西高东低地形的影响，西部洛阳市境内黄河流域和南部南阳市境内长江流域水能资源蕴藏量丰富；东部边缘水库调节库容相对较大，有利于地区汛期洪水资源化、枯水期兴利调节，起到了水库蓄丰补枯的作用；水闸和泵站水利工程分别主要集中于灌溉面积较大的南阳市和地形起伏较大的三门峡市、洛阳市。

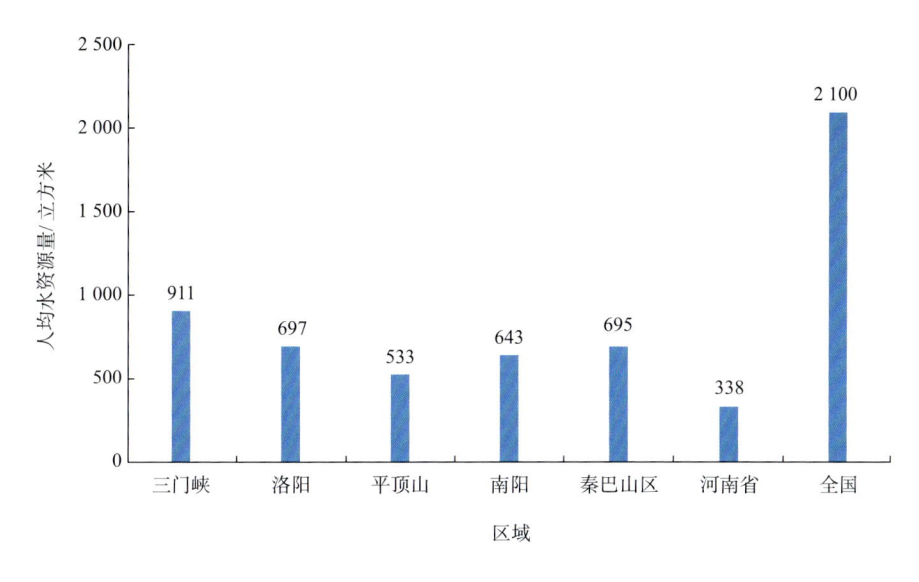

图8-7　秦巴山脉区域河南片区人均水资源占有量统计

河南片区的用水效率高于河南省及全国的用水效率水平。就农业用水效率而言，片区内洛阳市的亩均用水量最大，为318立方米，高于河南省亩均用水量的280立方米，低于全国亩均用水量的378立方米，三门峡市、平顶山市、南阳市的亩均用水量分别为195立方米、118立方米、159立方米，均低于全国亩均用水量，其中三门峡市高于片区亩均用量的170立方米。就工业用水效率而言，片区内万元工业产值用水量低于河南省万元工业产值用水量，略低于全国平均水平，工业用水效率处在较高水平。从整体来看，在农业用水方面，洛阳市的农业用水效率有待提高，在工业用水方面，三门峡市的工业用水效率有待提高。

3）环境基础设施落后，废水处理能力难以满足城镇化发展需求

目前，秦巴山脉区域河南片区生活废水处理率仅为59.11%（图8-8），远远低于河南省平均水平。片区内南阳市卧龙区、镇平县及三门峡灵宝市废水处理率相对较高，基本能够达到河南省平均水平，而叶县、汝阳县、方城县、陕州区及南召县的废水处理率不足40%，距秦巴山脉区域河南片区的平均水平也有较大差距。主要原因为城镇基础设施不完善，农村居住分散，废水收集率低，大量生活废水不经处理直接排放，给片区地表水环境造成了污染。

4）区域农业生产水平较低，畜禽养殖污染突出

根据秦巴山脉区域河南片区水资源利用与环境保护调查报告（图8-9），2015年农业源中畜禽养殖类COD和氨氮排放量分别占片区农业污染物排放量的99%及90%左右，此外还有10%左右的氨氮排放来自种植业的化肥、农药等造成的氨氮流失。鲁山县、嵩县、洛宁县等农业源COD和氨氮排放量达到6 000吨/年和400

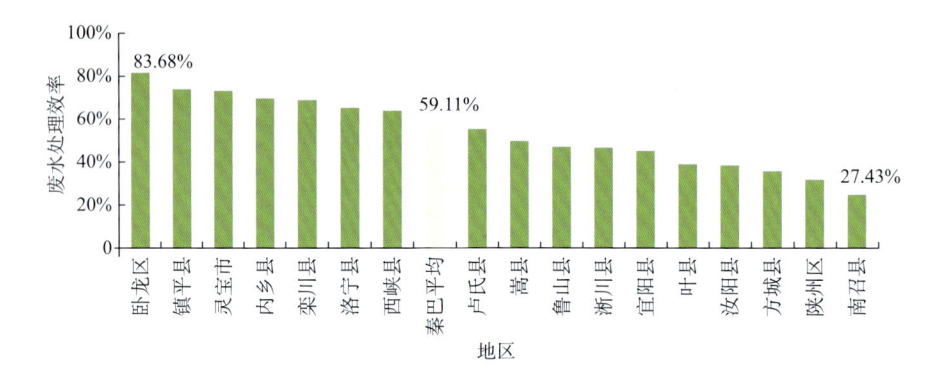

图8-8 秦巴山脉区域河南片区17县（区、县级市）废水及污染物处理效率

吨/年。由于目前农村规模化养殖农户对畜禽养殖废水、粪便等处理水平较低，大部分在村庄周围、田间随意堆放，且具有很大的分散性和极高污染负荷，给地表水环境造成了极大的威胁。

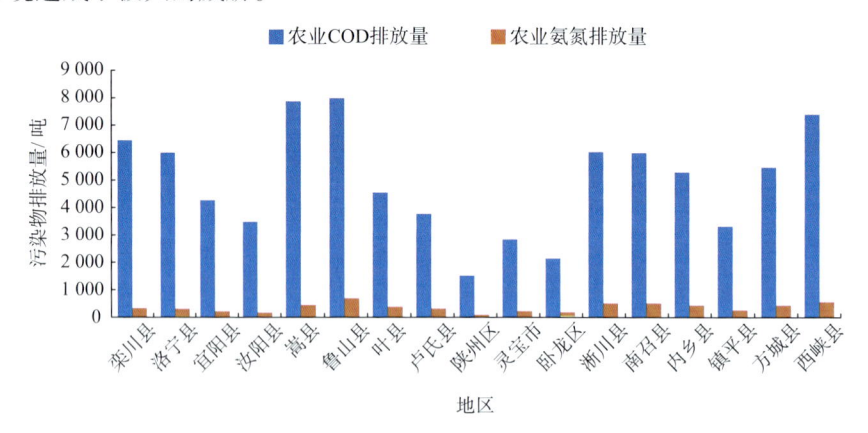

图8-9 秦巴山脉区域河南片区17县（区、县级市）农业污染物排放量

5）片区内结构性污染突出，工业仍然呈粗放式发展

根据2014年河南省环境统计数据，秦巴山脉区域河南片区重点调查的工业企业涉及25个行业，共663家企业，片区内近90%的企业为高耗能、高污染类的造纸、医药、化工类企业，以及资源、能源、原材料及制造业等重工业企业，其他先进制造业、纺织、食品等产业所占比例仅10%左右。区域经济支柱产业中有色金属矿采选业、化学原料及化学制品制造业和医药制造业的工业产值仅为区域工业总产值的26.45%，其废水、COD及氨氮排放量则占到了片区的60.79%、49.00%和82.97%，是支柱产业中的重污染行业（图8-10）。秦巴山脉区域河南片区的工业发展还处于粗放式增长的模式，以高污染、高耗能企业为主要组成的工业结构

决定了区域工业污染量基数大，污染减排任务重，并且由于区域经济水平较低，企业普遍为中小型规模的地方企业，污染防治的投入和水平较低，企业清洁生产水平低，部分企业非法排放等给区域的工业污染综合防治增加了难度。

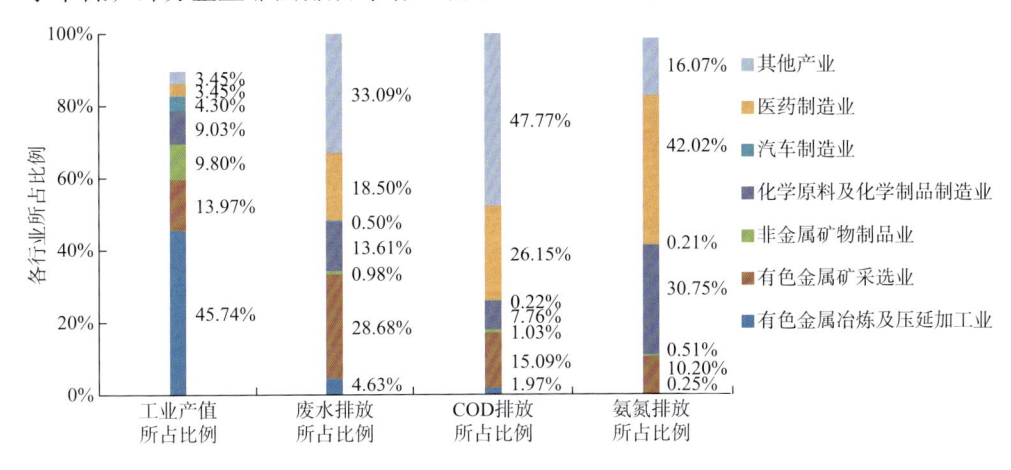

图8-10 秦巴山脉区域河南片区排污行业污染物排放所占比例与工业总产值所占比例分析

6）水土流失情况仍然比较严重

秦巴山脉区域河南片区所在各省辖市政府高度重视水土流失治理工作，水土保持治理取得了显著效果，根据2013年5月河南省水利厅发布的《河南省第一次水利普查公报》，全省通过建设梯田、水保林、经济林及封育治理等措施，水土流失面积和程度总体呈现减少和下降趋势，长江流域减少和下降幅度较大[4]。但是全省尚有水土流失面积2.34万平方千米，局部区域水土流失面积有扩大和加重趋势，秦巴山脉区域河南片区仍然是河南省水土流失的重点区域，嵩县、宜阳、洛宁、南召、汝阳、鲁山等县因陡坡开荒、毁伐森林、矿产资源的私挖乱采等造成地表植被大量破坏，加重了水土侵蚀程度。

7）水资源保护与利用管理政策及制度尚不健全

秦巴山脉区域河南片区的水环境管理现状有别于全省和全国普遍情况，片区水资源较丰富、水环境质量相对较好，地区生产生活以农业农村为主，经济相对落后，受全省水环境污染形势影响，片区的水环境管理政策以城市建成区及重点工业为主，以控污罚款、问责等为主要手段，不能对秦巴山脉区域河南片区的水环境形成更有效的保障。片区在提升农村水资源管理、加强农业污染防治、改善乡镇农村水环境状况方面的政策还有待进一步完善，同时在管理上还要加强水资源保护与利用生态补偿、差别化管理，建立更为长效的环境投资机制，激励地方政府和社会力量以更高的热情加入对良好水体的监管和保护，全面改善水环境质量。

第九章　秦巴山脉区域河南片区水资源保护与利用趋势预测和承载力分析

第一节　近期、中期、远期水资源分析

一、农业需水预测

根据《中国水资源公报》《河南省水资源公报》中公布的数据，研究2001~2016年农业用水情况，全国的农业用水量整体呈较明显上升趋势，但是河南省的农田灌溉亩均用水量稳中有降，总的农业用水量波动不大。由于秦巴山脉区域河南片区耕地面积变化不大，耕作条件和耕作方式较稳定，轮作方式固定，而作物的生长周期和灌溉周期及灌溉水量也较固定，本章以《河南水利统计年鉴2015》公布数据为准，在预测年内农业灌溉需水量取定值。洛阳市的栾川县、嵩县、汝阳县、宜阳县、洛宁县农业需水共18 239万立方米，平顶山市的叶县、鲁山县农业需水共6 395万立方米，三门峡市的陕州区、卢氏县、灵宝市农业需水6 793万立方米，南阳市的卧龙区、南召县、方城县、西峡县、镇平县、内乡县、淅川县农业需水32 022万立方米。

秦巴山脉区域河南片区农业需水量中，洛阳市、平顶山市、三门峡市、南阳市所占比例分别为28.75%、10.08%、10.71%、40.47%，秦巴山脉区域河南片区总需水量占河南省的5.63%，除了洛阳市亩均用水量高于河南省的亩均用水量，其他3个市的亩均用水量均低于河南省平均水平，整体而言，秦巴山脉区域河南片区的亩均用水量低于全国的亩均用水量。片区的灌溉面积占河南省总灌溉面积的8.22%，高于河南片区农业用水量的比例，因此，秦巴山脉区域河南片区整个片区的农业用水效率较高。农业用水量所占比例不大。

二、工业需水预测

根据《河南统计年鉴》《中国统计年鉴》《政府工作报告》进行工业需水量研究，依据区域经济发展趋势分析结果，秦巴山脉区域河南片区工业增加值取2015~2020年年平均增长率6.5%，2020~2030年年平均增长率6.0%，2030~2050年年平均增长率5.5%[5~7]。依此增长率对河南片区各规划水平年的经济进行预测。

通过研究2001~2015年万元工业增加值用水量的变化规律，对秦巴山脉区域河南片区2001~2015年万元工业增加值用水量曲线进行拟合，曲线先快速下降最后趋于平缓，由拟合的曲线公式带入计算预测近期（2020年）、中期（2030年）、远期（2050年）的万元工业增加值用水量为30.70米^3/万元、23.48米^3/万元、17.02米^3/万元，工业需水量=万元工业增加值×万元工业增加值用水量。根据万元工业增加值用水量预测近期（2020年）、中期（2030年）、远期（2050年）的工业需水量（图9-1）。

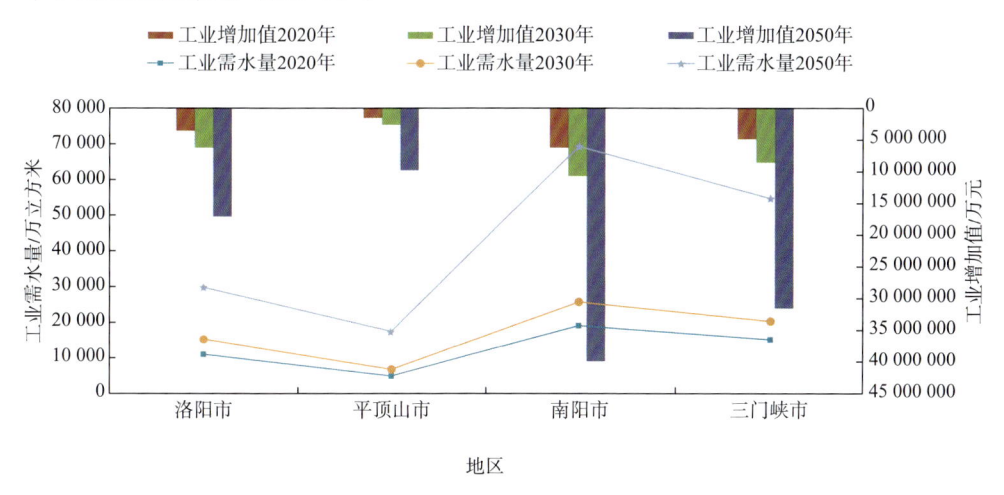

图9-1　秦巴山脉区域河南片区4个省辖市工业增加值和工业需水量预测

经测算，秦巴山脉区域河南片区的工业需水量占河南省工业总需水量的比例为7.8%~10.2%，片区所辖洛阳市、平顶山市、南阳市、三门峡市工业需水量所占比例分别为22.35%、9.39%、38.15%、30.11%。洛阳市、平顶山市、南阳市、三门峡市面积占秦巴山脉区域河南片区总面积的26.99%、9.45%、41.68%、21.88%，由此可知地处伏牛山南坡的南阳市工业需水量所占比例较小。而从北坡的整体情况来看，工业需水量所占比例61.85%高于面积所占比例58.32%，其中三门峡市工业需水量所占比例30.11%远高于面积所占比例21.88%，三门峡市工业需水量大的主要原因是其特色主导产业多为高耗水产业，如灵宝市以金、铜、铅、锌等有色金属采掘、冶炼和精深加工及硫铁化工为特色主导产业，陕州区以煤化工、盐化工、精细化工为特色主导产业，卢氏县以金属加工、农副产品加工为特色主导产业，三门峡市属于高耗水产业的聚集。

三、城乡生活环境需水预测

通过查阅河南省统计网、河南省水利网、中华人民共和国统计局网站、中华人民共和国水利部网站等公布资料，以2002~2015年《河南统计年鉴》《河南省水资源公报》《中国统计年鉴》《中国水资源公报》公布的统计数据为准，项目组对2002~2015年河南省及全国的人口、生活用水量进行统计，并进行用水定额计算和相应规划水平年的城乡生活环境用水预测。洛阳市、三门峡市、平顶山市、南阳市及河南省和全国的用水定额及趋势见图9-2。

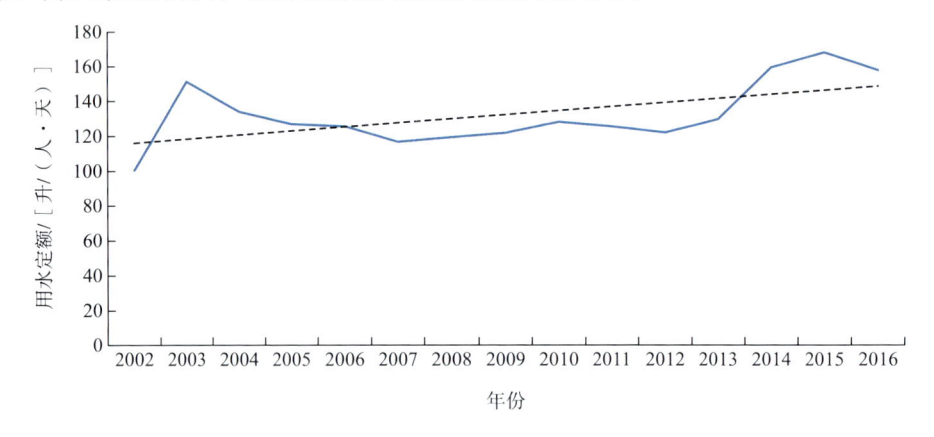

(a) 洛阳市用水定额及趋势

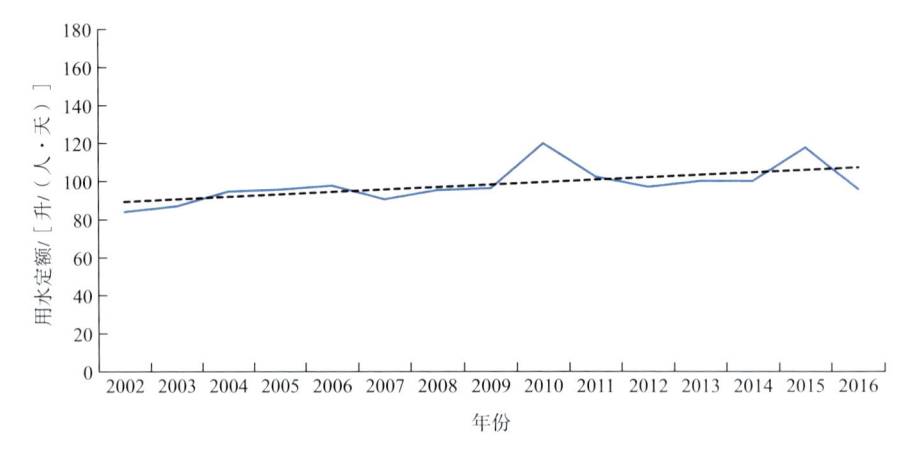

(b) 南阳市用水定额及趋势

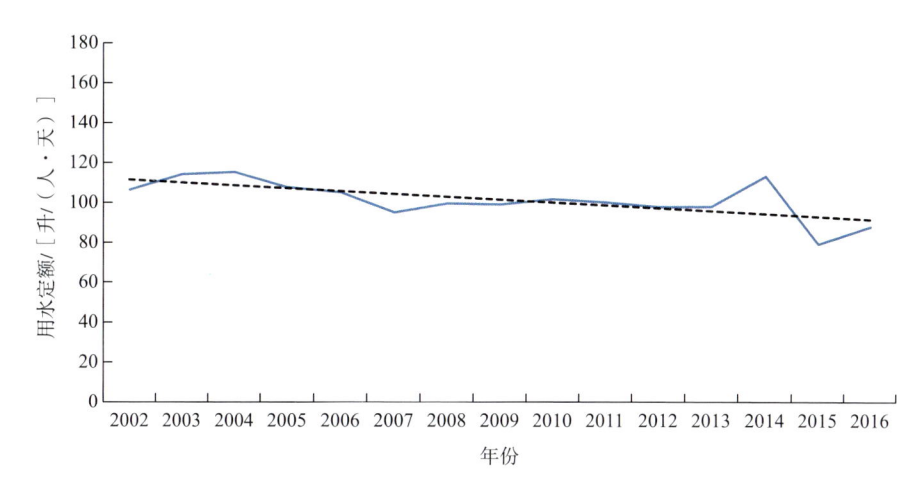

第九章　秦巴山脉区域河南片区水资源保护与利用趋势预测和承载力分析

（c）平顶山市用水定额及趋势

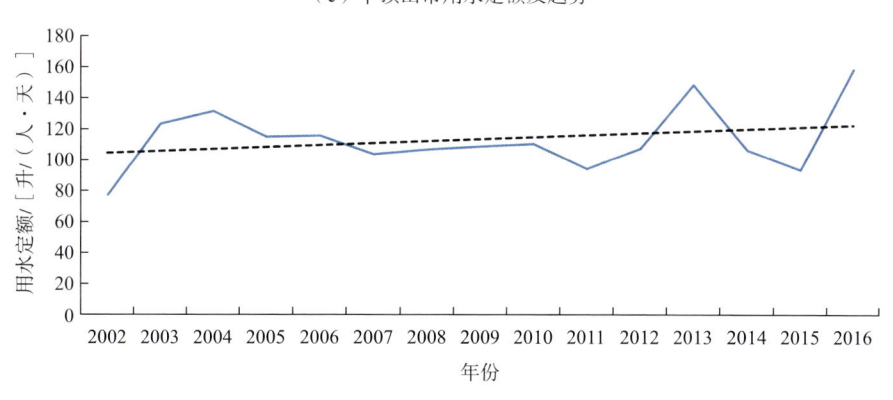

（d）三门峡市用水定额及趋势

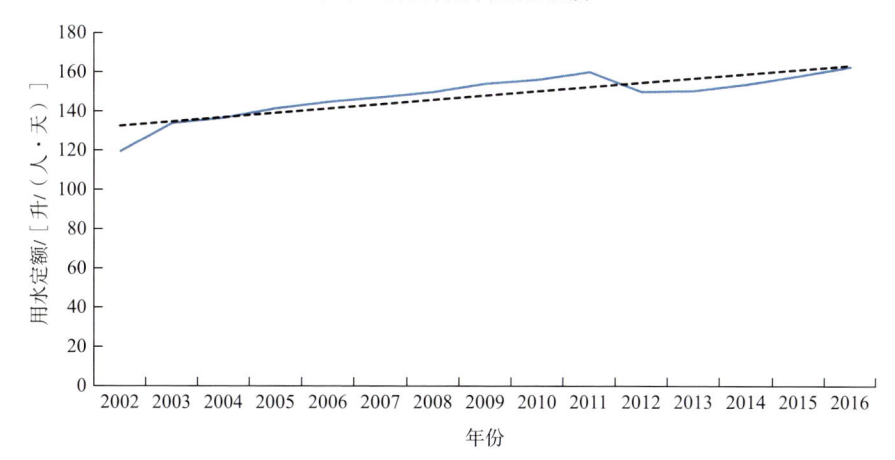

（e）全国用水定额及趋势

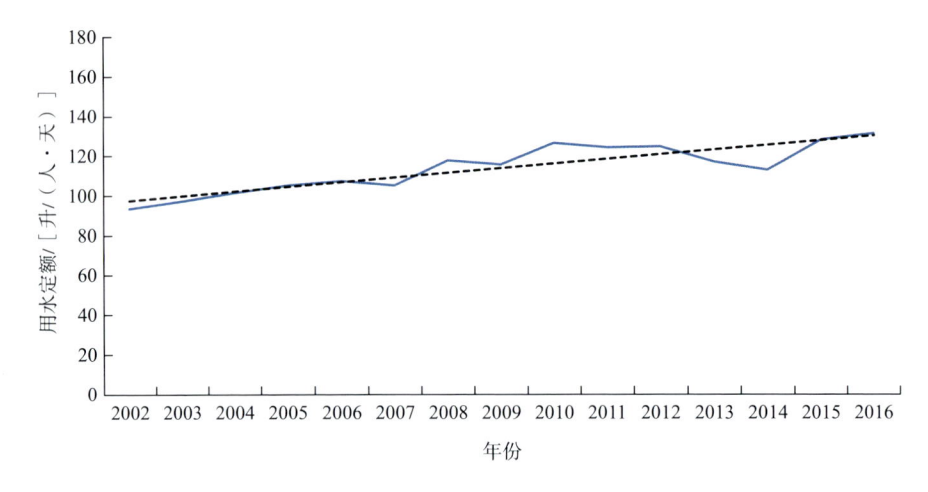

(f) 河南省用水定额及趋势

图9-2 秦巴山脉区域河南片区各省辖市及河南省、全国用水定额及趋势

由图9-2可以看出，随着社会经济的进步和发展，洛阳市、南阳市、平顶山市、三门峡市、河南省及全国的用水定额整体都呈上升趋势，其中，洛阳市的用水定额整体较其他三个市高，具体表现为南阳市最低，平顶山市、三门峡市次之，洛阳市最高，但四个市及河南省的整体水平要低于全国用水定额的整体水平，产生这个现象的原因主要有两个。

（1）河南省尤其是这四个市的城镇化水平低，城镇化水平越高用水定额相对也就越高，城镇的用水定额一般要高于农村的用水定额。

（2）河南省尤其是研究区的四个市大多地处山区，国家级贫困县多，仅秦巴山脉区域河南片区17个县（区、县级市），列于国家连片特困重点名单的有10个，占秦巴山脉区域河南片区总县（区、县级市）的58.8%，占河南省总的国家连片特困重点县的38.5%，社会经济发展水平与用水定额基本呈现正比的关系，研究区域的社会经济发展缓慢导致其用水定额低于全国的平均水平。

按照用水定额变化规律，根据用水定额变化趋势对各个市及河南省和全国近期（2020年）、中期（2030年）、远期（2050年）的用水定额进行预测，预测结果作为近期（2020年）、中期（2030年）、远期（2050年）的用水定额。通过研究秦巴山脉区域河南片区2001~2015年的人口增长情况，取河南省秦巴山脉人口的年平均增长率5.10‰作为秦巴山脉区域河南片区的综合人口增长率，以秦巴山脉区域河南片区2015年人口作为预测基准年，按此增长率对秦巴山脉区域河南片区的人口进行预测。近期（2020年）、中期（2030年）、远期（2050年）城乡生活环境需水量就是各市生活用水定额与预测水平年人口及天数的乘积，具体计算结果如图9-3所示。

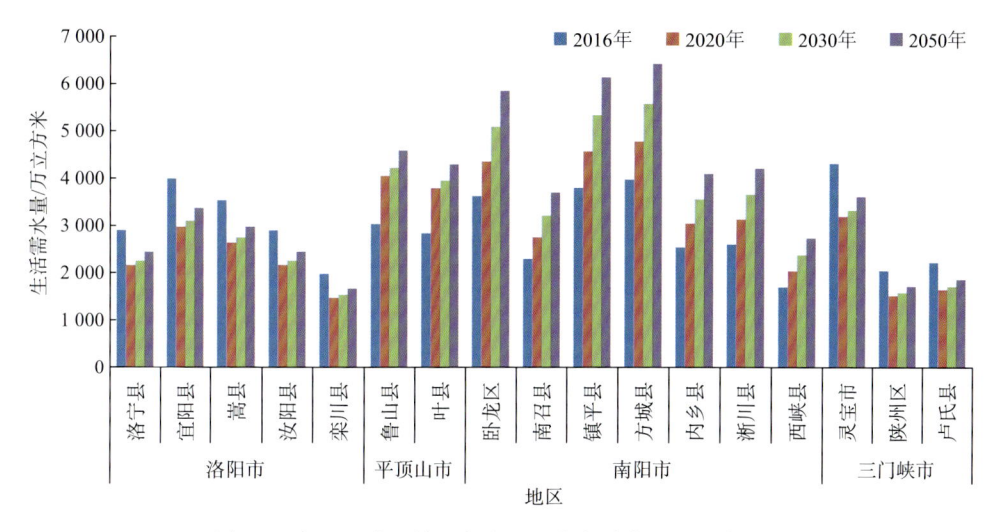

图9-3　秦巴山脉区域河南片区四个市需水量预测成果图

秦巴山脉区域河南片区生活用水量占河南省总生活用水量的比率从2016年到近期（2020年）、中期（2030年）、远期（2050年）的比例依次为9.70%、8.95%、8.11%、6.47%，虽然秦巴山脉区域河南片区与河南省总生活用水的比例在依次减小，但是生活用水的总量在依次增大。秦巴山脉区域河南片区的四个市中，洛阳市、平顶山市、南阳市、三门峡市人口所占比例为22.45%、15.48%、49.57%、12.50%，根据预测结果，秦巴山脉区域河南片区各水平年生活用水量所占比例南坡和北坡存在差异，伏牛山南坡的南阳市在持续上升，到2050年达到最大，生活用水总量占秦巴山脉区域河南片区的50%，北坡总的生活需水量所占比例在持续下降，具体各市的所占比例情况如图9-4所示。

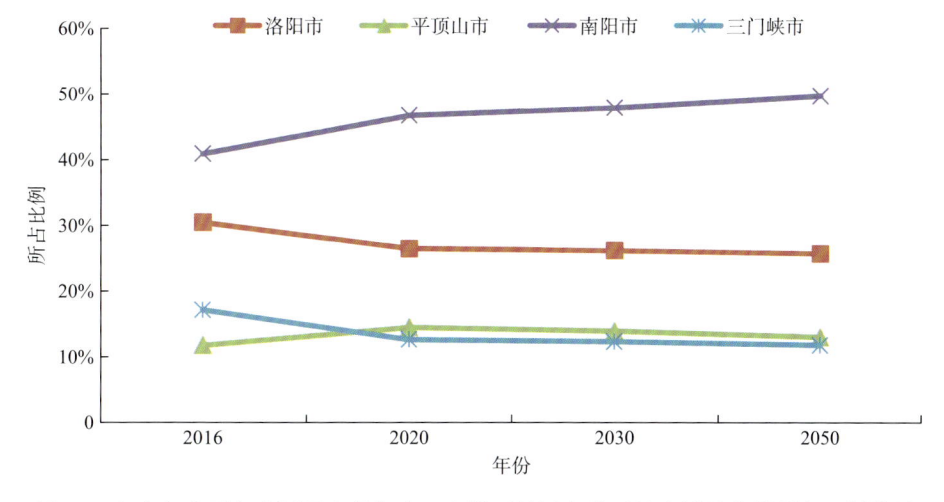

图9-4　各市各水平年生活需水量与秦巴山脉区域河南片区总生活需水量所占比例情况

四、总需水量预测

各个产业的需水情况可以反映各个产业的发展情况，而总需水量则可以反映一个地区的整体用水水平，秦巴山脉区域河南片区总的需水量情况及各市总的需水情况都呈增长的趋势，但是各个市由于农业、工业侧重点不同，农业、工业、城乡生活环境用水情况又各有差异，具体的情况如图9-5所示。

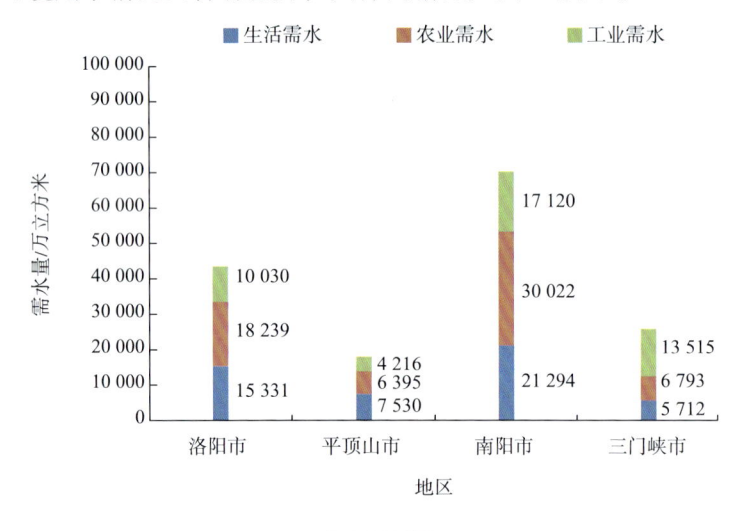

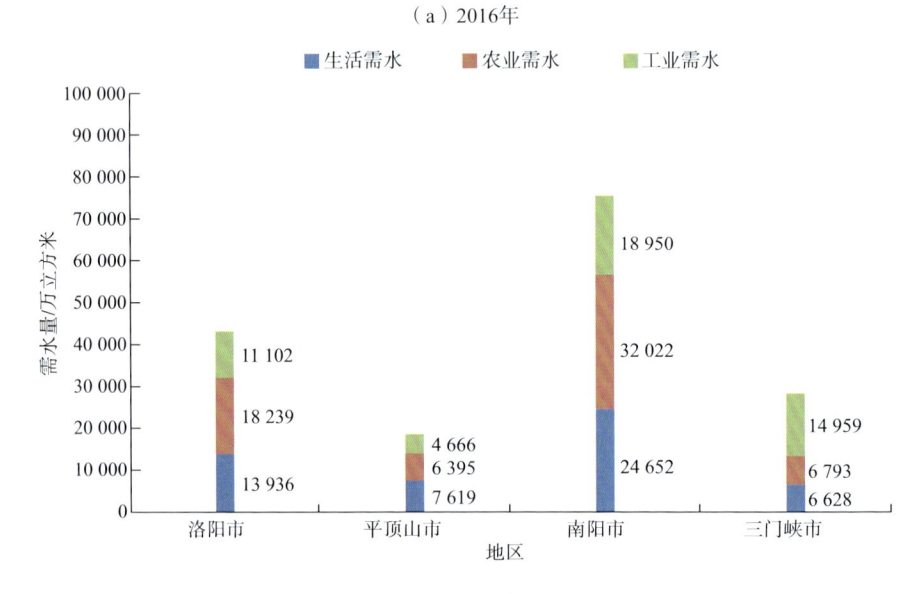

（a）2016年

洛阳市：生活需水 15 331，农业需水 18 239，工业需水 10 030
平顶山市：生活需水 7 530，农业需水 6 395，工业需水 4 216
南阳市：生活需水 21 294，农业需水 30 022，工业需水 17 120
三门峡市：生活需水 5 712，农业需水 6 793，工业需水 13 515

（b）2020年

洛阳市：生活需水 13 936，农业需水 18 239，工业需水 11 102
平顶山市：生活需水 7 619，农业需水 6 395，工业需水 4 666
南阳市：生活需水 24 652，农业需水 32 022，工业需水 18 950
三门峡市：生活需水 6 628，农业需水 6 793，工业需水 14 959

(c) 2030年

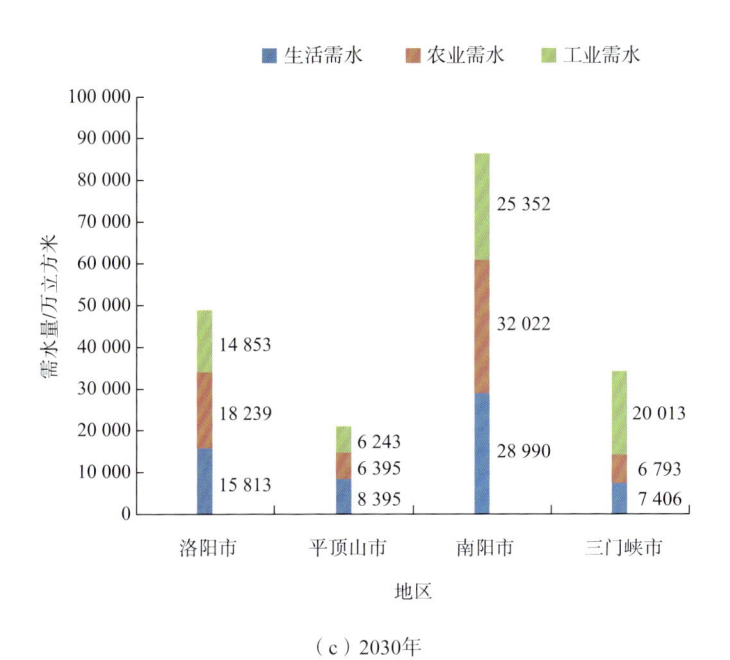

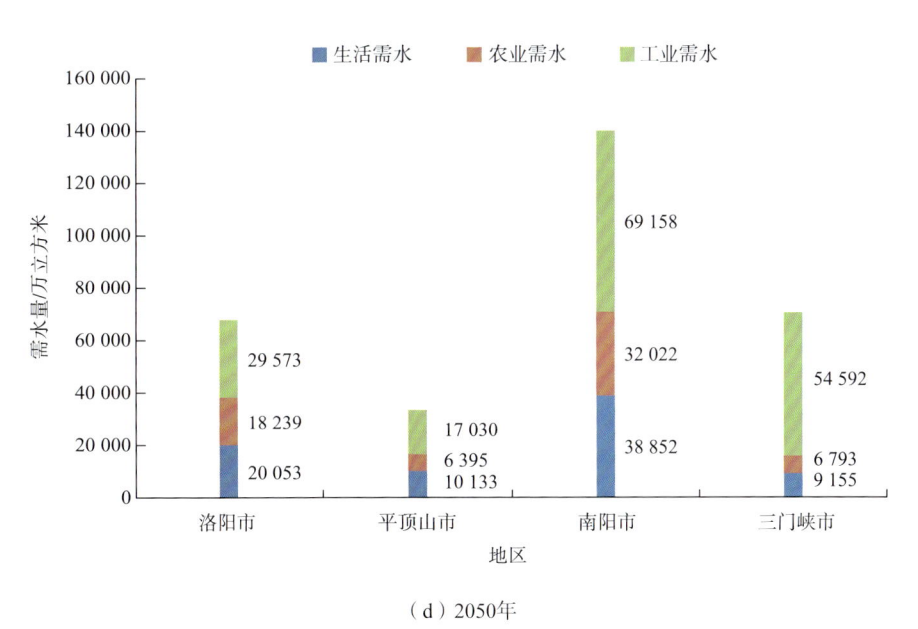

(d) 2050年

图9-5 秦巴山脉区域河南片区总需水量预测成果图

秦巴山脉区域河南片区总需水量占河南省总需水量的比例由2016年的7.01%，到近期（2020年）、中期（2030年）、远期（2050年）的比例分别为9.27%、9.25%、8.75%，比例先增后降，主要由于秦巴山脉区域河南片区四个市的用水定额变化趋势不同,城乡生活环境需水量变化规律就会有所不同。由图9-5可以看出三门峡市的工业需水量增量明显,南阳市的城乡生活环境需水量增量明显,具体的农业、工业、城乡生活环境用水比例如图9-6所示。

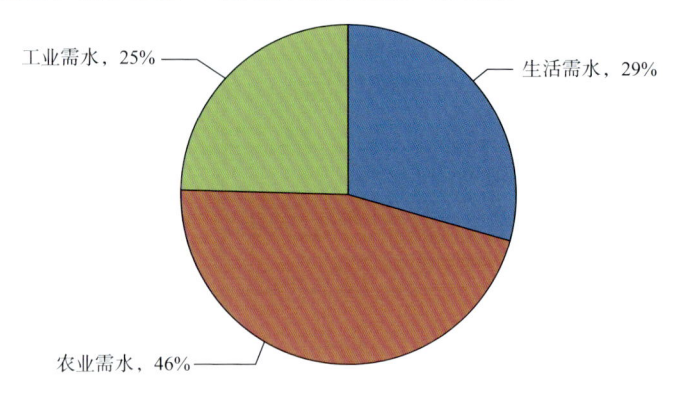

(a) 2016年南坡

工业需水,25%
生活需水,29%
农业需水,46%

(b) 2016年北坡

工业需水,31%
生活需水,33%
农业需水,36%

(c) 2020年南坡

工业需水,25%
生活需水,33%
农业需水,42%

第九章　秦巴山脉区域河南片区水资源保护与利用趋势预测和承载力分析

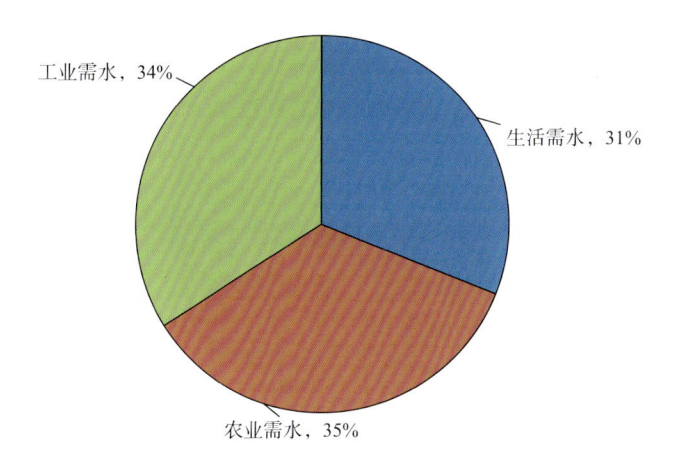

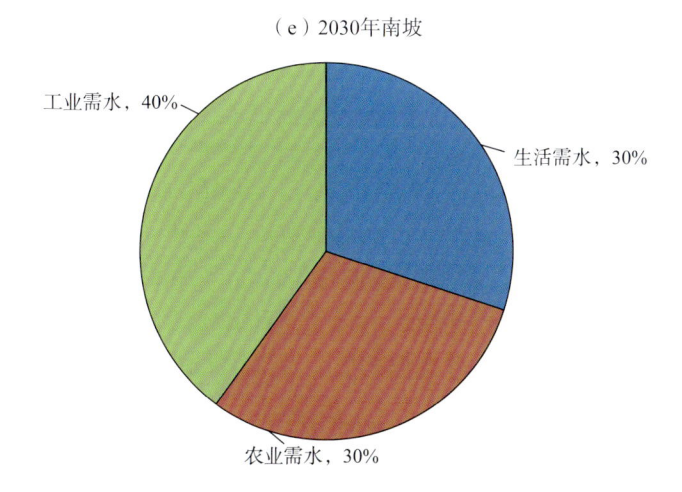

（d）2020年北坡

（e）2030年南坡

（f）2030年北坡

(g) 2050年南坡

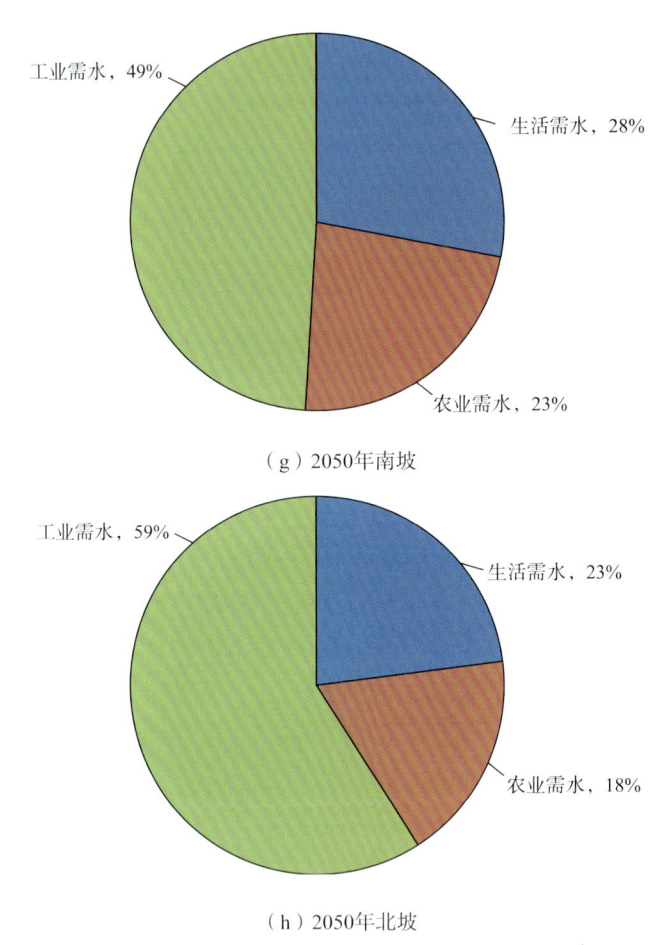

(h) 2050年北坡

图9-6 秦巴山脉区域河南片区南北坡各水平年各用水户所占比例情况

由图9-6可以明显看出秦巴山脉区域河南片区南北坡的整体趋势都是相同的，都是工业用水比重逐渐增大，农业和生活用水比重逐渐减小，但南坡的农业用水和生活用水所占比例在各规划水平年都明显高于北坡，北坡的工业用水所占比例明显高于南坡，到2050年秦巴山脉区域河南片区北坡的工业需水所占比例为59%，工业需水所占比例过大，用水结构需要进一步调整，工业用水效率有待进一步提高。此预测是在研究历年水资源用量的基础上进行的分析预测，是依据社会经济发展情况和用水规律预测出来的需水量的自然增长情况，未考虑国家宏观调控和"三条红线"控制目标分水量的影响及国家和地区发展规划的限制。

五、不同时期区域水资源供需平衡分析

根据2001~2014年《河南省水资源公报》，借鉴《河南省水资源综合规划》

中水资源可利用量的计算方法及需水量的预测方法，根据2001~2015年秦巴山脉区域河南片区多年平均地表水可利用量和地下水可开采量，结合基准年（2015年）和规划水平年近期（2020年）、中期（2030年）、远期（2050年）的需水量，进行河南省秦巴山脉水资源供需平衡分析，结果如图9-7所示。

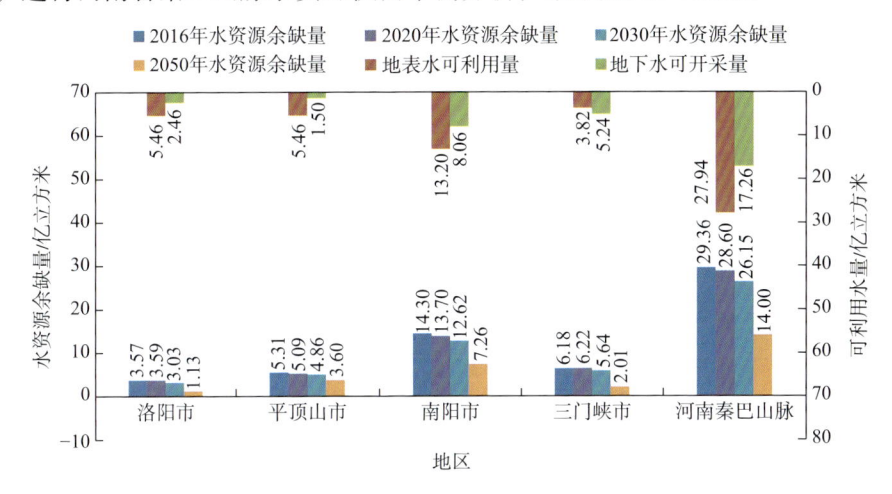

图9-7 秦巴山脉区域河南片区各市可利用水量及各个水平年的需水量

由图9-6和图9-7可以看出，2016年的地表水可利用量可以满足其需水量，近期（2020年）、中期（2030年）秦巴山脉区域河南片区各市地表水可利用量也都可以满足需水量，但是远期（2050年）秦巴山脉区域河南片区各市地表水可利用量已经无法满足需水量，需要靠地下水的补给，洛阳市、南阳市、三门峡市地表水可利用量都无法满足需水量。整体来看，秦巴山脉区域河南片区的水资源量可以满足社会经济发展的需求，伏牛山南坡水资源剩余量较大，为7.26亿立方米，高于北坡总剩余量的6.74亿立方米。随着时间的流逝，秦巴山脉区域河南片区南北坡的水资源供需平衡的差异会逐渐增大，南坡的水资源丰富的优势会愈发明显。

六、不同时期区域水资源利用效率分析

根据《河南省水资源公报》公布的数据，分析秦巴山脉区域河南片区水资源的利用效率，选取人均年用水量、城镇人均年综合生活用水量、万元GDP用水量、万元工业增加值用水量、农田灌溉亩均用水量五个指标变化趋势（图9-8）预测2020年、2030年、2050年的各个指标的值。

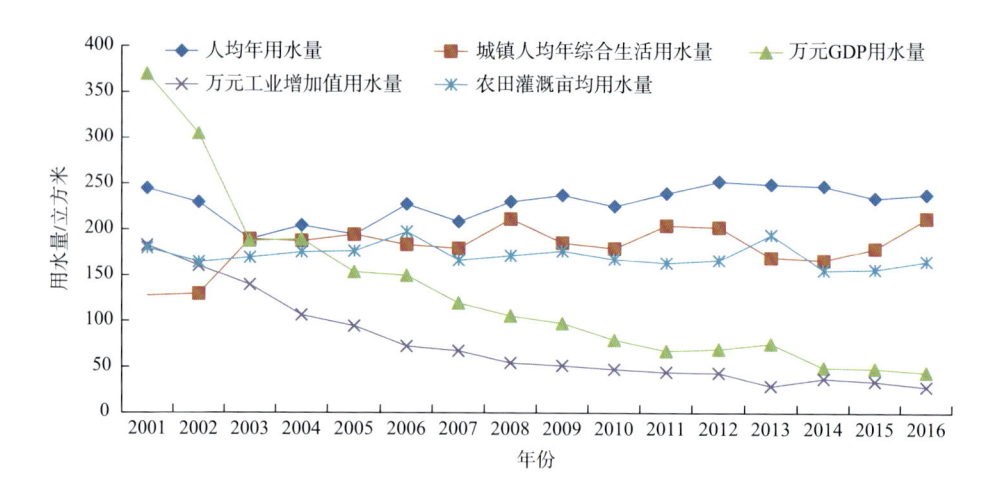

图9-8　2001~2016年各用水效率指标变化趋势图

由图9-8可以看出，秦巴山脉区域河南片区各用水效率指标2001~2003年变化较大，2003年以后变化趋于平缓。人均年用水量整体呈先下降后上升的趋势，按照此趋势，人均年用水量还将持续增长；城镇人均年综合生活用水量变化相对平缓，整体略有下降；万元GDP用水量变化幅度较大，整体呈明显下降的态势；万元工业增加值用水量变化幅度较大，整体呈下降趋势。按照发展趋势对五个指标进行预测，近期（2020年）分别为255米³/（人·年）、170升/（人·年）、50米³/万元、30.70米³/万元、150米³，中期（2030年）分别为260米³/（人·年）、165升/（人·年）、45米³/万元、23.48米³/万元、140米³，远期（2050年）分别为270米³/（人·年）、160升/（人·年）、40米³/万元、17.02米³/万元、135米³。秦巴山脉区域河南片区农业用水效率整体变化不大，农田灌溉亩均用水量依然较大，农业用水水平有待提高，工业用水效率与河南省平均水平相比较好，城乡生活环境用水定额低于河南省的整体水平，也低于全国的整体水平，生活用水效率较高。

第二节　区域水污染物排放预测分析

经分析，秦巴山脉区域河南片区目前新型城镇化、新型工业化和农业现代化的发展水平整体还不高，处于发展前期快速增长阶段，粗放式发展模式没有实现根本性转变，水资源和水环境保护仍然面临巨大的压力。

一、农业污染物排放趋势预测

秦巴山脉区域是河南省重要的农产品主产区之一，根据历年《河南统计年鉴》统计结果，区域内农业种植面积广，占到了洛阳、平顶山、南阳和三门峡四个市总种植面积的42%，畜禽养殖规模大，大牲畜和禽类养殖的数量分别占到了4市总数量的42%和34%，区域农业污染源污染物排放量占4市总排放量的40%左右。

根据历年《河南统计年鉴》对秦巴山脉区域河南片区各县市的农业发展情况进行分析，2006~2015年秦巴山脉区域河南片区总播种面积变化较小，但化肥和农药的施用量逐年递增，2010~2015年主要污染物COD及氨氮的排放量总体呈下降趋势，分别下降了27.2%和28.8%（图9-9），主要原因是南阳及平顶山的南召县、方城县、淅川县、叶县等养殖规模大幅降低，而区域的水产养殖规模增长较快，禽蛋产量变化表明，区域禽类养殖规模略有降低。

图9-9　秦巴山脉区域河南片区农业污染物排放变化趋势分析

2010~2015年，秦巴山脉区域河南片区的农业污染物排放比例减少了25%以上，畜禽养殖规模减少比例约为20%。考虑到区域环境管理水平和污染治理水平的提高、污染物总量减排要求等，区域农业污染物排放量将逐年降低，按照现有减少比例进行预测，至2020年，区域的农业污染物COD排放量将达到32 903吨/年，氨氮排放量将达到2 422吨/年。

二、城镇生活污染物排放趋势预测

2006~2015年秦巴山脉区域河南片区的废水排放量增加了80%左右，主要污染物COD的排放量减少了18.4%，氨氮排放量增加了26.5%（图9-10）。

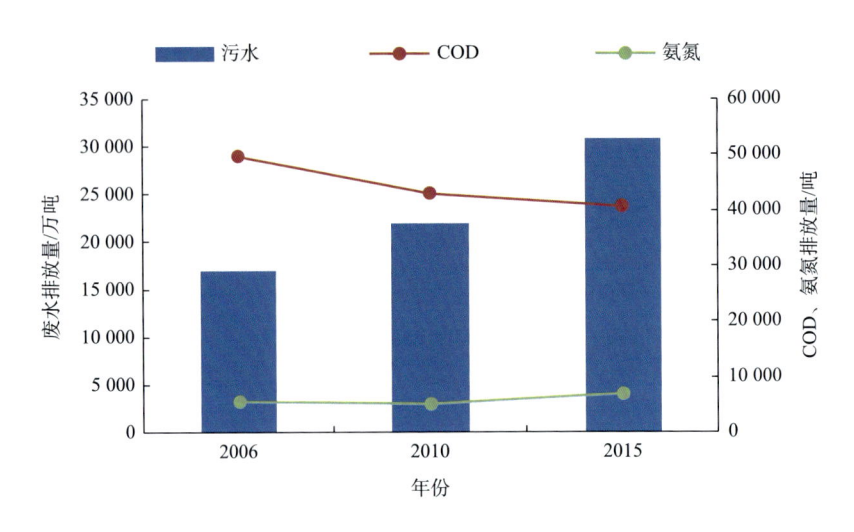

图9-10 秦巴山脉区域河南片区生活污染物排放变化趋势分析

经过查阅相关文献资料发现，城镇化率位于30%~70%属于城镇化的快速推进阶段，其中，30%~50%为加速期[7]。根据预测，2020年之前的阶段是秦巴山脉区域河南片区各县市城镇化的加速发展阶段，水污染物的排放量将随着城镇化的提高不断增加。根据河南省及洛阳市、平顶山市、三门峡市、南阳市2017年年鉴数据，2016年底秦巴山脉区域河南片区常住人口1 025.13万人，城镇化率39.90%，城镇人口为409.06万人，农村人口约6 616.07万人。根据《河南省新型城镇化规划（2014—2020年）（豫政〔2014〕55号）》预测，至2020年秦巴山脉区域河南片区常住人口约为1 001万人，城镇化率将提高至44.3%，农村人口将逐步减少，至2020年区域城镇人口将达到443.5万人，农村人口将降至557.7万人。采用人均产污系数法对2020年秦巴山脉区域河南片区城镇生活源污染物产生量进行计算。其中，城镇人口生活废水产生系数为120升/（人·天）、农村人口生活废水产生系数按照60升/（人·天），废水排放量按照产生量的80%计算，则秦巴山脉区域河南片区2020年废水排放量将达到2.53亿吨。

根据《国务院关于印发水污染防治行动计划的通知》（国发〔2015〕17号）及《河南省碧水工程行动计划》（豫政〔2015〕86号）规定，预测2020年秦巴山脉区域河南片区COD和氨氮排放总量（图9-11）。

三、工业污染物排放趋势预测

对比2010年、2015年秦巴山脉区域河南片区工业污染物的排放量，可以看出废水排放量下降了17.3%，主要污染物COD及氨氮排放量分别下降了7.28%和12.28%（图9-12）。

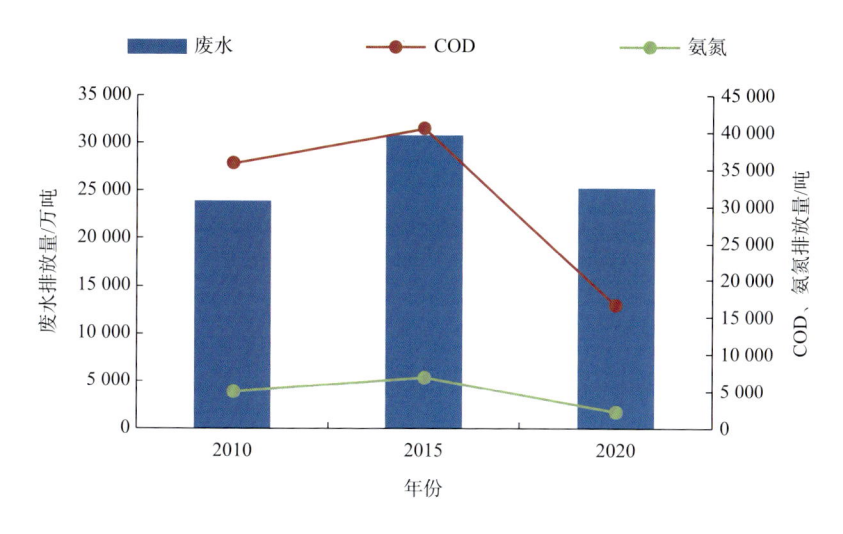

图9-11 秦巴山脉区域河南片区生活污染物排放量预测

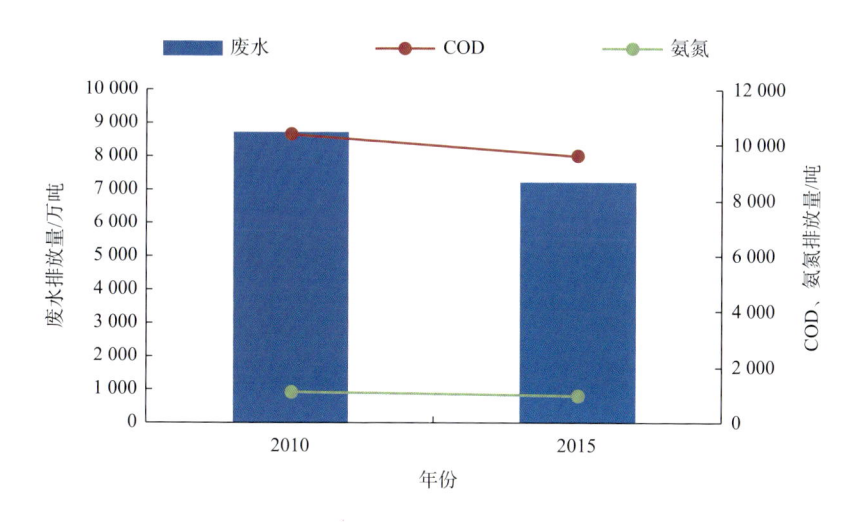

图9-12 2010年、2015年秦巴山脉区域河南片区工业污染物排放变化趋势

从排放强度看，秦巴山脉区域河南片区"十二五"以来部分行业经清洁生产改造及废水深度治理，污染排放水平有所降低。河南片区单位工业总产值的废水排放强度、COD和氨氮的排放强度分别为6.61吨/万元、0.95千克/万元和0.09千克/万元，各项指标较2010年分别降低了4.48吨/万元、0.37千克/万元和0.045千克/万元，均低于河南省的平均排放强度。本章选择了片区废水排放量最大的7个行业（有色金属矿采选业、医药制造业、化学原料及化学制品制造业、化学纤维制造业、造纸及纸制品业、有色金属冶炼及压延业、黑色金属矿采选业），研究发现其废水排放量为排放总量的80%~90%。

根据各行业排放强度指标分析，秦巴山脉区域河南片区污染排放强度相对较高的7个行业中，化学纤维制造业污染排放强度呈显著增长趋势，该行业污染为高污染行业，行业总产值降低导致单位总产值污染排放强度大幅上升，其废水排放强度高达341.43吨/万元，超出区域平均水平37倍，COD排放强度超出平均水平100多倍；其他6个行业的废水排放强度和COD排放强度降低均较为明显，2项指标均有不同程度下降，医药制造业、黑色金属矿采选业、有色金属矿采选业的氨氮排放强度呈上升趋势。

根据秦巴山脉区域河南片区的经济和资源状况，预测到2020年，片区的工业仍将以资源类采掘加工业为主，工业污染物的产生量仍将与现阶段持平，污染物排放量将随着未来城镇废水处理厂和产业集聚区废水处理厂建设、工业废水集中处理率的提高而逐步降低。至2020年，片区的工业废水排放量将降至4 535万吨/年，主要污染物COD排放量将降低为8 558吨/年，氨氮的排放量将降至790吨/年。

四、水污染物排放总量趋势预测

根据秦巴山脉区域河南片区社会经济变化趋势，对区域的生活、农业、工业污染物排放趋势进行预测分析（图9-13~图9-15）。

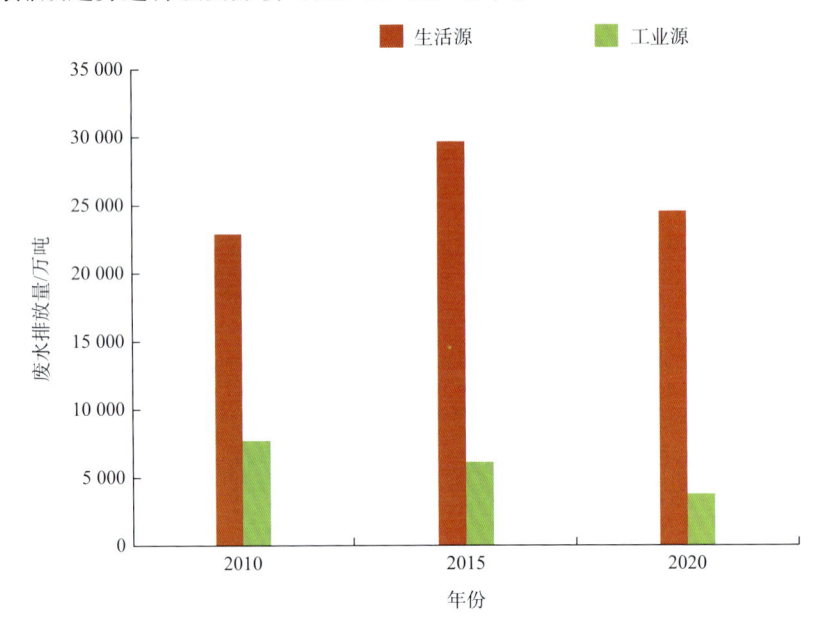

图9-13　2020年秦巴山脉区域河南片区废水排放量预测分析

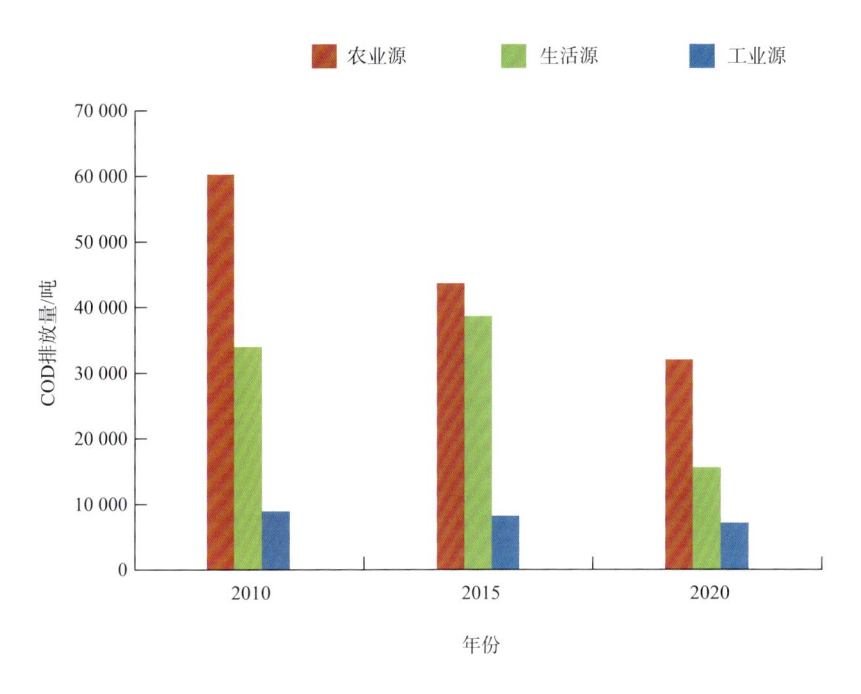

图9-14　2020年秦巴山脉区域河南片区COD排放量预测分析

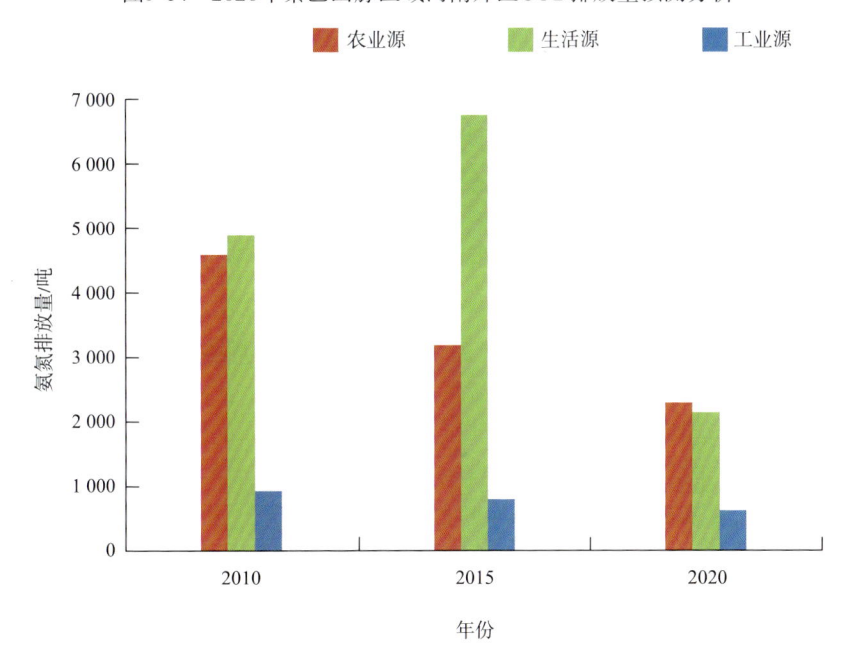

图9-15　2020年秦巴山脉区域河南片区氨氮排放量预测分析

2020年秦巴山脉区域河南片区的城镇生活废水排放量将随城镇化率的提高、

农村人口的转移而提高4.83%,工业废水排放量将较2015年降低37.19%,片区废水排放总量将逐步降低为2.98亿吨,较2015年降低21.58%。在污染物排放总量上,区域农业污染物排放总量将随畜禽养殖方式的规范化发展逐步减小,至2020年农业源COD及氨氮排放量将降低25%左右;生活污染物排放总量将随着城镇废水处理厂建设、废水处理率的提高而逐步降低,预测至2020年生活源COD及氨氮排放量将降低至少50%;而工业污染物排放量随区域产业集聚区废水处理厂建设、工业废水集中处理率的提高,以及工业污染排放强度的降低呈下降趋势,预测至2020年,工业源COD及氨氮排放量将分别降低11%和18%左右。

总体来看,秦巴山脉区域河南片区污染物排放总量将随着区域经济社会的发展逐年降低,至2020年,区域的COD和氨氮排放总量将分别降低至5.81万吨和0.55万吨,分别较2015年降低39%和52%,区域的废水排放仍然以生活源为主,COD和氨氮排放均以农业源为主。

第三节　水资源保护与利用承载力分析

一、水资源承载力分析

水资源承载力一词也广泛应用于研究某一地区尤其是缺水地区的工业、农业、城市乃至整个地区的经济发展所需要的水资源供需平衡和生态系统保护。结合中国科学院知识创新工程有关项目的初步研究,本章采用夏军和朱一中对水资源承载力的定义:"在一定的水资源开发利用阶段,满足生态需水的可利用水量能够维系该地区人口、资源与环境有限发展目标的最大的社会—经济规模"[8]。依据现有资料,采用片区水资源宏观指标即供需平衡指数(index of water supply and demand,IWSD)和水资源与社会经济发展匹配度评价秦巴山脉区域河南片区水资源的承载力。

1)供需平衡指数评价水资源承载力

水资源宏观指标即供需平衡指数的具体算法为IWSD=(WS-WD)/WS=1-WD/WS,其中,WS(water supply)表示可利用水量,WD(water demand)表示总的需水量。在进行水资源承载力评价时,根据IWSD的值可以判定片区水资源的承载力,即若IWSD<0,则表明可供水资源量不具备对这样规模的社会经济系统的支撑能力;若IWSD>0,则表明可供水资源量可以满足社会经济发展的需水量[9]。秦巴山脉区域河南片区4个市的供需平衡指数如图9-16所示。

由图9-16可以看出,秦巴山脉区域河南片区各个市的水资源现状年、近期(2020年)、中期(2030年)和远期(2050年)IWSD>0,可供水资源量可以满足

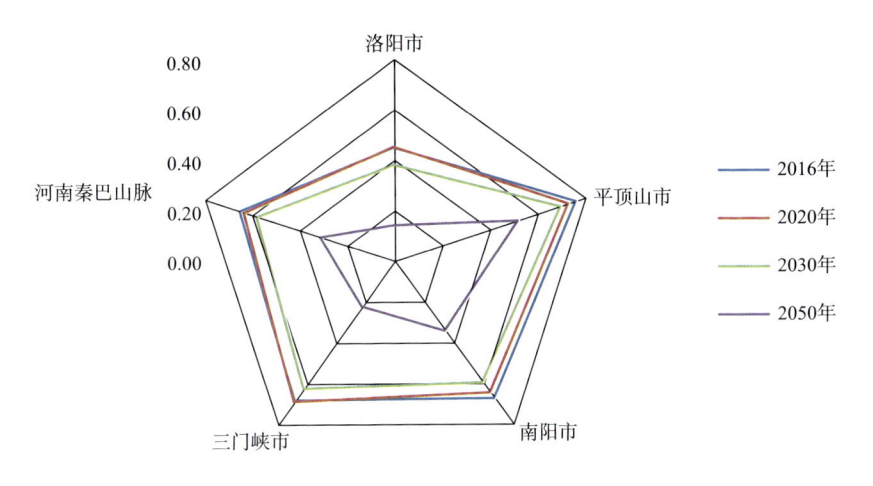

图9-16 秦巴山脉区域河南片区各水平年的供需平衡指标值

社会经济发展的需水量,具备对这样规模的社会经济系统的支撑能力,水资源对应的人口及经济规模是可承载的,供需为良好状态。2020~2050年水资源供需平衡指标呈下降的趋势,按照供需平衡指标的模式,可以通过调水增加WS和通过节水减少WD,进而提高IWSD。

2)水资源与社会经济发展匹配度

秦巴山脉区域河南片区水资源承载力也可以用水资源利用与社会经济发展的匹配度分析评价,根据《河南水利统计年鉴2015》及《河南统计年鉴2016》中秦巴山脉区域河南片区2015年的社会经济发展数据及供水量数据,根据左其亭等的水资源利用与社会经济发展匹配度的计算方法来计算秦巴山脉区域河南片区各个市水资源利用与社会经济发展之间的匹配度,并根据其评价标准,分析秦巴山脉区域河南片区各个地区的匹配度[10]。

通过分析秦巴山脉区域河南片区各县(区、县级市)的匹配度,发现基准年2015年秦巴山脉区域河南片区没有市是完全匹配的,较匹配率75%,不匹配率25%;近期2020年和中期2030年秦巴山脉区域河南片区的匹配率为50%,较匹配率50%,不存在不匹配的情况;远期2050年秦巴山脉区域河南片区的匹配率为25%,较匹配率50%,不匹配率25%。平顶山市的匹配程度一直较好,三门峡市的匹配程度一直较差,原因是三门峡市的工业发展较其他地方快,这导致水资源利用与社会经济发展匹配度较差,因此,在规划水平年进行规划时要注意对三门峡市工业结构进行调整,使水资源利用与社会经济发展水平相适应。

二、水环境承载力分析

水环境承载力是指在某一时期、某一环境质量要求、某种状态或条件下,某流域（区域）水环境在自我维持、自我调节的能力和水环境功能可持续正常发挥的前提下，所支撑的人口、经济及社会可持续发展的最大规模[11,12]。目前我国对于水环境承载力的量化研究不断成熟，汪恕诚认为，水环境承载力也就是通常所说的水环境容量或者水环境（水体）纳污能力、水环境允许污染负荷量[13]。

2010年河南省开展了全省第一次污染源普查及河南省环境容量研究，研究报告对河南省重要河流各个控制单元的水环境容量进行了科学估算，其中，秦巴山脉区域河南片区范围涉及宏农涧河、伊河、洛河、澧河、沙河（含北汝河）、老灌河、白河共7条河流的7个控制单元，其主要污染物COD及氨氮的最大允许排放总量分别为11.43万吨和1.14万吨。根据统计数据，2015年秦巴山脉区域河南片区生活源及工业源COD、氨氮现状排放总量均满足区域最大允许排放限额，分别仅为区域最大允许排放限额的44.91%和70.72%，但部分河流的污染物排量过大，已超出承载力限值（图9-17和图9-18），如伊河、洛河、沙河（含北汝河）、白河4个控制单元剩余容量相对较大，而宏农涧河、澧河、老灌河的环境容量相对较小，主要是区域的污染物排放量较大，严重超出3条河流控制单元承载力，其中以宏农涧河的超标情况最为突出，其现状排放量分别为最大允许排放量的7.22倍和16.39倍。

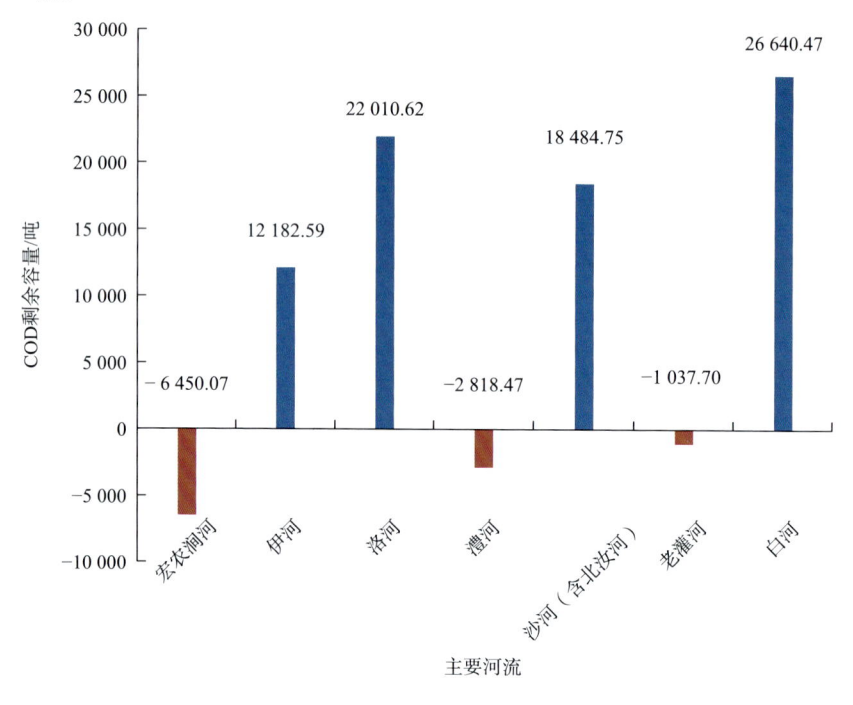

图9-17　秦巴山脉区域河南片区各主要河流COD承载力分析

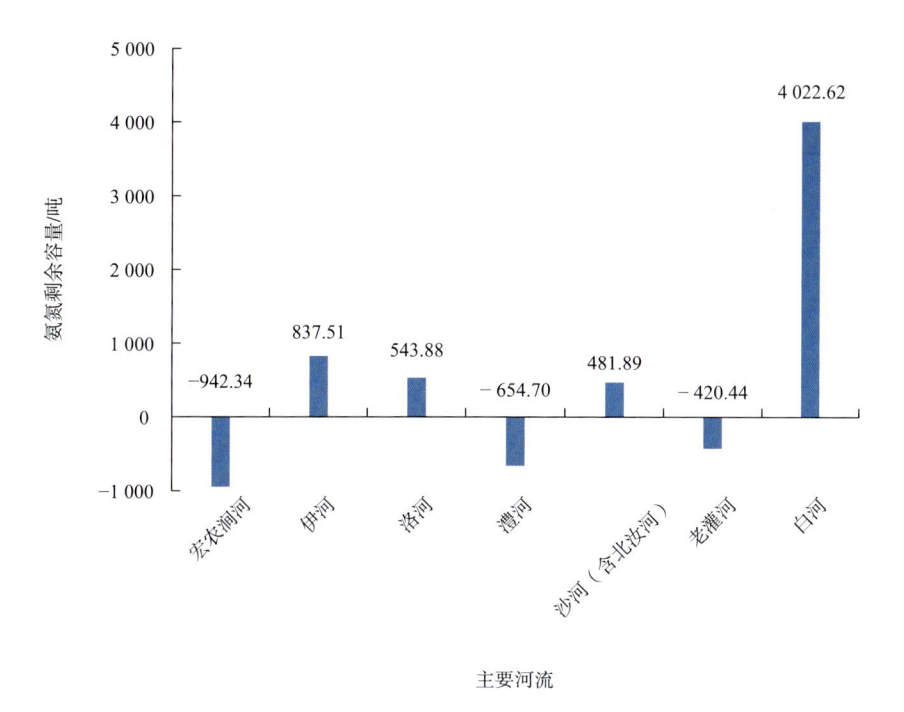

图9-18 秦巴山脉区域河南片区各主要河流氨氮现状承载力分析

第十章 秦巴山脉区域河南片区水资源保护与利用空间布局合理性分析及战略目标制定

第一节 战略定位分析

一、国家战略分析

水资源利用和水环境保护作为生态文明建设的重要组成环节，我国已召开的十八届三中、四中、五中全会及党中央、国务院的发布的各项中远期规划中均对水环境保护和水资源利用做出了重要的指示。"创新、协调、绿色、开放、共享"的发展理念指明了"十三五"乃至更长时期我国的发展思路、发展方向和发展着力点。

2015年9月，中共中央、国务院印发了《生态文明体制改革总体方案》。2015年10月，党的十八届五中全会强调要实现"十三五"时期发展目标，必须"牢固树立并切实贯彻创新、协调、绿色、开放、共享的发展理念"。2015年11月，习近平总书记就《中共中央关于制定国民经济和社会发展第十三个五年规划的建议》发表说明。从这一系列重大战略规划、发展策略等文件中可以看出，水资源和水环境保护是我国现阶段经济社会发展面临的最大短板之一，是生态文明建设的重要组成部分。秦巴山脉区域河南片区作为河南省黄河、淮河、长江三大流域多条支流的发源地，以及南水北调中线工程的重要水源地，其水资源利用和水环境保护战略的制定要充分根据本区域的生态环境特征及水资源利用和水环境质量现状，结合国家大政方针、河南省社会经济发展需求及本地经济社会发展需求，制定合理的近期、中期和远期水资源利用和水环境保护目标，为实现秦巴山脉区域河南片区水资源利用和水环境绿色循环发展做出合理布局。

二、省级战略分析

根据河南省政府2014年1月12日颁布的《河南省主体功能区规划》，秦巴山脉位于河南省"四区两带"主体生态安全战略格局的主要区域。秦巴山脉区域河南片区除南阳市区、镇平县为省级重点开发区外，其余15县是河南省重点生态功能区和农产品主产区。秦巴山脉区域河南片区是河南省重点的生态保障区域，是河南省生态战略格局形成的核心区域和生态缓冲区，是河南省水网系统乃至首都北京水资源供应的"造血机"和"血库"，其水源涵养、水土保持、生物多样性保护等生态意义极其突出。根据我国加强生态文明建设和环境保护的战略要求，以及河南省对秦巴山区的主体功能定位，进一步提升秦巴山脉区域河南片区的水环境污染防控能力、改善水环境质量是保障秦巴山脉区域河南片区生态环境质量的关键环节，是河南实现中原崛起的坚实保障，并且将一直是秦巴山脉区域河南片区各级政府环境保护工作的重点。

第二节 压力与挑战分析

国务院、生态环境部相继出台了一系列节约用水和水环境保护的相关规划、水资源管理相关政策等，对我国新形势下水资源节约和水环境保护工作提出了新任务和新目标。2012年，《国务院关于实行最严格水资源管理制度的意见》（国发〔2012〕3号）提出，到2020年重要江河湖泊水功能区水质达标率提高到80%以上，2030年主要污染物入河湖总量控制在水功能区纳污能力范围之内，水功能区水质达标率提高到95%以上，全面加强节约用水管理，强化用水定额管理，加快推进节水技术改造，严格水功能区监督管理，加强饮用水水源保护，推进水生态系统保护与修复，建立水资源管理责任和考核制度，健全水资源监控体系，完善水资源管理体制，完善水资源管理投入机制，健全政策法规和社会监督机制。2013年，环境保护部《水质较好湖泊生态环境保护总体规划（2013—2020年）》指出，到2015年，优于Ⅲ类（含Ⅲ类）的湖泊水质不降级，其他湖泊水质达到Ⅲ类目标，至2020年，规划湖泊的水质进一步改善，水质为Ⅰ、Ⅱ类的湖泊比例有所增加，湖泊生态环境自然恢复能力明显增强。2015年4月，国务院出台的《水污染防治行动计划》（简称"水十条"），确定了水污染防治的总体目标：到2020年，全国水环境质量得到阶段性改善，污染严重水体较大幅度减少，饮用水安全保障水平持续提升，地下水超采得到严格控制，地下水污染加剧趋势得到初步遏制；到2030年，力争全国水环境质量总体改善，水生态系统功能初步恢复；到21世纪中叶，生态环境质量全面改善，生态系统实现良性循环。

总的来说，随着河南省流域水污染防治规划和总量减排工作的开展，秦巴山脉区域河南片区"十二五"期间水环境质量较"十一五"有所改善，区域农业、生活、工业主要污染物排放量均有不同程度的降低，但经济发展水平低、污染物排放基数大、环境保护基础薄弱、污染处理效率不高等因素，导致区域污染物排放总量多年来居高不下，未来仍面临较大的环境保护压力。

1）部分区域水资源利用效率不高，节水压力大

秦巴山脉区域河南片区由于水资源较丰富，水资源短缺现象较少，因此高度节水意识形态的建立较困难，目前，国家及省级水利部门提倡用水定额管理来实现水资源的高效利用，秦巴山脉区域河南片区以农村为主，多山地丘陵，定额管理实施难度大，同时农村较城镇管理困难，节水设施等的建设难度大、投资也较大，节约用水难度大的问题凸显。

2）部分流域环境容量不足，治污压力巨大

秦巴山脉区域河南片区经济水平相对落后，经济增长方式粗放、资源型产业比重高，片区内宏农涧河、澧河、老灌河的COD、氨氮排放总量已经超出河流水环境容量限值，伊河洛阳段、沙河平顶山段、白河南阳市卧龙区河段污染物排放较为集中，对河流水质达标和自净修复造成了极大的压力，经济社会快速发展和水环境容量不足的矛盾随着新型城镇化的发展日益凸显。

3）基础设施建设不完善

在供水方面，秦巴山脉区域河南片区供水工程分布不均，目前一些地区的水利设施建设不完善，因而其水资源开发利用潜力较大。在水环境方面，人口及经济社会活动向城镇的快速集聚、城镇数量、规模的不断扩大，将促使城镇废水产生量持续增加，同时随着乡村生活水平提高，农村生活废水产生量也将增加。而秦巴山脉区域河南片区县级废水处理率"十二五"末才达到60%的目标，全区域17个县280乡镇，建有镇级废水处理厂的比例不足1/10，小城镇废水处理能力缺口大、空白点多，区域废水处理设施建设滞后，距离形成市、县、乡的三级废水处理格局还有一定距离。

4）水资源保护与利用机制体制不健全，水资源管理政策有待完善

秦巴山脉区域河南片区跨流域的水资源和水环境生态补偿机制不够完善。秦巴山脉生态功能独特而重要，水环境标准较高，为保障区域水环境安全，污染总量减排制度在很大程度上限制了区域经济的发展，这直接导致区域水资源开发、环境保护、污染治理项目的投建运营和环境监测设施的标准化建设等资金投入严重不足。下游经济较发达区域作为水资源、水环境受益方在政策上还没有建立相应的补偿措施，不利于流域协作共同建立上下游联动的水资源、水环境保护体系。

第三节 规划空间布局合理性分析

通过分析国家和河南省相关水资源保护与利用规划对秦巴山脉区域河南片区水体保护的目标可知,秦巴山脉区域水体保护目标整体较水资源利用严格,因此在规划合理性分析时主要考虑水环境因素,其根据不同区域主体功能的差异大致可以分为两大区域。

一是伏牛山脉南坡区域,即秦巴山脉区域河南片区南阳市涉及区域和三门峡市的卢氏县,包括丹江、淇河、丁河、老灌河、刁河、湍河、白河、赵河等河流,该区域的主体功能定位为丹江口水库水源涵养功能区。该区域是南水北调中线工程源头,区域水环境质量状况涉及南水北调饮用水安全,因此对该区域河流水体应设定比较严格的保护目标。从国家和河南省"十二五""十三五"水环境保护规划、计划确定水质目标情况来看,该区域水环境保护目标(Ⅱ类或Ⅲ类)符合区域的主体功能定位要求。

二是伏牛山脉北坡区域,即秦巴山脉区域河南片区洛阳市、平顶山市涉及区域和三门峡陕州区、灵宝市,包括宏农涧河、洛河、伊河、沙河、北汝河、澧河等河流。该区域大部分的主体功能定位为农产品主产区,包括汝阳县、宜阳县、洛宁县、叶县、鲁山县、灵宝市,以提高农产品供给能力为重点任务。另外,栾川、嵩县两个县属于伏牛山生态功能区,在生物多样性保护方面具有十分重要的意义。目前,国家和河南省相关水环境保护规划、计划对该区域水环境保护设定的目标基本以Ⅲ类为主,既给予了该区域适当的环境容量空间,又保证了下游饮水安全的需要。

综上所述,国家和河南省制定的水污染防治和水环境保护相关规划、计划等对秦巴山脉区域河南片区水环境保护目标的确定较合理,符合区域主体功能定位要求。

第四节 水资源保护与利用战略定位及目标

根据国家和河南省发布的各类水资源利用与水环境保护规划相关规划目标及秦巴山脉水资源利用现状,秦巴山脉区域河南片区的水资源利用重点为加大地表水利工程的建设力度,减少入河污染物的排放量,在保证生态用水的前提下提高地表水的可开发利用程度,修复和改善受污染严重河段,扭转各大湖库水质下降的趋势，合理使用地下水，对地下水超采的地区进行地下水的回灌，保障丹江口水库水质，保证秦巴山脉区域河南片区人民的用水安全，保证南水北调中线工程输水安全，同时节约用水，提高水资源的利用率，努力打造水资源绿色格局，实现秦巴山脉区域河南片区水资源绿色循环发展。

一、规划期限及范围

要实现秦巴山脉区域河南片区水资源规划，应根据水功能区划划定地表水的开采区、限采区及禁采区，同时也要划定地下水的开采区、限采区及禁采区，严格规范取水行为，增强节水设施建设，严格管理，加强考核。要实现秦巴山脉区域河南片区地表水断面完全达标，除缓冲区、过渡区及排污控制区以外，其他水功能区完全达标，全面提升秦巴山脉区域河南片区水环境质量，需要分为近期（2016~2020年）、中期（2020~2030年）和远期（2030~2050年）三个阶段来逐步实现，其中，近期为规划的重点。

规划范围包括秦巴山脉区域河南片区所在的17个县（市）所包含的区域。

二、规划总目标

2011年中央一号文件明确提出了水利改革发展的目标任务及要求，指出秦巴山脉区域河南片区近期（2020年）、中期（2030年）、远期（2050年）的规划目标如下。

第一阶段。到2020年，总体目标以水利设施建设为主，秦巴山脉区域河南片区城乡用水结构由2000年的22.3∶77.7调整为30.0∶70.0。到2020年，秦巴山脉区域河南片区按"三生"（生活用水、生产用水、生态用水）分，配置生活水量、生产水量、河道外生态水量分别占总水量的13.2%、85.9%、0.9%。到2020年，秦巴山脉区域河南片区节水型社会基本建成。完善水权管理制度和节水制度，培育出相对成熟的水市场，形成健全高效的管理体制；建成比较完备的现代信息化水管理体系和水资源合理配置工程技术体系；产业结构和产业布局与区域水资源承载能力基本适应；各地区灌溉水利用系数提升至0.6；全社会形成自觉节水的风尚。到2020年，城市供水综合漏损率不超过16.1%，自来水管网漏失率不超过10.9%，生活节水器具普及率达到82.5%。秦巴山脉区域河南片区地表水断面水质达标率达到100%，优于Ⅲ类水质（含Ⅲ类）的湖库水质保持或优于现状水质，水质为Ⅰ、Ⅱ类的湖泊比例有所增加；水环境容量超载河段的主要污染物COD及氨氮排放基本满足区域水环境容量要求；片区内县城废水收集处理率达到85%以上，农业畜禽养殖污染整体得到有效控制，无害化、资源化利用率不断提高；地下水水质全面达到Ⅲ类水质标准。

第二阶段。到2030年，秦巴山脉区域河南片区城乡用水结构由2000年的22.3∶77.7调整为33.7∶66.3。到2030年，秦巴山脉区域河南片区按"三生"分，配置生活水量、生产水量、河道外生态水量分别占总水量的14.8%、83.9%、1.3%。到2030年，秦巴山脉区域河南片区建成节水型社会。具备完善的水权管理制度、节水制度和成熟的水市场，具有健全高效的水管理体制、完备的现代信息化水管理体系和水资源合理配置工程技术体系；产业结构和产业布局与区域水资源承载能力适应性强；各地区灌溉水利用系数提升至0.7；社会节水蔚然成风。到2030年，城市供水综合漏损率不超过13.1%，自来水管网漏失率不超过8.5%，生活节水器具普及率达到90%。秦巴山脉区域河南片区的水环境质量得到总体改善，区域地表水水质达到水环境功能区划要求，水环境容量满足区域经济社会发展需求，水生态系统功能初步恢复。地下水水质满足水质优良的需求。

第三阶段。到2050年，秦巴山脉区域河南片区城乡用水结构由2000年的22.3∶77.7调整为40.0∶60.0。到2030年，秦巴山脉区域河南片区按"三生"分，配置生活水量、生产水量、河道外生态水量分别占总水量的17.5%、80.5%、2.0%。到2050年，全面建成节水型社会。具备完善的水权管理制度、节水制度和成熟的水市场，具有健全高效的水管理体制、完备的现代信息化水管理体系和水资源合理配置工程技术体系；产业结构和产业布局与区域水资源承载能力完全适应；各地区灌溉水利用系数提升至0.8；社会节水巩固发展。到2050年，城市供水综合漏损率不超过10%，自来水管网漏失率不超过7%，生活节水器具普及率达到100%。秦巴山脉区域河南片区的水生态系统的环境功能得到完全恢复，水生态系统实现良性循环，主要的污染物排放均能得到有效的收集处理和回收利用，地表水和地下水污染得到全面遏制，争取实现青山绿水的自然风貌。

第十一章　秦巴山脉区域河南片区水资源保护与利用战略对策及建议

第一节　农业用水及污染防治对策及建议

由于秦巴山脉区域河南片区地处偏远，交通闭塞，社会经济发展滞后，大部分区域是典型的农业区，种种原因造成了片区农业源污染突出，存在的主要问题为：①大水漫灌现象普遍，农业用水效率不高；②农业生产方式落后，农业种植污染呈逐年增加趋势；③畜禽养殖污染直排现象突出；④生态循环农业发展水平较低，农业生产水平亟待提高；⑤农村环境基础设施建设薄弱。根据这些问题从以下六方面提出相应的对策及建议。

1）改进农业灌溉方式，提高农业用水效率

秦巴山脉区域河南片区的南阳市、三门峡市高耗水作物种植比例较高，这些地区应该调整种植结构，同时根据秦巴山脉区域河南片区各地的地理情况在农业方面加大水资源保护力度，进行渠道硬化，大力推广节水措施，引进新型灌溉技术；注重水土保持，在进一步加大节约用水力度的基础上，修建调蓄工程、集雨工程、灌区配套工程，充分提高雨洪资源的利用能力。

2）发展节水农业，加强源头控污

在各地农业生产中落实最严格水资源管理制度，逐步建立农业灌溉用水量控制和定额管理制度；进一步完善农田灌排设施，加快大中型灌区续建配套与节水改造、大中型灌排泵站更新改造，推进新建灌区和小型农田水利工程建设，扩大农田有效灌溉面积；大力发展节水灌溉，全面实施区域规模化高效节水灌溉行动；分区开展节水农业示范，改善田间节水设施设备，积极推广抗旱节水品种和喷灌滴灌、水肥一体化、深耕深松、循环水养殖等技术；积极推进农业水价综合改革，合理调整农业水价，建立精准补贴机制。

3）推广低污染种植结构和高效农业种植模式

秦巴山脉区域河南片区应以因地制宜为主要原则，以低污染种植结构推广为核心，合理应用作物布局优化技术、坡地带状种植技术、坡地生物篱技术、缓坡等高效农业种植方式，构建农田径流污染控制工程技术体系，减少农业污染流失；以肥料高效利用为核心，围绕"精、调、改、替"①的方针，推进测土配方施肥技术实现精准施肥，调整化肥使用结构，改进施肥方式，促进有机肥替代化肥，支持发展高效缓（控）释肥等新型肥料以减少盲目施肥、提升耕地基础地力；以农药减量化利用为核心，围绕"控、替、精、统"②的方针，应用农业防治、生物防治、物理防治等绿色防控技术，大力推广应用生物农药、高效低毒低残留农药，替代高毒高残留农药，对症适时适量施药，大规模开展专业化统防统治，提高防治效果。

4）加大农业控污新技术应用

在农业生产废弃物控制方面，支持秸秆收集机械还田、青黄贮饲料化、微生物腐化和固化炭化等新技术示范，加快秸秆收、储、运体系建设；支持使用加厚或可降解农膜，开展区域性残膜回收与综合利用，扶持建设一批废旧农膜回收加工网点，鼓励企业回收废旧农膜，加快可降解农膜研发和应用；加快建成农药包装废弃物收集处理系统。在农业污染工程控制方面，开展农田径流污染防治，推广以径流阻控为核心，采取灌排分离等措施控制农田氮磷流失，采取坡地径流导流、灌区排水控制、农田排水氮磷生态拦截沟渠系统与废水净化塘、湿地净化等工程措施净化农田排水及地表径流。

5）建立合理高效的畜禽养殖污染控制模式

秦巴山脉区域河南片区所在各县市要统筹考虑环境承载能力及畜禽养殖污染防治要求，按照农牧结合、种养平衡的原则，科学规划布局畜禽养殖，明确划分湖泊流域禁养区和限养区，合理建设生态养殖场和养殖小区，控制敏感区域污染物的排放，以流域水环境保护为目标，形成畜禽养殖粪污资源利用与污染防治并重的新型技术体系。

6）加快推进现代生态循环农业发展

秦巴山脉区域河南片区要进一步优化调整种养业结构，鼓励形成以流域、县乡、村镇为单位的生态循环农业规划或者循环农业体系，统筹考虑种养规模、环境消纳能力及资源环境承载力，尊重自然生态规律，对种植作物和养殖畜种进行科学布局，建立农业和农村废弃物的综合管理机制，促进秦巴山脉区域河南片区

---

① 农业部于2015年2月17日下发《到2020年农药使用量零增长行动方案》，提出农药使用零增长技术路径：控制病虫发生危害，高效低毒低残留农药替代高毒高残留农药、大中型高效药械替代小型低效药械，推行精准科学施药，推行病虫害统防统治。

② 农业部于2015年2月17日下发《到2020年化肥使用量零增长行动方案》，提出化肥使用零增长技术路径：推进精准施肥、调整化肥使用结构、改进施肥方式、有机肥替代化肥。

的种养平衡，同时开展典型农业技术体系或者种养循环农业模式[14, 15]，在农业生产过程和农产品生命周期中减少资源的投入量和废弃物的排放量，将经济系统和谐地纳入自然生态系统的物质循环过程中，实现农业资源持续利用、农业清洁生产，使经济效益与生态效益得以统一[16~18]。

第二节 工业用水及污染防治对策及建议

根据第九章第二节中对工业需水量的预测，秦巴山脉区域河南片区工业需水量在逐年迅速增加，工业节水问题亟待解决。此外，片区产业结构不合理，近90%的企业为高耗水、高耗能、高污染类的重工业企业，同时存在大量"小、散、弱"型采矿、造纸、化工、农副食品加工等乡镇企业，对片区工业污染防治工作形成了较大的制约。因此，从以下六大方面提出相应对策及建议。

1）优化工业布局

落实国家和省主体功能区规划、环境功能区划、生态红线区、污染防控区域的规划布局要求，优化产业分区布局，实现分区分类差别化管理控制。着力引导卧龙区、镇平县重点开发区域调整优化产业结构，加快落后产能淘汰，加强工业污染防治，严格总量预算管理，大力发展循环、绿色、低碳经济；引导陕州区、灵宝市、汝阳县等9个农产品主产区优化产业布局，严格环境准入，因地制宜地发展绿色循环产业，严格控制污染物排放，禁止重金属、持久性有毒有机污染物的排放；限制和控制卢氏县、栾川县、内乡县等6个重点生态功能区高耗水、高污染行业的发展，全面取缔片区内小型的矿产资源开采加工企业，加强对片区内矿产资源的整合。

2）引进节水设施，提高用水效率

秦巴山脉区域河南片区尤其是洛阳市、平顶山市、三门峡市应限制高耗水、高污染工业企业的发展，进行工业结构的调整和工业转型，力求在不影响当地国民经济收入的情况下，实现工业用水量的减少。此外，河南片区要积极引进节水设施和水资源微处理多次循环使用设施，提高工业用水效率。

3）加强重点污染行业整治

加大对秦巴山脉区域河南片区内有色金属矿采选业，化学原料和化学制品制造业，医药制造业，化学纤维制造业，非金属矿采选业，食品制造业，造纸和纸制造业，酒、饮料制造业等重点行业的排查整治，按照国家要求制订和落实行业专项治理方案，实施清洁生产改造。新建、改建、扩建上述行业建设项目，实行主要污染物排放等量或减量置换。

4）加强工业集聚区污染集中治理

加快推进产业优化分区布局，完成重点污染工业企业合理安置，强化产业集聚区、工业园区或专业园区等工业集聚区水污染防治建设，实现集聚区污染集中治理。集聚区内工业企业废水未达到集中处理要求的，必须经预处理达到集中处理要求。产业集聚区承接转移产业要充分考虑水资源与水环境承载力等因素，切实防范污染转移。现有省定产业集聚区已建成区域应尽快实现管网全覆盖，并按规定建成废水集中处理设施，同时安装自动在线监控装置，实现与市县环保部门联网。

5）实施工业污染源全面达标排放

实施工业污染源全面达标排放计划。全面排查、取缔秦巴山脉区域河南片区装备水平低、工艺落后、经济效益差、排污量大的"小、散、弱"型造纸、化工、农副食品加工等工业企业。严格执行环境影响评价和"三同时"制度[①]，确保新增污染源排放达标。针对秦巴山脉片区内现有污染源，综合采取清洁生产改造和污染深度治理、限产限排、停业关闭等措施，确保达标后排放。

6）加大绿色经济发展

秦巴山脉区域发展旅游业具有得天独厚的优势，通过与其他产业的融合发展，旅游业成为秦巴山脉区域河南片区经济循环发展的战略性支柱产业和先导产业。结合秦巴山区产业特征，在重金属污染行业和产能过剩行业基础上扩大其他行业清洁生产审核范围，从源头控制污染物的产生和排放，降低污染物排放总量，重点推进秦巴山脉片区内资源能源加工、机械工业、冶金建材业等行业节能减排，探索和建立能源消耗强度与能源消费总量"双控"制度，推广应用节能技术产品，组织实施节能技术推广应用示范项目，增强秦巴山脉区域河南片区尤其是洛阳、南阳的小水电建设，要不断强化其增效扩容改造的力度，提高工作效率，使其发挥更大的经济、社会和生态效益。

第三节　生活用水及污染防治对策及建议

分析发现秦巴山脉区域河南片区宜阳县、汝阳县、叶县、陕州区等地区近年来城镇化发展过快，存在生活用水量逐年上升，生活污染治理基础建设水平不足，废水处理厂处理能力、处理效率难以与城镇发展规模匹配，节水型器具普及率不高等问题，针对区域的生活用水及污染防治现状，片区要不断加强城市和乡

---

① "三同时"制度，是指建设项目需要配套建设的环境保护设施，必须与主体工程同时设计、同时施工、同时投产；或新建、改建、扩建的技术改造项目的环境保护设施必须与建设项目的主体工程同时设计、同时施工、同时投产使用。

镇建成区的基础设施建设，提高生活节水及污染防治水平。因此，从以下五个方面提出相应对策及建议。

1）实行水价体制机制改革

长期低廉的水价严重限制了当地节水工作的开展。秦巴山脉区域河南片区各县（市、区）应积极进行水价体制机制的改革，实行"阶梯水价"，充分发挥市场、价格因素在水资源配置、水需求调节等方面的作用，增强企业和居民的节水意识，避免水资源的浪费。

2）加快城镇基础设施建设与改造

加快秦巴山脉片区内废水处理厂的新建、扩建，因地制宜进行脱氮除磷设施的同步提标改造，新建城镇废水处理厂全部达到或优于一级A排放标准。南水北调中线水源地、丹江口库区汇水区及总干渠沿线建制镇、水源保护区的建制镇、全国重点镇和省界周边的建制镇要全部建成废水处理设施，其他建制镇要积极推进废水处理设施建设，到2020年，实现2015年河南省下发的《河南省碧水工程行动计划》确定的县（市）废水处理率达到85%的要求。

3）推广普及使用节水器具

节水型器具的推广和应用，是节水的重要环节，可以从用水端有效减少水资源的浪费，这对于绿色低碳循环发展具有非常重要的意义。同时应加强节水器具研制和推广，一方面应尽量降低节水型器具的生产成本，另一方面应加大政府补贴力度。

4）加快雨污分流改造及废水处理设施配套管网建设

现有合流制排水系统应加快实施雨污分流改造，难以改造的，应采取截留、调蓄和治理等措施。片区内的城镇新区、产业集聚区、城乡一体化示范区建设均实行雨污分流。加快推进处理配套管网建设，强化城中村、棚户区、老城区、乡镇政府所在地和城乡接合部的废水截留、收集、配套管网建设。新建废水处理厂的配套管网应同步设计、同步建设、同步投运。

5）加快再生水回用工程、人工湿地建设

加快推进各城镇废水处理厂中水回用建设，倡导工业生产、城市绿化、道路清扫、车辆冲洗、建筑施工及生态景观用水优先使用中水，提高秦巴山脉区域河南片区城镇和乡村的水资源利用效率。积极推进人工湿地建设，重点加快城镇废水处理厂排水口下游人工湿地建设，进一步改善水质，减少污染物入河量。对秦巴山脉区域河南片区宏农涧河、刁河等污染较重河流及其支流汇水区域开展以乡村为单位的人工湿地、氧化塘建设等[19]，并加强废水处理设施配套的入户废水收集管道建设，进一步减少生活污染物入河量。

第四节　加强良好水体保护对策及建议

根据2010~2015年环境统计数据，近年来，秦巴山脉区域河南片区地表水环境达标率不断提升，营养化水平基本稳定。因此在加强对秦巴山脉区域河南片区重点流域进行水污染防治的同时，要加强对水质良好水体的保护，从以下两个方面提出对策及建议。

1）保护良好水体水质不退化

开展河流生态工程建设，加强良好水体保护。对Ⅰ~Ⅱ类水体减少、湖库水质退化等问题较为明显的地区，要进一步明确水质下降原因，制订更加严格的水质提升工作方案，积极开展河流沿线农作物秸秆、生活垃圾清理及湖库周边餐饮景点的清理整顿等工作。对澧河、北汝河、洛河、伊河等现状水质较好的河流，以及丹江口水库、陆浑水库、故县水库等入库河流，要鼓励河流沿线乡村进一步加强水生生态工程建设，加强河岸缓冲带建设，强化水生态系统功能，确保良好水体水质稳定。

2）保障丹江口库区及南水北调中线干渠水质

严格执行南水北调中线一期工程总干渠两侧水源保护区划方案，按照河南省制订的《南水北调中线一期工程总干渠（河南段）两侧饮用水水源保护区划》《丹江口水库（河南辖区）饮用水水源保护区划》，加强南水北调中线工程沿线的治污减排，开展丹江口水库保护区水源地环境综合整治工作，打击各类环境违法行为，强化输水总干渠及分渠植被缓冲带和隔离带的建设，督促南水北调中线总干渠沿线的南阳、平顶山等市加强环境管理，加强水质监测力度和水质监测监督应急系统建设，促进库区水质持续改善，保障总干渠水环境安全。

第五节　水土流失治理模式对策及建议

从秦巴山脉区域河南片区的总体来看，经济落后与水土流失治理及水环境保护的矛盾一直是制约秦巴山脉区域河南片区发展的重要因素[20, 21]。因此，从以下两大方面提出相应对策及建议。

1）秦巴山脉区域河南片区核心区水土流失预防

根据河南省主体功能区划规划，秦巴山脉区域河南片区位于伏牛山生态功能区和丹江口水库水源涵养功能区，卢氏县、栾川县、嵩县、内乡县、西峡县、淅川县是重点生态功能区，也是片区的核心区域。为保障区域的生态安全，实现人与自然和谐相处，在坡度为25°以上的中山、低山、丘陵区等水土流失潜在危险较大的区域，在河流源头的保护区、保留区、饮用水源功能区、水库库区及其汇水区域开展水土保持工作时，要实行以恢复生态为主的治理模式，发挥生态系统的自然修复功能。

对于片区地形起伏较大、不利于水土保持的崤山南坡，以及伏牛山区的嵩县、栾川、南召、西峡等土壤侵蚀的高度敏感区、原始森林、天然植被覆盖区要采取封育保护、自然修复等生态建设措施，大力发展水源涵养林、水土保持林，扩大林木覆盖面积，涵养水源，预防和减轻水土流失。逐步迁出或者合理规划集聚区域中居住分散、对于生存条件差、基础设施建设落后的村庄，有序关停区域非省级重点矿产资源开采项目，禁止开荒、取土、挖砂、采石等活动，最大限度地减少人为干扰，逐步恢复区域自然生态状况。

2）秦巴山脉区域河南片区外围区水土流失防治

在低山丘陵区5°~25°的荒坡地开垦种植农作物时，应当因地制宜地从我国现阶段内已经形成的黄土高原商品型生态农业发展模式（以适应现代农业发展需求的高标梯田及其他配套设计建设模式；地表覆盖保墒、减蚀及有限水高效利用保护性种植与耕作模式；坡面防蚀与集流高效利用技术模式；坡面集流造林技术模式；生物道路防蚀技术模式；农田留茬防蚀治理与少免耕技术模式等水土流失治理技术）中选择合适的治理模式，为秦巴山脉区域河南片区的水土流失治理提供思路。同时外围其余水体流失防治要与新农村建设、农村污染综合防治、小流域综合整治及河流生态修复等多种手段相结合，全局谋划，提高整治的生态效益、社会效益和经济效益。

第六节 完善水资源保护与利用政策机制对策及建议

从完善水资源保护与利用管理、水资源保护与利用投融资机制、水资源保护与利用差别化考核机制三部分共8个方面提出对策及建议。

1）积极探索适合秦巴山脉区域河南片区的流域管理模式

积极探索适合秦巴山脉区域河南片区的流域管理模式，建立具有独立管理资格的流域管理机构，根据各个流域特色，对跨县区的河流、湖库进行统一管理，合理配置水资源、水环境容量，建立配套的监管制度，提高立法质量，补充现有立法在执行力上的不足。

2）提高水资源利用效率目标，进一步促进节约用水

党的十八届五中全会提出"全面节约和高效利用资源"，强调要坚持节约优

先，树立节约集约循环利用的资源观。秦巴山脉区域河南片区要继续守住"三条红线"，咬定最严格的水资源管理制度不放松，合理制定水价，编制节水规划，加强建设雨洪资源利用、再生水利用工程，构建节水型社会。

3）加强流域水质目标管理，持续改善水环境质量

从秦巴山脉区域河南片区范围内污染物现状来看，考虑农业源排放后，COD和氨氮的排放量已经超出现状环境容量。建议合理确定秦巴山脉区域河南片区的水污染物排放总量控制标准，通过深入调查分析各流域水环境允许的最大排污容量，基于各地市、各市县水环境的环境自净能力分配水污染物总量控制指标。

4）大力推广PPP模式

推广收费权质押、股权质押、项目收益权质押、特许经营权质押、节约用水和排污权质押等融资担保。采取环境绩效合同服务、授予开发经营权益等方式，鼓励社会资本加大节约用水和水环境保护投入。同时地方财政统筹运用节约用水和水污染防治专项等相关资金，优化调整使用方向，扩大资金来源渠道，对PPP项目给予适度财政倾斜。综合采用财政奖励、投资补助、融资费用补贴、政府付费等方式，支持水污染防治领域PPP项目实施落实。逐步从"补建设"向"补运营"、"前补助"向"后奖励"转变。鼓励社会资本建立节约资源和环境保护基金，重点支持节约用水和水污染防治领域PPP项目[22]。

5）推行环境污染第三方治理模式

秦巴山脉区域应按照国务院办公厅《关于推行环境污染第三方治理的意见》和国家的决策部署，优先在环境公用设施、工业园区等重点领域，以市场化、专业化、产业化为导向，营造有利的市场和政策环境，改进政府管理和服务，吸引和扩大社会资本投入，推动建立污染者付费、第三方治理的治污新机制，不断提升秦巴山脉区域废水治理水平。

6）以落实主体功能区规划为契机，制定更高层次的差别化考核机制

建立水环境保护的差别化考核机制的前提是要建立与主体功能区规划配套的差别化考核机制，在相应的功能定位下，突出秦巴山脉区域河南片区的农产品供应功能和生态保护功能特征，适当降低经济考核标准，增加生态环境考核指标要求，鼓励政府及社会资金更多投入水利建设、水环境保护、水土保持及公共基础设施建设。还可以通过政策鼓励重点生态功能区所在地方政府根据本区域情况，因地制宜，大力发展特色经济和生态产业，积极增加就业和提高居民收入；鼓励禁止开发区域的人口向优化开发区域和重点开发区域转移，促进经济发展与人口、资源与环境相协调，引导人口集聚与经济集聚相匹配。

7）以水功能区划为框架，开展不同功能区的差别化考核机制

探索建立以水功能区划为框架的差别化考核机制和精准化管理机制。根据水功能类型，结合流域自然环境特征及省环境保护规划要求，制定水质管理目标、

节约用水目标、污染减排需求、总量控制要求、产业布局要求、项目准入要求等差别化管理控制措施，实现全流域控制，单元化精准管理。根据保护区、保留区及开发利用区的饮用水源区所在流域为生态保护付出的生态保护成本、生态修复成本及机会成本等，研究制定差别化流域生态补偿机制。

8）利用差别化考核机制，引导和倒逼区域经济布局合理化发展

积极引导区域进行产业布局优化，通过财政优惠、政策扶持等多方措施，在禁止、限制开发区域优先发展旅游业、服务业，以及文化、教育、体育、卫生等第三产业，引导政府和社会资本向森林资源保护，生态林、天然和人工草场建设及农田水利基本建设，中低产田改造，小流域综合治理工程建设，优质高效农作物、经济作物及畜禽、水产品新品种研发与引进等方向发展，限制并逐步缩小高污染行业对区域水环境保护的影响。

第七节　跨区域水资源利用及生态补偿对策和建议

2008年以来，财政部出台了国家重点生态功能区转移支付办法，加大了对南水北调中线水源地等国家重点生态功能区的转移支付力度。2013年3月，国务院正式批复了《丹江口库区及上游地区对口协作工作方案》，支持南水北调中线工程受水区的北京市、天津市对水源区的湖北、河南、陕西等省开展对口协作。经统计，区域目前已开展如下生态补偿制度：《南水北调中线工程水源补给区生态补偿》、《河南省沙颍河流域水环境生态补偿暂行办法》、《河南省水环境生态补偿暂行办法》和《关于进一步完善河南省水环境生态补偿暂行办法的通知》，从我国和河南省已经积累的生态补偿经验看，生态补偿机制建立的难点在于如何明确责任主体，明确补偿的资金来源、标准并建立公平有效的补偿办法和监督保障措施。因此，从以下四方面提出相应对策及建议。

1）探索建立以主体功能定位为基准的跨行政区生态补偿机制

我国已明确划分"主体功能区"，主体功能区规划的实施为建立生态补偿机制提供了空间布局框架和制度基础，但没有将生态效益的提供者和受益者的范围界定清楚，建议在河南省主体功能区划的基础上，明确秦巴山脉区域河南片区各生态功能的定位、保护的责任和补偿的义务，在界定生态效益的提供者和受益者范围的前提下建立跨行政区的生态补偿机制。

2）探索建立以水功能区划为基准的跨流域生态补偿机制

《河南水环境功能区划》已在2004年颁布实施，其划分方案涵盖秦巴山脉区域河南片区范围内8条主要河流及24条次要河流及支流，并将功能区分为了23个一级水功能区15个二级水功能区，共涉及15种功能类型，涵盖范围较为全面，目

前水功能区划仅对各个区的水质目标及部分重要河流的纳污能力进行了规划，还没有充分发挥水功能区划的价值。建议区分核心水源区（保护区、保留区及开发利用区的饮用水源区）与一般水源区等不同生态功能区位，建立差别化的政府考核标准，划分责任主体，明确补偿范围，以补偿与成本付出相适应的原则，建立上下游跨流域跨地区的生态补偿机制和财政转移支付制度，设立专项资金，积极推进生态功能保护和源头水源保护区的水生态环境的保护与恢复。

3）探索建立多途径的生态补偿资金投资模式

积极整合现有的专项转移支付，调整省级专项资金的使用方向，适当增加生态补偿功能类的专项资金项目，或者在生态环境有关的专项转移支付中，增加生态补偿的支出科目。还可以考虑从未来调水收取的水资源费拨出一部分资金设立"水源地生态补偿与生态建设基金"，或者从国家重大水利建设基金中提取专项扶持基金，以政府性基金的形式安排专项资金支持水源地生态保护和经济社会事业发展，将秦巴山脉区域河南片区所在县市因水质保护关停的转产企业所受损失，农林水生态治理经费，垃圾处理厂、废水处理厂建设地方配套经费和运行经费，以及社会事业等项目建设增加环保成本等列入补偿范围，给予财政支持。

4）探索建立高效的生态补偿监管保障机制

为最大限度地发挥财政转移支付生态补偿资金投入的效率和效果，需要积极创新生态补偿资金的安排方式，按照"谁保护、谁得益""谁改善、谁得益""谁贡献大、谁得益多"的原则，结合生态功能保护、水环境质量改善等综合因素，形成科学的生态补偿标准，充分调动水源地及重要生态功能区的各级主体投入的积极性，提高投入绩效，建立更为长效的激励机制。积极探索"以奖代补、以奖促治、因素分配法"等创新型环保资金预算分配机制和方式，采取生态服务政府购买方式，或者对废水处理量按照一定的标准实施"以补促提"的方式解决废水处理厂投产后的运行费用等激励和撬动更多的市场资本和社会力量共同加入生态补偿投入[23]。

第十二章 结论与建议

秦巴山脉区域河南片区（伏牛山区）水资源保护与利用研究是在调研的基础上，综合分析河南秦巴山脉水资源及水环境保护现状和存在的问题，对河南秦巴山脉各规划水平年的水资源承载力进行分析，结合区域空间布局及面临的压力与挑战，提出适用于河南秦巴山脉的水资源利用与保护战略性对策建议，以全面提升区域水资源开发和水环境保护的水平，为区域绿色循环发展提供支撑。具体结论有如下几点。

（1）水资源总量丰富、时空分布不均、水资源利用效率各不相同。从流域划分，南坡长江流域可利用水资源量相对较大，地表水资源具有较大开发潜力；北坡的黄河流域水资源量虽然高于淮河流域，但开发程度较高，可开发潜力较小。在时间上，水资源量具有逐年递减的趋势，其中地表水资源随时间起伏较地下水明显。秦巴山脉区域河南片区水资源相对丰富，秦巴山脉区域河南片区各省辖市人均水资源占有量为533~911立方米，高于河南省338立方米的平均水平，但不足全国人均水平的1/3。用水组成存在农业用水耗水量大、生态环境用水明显不足、废水回收利用率低的现象。用水效率方面，整体来看，研究区的用水效率要高于河南省及全国的用水效率水平。就农业用水效率而言，区域内洛阳市的亩均用水量最大，为318立方米，高于河南省的亩均用水量280立方米，低于全国的亩均用水量378立方米；就工业用水效率而言，片区内万元工业产值用水量低于河南省的万元工业产值用水量，略低于全国的平均水平，工业用水效率处在较高的水平。

（2）秦巴山脉区域河南片区的水环境质量总体达标情况较好，部分河流有所污染。其中，Ⅱ类水体断面占总的考核断面个数的76.19%，Ⅲ类水体断面占总的考核断面个数的9.52%，Ⅳ类水体断面占总的考核断面个数的14.29%。2015年废水排放总量为3.8亿吨，COD排放总量为13.51万吨，氨氮排放总量为1.39万吨，分别占河南省废水和污染物排放总量的8.76%、10.50%和10.32%，区域水环境污染总体以农业源和生活源为主。各县市的污染特征与各地的区位优势、经济基础、资源丰富程度等密切相关，随着与"三门峡—洛阳—平顶山—南阳"中心城市发展圈距离的加大，各县市污染呈现生活源到农业源、生活源混合再到农业源的规律。

（3）根据秦巴山脉区域河南片区经济社会发展的趋势，对各个规划水平年规划近期（2020年）区域的农业、生活、工业污染变化趋势进行了预测，结合目前河南省水环境容量研究，对秦巴山脉区域河南片区水环境承载能力进行了分析。

研究结果显示，秦巴山脉区域河南片区水资源农业需水量变动不大；工业需水量在逐年增加，且增幅较大；生活用水定额逐年增加；城乡生活环境用水量也是逐年增加的；从区域上看，南、北坡的用水增长情况整体趋势相同，但是北坡的工业用水在不考虑国家宏观调控和"三条红线"控制目标分水量的情况下所占比例达到59%，比南坡高出整整10个百分点。区域废水排放总量将逐步降低为2.98亿吨，较2015年降低21.58%，秦巴山脉区域河南片区污染物排放总量将随着区域经济社会的发展逐年降低，至2020年，区域的COD和氨氮排放总量将分别降低至5.81万吨和0.55万吨，分别较2015年降低39%和52%，区域的废水排放仍然以生活源为主，COD和氨氮排放均以农业源为主。

利用水资源承载力用量供需平衡指数法和基于数列的匹配度计算方法进行研究，研究结果显示，秦巴山脉区域河南片区各个规划水平年的水资源足以支撑社会经济的发展，IWSD全都大于0。三门峡市的水资源与社会经济的匹配度有待提高。水环境承载力研究结果显示，秦巴山脉区域河南片区7个控制单元主要污染物COD及氨氮的最大允许排放总量分别为11.43万吨和1.14万吨，目前整体环境容量充足，部分河流污染物排放严重超出所在控制单元水环境容量。其中，伊河、洛河、沙河（含北汝河）、白河4个控制单元剩余容量相对较大；而宏农涧河、澧河、老灌河的环境容量相对较小，目前已经严重超载。

（4）通过国家和省级战略定位分析及规划布局合理性分析认为，进一步提升秦巴山脉区域河南片区的节约用水水平、水污染防控能力，改善水环境质量是保障秦巴山脉区域河南片区生态环境质量的关键环节，是河南实现中原崛起坚实保障。目前国家和省级制定的水污染防治和水环境保护相关规划、计划等对秦巴山脉区域河南片区水环境保护目标的确定较合理，符合区域主体功能定位要求。根据我国最新的环境保护要求，明确了秦巴山脉区域河南片区水资源保护近期、中期、远期目标。

根据秦巴山脉区域河南片区水资源保护与利用基本状况，以及水资源保护与利用战略目标，从7个方面提出水资源保护与利用的对策及建议。

（1）改变农灌方式，加大源头控制，推广低污染种植结构和高效农业种植模式，加大农业控污新技术应用，建立合理高效的畜禽养殖污染控制模式和现代生态循环农业，实现农业污染控制及水资源节约利用。

（2）从优化工业布局、引进节水设施提高用水效率、加强重点污染行业整治、加强工业集聚区污染集中治理、实施工业污染源全面达标排放、加大绿色经济发展等方面提出工业用水及污染防治对策及建议。

（3）从实行水价体制机制改革、加快城镇基础设施建设与改造、推广普及使用节水器具、加快雨污分流改造及废水处理设施配套管网建设、加快再生水回用工程、人工湿地建设等方面提高生活节水及污染防治水平。

（4）开展河流生态工程建设，加强良好水体保护，保护良好水体水质不退化，保障丹江口库区及南水北调中线干渠水质水环境安全。

（5）以"大流域统筹规划整体布局、小流域综合强化治理、水土流失和水环境污染防治结合"为思路，分别结合西北黄土高原区和北方土石山区差异化水土流失成因和水土流失防治目标，全面提出秦巴山脉区域河南片区水土流失问题的对策及建议。

（6）采取完善水资源保护与利用管理政策、水资源保护与利用投融资机制、水资源保护与利用差别化考核机制等8项措施从总体上完善水资源保护与利用政策机制。

（7）持续推进南水北调生态补偿长效激励远期政策在河南省的落地实施，进一步补充完善秦巴山脉区域河南片区水资源与水环境生态补偿机制，建议在水功能区划的基础上，建立上下游跨流域跨地区的生态补偿机制和财政转移支付制度。

参 考 文 献

[1] 河南省水利厅.河南省水资源公报[Z]. 2006~2016.
[2] 河南省环境保护厅.河南省环境质量报告书[Z]. 2011~2015.
[3] 河南省水利厅.河南省水土流失公报[Z]. 2014.
[4] 河南省水利普查领导小组办公室.河南省第一次水利普查公报[Z]. 2013.
[5] 河南省统计局，河南省水利厅，国家统计局河南调查总队.河南统计年鉴[M]. 2001~2016.
[6] 中华人民共和国国家统计局.中国统计年鉴[M]. 2001~2015.
[7] 政府工作报告[Z]. 2001~2015.
[8] 夏军，朱一中.水资源安全的量度：水资源承载力的研究与挑战[J].自然资源学报，2002，17（3）：262-269.
[9] 胡和平，张宁.基于流域水资源承载力平衡指数方法的海河流域水生态环境变迁研究[J].海河水利，2004，（4）：1-4.
[10] 左其亭，赵衡，马军霞.水资源利用与经济社会发展匹配度计算方法及应用[J].水利水电科技进展，2014，（6）：1-5.
[11] 崔凤军，何少苓，郭怀成.城市水环境承载力及其实证研究[J].自然资源学报，1998, 13（1）：58-62.
[12] 王俭，孙铁珩，李培军，等.基于人工神经网络的区域水环境承载力评价模型及其应用[J].生态学杂志，2007, 26（1）：139-144.
[13] 汪恕诚.水环境承载能力分析与调控[J].中国水利，2001，（11）：9-12.
[14] 曾焱，王爱莉，黄藏青.全国水利信息化发展"十三五"规划关键问题的研究与思考[J].水利信息化，2015，（2）：14-19.
[15] 崔艺凡，尹昌斌，王飞，等.浙江省生态循环农业发展实践与启示[J].中国农业资源与区划，2016, 37（7）：101-107.
[16] 孙红霞.河南省低碳农业发展存在问题及对策研究[J].地域研究与开发，2011，（5）：97-102.
[17] 龚晶，张晓华.生态友好型农业的概念、国际经验及发展对策[J].江苏农业科学，2015，（7）：467-469，478.

[18] 何晶晶.构建中国低碳农业法思考——中西比较视角[J].中国软科学,2014,(12):17-26.
[19] 河南省人民政府办公厅.河南省人民政府办公厅关于转发河南省农村环境连片综合整治实施方案的通知[EB/OL].http://www.henan.gov.cn/2011/05-25/244023.html,2011-05-25.
[20] 汪习军.关于加快黄土高原水土流失有效治理的思考[J].中国水土保持,2014,(6):1-3.
[21] 翁伯琦,罗旭辉,张伟利,等.水土保持与循环农业耦合开发策略及提升建议——以福建省长汀县等3个水土流失重点治理县为例[J].中国水土保持科学,2015,(2):106-111.
[22] 赵雪雁,李巍,王学良.生态补偿研究中的几个关键问题[J].中国人口·资源与环境,2012,22(2):5-11.
[23] 曾书贞,吴文良,陈淑峰,等.中国流域水资源生态补偿的法律问题与对策[J].中国人口·资源与环境,2011,(4):119-126.

第四篇
秦巴山脉区域河南片区（伏牛山区）矿产资源绿色开发利用战略研究

第十三章　秦巴山脉区域河南片区矿产资源绿色开发利用战略研究的背景、思路与目标

第一节　研究背景与意义

世界工业革命以资源应用突破发展更替为转折，绿色循环发展是全球可持续发展的必由之路，也是世界各国现代化进程中的必然要求。中华人民共和国成立以来，矿产资源开发对我国的现代化建设一直起着重要的支撑作用，特别是改革开放以来，国家经历了高速且高消耗的发展，资源环境约束瓶颈突出，生态环境形势严峻，随着改革开放的进一步深入和可持续发展的要求，建立人与自然和谐发展的格局，成为事关我国现代化事业的重大战略。

秦巴山区矿产资源丰富，具有特色优势矿产，已发现矿产100余种，占全国的60%以上，其中已探明矿种有60余种。但是，秦巴山脉区域也是我国最主要的中央绿色区域，作为国土空间主体功能区的秦巴山区，如何实现"创新发展、协调发展、绿色发展、开放发展、共享发展"，是一个重大研究课题，研究"既要金山银山，也要绿水青山"式的绿色矿业循环发展模式，具有重要意义。

第二节　指　导　思　想

依据秦巴山脉区域资源禀赋和产业基础，秦巴山脉区域河南片区矿产资源绿色循环发展今后的总体思路设想是：高举中国特色社会主义伟大旗帜，以落实党和国家确定的"两个一百年"奋斗目标为统领，以加快经济发展、创新驱动和生态文明建设为指针，以"四个全面"战略布局为引领，坚持创新、协调、

绿色、开放、共享的发展理念,坚持以企业为主体,市场为导向,创新为动力,提质增效为中心,因地制宜,突出优势,发展特色,高效、清洁、低碳循环的绿色产业体系,全力推进工业园区转型升级,推进"两化"深度融合,切实把矿业发展建立在结构优化、创新驱动、集约高效、环境友好、绿色低碳、循环利用、惠及民生、内生增长的基础之上,不断增强核心竞争力和持续发展能力,实现秦巴山脉区域矿业持续、稳定、健康发展,开创"绿色秦巴"矿业发展新局面。

秦巴山脉矿业绿色循环发展应遵循以下战略方针:"大集团引领,大项目支撑,园区化承载,集群化推进,科技化创新,信息化融合,绿色化发展,循环化提高"。加强产业培育发展,大力改造提升传统产业,积极淘汰落后产能和消化过剩产能,全力发展优势特色产业,培育壮大战略新兴产业,着力构造绿色低碳循环矿业体系。推动大中小企业联动协调发展,加快引进、培育龙头骨干企业。以龙头骨干大企业、大集团为核心,引领带动中、小、微企业协调发展,形成特色鲜明、优势互补、协调配套的企业发展体系。积极筹划、建设、投产、达效一批水平高、规模大、效益好、带动力强的矿业项目,谋划储备一批好项目,不断增强发展后劲。着力强化矿业产业园区转型升级发展,重点建设布局合理、重点突出、集约利用土地,综合利用矿产资源,产业集聚集中,"两化"高度融合,形成绿色循环产业链的矿业园区。着力围绕矿业园区为中心,发挥龙头企业引领带动作用,形成一批企业相互配套、上下游紧密关联、主业突出规模大、"两化"融合度高、科技创新能力佳、产业链长、效益好、市场竞争力强的产业集群。大力实施产品品牌战略,着力提高秦巴山脉区域矿业品牌的影响力,使该片区矿业品牌成为具有国内外影响力的知名矿业品牌。

第三节　基　本　原　则

根据国家总体部署和区域发展实际,秦巴山脉区域河南片区矿产资源的绿色循环发展,应坚持以下基本原则。

1. 在科学划分功能区的基础上,矿产资源开发与生态建设及其他产业协调发展

科学划定功能区,强化资源开发的全局整体性,打破地域分割,实施统筹规划,合理布局,建立有效机制,确保秦巴山脉区域河南片区矿产资源开发的有序性和可持续性,更好地为区域经济社会发展服务。树立"既要金山银山,也要

绿水青山"的理念，切实杜绝片面强调发展、有害秦巴山脉区域绿色生态环境的经济格局的出现；加强分工协作性，发挥各自优势，体现发展特色，既分工又协作，积极推进秦巴山脉区域内矿产资源开发与其他产业的一体化进程，形成合理高效的区域经济综合体；突出发展协调性，推进产业集中与分散相结合。既要集中产业，有利于提高经济效益，也要合理分散产业，有利于差异化、错位性发展，两者都要坚持适度原则，以避免无限制的集聚或无限制的分散，从而形成协调有利、发展均衡的格局。

2. 坚持生态环境保护第一位原则，保护性开发利用矿业资源

坚持有所为有所不为，在加强生态保护的条件下，有重点地进行优势、急需矿种的保护性开发。位于强生态片区的非优势矿种、非急需矿种、可替代矿种一律不开发；对于优势、急需矿种，应加强政策审批，在生态环境保护、绿色采选方案及环境治理恢复等得到有效保证情况下，才能进行开发利用。

3. 培育优势矿业集群，通过创新驱动，促进矿业由传统模式逐步向绿色模式转型升级

根据片区优势矿产资源的赋存及分布特点，着力培育优势矿产方面的大型矿业集团，促进产业扩容，加快产业升级，提高产业素质，构建具有较高效益、较强活力和较好竞争力的新型绿色循环矿业产业结构。努力形成以优势矿资源为基础、先进自动化采选冶设备为支撑、绿色采选冶技术为升级导向的现代化矿业开发格局，促进优势矿种产业集聚化、工业园区化。着重推进矿业结构升级，合理选择园区矿业定位，逐步适应区位特色，发挥比较优势，有效利用区域矿业发展资源；重点支持在同行业中优势明显、代表性强、成长性好、市场空间大、吸收就业能力强的骨干矿业企业转型升级发展，形成当地矿业经济的支柱；抓好绿色品牌建设，推动矿山企业从资源储备竞争、加工能力竞争向绿色工艺竞争、高效利用竞争、延伸产业链竞争等方面进行转变。加大政策支持力度，促进资本向品牌集中、技术向品牌集成、人才向品牌集合、资源向品牌集聚，发挥品牌的辐射带动作用，形成矿业的良性发展格局。

创新是发展的火车头，必须把创新摆在秦巴山脉区域矿业发展全局的核心位置，不断推进理论创新、理念创新、制度创新、科技创新、文化创新等各方面创新，尤其要让科技创新成为矿业发展的主推器、实现矿业倍增的主渠道、提质增效的加速器。以企业为主体，加强产、学、研融合协作，立足自主创新、原始创新和集成创新，提高科技创新发展水平。正确处理好矿业发展与资源环境的协调关系，充分把握好资源环境承载能力，实现统筹兼顾、可持续发展。进一步强化资源节约集约利用，大力加强生态保护建设，有效治理环境污染，严格按照"减

量化、无害化、资源化"的原则,努力实现矿产资源节约型、环境友好型的可持续发展。

4. 坚持"互联网+绿色矿业"融合发展模式

顺应"互联网+"发展趋势,牢固树立开源开放、共创共享的互联网思维。坚持改革引领、创新驱动、跨界融合、协同推进的原则,充分发挥移动互联网、物联网、云计算、大数据等新一代信息技术的先导作用,以打造互联网矿业强秦巴为目标,以信息化与矿业深度融合为主线,立足存量调整,加快以数字化、网络化、智能化为核心的技术改造,努力建设软件定义的智能矿业工厂,促进传统矿业的转型升级;着眼增量调优,大力培育基于互联网的新型矿业模式,加快构筑以平台为支撑的新型矿业生态体系,重塑新常态下秦巴矿业转型升级新动力,增强矿业竞争新优势,以实现智能矿业水平不断提高;新业态,新模式加速演进,智能矿业跨域发展,新型矿业生态逐步形成,走出一条符合秦巴实际、适应信息时代矿业发展趋势、不落人后的互联网矿业发展新路。

5. 加强统一领导,推进区域联动

推进秦巴山脉矿业绿色循环发展,必须强化协调合作,实现联动发展。从国家层面逐步构建"矿产资源省",对片区的优势矿产资源逐步进行统一管理、统一规划、有序开发,有助于形成矿业规模经济,增加我国在国际矿业领域的话语权;在矿山地质环境保护方面进行统一管理,推行统一标准,促进矿产资源的可持续开发利用。秦巴山脉区域内各行政省区统一建立跨区域合作的政策、体制和机制,建立绿色矿业服务业发展模式及咨询政策建议性研究机制。无论是从传统产业升级,还是从生态产业绿色发展角度来说,逐步构建"矿产资源省",建立优势矿产集聚区,都是一个很好的矿业可持续发展思路。

6. 以人为本,共享发展

坚持矿产资源开发利用以保障和改善民生为出发点和落脚点,把扶贫脱困放在重要位置,着力增进人民福祉,以矿业发展为动力,提供秦巴山脉区域脱贫致富的机会,确保全面建成小康社会。按照发展为了人民、发展依靠人民、发展成果由人民共享的总要求,着眼于富民、惠民、安民,坚决把保障和改善民生贯穿于矿业发展始终,把落实好、维护好、发展好秦巴山脉区域民众的根本利益放在第一位,一切发展都要从满足人的全面需求、促进人的全面发展出发,不断提高人民群众的物质文化生活水平,实现共享发展、福祉提升。

第四节　研究思路和目标

秦巴山脉区域矿产资源丰富，具有特色优势矿产，已发现矿产100余种，占全国的60%以上。矿产资源是工业的物质基础，是经济社会发展的重要保障，矿业经济的持续发展和壮大，加快了工业化进程，满足了国民经济和社会发展对矿产资源的需求，促进了社会进步。

秦巴山脉区域作为我国中央绿肺的重要组成部分，主体上突出生态涵养功能，政策导向上为面上保护、局部开发，在保护好环境的基础上，重点发展特色矿业经济。秦巴山区又是国家生态保护区，是我国南水北调水源地和重要生态多样性保护区，富集的资源禀赋与落后的社会经济间落差较大，矿产资源开发必然受到自然因素的较大限制，开发矿产资源不能以牺牲环境为代价。

本篇研究的方向和目标是实现秦巴山脉区域内矿产资源的绿色循环可持续发展，实现秦巴山脉区域内矿产资源高效开发利用，保护和治理矿山生态环境，促进矿产资源的可持续利用，找到一条资源开发、环境保护、经济发展的科学路径。

通过对秦巴山脉区域河南片区矿产资源绿色循环发展进行的研究，拟达到以下目标。

（1）为合理开发秦巴山脉区域河南片区内矿产资源提供宏观指导。

（2）充分协调自然资源与矿产资源优势，促进片区经济绿色循环发展。

（3）有效指导矿业合理布局，推动当地矿业与经济发展。

（4）建立科学的矿业秩序及矿山退出机制。

（5）保障国家战略资源储备，加强资源综合利用与废物处理，为制定合理的政策提供建议。

第十四章　秦巴山脉区域河南片区矿产资源开发利用现状及特点

第一节　优势矿产资源禀赋

河南省地跨华北陆块和秦岭造山带两个大地构造单元，矿产资源非常丰富[1]。截至2016年底，全省已发现的矿种为144种（若计算非金属亚矿种则为187种），其中能源矿产10种，金属矿产44种，非金属矿产88种（计算非金属矿产亚矿种则为131种），水气矿产2种[2]。

河南片区矿产保有资源储量居全国首位的有煤层气、钍、钛矿（金红石）、钼矿、钌矿（伴生矿）、镓矿、蓝晶石、红柱石、天然碱（$Na_2CO_3+NaHCO_3$）、天然碱（Na_2CO_3矿石）、化肥用橄榄岩、水泥配料用黏土、珍珠岩、霞石正长岩14种；居第2位的有铂矿（伴生矿）、钯矿（伴生矿）、锇矿（伴生矿）、铸型用砂岩、耐火黏土、耐火用橄榄岩、蓝石棉、玻璃用灰岩、天然油石、玻璃用凝灰岩10种；居第3位的有铂族金属（铱矿、铑矿）、金矿（岩金）、铼矿、熔剂用灰岩、铁矾土、伊利石黏土、水泥用大理岩等8种；居第4~10位的有铅矿、镁矿、铝土矿、石墨（晶质石墨）、含钾砂页岩、玻璃用石英岩、钛矿（原生钛铁矿）、煤炭等39种矿，见表14-1[3]。

表14-1　2015年底河南省矿产保有探明资源储量在全国的位次

位次	矿种	矿种（亚）数/种
1	煤层气、钍、钛矿（金红石）、钼矿、钌矿（伴生矿）、镓矿、蓝晶石、红柱石、天然碱（$Na_2CO_3+NaHCO_3$）、天然碱（Na_2CO_3矿石）、化肥用橄榄岩、水泥配料用黏土、珍珠岩、霞石正长岩	14
2	铂矿（伴生矿）、钯矿（伴生矿）、锇矿（伴生矿）、铸型用砂岩、耐火黏土、耐火用橄榄岩、蓝石棉、玻璃用灰岩、天然油石、玻璃用凝灰岩	10

续表

位次	矿种	矿种（亚）数/种
3	铱矿（伴生矿）、铑矿（伴生矿）、金矿（岩金）、铼矿、熔剂用灰岩、铁矾土、伊利石黏土、水泥用大理岩	8
4	铅矿、铝土矿、镁矿（炼镁白云岩）、芒硝（矿石）、含钾岩石	5
5	钒矿、玻璃用石英岩	2
6	银矿（非伴生矿）、锂矿（Li_2O）、普通萤石（萤石）、磷矿（伴生磷）、石墨（晶质石墨）、水泥用灰岩、水泥配料用黄土、建筑用玄武岩	8
7	镍矿、钨矿（伴生矿）、铷矿（Rb_2O）、冶金用石英岩、化工用白云岩、含钾砂页岩、硅灰石	7
8	煤炭、钛矿（原生钛铁矿）、银矿（伴生银）、铯矿、铟矿、沸石、建筑石料用灰岩	7
9	石煤、铜矿（伴生铜）、钨矿（原生矿）、透辉石	4
10	锑矿、铍矿（氧化铍）、自然硫、盐矿（固体NaCl）、长石、建筑用砂岩	6
11	油页岩、铁矿、钽矿（氧化钽）、碲矿、硫铁矿（矿石）、重晶石（$BaSO_4$）、石榴子石（矿石）	7
12	钛矿（钛铁矿）、硫铁矿（伴生硫）、滑石、建筑用白云岩	4
13	铌矿（氧化铌）、冶金用白云岩、化肥用蛇纹岩、石膏	4
14	钴矿、金矿（沙金）	2
15	锗矿、普通萤石（CaF_2）、磷矿（矿石）	3
16	锌矿、铋矿、金矿（伴生金）、高岭土	4
17	压电水晶	1
18	锰矿、电石用灰岩、熔炼水晶、云母	4
19	玻璃用脉石英	1
20	镉矿、砷矿（砷）、陶瓷土	3
21	冶金用脉石英、饰面用花岗岩	2
22	铜矿（非伴生矿）	1
23	膨润土	1

资料来源：国土资源部.《截至二〇一五年全国矿产资源储量汇总表》

煤炭、铝土矿、黄金、钼矿、耐火黏土、天然碱等探明资源储量较大，而且在矿产开发利用中占有重要地位，为河南省的重要矿产；蓝晶石、红柱石、珍珠岩、蓝石棉等探明储量大，品种与质量在国内比较少见，为河南省的特色矿产。

秦巴山脉位于河南片区内的4市17县（区、县级市），是河南省的主要矿产资源富集区。秦巴山脉区域河南片区已探明的矿产种类50余种（表14-2），占整个秦巴山脉已探明矿产种类的85%以上，其中，金、钼、钒、钛等稀有贵重金属矿产资源优势突出。片区内的灵宝市、栾川县、叶县先后被命名为"中国金城"、"中国钼都"和"中国岩盐之都"。

表14-2　秦巴山脉位于河南片区内的行政县市及其优势矿产资源

省辖市	所属县/区	优势矿产资源
洛阳市	洛宁县、宜阳县、嵩县、汝阳县、栾川县	金属矿产：金、钼、钨、铅、锌、铝、铁 非金属：萤石、膨润土
平顶山市	鲁山县、叶县	金属矿产：铁、铝、铜 非金属：煤矿、盐矿、耐火黏土、磷矿、长石
三门峡市	陕州区、卢氏县、灵宝市	金属矿产：金、银、铜、铝、锑 非金属：石墨、重晶石
南阳市	卧龙区、南召县、镇平县、方城县、内乡县、淅川县、西峡县	金属矿产：金、铜、钼、铅、锌、钒、铁 非金属：萤石、石墨、高铝三石、金红石、石膏

秦巴山脉区域河南片区的矿产资源具有鲜明的地域分布和矿种组合配套特点。中北部平顶山—洛阳—三门峡地区集中分布着煤炭、铝（黏）土矿及冶金、建材、化工类非金属矿产组合，已经综合互补开发，形成了配套的煤电铝优势产业链；西南部南阳地区有高铝三石（蓝晶石、矽线石、红柱石）、石墨等，从长远看可以形成配套的高级耐火材料资源基地；西部栾川—灵宝地区是有色金属和贵金属矿产的集中区。例如，95%以上的钼矿资源集中分布在栾川县境内，80%以上的金矿资源集中分布在灵宝市境内，已形成著名的贵金属和有色金属资源及加工基地。

秦巴山脉区域河南片区内大多数矿床组分较为复杂，共生、伴生矿产所占比例较大。很多矿产以共伴生形式出现，如铝土矿常与耐火黏土、熔剂灰岩、煤炭、镓、锂、轻稀土矿等矿产共生，金矿常与银、铜、铅、锌、钼、钨等多种矿产共伴生，矿产资源综合利用有广阔前景。

河南省处于秦巴山脉区域的地区包括洛阳、平顶山、三门峡和南阳，矿产资源非常丰富。第一，洛阳钼资源储量达200多万吨，居全国之首，是世界三大钼矿田之一；铝土矿资源储量2亿多吨；金矿在洛宁、嵩县、栾川等县均有分布，探明储量200余吨；煤储量达20多亿吨。第二，南阳是中国矿产品密集的地区之一，已探明各类矿产80余种、452处。其中，天然碱、红柱石资源储量为亚洲之冠，蓝晶石、金红石居全国第一，黄金、石油储量居全省第二，且分布集中，组合良好，具有较高的开采价值。目前已开发利用46种，矿业总产值28.6亿元。第三，三门峡市目前已发现矿藏66种，发现大型矿床12处、中型矿床31处。其中，探明储量的有50种，已上国家储量平衡表的有33种，潜在经济价值达2 700亿元；保有储量居全省前三位的有31种。已探明有开采价值的有34种，已开发利用的有27种，其中，黄（黄金）、白（铝）、黑（煤炭）是三大优势矿产资源。黄金储量、产量均居全国第2位，铝土矿、煤、锌、硫铁矿、玻璃石英砂岩、铸型用砂、砷等17种矿藏为全省之冠；铜、钼、银、钨、磷、压电水晶、熔炼水晶、石膏、石墨等9种矿产居河南省第二位。这些矿藏不仅储量大、品位高、质量好，而且分布相对集中、覆盖浅、易开采，共生、伴生矿多，便于综合开发利用，是河南省乃至全国重要的贵金属和能源开发基地。

第二节 矿业发展状况

一、勘查开发状况

2012~2014年，中央财政、地方财政及社会资金投入资金总额20多亿元，共开展各类矿产勘查项目600余项。投资勘查热点矿种以贵金属（金）矿、有色金属（钼、银、铅、铝土矿）、能源矿产（煤炭）、黑色金属（铁矿）等为主。投资勘查地区以秦巴山脉区域河南片区的4个地区为主[2]。

初步统计，2014年度项目取得一系列找矿成果：新发现矿产地22处，其中大型5处，中型12处，小型5处（表14-3）。煤炭、铝土矿、金、萤石等重要矿产资源找矿均有所突破：新增煤炭10.90亿吨，铝土矿3.49亿吨，耐火黏土矿2 588万吨，铁矿石2 941万吨，金属量42.38吨，铅锌6.27万吨，钼7.72万吨，天然碱2 118万吨，钽（Ta_2O_5）310万吨，稀土13.93万吨，萤石107.45万吨[2]。

其中，秦巴山脉河南片新发现的矿产地有陕州区寺家沟—胡沟金矿（中型）、内乡县板厂金矿（中型）、陕州区申家窑—葫芦峪金矿（小型）、栾川县北岭金矿（小型）、镇平县楸树湾钼矿、汝阳县裂子山钼矿、淅川县田川钒矿、卢氏县狮子坪—瓦窑沟钽矿、淅川县金华山水泥灰岩矿、西峡县太平镇稀土矿等10处[2]，见表14-3。

表14-3 2014年度河南省新发现矿产地及秦巴山脉区域河南片区内情况 单位：处

矿种	合计	大型	中型	小型	矿产地名称	秦巴山脉区域内 名称	数量
煤	2	2	0	0	浚县新镇、义马煤田深部		
铝土矿	5	1	2	2	登封煤下铝（大型）、渑池县礼庄寨（中型）、新密岳村（中型）、新密来集（小型）、汝州市张村—三里寨（小型）		
铁	1	0	1	0	济源市金斗山		
岩金	5	0	3	2	陕州区寺家沟—胡沟（中型）、内乡县板厂（中型）、桐柏县老湾（中型）、陕州区申家窑—葫芦峪（小型）、栾川县北岭（小型）	陕州区寺家沟—胡沟（中型）、内乡县板厂（中型）、陕州区申家窑—葫芦峪（小型）、栾川县北岭（小型）	4
钼	2	0	2	0	镇平县楸树湾、汝阳县裂子山	镇平县楸树湾、汝阳县裂子山	2
钒	1	0	1	0	淅川县田川	淅川县田川	1
天然碱	1	1	0	0	泌阳凹陷		
萤石	2	0	2	0	新县孙庄、确山县后李河		
水泥灰岩	1	1	0	0	淅川县金华山	淅川县金华山	1
钽	1	0	0	1	卢氏县狮子坪—瓦窑沟	卢氏县狮子坪—瓦窑沟	1
稀土	1	0	1	0	西峡县太平镇	西峡县太平镇	1
合计	22	5	12	5			10

二、开发利用状况

截至2016年底，全省已发现的矿种为144种（若计算非金属亚矿种则为187种），其中能源矿产10种，金属矿产44种，非金属矿产88种（计算非金属矿产亚矿种则为131种），水气矿产2种[2]。

秦巴山脉区域河南片区内17个县（区、县级市）所属的洛阳、平顶山、三门峡和南阳4地区的矿业产值在全省分别名列第1、第2、第5和第10名，见图14-1。

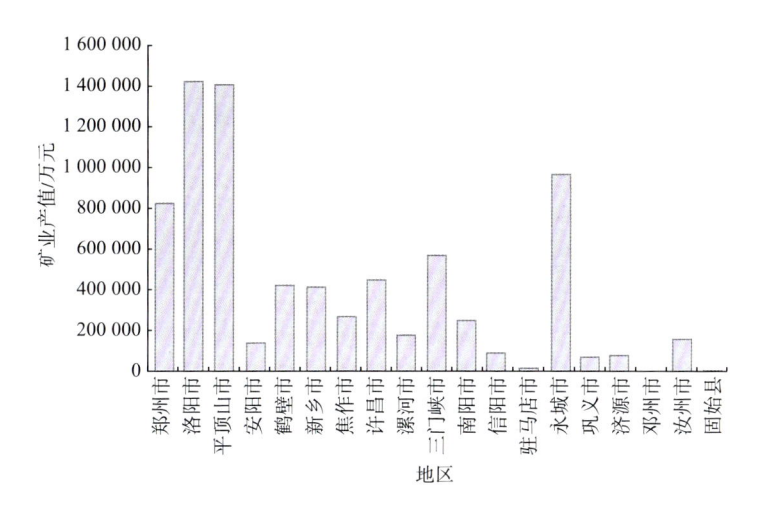

图14-1　2012~2014年河南省各市矿业总产值

三、矿山企业发展情况

在秦巴山脉区域河南片区内，钼矿及相关企业主要分布于栾川、嵩县、汝阳等地；金矿及其相关企业主要分布在灵宝、嵩县、洛宁、栾川等地；在陕州、平顶山、鲁山等地有大量铝土矿资源及相关企业。

钼储量巨大的栾川钼矿区是由秦岭地质队于1956年发现的，此后，河南省地质局有关地质队陆续对其进行勘查，到1985年，彻底探明栾川县共有三个特大巨型矿床，即现在的3个主要钼矿区：三道庄矿区、南泥湖矿区和上房沟矿区。

三道庄矿区主矿体呈扇形，产于岩体外接触带三川组上段的矽卡岩、钙硅酸角岩及南泥湖组中、下段的长英角岩及黑云母长英角岩中，矿石储量约6亿吨，平均品位0.115%，钼金属量67万吨，伴生白钨矿石4.3亿吨，平均品位0.11%，钨储量50万吨。该矿区矿权现属洛钼集团所有。

南泥湖矿区位于三道庄矿区西南并与之相连，矿石储量约9亿吨，平均品位0.076%，钼金属量68万吨，伴生白钨矿石1.3亿吨，平均品位0.1%，钨储量13万吨。该矿区矿权现属永煤集团下属的龙宇公司所有。

上房沟矿区位于南泥湖矿区西北，矿体主要赋存在上房沟岩体内外接触带的花岗斑岩蚀变碳酸岩、角岩及变辉长岩中，已探明矿石储量约5.2亿吨，平均品位0.134%，钼金属量70万吨。另外矿石中伴生有磁铁矿230万吨、硫铁矿495万吨、铼储量81.2吨。该矿区矿权现属洛阳富川矿业公司所有。

河南省灵宝市是我国第二大产金基地。灵宝市境内黄金资源十分丰富，现已发现岩金矿产地31处，伴生金矿1处、沙金矿1处，累计探明岩金储量401.223吨（不含伴生矿），金矿床类型以含金石英脉型为主，次为破碎带蚀变岩型和沙金矿。灵宝市境内银矿产地共有13处，均为金及多金属矿床中的伴生矿产，现已探明银金属储量560.6吨，保有储量约170吨。目前，灵宝区域的黄金矿山主要分属于灵宝黄金投资有限责任公司、灵宝金源矿业股份有限公司、灵宝黄金投资有限责任公司及河南金渠黄金股份公司等37家黄金企业。

秦巴山脉区域河南片区非金属矿资源丰富，其中储量较大的有：①蓝石棉。其主要分布于淅川、内乡两县交界处，占全国总储量的1/3。它具有防化学毒物、净化原子污染等特性。②耐火黏土。其主要分布于三门峡、南阳等地，已探明产地29处，其中大型2处，中型21处，储量2.7亿余吨，占全国储量的13.5%，并且品种全（有高铝、硬质、软质、半硬质、半软质等）。③晶质石墨，其主要分布于西峡、灵宝，储量1.2亿吨，占全国储量的80%。④玻璃用石英岩，其主要分布于渑池的方山和平顶山市，储量2.7亿吨。⑤水泥灰岩，其分布面积占全省总面积的1/4，主要在三门峡、洛阳和南阳，并且有1/2基岩露头，储量12亿吨。

截至2015年底，秦巴山脉区域河南片区内17个县（区、县级市）在产的主要矿山企业见表14-4。

表14-4　秦巴山脉区域河南片区4个省辖市属17县（区、县级市）主要在产矿山企业分布

省辖市	县（区、县级市）	主导矿产产业	主要企业
三门峡市	陕州区	铝土矿（3家）	开曼铝业（三门峡）有限公司
			中国铝业陕州区公司（香草洼、铁炉沟铝土矿）
			陕州区锦江集团公司（共有13个铝土矿矿区）
		金矿（4家）	三门峡崤山黄金矿业有限公司
			陕州区申家窑金矿有限责任公司
			河南中加明科矿业有限公司陕州区葫芦峪金矿
			陕州区鑫宝源矿业有限公司陕州区大方山金矿
	卢氏县	钼矿（2家）	中国黄金集团中原矿业有限公司夜长坪钼矿
			卢氏县后瑶峪西沟钼矿
		金矿（3家）	卢氏县双河金矿有限公司
			卢氏县地质勘查研究所涧北沟金矿
			卢氏县兴通矿业有限公司庄根金矿
		铁矿（16家）	河南省卢氏县磨口乡水磨沟铁矿
			卢氏县北方矿业有限公司清南铁矿
			卢氏县北方矿业有限公司前坪铁矿
			卢氏县致先矿业发展有限公司
			卢氏县潘河乡清河村铁矿
			卢氏县八宝山矿业公司清河铁矿
			卢氏县东明镇郭家河铁矿
			卢氏县先裕矿业有限责任公司郭家河铁锰矿

续表

省辖市	县（区、县级市）	主导矿产产业	主要企业
三门峡市	卢氏县	铁矿（16家）	卢氏祥立矿业有限公司
			卢氏新润矿业有限公司杨家湾铁锌矿
			卢氏县中源矿业有限责任公司庄沟铁矿
			卢氏县兴苑矿业有限公司瓦房院铁矿
			卢氏县横涧壮沟铁矿
			卢氏县崟湖矿业有限公司乱石岭铁多金属矿
			灵宝金源晨光有色矿冶有限公司王家驼铁矿
			卢氏县松木沟铁矿
	灵宝市	金矿采选（23家）	三门峡市河西林场老鸦岔金矿
			河南秦岭黄金矿业有限责任公司秦岭金矿
			河南金渠黄金股份有限公司金矿分公司
			灵宝双鑫矿业有限责任公司文峪矿区
			河南文峪金矿东闯矿区
			灵宝金源矿业股份有限公司桐沟金矿
			灵宝金源矿业股份有限公司金源二矿
			灵宝黄金投资有限责任公司赵户峪金矿
			灵宝黄金投资有限责任公司豫灵金矿
			灵宝黄金投资有限责任公司投资三矿
			灵宝黄金投资有限责任公司程村郭峪金矿
			灵宝黄金投资有限责任公司小文峪岭金矿
			灵宝黄金股份有限公司灵金一矿
			灵宝黄金股份有限公司灵金二矿
			灵宝黄金股份有限公司红土岭金矿
			灵宝市金盛矿业有限公司故县一矿
			灵宝鸿鑫矿业有限责任公司鸿鑫一矿
			灵宝市开源矿业有限责任公司柏树岭金矿
			灵宝郭氏矿业有限公司西峪沟金矿
			灵宝市生源产业有限公司寺家峪金矿
			灵宝市灵广矿业有限公司老张沟金矿
			灵宝市京都矿业有限公司东木岔金矿
			灵宝市程村矿业服务中心马家凹金矿
		铅锌矿采选（1家）	灵宝市鑫华铅冶有限责任公司
		铁矿（1家）	灵宝市三联铁业有限责任公司涣池铁矿
		水泥灰岩（1家）	灵宝市银鑫建材有限责任公司水泥灰岩矿
洛阳市	洛宁县	金矿采选冶炼（17家）	洛宁紫金黄金冶炼有限公司
			嵩县前河矿业有限公司

续表

省辖市	县（区、县级市）	主导矿产产业	主要企业
洛阳市	洛宁县	金矿采选冶炼（17家）	洛宁华泰矿业开发有限公司洛宁陆院沟金矿
			洛宁县君龙矿产品贸易有限公司青岗坪金矿
			三门峡市程宇商贸有限公司洛宁县李岗寨金矿
			洛阳加联矿业有限公司洛宁县金鸡山金矿
			洛阳锦桥矿业有限公司洛宁县李子沟金矿
			洛宁县隆达矿业有限公司鸡罩沟金矿
			洛宁县鑫凯矿业有限公司红娘沟金矿
			洛宁县白马矿业有限公司刘秀沟金矿
			洛阳坤宇矿业有限公司洛宁虎沟金矿
			洛阳坤宇矿业有限公司三官庙金矿
			洛阳坤宇矿业有限公司洛宁七里坪金矿
			洛阳坤宇矿业有限公司洛宁上宫金矿
			洛阳坤宇矿业有限公司洛宁干树金矿
			河南省洛阳吉家洼金矿
			河南发恩德矿业有限公司金银铅多金属矿
		铜铁矿（1家）	洛宁县俊德虹宇矿业有限公司冯家洼铜铁矿
	宜阳县	铁矿（1家）	宜阳县胡灵军铁矿
		金矿（2家）	河南省宜阳县好贤沟金矿
			河南省宜阳县毛岭金矿
		铝土矿采选（1家）	洛阳恒基铝业有限公司
	嵩县	钼矿采选加工（3家）	嵩县丰源钼业有限公司雷门沟钼矿
			洛阳龙羽山川钼业有限公司嵩县鱼池岭钼矿
			河南省嵩县安沟钼多金属矿
		金矿采选冶炼（32家）	金源公司祁雨沟公峪金矿
			金源公司祁雨沟公峪孟沟金矿
			金源公司摩天岭金矿
			金源公司嵩县上胡沟金矿
			嵩县乱石盘金矿
			金牛公司店房金矿矿区
			金牛公司小南沟金矿
			金牛公司越岭金矿
			嵩县金牛有限责任公司沙土凹金矿
			嵩县金牛有限责任公司上庄金矿
			嵩县金牛有限责任公司万村金矿
			嵩县前河矿业有限责任公司

续表

省辖市	县（区、县级市）	主导矿产产业	主要企业
洛阳市	嵩县	金矿采选冶炼（32家）	嵩县前河公司石家岭金矿
			嵩县源丰矿业有限公司嵩县瑶沟金矿
			嵩县山金矿业有限公司
			嵩县天运矿业有限公司石盘沟金矿
			嵩县庙岭金矿庙岭矿区
			万福集团（嵩县）金海金矿有限公司上庄坪金矿
			嵩县鎏源矿产品有限公司洪涧沟金矿
			嵩县金地实业有限责任公司高都川沙金矿
			河南省嵩县宗原矿业有限公司扒寺沟金矿
			嵩县前河金矿北部一带金矿区
			河南中矿能源有限公司嵩县柿树底金矿
			嵩县永魁祥矿业有限公司大峪沟金矿
			嵩县伊洛源矿业有限责任公司嵩县雷门沟金矿
			洛阳威岩工程机械有限公司嵩县油篓沟金矿
			嵩县大石门沟金矿
			河南省嵩县凡台沟-武松川金矿
			河南文华矿业有限公司嵩县黄沟金矿
			河南省嵩县孙园金矿
			洛阳双海矿业有限公司草宝山（含前岭）金矿
			洛阳矿业集团有限公司嵩县下蒿坪金矿
		凝灰岩（2家）	嵩县弘扬矿业有限公司九店凝灰岩矿
			嵩县龙翔土地开发公司九店东岭凝灰岩矿
	汝阳县	陶瓷（2家）	汝阳强盛陶瓷有限公司
			洛阳国邦陶瓷有限公司
		钼矿采选（2家）	河南省汝阳县天湛矿业有限公司罗圈洼钼矿
			金堆城钼业汝阳有限责任公司东沟钼矿
		铁矿采选（2家）	汝阳县虎寨铁矿
			汝阳县澳伦矿业有限公司大西沟铁矿
		水泥灰岩（3家）	汝阳县城关张河村玉德采矿厂
			汝阳县刘店二郎磊鑫石灰岩矿
			洛阳中联水泥有限公司汝阳娘娘山水泥灰岩矿
		耐火黏土（1家）	洛阳龙祥矿业有限公司汝阳耐火黏土矿
	栾川县	金矿采选（10家）	栾川县金兴矿业有限责任公司康山金矿
			河南八方矿业有限公司栾川红庄金矿
			栾川县鑫达矿业有限公司南坪金矿

续表

省辖市	县（区、县级市）	主导矿产产业	主要企业
洛阳市	栾川县	金矿采选（10家）	栾川县潭头金矿有限公司
			栾川县栾灵金矿有限公司
			林州市城郊乡石英砂厂栾川县石印沟金矿
			栾川县鑫达矿业有限公司火神庙金（硫）矿
			洛阳和鑫矿产品有限公司栾川黄沟铅金矿
			河南中天矿业有限公司栾川县牛心垛涧沟汞银沟金铅锌矿
			栾川县超源矿业有限公司兴源金矿
		钼钨矿采选冶（10家）	洛阳栾川钼业集团股份有限公司三道庄钼矿
			洛阳富川矿业有限公司上房沟钼矿
			栾川县长青钨钼有限责任公司858采矿工程
			栾川龙宇钼业有限公司南泥湖钼矿
			栾川县中天经贸有限责任公司黑家庄北区钼矿
			栾川县成凌钼业有限责任公司
			栾川恒裕矿业有限公司白庙沟钼矿
			栾川县惠顿矿业有限公司火神庙铅钼矿
			栾川县鑫宝矿业有限公司扎子沟矿区钼铅锌钨矿
			栾川县正龙矿业有限公司栾川县钼多金属矿
		铁矿采选（17家）	栾川县永通矿业有限公司洞沟铁矿
			栾川县众鑫矿业有限公司桂沟铁矿
			洛阳百代矿业有限公司杏树沟铁矿
			栾川县金成仓房铁矿
			洛阳百代矿业有限公司河南省栾川县都督尖铁矿
			洛阳百代矿业有限公司栾川大清沟铜铁多金属矿
			栾川县启源矿业有限公司茄沟铁矿
			栾川县博大铁业有限公司上元村铁矿
			栾川县泳漩工贸有限公司干江沟铁矿
			栾川县中天经贸有限责任公司月沟区铁铅锌矿
			洛阳栾川双丰矿业集团有限公司庙沟铁矿
			河南省金耀实业有限公司栾川县望沟钛铁矿
			河南省栾川县松树沟铁矿
			河南省栾川县红磨沟铁矿
			栾川县欣茂矿山工程有限公司栾川县叫河栗树沟铁矿
			洛阳乌金矿业有限公司栾川县菜地沟铁矿
			栾川县马壮选矿有限公司铁矿石榴子石矿

续表

省辖市	县（区、县级市）	主导矿产产业	主要企业
平顶山市	鲁山县	金矿采选（1家）	平顶山市万华物贸有限公司鲁山县草店金矿
		铝土矿采选（2家）	河南有色汇源铝业有限公司
			中铝矿业有限公司鲁山县铝矿（高家庄等4个矿区）
		耐火黏土（7家）	鲁山县金元黏土矿
			鲁山县安平耐火材料有限公司鲁山县张店乡朱家沟耐火黏土矿
			鲁山县永泰矿业有限公司鲁山县梁洼镇东街耐大黏土矿
			鲁山县竺溪矿产品贸易有限公司鲁山县梁洼镇摩天岭西耐火黏土矿
			鲁山县竺溪矿产品贸易有限公司鲁山县梁洼镇四里庙耐火黏土矿
			鲁山县瑞星耐火材料有限公司鲁山县张店乡庙王耐火黏土矿
			鲁山县瑞星耐火材料有限公司鲁山县张店乡郭庄耐火黏土矿
		铁矿采选（15家）	河南省鲁山县兴盛矿业有限公司
			鲁山县荣基矿业有限公司泰山庙铁矿
			鲁山县鑫源铁矿磁选有限公司铁山岭铁矿
			鲁山县巨恒沙河清淤工程有限公司柿园铁矿
			鲁山县顺立矿业有限公司李家岭铁矿
			河南大利实业有限公司鲁山大利铁矿
			平顶山市利国源铁矿磁选有限公司鲁山县窑场铁矿
			南阳澳瑞得新型建材有限公司鲁山金沟铁矿
			河南省鲁山第二磁选厂西马楼铁矿
			鲁山县国忠矿产品贸易有限公司鲁山县李村铁矿
			鲁山县黄沟矿区铁矿
			平顶山市驰润商贸有限公司鲁山县郝家沟铁矿
			宝丰县永顺铝土有限公司鲁山县黄庵铁矿
			宝丰县永顺铝土有限公司鲁山县竹园沟铁矿
			鲁山县巨恒沙河清淤工程有限公司王连沟铁矿
	叶县	黑色金属加工（1家）	叶县庆华特钢实业有限公司
		铁矿采选（1家）	叶县远航物资贸易有限责任公司叶县老金山铁矿
		矿业加工（1家）	叶县中加矿业发展有限责任公司
		盐矿（1家）	叶县盐业公司

续表

省辖市	县（区、县级市）	主导矿产产业	主要企业
南阳市	卧龙区	石灰石开采（1家）	南阳市卧龙区蒲山矿业公司
	方城县	铁矿采选冶（3家）	南阳嘉和矿业有限公司方城县张行庄铁矿
			河南省方城县小阎沟铁矿
			南召县昌泰矿业有限公司方城县牛心山铁矿
		石材加工（1家）	方城县达升石料厂
		金矿采选（1家）	进弘鹏中拓矿业投资有限公司河南省方城县张庄金矿
		非金属矿业加工（2家）	方城县独树镇金宇滑石粉有限公司
			方城县独树镇福兴达滑石粉公司
	南召县	金矿采选（4家）	南阳市万盛矿业有限公司镇平夫子岈金矿
			南召县瑞源矿业有限公司乔端金矿
			河南鹤轩商贸有限公司南召县河口金矿
			南召县贯沟金矿有限公司贯沟金矿
		铁矿采选冶（4家）	南召县锦氏达矿业有限公司白土岗铁矿
			新乡市华祥建筑防腐工程有限公司南召县平沟铁矿
			南召云阳铸造有限公司杨树沟铁矿
			南召县祥献矿产品购销部竹园沟铁矿
		水泥灰岩矿（1家）	天瑞集团南召水泥有限公司南召县青山水泥灰岩矿
	内乡县	铁矿采选（1家）	南阳森田金昊矿业有限公司河南省内乡县岭岗铁矿
		石材加工（2家）	河南省明超石业发展有限公司
			内乡庆翔石业有限公司
		金矿采选（3家）	河南省龙城矿业有限公司内乡县五龙潭金矿
			河南省内乡龙翔矿业有限公司杏树坪金矿
			西峡县绿林商贸有限公司内乡县岳凹金矿
	西峡县	金矿采选（3家）	西峡金泰矿业有限公司蒲塘金矿
			西峡招金矿业有限责任河南庄金矿公司
			河南省和泰矿产品有限公司西峡县方庄金银矿
		冶金材料制造（3家）	河南省西保冶材集团有限公司
			西峡县鹏钰冶金辅料有限公司
			河南通宇冶材集团
		铁矿采选（6家）	河南省西峡县白石尖铁矿区
			西峡县玉鑫矿业销售有限公司白石尖铁矿
			南阳丰瑞矿业有限公司断树岩铁矿
			西峡县升运达矿业有限责任公司仓房铁矿

续表

省辖市	县（区、县级市）	主导矿产产业	主要企业
南阳市	西峡县	铁矿采选（6家）	西峡县苏成矿业有限责任公司
			西峡县建中矿业有限公司核桃叉铁矿
		钼矿采选（1家）	西峡县银洞崖钼业有限公司银洞崖钼矿
	淅川县	钒矿（1家）	淅川县厚坡钒矿
		铁矿采选（1家）	淅川县昌源矿产品开发有限公司毛塘铁矿
	镇平县	铜钼矿采选（1家）	河南洛阳矿业集团镇平有色矿业公司楸树湾铜钼矿
		铁矿采选（2家）	南阳市天隆矿业有限公司镇平县郭岗铁矿
			镇平县丰源选矿厂白水道铁矿

四、矿产采选技术状况

1）开采技术现状

秦巴山脉区域河南片区资源丰富，片区内成规模的矿产资源主要有钼、金、银、钒、铁、锰、铅、锌、锑、萤石、石灰石、重晶石、煤等。从整体上看，大矿少、中小矿多；富矿少、贫矿多；从开采技术上看，劳动密集型的传统开采方式多，智能化机械化程度低。

片区内大型钼矿露天矿装备技术水平、管理水平均达到国内一流，但与国外大型露天矿相比，还存在差距。大部分露天矿山属于小型金属、非金属矿山，露天开采技术水平普遍较低，凿岩设备以潜孔钻机为主，爆破技术落后，装载与运输设备较小，年生产能力均在20万吨以下。

秦巴山脉区域河南片区内大型的地下开采矿山主要集中在金、钼、铅、锌、铁、钒等几种有色金属的开采上，典型企业为三道庄钼矿、上房沟钼矿、夜长坪钼矿、大湖金矿、桐沟金矿、金渠金矿、嵩县纸坊铅锌矿、曲里铁矿、孔山钒矿、卢氏锑矿等，其开采技术可以代表片区较高水平。在这些矿山的开采中，开采方式以无底柱分段崩落法、空场法使用较多，占到矿山总量的95%以上。中外合作河南发恩德矿业公司的薄脉型银铅锌矿采矿技术世界领先。

2）选矿技术状况

经过几十年的选矿技术攻关，秦巴山脉区域河南片区的大中型矿山在选矿工艺流程、选矿设备水平方面均有大幅度提高，选矿节能降耗也取得显著成绩，选矿技术经济指标和选矿技术与国内外先进水平的差距日益缩小。

片区内钼矿资源丰富，栾川钼业集团选矿二公司属于洛钼集团，2005年之前其生产能力为6 000吨/年，2006年4月，公司改造扩建到10 000吨/年的处理能力。矿石中主要金属矿物为黄铁矿、辉钼矿、磁黄铁矿、白钨矿，主要脉石矿物为石榴子石、透辉石、石英、斜长石。原矿中平均含钼2%。改造后的流程如下：原矿经一段磨矿，磨矿细度≤0.074毫米占60%，磨细产品经一次粗选、四次扫选，得到粗精矿和最终尾矿；粗精矿经浓缩再磨，磨至≤0.074毫米占87%，经三次精选和一次精扫选，得到含钼51%的最终精矿；扫选和精选中矿经再磨再选后，再选精矿返回精选，再选尾矿返回扫选。

栾川三道庄矿区不仅是我国的大型辉钼矿（MoS_2）床，也是我国第二大型白钨矿床。这是钨钼共生、大而贫型难选型矿床。钼和钨储量分别为67.25万吨和50.25万吨。洛钼集团钨业二公司从选钼尾矿中回收钨，采用浮选柱与浮选机联合生产，通过高温脱药后以皂类捕收剂作为选钨药剂。通过该工艺流程实现对钨的综合回收利用。

秦巴山脉区域河南片区金矿资源的选矿加工方法主要有重选、浮选和氰化法三种方法。片区内金矿资源较丰富，主要集中在河南三门峡和洛阳区域。片区金矿的选矿技术主要有堆浸法、氰化浸出、浮选、重选等。以河南省灵宝金源矿业股份有限公司灵湖金矿为例，该矿区的矿石性质为少硫化物蚀变岩石英脉型金矿石。矿石中主要回收金属为金，其他元素无综合回收价值。矿石中的金属矿物主要为黄铁矿，次为磁铁矿，还有少量的方铅矿、闪锌矿、褐铁矿、微量铜蓝、赤铁矿、自然金等。非金属矿物主要为石英，次为钾长石、斜长石，还有少量绿泥石、云母等。金与黄铁矿关系密切，金的嵌布粒度以细粒、微细粒为主，0.01~0.037毫米在金的粒级中质量分数为50%以上。选厂针对资源负变、矿石品位下滑的严峻形势，采用"破碎筛分—多段分级—浸出—碳浆吸附—解吸电积"工艺，成功实现对金银贵金属的有效回收。

片区蕴藏丰富的铝土矿资源，其矿物类型绝大多数为一水硬铝石型铝土矿，其中的主要含铝矿物为一水硬铝石，这是一种难以浸出的矿物。陕州区铝土矿在生产技术上较为突出，该矿山采用碱石灰烧结法和混联联合法生产氧化铝，同时采用化学选矿脱硅技术，进一步提高铝产品质量。

河南淅川钒矿是含有硅质页岩和炭质页岩的含钒黏土矿，矿石中的钒主要赋存在钒云母和伊利石中，其次分散在少量褐铁矿中，主要造岩矿物是石英和胶状硅质物，它们与钒云母、伊利石一起密切共生。选矿采用原矿分级擦洗工艺流程较为合理，并获得了精矿产率45.21%、五氧化二钒（V_2O_5）品位2.50%、回收率81.90%的技术指标，为下一步冶金化工提钒工艺提供了较高品位的原料。

卢氏锑矿矿床的矿石中的金属矿物以辉锑矿为主，还有少量闪锌矿、黄铁矿及微量锑华等；脉石矿物以白云石为主，其次为石英、方解石、重晶石和少量云母等。采用磨矿细度为≤0.074毫米占70%，"一粗一扫三精"的单一浮选流程，取得了很好的选矿指标：精矿锑品位60%以上、回收率91%以上。

片区大多数非金属矿物与岩石，如石灰石、方解石、大理石、白云石、石膏、重晶石、滑石、叶蜡石、绿泥石、硅灰石、石英岩等，只进行简单的拣选和分类，然后进行粉碎、分级、改性活化和其他深加工。非金属矿选矿提纯技术的依据或理论基础是矿物之间或矿物与脉石之间密度、粒度和形状、磁性、电性、颜色、表面湿润性及化学反应特性的差异。根据分选原理不同，目前的选矿提纯技术可分为拣选（包括人工拣选和光电拣选）、重选、磁选、电选、浮选、化学选矿等。

目前，在秦巴山脉区域河南片区内，大部分中小型矿山由于技术研发能力不强、资金能力不足等原因，采选加工技术大都是常规技术，但也有部分大型优势矿山在矿山采选加工技术方面较先进，贯彻了绿色矿山的理念，具体表现为以下几个方面：①新型无毒高效选矿药剂的应用；②生物冶金工程技术的应用；③大型高效选矿设备的应用；④二次资源再生分选利用技术；⑤矿物加工环保技术；⑥土地复垦和环境治理；⑦资源高效循环利用；⑧薄脉型银铅锌矿的高效采矿技术。

五、矿产资源综合利用状况

矿产资源综合利用，是指采矿权人和相关单位通过科学的采矿工艺和先进的选矿方法，同时开采出共生、伴生的矿产资源与开采利用的主要矿种，并对其分别提取加以利用。矿产资源综合利用，作为一项加强经济与生态友好型社会建设的技术，有利于节约与保护矿产资源，增强矿产资源利用效率，降低资源开采成本，减少"三废"（废水、废气、废渣）污染的产生，从而推进和谐美丽中国的建设步伐。

一般认为，狭义的矿产资源综合利用是指通常意义上的对矿床中共伴生矿产进行综合勘探、开采和合理利用。广义的矿产资源综合利用则是指对矿产资源全面、充分和合理利用的过程[4]。它包括：①在矿山生产加工时，采取先进技术和生产工艺合理提高主矿种的开采回采率、选矿及冶炼回收率；②在一定经济技术条件下，通过科学的采选冶工艺，最大限度地综合开发共伴生、低品位和难利用资源；③综合回收或有效利用采选冶过程中产出的废弃物，包括废石（渣）、尾矿、废气（液）等，特别是二次矿（尾矿、废渣）。

随着科学技术的发展及人们对环境保护的重视度加强，我国矿产资源综合利用在有色、黑色金属、化工及工业"三废"等方面都取得了一定进展，但相比发达国家，我国的矿产资源综合利用仍然存在较大差距，资源综合利用率不及发达国家的一半。因而，我国矿产资源综合利用相比发达国家仍然有巨大的发展空间。国内外矿产资源综合利用率如图14-2所示[5]。

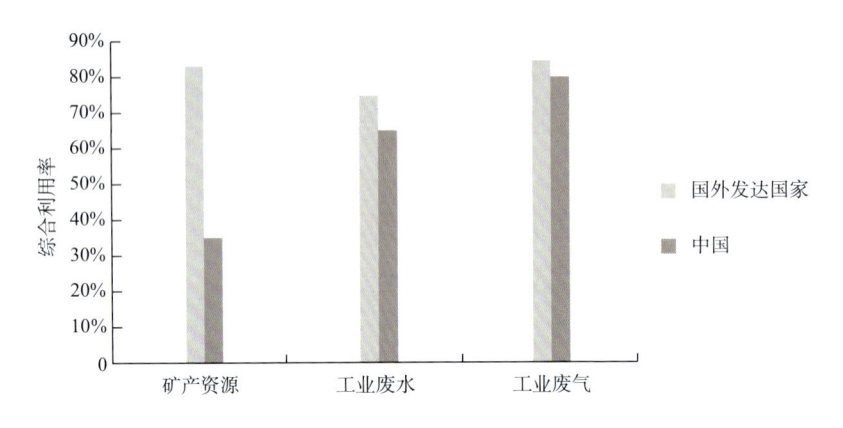

图14-2 国内外矿产资源综合利用率对比

根据资料，"十一五"期间，全国共伴生金属矿产约70%的品种得到了综合开发，共伴生矿产综合利用率提高到35%~40%，尾矿的综合利用率为15%~20%[6-8]。"十二五"以来，经济快速发展推动资源的大规模开发利用，高强度的资源开发使我国主要矿山的开采难度增加，品位逐渐降低，矿体形态、产状愈发复杂，露天开采的掘采比升高，地下开采深度逐渐加大，但由于采矿工艺及设备技术进步，中国矿产资源开发效率总体处于较高水平，铁矿、铜矿等大宗金属矿产资源开采回采率约90%；中国大中型矿山采选技术装备、智能采矿和信息化进步明显。小型矿山数量约占85%，总体上说，技术进步空间仍然较大。

近年来随着矿山生产实践不断丰富完善，我国选矿技术流程、工艺装备和选矿药剂等方面取得长足进步，选矿回收率基本稳定或略有提高。国内有色金属选矿回收率大多处于85%左右的较高水平。铜铅锌入选品位普遍降低，选矿回收率基本稳定或略有提高。2015年，铜矿选矿回收率同比略有下降，铅矿提高0.74个百分点，锌矿提高0.44个百分点，钨矿提高1.91个百分点（表14-5）[9]。

表14-5 我国重要矿种有色金属矿山选矿回收情况

矿类	入选品位		选矿回收率		尾矿品位	
	2014年	2015年	2014年	2015年	2014年	2015年
铜矿	0.54%	0.53%	85.23%	85.19%	0.08%	0.07%
铝土矿			78.61*%	79.94*%		
铅矿	2.62%	2.64%	85.28%	86.02%	0.25%	0.25%
锌矿	4.88%	4.71%	89.17%	89.61%	0.49%	0.50%
钨矿	0.29%	0.28%	76.28%	78.19%	0.05%	0.05%

注：铝土矿的选矿回收率数据为氧化铝冶炼总回收率

资料来源：2014~2015年《有色金属工业统计资料汇编》

根据国土资源部公布的资料，我国共伴生资源利用成效明显[10]。我国矿产资源典型特征是单一矿产少、共伴生矿产多。共伴生矿产综合利用成效明显，20种重要矿产中含有共伴生组分59种，其中的8种组分已被不同程度回收利用。各矿山共伴生资源综合利用率介于20%~80%，不同行业共伴生矿产综合利用水平差距较大，黑色金属矿山、化工矿山共伴生矿产综合利用水平明显低于有色金属矿山共伴生矿产综合利用水平。

据相关资料，"十一五"期间河南矿产资源总体综合利用率低于全国水平，仅为20%~25%，尾矿的综合利用率低于10%[11~13]。"十二五"以来，随着国内资源利用技术的进步，河南省矿产资源的总体利用率得到提高。根据2015年河南省优势矿产资源"三率"①统计结果，我省矿产资源综合利用率总体为25%~30%，其中优势矿产资源如金、钼、铝、铁等的综合利用率为35%~40%，尾矿的综合利用率仍低于10%[14]。

总体来看，河南省矿产资源综合利用水平仍然较低，大部分矿山企业重视产值、量值、生产成本，忽视成本投资大、见效慢的综合利用回收。

第三节　矿业发展水平评价

与全国矿业开发水平相比，秦巴山脉区域河南片区矿业发展水平总体属于中上等水平，部分大型优势矿山企业在设备大型化、自动化、工艺先进化等方面达到先进水平，但大部分中小企业还比较落后，主要表现在以下几个方面。

（1）矿山装备水平落后，自动化水平低。

（2）企业规模偏小，未能形成规模经济。片区需要进一步整合优势资源企业，调整产业结构。

（3）矿产资源利用形式相对粗放，产品结构简单，深加工能力弱，没有形成完善的相关产业链条。

（4）矿山企业技术创新能力较差。

（5）矿山环境治理和恢复不到位。

（6）矿业与片区其他行业缺乏协同发展机制。

第四节　矿产资源开发存在问题

秦巴山脉区域河南片区矿产资源开发主要存在以下几个方面的问题[15~19]。

---

① 指矿山开采回收率、采矿贫化率和选矿回收率。

1）大部分企业（特别是中小型企业）采选装备水平落后，自动化水平低

例如，国外大型浮选机可达150~200立方米，国内金川集团股份有限公司6 000吨/年选矿厂，也应用了160立方米浮选机，但河南省截至2014年底，大型选矿厂应用的最大浮选机只有50立方米。而在重型破碎机、磨机和大型脱水设备方面，其差距也较大。省内大部分采选企业自动化水平较低，劳动生产率不高。

2）矿产资源的综合利用程度较差

例如，栾川地区的钼矿尾矿中除含有较高的可综合回收的白钨矿之外，还含有碲、铼、镓等稀贵金属，除洛钼集团等大型企业进行了白钨回收之外，很多中小型选矿厂大都因技术和经济原因没有回收白钨资源，更不用说回收碲、铼、镓等稀贵金属及非金属了。有的选矿厂本应在金属矿物回收后回收萤石和石榴子石，但因技术或经济原因也没有回收。

3）矿山环境保护意识差

秦巴山脉区域河南片区内的矿山地质环境问题主要是滑坡、矿渣泥石流、含水层破坏，地形地貌景观破坏等。这主要表现在选矿厂尾矿库和矿山排土场复垦率低，矿山废石及剥离土不按规定堆放，中小型选矿厂尾矿排放管理不佳，尾矿水超标排放等方面。

4）矿山企业产业链短，形不成循环经济

中小型矿山基本都是只有采选作业，进一步的深加工只有少部分大型企业涉及，而且涉及程度较浅，没有形成"地质—采矿—选矿—冶炼—深加工（建材、机械、材料、电子等）—贸易（物流网、互联网+）—回收（废旧金属、资源二次综合利用）"的完整产业链条。

5）尾矿资源的减量化、无害化处理不够

据不完全统计，截至2015年，在整个秦巴山区就有大大小小的各种尾矿库近千座，总尾矿库存约10亿吨，还在以每年数千万吨的速度增加。这些尾矿不但占用耕地良田，还是重大危险源和土壤污染源，目前，对尾矿的减量化、无害化处理力度远远不够，仅有部分矿山采用尾矿胶结回填技术对采空区进行了尾矿回填，有很少企业利用尾矿制造建材产品，而大部分企业的尾矿还是在尾矿库存放。因此，加大尾矿减量化、无害化处理的技术研究和推广力度，对建设绿色秦巴具有重要意义。

6）不同产业之间的协同发展力度不够

例如，国外很多大型矿山企业的露天采场在闭坑后，多会通过投资将其建设为矿山地质公园，发展地质旅游业；一些矿山企业通过搜集采矿过程中的完好矿石标本，发展矿石标本贸易业；一些大型标准型矿山企业通过向人们介绍各种金属的采选冶过程，发展矿业科普旅游专项；等等。

7）秦巴山脉区域统一规划不够

秦巴山脉区域缺少国家层面的统一发展规划机构，各行政区域（省、市）各

自规划，造成了同一矿产地域按行政划分产生多个同类型矿山企业，致使优势矿种不能形成规模企业，无法产生规模效应。构建"区域矿产资源同一规划机构"，对片区的优势矿产资源进行统一管理、统一规划、有序开发，有助于形成矿业规模经济，增加我国在国际矿业领域的话语权；在矿山地质环境保护方面进行统一管理，推行统一标准，促进矿产资源的可持续开发利用。因而，秦巴山脉区域内各行政省区应统一建立跨区域合作的政策、体制和机制，建立绿色矿业服务业发展模式及咨询政策建议性研究机制，无论是从传统产业升级，还是从生态产业绿色发展角度来说，构建矿产资源省，建立优势矿产集聚区，都是一个很好的矿业可持续发展思路。

第十五章 秦巴山脉区域河南片区矿产资源开发利用战略定位

第一节 国家矿业政策

我国矿产资源管理正逐步得到强化,并走上法制化、规范化和科学化轨道,建立了比较完备的矿产资源管理法律法规体系。

矿产资源法律法规体系建设是中国社会主义法制建设的重要构成部分。我国自1986年颁布实施《中华人民共和国矿产资源法》以来,矿产资源法律法规体系不断充实和完善,目前已形成了以《中华人民共和国宪法》《中华人民共和国物权法》《中华人民共和国刑法》《中华人民共和国行政许可法》等法律为基础,以《中华人民共和国矿产资源法》为核心,包括《中华人民共和国矿产资源法实施细则》《矿产资源勘查区块登记管理办法》《矿产资源开采登记管理办法》《探矿权采矿权转让管理办法》《地质勘查资质管理条例》《中华人民共和国资源税暂行条例》《矿产资源补偿费征收管理规定》《地质资料管理条例》《矿产资源监督管理暂行办法》《土地复垦条例实施办法》等15部行政法规;《地质资料管理条例实施办法》《矿山地质环境保护规定》《矿产资源规划编制实施办法》等14部部门规章;以及众多地方性法规、地方政府规章共同组成的不同法律效力层级、内容丰富、相对完备的法律法规体系。

一、矿产资源勘查开发相关政策要求

国家对矿产资源的勘查、开发实行统一规划,合理布局,综合勘查,合理开采和综合利用的方针。

1. 矿产资源勘查政策要求

国家对矿产资源勘查实行统一规划。全国矿产资源中长期勘查规划,在国务

院计划行政主管部门指导下,由国务院地质矿产主管部门根据国民经济和社会发展中长期规划,在国务院有关主管部门勘查规划的基础上组织编制。

全国矿产资源年度勘查计划和省、自治区、直辖市矿产资源年度勘查计划,分别由各自的地质矿产主管部门组织有关主管部门,根据全国矿产资源中长期勘查规划编制,经同级人民政府计划行政主管部门批准后施行。法律对勘查规划的审批权另有规定的,依照有关法律的规定执行。

2. 矿产资源开采政策

采矿权是根据《中华人民共和国民法通则》《中华人民共和国矿产资源法》及有关法规的规定,通过法定程序,由国家授予而设定的。全国矿产资源的分配和开发利用,应当兼顾当前和长远、中央和地方的利益,实行统一规划、有效保护、合理开采、综合利用。

《中华人民共和国矿产资源法》第4条规定了不同采矿权主体的法律地位:国有矿山企业是开采矿产资源的主体,乡镇集体企业和个体采矿者也可以成为采矿权的主体。

《中华人民共和国矿产资源法》对乡镇集体和个体采矿总的原则是限制的,这主要体现在申请采矿的矿区、矿种的范围受到限制:乡镇集体企业只能申请开采国家指定范围内的矿产资源,个体采矿者只允许采挖零星分散资源和仅能用作普通建筑材料的砂、石、黏土,以及为生活自用采挖少量矿产。

外商投资企业可以成为采矿权主体,但在矿种、矿区上受到一定限制,如黄金、宝石等矿产资源是不允许其独立开采的。另外,从目前的立法实践上看,为了贯彻对外开放政策,利用国外的雄厚资金、先进技术和管理经验开发矿业,国家允许并鼓励外商投资企业开办矿山企业,但也考虑到了这种形式是社会主义经济的必要的补充的特性,对其做了适当的限制。

采矿权的客体是依采矿权得以采掘的矿产资源。客体的范围、种类都是由采矿权规定的。

二、矿山安全生产方面的政策要求

因受自然地理条件等因素的影响,矿山开采活动的空间和场所处在不断变化的过程中,工作环境和安全状况非常复杂,有的甚至十分恶劣,安全生产受到很大的威胁。因此,为保障矿山安全,我国燃料工业部1951年组织制定了《煤矿技术保安试行规程》;1982年国务院颁布了《矿山安全条例》和《矿山安全监察条例》,这是我国制定的首部专项安全生产法规,它结束了我国矿山安全工作长期无法可依的历史。

我国现行有效的矿山安全法规体系中,有法律3部、行政法规7部、地方性法规25部，另有部门规章和规范性文件若干。此外，在《中华人民共和国刑法》、《中华人民共和国矿产资源法》及其实施细则、《中华人民共和国劳动法》、《国务院关于特大安全事故行政责任追究的规定》等法律法规中也有涉及矿山安全的相关条款。经过多年的努力，我国已基本形成了矿山安全法律体系，做到有法可依。

《中华人民共和国矿山安全法》是我国唯一的矿山安全单行法律，适用于所有矿山安全，但煤矿安全实际上是最重要的部分。因此，它也是我国煤矿生产安全的基本法律，是各类矿山及其从业人员实现安全生产所必须遵循的行为准则，是各级人民政府及其监察、监管部门对矿山进行监督管理和行政执法的法律依据，是制裁各种矿山安全生产违法犯罪行为的有力武器。

三、尾矿库安全方面的政策要求

近年来，我国尾矿库生产安全事故及环境事件时有发生，不仅给人民生命财产造成了重大损失，而且对周围环境安全构成了严重威胁。根据我国现行法律、法规，如《中华人民共和国矿山安全法》《尾矿设施安全监督管理办法（试行）》《尾矿库安全监督管理规定》《金属尾矿综合利用专项规划（2010~2015）》的相关规定，我国建立了尾矿治理法律制度以预防与治理尾矿可能产生的危害。

党中央、国务院高度重视尾矿库安全生产工作，近年针对加强尾矿库安全生产和环境保护工作做出了一系列重要指示。结合近年我国尾矿库综合治理工作，国家安全生产监督管理总局、国家发展和改革委员会、工业和信息化部、财政部、国土资源部、环境保护部、国务院南水北调工程建设委员会办公室于2013年共同编制了《深入开展尾矿库综合治理行动方案》。该方案坚持以科学发展观为指导，以全面提升尾矿库本质安全水平，有效防范尾矿库生产安全事故及环境事件发生，保障人民群众生命和财产安全，保护生态环境，促进经济社会可持续发展为出发点，以强化落实尾矿库企业主体责任，优化产业布局，调整产业结构，深化隐患综合治理，推广应用先进适用科学技术，推进尾矿库环境恢复治理和土地复垦，加快推动尾矿资源综合利用为重点，开展新一轮尾矿库综合隐患大排查、大整治，深入开展尾矿库整顿关闭攻坚战，努力促进尾矿库安全环保形势明显好转乃至根本好转，为实现党的十八大提出的推进绿色发展、循环发展、低碳发展，推进生态文明建设，建设美丽中国做出积极贡献。

四、矿山环境保护方面的政策要求

矿山环境问题的保护主要包括"三废"的防治、矿山土地复垦及采空区地面沉陷（塌陷）、泥石流、岩溶塌陷等灾害的防治等。我国较为系统的矿山环境调查研究工作始于20世纪90年代中后期，较大规模的矿山环境治理工程始于21世纪初。

我国从20世纪80年代开始认识到矿山环境保护的重要性，在借鉴国外立法经验的基础上开始制定了以环境保护法为主的矿山环境保护法律法规。

《中华人民共和国宪法》在第26条规定国家有保护环境和防治污染的责任，这是我国首次将环境保护工作列入国家根本大法，将环境保护和防治污染作为我国环境法的两大领域，奠定了我国环境保护法制的立法基础。

《中华人民共和国矿产资源法》（1986年第六届全国人民代表大会常务委员会第十五次会议通过）规定了开采矿产资源，必须遵守有关环境保护的法律规定，防止污染环境。开采矿产资源，应当节约用地，耕地、草原、林地因采矿受到破坏的，矿山企业应当因地制宜地采取复垦利用、植树种草或者其他利用措施。

《中华人民共和国环境保护法》（1989年第七届全国人民代表大会常务委员会第十一次会议通过）是我国第一部调整经济发展中人与环境关系的特别法。

1. 大气保护政策

针对矿山开采引起的大气污染防治的问题，《中华人民共和国大气污染防治法》第43条规定，钢铁、建材、有色金属、石油、化工等企业生产过程中排放粉尘、硫化物和氮氧化物的，应当采用清洁生产工艺，配套建设除尘、脱硫、脱硝等装置，或者采取技术改造等其他控制大气污染物排放的措施。第48条规定，钢铁、建材、有色金属、石油、化工、制药、矿产开采等企业，应当加强精细化管理，采取集中收集处理等措施，严格控制粉尘和气态污染物的排放。工业生产企业应当采取密闭、围挡、遮盖、清扫、洒水等措施，减少内部物料的堆存、传输、装卸等环节产生的粉尘和气态污染物的排放。第97条也作了类似的规定，发生造成大气污染的突发环境事件，人民政府及其有关部门和相关企业事业单位，应当依照《中华人民共和国突发事件应对法》《中华人民共和国环境保护法》的规定，做好应急处置工作。生态环境主管部门应当及时对突发环境事件产生的大气污染物进行监测，并向社会公布监测信息。

2. 水资源保护政策

对于水污染防治的问题，《中华人民共和国水土保持法》规定，开办的矿山企业在排放或丢弃矸石、剥离的表土、废渣、尾矿等固体废弃物时，必须按照规定的专门存放地堆放，不得向江河湖泊、溪水谷地和规定存放地以外的沟渠排放；由于采矿活动或者建设行为致使当地植被受到破坏时，必须采取及时措施恢复表土层和植被，防止水土流失。同时，该法的第25条规定，矿山企业如果在山区、风沙区或丘陵区开办，在项目初期必须在建设项目环境影响评价报告书中制定好相应的水土保持方案，同时方案也须经得县级以上人民政府行政相关主管部门的同意。如果乡镇集体矿山企业和个体想在山区、丘陵区或风沙区采矿，依照矿产资源法的规定，也必须制定相应的水土保持方案且该方案要由县级以上人民政府行政相关主管部门同意。《中华人民共和国水污染防治法》第96条规定，当单位或个人因当地水污染危害而遭到人身损害或财产损失时，均有权提出尽快排除危害并赔偿损失的要求。该法进一步规定，实施水污染危害行为的单位或个人，在尽快排除危害的同时，还应该对因其危害行为而受到的损失进行赔偿。

3. 矿山地质环境保护政策

我国因采矿活动造成采空塌陷、地下水疏干、地质地貌景观破坏等问题，已严重危害矿区人民正常的生产生活，制约了当地经济社会的可持续发展。因此，为解决现实中日益严峻的矿山地质环境问题，根据《中华人民共和国矿产资源法》和《地质灾害防治条例》，国土资源部制定了《矿山地质环境保护规定》。

《矿山地质环境保护规定》的使用范围是：因矿产资源勘查开采等活动造成矿区地面塌陷、地裂缝、崩塌、滑坡，含水层破坏，地形地貌景观破坏等的预防和治理恢复，该规定将"三废"治理与土地复垦排除在适用范围之外。

《矿山地质环境保护规定》明确了保护矿山地质环境的责任、权力和利益，可以概括为26个字："预防为主、防治结合、谁开发谁保护、谁破坏谁治理、谁投资谁收益。"该规定明确了采矿人在取得采矿许可证的同时，应当缴存矿山地质环境治理恢复保证金，这笔钱将用于环境治理与恢复，还应当编制矿山地质环境保护与治理恢复方案。矿产资源开采时，矿山地质环境的保护、治理恢复工程的设计和施工，都必须同时开始。矿山关闭前，采矿权人应当完成矿山地质环境治理恢复义务。采矿权人在申请办理闭坑手续时，应当经国土资源行政主管部门验收合格，并提交验收合格文件，经审定后，返还矿山地质环境治理恢复保证金。开采矿产资源造成矿山地质环境破坏的，由采矿权人负责治理恢复。矿山地质环境治理恢复后，对具有观赏价值、科学研究价值的矿业遗迹，国家鼓励开发为矿山公园。探矿权人在矿产资源勘查活动结束后未申请采矿权的，应当采取相应治理恢复措施，消除安全隐患。

《矿山地质环境保护规定》强调，县级以上的国土资源行政主管部门负责对采矿权人履行治理恢复义务的情况进行监督检查，并建立本行政片区的矿山地质环境监测工作体系，健全监测网络，对矿山地质环境进行动态监测，指导、监督采矿权人开展矿山地质环境监测，定期上报。被监督人应当予以配合，如实反映情况。县级以上国土资源行政主管部门有权对矿山地质环境保护与治理恢复方案的落实情况和矿山地质环境监测情况进行现场检查。此外，开采矿产资源等活动造成矿山地质环境突发事件的，有关责任人应当采取应急措施，并立即向当地人民政府报告。

4. 矿山的土地复垦政策

针对矿山土地复垦的问题，《中华人民共和国矿产资源法》、《中华人民共和国水土保持法》和《土地复垦条例》不仅对土地复垦的原则做了规定，即"谁破坏、谁复垦""谁复垦、谁受益"，并且规定由于矿山开采活动而导致损害的必须进行赔偿。

《中华人民共和国水土保持法》规定，各级地方人民政府应当采取措施加强管理矿产资源开发和生产活动，防止矿区的水土流失。禁止在危险区域进行矿产资源开发活动，尤其是经常发生崩塌和滑坡的区域或高发泥石流灾害的区域，在这些危险区禁止进行挖砂、取土或采石等。当地县级以上地方人民政府应对采矿活动危险区的范围划定后再进行公告。

《土地复垦规定》第17条规定，生产过程中破坏的国家征用的土地，企业用自有资金或者货款进行复垦的，复垦后归该企业使用；根据规划设计企业不需要使用的土地或者未经当地土地管理部门同意，复垦后连续二年以上不使用的土地，由当地县级以上人民政府统筹安排使用。企业采用承包或者集资方式进行复垦的，复垦后的土地使用权和收益分配，依照承包合同或者集资协议约定的期限和条件确定；因国家生产建设需要提前收回的，企业应当对承包合同或者集资协议的另一方当事人支付适当的补偿费。生产过程中破坏的国家不征用的土地，复垦后仍归原集体经济组织使用。

5. 环境污染的法律责任

针对矿山生态破坏和环境污染的法律责任，《中华人民共和国环境保护法》第6条规定，所有单位或个人均负有对环境保护的责任和义务。第57条规定，公民、法人和其他组织发现任何单位和个人有污染环境和破坏生态行为的，有权向环境保护主管部门或者其他负有环境保护监督管理职责的部门举报。该法第64条规定，因污染环境和破坏生态造成损害的，应当依照《中华人民共和国侵权责任法》的有关规定承担侵权责任。第69条规定，违反本法规定，构成犯罪的，依法追究刑事责任。企业事业单位和其他生产经营者应当防止、减少环境污染和生态破坏，对所造成的损害依法承担责任。

6. 矿山环境保护的措施

中国政府高度重视在开发利用矿产资源过程中的环境保护和污染防治，实行矿产资源开发与环境保护治理同步发展。我国已公布实施的法律法规，对矿山环境保护、污染防治、土地复垦做出了明确规定。中国政府将继续加强矿山环境保护，并在以下几个方面加强工作：①继续坚持矿产资源开发利用与生态环境保护并重、预防为主、防治结合的方针；②限制对生态环境有较大影响的矿产资源开发，在自然保护区和其他生态脆弱的地区，严格控制矿产资源勘查开发活动；③新建矿产资源开发项目应当论证其对生态环境的影响，采取生态环境保护措施，避免或减少对大气、水、耕地、草原、森林、海洋等的不利影响和破坏。

第二节 秦巴山脉区域河南片区矿业政策

秦巴山脉地处国家"南水北调"中线工程重要的水源涵养区，是国家的重要生态功能区，同时秦巴山区又是连接"一带一路"和长江经济带国家战略的纽带，生态环境保护与矿业经济发展矛盾突出。例如，秦巴山区的林业和自然保护区是全国分布最广的地区之一，也是国内较大的连片贫困区之一，如何在保护环境的前提下发展矿业经济至关重要。同时矿业在片区分布和发展极不平衡，部分地区资源产业为其经济支柱产业，矿山企业陷入产品粗、价格低、利润差、发展慢等困境中。

建立绿色循环矿产资源开发模式，对其内涵的理解为：①矿产资源的绿色开发是以现有产业为基础，在宏观市场指导下，以经济、环境、效益平衡为目的，以技术创新为支撑的环境友好型的矿业开发模式。绿色开发强调资源利用、效益与环境承受能力的协调和可持续性发展，生态效益与经济效益并重。②矿产资源的循环开发是以现有产业为基础，以技术创新为支撑的，生产要素和产物的循环利用。其强调的是节约集约、高效利用，从而体现出产业链的发展与废物的综合开发利用。③资源发展是国家工农业发展的基础（需求），绿色循环发展是矿产资源开发的必由之路。绿色循环矿产资源开发实质要求是在一定环境要素和容量下，提高资源的价值，或者在一定的资源开发条件下，降低对环境的影响和依赖。

建立绿色循环矿产资源开发的总体思路是工业发展与环境、产业等之间的绿色协调发展。秦巴山脉区域河南片区的相关政策要求可以给建立绿色循环矿产资源提供指导性意见。

一、河南省矿产资源勘查开发相关政策

1. 矿产资源勘查

（1）勘查矿产资源的单位，应当按照国家有关矿产资源勘查登记管理的规

定，履行登记手续，领取勘查许可证后方可勘查。其矿产资源勘查成果档案资料和各类矿产储量的统计资料，应当按照国家有关规定向省地质资料管理机构汇交或者填报，省地质资料管理机构应按照国家有关规定向有关部门提供地质资料。矿产资源勘查单位应将供矿山和水源地建设设计使用的勘探报告提交国家或省矿产储量审批机构。矿产储量审批机构应在规定的期限内审查并批复报送单位。依法领取勘查许可证的单位，应当根据核定的勘查作业区的范围和任务要求，按规定期限完成地质勘查工作。

（2）开采矿产资源的单位或个人，应当办理采矿登记手续，领取采矿许可证，取得采矿权；开办全民所有制矿山企业，应按照《中华人民共和国矿产资源法》和国家有关规定，领取采矿许可证；正在建设和正在生产的全民所有制矿山企业，应按照《全民所有制矿山企业采矿登记管理暂行办法》补办、换领采矿许可证。乡镇集体矿山企业和个体采矿，必须按河南省矿产资源管理条例的相关规定办理报批手续，领取采矿许可证。开采矿产资源应当节约用地。需征用土地的，按《河南省〈土地管理法〉实施办法》办理手续。全民所有制矿山企业领取采矿许可证后两年内，集体矿山企业、个体采矿领取采矿许可证后六个月内，应当进行生产或建设。乡镇集体矿山企业和个体采矿，由批准机关会同同级矿产资源主管部门具体标定矿区范围，出具矿区范围图，书面通知其所在地的乡（镇）人民政府予以公告，并埋设界桩或设置地面标志。

（3）矿山企业和个体采矿变更企业名称、开采方式、开采矿种、开采范围或矿区范围，应当报请原审批机关批准，并到原登记机关办理变更登记手续，换领采矿许可证。采矿许可证的有效期以主管部门批准的矿山设计服务年限为准。

2. 矿产资源开发利用

（1）全民所有制矿山企业必须严格按照国家有关规定，加强开采管理，建立健全本企业开发利用和保护矿产资源的各项制度；乡镇集体矿山企业和个体采矿应当提高技术水平，采取合理的采选方法，提高矿产资源回收利用率。严禁乱采滥挖、破坏和浪费矿产资源。从事矿产品加工的企业和个人，其加工工艺和入选品位应符合国家有关规定。所有矿山企业和个体采矿，都应接受矿山所在地的矿产资源主管部门的监督管理。全民所有制矿山企业应设立地质测量机构，按照国家有关规定，做好本企业矿产资源开发利用和保护的监督管理工作。全民所有制矿山企业应当按时将矿产资源开发利用情况统计年报表上报企业主管部门，并抄送矿山所在地的市（地）、县（市）矿产资源主管部门。

（2）省地质矿产主管部门根据需要，可以向重点矿山企业派出矿产督察员或向矿山企业集中的地区派出巡回矿产督察员，对矿山企业和个体采矿开发利用矿产资源的情况进行监督检查。在建设铁路、工厂、水库、城市水源地、输油管道、输电线路、重要公路和各种大型建筑物或建筑群之前，建设单位必须向省地质矿产主管部门了解拟建工程所在地区的矿产资源分布和开采情况。非经国务院或省人民政府授权的部门批准，不得压覆矿床。

（3）关闭矿山企业和个体采矿，应当向原审批和发证机关提交关闭矿山报告及有关采掘工程安全隐患、土地复垦利用、环境保护的资料，经审查批准，方可关闭并交还采矿许可证。

（4）属于国务院和省人民政府规定由指定单位统一收购的矿产品，必须交售给指定单位，其他任何单位和个人不得收购，开采者不得私自销售。

（5）矿山企业和个体采矿，必须遵守国家和省颁布的劳动安全卫生法规、规章及安全规程，落实安全生产责任制，切实做到安全生产和文明生产。耕地、草地、林地因采矿受到破坏的，采矿单位或个人应因地制宜地采取回填复垦、植树种草等利用措施。

二、河南省矿山安全生产方面的政策要求

1. 矿山建设的安全保障

（1）矿山建设工程（包括新建、改建、扩建和技术改造）必须有保障生产安全、预防事故和职业危害的安全设施。在矿山建设项目的可行性研究报告和总体设计中，必须对有关矿山的安全条件进行论证。矿山建设工程的设计文件，必须符合矿山安全规程和行业技术规范。

（2）建设单位必须在矿山建设工程验收投产前，对矿山井巷、土建、设备安装工程、各生产系统、安全设施及其他项目进行单项验收、评价；对整个生产系统进行联合试运转或试生产。

（3）矿山建设工程竣工后，管理矿山企业的主管部门应当会同劳动行政主管部门及有关部门对矿山建设工程安全设施进行验收。未经验收或验收不合格的，矿山企业不得投入生产。

（4）矿山建设工程安全设施的设计审查、检查和竣工后的验收，应当按照法律、法规的规定，邀请工会组织参加。从事矿山建设工程设计和施工的单位应当具有有关行政主管部门颁发的资格等级证书。劳动行政主管部门应当对施工单位进行施工安全资格审查。建设单位不得委托无证单位承担矿山建设工程设计和施工。

2. 矿山开采的安全保障

（1）矿山开采必须具备保障安全生产的条件，执行本行业矿山安全规程和行业技术规范，备齐国家和行业规定的图纸资料。

（2）矿山企业的作业环境必须符合安全规定。作业场所中有毒有害物质、井下空气含氧量及温度、噪声等，必须符合国家标准或行业标准。矿山企业必须严格按照国家规定的方法定期检测，对不符合标准要求的，必须采取措施改正。

（3）有瓦斯、煤尘爆炸危险的矿井，必须严格执行瓦斯、煤尘检查制度，采取必要措施防止瓦斯、煤尘危害。有自然发火隐患的矿井必须按照规定，采取有效的防灭火安全措施。有水患的矿山，必须采取有效的防排水措施。开采放射性矿物的矿井，必须采取措施，确保氡气及其他有害物质析出量符合国家有关规定。开采石油天然气的钻井、采油、修井等作业应根据地质条件和作业环境编制井控程序和安全措施。

3. 尾矿库安全管理

（1）对所有存在隐患的尾矿库进行全面治理，消除危库、险库、病库，停用尾矿库必须达到安全条件或依法闭库，对下游有居民或重要设施的尾矿库要建立坝体位移预警系统；治理后继续运行的尾矿库要安装尾矿库安全监测、监控系统。通过专项治理，使全省非煤矿山尾矿库的安全状况得到根本改善，确保尾矿库的安全运行。

（2）建设单位委托有资质的中介机构编制尾矿库隐患治理安全评价报告和初步设计。闭库的尾矿库需要编制安全现状评价报告，进行隐患治理的尾矿库需要编制安全预评价报告；初步设计应含有安全专篇，进行工程投资概算，落实安全评价报告提出的问题。

（3）各级人民政府要切实加强对尾矿库专项治理工作的领导，政府主要负责人对尾矿库专项治理工作负有全面领导责任，政府主管领导负直接责任，各有关部门分别负有监管责任。政府要做好尾矿库专项治理领导、协调工作，明确部门责任，形成联动机制，确保尾矿库治理工作的有效实施。

（4）建设单位要健全安全管理机构，制定完善的安全生产规章制度和安全生产操作规程；按规定标准安装安全标志、运行参数观测系统和坝体位移预警系统等；企业主要负责人及安全管理人员应取得安全资格证书、尾矿库工操作资格证书；下游有居民的应制定避险措施及应急救援预案；治理工程结束后，委托安全评价机构编制《验收评价报告》，对评价报告提出的问题及时整改并提交整改报告，填报《尾矿库隐患治理验收报告书》。

三、河南省环境保护方面的政策要求

1. 矿山水资源保护

县级以上人民政府应当根据国家有关江河的流域规划和省政府批准的功能区

划、组织制定本行政区域的水污染防治规划并组织实施。县级以上人民政府应当采取措施,有效控制本行政片区的水污染,保证本行政区域水体和出境水水质符合规定的水环境质量标准。

重点水污染物排放实行总量控制制度。排放水污染物,不得超过国家或者地方规定的水污染物排放标准及重点水污染物排放总量控制指标。企业事业单位、工商户直接或间接向水体排放水污染物,应当依法缴纳排污费。排污单位应当按照有关排污申报的规定,进行申报登记。水污染物处理设施应当保持正常使用;拆除或者闲置水污染物处理设施的,应当事先报县级以上人民政府环境保护主管部门批准。

在生产、服务、运输和产品使用过程中,对水体产生或者可能产生污染的单位和个人,应当采取有效措施,减少或者避免污染物的产生和排放。禁止任何单位和个人从事《河南省环境保护条例》规定的可能对水体产生污染的活动。建设垃圾处理场、堆放场和垃圾处理设施,应当采取防渗漏等处理措施。在江河、水库、渠道最高水位线以下的滩地和岸坡上,禁止堆放、存贮固体污染废弃物。

勘探、采矿、开采地下水、人工回灌补给地下水及建设地下工程和废水输送管道,应当采取防护措施,不得污染地下水。

排污单位通过清洁生产和污染治理等措施减少了重点水污染物排放总量的,县级以上人民政府可以给予适当补助或者奖励。对超过水污染物排放总量控制指标的区域,环境保护主管部门应当暂停审批该片区新增水污染物排放总量的建设项目环境影响评价文件。

对法律、法规规定应当暂停审批建设项目环境影响评价文件的其他区域,环境保护主管部门应当暂停审批该区域建设项目环境影响评价文件。有违反《河南省环境保护条例》情形的排污单位,环境保护主管部门应当暂停审批该单位新增水污染物排放总量的建设项目环境影响评价文件。

2. 林地(森林、地表)保护

县级以上人民政府林业行政主管部门应当组织编制本行政片区的林地建设、保护、利用规划,征得同级土地行政主管部门同意,将其纳入土地利用总体规划,经依法批准后实施,并报上一级人民政府林业行政主管部门备案。依法享有林地所有权或者使用权的单位和依法享有林地使用权的个人,是该林地的保护人,有保护管理林地的义务。

禁止任何单位和个人危害、破坏林地。对自然保护区、珍稀动植物生长繁殖的天然集中分布区及其他需要特殊保护的林地,实行特殊保护。禁止破坏其植被和地貌,不得改变其用途。

任何单位和个人,不得擅自毁林开垦和毁林采矿、采石、采砂、取土、造墓、修筑工程设施及进行其他毁坏林地的行为。临时使用林地进行建设项目施工和地质勘查的，必须报经县级以上人民政府林业行政主管部门批准后，方可按照规定办理有关手续。施工中必须采取保护林地的措施，不得造成滑坡、塌陷、水土流失。因上述行为造成林地破坏的单位和个人，应当恢复种植条件，限期植树造林，依法赔偿损失。逾期不造林的，由县级以上人民政府林业行政主管部门组织造林，费用由破坏林地的单位或者个人承担。临时使用林地的期限不得超过两年。

各级人民政府应当积极组织造林，采取鼓励造林的措施，确保造林质量。各级人民政府及有关部门对保护利用林地资源发展林业的，应当给予扶持。鼓励利用宜林荒山、荒地、荒滩、废弃地造林。凡利用宜林荒山、荒地、荒滩、废弃地造林的，除执行国家和省有关优惠规定外，林业行政主管部门应当在勘测、设计、技术等方面给予扶持。

进行勘查、开采矿藏和各项工程建设时，应当不占或者少占林地。必须占用或者征用林地的，申请使用林地进行建设的单位和个人，应当填写《河南省建设项目使用林地审核申请表》，经县级以上人民政府林业行政主管部门逐级审核，报省人民政府林业行政主管部门审核同意，取得使用林地许可证后，依照土地管理法律、法规办理审批手续。

3. 大气保护

《河南省环境保护条例》规定，禁止向大气超标准排放污染物。在生产经营中无组织排放粉尘、废气的，应当采取有效防治措施，不得污染环境。其他相关政策参考国家大气保护相关政策。

4. 废渣废料（尾矿）污染防治

工业固体废物是指在工业生产活动中产生的固体废物。工业固体废物实行申报登记制度。产生工业固体废物的单位应当按照国家有关规定，填报《排污申报登记表》，并提供有关资料。新建、改建、扩建项目，应当在项目的污染防治设施竣工验收合格后一个月内办理申报登记手续。申报事项有重大改变的，应当提前十五日，向登记机关办理变更申报手续；因无法预料的原因发生紧急重大改变的，应当在改变后三日内办理变更申报手续。产生工业固体废物的单位，应当建立固体废物种类、产生量、流向、贮存、处置等资料档案。

矿山企业应当采用科学的开采方法和选矿工艺，减少尾矿、煤矸石、废石等矿业固体废物的产生量和贮存量。尾矿、煤矸石、废石等矿业固体废物贮存设施停止使用后，矿山企业应当按照国家有关环境保护规定进行封场，并进行绿化或者复垦，防止造成环境污染和生态破坏。

5. 矿山地质环境保护与治理恢复

1）加强矿山地质环境保护

制定矿产资源开发利用的环境保护准入制度。加强矿产资源开发过程中的环境保护，最大限度地减少或避免因矿产开发而引发的矿山地质环境问题。严格落实新建（改扩建）矿山地质环境影响评价制度。矿产资源开发利用必须制定矿山地质环境保护与治理恢复方案。

逐步建立矿山地质环境保护考核制度。将矿山地质环境保护与治理恢复目标纳入矿山企业年检的重要内容，加强矿山生产过程中对环境影响的控制，对造成矿山地质环境严重破坏的，责令限期整改，逾期整改不达标的予以关闭。

加强矿山地质环境调查与监测。组织开展豫北、豫中、豫西地区煤、铝土矿、铁、金、钼、建材类矿产重点矿山大中比例尺矿山地质环境调查评价与监测，为制定矿山地质环境保护与治理规划提供依据。

2）加快矿山地质环境治理恢复

加强对采矿权人履行矿山地质环境治理恢复义务情况的监督检查。矿业权人要按规定足额缴存矿山地质环境治理恢复保证金。在矿山闭坑阶段应建立闭坑矿山的矿山地质环境审查制度，达到矿山闭坑的技术要求的方可办理闭坑手续，并返还矿山地质环境治理恢复保证金。对于矿山在规定的期限内不能完成矿山地质环境保护与治理恢复者，国土资源管理部门可以利用其缴存的矿山地质环境治理恢复保证金，委托有资质的单位完成矿山地质环境治理恢复与土地复垦。

建立矿山地质环境治理恢复分类管理机制。实行差别化资金筹措政策，促进新老矿山及资源枯竭型城市的生态恢复。调动多渠道资金投入治理恢复。同时按照"谁投资、谁受益"的原则，积极探索通过市场机制多渠道融资方式，加快矿山地质环境治理与恢复的进程。实施全省矿山地质环境治理恢复工程。对于新建和生产矿山，按照"谁破坏，谁治理"的原则，明确矿业权人的义务，实现同步治理恢复。

3）积极推进矿区土地复垦

制定矿产资源开发利用的土地复垦准入制度。严格落实土地复垦方案审查制度，新建（改、扩建）矿山项目没有土地复垦方案不予受理采矿权申请。努力实现边开采、边保护、边复垦。建立土地复垦监管和监测制度，将矿区土地复垦任务完成情况纳入矿山企业年检内容，没有完成土地复垦任务的或没有依法缴纳土地复垦费的矿山企业不予通过年检。

积极开展矿区废弃地复垦。坚持"谁破坏、谁复垦"，依法落实土地复垦责任，建立并推进矿区土地复垦费征收使用管理制度。新建、在建矿山开采造成破坏的土地全面得到复垦利用。实施全省矿区土地复垦重点工程。划定土地复垦重点治理区，优先复垦基本农田保护区内被破坏废弃的土地，实施重点煤炭基地土地复垦重大工程，建立土地复垦示范区，加强土地复垦的技术研究和推广应用。

第三节　矿业发展战略和规划

一、国家矿业发展战略规划

按照国务院要求，第三轮全国矿产资源规划，即《全国矿产资源规划（2016-2020年）》，已由国土资源部会同国家发展和改革委员会、财政部、工业和信息化部、环境保护部、商务部共同组织编制并发布。国家产业布局已成为决定第三轮矿产资源规划能否如期完成的重要因素之一。

矿产资源的勘查开发与产业布局的关系非常紧密，从中华人民共和国成立到现在，矿产资源的勘查开发始终与国家产业布局相衔接，为国家其他产业的发展提供了有力的资源保障。

《全国主体功能区规划》提出，我国主要矿产资源开发布局为："西部地区加大矿产资源开发利用力度，建设一批优势矿产资源勘查开发基地，促进优势资源转化，积极推进矿业经济区建设；中部地区大力推进矿业结构优化升级，强化综合利用；东部地区重点调整矿产资源开发利用结构，挖掘资源潜力；东北地区稳定规模，保障振兴，促进资源型城市持续发展。"

东部地区包括10个省市：北京、天津、河北、上海、江苏、浙江、福建、山东、广东和海南；中部地区包括6个省份：河南、山西、湖北、安徽、湖南、江西；西部地区包括12个省（区、市）：四川、重庆、贵州、云南、西藏、陕西、甘肃、青海、宁夏、新疆、广西、内蒙古；东北地区包括3个省份：黑龙江、吉林、辽宁。

第三轮矿产资源规划与《全国主体功能区规划》对我国的"主要矿产资源开发布局"基本一致，同时结合了我国东部、中部、西部、东北地区的主要矿产基础储量、工业布局情况等，从宏观角度将规划划分为东部、中部、西部、东北地区四个区域。

第三轮矿产资源规划因地制宜，从宏观战略方面，立足区域整体，深入分析了我国"四大板块"的经济与矿产资源发展形势，剖析了资源"瓶颈"问题产生的深层次原因。针对东、中、西部和东北地区社会、经济、矿产资源发展特点，以社会经济为基础，以矿产资源承载力区划为重要依据，研究提出了统筹经济发展与矿产资源保护的战略与政策建议，推进政策、规划、投入、项目、税费等矿产资源勘查开发政策的实施。

1. 东部地区

"东部率先发展"是党中央在改革开放以来首先实施的重大战略部署。经过多年的快速发展，东部地区的经济发展已进入资源节约集约利用的优化经济发展阶段。因此，在加快发展的同时必须解决好资源节约集约利用问题，实现绿色矿业和矿产资源的合理开发。

在矿产资源相关产业方面，应继续加强矿产资源勘查，同时，实现"两条腿"走路，鼓励地勘单位和矿业企业"走出去"，积极开拓国外矿产资源市场，采取多种方式利用国外矿产资源。加大科技投入，加强矿产资源勘查开发秩序的监督管理。针对东部地区矿产资源保障能力不足问题，应坚持以市场为导向、以经济效益为中心、以矿业企业为投资主体，实现多元化发展。

在矿产资源节约与综合利用方面，随着城镇化的发展、人口的增加和人们对矿产资源需求的不断提高，未来20年东部地区矿产资源需求仍将持续增长。一方面，为满足东部地区未来社会经济发展需要，解决矿产资源瓶颈问题，东部地区应更加注重矿产资源节约与综合利用，提高资源利用效率，遏制矿产资源采富弃贫、大矿小开等资源浪费现象。同时，不断发挥地理优势，增加矿产资源的区域协调能力。另一方面，可以开展城市矿产收集工作，出台城市矿产相关规定。

在矿山生态环境保护方面，应转变矿业发展模式，走绿色矿业之路。不断强化矿山企业的社会责任管理，将生产过程中的生态环境治理恢复费用纳入成本核算，努力实现矿产资源开发与生态环境保护相协调的良性循环发展。

2. 中部地区

促进中部地区崛起，是继东部开放、西部开发和振兴东北之后，国家提出的又一个重大战略。总体上来看，中部地区的矿产资源种类和储量是比较丰富的，但以能源和有色金属为主。

中部地区的特点体现在三个方面。

第一，在产业方面，现代制造业及高新技术产业主要是以资源开发粗加工的采掘工业、原料工业和制造工业为主，经济结构较为落后，高耗能、高污染产业所占比重较多。

第二，在矿产资源节约与综合利用方面，中部地区具备较强的经济基础，未来的中部地区随着崛起战略"三基地、一枢纽"[①]的建设，需矿量逐年增长。中部地区还是我国重要的能源生产和输出基地。中部地区在整体上具有明显的煤

[①] 《促进中部地区崛起规划（2016—2025年）》，"三基地、一枢纽" 即全国重要粮食生产基地、能源原材料基地、现代装备制造及高技术产业基地和综合交通运输枢纽。

炭资源优势，未来煤炭消耗占一次能源消耗的比重很高，短期内能源结构难以改变。在未来的经济发展过程中，一方面，要进一步优化产业结构，逐步降低高能耗产业在经济中的比重；另一方面，要加大能源消费结构的调整。应把煤炭的清洁利用和节能作为重点，不断提高能源利用效率。

第三，在矿山生态环境保护方面，应研究制订区域矿山生态环境保护方案。充分利用国家中部崛起战略和建设国家资源型经济转型综合配套改革试验区的机遇，推进绿色矿山建设，走出资源型地区可持续发展的路子。

3. 西部地区

西部地区是我国经济欠发达地区，也是我国边疆贫困少数民族聚集地区，还是我国矿产资源主要富集地区，是我国矿产资源主要供应区。西部地区亟须经济发展，同时也面临着经济增长乏力、资源富集区持续贫困与环境恶化的多重风险，容易陷入"矿产资源开发→生态环境脆弱和恶化→经济发展水平低→生活贫困→矿产资源开发加快→生态环境更加恶化"的恶性循环。

在区域产业结构优化选择上，西部地区要转变传统的经济发展模式，以资源环境承载力确定产业布局，最大限度地实现矿产资源价值的帕累托最优。

在矿产资源节约与综合利用方面，完善矿产资源的开发制度建设，制定较为严格的矿产资源开发准入制度，防止乱开发，尤其是防止"大矿小开"和"一矿多开"。随着西部大开发的持续推进和经济与社会的发展，本地区基础设施建设将急剧增加，由此导致的对能源矿产资源的需求也会越来越高，人均用能量、人均用矿量迅速增长。另外，西部地区生态环境较为脆弱，绝不能再走东部地区先开发、后保护的老路。在承接产业转移和投资建设时，也不能再走东部地区先破坏、再治理的老路，应更加重视发展质量。以更多的矿产资源节约与综合利用示范基地建设为榜样，大力开展矿产资源综合开发利用工业园区建设。

在矿山生态环境保护方面，应加大对矿山生态环境的保护力度，稳步推进矿山土地复垦，加大矿山地质环境治理恢复保证金的缴存基数，加强实施矿区生态补偿政策，进行和谐矿区示范基地建设，强化矿山尾矿库的无害化处理，推动西部地区绿色矿山建设，鼓励矿山企业积极承担社会责任，促进矿产资源勘查、开发与生态环境保护的多赢。

4. 东北地区

东北地区具有丰富的自然资源和矿产资源，在过去的发展过程中，东北地区经济发展走的多是以资源开采加工为主导产业的高能耗、高污染的传统工业化道路，在取得经济发展的同时也付出了惨痛代价。东北地区具有丰富的能源、矿产资源，但原材料工业精深加工度低，资源型尤其是枯竭资源型城市经济环境问题较大。产业结构较为落后，高技术产业和现代服务业比重较低。同时，东北地区具有较好的对外地理区位，外接蒙古、俄罗斯、朝鲜、韩国、日本等多个国家，内临京津冀、山东半岛地区。蒙古、俄罗斯、朝鲜拥有较为丰富的能源矿产资源，合作潜力巨大。东北地区资源环境问题较严重，水污染、大气污染严重，采煤沉陷区不断扩大，能源矿产资源过量开发，地下水资源严重超采。从区域发展方面讲，一方面，东北地区要继续依托大庆、鸡西、阜新为中心，形成一批重点能源矿产资源开发集团；另一方面，要加强与周边国家的能源矿产资源贸易合作，促进老工业基地振兴，提高东北亚地区的资源环境承载力。

在产业发展方面，东北地区应加快传统工业产业结构的调整升级，基于资源优势，优化发展能源工业，重点建设千万吨级原油加工基地、精品钢材基地及现代装备制造业基地，形成一批具有核心竞争力的先导产业和产业集群。党的十六大提出了"重新振兴东北老工业基地"的战略，随后在2003年出台了《中共中央、国务院关于实施东北地区等老工业基地振兴战略的若干意见》，2010年以来国家又在酝酿出台进一步加快东北地区振兴的激励政策，推进资源枯竭城市转型和独立工矿区改造搬迁。

在未来的经济发展过程中，一方面要优化产业，由资源密集型产业向智力密集型及劳动密集型产业转型。另一方面要开发和引进节能、节矿增效技术，提高能源矿产的转化和利用效率，发挥好优势能源矿产资源的产值"乘数效应"，同时减少煤炭、石油在能源消耗中的比重，缓解环境压力。

在矿山生态环境保护方面，通过提高"三率"地方标准，降低污染物总量排放。强化矿产资源开发损毁生态环境治理恢复，严格执行矿山土地复垦和矿山地质环境治理恢复保证金缴存等政策，逐步降低矿产资源开发对生态环境的污染。在矿山企业、资源加工工业园区、行政区域等层面开展矿产资源节约与综合利用示范基地建设。

第三轮矿产资源规划以党的十八大报告为总指导原则，充分认识到了矿产资源统一管理与分类分级管理的联系，以及矿产资源勘查开发与区域经济的关系，使第三轮矿产资源规划在生态文明建设中发挥了源头保护作用。

二、河南省矿业发展战略规划

1. 河南省矿产资源发展战略规划

1）指导思想

以科学发展观为统领，以有效保护矿产资源、基本保障经济社会发展对矿产资源的需求和实现矿产资源高效利用为核心，紧密围绕实现中原崛起的宏伟目标，加大地质勘查力度，增强煤炭、铝土矿、金矿、钼矿、铁矿等重要矿产资源对经济社会发展的保障能力；进一步推进矿产资源开发整合，调整与优化矿业结构；紧密结合工业布局，建设在全国有重要地位的大型能源、有色金属矿产、化工矿产资源开发与加工基地；以保护和合理利用矿产资源为出发点，统筹考虑经济、社会、资源和环境效益，发展矿业循环经济，实现矿业经济可持续发展。

2）基本原则

坚持"在保护中开发，在开发中保护"的总方针，并遵循以下基本原则：开源节流，提升矿产资源对经济和社会发展的保障能力；因地制宜，矿产资源开发与区域经济发展相结合；立足省内，积极利用国内外资源与市场统筹效益，矿产资源开发与环境保护并重；市场配置资源，宏观调控与市场导向相结合。

3）规划目标

总体目标：通过省部合作地质找矿，大幅度增加矿产资源储量，为建设好全国重要的以铝、钼为主的有色金属工业基地、以能源矿产及合理转化为主的煤化工和石油化工基地、特色非金属深加工基地提供资源保障；通过矿产资源开发整合调整优化资源利用结构和布局，提高资源利用效率，实现资源利用方式从粗放向集约转变；改善矿山地质环境状况，实现矿产开发与生态建设和环境保护协调发展。

2. 河南省矿产资源产业布局

加快建设重点矿业经济区，紧密结合加快中原城市群建设与加快沿边各市开放开发两大实现中原崛起的战略布局，与国家和省主体功能区划做好衔接，统筹工业、经济区划与矿产资源分布、矿业经济区划，扶持形成新的矿业产业集群。支持在各矿业经济区内建立龙头矿山企业和深加工企业，以带动产业结构升级；矿业经济区内的矿产资源配置向能充分利用资源、技术条件先进的优势矿山企业倾斜；在统筹矿业产业链的前提下，合理安排矿业经济区和重点开采区内的矿产资源开发利用规模、方式和时间、空间顺序等，解决上下游产业配套问题；鼓励在矿产品初级加工集中的矿业经济区建设矿业精深加工企业。

郑州—三门峡—洛阳—平顶山煤铝矿业重点发展区域包括三门峡—洛阳市北部、郑州市、许昌市西部和平顶山市北部，面积为19 756平方千米，为中原城市群的核心地带，是河南省最为集中的煤炭、铝土矿、耐火黏土、石灰岩、岩盐等矿产的分布区。截至2014年底，区内保有煤炭资源储量303.11亿吨、铝土矿7.42亿吨、耐火黏土2.82亿吨、岩盐99.94亿吨。以煤、电及现有工业为基础，构筑全国最大的铝工业基地和全省重要的耐火材料、煤化工、建材矿产基地。以优势资源为依托，建设中铝公司河南分公司和豫西氧化铝基地，巩固洛阳、郑州两个耐火材料基地，构建平顶山、义马、郑州3个煤炭、电力能源基地，将平顶山建设成河南省最大的煤化工、盐化工基地。

第十六章　秦巴山脉区域河南片区矿产资源开发利用调查评价

第一节　矿产资源业态分析

改革开放以来，随着工业化、城市化进程的不断加快，矿产资源需求的急剧增加，自然资源供需矛盾日益突出，资源的过度开发导致环境负荷过大，生态环境面临的形势十分严峻，环境污染和生态恶化在一定程度上已经成为制约中国矿业可持续发展乃至整个国民经济进一步发展的瓶颈。如果矿产资源开发利用继续沿用传统高消耗、高能耗、高污染的粗放型开发利用方式，必然对中国现有的资源和生态环境造成更大的浪费和破坏，严重阻碍国民经济的健康发展。为从根本上解决这一深层次矛盾，矿业开发必须尽快告别传统的利用模式，走绿色循环发展之路。矿业绿色循环发展不仅可以充分利用和有效保护矿产资源，实现矿业经济的可持续发展，同时也有利于保护环境，维护生态平衡，对促进中国经济增长由粗放型向集约型转变、实现资源优化配置和可持续发展都具有重要意义。

一、矿产资源开发现状分析

河南省具备得天独厚的资源优势和区位优势，据此建立了规模较大的煤炭、石油、电力、有色、冶金、建材、化工工业，这些以矿产资源为基础的产业已成为全省经济发展的支柱产业，如以矿业为依托建设了平顶山、焦作、鹤壁、濮阳4个省辖市和义马、舞钢、灵宝、永城、登封、新密和栾川7个市（县）级资源型城市。其中灵宝、栾川两地位于秦巴山区内。目前秦巴山脉区域河南片区矿产资源开发仍存在以下不足之处。

1）重要矿产后备资源不足，部分矿区勘查程度低

由于开采强度大，河南省三门峡、洛阳及南阳等几个主要矿产资源产区中，金矿、铝土矿等重要矿产资源开采消耗速度快，一些矿山已出现资源危机。煤炭保有资源储量目前排全国第八位，但产量长期维持在全国第二、第三位，接替资源基地不足，可持续发展后劲不足。铝土矿虽然资源潜力相对较大，但以中低品位为主，大部分铝土矿资源潜力处于煤矿之下，难以支撑突飞猛进的铝工业发展需求，按照目前的生产规模和发展速度，保有资源储量只能保证氧化铝工业正常生产13~16年；金矿保有资源储量目前排全国第八位，金产量已连续24年居全国第二位，大多数矿山已出现资源危机；铁矿、铅锌矿短缺，亟须加强地质找矿工作。对国有大中型矿山的初步调查表明，具有不同程度资源危机的矿山占总数的62.2%。河南省已经有焦作和灵宝两个资源型城市被国务院定为资源枯竭城市[15]。若不迅速改变这种状况，将严重影响矿业经济的可持续发展。

2）矿产资源开发利用结构与矿山秩序仍待调整

矿山开发小、散、乱现象依然存在，矿山规模比例仍待进一步调整。秦巴山脉河南矿业聚集区内，还存在很多中小型企业在进行矿产开发过程中没有统一规划和正规设计，使矿体受到严重破坏，矿产资源浪费严重。矿产资源有待进一步整合，合理开发利用。

煤炭、铝土矿资源整合虽然取得了显著成效，但是其他金属、非金属矿产开发利用方式仍然较为粗放，矿山数量多、规模小、布局散、资源利用率低和经济效益差等现象依然存在，需要进一步加大矿业结构调整力度。

3）矿产资源综合利用水平和深加工能力较低

部分矿山企业片面追求短期经济效益，矿产资源与矿山废弃物综合利用水平低，采选工艺的自动化程度低，矿山设备科技含量低，深加工能力弱，资源效益没有得到充分发挥。目前还有许多矿山，特别是小型矿山，对已经成熟的技术也未充分利用，在地质勘查、采矿、选矿诸方面的生产管理极其粗放，资源利用率很低。

4）矿山地质环境问题仍较为严重

河南省尚未出台有关矿山地质环境保护的地方性法规，历史遗留矿山地质环境问题较为严重，目前的调查程度和资金投入远不能满足全面治理的需要；矿山地质环境治理恢复保证金制度尚处于起步阶段，采矿权人保护与治理的责任意识和积极性需进一步提高。

二、矿产资源消费现状分析

由于开采强度大，河南省石油、天然气、金矿、煤炭等重要矿产资源开采消耗速度快，一些矿山已出现资源危机，尤其是煤炭、黄金、铝土矿等优势矿

产资源,由于管理上的不严格、相对落后的开采冶炼技术导致资源浪费严重,同时历经多年的高强度开发导致后备资源不足。石油的找矿潜力均为小型油田,勘查开发难度加大,地质储量不足造成产量逐年下降,年均下降幅度在4.7%以上。

2015年河南省人均一次能源消费量达到2.4吨标准煤,比2010年增长6.1%。根据《河南省"十三五"煤炭消费总量控制工作方案》确定的控制目标,到2020年,全省煤炭消费总量控制在2.13亿吨以内,较2015年下降幅度控制在10%左右。

根据《河南省矿产资源总体规划(2016—2020年)》,2015年河南省主要金属矿产铁矿、铝土矿、钼矿和金矿的消费量分别为8 000万吨、2 500万吨、3 000万吨和1 200万吨;预计到2020年,它们的矿石需求量将分别达到1.3亿吨、3 000万吨、3 500万吨和2 000万吨。

从短期看,河南省的煤矿、铁矿资源的资源储量经济承载力和保有储量资源承载力都能够满足河南省经济的发展需求,但是,河南省的所有矿产中只有煤矿的人口平衡为正值,铁矿资源在未来也将无法实现矿产资源经济平衡。钼矿、金矿和铝矿虽然在河南储量相对丰富,但是由于开采技术的限制及浪费的原因,三种矿石的经济可利用系数很低,它们的承载力是负值,因而它们是难以满足河南经济的发展需求的。河南的其他金属矿如铅锌矿、锑矿、铌钽矿等,由于资源储量都不大,因此都存在消费短缺的情况。

未来河南省的发展对矿产资源的需求量是巨大的,作为资源大省,在实现工业化的进程中,不能为了追求GDP的增长而盲目开采矿产资源,这将会无法实现经济的可持续增长,对于钼矿、金矿这些稀缺资源更应该注意开采的技术效应,改善开采的环境条件,提高经济可利用系数,以实现它们对经济的贡献价值。推动全省经济可持续发展,需要提高矿产资源保障程度,进一步加强矿产资源勘查开发管理。

三、重要矿产资源需求预测

2006~2018年来我国工业化、城镇化进程迅速推进,包括河南在内整个中国经济发展的显著特点就是高速发展。而工业化、城镇化的高速发展必然导致产生大量金属、建筑材料、能源等工业、建筑产品的需求,而工业、建筑产品的生产必然需要消耗大量自然矿产资源。

目前河南已进入工业化中期,正处于快速工业化阶段。2006~2013年,河南工业产值年均增长15.3%,工业占GDP的比重由2005年的46.2%增加到2013年的51.8%,工业投资年均增长36.4%。理论与实践表明,在工业化阶段,产业结构的变化是导致矿产需求强度变化的主要因素[20~23]。秦巴山脉区域河南片区矿产资源比较集中，在整个河南矿业产值方面占有较大比重，而且河南尚未完成工业化的基本假定，2025~2035年河南工业占GDP的比重仍然会持续上升。因此河南省未来面临着对自然矿产资源的大量消费需求是可以预见的。

汪一帆[24]根据河南省1998~2012年的数据，建立基于MATLAB技术的SVR（support vector regression，支持向量回归）模型进行模拟与仿真，并对河南2013~2030年能源型矿产资源消费进行预测。

根据汪一帆2014年对河南矿产需求的预测，2015~2030年，在对各影响因素（主要是GDP变量、人口变量、产业结构变量、城镇化率变量及技术进步变量等）未来可能变化情景的合理设定下，未来10~20年，河南煤炭、石油、天然气等主要矿产的消费需求将呈现倒U形曲线，并分别在2018年、2023年和2025年左右的时点形成峰值[24]。

四、主要矿产资源承载力评价

根据汪一帆的统计结果，河南省煤矿、铁矿资源的资源储量经济承载力和保有储量资源承载力在2020年以前尚能够满足河南省经济的发展，但河南省的所有矿产中只有煤矿的人口平衡为正值，铁矿资源在未来也将无法实现矿产资源经济平衡，煤炭资源是促进河南省国民生产总值提升的主要资源；钼矿、金矿和铝矿虽然在河南储量相对丰富，但是由于开采技术的限制及浪费的原因，3种矿石的经济可利用系数很低，承载力是负值，因而它们的矿产资源经济承载力难以满足河南经济发展[24]。随着人口政策的改变，河南省在2015~2025年人口有很大增长，而人均矿产资源消费量非常小，只有煤矿、铁矿等资源的人口承载力为正值，而传统产煤区如平顶山地区、焦作地区已面临老矿即将枯竭的情况，同时河南省铁矿矿石品位普遍偏低，开采成本高。这样，未来河南省的矿产资源开发利用面临很大的困难，作为资源大省，在工业化的进程中，不能为了追求GDP的增长而盲目开采矿产资源，这将会无法实现经济的可持续增长，对于银矿、金矿这些稀缺资源更应该注意开采的技术效应，改善开采的环境条件，提高经济可利用系数，以实现其对经济的贡献价值。

河南矿产资源的深部探明程度不高，勘察力度和勘察技术水平对矿产资源承载力的计算有重要影响。另外，煤炭、石油、天然气、铅土矿、铁矿、金矿等重要矿产的后备资源严重不足，矿产资源综合利用程度仍然偏低，乱采滥挖、破坏浪费矿产资源等违法违规现象仍时有发生。为转变矿产资源开发利用方式，提高矿产资源保障程度，合理保护和高效利用矿产资源，推动河南省经济可持续发展，要进一步加强矿产资源勘查开发管理。

综上所述，相对于河南工业化发展的步伐和速度，河南省主要矿产资源承载能力从长远看存在不足。就目前看，河南省以有效保护矿产资源、基本保障经济社会发展对矿产资源的需求和实现矿产资源高效利用为核心，在加大地质勘查力度、合理开发矿产资源、提高矿产资源开发利用水平方面深入推进，以壮大矿业经济实力，促进循环经济发展，为实现中原崛起提供有力的资源支撑。

第二节 矿业管理

为进一步应对当前复杂经济形势，提升矿产资源保障能力，促进省域经济平稳较快发展，根据《河南省矿产资源总体规划（2016—2020年）》，应从以下几方面加强矿产资源管理。

1. 加大加深地质勘查力度，强化重要矿产后备资源保障

扎实做好基础地质工作，加快实施找矿突破战略行动。继续开展区域地质、物化探调查和重点成矿区带矿产远景调查，重点开展重要成矿区段矿点检查与物化探异常验证、平原覆盖区地质物探综合勘查等工作，大幅提高河南省地质矿产调查程度，为地质找矿提供"靶区"和基础资料。全面落实省地质勘查基金项目尤其是合作勘查项目任务，加强项目实施和成果检查验收，确保重大找矿成果。

构建和完善地质找矿制度平台。坚持"公益先行、商业跟进、基金衔接、整装勘查、快速突破"地质找矿新机制，鼓励有实力的企业特别是矿业企业与地勘单位联合组建矿产资源勘查开发公司，支持国有地勘单位回购有找矿潜力的探矿权，支持国有地勘单位以知识、技术、管理等要素参与国家出资地质勘查项目收益分配，鼓励省属国有地勘事业单位或其所属的国有全资公司参与省地质勘查基金项目合作勘查，按照投资比例分担风险、分享收益。支持中央企业来豫开展矿产资源勘查开发。

2. 合理保护开发矿产资源，促进资源高效利用

（1）深入推进铁矿、金银矿等重要矿产资源开发整合。

明确以市场方式获取铁矿、金银矿、铅锌矿新资源的企业条件，适度推进现有企业的兼并重组工作，提升河南省铁矿、金银矿资源集聚度，扩大产业规模，促使企业做大做强。对一些重要铅锌多金属矿区和重要非金属如水泥灰岩、萤石、玻璃原料、建筑石料等矿区，以省辖市、县（市、区）政府为主导开展资源整合与企业兼并重组，提高优势资源集中度和产业规模，拉长产业链条。

（2）保障优势矿业企业发展对后备资源的基本需求。

提高重要矿产资源准入门槛，限定受让范围，出让对象主要面向省优势矿业

企业与技术先进、管理科学、经济实力强的大中型矿业企业和大型下游企业。根据矿业经济发展形势、优势企业生产经营需要和中长期发展规划，按照"就近、适量、科学、合理"的原则，为省六大煤业集团产煤基地规划预留基本的后备保障资源。协同河南省政府国有资产监督管理委员会加强对省属国有煤炭企业储备资源的考核，以保障煤炭企业和矿区可持续发展。按照河南省能源发展规划，选择部分煤矿区，探索以煤电联营和市场方式出让煤炭后备资源。允许已经省有关部门批准的40万吨/年规模以上的氧化铝企业和以铝黏土为原料的大型耐火材料、高铝水泥企业参与煤层下铝土矿合作勘查；允许省骨干煤炭企业与省地质勘查基金合作开展自有矿业权深部的煤层下铝土矿勘查，科学统筹氧化铝、耐火材料、磨料磨具、高铝水泥等行业铝土矿用矿需求。

（3）探索建立重要矿产资源储备。

适当超前安排煤炭、铝土矿、铁矿、"三稀"（稀有金属、稀土金属、稀散金属）矿产、非常规油气、天然碱、萤石等重要矿产、稀缺矿产勘查项目，由政府出资实施，形成一批重要矿产地并纳入战略储备。根据河南省经济社会发展需要和市场供需形势，有序有偿出让储备矿产地，增强资源供应的安全性和可持续性。结合当前复杂经济形势下重点矿业企业面临的困难，有针对性地开展钼矿、煤炭、铝土矿、铁矿等重要矿产资源战略储备，严格控制投放钼矿、锑矿等限制性开采矿产，有效保护河南省重点矿业企业的长远利益。

（4）强化矿产资源节约与综合利用。

对河南省已查明的大宗难利用矿产，研发一批具有自主知识产权的新技术、新工艺和高效技术装备，形成河南省难利用矿产资源综合利用关键技术体系；开展矿山共伴生有益组分综合回收技术、矿山固体废弃物和尾矿资源化利用技术、盐碱类矿产和非金属矿高效利用新技术研究，支持优势企业延伸产业链条，发展高附加值后续产业，加快转变矿业经济发展方式，提高矿产资源节约与综合利用水平，推动矿业循环经济发展。

3. 加强矿山地质环境恢复治理，推动绿色矿山建设

（1）实施"三区两线"露天矿山关闭与矿山复绿工程。

实施重要自然保护区、景观区、居民集中生活区的周边和重要交通干线、河流湖泊直观可视范围等"三区两线"露天矿山关闭与矿山复绿工程，调整和优化大宗露天开采非金属矿山布局，促进环境保护与建筑石料类矿业改造升级。

（2）推动矿山企业履行矿山地质环境恢复治理责任义务。

按照《矿山地质环境保护规定》（国土资源部令第44号）和《河南省地质环境保护条例》规定，落实矿山地质环境治理恢复保证金制度。按照"谁开发、谁治理"和"边开采、边治理"的要求，督促采矿权人开展矿山地质环境恢复治

理，按照有关规定及时返还保证金，提高保证金使用效率。鼓励、引导各地将矿业开发与新农村建设有机结合。

（3）大力推进绿色矿山建设。

强化矿山企业"安全矿山""绿色矿山"理念，在依法办矿、规范管理、综合利用、技术创新、节能减排、环境保护、土地复垦、矿区和谐、企业文化等方面严格要求，营造全省矿山企业争创国家级绿色矿山试点单位的良好氛围。按照《河南省发展绿色矿业建设绿色矿山工作方案》，全面启动省级绿色矿山试点单位审查认定工作。

第三节　地质环境、灾害调查与评价

一、矿山地质环境灾害现状

矿山地质环境问题主要有矿产资源勘查开采等活动造成的矿区地面塌陷、地裂缝、崩塌、滑坡等矿山地质灾害，以及含水层破坏，地形地貌景观破坏，土地资源损毁，等等。据统计，截至2013年底，河南省采煤等造成地面塌陷522处，沉陷面积44 548公顷，严重破坏了矿区范围内的耕地、居民住宅、交通道路及水利、电力设施。露天采矿占用、改变、损毁土地46 225.2公顷，固体废物积存总量27 489.94万吨，使原有的地形地貌景观和生态环境受到严重破坏，引起水土流失、生态环境恶化。废水废液的排放总量36 076.99万立方米，造成水土环境污染，矿坑排水使矿区和周围地下水位下降、地下水均衡破坏，原有水井报废，部分群众吃水困难[2, 25-28]。2014年，因矿业开采新增占用、损坏土地1 024.73公顷，累计占用、损坏土地72 717公顷[2]。

1）地面塌陷、地裂缝、崩塌、滑坡、泥石流等地质灾害

河南省地面塌陷伴生地裂缝主要分布在鹤壁、焦作、平顶山、郑州、永城、义马、禹州及济源等煤矿区，其次是安阳、济源铁矿区、栾川钼矿区、灵宝金矿区、桐柏金属矿区等区域。崩塌、滑坡主要分布在露天矿山的采场、排土场边坡区域，其次是山丘区地下开采区域的边坡地段等区域。河南省矿渣泥石流地质灾害主要分布于矿产资源开发活动强烈的小秦岭金矿区和栾川钼矿区。小秦岭金矿区历史上曾发生大型泥石流灾害4次，小秦岭金矿区大湖峪、枣乡峪、文峪、仓珠峪、枪马峪等5条沟道内累计堆存废渣量达728万立方米，泥石流地质灾害隐患极大。

2）地形地貌景观破坏

秦巴山脉区域河南片区内地形地貌景观破坏严重的地区主要有平顶山、宜阳、鲁山、陕州、邓州、栾川、灵宝、嵩县等。其主要是采矿活动形成的露天采场、废渣场、矿石堆、矿山建筑、地面塌陷地等对原生地形地貌景观的破坏。露天采场对原生地貌景观的破坏最为严重。河南省以开采水泥灰岩和建筑石料矿山影响最大，其次为部分露天开采铝土矿、铁矿、煤等矿山。

3）含水层破坏

河南省含水层破坏主要分布于丘陵、山前平原及平原区，主要为井工开采煤炭资源及铝土矿等矿区。其主要破坏形式为含水层的疏干、水位大幅度下降形成降落漏斗，改变地下水自然流场及补、径、排条件，打破水循环平衡，造成地表水漏失严重，影响到矿区居民的生产生活用水。

4）土地资源损毁

土地资源损毁在河南省各矿山普遍存在，主要表现为露天矿山的挖损；废渣场、尾矿库、矸石堆及工业场地的压占；地面塌陷、崩塌、滑坡、泥石流的损坏及矿山废水废渣对土地资源的污染等。

二、矿山地质环境灾害分区评估

以矿山开采造成的地质灾害、含水层破坏、地形地貌景观及土地资源破坏现状为依据，以矿山地质环境问题的发育强度和危害程度为度量指标，兼顾地质环境条件复杂程度，遵循"区内相似、区间相异"的原则，将全省矿山按地质环境影响程度划分为矿山地质环境影响严重区（15）个、矿山地质环境影响较严重区（15个）和矿山地质环境影响较轻区（1个）[25, 29]。

1）矿山地质环境影响严重区

矿产地质环境影响严重区主要分布在京广线以西和豫南的丘陵、山区和豫东永城煤田。其分布及特征见表16-1。

表16-1 矿山地质环境影响严重区分布情况

编号	地域分布	地质环境影响程度	秦巴山脉区域
I-01	安阳—鹤壁	矿山地质灾害、含水层破坏、地形地貌景观破坏影响严重	
I-02	辉县	矿山地质灾害、含水层破坏、地形地貌景观破坏影响严重	
I-03	焦作	矿山地质灾害、含水层破坏、地形地貌景观破坏影响严重	
I-04	济源	矿山地面塌陷、含水层破坏、地形地貌景观影响严重区	

续表

编号	地域分布	地质环境影响程度	秦巴山脉区域
I-05	义马—渑池—陕州	矿山地质灾害、含水层破坏、地形地貌景观破坏影响严重区	部分在秦巴山脉区域内
I-06	灵宝	矿山地质灾害影响严重区	秦巴山脉区域内
I-07	宜阳	矿山地面塌陷、地貌景观破坏影响严重区	秦巴山脉区域内
I-08	郑州—禹州—汝州	矿山地面塌陷、含水层破坏影响严重区	
I-09	卢氏县潘河—磨口	矿山地质灾害、地形地貌景观破坏影响严重区	秦巴山脉区域内
I-10	栾川—洛宁—嵩县	矿山地质灾害影响严重区	秦巴山脉区域内
I-11	平顶山	矿山地面塌陷、含水层破坏影响严重区	
I-12	永城	矿山地面塌陷、含水层破坏影响严重区	
I-13	南召	矿山地质灾害、地形地貌景观破坏影响严重区	秦巴山脉区域内
I-14	舞钢	地形地貌景观破坏影响严重区	
I-15	桐柏	矿山地质灾害、含水层破坏影响严重区	

2）矿山地质环境影响较严重区

矿山地质环境影响较严重区主要分布于矿山地质环境影响严重区周边地区。其分布及特征见表16-2。

表16-2 矿山地质环境影响较严重区分布情况

编号	地域分布	地质环境影响程度	秦巴山脉区域
II-01	安阳—鹤壁—新乡	矿山地质灾害影响较严重	
II-02	新安县石井—石寺	矿山地质环境影响较严重	
II-03	崤山金矿	矿山地质环境影响较严重	秦巴山脉区域内
II-04	卢氏县南部	矿山地质环境影响较严重	秦巴山脉区域内
II-05	栾川—嵩县	矿山地质环境影响较严重	秦巴山脉区域内
II-06	鲁山—汝阳—汝州	矿山地质环境影响较严重	秦巴山脉区域内
II-07	禹州—新郑—长葛—新密	矿山地质环境影响较严重	
II-08	西峡—淅川—内乡	矿山地质灾害影响较严重	秦巴山脉区域内
II-09	淅川—邓州	矿山地质环境影响较严重	部分在秦巴山脉区域内
II-10	镇平	矿山地质环境影响较严重	秦巴山脉区域内
II-11	方城—泌阳	矿山地质环境影响较严重	部分在秦巴山脉区域内
II-12	确山	矿山地质环境影响较严重	
II-13	桐柏—确山—泌阳	矿山地质环境影响较严重	
II-14	信阳—新县—光山—罗山	矿山地质环境影响较严重	
II-15	濮阳油田	矿山地质环境影响较严重	

3）矿山地质环境影响较轻区

矿山地质环境影响较轻区分布于矿山地质环境影响严重区和次严重区外围及黄淮海平原和南阳盆地，将其划分为一个区。

三、矿山地质环境灾害治理情况与总体评价

河南省自2002年承担国土资源部首批矿山环境恢复治理试点项目开始，随着对矿山地质环境保护与恢复治理工作的重视，逐年加大资金投资力度，重点对计划经济遗留的矿山地质环境进行恢复治理。截至2016年底，河南省利用中央、省级财政资金实施矿山地质环境治理项目333个，总投资达32.30亿元，累计治理面积约1.46万公顷。通过治理恢复土地面积8 386.46公顷，其中，耕地3 086.4公顷，建筑用地1 208.33公顷，林地4 091.73公顷。建设矿山公园7个，治理矸石山24座。治理地质灾害塌陷地425处、地裂缝434条、崩塌156处、滑坡90处、泥石流沟63条，搬迁避让村庄197个、26 595户、84 572人。

河南省实施矿山地质环境治理恢复保证金制度以来，已取得一定的成效。2014年全省共缴存矿山地质环境治理恢复保证金5.31亿元，累计缴存23.80亿元。截至2014年底，全省已累计返还矿山企业保证金1.61亿元，保证金余额22.19亿元。国土资源部门积极指导和督促采矿权人履行矿山地质环境保护义务，对采矿破坏的矿山地质环境进行恢复治理。

2013年共有343个省级颁证矿山编制了矿山地质环境保护与恢复治理方案，省国土资源厅组织评审和备案282个，累计完成评审和备案808个。2014年共有204个省级颁证矿山编制了矿山地质环境保护与恢复治理方案，省国土资源厅组织评审和备案162个，累计完成评审和备案970个。

根据《河南省矿产资源开发利用总体规划（2008—2015年）》预测，截至2015年，河南省年煤炭需求量达2.85亿吨，铝土矿2 500万吨，铁矿12 621矿石万吨，金矿400矿石万吨，水泥用灰岩23 914万吨，钼矿3 700矿石万吨。为满足经济发展的需要，全省规划重点勘查区62处，面积48 432平方千米，约占全省国土资源总面积的28.83%；规划重点开采区38个，面积11 742平方千米，约占全省国土资源总面积的6.99%，分布于平顶山、登封、郑州煤炭国家规划矿区，安阳—鹤壁煤层气、焦作煤田煤层气重点规划区，荥阳—巩义铝土矿重点开采区，小秦岭金矿重点开采区，栾川钼矿重点开采区，新安铝土矿重点开采区，舞钢铁矿重点开采区，等等；鼓励开采区30处，面积3 239平方千米。矿山勘查开发活动将会产生新的矿山地质环境问题，导致地质环境破坏，而且在已开采区势必加剧矿山地质问题，矿山地质环境保护与治理的压力越来越大。

四、矿山地质环境灾害治理措施建议

1）制定并完善相应法规制度

落实法律责任。制定并完善矿山地质环境保护法规制度，落实矿业权人的矿山地质环境保护与恢复治理的法律责任。按照《河南省地质环境保护条例》和《矿山地质环境保护规定》的规定，新（改、扩）建、生产矿山，由矿山企业履行矿山地质环境保护与恢复治理责任。计划经济时期形成的矿山地质环境问题，有治理责任人的，主要由治理责任人履行治理责任；历史遗留的、治理责任人灭失的矿山地质环境问题，由矿山所在地政府履行治理责任。

2）抓好行政监督管理工作

严格的矿山地质环境保护监督管理，能使矿山开采对地质环境的破坏维持在可控的限度之内，有效防止矿区居民生命财产受矿山地质灾害的威胁。及时组织编制、修编辖区矿山地质环境保护规划，合理确定矿山地质环境保护的目标，使其既具有现实性，又具有前瞻性。有计划地调控矿产资源开发活动，减少地质环境破坏，使矿产资源开发和矿山地质环境保护协调发展。对具有观赏价值、科学研究价值的矿业遗迹，加强保护，规划建设为矿山公园，保护地质环境。对矿山地质环境保护与恢复治理方案编制情况进行检查，采矿权申请人申请办理采矿许可证时，必须委托资质符合要求的单位编制矿山地质环境保护与恢复治理方案，报有批准权的国土资源行政主管部门批准。采矿权人扩大开采规模、变更矿区范围或者开采方式，必须重新编制矿山地质环境保护与治理恢复方案，并报原批准机关批准。

严格执行矿山地质环境治理恢复保证金制度，采矿权人应当依照规定，按时足额缴存矿山地质环境治理恢复保证金。按照"企业所有、政府监管、专户储存、专款专用"的原则，矿山企业履行矿山地质环境治理义务时，才能使用矿山地质环境治理恢复保证金。各级国土资源主管部门和财政部门切实做好保证金使用和监督管理工作。

建立以矿山企业自主监测为主，定期监测与应急监测相结合的国家、地方和矿山企业三级监测体系，对矿山地质环境进行动态监测。

禁止"三区两线"可视范围内的露天采矿行为。新建露天采石矿山，矿区逐步实现相对集中，提高生产规模，限期开采完毕，尽快恢复生态。对于"三区两线"可视范围内的露天生产矿山，制定矿山关闭计划和接替开采区规划，有序地完成主要交通干线两侧可视范围内露天开采的矿山关闭任务；对位于各种自然保护区、风景名胜区、文物保护单位、地质公园、重要饮水水源一级保护区内的矿山，制订矿业权退出方案，采矿权到期后不再办理延续、变更手续；已在省及省级以上自然保护区内的矿山，如其开采和生产对生态环境有较大影响甚至造成破坏的，要依法对其实施关闭。

加强矿山地质环境保护和治理项目管理。严格立项审查，加强实施监督管理，严格资质要求，确保项目实施质量。制定项目验收程序和验收标准，遵循"谁审批、谁负责"的原则组织项目的竣工验收。

定期对采矿权人实施矿山地质环境保护与治理恢复方案监督检查。对于未能按照审查备案的矿山地质环境恢复治理方案实施治理恢复工程的，责令其限期改正，逾期拒不改正的，采取公开招标的方式，择优确定具有资质的单位实施其治理恢复工程，费用从其缴纳的保证金中支付，同时不再受理其采矿权年检、延续及新的采矿权申请。

3）做好技术处理措施

按照"以人为本，防灾减灾""因地制宜，综合治理""结合规划方案，增加有效土地，发挥整体效益"的原则实施矿山地质环境恢复治理工程。矿山地质环境治理的技术措施主要为边坡整形、护坡、支挡、地面整形、道路、排水、集蓄水、景观及监测工程等。

4）提高矿产开采与治理的技术水平

充分利用现代科学方法和手段，推进矿业企业技术与装备的现代化。例如，煤矿企业可采用先进的采掘设备与工艺技术，淘汰落后的放炮方法，提高效率，减轻采矿对岩石的扰动，防止坍塌；改进采煤方法和工艺，合理确定开采厚度，从源头上控制和减少煤矸石等固体废弃物的产生和排放；研发环境保护的新技术，运用生物技术进行矿区的绿化复垦，如用微生物技术修复矿区废弃地，使矿区的生态系统得以恢复和重建；可采用中水回用技术减少矿区的排污量，建设矿山废水处理工程，加强矿业井下排水和洗煤水等工业废水的再生和回用，综合利用矿山固体废弃物，加强伴生资源的回收与利用等。

第四节　绿色矿山重点矿产企业建设实践

为确保秦巴山脉区域内矿业绿色循环发展，必须进行绿色开发，进行深度加工，延伸产业链，提高附加值，促使矿产资源绿色开发与经济、环境和社会效益相协调。应着力转变矿产资源开发利用方式，把节约资源放在首位，促进保护与开发双赢。

秦巴山脉区域河南片区应结合实际情况，重点开发利用钼矿、金矿、铝土矿、钒矿、盐矿和高铝三石等优势矿产资源，特别是钼矿、金银矿、铝土矿及钒矿等绿色开发利用要达到国际水平，要着力打造技术先进、资源利用合理、集约化水平高、产业链条长的矿产深加工体系，建成国家级矿产综合利用示范区；加大技术研发和投入力度，大力推进氟化工、石英石、重晶石、石墨、页岩、陶土等非金属资源的深加工，促进资源优势转化为发展优势；按照资源综合利用、清洁生产要求，着力建成国家重要的尾矿资源综合利用产业基地、精细磷化工产业基地，尽量更多更好地为国家提供急需的矿产品和深加工产品，使绿色矿业发展成为秦巴矿业发展的新特色。

2012年河南省国土资源厅发布了《河南省发展绿色矿业建设绿色矿山工作方案》，经过多年的努力，取得了较好成效。根据测算，河南省小型矿山、地方已发证的矿山数量多，基础差，管理难度大，距离国家级、省级绿色矿山建设基本条件（标准）差距大。按照测算的到2020年全省绿色矿山达到960个来估算，平均每年至少要建设160家以上绿色矿山（试点单位），这个工作量单靠国土资源部和省国土资源厅是难以实现的，应当把这个目标分解到各省辖市（直管市、县），调动和发挥地方主管部门的主观能动性。

按照《全国矿产资源规划》到2020年实现绿色矿山基本格局的要求，市、县级绿色矿山将是河南省绿色矿业队伍的主体，未来河南省各级绿色矿山的合理比例应当是：国家级占全省矿山总数的5%，省级占10%，市级（省辖）占20%左右，县级占30%，总体比例在65%左右，按3 000家矿山测算，绿色矿山总数约1 950家。按阶段可分为近期、远期两步走，近期到2020年，远期到2025年（表16-3）。

表16-3　河南省各级绿色矿山建设规划目标

项目	近期 2015~2020年 比例	近期 2015~2020年 数量/个	远期 到2025年 比例	远期 到2025年 数量/个
国家级	2%	60	5%	150
省级	5%	150	10%	300
市级（省辖）	10%	300	20%	600
县级	15%	450	30%	900
全省合计	32%	960	65%	1 950

截至2014年底，河南省共有44家矿山企业成为国家级绿色矿山试点单位，其中位于秦巴山脉区域内的有21家，见表16-4。

表16-4　秦巴山脉区域河南片区国家级绿色矿山试点单位

序号	企业名称	备注
1	金堆城钼业汝阳有限责任公司汝阳东沟钼矿	
2	卢氏县茂源矿业有限责任公司	
3	灵宝黄金投资有限责任公司程村郭峪金矿	
4	灵宝黄金投资有限责任公司小文峪岭金矿	
5	南阳市独山玉矿	

续表

序号	企业名称	备注
6	南召县四棵树乡龙洞矿区大理岩矿	
7	陕州区锦江矿业有限公司崖底铝矿	
8	陕州区锦江奥陶矿业有限公司焦家铝矿	
9	河南洛阳栾川钼业集团股份有限公司三道庄钼矿	
10	河南发恩德矿业有限公司洛宁县月亮沟铅锌银矿	
11	河南灵宝市金源矿业有限责任公司金源二矿	
12	河南灵宝黄金股份有限公司灵金一矿	
13	河南嵩县金都矿业有限责任公司萑香洼金矿	
14	河南嵩县丰源钼业有限责任公司雷门沟钼矿	
15	灵宝黄金股份有限公司灵金二矿	
16	灵宝黄金投资有限责任公司投资三矿	
17	栾川县牛心垛涧沟汞银沟金铅锌矿	
18	卢氏县北方矿业有限公司清南铁矿	示范基地支撑矿山
19	中国黄金集团中原矿业有限公司夜长坪钼矿	示范基地支撑矿山
20	灵宝金源晨光有色矿冶有限公司银家沟硫铁矿	示范基地支撑矿山
21	灵宝鸿鑫矿业有限责任公司鸿鑫一矿	示范基地支撑矿山

位于秦巴山脉区域河南片区内的"河南省灵宝—卢氏矿集区金银多金属矿区"和"栾川钨钼铁矿区"在2012年已确定为国家级矿产资源综合利用示范基地，到2015年，2个矿集区的资源综合利用水平已达到国内先进水平，同时，作为国家级矿产资源综合利用示范基地，在经营管理、节能减排、科技创新、环境保护、土地复垦、矿区和谐及企业文化等诸方面达到国家级绿色矿山基本条件要求。河南省要抓准时机，充分利用两个国家示范基地的带动示范作用，加强指导，加大支持力度，在完成国家资源综合利用示范基地建设的同时，建成名副其实的绿色矿业示范区，使其成为河南省绿色矿业的两颗明珠。

灵宝市是我国黄金产量大市（县）之一，资源节约、综合利用与环境保护意识较强，2010年被列入国家资源枯竭城市矿山地质环境治理区，2011年被列入国家金银多金属资源综合利用示范基地，2012年被国土资源部命名为"国土资源节约集约模范市"荣誉称号，现有正在建设的国家级绿色矿山试点单位6家，省级绿色矿山试点单位2家。2015年灵宝市又被河南省发展和改革委员会、省财政厅、省国土资源厅、省水利厅、省农业厅、省林业厅六部门批准为第一批省级生态文明先行示范市（县），河南灵宝金源控股有限公司被国家发展和改革委员会批准为资源综合利用骨干企业，这些良好基础为推进灵宝市绿色矿业示范区建设提供了有利条件。

第十七章 秦巴山脉区域河南片区矿产资源开发利用战略研究

第一节 绿色矿产资源发展体系及绿色化支撑技术研究

秦巴山脉区域河南片区矿产资源分布具有明显特点，中北部平顶山—洛阳—三门峡地区集中分布着煤炭、铝（黏）土矿，以及冶金、建材、化工类非金属矿产组合，可综合互补开发，形成配套的产业链；西南部南阳地区有高铝三石（蓝晶石、矽线石、红柱石）、石墨等，可形成配套的高级耐火材料资源基地；西部栾川—灵宝地区是有色金属和贵金属矿产集中区，可形成贵金属和有色金属资源及加工基地。

对河南片区的矿产资源开发与利用要符合河南功能区定位和绿色矿产的循环发展，在坚持点上开发，面上保护，保护青山绿水，保护生态系统的前提下，遵循矿产资源开发利用与矿山生态环境保护相协调，经济效益、社会效益和环境效益相统一，科技创新和体制创新相结合的原则，通过调整与优化矿业结构、调控矿产资源开发利用方向和布局等方法，从早期的勘查、中期的开发利用到后期的环境恢复与治理，对矿产资源进行详细的勘查与评价、保护性开采与利用，恢复绿色优美的矿山环境，实现矿产资源的可持续、绿色化发展。构建绿色循环、布局优化、效益优良的矿产资源开发利用矿业发展体系及支撑技术。

一、矿产资源勘查及其绿色化支撑技术

基础地质是矿产资源勘查的先驱工作，为矿产资源勘查与评价提供基础资料。依靠科技进步，重点加强矿产资源调查评价与勘查工作，提高资源的保障能力。

1. 基础地质勘查

在原有地质成果的基础上，加大基础地质调查和区域地质勘查工作的投入，

特别是重要成矿区带及主要成矿远景区的基础地质综合研究，全面提高基础地质工作程度，为地质找矿提供依据。结合秦巴山脉区域河南片区情况，加强金矿、钼矿的深部找矿工作，加强铌、钽、锂、铍等稀有金属矿资源的研究勘探工作，加强危机矿山的地质找矿与勘查力度，力争实现地质找矿的重大突破，缓解资源危机状况，促进矿业和资源加工业的可持续健康发展。

2. 勘查矿种的分级与布局

在地质勘查的基础上，对秦巴山脉区域河南片区赋存的矿产资源勘查方向进行级别划分，有目的、有重点地开发和利用矿产资源。鼓励勘查具有找矿潜力的矿产、经济社会发展所需的矿产和短缺矿产，以及综合开发利用、后续加工工艺成熟的矿产。赋存于秦巴山脉区域河南片区的矿种有煤、煤层气、金、钼、铝、银、铁、高铝三石、金红石、地热、硅质原料（粉石英、石英砂岩）等。限制勘查对生态环境具有影响的矿产和后续深加工利用技术不成熟的矿产，以及国家保护性开采的特定矿种。禁止勘查开发对生态环境具有破坏性影响的矿产，如沙金、可耕地砖瓦黏土等，以及国家规定禁止勘查的其他矿种。

以重要成矿区带及主要成矿远景区为依托，以勘查程度较低的矿区及老矿区深部和外围作为主攻区域，加大优势矿产资源的地质找矿与勘查力度，力争实现地质找矿的重大突破。

3. 重要矿产资源潜力评价

结合现有地质工作程度，通过系统总结地质调查和矿产勘查的工作成果，全面掌握秦巴山脉区域河南片区的矿产资源现状，科学评价未探明矿产资源潜力，基本摸清重要矿产资源潜力及其空间分布规律，建立真实准确的矿产资源数据，利用现代先进科学技术和GIS[①]评价技术，推动地质科学的进步，为实现找矿重大新突破提供资源勘查依据。对秦巴山脉区域河南片区的煤、金、钼、铝、银、铁、高铝三石、金红石、萤石、硅质原料（粉石英、石英砂岩）等矿种开展矿产资源潜力评价及预测工作，探明矿产资源潜力，建立矿产资源数据库。对金、钼、铝、铁、耐火黏土、灰岩、岩盐、地热等8个优势矿产开展开发利用现状调查，调查核实保有储量，科学评估尚未利用及低品位难选冶资源的潜力。

4. 矿产资源勘查分区

根据矿产资源赋存特点、勘查程度、资源储量规模、开发利用现状、技术经济条件和矿山环境保护等影响因素，按照科学布局、优化结构、规模开发的要求，合理有序地开展矿产资源勘查，对秦巴山脉区域河南片区矿产资源在空

[①] geography information system，地理信息系统。

间上划分出重点、鼓励、限制、禁止4种勘查区。主要对重要成矿区带、重点矿区和大中型矿产地的地质找矿工作划定勘查规划区块，同时兼顾其他地区。煤、金、钼、铝、银、铁、高铝三石、金红石、萤石、硅质原料（粉石英、石英砂岩）等重要矿产、优势矿产由政府引导进行勘查，主要向有实力、有技术勘（查）开（发）一体化企业、大中型企业等进行配置，鼓励国有地勘队伍探采一体化，促进集约化、规模化利用资源，提高资源使用效率，促进资源加工业持续健康发展。

5. 绿色化支撑技术

（1）培养一批综合型地质人才，以及具有地质、遥感、地化、计算机等专业基础知识，有实战工作经验和极强学习能力的地质队伍，依靠先进的设备和科学技术，学习、借鉴发达国家的先进技术和经验，在矿产的勘查、评价、预测、开发利用等方面做出重要的成绩。

（2）加强与专业地勘单位、高等院校的技术合作，根据秦巴山脉区域河南片区矿产资源开发利用的实际状况，积极申报金、钼、煤、铝等优势矿种的科技攻关项目，大力发展绿色矿业勘查技术，提高秦巴山脉区域河南片区重要矿产资源的市场竞争力，促使矿产业持续健康发展。

（3）充分应用现代矿产资源预测评价的理论方法和GIS评价技术，以成矿地质理论为指导，深入开展各成矿区（带）成矿规律研究；对圈定成矿远景区进行资源潜力评价，建立全国重要矿产资源潜力预测相关数据库，为科学合理地规划和部署矿产勘查工作提供依据。

二、矿产资源开发利用及其绿色化支撑技术

按照"鼓励开采短缺的矿产，限制开采供过于求的矿产，对出口优势矿产实行限产保护"的总方针，以市场为导向、效益为中心，走资源加工产业一体化道路，重点开发利用煤、金、钼、铝、银、铁、金红石等优势矿产资源；加强矿产资源总量调控，对资源保障程度低、利用水平低的高铝三石、萤石、硅质原料（粉石英、石英砂岩）等优势资源严格控制开采总量，降低资源耗竭速度，形成技术先进、利用合理、集约化可持续发展的加工业体系，建立安全稳定的矿产资源供给体系，保障社会经济可持续健康发展。

（一）整体布局

遵循区域经济协调发展、可持续发展的原则，以资源为基础，优化矿产资源开发利用布局，构建具有特色的区域矿业集群，依靠科技进步和技术创新，延长资源加工业产业链，做大、做强资源加工业，促进区域经济快速、健康发展。

在开发利用矿产资源前对秦巴山脉区域河南片区矿产资源进行科学布局,秦巴山脉区域河南片区内,在矿产资源方面,伏牛山北麓以栾川和灵宝为中心,存在钼钨矿和金银矿的矿产集聚区,应重点建设,特别应该考虑与整个秦巴山脉区域其他省份的整体协同建设。伏牛山南麓的石墨、高铝三石等非金属矿产资源相对丰富,可以考虑以西峡为中心建设非金属矿产业聚集区。

(二)开发利用矿种分级

鼓励开采短缺矿产,限制开采供过于求的矿产。秦巴山区鼓励开采的矿产有天然气、页岩气、煤层气、金银矿、钼钨矿、铁、粉石英、岩盐、建筑用石灰石,以及规模化开采低品位矿产。限制开采锰及可能对环境产生严重影响的矿产。禁止开采沙金、砖瓦黏土,目前经济差、选冶技术不成熟的低品位矿产及其他难选冶的矿产,对环境可能产生严重破坏且不可恢复的矿产。

优势矿产原则上由具备深加工能力的大中型企业进行开采;低贫、难选冶矿产资源必须由具有成熟选矿技术的深加工企业进行开采。

(三)开采分区

根据秦巴山脉区域河南片区矿产资源的分布特征,规划片区重点开发利用的矿种,并在保护矿产资源的条件下,本着规模开发、环境优先的原则,划分重点开采区、限制开采区和禁止开采区范围。

(四)开发利用结构调整

开采规模上,发挥重要矿产资源分布相对集中的优势,适度集中,压缩过剩生产能力,制定矿山开采准入制度。鼓励大中型矿山企业通过合理补偿、整体收购、联合经营等方式整合周边小矿山,鼓励中小型矿山企业按照市场规则实施兼并重组,促进矿业集中化、规模化、基地化发展,优化矿产资源开发利用布局,培育集勘查、开采、加工、科研于一体的大型矿业集团。

产品结构上,上游、下游产业联动,精深加工业带动初级加工及开采业的发展,初级加工及开采业促进精深加工业发展壮大;延长产业链和产品链,提高矿产品的附加值;加快实现低档产品向中高档产品,单一产品向配套产品,低附加值产品向高附加值产品,高耗能耗材产品向低耗能耗材产品的转化。

(五)矿产资源的综合利用

提高矿产资源开发水平,提高主要矿产开采回采率、选矿回收率和综合利用率;鼓励和支持矿山企业应用、推广、开发先进适用的采选技术、工艺和设备,不断提高矿产资源采选水平,减少储量消耗和矿山废弃物排放。

加强矿产资源综合利用，加强低品位矿、共伴生矿产资源的综合勘查与综合利用，充分利用矿产资源，特别是铝土矿、金矿及钼矿等优势矿产资源中伴生元素如镓、钨、碲、铟、铼等的综合回收利用，加强其综合利用和保护性开采技术研究；发展高科技含量、高附加值的综合利用技术和产品。对具有工业价值的低品位、共伴生矿产，统一规划，综合开采，综合利用。

加强矿山固体废弃物、尾矿资源和废水的资源化利用。充分利用选矿尾矿生产建筑材料、化工产品、井下充填材料、土壤改良剂等产品。鼓励矿山企业内部或不同企业之间的原料、产品、排放物的合理循环，充分利用矿山固体废弃物和尾矿资源中的有用成分，通过废弃物的减量化、无害化和资源化，促进资源环境协调发展。

（六）绿色化支撑技术

1）鼓励开采的矿产资源要采用先进科学的开采工艺和技术

积极推进矿山企业在矿产资源勘查、开采、加工领域的技术更新。加强对先进开采技术的引进和创新，提高开采水平和深加工水平，鼓励规模化、集约化生产；加大对煤的高效、清洁、安全开发与利用技术的研究，推行清洁生产，提高矿产的综合利用率，达到资源、环境协调发展。充分推广利用绿色采矿技术，如煤矿的保水开采技术、煤和瓦斯的共采技术、煤巷支护技术、减沉技术及煤矸石再利用技术、金属矿产的尾矿胶结回填技术等。

2）低品位矿产资源综合利用技术

对开采利用技术不成熟的贫矿或选冶技术不成熟的富矿应予以保护或禁止开发；同时企业应与高等院校、科研院所联合进行技术攻关，开发贫矿、尾矿综合利用的新工艺和新技术。我国大多数矿山存在采富弃贫现象，秦巴山脉区域河南片区也不例外，如红柱石矿只采富矿（红柱石含量>10%），手工挑选后卖低品级的粗精矿；金红石矿普遍选择二氧化钛的富矿（TiO_2含量>3%）进行开采，贫矿几乎无人问津。低品位铜、钼等金属矿石的综合利用技术还没有大的突破。不断地开发利用新的选冶技术和设备，降低矿石品位利用门槛，提高资源的利用率，延长矿山的服务年限。利用贫矿资源开发具有新用途的产品也是提高贫矿利用的一条途径。积极采用新工艺、新设备及先进的选矿设备（如新型高效磁选设备），对低品位铁矿应做好矿石的磨前预选、阶段磁选、尾矿再选，减少尾矿产出量，是提高选矿回收率的重要手段。合理利用低品位铁矿资源和开发高磷铁矿选矿脱磷技术对秦巴山区铁矿的开发具有重要的意义。

3）共伴生矿资源综合利用及深加工技术

秦巴山区各类矿产中，共生、伴生矿产较多，如与煤共生的硫铁矿，与铝土矿伴生的锗、镓金属矿及高岭土、黏土岩等非金属矿，重晶石与萤石共生或伴生矿等，这些共生或伴生矿的品位都比较高，但综合回收利用技术落后，回收率低，应用规模小，综合利用水平不高，应借鉴学习国外的先进技术和加强共伴生矿的回收利用上的技术攻关。

秦巴山脉区域河南片区内的钼钨多金属矿和金银铜多金属矿的规模较大。长期以来，多数企业对金和钼回收较好，但对伴生的钨、铁、碲、铼、萤石等重视不够，没有积极进行综合利用。秦巴山脉区域河南片区内也存在丰富的非金属矿资源，非金属矿的综合利用要把深加工、科研开发新产品、技术创新能力的发展放在主要位置，充分利用非金属矿的深加工来延长产业链，以科技兴矿为战略，实现跨越式发展，逐步将传统的资源型非金属矿业转变为新型的科技型矿业。

4）选矿废水的循环利用技术与绿色环保型选矿药剂的开发

一般单纯对选矿废水进行处理使之达标排放，不仅处理技术难度大，而且处理成本非常高。但是通过考察废水的水质状况以确定废水的用途，在进行相应的处理后，使之返回选矿生产中循环利用，往往可以同时达到节约新水、节约药剂用量和保护环境的目的。经过多年的研究和实践，我国许多矿山选矿废水循环利用技术已逐步走向成熟，目前国内很多选矿厂都在进行选矿废水的循环利用，有的企业实现了废水零排放。选矿废水循环利用工艺流程见图17-1。

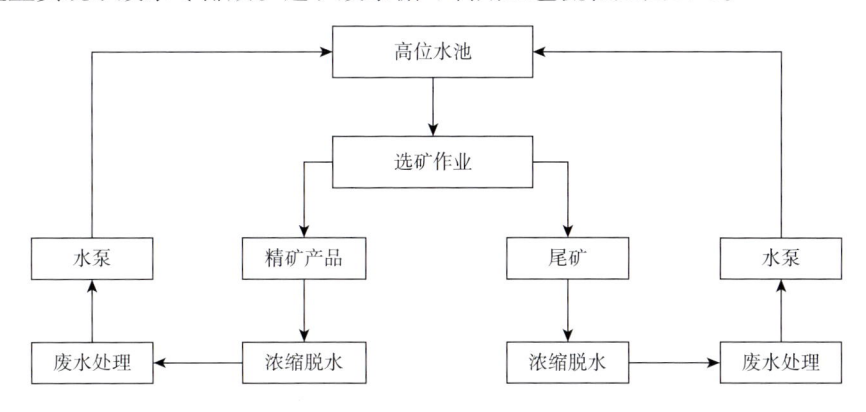

图17-1 选矿废水循环利用工艺流程

发展研制绿色环保型选矿药剂也是实现绿色矿山的一个重要努力方向。大多数的传统选矿药剂或多或少具有毒性，其中不少具有强剧毒，在选矿生产中会产生很大的污染。随着科技的发展和环保要求的提高，选矿药剂正朝着绿色无毒方向发展，近几年就出现了不少环保型的螯合浮选剂、金银贵金属浸出剂、絮凝剂等，发展绿色矿山，要大力研制和推广使用绿色环保药剂技术。

5）矿山尾矿和固体废弃物综合利用技术

多年的矿产资源开发，留下了大量的矿山固体废弃物和尾矿，如各种剥离废石、煤矸石、粉煤灰、矿渣、尾矿等。因此，必须进行工业固体废弃物资源化利用关键技术研究，包括矿山固体废料开发建材产品技术、煤矸石开发矿物材料技术和矿山废弃物开发硅产品技术。

煤矸石是秦巴山脉区域目前排放量最大的工业固体废弃物之一，也是可利用的宝贵资源，可用于发电、制砖、提取化工产品、生产农肥、烧制水泥、充填塌陷区、修路等。煤矸石中含有的大量煤系高岭岩，可制取铝的化合物；含硫量大于6%的煤矸石可回收其中的硫精矿，其尾矿还可以进一步利用。秦巴山区的煤矸石主要用于发电和开发建材产品，利用率约68%，还需要大力开发煤矸石的其他附加产品，提高其综合利用率。

粉煤灰主要来自火力发电站、煤矸石电厂及一些工矿企业的锅炉燃煤等。目前，粉煤灰在建材、筑路、工程基础和港口回填、改良土壤等领域均有广泛的应用，综合利用率达到85%，应进一步支持粉煤灰在制砖和水泥生产方面的大量利用；大力发展利用煤矸石、粉煤灰及各类化工渣生产新型墙体材料等利废建材；提高粉煤灰用于城市废水治理的技术。

金钼等金属矿产的尾矿中还有可开发高附加值产品的原料，如钨、碲、铼等。尾矿中镍（Ni）、铜（Cu）、钴（Co）等重金属离子可通过湿法冶炼等方式进行资源化回收和全量化利用。回收的硫酸盐还可制备成硫酸镍、硫酸镁等，剩余尾渣可制成建材产品。近年来发明了利用毒重石尾矿钡渣制备氯化钡的方法，以钡的尾矿制成含钡的水泥、冶炼硅钡钙合金等利用方式，发展尾矿等固体废弃物综合利用技术，提高技术创新能力和矿产资源综合利用水平。

高效的尾矿处理新技术不断被开发并逐步应用，如尾矿高效脱水、尾矿无害化处理、全尾矿充填采空区、膏体尾矿干式堆存、尾矿资源化综合利用等。对尾矿的处理最好的思路是无尾矿排放，即垃圾资源化，也就是将尾矿充分利用，目前主要用在建材方面，这方面的研究和实践已在迅速发展。另外还可采取固结和稳定措施，即覆盖（用粗粒料覆盖，防止飞扬）、化学法（将化学药物喷于尾矿表面，形成一层抗风、抗水膜）、植被绿化或复垦。

三、矿山地质环境保护与恢复治理与绿色支撑技术

树立生态和环境优先的理念，按照资源开发与环境保护相协调的原则，对秦巴山脉区域河南片区矿山生态环境遵循统一规划、分类指导、分级治理、分区推进、突出重点的总体思路，开展有效保护与恢复治理，建立和完善矿山环境的动态监测体系，完善矿山地质环境法律法规体系和管理体系，合理开发利用矿产资源，最大限度地避免或减少矿业开发造成的环境污染和资源破坏，着力构建绿色矿业体系和生态屏障，实现矿产资源开发利用和生态环境保护协调发展，以及人与自然和谐发展的局面。

（一）矿山地质环境保护与恢复治理分类

实行矿山地质环境恢复治理分类管理、区别对待，实行差别化资金筹措政策，充分调动多元经济成分投入矿山地质环境恢复治理的积极性，加快矿山地质环境恢复治理的进程，促进新老矿山及资源枯竭型城市的生态恢复。划定四大类矿山地质环境保护与治理区，包括重点保护区、重点预防区、重点治理区、一般治理区。对有重大贡献的国有矿山，采取政府扶持和企业分担等方式，合力做好矿山地质环境恢复治理。对已闭坑和无主矿山，各级政府应采取有力措施，调动多渠道资金投入矿山地质环境恢复治理。对于新建和生产矿山，按照"谁破坏，谁治理"的原则，严格执行"三同时"制度，加强矿山对采矿选矿排放"三废"的处理、对矿区水土资源破坏和地质灾害的治理，实施矿山地质环境全面恢复治理。

（二）矿山地质环境恢复治理与土地复垦

按照"整体推进、分步实施"的原则，合理部署矿山环境恢复治理重点工程，继续实行并完善"谁复垦、谁使用、谁受益"的鼓励政策，引导和鼓励各方力量从事矿区土地复垦，对矿山环境保护与恢复治理工作进行规划部署。治理工程以对生态环境、人居安全和社会经济发展影响大、危害大、治理效益显著的矿山为主，优先安排老矿山和废弃矿山，以解决历史遗留问题，缓解矿山地质环境问题，对难以恢复和治理的矿山可以将其开发为旅游和科普教育景点，再现矿产的开采过程。新建和生产矿山地质环境恢复治理和矿区土地复垦按照"谁破坏、谁治理"的原则治理，尽量减少对矿山环境的破坏，促进矿区的绿色化发展。

（三）矿山地质环境监测网络

加强各类矿山的生态环境监测，督促矿山企业遏制采矿造成的生态环境破坏。对开采后的矿山进行土地复垦，重建矿山生态防护林，保护秦巴山区的生物多样性。在重点矿区建立矿山地质环境动态监测网点，以区县地质环境监测站为基础，组建秦巴山区各区县矿山地质环境监测机构，初步形成覆盖重要矿区的矿山地质环境监测网络，实时监测任何破坏矿山环境的行为，促进矿山环境的良性循环发展。

（四）绿色支撑技术

（1）对矿山环境的治理与恢复前先对矿山环境影响进行分区评估。以采矿对矿山环境的影响程度为主，同时兼顾地质环境背景，结合地质构造、气候等自然地质环境条件和矿山开采现状，对矿山开采诱发和加剧的环境地质问题的严重程度做出综合分级评价，即严重区（Ⅰ）、较严重区（Ⅱ）和一般区（Ⅲ）等三类区域。Ⅰ类区是矿山环境保护与治理的重点，宜采取预防与治理措施相结合的方式进行综合防治；Ⅱ类区主要采取以预防为主，治理为辅的方法进行防治；Ⅲ类区主要采取预防措施进行防治。

（2）根据矿山地质环境评估分区结果，结合矿山地质环境现状及发展趋势分析，依据矿山开采导致的地质灾害，废渣、废水污染，水资源环境破坏，土地受损等矿山地质环境问题，对人居环境、工农业生产、区域经济社会发展造成的影响，按照区内相似、区际相异等原则，划分出不同等级的矿山地质环境保护与恢复治理区，即重点保护区、重点预防区、重点治理区、一般治理区。重点保护区内圈定的禁采区不得新建（改、扩建）矿山，对已有开采矿山要关闭；重点预防区内要严格执行矿山建设准入制度和矿山环境影响评价制度；重点治理区内采取预防与治理措施相结合进行综合防治。一般治理区内以预防措施为主，治理措施为辅。

（3）应用先进的3S技术[①]，建立秦巴山脉区域河南片区矿山环境动态监测体系，地质环境监测网由市级、区县级、乡镇级监测网、点构成。充分发挥"互联网+"的优势，网络体系共享于相关部门，时刻掌握矿山环境动态变化，预测矿山环境发展趋势，为矿山环境保护与恢复治理提供基础资料和依据。

（4）矿山环境的恢复与治理技术。推广废矿渣回填采空区、无矿区，渣堆、尾矿资源化利用等新技术，合理有效地利用矿产资源和保护土地、林地；结合实际，以耕地、林地、建设用地为主，确定科学合理的复垦土地用途和比例；科学规划，动态复垦，使土地恢复工作逐步走向良性循环；重视土地恢复技术方法的系统性、综合性、适宜性和创新性，因地制宜，注重实效。

特别要向发达国家（如美国、加拿大、澳大利亚等国家）学习土地的复垦技术，这些国家土地复垦率达50%以上（我国大约为10%），在土地复垦方面有成熟的技术与丰富的经验。

第二节　"互联网+绿色矿业"融合发展模式研究

一、"互联网+"的定义

"互联网+"简单地说，就是"互联网+传统××行业=互联网××行业"，利用信息通信技术及互联网的平台，把互联网和传统行业结合起来，在新的领域

[①] 3S技术是RS（remote sensing，遥感技术）、GIS和GPS的统称。

创造一种新的生态[30,31]。

从本质讲，"互联网+"代表的是一种新型的经济形态，即在社会生产要素配置中优化和集成互联网的作用，将互联网的创新技术融合在经济社会各领域中。它对传统产业不是颠覆，而是换代升级，是对新一代信息技术与知识社会创新2.0相互作用、共同演化的高度总结。"互联网+"将以云计算、大数据、移动互联等新一代信息技术为代表，与传统制造业、服务业相结合，打造新的产业增长点，提升实体经济的创新力和生产力，促进国民经济增效升级。

"互联网+"的浪潮已经开始。例如，"互联网+集市"产生了淘宝，"互联网+百货"产生了京东，"互联网+出租"产生了滴滴，等等。由微信普遍使用引发的社交效应、阿里天价上市引发的财富效应，加上传统行业面临的巨大挑战，2015年被认为是"互联网+"的元年。

二、"互联网+"与国家战略

2015年3月5日，李克强总理在第十二届全国人民代表大会上作政府工作报告，第一次提出"互联网+"行动计划，提出将移动互联网、云计算、大数据、物联网等与现代制造业相结合，促进电子商务、工业互联网和互联网金融的健康发展，引导互联网企业拓展国际市场。这是第一次将"互联网+"写入国家经济顶层设计，表明政府对互联网思维的理解日益成熟，预计更多有关"互联网+"的扶持政策将陆续出台。"互联网+"上升至国家层面，势必加速其向各行各业渗透，促进产业融合。

党的十八大报告指出，坚持走中国特色新型工业化、信息化、城镇化、农业现代化道路，推动信息化和工业化深度融合。结合习近平总书记提出的"没有信息化就没有现代化"，需要产业与信息技术紧密结合，实行颠覆性创新。2015年，习近平总书记提出"一带一路"倡议，已经上升到国家层面，并已全面铺开，深入各行各业，尤其是矿业能源行业。在"一带一路"沿线国家中，俄罗斯地跨欧、亚两大洲，是世界上多种矿产资源和能源最大储量的国家之一，特别是铁、金、锰等资源非常丰富；位于亚洲腹地的哈萨克斯坦、吉尔吉斯斯坦、塔吉克斯坦、土库曼斯坦和乌兹别克斯坦等中亚5国，矿产资源丰富，油气、石油、煤炭、铁、锰、铬、铜、钼、金、锑、锌、铝土等矿种的储量和产量均位于世界前列，资源潜力巨大。"一带一路"沿线的许多国家开始在铁路、公路、航线等交通运输及基础设施建设方面，在石油、天然气、煤炭等能源矿产开发领域及通信、网络信息化建设等方面实现立体对接。

我国"一带一路"重大倡议是综合当前国际国内形势推出的重要举措，对于促进沿线国家经济繁荣与双边、多边区域经济合作具有重要意义。在矿业全球化的背景下，矿产资源领域的合作是"一带一路"的重要组成部分，是将地理毗邻、资源优势转化为经济增长优势的关键领域的合作。在互联网兴起的形势下，"互联网+矿业"必定能促进矿业发展。

在当前经济新常态下，寻找新的经营模式成为企业生存的必然选择，其中互联网已经融入各个领域，企业争相尝试体验新的经济形态，抢占先机打造新阵营。互联网工具将在整个行业未来发展过程中发挥引领作用，并带来千亿级市场空间，矿业市场必将借助"互联网+"在矿业寒冬倒逼中寻找新契机，打造新引擎。

三、"互联网+"与绿色矿业发展的融合模式

"互联网+"实现的前提有四个：首先是基础设施，表现在互联网作为不可或缺的基础设施被广泛安装；其次是使用习惯，表现在行业、企业、个人的普遍使用；再次是驱动因素，表现在行业中分工体系、数据收集、协同能力的逐渐成熟；最后是创新实践，表现在行业应用的蓬勃兴起，如矿业网站、APP[①]等的应用创新。

矿产资源产业是人类赖以生存的基础产业，也是一个拥有着上百个产业链条、上千个行业形态、上百万个企业数量、几千万员工队伍的巨大产业。其根据种类可以分为：能源矿产（石油、天然气、铀矿等）、金属矿产（铁、锰、铬、金、铜、铝、铅、锌等）、非金属矿产（重晶石、萤石、大理石、矿泉水等）；根据产业链条可以分为：地质、勘查、开发、洗选、冶炼；根据区域可以分为：国内（各省）、海外（非洲、澳大利亚、加拿大、南美、东南亚等）。丰富的业态、复杂的体系、庞大的体量、巨量的资金，注定了需要超越企业层面的互联网协同组织出现。

伴随着我国经济的高速发展，中国矿业经历了近15年的爆发式增长。如今，面对新常态的到来，各矿种市场低迷，众多企业陷入困境，诸多问题开始显现，表现在以下四个方面。一是行业效率不高。表现形式是矿产品价格的剧烈波动，其背后是供给和需求的信息不对称，行业及地方管理部门条块分割现象严重。二是金融服务不够。目前各商业银行已全面缩紧对矿产资源企业的贷款，而在股权融资的交易所，几乎没有矿业资本交易的平台，重资产的矿业企业目前严重"缺血"。三是企业管理粗放。企业的内部管理（包括生产、财务、环保、安全管理等）水平不高，企业的外部合作（包括上下游、国内外及相关产业链）可优化的空间巨大。四是对矿业的认识和交流不够，并较为封闭。

中国矿业必须走绿色化的发展之路，与互联网融合是其快速发展的必由之路。这需要开展中国绿色矿业时代的新工业革命。以下从矿业、企业、个人、金

[①] application的缩写，安装在智能手机上的软件。

融等层面探讨未来"互联网+绿色矿业"的融合模式。

1. 互联网+绿色矿业+产业链=绿色矿业链

矿业包含上百个产业链条，每个链条都包括地质、勘查、开采、洗选、加工、运输、冶炼、贸易等上下游环节，相比于其他行业，计划经济与工业时代的思维模式根深蒂固，"互联网+"将重塑这些链条的结构，以市场导向为出发点，以柔性生产为原则，以信息共享为基础，不仅将建立起新型的上下游合作伙伴关系，而且将形成新型的行业生态模式，随之产生的是政府管理、法律法规、交易原则的改变。

矿业企事业单位在互联网上通过应用"一矿一码"，只需要花3分钟，填写相关信息，就可以在矿业网络平台上免费生成唯一的二维码及企业相关介绍网页，按矿种和行业定位自己的产业地图，发布产品供应与求购信息，进行上下游的寻找，打通信息流、物流、资金流三个层次的产业链条，从而组建全球矿业"互联网+"的大数据。

"绿色矿业链"通过互联网金融的模式，以绿色矿业产业链为对象，建立上下游物流、贸易、金融的线上链条，并以资金往来为重点，利用多种金融工具，开展供应链金融服务，包括资金服务、保佣业务、融资租赁、跨境业务等多种融资方式，让实体企业获得宝贵的资金，让产业获得高效的生产与销售效率（图17-2）。

2. 互联网+绿色矿业+企业=绿色新矿企

对于矿企内部，互联网带来的是组织结构和管理模式的变革，让组织层更加扁平，让管理沟通更加便捷，矿业的高技术、多专业、全球化的特点，更需要这样的管理模式，这可能会产生新的雇佣关系，让团队合作创造更多的价值。对于矿企外部，互联网带来的是市场竞争和合作模式的变革，让市场更加透明，让合作更加紧密，而随之产生的是更高层次、更加激烈的竞争模式，那些无法适应变化的企业将被淘汰或者处于产业的底端。

"互联网+"为矿企内部管理带来很大便利。例如，矿业公司在开发应用了基于互联网的软件后，工程师下井后可以详细记录地下的各种情况，并附上照片，将数据上传到网络平台。各级管理人员就能随时查看安全检查情况。这一方面解决了绩效考核的问题，另一方面形成了问题的管理平台，提高了效率，节省了成本。

3. 互联网+绿色矿业+个人=绿色新矿人

"新矿人"指的是以互联网为工具，从事矿业勘查、开发、生产、流通、服务的人。互联网矿业如同一张大网，每个人犹如网上闪闪的明珠，当"万企互通、万物互联"的时代到来，个人的专业技术能力、管理实践能力、整合资源能

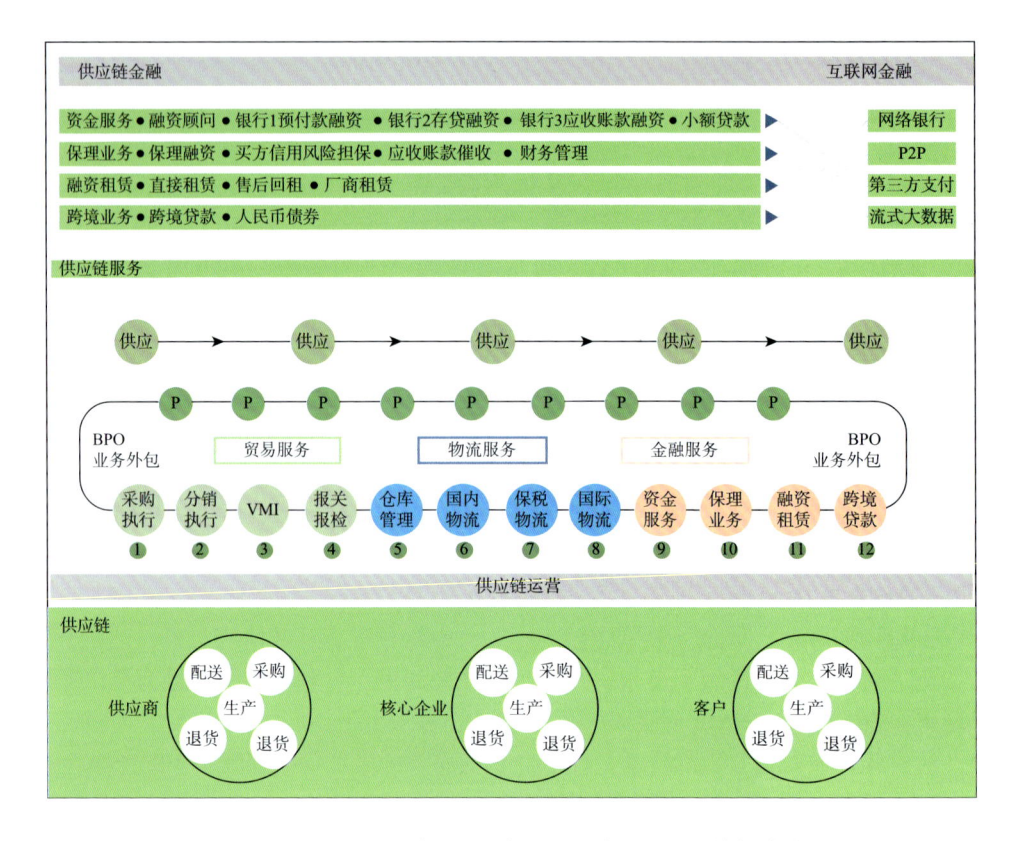

图17-2 互联网+绿色矿业+产业链形成的矿业链结构模式

BPO（business process outsourcing，商务流程外包）是指将本方商务流程中的部分或全部的非核心流程交由另一方操作；VMI（vendor managed inventory，供应商管理库存）是一种以用户和供应商双方都获得最低成本为目的的，在一个共同的协议下由供应商管理库存，并不断监督协议执行情况和修正协议内容，使库存管理得到持续地改进的合作性策略

力将得到极大释放，由此要求的是每个矿业人学习能力和创新能力的全面提高，当个人的改变产生后，所处的企业及行业也会随之发生极大的变化。

4.互联网+绿色矿业+金融=绿色矿业融资链

中国矿业中大部分中小矿企的金融之路极其狭窄，在债权融资方面，银行对于矿业不了解，更不支持中小企业；在股权融资方面，矿业交易所还不成熟，上市融资几乎不可能；在货权融资方面，上下游欠款严重，相关供应链服务极其落后。因此，金融落后成为制约我国矿业可持续发展的重要因素。

金融是产业的血液，如果金融对产业不能提供良好的支持，那么企业或者贫血发展缓慢，或者缺血濒临死亡，现有传统的银行体系、资本市场、供应链服务无法满足矿业发展的需要，矿业平台（企业）通过"互联网+矿业+金融"模式的创新，可以发展互联网金融的矿业贷（P2P[①]）、矿业易（众筹）、矿业链（供应链金融），创新提供互联网金融服务。

1）互联网+矿业+债权贷款=矿业贷

"矿业贷"是以矿业为核心，以矿业相关企业债权为主要产品，为矿业产业的投融资方搭建公平、透明、安全、高效的互联网金融服务平台（图17-3）。借款用户可以在矿业贷上获得信用评级、发布借款请求来实现矿业项目快捷的融资需要；理财用户可以把自己的闲余资金通过矿业贷平台出借给信用良好、风险可控、资产优质的矿业企业，在获得理财回报的同时帮助了优质的借款方，从而解决矿业企业融资难的问题，推动中国矿业产业及中小矿业企业的发展。

图17-3 互联网+绿色矿业+金融形成的矿业贷资金循环模式

2）互联网+矿业+股权交易=矿业易

"矿业易"针对矿业勘查、开采、运营过程的特征，设计有效的机制，利用互联网的平台优势，推出适合矿业的股权众筹服务，有效地分散了矿业的投资风险，并降低了矿业的投资门槛，而且通过股权众筹的发起和设立，从结构上简化了矿业投融资的手续，打通了矿产资源和金融资本对接的渠道，让投资人方便快捷地通过买卖股权来开展矿业投资，让融资人快速获得资金，实现高速增长（图17-4）。

目前，由矿业圈组建的中国矿业"互联网+"战略联盟已经形成。该联盟利用互联网信息技术快捷、平等、协同的优势，借助联盟企事业单位的技术、资金、服务优势，打破传统行业结构的壁垒和合作的界面，提供互联网时代高效的产品与服务，建立各产业之间的有机联系，构建良好的中国资源生态体系。

---

① P2P：peer to peer，即对等网络。

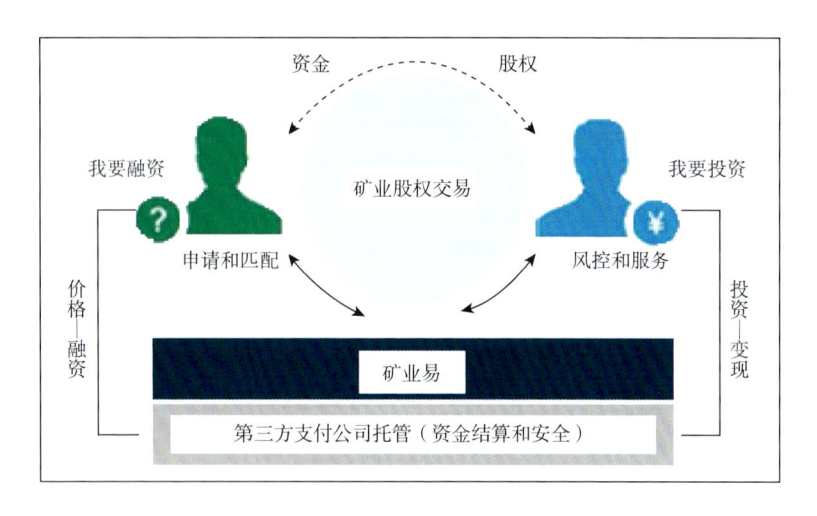

图17-4　互联网+绿色矿业+金融形成的矿业易资金循环模式

四、"互联网+"在矿业方面的前景

中国互联网络信息中心（China Internet Network Information Center，CNNIC）2015年第35次《中国互联网络发展状况统计报告》指出，截至2014年12月，中国网民规模达6.49亿，其中，手机网民规模达5.57亿，互联网普及率达47.9%[30]。

2014年7月，麦肯锡全球研究院发布的《中国的数字化转型：互联网对生产力与增长的影响》预测，2015~2025年，互联网将帮助中国提升GDP增长率0.3~1.0个百分点。这意味着，互联网将有可能在中国GDP增长总量中贡献7%~22%。同时，互联网经济不是一个靠刺激内需的短期投资思维，而是内生驱动的经济体，是解决中国经济长期发展问题的新范式，是信息技术和传统产业"生态融合"的全新定位。

未来的"互联网+"将是传统产业转型升级的主要旋律，并正经历"逆向"互联网化的趋势，各产业链开始按由下至上的顺序先后互联网化，从消费者在线开始，到分销零售，再到生产制造，一直追溯到上游的矿产开发。

作为中国矿业的创新，"互联网+"模式受到了行业的热烈欢迎。通过搭建的矿业圈微信平台，有3 000名矿业人士参与了矿业圈微信直播，共有300家矿企代表在微信平台上进行了"一矿一码"的发布，并有100家单位申请加入联盟，目前矿业圈已经拥有5 000个企业用户和4.5万个个人用户。

习近平总书记说过："我们不能总是用别人的昨天来装扮自己的明天。"一个受人尊重的国家和产业，一定要有自己的模式、自己的创造和自己的贡献。因此，"互联网+矿业"从产业、企业、个人、金融等多个维度开展全面创新，给中国矿业提供了"弯道超车"的机遇,给中国矿业发展带来了全新视角,从而让中国由"国际矿业大国"变为"全球矿业强国"。

第三节 传统矿业向绿色矿业转型升级发展研究

一、绿色矿业与传统矿业的关系

1)绿色矿业的概念

绿色矿山是指在矿产资源开发全过程中,既要严格实施科学有序的开采,又要将矿区及周边环境的扰动控制在可控范围内。而绿色矿业就是在绿色理念指导下,通过进行矿产资源开发利用活动为工业生产提供原料的矿业。绿色矿业是科学的可持续发展矿业,其基本特征是矿山从地质勘探、设计与建设,采选冶加工,到闭坑后的生态环境恢复重建的全过程,均按照资源利用高效化、开采方式科学化、企业管理规范化、生产工艺环保化、矿山环境生态化的要求开发经营。其目的是在矿山环境扰动量小于区域环境容量前提下,实现矿产资源开发最优化和生态环境影响最小化,最终实现矿产资源开发与生态环境保护协调发展[32]。

绿色矿山是微观上的概念,主体是矿山企业,而绿色矿业是更为宏观的概念,涉及的主体不仅是矿山,还包括政府及相关服务行业和部门、上下游产业链及社区等,内涵及外延也更加丰富。绿色矿业既是矿业发展方式转变的重要抓手,也是以矿业为主导产业的区域经济发展方式转变的有效途径。无论是地方经济转型,还是产业结构调整,都离不开矿业这一主要产业。

绿色矿业是泛指,是对矿业未来全方位发展的诠释,是改变矿业形象的长期行动目标。绿色矿业既是矿业行业发展的必然选择,也是矿业活动社区、区域经济社会全面发展的必然要求。它不仅要求矿业企业自觉履行社会责任,发挥占用资源的最大经济效益、社会效益、环境效益,更有赖于政府的政策支持作用,共建可持续发展、矿地和谐发展的新型经济区。

2)绿色矿业的国家政策

《中华人民共和国国民经济和社会发展第十二个五年规划纲要》明确提出"发展绿色矿业,强化矿产资源节约与综合利用",将发展绿色矿业和建设绿色矿山提升到国家战略的高度。党的十八大报告将"大力推进生态文明建设"作为重要章节提出来,并明确指出要"着力推进绿色发展、循环发展、低碳发展"。发展绿色矿业是我国矿业发展的必由之路,是贯彻落实科学发展观,转变矿业发展方式,促进矿业可持续发展的重要平台和抓手[33]。

我国绿色矿业从提出到发展主要经历了3个阶段(表17-1)。

表17-1 我国绿色矿业发展阶段与特征

年份	阶段	阶段特征
1999~2007	理念酝酿阶段	1999年，时任国土资源部副部长寿嘉华在进行西部大开发过程中矿产资源发展战略思考时，提出了发展绿色矿业的想法；2007年，中国国际矿业大会召开，时任国土资源部部长的徐绍史在会上提出"发展绿色矿业"的倡议
2008~2009	理论探讨阶段	该阶段主要通过召开矿业循环经济论坛等形式，对绿色矿山建设和绿色矿业发展的理念进行理论探讨，并在2009年初发布的《全国矿产资源规划（2008—2015年）》中，首次明确了发展绿色矿业的要求，即"2020年绿色矿山格局基本建立，矿山地质环境保护和矿山土地复垦水平全面提高"的战略目标
2010~至今	发展阶段	2010年8月国土资源部出台了《关于贯彻落实全国矿产资源规划发展绿色矿业建设绿色矿山工作的指导意见》，标志着我国绿色矿业发展进入实际操作层面，我国绿色矿业发展以绿色矿山建设形式整体推进。2011~2013年国土资源部先后开展了三批共458家国家级绿色矿山试点建设，目前已确定完成第四批试点单位

目前，我国矿产资源领域已建立了4级2类绿色矿业规划管理体系，从分类体系看，绿色矿业发展规划属于专项规划，绿色矿业发展规划就是对某一片区的矿业发展按照绿色发展的相关要求，对区域绿色矿山建设、特色矿业发展布局、生态环境恢复治理、绿色矿业发展示范区建设等相关活动做出的总体安排和部署。规划是区域发展绿色矿业的纲领性文件，是国土资源管理部门加强绿色矿山建设管理的依据，是我国生态文明建设在矿业领域的重要抓手之一。

3）绿色矿业与传统矿业的关系

与传统矿业不同，绿色矿业可以将上游矿山开采与下游产业发展更紧密地统筹起来，将矿山生态环境治理与当地环境整治更紧密地结合在一起，充分挖掘区域特色矿业经济发展潜力，促进矿业发展更加持续。发展绿色矿业不是要推倒传统矿业发展体系，重新建立一套新的发展体系，而是要在传统矿业发展的基础上，改进发展理念、目标任务、生产管理方式、考核标准等。其中，技术进步是关键，管理手段是保障，改革创新是动力。

从广义上看，绿色矿业在三大产业所划的类别中均有所涉及（图17-5），而绿色矿业发展又涉及国土、环保、发改、农业、林业等多个部门，因此，绿色矿业发展的实现不能一蹴而就，需要统筹各类资源分配、协调各部门利益关系。

二、转型升级的总体思路

总体上讲，实现传统矿业向绿色矿业转型升级的总体思路为：加强政策调控与法律监管，整合矿产资源，调整产业结构，加强生态保护，促进循环利用等（图17-6）。

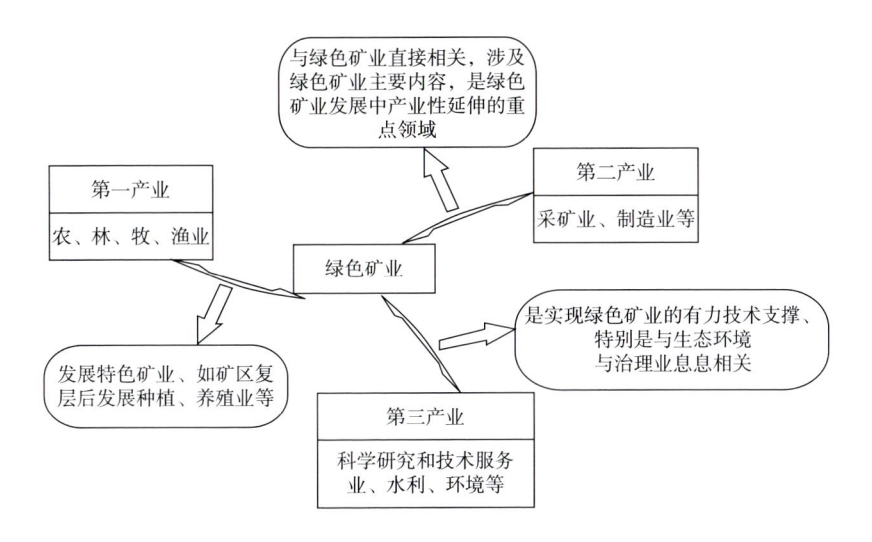

图17-5 绿色矿业与三次产业的关系
三次产业分类据国民经济行业分类（GB/T4754—2011）

图17-6 传统矿业向绿色矿业的转型升级总体思路

三、政策调控与法律监管是矿业转型升级的政策保障

实现传统矿业向绿色循环矿业的转型升级，首先需要加强政策调控与法律监管，完善配套矿产开发政策，构建地矿工作新体系，具体包括以下几点。

（1）构建矿产勘查体系，即加强矿产勘查的规划部署研究，加强成矿理论的综合研究，加强找矿技术方法的综合应用和技术经济评价。

（2）构建矿产开发体系，注重提高矿产回采率，提高选冶回收率，提高资源综合利用效率，加强尾矿管理，提高采冶水平，加强资源循环利用。

（3）构建矿产资源战略评价体系，以实现经济社会与矿产资源的协调发展。这不仅要考虑技术和经济因素，还要将环境效应、政策因素、综合利用、资本循环、区域经济等因素纳入整体评价因素。

（4）构建自然资源综合评价体系，包括自然资源系统评价、资源开发的环境影响评价、资源开发的关联评价。

（5）机制-政策体系。政府必须强化对地质工作与资源综合利用的公共管理职能。统筹利用财政收入、支出和政府定价手段，纠正市场失灵，加速地质工作服务市场体制的建立；明确受益主体，界定清晰的产权，构建一个以产权要素高效配置为主旨的充分竞争的市场；以循环经济为核心，建立包括地质工作在内的资源综合利用评价核算体系。

在国家层面，要按照全国矿产资源规划提出的目标任务和部署要求，规划统筹、政策配套、试点先行、整体推进，构建规范的矿产资源开发利用长效机制，逐步形成集约、高效、协调的矿山开发格局。

在地方政府层面，要主动与矿业企业沟通，用绿色矿山建设标准规范矿产资源勘查、开发利用与保护等各项活动。尤其要加强对新建矿山开发利用、环境保护、土地复垦等方案的审查，严禁矿山企业采用国家限制和淘汰的采选技术、工艺和设备，确保新建矿山实现合理开发、资源节约、环境保护、安全生产和社区和谐。在此基础上，全面落实矿产资源规划确定的最低开采规模制度和准入条件，优化资源勘查开发布局和矿业结构。督促矿山企业自觉按照绿色矿山建设标准不断改进开发利用方式，提高开发利用水平，促进节能减排，落实企业社会责任，为绿色矿山建设营造良好环境。

四、矿产资源整合和产业结构调整是矿业转型升级的必由之路

在以往矿产资源整合的基础上，借鉴河南省内其他地区或外省的经验，继续巩固与深化矿产资源开发整合。开展钼、铝、金、铅、锌等金属矿产和萤石、灰岩、建筑石材等非金属矿产资源整合。

产业结构调整要通过收购、兼并、参股等方式，对矿山企业进行重组，提高矿产资源开发集中度，逐步形成以优势大型矿业集团为主体的矿产开发新格局，使大、中、小矿山企业的比例更加趋于合理。可以根据"矿山开采规模必须与矿山所占有矿产资源储量规模相适应，以达到资源效益最大化"的原则确定矿山最低开采规模和矿山最低服务年限，提高新建矿山准入条件，使产业结构得到进一步优化。

五、矿业生态保护是矿业转型升级的重要目的和矿业开发的准入前提

首先，根据矿山环境影响程度，结合矿山环境问题对人居环境、农业生产、区

域经济社会发展造成的影响，划分出不同等级的矿山地质环境保护与治理区域，主要分为矿山地质环境重点保护区、重点预防区、重点治理区和一般治理区四类。其次，矿山环境保护与恢复治理工作要始终贯穿矿山企业活动的全过程，按照"谁开发谁保护，谁污染谁治理，谁破坏谁恢复"的原则，制订矿山环境问题监测方案，对矿山环境问题实行动态监测。最后，当矿山企业申请闭坑时，必须要求企业完成矿山环境恢复治理任务，否则不予办理闭坑手续，不返还相应的保证金。

六、矿产资源高效循环利用技术是矿业转型升级的技术支撑

矿业转型升级除了需要法律政策和顶层规划作保障之外，矿产资源的高效循环利用技术是实现绿色矿山最重要的支撑。矿产资源产业的绿色可持续开发必须建立高效循环利用模式，这也是矿业转型升级的灵魂，应建立5R矿业循环经济模式：①减量化（reduce），少投入大回报，旨在减少进入生产和消费流程中的物质和能量；②再利用（reuse），目的是尽可能多次或以多种方式使用物品；③再循环（recycle），是把废弃物再次变成资源；④再发现（rediscovery），就是在开发过程中发现新资源和增加储量，是保证矿业可持续发展的重要因素；⑤复垦（reclamation），是关系到生态环境的问题，包括矿山绿化、转型为公园、博物馆、农田等，贯彻矿山开发的始终（图17-7）[34-36]。5R在绿色矿业开发各阶段应做的工作及任务见表17-2。

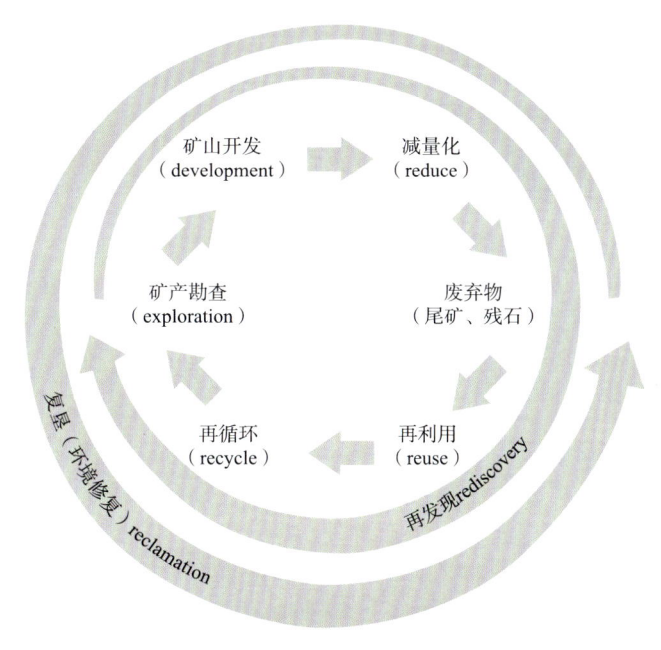

图17-7 5R矿业循环经济模式

表17-2　5R矿业循环经济模式在建设绿色矿业中的应用

阶段	再发现	减量化	再利用	再循环	复垦
勘查	在满足矿山建设设计要求的矿产勘查基础上，应在矿床深部和外围找矿探索第二成矿空间或侧向延展	提高勘查质量和准确性，按照"合理域"投入勘查量	深化充分利用矿产的地质工作	多次开发勘查资料	开展生态环境承载度研究
开采	在满足采准和备采储量基础上，应加强成矿新信息的收集，开拓找矿新方向，发现新矿体	创新开采技术，降低剥采比、贫化率，减少消耗的人力、物力	提高采收率，就实际情况进行回采		就地取材，利用废弃尾矿、矸石、积土或垃圾等回填于露天采坑、塌陷地并用客土覆盖或植被
选矿冶炼	创新选矿冶炼新工艺	创新提选冶技术，减少矿石消耗量，降低矿产品的边界品位	改进先进流程，提高选矿回收率	提高技术，综合回收有价元素	综合利用废弃物，同时进行无害化处理
深加工	开发新产品，新用途	创新加工工艺，减少原材料的消耗	采用先进工艺，提高主元素回收率，提高产品质量，节能降耗，保持适度规模，提高适应性，达到标准化，综合回收有价元素		对难熔、难回收的有价元素进行回收，对废气、废水、废渣等废弃物进行无害化处理并综合利用
尾矿处理	开发尾矿中新的有用组分	减少废石、废渣、废气、废水的排放量	尾矿中有价组分的回收利用	增加再生金属矿产	可以在尾矿库上复垦造田，根据土壤的实际情况，选择作物

建立高效循环矿业经济模式，重点要做好以下两方面工作。

1）提高资源综合利用率，加强资源循环利用

政府相关部门应完善政策体系和保障机制，要求矿山企业在开采矿山前，必须进行矿石的"矿产综合利用试验研究"，投产后进行"矿产资源综合利用水平评价"，从而有效保证企业生产采用的工艺科学合理，充分回收有用元素，不浪费资源。

在矿产资源勘查过程中加强综合找矿和综合评价工作。在地质找矿中要做到综合勘查、综合评价，对勘查的矿产资源要加强综合利用评价研究，最大限度地利用各种矿产资源，即在勘查评价主矿的同时，对与其共生和伴生矿产进行全面勘查和评价。要紧密结合地质条件和矿床特点，充分探明各种可供工业利用的矿产，合理选择和综合使用各种有效手段，全面考察主矿产、共生和伴生矿产的综合经济价值，合理制定综合开发利用的工业指标，综合圈定矿体和计算储量，以利于矿产资源合理开采和资源的充分利用。对共生矿产，要根据地质条件、共生关系、价值大小和采选冶条件区别对待，提高勘查评价效果；对多用途矿产，要依相应技术标准按使用价值由高到低进行评价；对老矿山的围岩废渣、选矿尾砂也应有选择性地开展系统评价，探索和评价其工业再利用的可能性。

矿山企业是矿业行业的重要细胞，是矿业的最重要的组成部分，要推进绿色

矿业的发展，必须从绿色矿山着手，绿色矿山建设是发展绿色矿业的基础[37]。绿色矿山建设主要技术手段就是采用绿色采选技术进行矿业生产，传统矿山向绿色矿山转型升级的技术途径见图17-8。

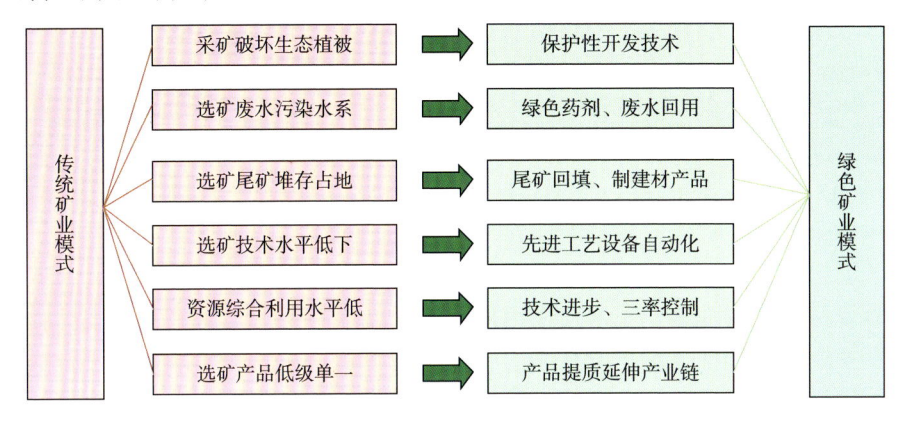

图17-8　传统矿山向绿色矿山转型升级的技术途径

2）发展矿业循环经济，延长产业链条

发展循环经济是建设"资源节约型、环境友好型"社会的需要，在矿业经济中，循环经济是降低资源消耗、减少环境污染，实现可持续发展的重要途径。矿山环境保护及恢复治理补偿机制是对已破坏环境治理恢复的一种补救措施，而发展循环经济是一种预防措施，能更好地保护矿山环境。

发展矿业循环经济，要求减少资源消耗、提高资源的综合利用率。根据秦巴山脉区域河南片区内共伴生矿产资源和工业尾矿较多的特点，在同一矿区勘查过程中应力求多矿种勘查；从提高开采及利用的技术水平入手，充分利用低品位矿产或尾矿，综合回收利用共伴生有益组分，实现开采减量而利用量并未降低的目标。

还要推动矿产资源循环经济示范工程，研究秦巴山脉区域河南片区内钼矿、金矿、铝矿、铅锌矿及建材类非金属矿产的循环经济产业链模式，组织成"资源—产品—再生资源"的反馈式流程。总之，通过提高矿产资源综合利用和再利用水平，实现单位矿产资源的国民经济产出率最大化和单位国民生产总值的矿产资源消耗最小化。

第四节　绿色矿业评价指标体系研究

一、绿色矿业评价体系的研究现状

建设绿色矿山是发展绿色矿业的基础，对于绿色矿山的评价，目前已经较多，评价体系也已基本建成，2010年国土资源部发布《国家级绿色矿山基本条件》，从依法办矿、规范管理、综合利用、技术创新、节能减排、环境保护、土地复垦、社区和谐、企业文化9个方面对国家级绿色矿山进行评价。也有学者根据生命周期理论，结合层次分析法和模糊综合评价等方法建立了绿色矿山的评价指标体系，部分研究还进行了评价[38~40]。但绿色矿山的评价只是绿色矿业评价的基础，当前，对绿色矿业评价还处于摸索阶段，对绿色矿业的评价还需做进一步的工作，潘冬阳曾提出绿色矿业评价的几种思路，分别是基于生态经济学的能值和绿色GDP视角的评价，基于产业链的评价，以及构建绿色矿业综合评价系统，这为本部分的研究提供了基本的思路[41]。

资源区域经济绿色矿业评价主要包括经济发展因素、资源禀赋因素、环境保护因素及社会支持因素、技术支撑因素等五大因素。其中，资源禀赋是发展绿色矿业的主要物质基础，经济发展和环境保护则是发展绿色矿业需要实现的双重目标，经济发展同时也是绿色矿业发展的重要经济基础，而社会支持和技术支撑则是发展绿色矿业的重要条件和推动力。

二、绿色矿业评价体系的指标建立

基于前人的研究成果和本章对绿色矿业内涵的分析，并充分考虑数据指标的可获得性[39~42]，本章认为表17-3中的资源型区域绿色矿业的评价指标体系较为适宜。

表17-3 资源型区域绿色矿业的评价指标体系

准则层	指标层	单位
经济发展因素	I_1：GDP增长率	%
	I_2：采掘业产值占工业总产值比重	%
	I_3：采掘业增加值占工业增加值比重	%
	I_4：采掘业投资占固定资产总投资比重	%
	I_5：加工业产值与采掘业产值之比	%
资源禀赋因素	I_6：主要优势矿种储量	吨
	I_7：万元GDP用水量	吨/万元
	I_8：万元GDP综合能耗	吨/万元
环境保护因素	I_9：环保投入占财政支出比重	%
	I_{10}：森林覆盖率	%
	I_{11}：万元GDP工业废水排放量	吨/万元
	I_{12}：万元GDP工业废气排放量	立方米/万元
	I_{13}：万元GDP工业固体废弃物产生量	吨/万元
	I_{14}："三废"综合利用产品产值	万元
	I_{15}：矿山环境恢复治理率	%

续表

准则层	指标层	单位
社会支持因素	I_{16}：采掘业从业人数占工业从业人数比重	%
	I_{17}：绿色矿业意识	
	I_{18}：矿业社区和谐	
技术支撑因素	I_{19}：地质勘查投资占固定资产投资比重	%
	I_{20}：科技三项费用占本级财政支出比重	%
	I_{21}：大中型工业企业R&D[①]人员占科技活动人员比重	%
	I_{22}：工程技术人员占总技术人员比重	%
	I_{23}：企业申报专利数	个

1）经济发展因素

经济发展作为发展绿色矿业的目标之一，同时也可以为绿色矿业发展提供必要的经济基础。对于资源型县域，矿业采掘和加工业是其主要工业基础和支柱产业，因此主要通过GDP增长率、采掘业产值、增加值、投资及加工业产值等指标来进行衡量。

县域经济GDP增长率（I_1）是衡量县域经济发展水平主要指标，反映矿业发展对经济的推动作用。

采掘业产值占工业总产值比重（I_2）反映资源型县域矿业采掘业在工业发展中的地位。

采掘业增加值占工业增加值比重（I_3）反映资源型县域矿业采掘业对工业发展的贡献。

采掘业投资占固定资产总投资比重（I_4）反映资源型县域对县域资源的依赖性及对矿业的重视。

加工业产值与采掘业产值之比（I_5）体现了矿业与上下游产业的对接，反映经济发展的模式。

2）资源禀赋因素

资源禀赋是资源型县域发展绿色矿业的主要物质基础和载体，因此，主要通过矿产储量及水、能源等的消耗进行度量。

主要优势矿种储量（I_6）反映资源型县域发展绿色矿业所依托的资源基础。

万元GDP用水量（I_7）反映发展矿业的水资源消耗强度。

万元GDP综合能耗（I_8）反映发展矿业的能源消耗强度。

3）环境保护因素

实现生态良好是发展绿色矿业的最终目标，其主要内容在于环境保护与环境治理，将主要通过环保投入、"三废"排放及综合利用、矿山恢复治理及森林覆

---

① research and development，研发。

盖率来反映对生态环境的保护情况。

环保投入占财政支出比重（I_9）反映政府对于环境保护事业的重视程度。

森林覆盖率（I_{10}）反映资源型县域环保工程的实际工作成果。

万元GDP工业废水排放量（I_{11}）、万元GDP工业废气排放量（I_{12}）、万元GDP工业固体废弃物产生量（I_{13}）反映资源型县域在经济发展过程中主要工业废弃物的排放情况。

"三废"综合利用产品产值（I_{14}）反映"三废"综合利用成果。

矿山环境恢复治理率（I_{15}）反映矿山地区生态环境恢复治理工作的成果。

4）社会支持因素

发展绿色矿业离不开社会的支持，需要矿山企业和社区居民树立绿色矿业的理念，实现矿山与社区居民的和谐共存，同时也可以促进社会就业，二者相辅相成。

采掘业从业人数占工业从业人数比重（I_{16}）反映社区居民对矿业发展的支持，也体现了矿业对地区就业的促进作用。

绿色矿业意识（I_{17}）反映矿区及社区居民对绿色矿业的认识与支持。

矿业社区和谐（I_{18}）体现了矿山企业与社区居民之间的和谐共存，即矿业社区建设情况。

5）技术支撑因素

对于矿业而言，技术是促进矿业发展，尤其是绿色矿业发展的主要推动力，从勘察开采到选矿冶炼，先进的工艺流程和机械设备对于提高矿业效率，减少资源浪费和保护生态环境都至关重要。

地质勘查投资占固定资产投资比重（I_{19}）和科技三项费用占本级财政支出比重（I_{20}）反映对地质勘查工作和科技工作的重视程度和投入力度。

大中型工业企业R&D人员占科技活动人员比重（I_{21}）、工程技术人员占总技术人员比重（I_{22}）反映资源型县域对工程技术和研发工作的重视程度。

企业申报专利数（I_{23}）反映企业的科技创新能力和水平。

三、绿色矿业体系的综合评价模型

为研究资源片区的绿色矿业发展情况，体现每个指标的不同作用，需要对每个指标进行赋权。通常将主观赋权法与客观赋权法相结合，使用AHP（analytic hierarchy process，层次分析法）对专家的观点通过数学检验来获取指标的主观权重，根据数据的内在规律，采用EM（entropy method，熵值法）获取指标的客观权重，进而通过使用TOPSIS（technique for order preference by similarity to ideal solution，逼近理解的排序法）进行综合评价。该方法由Hwang和Yoon于1981年提出，其基本思想是确定决策问题的最优方案与最劣方案，即正理想解与负理想解，然后比较评价方案与正负理想解的欧氏距离，并计算评价方案与正负理想解的相对贴近度，以此作为对方案进行优劣排序的依据[43]。本章构建的绿色矿业综合评价模型如下。

1. 原始数据的标准化处理

绿色矿业综合评价指标体系如表17-3所示，其中，I_7、I_8、I_{11}、I_{12}和I_{13}为逆指标，其余为正指标，将正指标按式（17-1），逆指标按式（17-2）进行标准化，得到标准化决策矩阵：

$$x'_{ij} = \frac{x_{ij} - \min x_j}{\max x_j - \min x_j} \quad (17\text{-}1)$$

$$x'_{ij} = \frac{\max x_j - x_{ij}}{\max x_j - \min x_j} \quad (17\text{-}2)$$

其中，x_{ij}为第i个评价方案对应的第j个指标的数据值；x'_{ij}为x_{ij}标准化之后的数据；$\max x_j$和$\min x_j$分别为第j个指标下所有评价方案中的最大值和最小值。

2. 熵值法求客观权重

（1）计算各个评价对象在各个评价指标下的特征比重：

$$P_{ij} = \frac{x_{ij}}{\sum_{i=1}^{m} x_{ij}}$$

（2）计算第j个指标的熵值：

$$e_j = -(\ln m)^{-1} \sum_{i=1}^{m} P_{ij} \ln P_{ij}$$

其中，m为被评价对象数目；n为指标数目。

（3）计算第j个指标的差异性系数：

$$g_j = 1 - e_j$$

（4）利用熵值计算各个指标的客观权重：

$$v_j = \frac{g_j}{\sum_{j=1}^{n} g_j}$$

得到权重集：

$$V = [v_1, v_2, v_3, \cdots, v_n]$$

3. 层次分析法求主观权重

（1）建立层次结构模型。根据绿色矿业的内涵，将绿色矿业分为经济发展、资源禀赋、社会支持、环境保护和技术支撑5个准则层,建立层次结构模型,见表17-3。

(2)构造判断矩阵。根据九标度法,邀请相关领域的专家对各层次中元素两两之间的相对重要性进行判断,得到相对重要性的判断矩阵。

(3)计算元素权重。求判断矩阵的特征向量及对应的特征值,规范化后即为权向量和最大特征根。

(4)对判断矩阵进行一次性检验。如果满足一致性指标,则具有满意的一致性。

(5)对层次结构模型中的各判断矩阵分别获取权重,最终得到层次总权重向量 $U = [u_1, u_2, u_3, \cdots, u_n]$。

4. 获取组合权重

为体现主客观权重在绿色矿业评价中的不同作用,本章取主观权重和客观权重的平均值作为组合权重 $W = [w_1, w_2, w_3, \cdots, w_n]$。

5. 用TOPSIS方法进行评价

(1)获取加权规范化决策矩阵:

$$Z = (z_{ij})_{m \times n}$$

其中,$z_{ij} = w_j \times x_{ij}$。

(2)对于各个指标,将评价方案中的最优解和最劣解组成正理想解 Z_i^+ 和负理想解 Z_i^-。

(3)计算各评价方案与正负理想解的欧式距离 d_i^+ 和 d_i^-:

$$d_i^+ = \sqrt{\sum_{i=1}^{n}(z_{ij} - z_j^+)^2} \quad (17\text{-}3)$$

$$d_i^- = \sqrt{\sum_{j=1}^{n}(z_{ij} - z_j^-)^2} \quad (17\text{-}4)$$

(4)分别对 d_i^+ 和 d_i^- 进行无量纲化处理,得到 $d_i'^+$ 和 $d_i'^-$:

$$d_i'^+ = d_i^+ / \max(d_i^+), i = 1 \sim m \quad (17\text{-}5)$$

$$d_i'^- = d_i^- / \max(d_i^-), i = 1 \sim m \quad (17\text{-}6)$$

(5)计算各个评价方案与正理想解的贴近度:

$$c_i = d_i'^- / (d_i'^+ + d_i'^-) \quad (17\text{-}7)$$

依据各评价方案的相对贴近度进行排序，相对贴近度越大，表示与最优方案的距离越近，评价对象越优；反之，相对贴近度越小，表示与最优方案的距离越远，评价对象越劣。

第五节　省际矿业开发合作机制研究

由于矿产资源的分布和行政区域划分不一致，经常出现一个大型矿集区分布于多个行政省内的情况，导致由于行政管理分割的原因，同一个矿集区内产业开发不平衡，缺少统一规划，资源分割不成规模，局部甚至出现"三不管"或者乱采滥挖等不良现象。因此，在大型矿产资源聚集区，必须建立省级间的矿业开发合作机制，才能在强生态保护的条件下高效率地开发利用好矿产资源。建立省级间矿业开发合作机制，主要应该从以下方面考虑。

1. 建立国家层面的区域矿产资源统一开发管理机构

打破行政省的划分概念，把大型矿产资源聚集区域作为一个"矿产资源省"，从国家层面构建一个矿产资源统一开发管理机构，对片区的优势矿产资源进行统一管理、统一规划、有序开发，有助于形成矿业规模经济，增加我国在国际矿业领域的话语权；在矿山地质环境保护方面也有利于统一管理，推行统一标准，促进矿产资源的可持续开发利用。

矿产资源聚集区实行跨省级统一规划管理后，在矿山环境保护与治理方面，也有利于推行统一的环境治理与保护标准，促进矿产资源的有序合理开发。

2. 片区大型优势矿产企业跨省兼并重组，打造大型矿业企业集团

秦巴山脉矿集区是特别适合建立矿产资源省的典型区域。秦巴山脉矿集区内存在钼和金两大优势矿产，其储量排名分别为国内第一位和第二位。就钼而言，洛阳的洛钼集团和陕西的金堆城钼业公司都是国内大型钼业公司，其主体钼矿均位于秦巴山脉区域内。河南灵宝是国内第二大产金基地，若把陕西、甘肃、四川、湖北等省份在秦巴山脉区域内的金产量都计算上，则秦巴山脉产金区估计应为全国第一产金基地。

3. 省级间不同行业部门之间的合作机制

由于矿产资源聚集区内不仅仅是矿产资源需要开发，还有文化、旅游、交通、机械加工、农林等众多行业需要协同发展，这样才能最终形成强生态高效循环可持续的区域发展模式，在矿产资源聚集区实行跨省级统一规划管理，以便于

协调各不同行业的发展。

　　秦巴山脉区域内各行政省区应统一建立跨区域合作的政策、体制和机制，建立绿色矿业服务业发展模式及咨询政策建议性研究机制。不论是从传统产业升级，还是从生态产业绿色发展角度来说，构建矿产资源省，建立优势矿产集聚区，都是一个很好的矿业可持续发展思路。

参 考 文 献

[1] 汪松. 河南省矿产资源整合系统、模式及潜力研究[D]. 中国地质大学博士学位论文，2014.
[2] 河南省国土资源厅. 河南省矿产资源公报（2016）[Z]. 2017.
[3] 国土资源部. 截至二〇一四年全国矿产资源储量汇总表[Z]. 2015.
[4] 薛亚洲，王海军. 全国矿产资源节约与综合利用报告（2015）[M]. 北京：中国地质出版社，2015.
[5] 任世赢. 我国矿产资源综合利用现状、问题及对策分析[J]. 中国资源综合利用，2017，35（12）：78-80.
[6] 唐宇，李瑞军，王海军. 我国矿产资源综合利用现状分析及对策建议[J]. 中国矿业，2013，22（12）：100-102.
[7] 李士彬，李宏志，王素萍. 我国矿产资源综合利用分析及对策研究[J]. 资源与产业，2011，13（4）：99-104.
[8] 崔振民，吴伟宏，姜琳，等. 浅析我国矿产资源综合利用[J]. 中国矿业，2013，22（2）：40-43.
[9] 薛亚洲，王海军. 我国矿产资源节约与综合利用现状分析[J]. 矿产保护与利用，2017，（2）：1-6.
[10] 国土资源部. 重要矿产资源开发利用水平通报[Z]. 2018.
[11] 翟春霞. 河南省矿产资源综合利用的成效与建议[J]. 矿产保护与利用，2012，（5）：1-4.
[12] 唐宇，李瑞军，王海军. 我国矿产资源综合利用分析及对策研究[J]. 中国矿业，2013，22（12）：100-106.
[13] 张兴辽，殷志勇，陶波，等. 河南省矿产资源节约与综合利用现状及展望[J]. 中国国土资源经济，2013，（4）：38-42.
[14] 河南省国土资源研究院. 河南省优势矿产"三率"指标调查与评价[Z]. 2015.
[15] 刘亚川. 我国矿产资源综合利用技术现状分析与展望[J]. 矿产保护与利用，2013，（6）：1-3.
[16] 陈小磊. 矿产资源综合利用分析和发展研究[J]. 吉林化工学院学报，2014，31（6）：100-103.
[17] 林进展，李军军，冯战奎，等. 河南省栾川县矿产资源开发可持续发展对策[J]. 资源与产业，2013，15（3）：1-5.
[18] 灵宝市政府. 灵宝市矿产资源规划（2008—2015）[Z]. 2008.
[19] 河南省人民政府. 河南省矿产资源总体规划（2008—2015）[Z]. 2008.
[20] Kambara T. The energy situation in China [J]. The China Quarterly，1992，（131）：608-636.
[21] 齐志新，陈文颖，吴宗鑫. 工业轻重结构变化对能源消费的影响[J]. 中国工业经济，2007，（2）：35-42.

[22] 魏楚，沈满洪.能源效率及其影响因素：基于DEA的实证分析[J].管理世界，2007，（8）：66-76.

[23] 魏楚，沈满洪.能源效率与能源生产率：基于DEA方法的省际数据比较[J].数量经济技术经济研究，2007，（9）：110-121.

[24] 汪一帆.中原经济区背景下河南重要矿产资源支撑及保障研究[D].中国地质大学博士学位论文，2014.

[25] 河南省国土资源厅.河南省矿山地质环境保护与治理十二五规划[Z].2010.

[26] 李文杰，王邦贤，任佩佩，等.河南矿山地质环境问题及几点治理建议[J].地质灾害与环境保护，2010，21（1）：12-14.

[27] 杨士海，王西平.河南省矿山地质环境问题治理对策研究[J].中国国土资源经济，2013，（10）：11-14.

[28] 徐莉，张军营，路东臣.河南矿山生态环境现状及其保护对策[J].中国矿业，2004，13（4）：31-35.

[29] 魏玉虎，齐光辉，杨军伟.河南省矿山环境地质问题综合评价分区研究[J].水文地质工程地质，2007，（2）：106-108.

[30] 陈树斌.互联网与传统行业融合发展趋势浅析[J].当代经济，2016，（30）：68-70.

[31] 张焱.互联网+矿业=？[N].中国矿业报，2015-07-23，第7版.

[32] 安翠娟，薛全全，刘晓，等.我国绿色矿业发展对策及规划编制研究[J].矿产保护与利用，2014，（5）：8-11.

[33] 朱训.关于发展绿色矿业的几个问题[J].中国矿业，2013，22（10）：1-6.

[34] 裴荣富，李莉，王浩琳.矿产地质勘查与矿业可持续发展的科学技术模拟[J].矿产保护与利用，2009，（1）：7-12.

[35] 裴荣富.21世纪矿业应向后工业发展势态倾斜——适者生存和可持续发展[J].地球科学，2002，（1）：72-80.

[36] 裴荣富，梅燕雄，李莉，等."一带一路"矿业开发和可持续发展[J].国土资源情报，2015，（5）：3-7，19.

[37] 赵峰.建设绿色矿山是绿色矿业发展的基础[N].中国征业报，2010-09-14，第A1版.

[38] 张德明，贾晓晴，乔繁盛，等.绿色矿山评价指标体系的初步探讨[J].循环经济，2010，3（12）：11-13.

[39] 闫志刚，刘玉朋，王雪丽.绿色矿山建设评价指标与方法研究[J].中国煤炭，2012，38（2）：116-120.

[40] 宋海彬.绿色矿山绩效评价指标设计[J].煤炭技术，2013，32（8）：5-7.

[41] 潘冬阳.我国绿色矿业的评价思路探讨[J].资源与产业，2012，（6）：106-109.

[42] 乌力雅苏，严良，张龙.资源型县域绿色矿业评价研究——以河南嵩县为例[J].科技管理研究，2015，（4）：238-243.

[43] Hwang C L，Yoon K. Multiple Attribution Decision Making，Methods and Applications[M]. Berlin：Springer，1981.

第五篇
秦巴山脉区域河南片区（伏牛山区）绿色工业与信息发展战略研究

第十八章　绪　　论

第一节　研究背景和意义

一、研究背景

秦巴山脉区域河南片区行政区划涵盖河南省洛阳市、平顶山市、三门峡市和南阳市4个省辖市属的17县（区、县级市），包括洛阳市洛宁县、宜阳县、嵩县、汝阳县、栾川县，平顶山市鲁山县、叶县，三门峡市陕州区、卢氏县、灵宝市，南阳市卧龙区、南召县、镇平县、方城县、内乡县、淅川县、西峡县。

秦巴山脉区域河南片区4个省辖市17县（区、县级市）以伏牛山山脊和淮河干流为界，形成以伏牛山为东西横贯轴的南北坡，南坡属亚热带，北坡属暖温带。伏牛山区南北坡地区资源禀赋，年平均气温、日照时数、年均降雨量、无霜期等各项气候指标，水资源分布、流域类型，交通、地理、产业结构，以及社会经济发展等存在不同特点。为便于归类分析，本章将秦巴山脉区域河南片区洛阳市5县、平顶山市2县和三门峡市1区1市1县划为伏牛山北坡，将南阳市1区6县划为伏牛山南坡。

秦巴山脉区域河南片区属于国家集中连片特殊困难地区的伏牛山区，大多处于农业区，工业化、城镇化水平低，且大部分地区属于国家限制开发的重点生态功能区，生态建设任务重，经济发展与生态保护矛盾十分突出，要实现到2020年与全省同步建设小康社会目标任务十分艰巨。

二、研究意义

党的十九大于2017年10月在北京胜利召开，习近平总书记在党的十九大报告中提出乡村振兴战略，2018年2月4日中央一号文件《中共中央国务院关于实施乡村振兴战略的意见》公布。按照习近平新时代中国特色社会主义思想的指引，农业、农村、农民问题是关系国计民生的根本性问题，必须始终把解决好"三农"问题作为全党工作重中之重，实施乡村振兴战略。其目标任务是：到2020年，乡村振兴取得重要进展，制度框架和政策体系基本形成；到2035年，乡村振兴取得决定性进展，农业农村现代化基本实现；到2050年，乡村全面振兴，农业强、农村美、农民富全面实现。实施乡村振兴战略，要坚持党管农村工作，坚持农业农村优先发展，坚持农民主体地位，坚持乡村全面振兴，坚持城乡融合发展，坚持人与自然和谐共生，坚持因地制宜、循序渐进。党的十九大报告在论述国土空间开发和加快建设制造强国时指出：人类只有遵循自然规律才能有效防止在开发利用自然上走弯路。构建国土空间开发保护制度，完善主体功能区配套政策，建立以国家公园为主体的自然保护地体系；要加快建设制造强国，加快发展先进制造业，推动互联网、大数据、人工智能和实体经济深度融合，在中高端消费、创新引领、绿色低碳、共享经济、现代供应链、人力资本服务等领域培育新增长点、形成新动能。

党的十八大报告指出：到2020年我国要全面建成小康社会。党的十八届五中全会通过的《中共中央关于制定国民经济和社会发展第十三个五年规划的建议》对构建产业新体系做出了全面部署，强调实现"十三五"时期发展目标，破解发展难题，厚植发展优势，必须牢固树立并切实贯彻创新、协调、绿色、开放、共享的发展理念，坚持绿色发展理念，坚持绿色富国、绿色惠民，推进美丽中国建设。产业是强国之基、兴国之本。国家的强盛和地区经济社会发展都与健全的产业体系密切相关。"十三五"时期是我国全面建成小康社会关键的5年，也是世界产业技术和分工格局的深刻调整期，是我国推动经济提质增效升级的关键期，产业转型发展面临新的机遇和挑战。

在决胜全面建成小康社会，开启全面建设社会主义现代化国家新征程中，必须坚持人与自然和谐共生，努力推进绿色发展，努力建设美丽中国。通过"秦巴山脉区域河南片区（伏牛山区）绿色工业与信息发展战略研究"，为推动秦巴山脉区域河南片区绿色工业与信息化发展，实现该区域经济社会可持续发展，同时保持蓝天常在、青山常在、绿水常在，坚持走绿色发展、循环发展、低碳发展路子，努力形成节约资源和保护环境的空间格局、产业结构、生产方式，提供一份有价值的发展战略报告。

第二节　绿色发展和绿色工业

一、绿色发展

不同层面的绿色发展理念具有不同的科学内涵。从政治建设层面是高层次发展，从经济发展层面是创新驱动发展，从生态环境层面是可持续发展，从社会发展层面是普惠民生发展，从文化价值层面是和谐向上发展。绿色发展理念，将成为我国当前和今后一个时期在全面建成小康社会和探索基本实现现代化历史征程中的重要引领和取向[1]。

20世纪90年代以来，环境问题越来越成为关系人类生死存亡的全球性问题。中国顺应全球绿色发展潮流，坚定不移地走可持续发展道路，形成了公平性、持续性和共同性三个基本原则，其核心思想是在不降低环境质量和不破坏自然资源的基础上发展经济，并使子孙后代仍然能够享有充足的资源和良好的自然环境；实质是改变传统发展模式，由粗放型经济向集约型经济过渡，促进经济发展与社会可持续发展、资源持续利用和环境保护相协调；实现建立资源节约的经济体系，改变高度依赖资源、消耗资源的传统发展模式的目标。

二、绿色工业

关于绿色产业，国际绿色产业联合会的定义为：在生产过程中，基于环保考虑，借助科技，通过绿色生产机制，力求在资源使用上节约及污染减少（节能减排）的产业，即可称为绿色产业。将绿色产业按照三次产业进行划分，则包括绿色农业、绿色工业和绿色服务业。绿色工业的实质是改变传统的粗放型经济发展模式，以低消耗、低污染、高效率和高产出为主，强调合理开发自然资源，实现生态平衡。绿色工业追求整个产品生产过程实行清洁化生产，减少物料消耗，同时实现废物减量化、资源化和无害化，从而使资源、能源、投资得以最优利用。

由于传统工业化道路是以"高投入、高能耗、高污染、低效益"为特征的"三高一低"粗放型经济增长方式，资源环境为之付出了巨大代价，经济社会可持续发展的压力和难度越来越大。在绿色发展理念基础上衍生的绿色工业，在经济层面上体现为创新驱动发展，要求追求科学发展，通过技术、管理和文化创新，实现整体社会意义的绿色发展，转换经济增长方式，优化产业结构，走新型工业化道路。

绿色工业是实现清洁生产、生产绿色产品的工业，即在生产满足人的需要的产品时，能够合理使用自然资源和能源，保护环境和实现生态平衡，减少物料消耗，实现废物减量化、资源化和无害化。

绿色工业的重要实践形式是清洁生产和生态工业园区建设。清洁生产是对生产过程与产品采取整体预防的环境策略，减少或消除对环境可能的危害，使经济社会效益最大化的一种生产模式，包括改进设计，使用清洁能源和原料，采用先进工艺技术与设备，改善管理，综合利用，提高资源利用率，减少或避免生产、服务和产品使用过程中污染物产生和排放。生态工业园区是通过模拟自然生态系统设计物流、能源流，摈弃"设计—生产—使用—废弃"的传统生产模式，遵循"回收—再利用—设计—生产"的循环经济模式，形成企业间共生网络，使上游企业生产过程的废弃物成为下游企业生产的原材料,企业间能量和水等资源梯级利用,以最大限度地提高资源利用率,从工业源头上将污染物排放量减至最低,参与企业对环境的影响最小化,园区内实现绿色设计、清洁生产、污染预防、能源有效利用及企业相互有机合作,达到相互间资源的最优化配置和利用,提高其经济和环境效益。

在具体实践过程中,绿色工业的内涵又有狭义和广义的区别。狭义的绿色工业考虑了人与自然和环境之间的和谐关系,是指大力发展环境友好型产业,降低能耗和物耗,保护和修复生态环境,使经济社会发展与自然相协调。广义的绿色工业,不仅要考虑人与自然和环境之间的和谐关系,还要考虑人与人之间的和谐关系,包括均衡发展、节约发展、安全发展、低碳发展和循环发展等一系列绿色发展的制度、行为、工艺和产品等。

绿色工业体系是以循环经济为基础的经济形态,是高科技、低能耗、生态化、零排放、资源循环利用、可持续发展的工业体系。其特征是低投入、高产出,以最少的资源能源消耗发展经济,以最小的经济成本保护生态环境。可按照资源禀赋,构筑区域产业合理布局的均衡工业体系;实现生态发展平衡,构建产业结构优化、产业链完备、资源能源消耗减量化和再利用的循环工业体系;发挥科技资源优势,提高自主创新能力,构筑科技成果产业化和产业发展高端化、低碳化、生态化的现代工业体系。

面对全球性生态危机,世界各国先后提出基于绿色工业的工业可持续发展战略。我国绿色工业的重要实践形式是清洁生产和生态工业园区建设,《中国21世纪议程》指出:产业可持续发展的总目标是根据国家社会、经济可持续发展战略的要求,调整和优化产业结构和布局;运用科学技术特别是电子信息、自动化技术改造传统产业,使传统产业生产技术和装备现代化有重点地发展高技术,实现产业化;推动清洁生产的发展;提高产品质量,使工业产业尽快步入可持续发展的轨道。

针对秦巴山脉区域河南片区的特点,构建绿色空间和产业布局,加快主体功能区建设,构建科学合理的国土开发格局,使不同主体功能区自觉按照各自的主体功能定位发展,在城镇化过程中构建合理的城镇化宏观布局,推动城镇化发展由外延扩张向内涵提升转变,使生态文明建设向广大农村地区延伸。

在秦巴山脉区域河南片区产业空间布局上,应把资源环境承载能力作为先决条件,向比较优势地区集中,对不同项目实行差别化市场准入政策。在该区域实现绿色工业的主要措施有四个方面:加强国家宏观管理,严格实施主体功能区战略;改善片区内工业结构和布局;在片区内开展清洁生产和生产绿色产品;强化工业技术开发和利用[1]。

三、意义

党的十九大的主题是:不忘初心,牢记使命,高举中国特色社会主义伟大旗帜，决胜全面建成小康社会，夺取新时代中国特色社会主义伟大胜利，为实现中华民族伟大复兴的中国梦不懈奋斗。

中国特色社会主义事业总体布局是经济建设、政治建设、文化建设、社会建设、生态文明建设"五位一体"，战略布局是全面建成小康社会、全面深化改革、全面依法治国、全面从严治党"四个全面"，强调坚定道路自信、理论自信、制度自信、文化自信"四个自信"。绿色发展是贯穿当前中国发展全局的基础理念之一，与创新、协调、绿色、开放、共享的发展理念有机共融、互为一体。将绿色发展的理念、原则、目标等深刻融入"五位一体"的各方面和全过程，坚持节约资源和保护环境的基本国策，着力推进绿色、循环、低碳发展，为人民创造良好生产生活环境，推动我国经济社会发展不断迈上新台阶。

第三节 信息化融合发展

党的十八大就提出了信息化与工业化"两化"深度融合的新目标，在更大的范围、更细的行业、更广的领域、更高的层次、更深的应用、更多的智能方面，实现信息化与工业化的彼此交融。党的十九大报告指出，推动新型工业化、信息化、城镇化、农业现代化同步发展；建设网络强国、数字中国、智慧社会。

信息化与工业化的"两化"融合是信息化和工业化的高层次的深度结合，是指以信息化带动工业化、以工业化促进信息化，走新型工业化道路；"两化"融合的核心就是信息化支撑，追求可持续发展模式。

信息技术在制造业生产研发设计、生产制造、经营管理等领域的深化应用、渗透和融合，不仅催生了新型的工业产品，还形成了大规模定制、产品全生命周期管理、异地协同研制等新型业务模式。信息化建设是企业快速发展的助推器，目前在军工、装备、船舶、汽车、机械、电子科技等众多行业企业的信息化单项应用已经比较成熟，正逐步由单项向集成过渡[1]。

一、信息化融合含义

"两化"融合的提出可以追溯到2011年4月，工业和信息化部、科学技术部、财政部、商务部、国有资产监督管理委员会等单位，联合印发了《关于加快推进信息化与工业化深度融合的若干意见》，意见如下。

1. 指导思想

以科学发展为主题，以加快转变经济发展方式为主线，坚持信息化带动工业化，工业化促进信息化，重点围绕改造提升传统产业，着力推动制造业信息技术的集成应用，着力用信息技术促进生产性服务业发展，着力提高信息产业支撑融合发展的能力，加快走新型工业化道路步伐，促进工业结构整体优化升级。

2. 基本原则

创新发展，塑造转型升级新动力。把增强创新发展能力作为信息化与工业化深度融合的战略基点和改造提升传统制造业的优先目标，以信息化促进研发设计创新、业务流程优化和商业模式创新，构建产业竞争新优势。

绿色发展，构建两型产业体系。把节能减排作为信息化与工业化融合的重要切入点，加快信息技术与环境友好技术、资源综合利用技术和能源资源节约技术的融合发展，促进形成低消耗、可循环、低排放、可持续的产业结构和生产方式。

智能发展，建立现代生产体系。把智能发展作为信息化与工业化融合长期努力的方向，推动云计算、物联网等新一代信息技术应用，促进工业产品、基础设施、关键装备、流程管理的智能化和制造资源与能力协同共享，推动产业链向高端跃升。

协调发展，统筹推进深度融合。发挥企业主体作用，引导企业将信息化作为企业战略的重要组成部分，调动和发挥各方面积极性，形成推进合力。切实推动信息技术研发、产业发展和应用需求的良性互动，提升产业支撑和服务水平。注重以信息技术应用推动制造业与服务业的协调发展，促进向服务型制造转型。

信息化与工业化"两化"融合包括技术融合、产品融合、业务融合、产业衍生四个方面。技术融合是指工业技术与信息技术的融合，产生新的技术，推动技术创新；产品融合是指电子信息技术或产品渗透到产品中，增加产品的技术含量；业务融合是指信息技术应用到企业研发设计、生产制造、经营管理、市场营销等各个环节，推动企业业务创新和管理升级；产业衍生是指"两化"融合可以催生出的新产业，形成一些新兴业态，如工业电子、工业软件、工业信息服务业。

二、意义

习近平总书记强调，产业结构优化升级是提高我国经济综合竞争力的关键举措。而"两化"融合的目的就在于使新产业衍生和市场需求扩大、工业结构优化升级。其意义如下。

（1）可以催生出新的产业，如汽车电子产业、工业软件产业、工业创意产业、企业信息化咨询业等。同时，对电子信息产品制造业、软件产业、信息服务业、电信业等产生了大量市场需求，可以有效推动这些产业的发展壮大。

（2）使资源在不同工业行业和企业配置的比例关系不断优化，产业素质及生产供应结构不断提高，包括工业结构合理化和工业结构高级化。当前，信息技术已成为促进传统工业改造升级、提升工业生产率、推进现代工业化的必不可少的重要手段，推进信息化与工业化融合更是促进我国工业结构优化升级的重要动力。

围绕做大做强先进制造业、现代服务业、现代农业、网络经济，聚焦电子信息、装备制造、现代金融商贸物流、文化创意旅游、生态农业等战略产业，围绕产业链布局创新链，推动产业高端化、智能化、绿色化、服务化。在严格遵守秦巴山脉区域河南片区主体功能区战略的前提下，完善以工业实体经济为主体的生产力布局，走出一条"两化"融合、产业集聚、资源集约、土地节约、绿色发展的新路子。

第四节　绿色工业发展内涵和考核监督

一、绿色工业发展内涵

绿色工业发展是新的发展理念，包含三大维度，即循环发展、低碳发展和生态发展，是对三者内涵的融合。循环发展、低碳发展和生态发展三者各有侧重，又互为补充，统一于绿色工业体系中。

循环发展侧重于资源的回收和再利用。转变粗放、低效的资源利用方式，要求坚持循环发展，破解资源约束困境。循环发展改变了传统的"资源—产品—废弃物"单向直线过程资源利用方式，以资源的高效利用和循环利用为目标，要求"资源—产品—再生资源"的反馈式流程资源利用方式，把传统的依赖资源消耗的线性增长模式，转变为依靠资源循环再利用的可持续增长模式。循环发展摒弃了以"大量生产、大量消费、大量废弃"为特征的传统增长原则，确立了以"减量化（reduce）、再利用（reuse）、再循环（recycle）"为特征的3R原则，要求依靠科技进步和制度创新，提高资源的利用水平和单位要素的产出率，以尽可能少的资源来完成既定的生产目标。再利用原则要求通过构筑资源循环利用产业链，建立起多个产品生产过程中资源的循环利用通道，将同一资源应用于尽可能多的生产过程中。再循环原则要求通过对废弃物的无害化处理，减少废弃物排放，变废弃物为可再生资源，重新发掘废弃资源的新功能，使其再次返回到生产过程中。循环发展的运作方式是分别构筑企业内部的小循环、产业链条的中循环和/或社会整体的大循环。

低碳发展侧重于能源的节约和创新。转变以碳基技术为主的能源消耗体系，要求坚持低碳发展，破解能源约束困境。低碳发展是在可持续发展理念下，通过技术创新、制度创新、产业转型、新能源开发等多种手段，尽可能地减少对煤炭、石油等高碳化石能源的消耗，进而减少温室气体排放的一种经济发展模式。低碳发展的运作方式是分别构建低碳能源体系、低碳产业体系和/或低碳技术体系。

生态发展侧重于人与自然界物质和能量的交换与共生。转变以牺牲自然环境为代价的发展方式，需要坚持生态发展，破解环境约束困境。它是指在生态生态系统承载能力范围内，运用生态经济学原理和系统工程方法改变生产方式，发展生态高效产业，建设体制合理、社会和谐的文化及生态健康、景观适宜的环境。生态发展的运作方式是发展单一型、结合型和复合型生态经济。

绿色科技进步是发展绿色工业体系的重要技术保证，是推进经济社会与生态环境和谐发展的最大动力引擎，包括三方面内容，即绿色工艺、绿色产品和绿色意识。绿色工艺是指在产品设计和制造过程中，提高资源利用率、减少废弃物排放、减轻对环境和人体的危害的工艺流程，分为目的在于减少生产过程中污染产生的清洁工艺技术创新，以及目的在于减少已产生污染物排放的末端治理技术创新两个方面。绿色产品是指具有无污染、节能、宜人，能节约能源和原材料、少使用昂贵稀缺原材料，在使用中及使用后不（或少）危害、影响人体健康、生态环境，以及易于回收利用和再生等特征的产品。绿色意识是指人类在技术应用、产品生产和使用中，所具有的保护环境的思想、观念和行为等。

二、绿色发展考核监督体系

（1）宏观层面：绿色发展绩效评价体系是区域绿色发展绩效评价，建立绿色发展要求的目标体系、考核办法、奖惩机制，体现绿色经济占整个经济的比重，万元GDP资源投入及能耗、水耗和土地消耗等，把资源消耗、环境损害、生态效益等指标纳入区域经济社会发展综合评价体系，加大生态考核权重，增强生态指标约束，改变片面追求规模总量指标，推行绿色GDP核算体系，有助于政府绿色管理科学化、民主化，转变政府职能，助推政府绿色管理活动顺利进行；有利于全社会树立正确的发展观；有利于平衡和调整区域相关利益主体的行为，使各个行为主体绿色管理行为科学化和系统化。常见的评价办法有以应对资源危机为导向的绿色财富评价，以优化经济发展考评体系为导向的绿色GDP评价，以控制发展对环境负荷为导向的绿色足迹评价，以提升人民生活质量为导向的绿色生活评价。区域绿色发展绩效评价指标体系如表18-1所示[2]。

表18-1 区域绿色发展绩效评价指标体系

准则层	分准则层	指标层
绿色财富	自然资本	市场价值、非市场价值
	人造资本	人造资本存量
	智力资本	未来收益贴现值
绿色GDP	传统GDP	GDP
	资源耗竭	耕地资源、水资源、能源
	环境减损	"三废"虚拟治理费、环保投入
	生态效益	"三废"综合利用产品产值、园林绿地面积
绿色足迹	生态足迹	可耕地、林地、草地、化石燃料、土地、建筑用地、水域
绿色生活	绿色消费	恩格尔系数、人均生活用水量、人均生活用电量、人均煤气用量（人工煤气、天然气）、人均液化石油气用量
	绿色出行	百户拥有私人汽车量、每百万人拥有公共交通车辆、每万人拥有出租汽车量、公共汽车客运量与城市人口之比、人均铺装道路面积
	绿色居住	人均建筑面积、生活垃圾无害化处理率、生活废水处理率、人均公共绿地面积、绿化覆盖率

（2）中观层面：绿色发展绩效评价体系是产业绿色发展绩效评价，即绿色工业发展考核监督体系。绿色工业发展直接决定绿色发展的内容和动力，其将产业的生态性、经济性和社会性融合在一起，核心在于构建绿色生产方式，包含四项特征：资源利用效率高，突破资源短缺和低效利用问题，有助于缓解资源供需矛盾；环境友好，不利影响小，符合生态文明建设需求，有利于解决环境污染问题；排放强度逐渐降低，对气候影响小；社会影响度高，通过绿色技术实施，绿色产品的应用，降低经济社会活动对资源环境的负面影响，培育和推行绿色消费、绿色生活的观念。常见的评价模式有绿色生产方式的评价模式，"效率"与"影响"并重的评价模式。产业及工业绿色发展绩效评价指标体系分别如表18-2、表18-3所示[2]。

表18-2 产业绿色发展绩效评价指标体系

准则层	分准则层	指标层
绿色经济	绿色成本	原材料成本、生产成本、营销成本、社会成本
	绿色收益	利润、顾客忠诚度、员工绿色意识、顾客满意度
社会环境	社会行为	环保活动力度
	社会心理	绿色行为意识程度
生态环境	环境属性	空气质量、水质量、土壤质量
	资源属性	能源利用率、可再生资源利用率

表18-3　工业发展绿色绩效指标及权重

主题	次级主题	指标	权重
资源消耗	能源	单位工业增加值能耗	0.16
	水资源	单位工业增加值用水量	0.14
	土地资源	单位工业增加值用地量	0.10
污染物排放	废水	单位工业增加值COD排放	0.11
		单位工业增加值氨氮排放	0.11
	废气	单位工业增加值SO_2排放	0.11
		单位工业增加值氮氧化物排放	0.11
	固体废弃物	单位工业增加值烟粉尘排放量	0.06
		单位工业增加值固体废弃物待利用量	0.10

（3）微观层面：绿色发展绩效评价体系是企业绿色发展绩效评价。从生产过程角度来看，企业实施绿色工业，提供绿色产品；从市场角度来看，企业传播绿色发展理念，践行绿色发展责任。绿色发展绩效评价体系有助于加快实现资源在企业中的可持续利用，推动企业绿色管理，强化公众绿色意识，提升企业国际竞争力。从生态与经济综合角度出发，运用绿色技术进行原材料加工、产品生产、市场供给，实现生产过程的集约、高效、无废、无害、无污染，以及市场过程的绿色发展氛围营造。常用的评价模式有英国学者约翰·埃尔金以经济、社会和生态的"三重底线"概念建立的评价模式，产品与市场相互兼顾的评价模式。企业绿色发展绩效评价指标体系如表18-4所示[2]。

表18-4　企业绿色发展绩效评价指标体系

准则层	分准则层	指标层
经济绩效	财务效果	总资产报酬率、销售利润率、净资产收益率
	营运能力	流动资产周转率、应收账款周转率、存货周转率
	竞争效果	市场占有率、知名度、美誉度、顾客渗透率、顾客忠诚度
经济绩效	绿色效果	经理绿色意识、职工绿色意识、工作环境绿化、企业绿色活动增量
	产品效果	产品适销率、产品储销率
社会绩效	公众效果	顾客满意度、媒体注意度、竞争者效仿率、社会贡献率
	服务效果	产品退换率、承诺履约率、服务项目投资率
	宣传效果	消费者影响率、工艺活动参与率、社会环境宣传计划
	社会效果	下岗人员吸收率、战略中考虑社会问题的程度、社会环境教育计划
环境绩效	环境效果	水污染指标、大气污染指标、土壤污染指标、固体废弃物污染指标、噪声污染指标
	资源效果	资源利用率、产品回收率、绿色能源使用比例
	服务效果	战略中考虑生态问题的程度、生态环境教育计划
	生态投入	环保设备投资比率、绿色技术量、排污治理金额

第十九章　秦巴山脉区域河南片区工业与信息化发展现状及特点

第一节　经济发展现状

国民经济三大产业即第一产业、第二产业、第三产业，三次产业产值加和的总值（三次产业增加值）为GDP，三次产业涉及行业类别见表19-1。

表19-1　国民经济三次产业涉及行业类别

产业类别	产业门类	行业（部门）	行业名称
第一产业	农业	种植业、林业、牧业和渔业	
第二产业	工业	采掘业，制造业，电力、煤气、水的生产和供应业	
	建筑业		
第三产业	服务业	流通部门（物流业）	交通运输、仓储及邮电通信业，批发和零售贸易业，餐饮业
		生产和生活服务部门	金融、保险业，地质勘查业、水利管理业，房地产业，社会服务业，农、林、牧、渔服务业，交通运输辅助业，综合技术服务业等
		提高科学文化水平和居民素质服务部门	教育、文化艺术及广播电影电视业，卫生、体育和社会福利业，科学研究业等
		社会公共需要服务部门	国家机关、政党机关和社会团体及军队、警察等

2016年，秦巴山脉区域河南片区4省辖市17县（区、县级市）GDP为3 474.93亿元，占4省辖市GDP（10 086.08亿元）的34.45%，占全省GDP（40 471.79亿元）的8.59%。秦巴山脉区域河南片区4省辖市属17县（区、县级市）第一、第二和第三产业产值分别为499.14亿元、1 654.34亿元和1 321.45亿元，分别占河南全省三次产业产值（4 286.30亿元、19 275.82亿元、16 909.76亿元）的

11.65%、8.68%、7.86%，三次产业产值占全省生产总值的比例仅分别为1.14%、4.09%、3.23%。2016年河南省、秦巴山脉区域河南片区4省辖市及秦巴山脉区域河南片区17县（区、县级市）三次产业产值见图19-1，三次产业产值占其生产总值的比例见图19-2，秦巴17县（区、县级市）三次产业分布情况见图19-3，城镇化率情况见图19-4[3~7]。

	河南省	洛阳市	平顶山市	三门峡市	南阳市	秦巴山脉河南片区17县（区、县级市）
第一产业	4 286.21	234.00	176.75	123.50	515.50	499.14
第二产业	19 275.82	1 791.32	895.05	748.93	1 364.35	1 654.34
第三产业	16 909.76	1 794.80	753.34	453.43	1 235.12	1 321.45

图19-1　2016年河南省、秦巴山脉区域河南片区4省辖市及秦巴山脉区域河南片区17县（区、县级市）三次产业产值

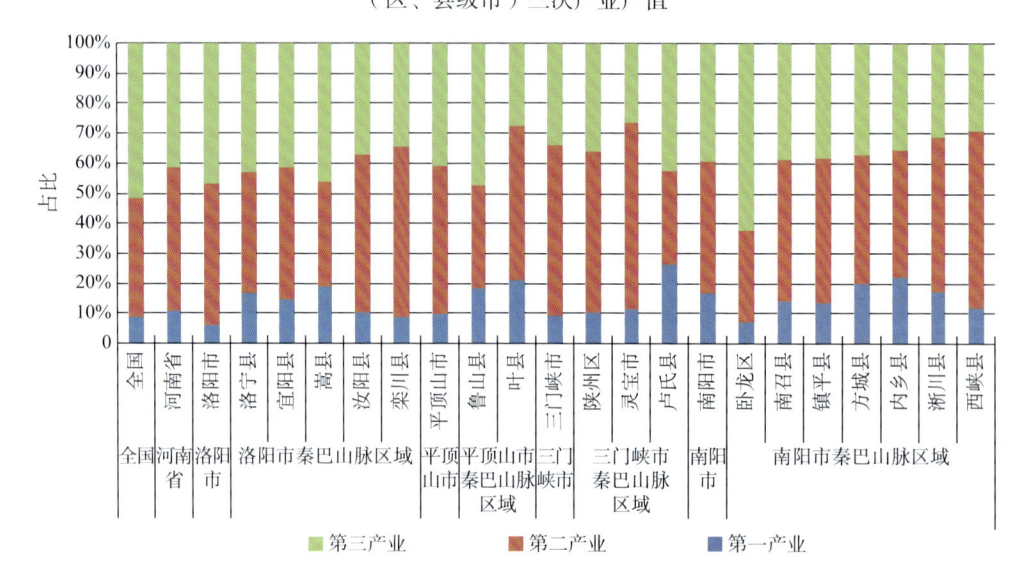

图19-2　2016年全国、河南省、秦巴山脉区域河南片区4省辖市及秦巴山脉区域河南片区17县（区、县级市）三次产业产值占其生产总值的比例

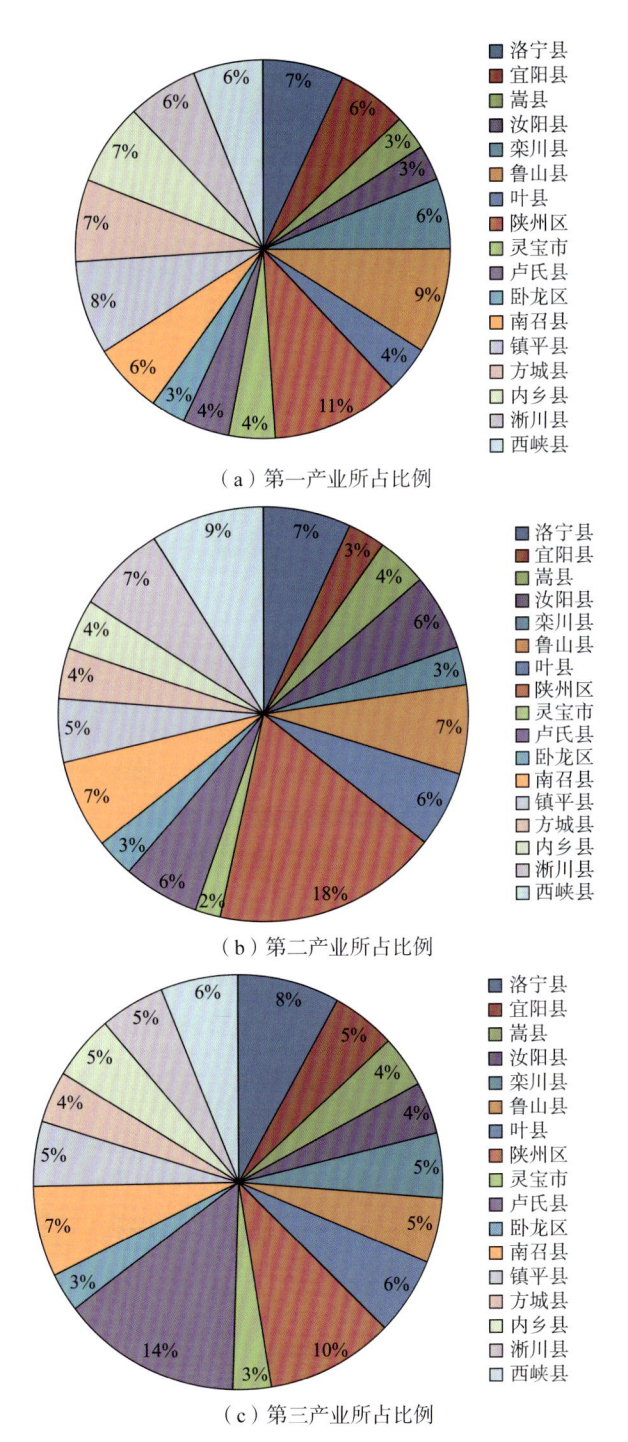

第十九章 秦巴山脉区域河南片区工业与信息化发展现状及特点

（a）第一产业所占比例

（b）第二产业所占比例

（c）第三产业所占比例

图19-3　2016年秦巴山脉区域河南片区17县（区、县级市）三次产业分布
各项百分比之和不等于100%，是因为进行过舍入修约

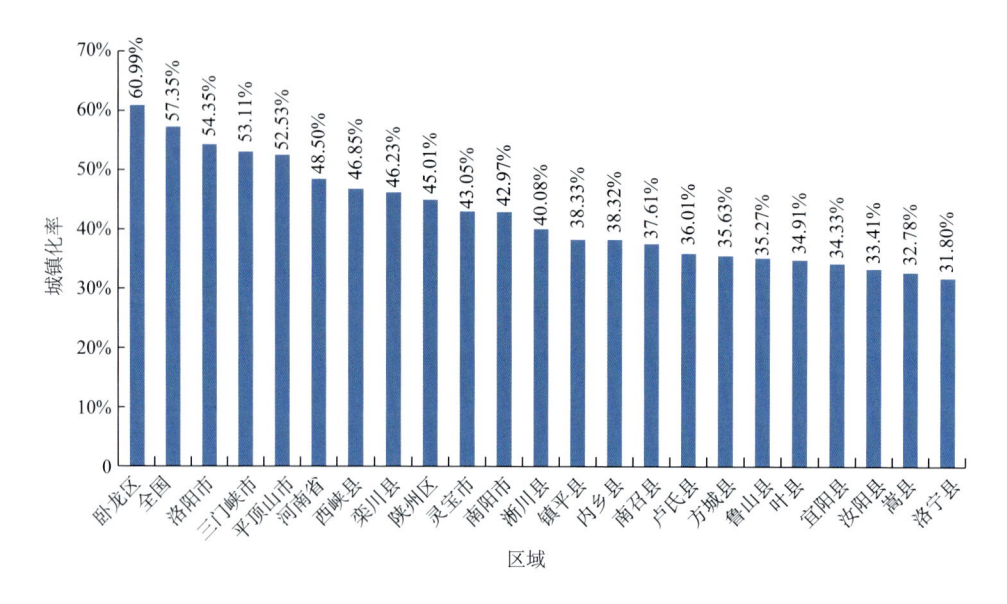

图19-4 2016年秦巴山脉区域河南片区4省辖市及17县（区、县级市）城镇化率排序

秦巴山脉区域河南片区经济基础薄弱，2016年4个省辖市17县（区、县级市）中，76.47%为省级以上贫困县，占河南省级以上贫困县的比例为24.53%。2014年秦巴山脉区域河南片区贫困人口89.28万人，占河南省的比例为15.5%，社会经济发展不均衡。2016年秦巴山脉区域河南片区17县（区、县级市）经济及产业发展情况如下。

洛阳市：2016年秦巴山脉洛阳市洛宁县、宜阳县、嵩县、汝阳县、栾川县5县人口261.8万人，占全省总人口（10 788万人）的2.43%，占秦巴山脉区域河南片区总常住人口的22.53%，占洛阳市总人口（705万人）的37.13%。城镇化率排序：栾川县46.23%、宜阳县34.33%、汝阳县33.41%、嵩县32.78%、洛宁县31.80%，在秦巴山脉区域河南片区17县（区、县级市）中，除栾川县位列第3位外，其余4县均排在秦巴山脉17县（区、市）的最后4位，即第14、15、16、17位。2016年栾川县、嵩县、汝阳县、宜阳县和洛宁县生产总值分别占洛阳市生产总值的4.31%、4.10%、3.63%、6.47%和4.44%，在全市经济中，5县经济总量876.86亿元，所占比例为22.95%。5县人均生产总值分别为46 928元、30 138元、32 608元、40 344元和39 408元，仅栾川为全省（42 575元）的110.22%，其余县均为未达到全省人均生产总值，最低的嵩县仅为全省水平的71.21%，在秦巴山脉区域河南片区17县（区、县级市）中排在第7位。5县产业结构分别为：8.7∶56.6∶34.7，18.8∶34.7∶46.4，10.2∶52.2∶37.6，14.4∶43.8∶41.8，16.4∶40.0∶43.6。秦巴山脉洛阳市5县城镇化率最低，传统资源型产业县比重大，经济社会发展严重滞后[4]。

平顶山市：2016年秦巴山脉平顶山市鲁山县和叶县2县人口182.98万人，占全省总人口的1.73%，占秦巴山脉区域河南片区总人口（1 161.84万人）的15.75%，占平顶山市常住人口（498万人）的36.74%。2016年在秦巴山脉区域河南片区17县（区、县级市）按4省辖市划分中，平顶山市人口密度最高，达405人/千米^2，城镇化率排名靠后，鲁山县、叶县（35.27%、34.91%）分列第11位和第12位。2016年鲁山县、叶县人均生产总值为19 217元、27 676元，仅为全省（42 575元）的45.14%和65.01%，为全市（35 362元）的54.34%和78.26%。鲁山县位居秦巴山脉区域河南片区17县（区、县级市）最后一位，第一、第二和第三产业产值（27.79亿元、51.33亿元、71.89亿元）在平顶山市相应产业产值中的比重仅为19.44%、7.11%和12.65%，该县各次产业产值结构（比值）18.4∶34.0∶47.6；叶县第一、第二和第三产业产值（44.99亿元、111.55亿元、59.61亿元）在平顶山市生产总值中的比重为31.48%、15.44%和10.49%，各产业比为22.1∶54.0∶23.9。鲁山县经济发展严重滞后，经济总量偏低；叶县工业经济虽有一定基础，但产业结构不尽合理[5]。

三门峡市：2016年秦巴山脉三门峡市陕州区、灵宝市和卢氏县总计146.74万人，占全省总人口的1.36%，占秦巴山脉区域河南片区总人口的12.63%，占三门峡市总人口（230万人）的63.8%。2016年在秦巴山脉区域河南片区17县（区、县级市）按4省辖市划分中，三门峡市人口密度最低，仅有169人/千米^2，陕州区、灵宝市、卢氏县城镇化率分别为45.01%、43.05%和36.01%，均低于全省平均值（48.5%）和三门峡市（52.53%），城镇化率在秦巴山脉区域河南片区17县（区、县级市）中排名靠后，排在第4、第5和第10位。2016年陕州区、灵宝市和卢氏县生产总值（200.62亿元、486.83亿元、81.59亿元）分别占全市生产总值的15.13%、36.72%和6.15%，在全市经济中，经济总量超过1/2，达到58.0%，对三门峡市经济贡献率最高。陕州区、灵宝市和卢氏县人均生产总值（57 736元、66 789元、22 913元）为全省（42 575元）的135.61%、156.87%和53.82%，位居秦巴山脉区域河南片区17个县（区、县级市）第1、第3和第15位，各县（区、县级市）经济发展不均衡，差距较大。陕州区、灵宝市和卢氏县第一、第二和第三产业产值（20.2亿元、107.19亿元、73.23亿元、55.55亿元、301.71亿元、129.57亿元、21.18亿元、25.72亿元、34.69亿元）在三门峡市相应产业产值的比重为16.36%、14.31%、16.15%、44.98%、40.29%、28.58%、17.15%、3.43%、7.65%。2016年陕州区、灵宝市和卢氏县产业结构分别为：10.1∶53.4∶36.5，11.4∶62.0∶26.6，26.0∶31.5∶42.5。陕州区和灵宝市第二产业偏高，卢氏县第一产业比重较大[6]。

南阳市：2016年秦巴山脉南阳市卧龙区、南召县、镇平县、方城县、内乡县、淅川县和西峡县总人口570.32万人，占全省总人口的5.29%，占秦巴山脉区域河南片区总人口的48.09%，所占比例均为最高，占南阳市总人口的47.99%。2016年城镇化率排序：卧龙区60.99%、西峡县46.85%、淅川县40.08%、镇平县38.33%、内乡县38.32%、南召县37.61%、方城县35.63%，位居秦巴山脉区域河南片区17县（区、县级市）第1、2、6、7、8、9、11位，平均城镇化率42.54%，位列片区第1位。2016年秦巴山脉南阳市1区6县人口密度295人/千米^2，位列片区第2位。2016年秦巴山脉南阳市卧龙区、南召县、镇平县、方城县、内乡县、淅川县和西峡县生产总值（304.06亿元、112.07亿元、235.47亿元、191.61亿元、162.89亿元、211.74亿元、244.12亿元）分别占南阳市的9.76%、3.60%、7.56%、6.15%、5.23%、6.80%和7.84%，在全市经济中，1区6县经济总量46.94%，接近1/2。除西峡县人均生产总值（55 735元）为全省（42 575元）的130.91%，卧龙区人均生产总值（36 180元）为全省水平的84.98%，其余县与全省人均生产总值相比差距较大，各县（区）产业结构分别为：7.2∶30.1∶62.7，14.0∶46.8∶39.2，13.1∶48.5∶38.4，19.9∶42.7∶37.4，22.1∶42.2∶35.6，17.1∶51.1∶31.8，11.8∶58.9∶29.3，除卧龙区外，其他县第一产业、第二产业比重高，第三产业偏低，各县经济发展差距较大，经济发展极不均衡，相当一部分县域经济发展严重滞后[7]。

从秦巴山脉区域河南片区17县（区、县级市）生产总值、三次产业贡献率、人均生产总值、城镇化率等诸项指标比较，该区域经济社会发展不仅落后于全国平均水平，而且落后于河南省平均水平，大部分落后于所在省辖市水平，在该区域加快构建现代产业体系，提高经济社会发展水平，缩小其与全省乃至全国的差距，极为迫切。

第二节　产业分布及结构

秦巴山脉区域河南片区4个省辖市中，都是仅有部分县（区、县级市）位于秦巴山脉区域内。为更好反映秦巴山脉工业发展状况和工业的辐射带动作用，秦巴山脉企业可分为广义秦巴山脉企业（分布在秦巴山脉区域河南片区4个省辖市全市域内的企业）和狭义秦巴山脉企业［分布在秦巴山脉区域河南片区4个省辖市所属17县（区、县级市）内的企业］。

截至2015年底，秦巴山脉区域河南片区洛阳、平顶山、三门峡和南阳4个省辖市全市域内已经形成了一批传统支柱产业（冶金、建材、化工、轻纺、能源），高载能产业（煤炭开采和洗选、化学原料和化学制品制造、非金属矿物制品、黑色和有色金属冶炼和压延加工、电力热力生产和供应），高成长产业（电子信息、装备制造、汽车及零部件、食品、现代家居、服装服饰）。秦巴山脉区域河南片区伏牛山北坡和南坡工业门类分布具有不同特点，北坡的洛阳、平顶山、三门峡3市,传统支柱产业和高载能产业居于重要地位,南坡的南阳市高成长产业发展较为迅速。秦巴山脉区域河南片区目前已经形成的一批优势工业企业及产业如下(加*的企业为2014年河南百强企业,加#的企业为2014年河南百高企业)[8]。

(1)资源、能源加工业:南阳天冠企业集团#[生物质(纤维)乙醇、丁醇、生物柴油等生物质能源加工]、洛阳栾川钼业集团*、中国石油化工股份有限公司洛阳分公司*、洛阳耐火材料厂(全国规模最大的多品种耐火材料生产基地)、平顶山市中国平煤神马能化集团*、中国石化集团河南石油勘探局*、中电投河南电力有限公司平顶山发电分公司*。

(2)机械工业:南阳二机石油装备(集团)有限公司#、南阳市防爆集团#、洛阳中信重机集团*(生产出世界最大齿圈用于大型工程,如三峡工程等)、中国一拖集团*(生产出中国第一辆东方红拖拉机、东方红重卡)、洛阳洛玻集团(生产出世界上最薄的0.55毫米玻璃)、洛阳轴承集团(中国神舟系列飞船的轴承研制和生产)、中铝洛阳铜业集团(生产欧元和硬币的原材料)、洛阳北方易初摩托车(大阳摩托,河南唯一摩托中国驰名商标)、河南骏通车辆有限公司#、河南平高电气股份有限公司*、南阳淅川汽车减振器厂*、中航光电科技股份有限公司#、洛阳轴研科技股份有限公司#、南阳森霸光电有限公司#。

(3)冶金建材业:西峡龙成集团*(特厚板特钢生产基地)、淅川铝业集团*(电解铝、冷轧铝板带和宽幅铝箔生产基地)、中联水泥南阳分公司新型建材、洛阳新安电力集团有限公司(铝业)、伊川电力集团总公司(铝业)*、三门峡市河南中原黄金冶炼厂有限责任公司*、灵宝金源晨光有色矿冶有限公司、灵宝黄金股份有限公司、万基控股集团有限公司*、开曼铝业(三门峡)有限公司*、天瑞集团有限公司*。

(4)新材料产业:河南方圆炭素集团有限公司#、河南西峡县保护材料集团有限公司、河南通宇冶材集团有限公司、河南淅川亚欣冶金材料有限公司等(企业专用型、环保型功能性冶金保护材料)。

(5)生物医药产业:西峡宛西制药公司#、河南福森药业有限公司#、普莱柯生物工程股份有限公司#、南召宝天曼药业有限公司、南阳普康药业有限公司等中药材加工骨干企业。

(6)工艺品制造业:南阳市南召、镇平、淅川等地玉雕、丝毯、刺绣等民间传统工艺。

(7)纺织服装、工艺地毯业:镇平华新集团、南召阿房宫、东方茧丝绸等企业。

(8)农林产品加工、食品加工业:河南众品食业股份有限公司*、南阳三色鸽食品有限公司、南阳娃哈哈食品有限公司、河南龙大牧原食品有限公司等。

2016年秦巴山脉区域河南片区4个省辖市全市域内的总资产排名前10位的产业及主要经济指标见图19-5[4-7]。

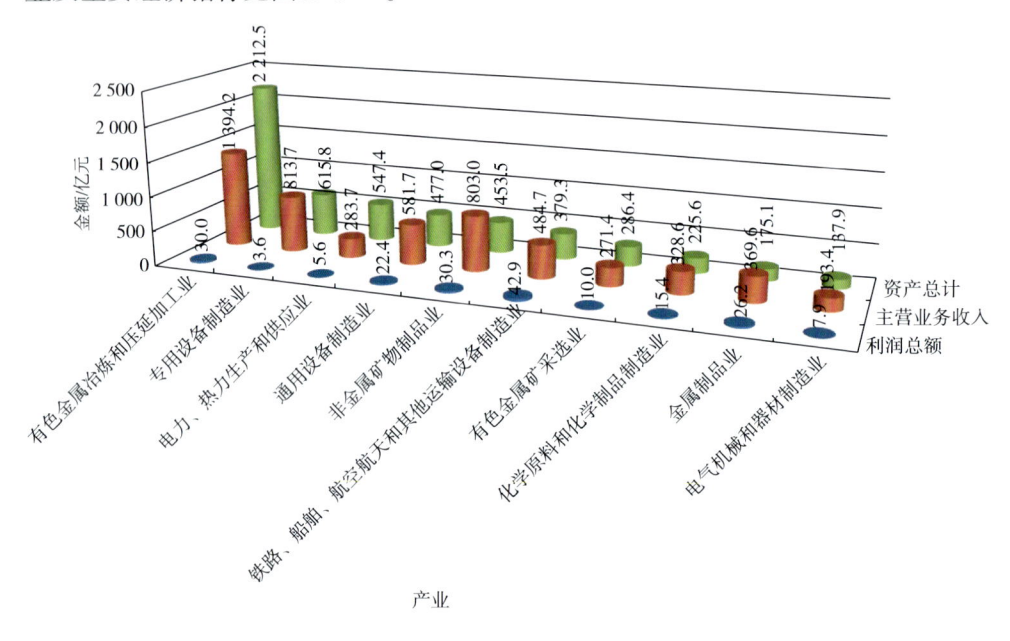

（a）洛阳市前10名主导产业主要经济指标

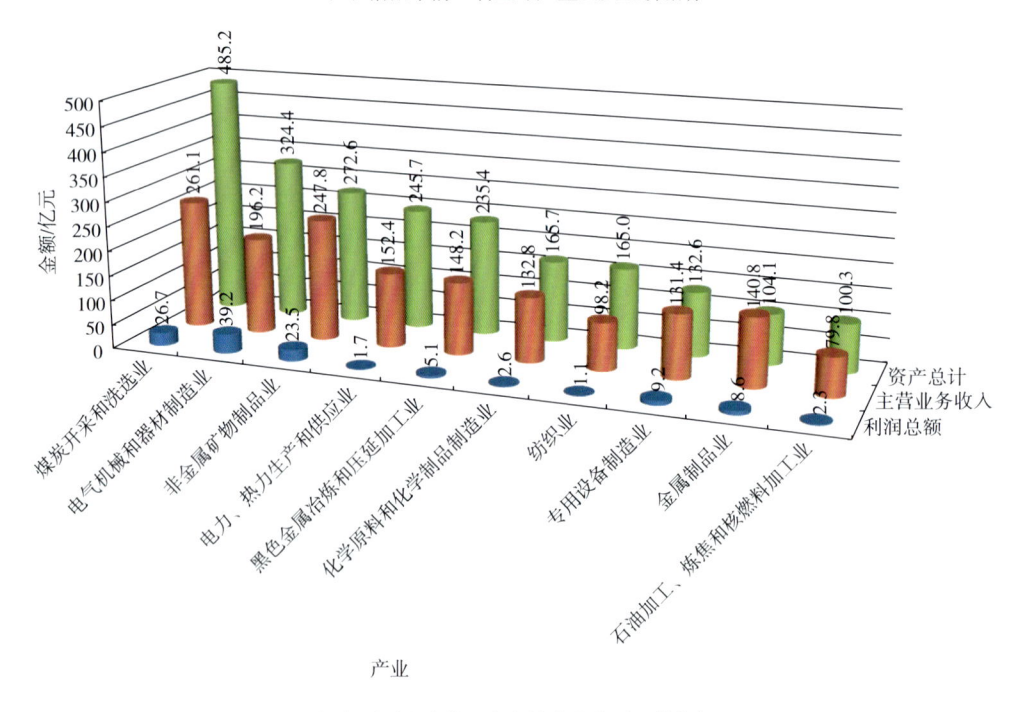

（b）平顶山市前10名主导产业主要经济指标

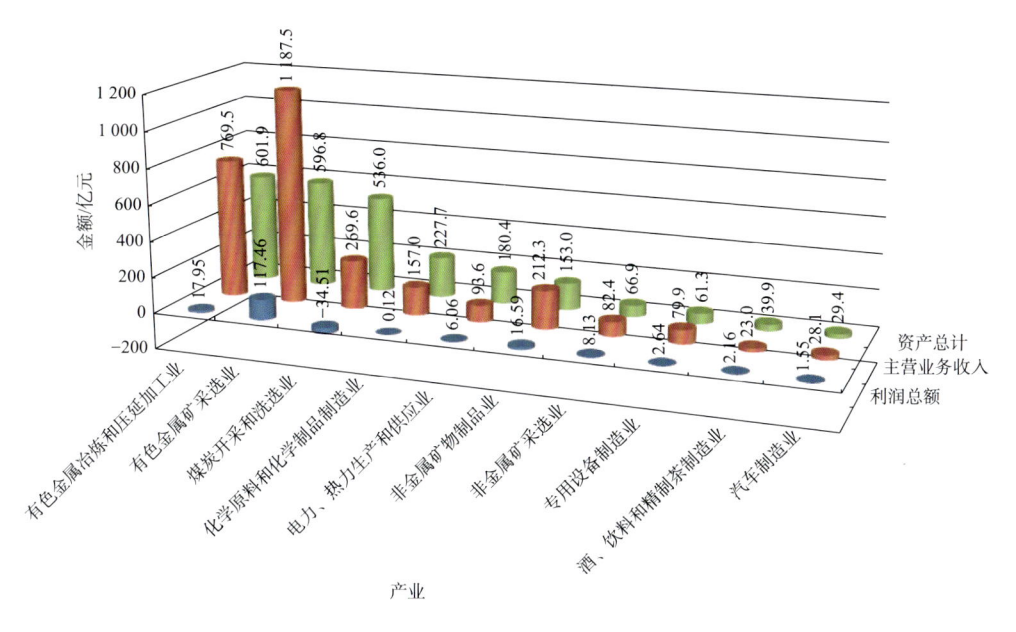

(c) 三门峡市前10名主导产业主要经济指标

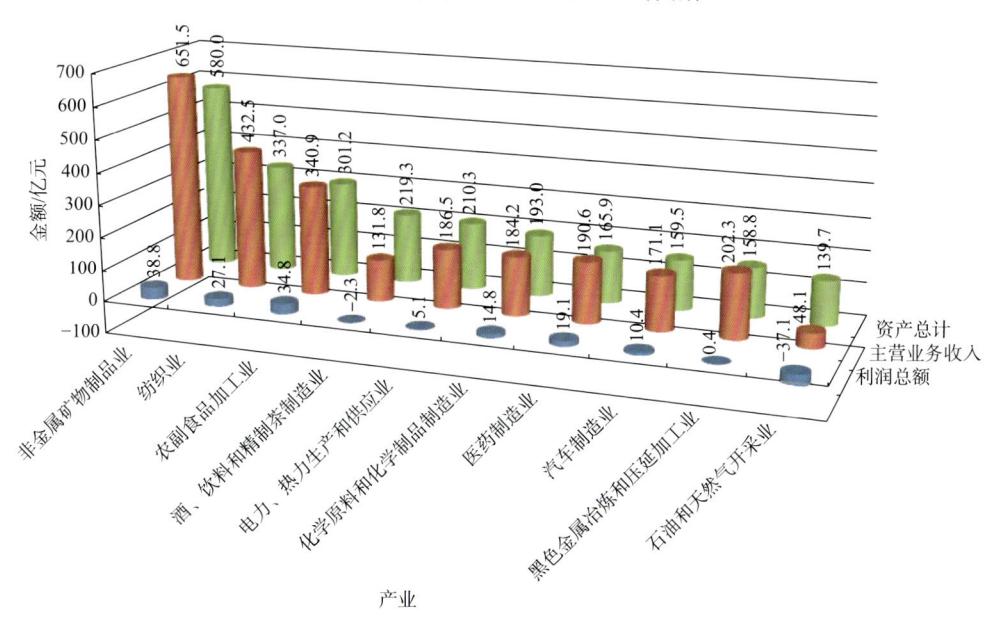

(d) 南阳市前10名主导产业主要经济指标

图19-5 2016年秦巴山脉区域河南片区4省辖市前10名主导产业及主要经济指标

秦巴山脉区域河南片区4个省辖市属17县（区、县级市）主导产业和主要企业分布如表19-2所示。

表19-2 2016年秦巴山脉区域河南片区4省辖市属17县（区、县级市）主导产业和主要企业

省辖市	县（区、县级市）	2016年规模以上工业总产值/亿元	主导产业	主要企业
洛阳市	洛宁县	333.83	玩具制造	中扩赠品玩具（洛宁）有限公司
			金、银、铜、硫酸	洛宁紫金黄金冶炼有限公司
			金矿采选	洛宁华泰矿业开发有限公司
			铅及铅合金、贵金属、硫酸	洛阳永宁有色科技有限公司
			矿山开拓，有色金属探矿、采矿和浮选	洛宁县君龙矿产品贸易有限公司
	宜阳县	348.44	水泥	洛阳黄河同力水泥有限责任公司
			氢氧化铝	洛阳恒基铝业有限公司
			铝板	洛阳乾纳冶金有限公司
	嵩县	131.56	钼矿开采，钼产品加工	嵩县丰源钼业有限责任公司、洛阳龙羽山川钼业有限公司
			金精矿、硫铁矿、黄金、白银、铜、工业硫酸	嵩县前河矿业有限责任公司、中金嵩县嵩原黄金冶炼有限责任公司、河南金源黄金矿业有限责任公司、嵩县金牛有限责任公司
	汝阳县	140.68	陶瓷	汝阳强盛陶瓷有限公司、洛阳国邦陶瓷有限公司
			酒类饮品	汝阳杜康酿酒有限公司
	栾川县	177.66	钼钨的采、选、冶、深加工	洛阳栾川钼业集团股份有限公司、洛阳多华钼业有限公司、洛阳钼都矿冶有限公司
平顶山市	鲁山县	153.13	电力	国家电投集团河南电力有限公司平顶山发电分公司
			有色金属加工	河南有色汇源铝业有限公司
			熔炼炉用各种耐火材料	河南方圆炭素集团有限公司
			机械加工	河南江河机械有限责任公司
			人造革制品	河南奔宝皮件有限公司
	叶县	376.24	黑色金属加工	叶县庆华特钢实业有限公司
			机械制造	叶县树民三轮摩托车厂、叶县前进矿山机械厂、叶县蓝祥环保设备矿山机械厂、河南隆鑫机车有限公司

续表

省辖市	县（区、县级市）	2016年规模以上工业总产值/亿元	主导产业	主要企业
平顶山市	叶县	376.24	工业贸易	平顶山市金佰隆工贸有限责任公司、叶县澳大工业有限公司
			氯碱化工	河南神马氯碱发展有限责任公司
			食品加工	平顶山市旷华食品有限公司、河南省平顶山市迪可（集团）食品有限公司、叶县伊帆清真食品有限公司、河南省叶县三益清真食品有限公司、叶县豫皓面粉厂
			矿业加工	叶县中加矿业发展有限责任公司
			水泥	叶县第二水泥厂
			鞋业	河南刘家皮鞋厂、叶县永威皮鞋厂
			镀锌、农机修理	平顶山市丰强工贸有限公司
			水产养殖服务	叶县牧渔水产绳网厂
			电器	叶县乾元电器有限公司、平顶山市东佳环保设备厂
			电力	河南蓝光环保发电有限公司叶县分公司
三门峡市	陕州区	341.75	铝业	开曼铝业（三门峡）有限公司
			发电	大唐三门峡发电有限责任公司
			电力生产及热力供应	三门峡惠能热电有限公司
			火力发电	开曼（陕县）能源综合利用有限公司
			金属材料及其制品	三门峡捷马电化有限公司
			碳素	三门峡神火碳素有限责任公司
			化纤棉浆粕和木质素磺酸钠的生产销售	河南威尔特化纤有限公司
	灵宝市	1 748.04	黄金开采和初加工	灵宝黄金集团股份有限公司、灵宝金源矿业股份有限公司等37家
			保健食品、中成药、中药饮片、医药中间体、其他中成药	河南灵一制药有限公司
			电解铅	灵宝市达宇化工厂

续表

省辖市	县（区、县级市）	2016年规模以上工业总产值/亿元	主导产业	主要企业
三门峡市	灵宝市	1748.04	贵金属选冶	灵宝市阳平镇化工厂
			铅锌矿采选	河南鑫华矿冶股份有限公司
			有色金属冶炼、电解及深加工	灵宝市新凌铅业有限责任公司
	卢氏县	60.66	医药、生化、建材、矿产、冶金、绿色食品深加工	河南省卢氏县华联蜂业食品有限责任公司、卢氏柳关栾卢铅锌矿有限公司、卢氏县坤钢矿业有限责任公司、卢氏山之源天麻产业发展有限公司、三门峡中美生物科技有限公司
南阳市	卧龙区	262.14	能源	国网河南省电力公司南阳供电公司、南阳普光电力有限公司
			机械制造	河南红阳工业集团有限公司、南阳二机石油装备（集团）有限公司
			水泥生产	南阳中联卧龙水泥有限公司、南阳市天泰水泥有限公司
			林业加工	南阳市南方木业有限责任公司
			制药	南阳市普康药业有限公司
			饲料加工	南阳正大有限公司
	南召县	235.01	能源供应	南阳市鸭河口发电有限责任公司
			水泥生产	天瑞集团南召水泥有限公司
			服装制造	南召县银河制衣有限公司
	镇平县	442.98	水泥生产	中国联合水泥集团有限公司南阳分公司
			纺织针织	南阳新奥针织有限公司、镇平县军翔制衣有限公司等
			玉雕工艺加工	镇平县永和玉雕工艺品有限公司、镇平县宝玉石玉雕工艺品有限公司
			制药	河南利欣制药股份有限公司
			化工	镇平县东峰化工有限公司、镇平县鑫垚油脂化工有限公司
			农副产品加工	镇平县祥勤农副产品加工有限公司
	方城县	314.40	铁矿冶炼	南阳嘉和矿业有限公司
			金刚石制造	中南钻石有限公司

续表

省辖市	县（区、县级市）	2016年规模以上工业总产值/亿元	主导产业	主要企业
南阳市	方城县	314.40	太阳能应用	河南豪雨太阳能制品有限公司
			石材加工	方城县达升石料厂
			制药	河南省宛北药业有限公司
			非金属矿业加工	方城县金宇滑石粉有限公司、方城县福兴达滑石粉厂
			磨料加工	方城县众诚磨料有限公司
	内乡县	307.16	食品加工	牧原食品股份有限公司、河南龙大牧原肉食品有限公司
			石材加工	河南省明超石业发展有限公司、内乡庆翔石业有限公司
			汽车配件制造	南阳飞龙汽车零部件有限公司
			造纸	河南仙鹤特种浆纸有限公司
			材料制造	内乡国宇密封材料有限公司
	淅川县	372.69	化学品制造	淅川县九信电化有限公司
			有色金属加工	河南省淅川铝业（集团)有限公司、南阳金戈利镁业集团有限公司
			制药	河南福森药业有限公司
			汽车配件制造	南阳淅减汽车减振器有限公司、淅川汽车减振器厂
			化工	河南省淅川县玉典化冶有限责任公司
			水泥生产	淅川县水泥有限公司腾达高分子材料分公司
			机械制造	淅川县华新铸造有限公司
	西峡县	510.16	水泥生产	河南龙成集团有限公司
			制药	仲景宛西制药股份有限公司
			冶金材料制造	河南省西保冶材集团有限公司、河南鹏钰集团有限公司、河南通宇冶材集团有限公司
			汽车配件加工	河南省西峡汽车水泵股份有限公司、西峡县内燃机进排气管有限责任公司
			食品加工	仲景食品股份有限公司

第三节 工业发展现状

一、工业发展概况

根据《河南统计年鉴2017》，2016年底，全省生产总值为40 471.79亿元。按照17个行业分类，其中工业增加值为17 042.72亿元，占全省生产总值的42.11%，全省人均工业增加值为15 797.85元。秦巴山脉区域河南片区洛阳、平顶山、三门峡和南阳4个省辖市工业增加值如图19-6所示，4个省辖市工业总增加值为4 203.84亿元，占全省工业增加值的比例为24.67%，4个省辖市人均工业增加值15 744.72元，略低于河南全省人均工业增加值。洛阳、平顶山、三门峡和南阳4省辖市工业增加值占全省比例分别为9.04%、4.76%、3.97%和6.89%，各省辖市人均工业增加值分别为21 865.25元、14 838.21元、29 399.13元和9 886.45元，人均工业增加值从高到低排序（括号内数据为各省辖市人均工业增加值占河南省人均工业增加值的比例）为三门峡市（186.09%）、洛阳市（138.41%）、平顶山市（93.93%）和南阳市（62.58%），平顶山市人均工业增加值与全省基本持平，而南阳市不及全省水平的2/3。

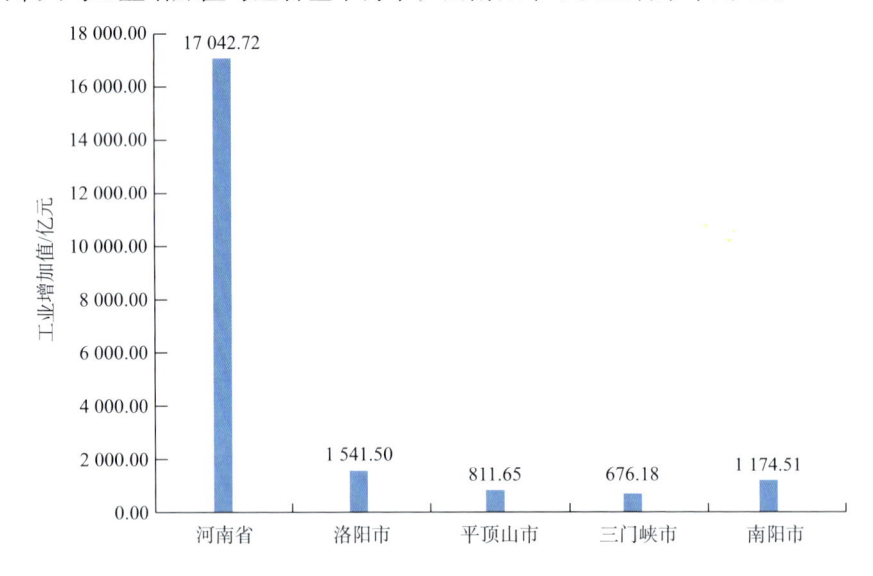

图19-6 2016年河南省及秦巴山脉区域河南片区4个省辖市工业增加值
资料来源：《河南统计年鉴2017》

2016年秦巴山脉区域河南片区洛阳、平顶山、三门峡和南阳4个省辖市规模以上企业工业增加值分别为1 418.73亿元、556.41亿元、616.0亿元和931.69

亿元，占所在省辖市全部工业增加值的比例分别为92.04%、68.55%、91.10%和79.33%，表明北坡的洛阳市、三门峡市大中型企业占主导地位，而平顶山市和南阳市中小型企业相对较多。

2016年秦巴山脉区域河南片区4个省辖市17县（区、县级市）规模以上企业总工业增加值1 189.69亿元，占4个省辖市规模以上企业总工业增加值3 522.82亿元的33.77%。其中，洛阳市（5县）217.72亿元、平顶山市（2县）114.94亿元、三门峡市（1县、1区、1县级市）343.03亿元和南阳市（6县、1区）514.00亿元，占17县（区、县级市）规模以上企业总工业增加值的比例分别为18.30%、9.66%、28.83%和43.20%，分别占所在省辖市规模以上企业工业增加值的15.34%、20.66%、55.69%和55.17%，表明洛阳市和平顶山市所属秦巴山脉各县规模以上企业对2个省辖市的工业影响力不超过25%，主要大、中型企业分布在秦巴山脉以外地域，而三门峡市和南阳市所属秦巴山脉各县（区、县级市）规模以上企业对上述2个省辖市的工业影响力在一半左右，主要大、中型企业在秦巴山脉区域内外地域分布较为均衡。

把秦巴山脉区域河南片区4个省辖市散点连线，则呈右半圆弧形环绕伏牛山脉的北、东、南三段。以人均工业增加值分析，从伏牛山北坡按顺时针到南坡呈递减趋势，与4个省辖市城镇化率排序［从高到低：洛阳市（54.35%）、三门峡市（53.11%）、平顶山市（52.53%）和南阳市（42.97%）］相同。秦巴山脉区域河南片区各类自然资源丰富，但工业基础总体薄弱，工业技术相对落后，工业经济在地区经济发展中的比重较低。

2016年秦巴山脉区域河南片区4省辖市属17县（区、县级市）规模以上工业总产值、工业增加值和工业销售产值见图19-7。

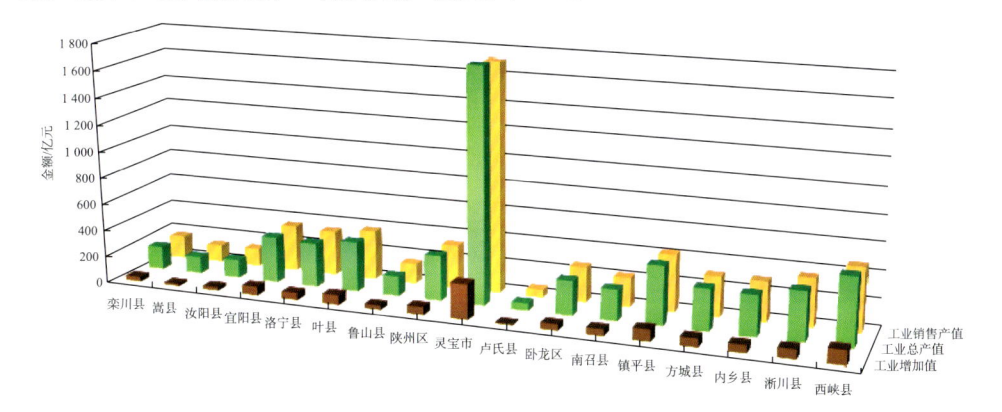

	栾川县	嵩县	汝阳县	宜阳县	洛宁县	叶县	鲁山县	陕州区	灵宝市	卢氏县	卧龙区	南召县	镇平县	方城县	内乡县	淅川县	西峡县
工业增加值	38.746 7	20.093 9	30.831 8	69.831 9	58.215	77.915 8	37.027 9	63.28	266.14	13.61	51.47	54.4	91.84	68.18	63.07	74.51	110.53
工业总产值	177.66	131.56	140.68	348.44	333.83	376.24	153.11	341.75	1 748.04	60.66	262.14	235.01	442.83	314.4	307.16	372.69	510.16
工业销售产值	169.159 4	128.927	133.841 1	344.911 7	333.733	367.74	150.37	324.13	1 713.83	59.49	263.14	220.51	424.89	301.64	300.44	360.58	475.4

图19-7 2016年秦巴山脉区域河南片区17县（区、县级市）规模以上工业企业主要经济指标

从图19-7可以看出，2016年灵宝市规模以上工业企业总产值、工业销售产值和工业增加值在秦巴山脉区域河南片区17县（区、县级市）遥遥领先，分别占秦巴山脉区域河南片区总量的27.9%、29.5%、22.8%；三门峡卢氏县3项指标最低，仅为60.66亿元、59.49亿元、13.61亿元，分别占秦巴山脉区域河南片区总量的0.97%、0.98%、1.14%。秦巴17县（区、县级市）规模以上工业总产值占各市比例见图19-8。

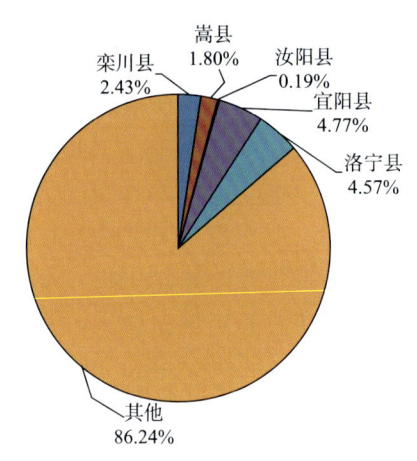

（a）秦巴山脉洛阳市属5县规模以上工业总产值占全市比例

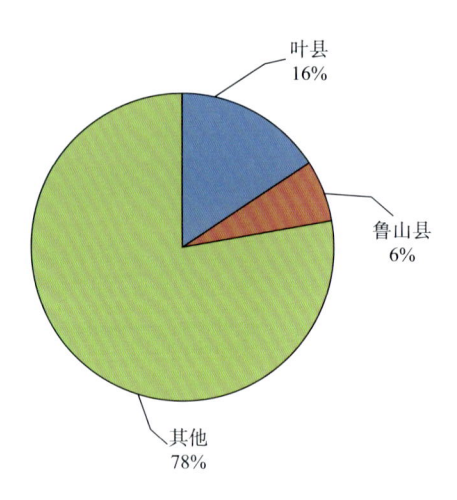

（b）秦巴山脉平顶山市属2县规模以上工业总产值占全市比例

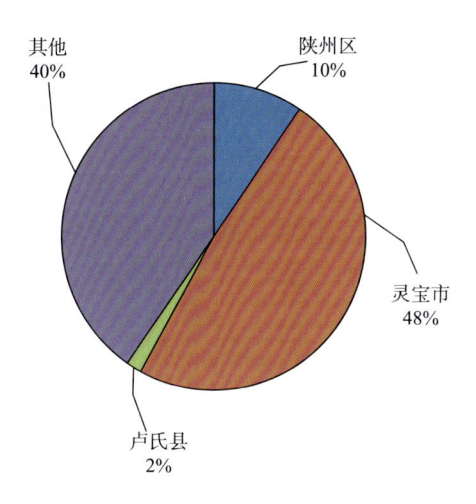

（c）秦巴山脉三门峡市属3县（区、县级市）规模以上工业总产值占全市比例

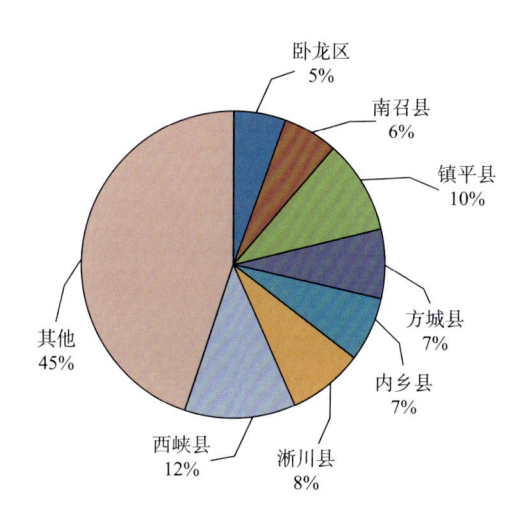

（d）秦巴山脉南阳市属1区6县规模以上工业总产值占全市比例

图19-8　2016年秦巴山脉区域河南片区17县（区、县级市）规模以上工业总产值占各市比例

二、工业及相关产业就业构成

2016年秦巴山脉区域河南片区4省辖市17县（区、县级市）工业及相关行业带动当地就业情况见图19-9，不同产业从业人员构成见图19-10，秦巴山脉区域洛阳、平顶山和南阳工业及相关产业人员构成见图19-11[4,5,7]。

图中数据(图19-9):

	全市总计	洛宁县	宜阳县	嵩县	汝阳县	栾川县	全市总计	鲁山县	叶县	全市总计	陕州区	灵宝市	卢氏县	全市总计	卧龙区	南召县	镇平县	方城县	内乡县	淅川县	西峡县	秦巴17县(区、县级市)
工业企业从业人员合计	454	33	42	36	30	24	68	3	4	140	19	49	21	82	12	3	7	4	5	6	7	305
总人口	705	49	70	60	49	34	439	95	88	229	35	75	37	1 188	100	66	104	110	72	72	47	1 163

洛阳市 / 平顶山市 / 三门峡市 / 南阳市

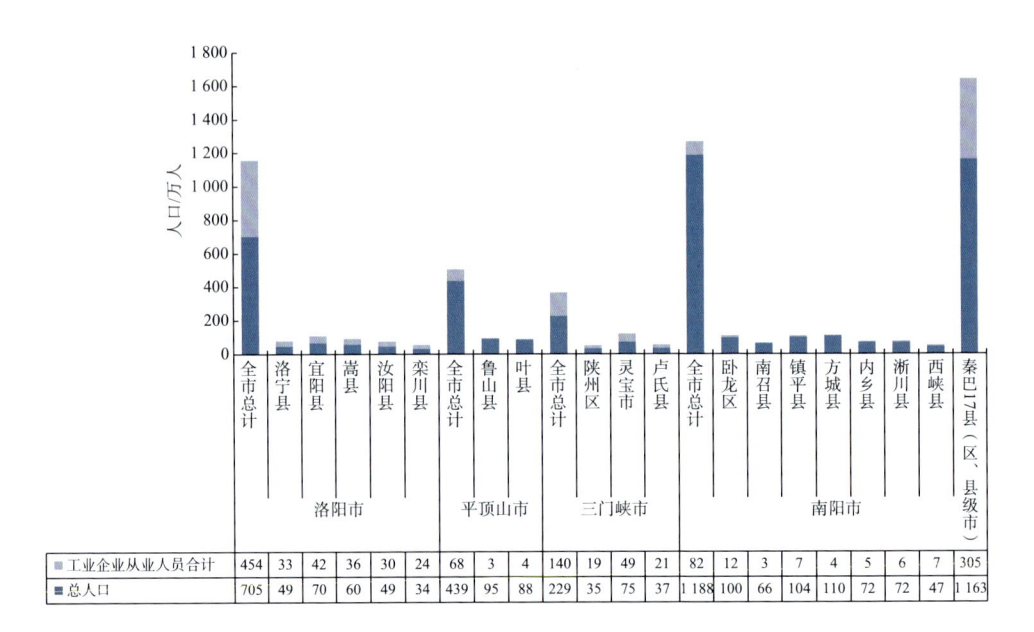

图19-9　2016秦巴山脉区域河南片区17县（区、县级市）工业企业从业人员情况

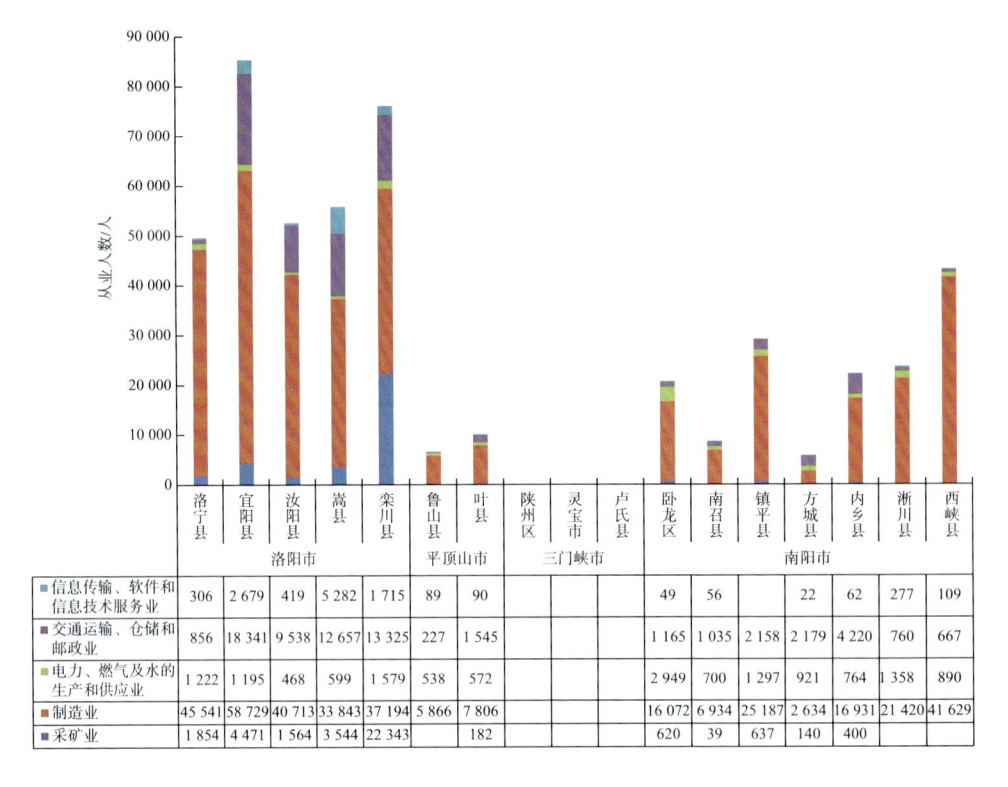

图中数据(图19-10):

	洛宁县	宜阳县	汝阳县	嵩县	栾川县	鲁山县	叶县	陕州区	灵宝市	卢氏县	卧龙区	南召县	镇平县	方城县	内乡县	淅川县	西峡县
信息传输、软件和信息技术服务业	306	2 679	419	5 282	1 715	89	90				49	56		22	62	277	109
交通运输、仓储和邮政业	856	18 341	9 538	12 657	13 325	227	1 545				1 165	1 035	2 158	2 179	4 220	760	667
电力、燃气及水的生产和供应业	1 222	1 195	468	599	1 579	538	572				2 949	700	1 297	921	764	1 358	890
制造业	45 541	58 729	40 713	33 843	37 194	5 866	7 806				16 072	6 934	25 187	2 634	16 931	21 420	41 629
采矿业	1 854	4 471	1 564	3 544	22 343		182				620	39	637	140	400		

洛阳市 / 平顶山市 / 三门峡市 / 南阳市

图19-10　2016年秦巴山脉区域河南片区17县（区、县级市）工业及相关产业人员构成

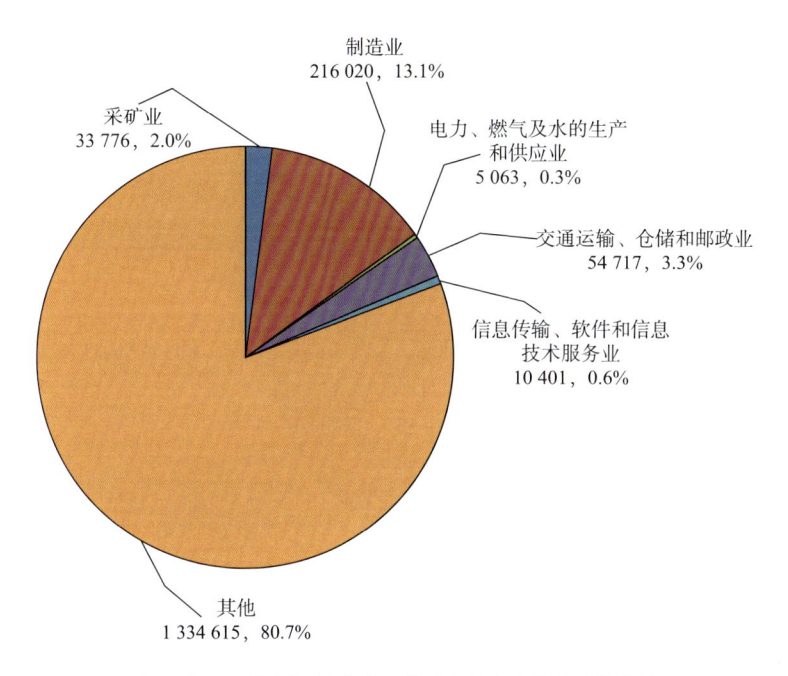

第十九章　秦巴山脉区域河南片区工业与信息化发展现状及特点　**265**

采矿业
33 776，2.0%

制造业
216 020，13.1%

电力、燃气及水的生产
和供应业
5 063，0.3%

交通运输、仓储和邮政业
54 717，3.3%

信息传输、软件和信息
技术服务业
10 401，0.6%

其他
1 334 615，80.7%

（a）秦巴山脉洛阳市属5县工业及相关产业从业人员构成

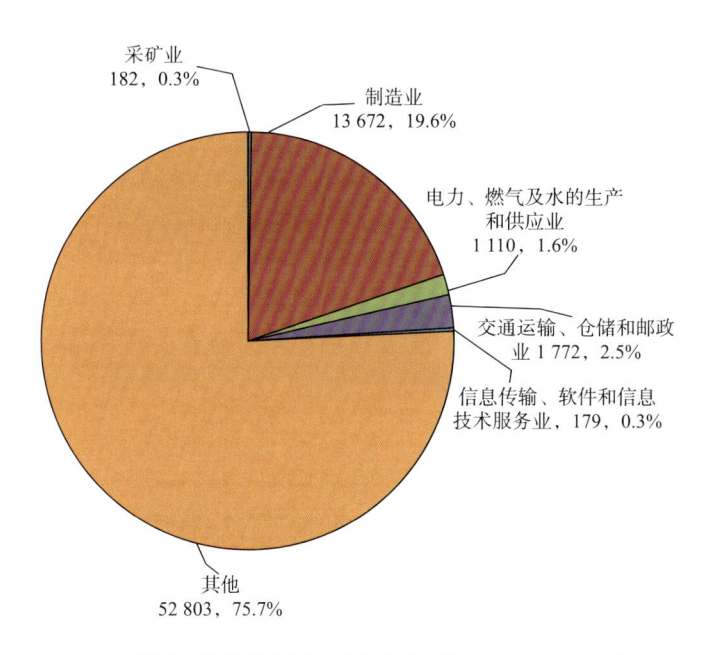

采矿业
182，0.3%

制造业
13 672，19.6%

电力、燃气及水的生产
和供应业
1 110，1.6%

交通运输、仓储和邮政
业 1 772，2.5%

信息传输、软件和信息
技术服务业，179，0.3%

其他
52 803，75.7%

（b）秦巴山脉平顶山市属2县工业及相关产业从业人员构成

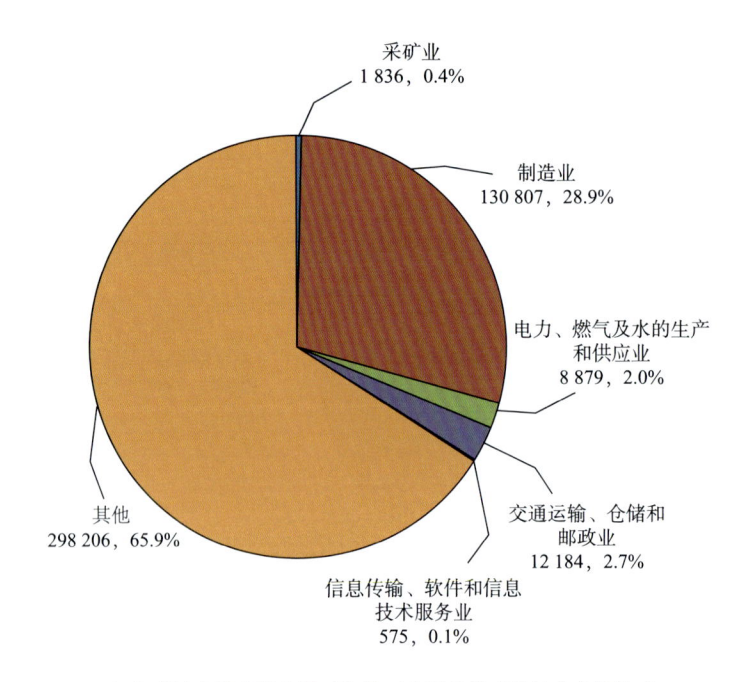

采矿业
1 836，0.4%

制造业
130 807，28.9%

电力、燃气及水的生产
和供应业
8 879，2.0%

其他
298 206，65.9%

交通运输、仓储和
邮政业
12 184，2.7%

信息传输、软件和信息
技术服务业
575，0.1%

(c) 秦巴山脉南阳市属1区6县工业及相关产业从业人员构成

图19-11　2016年秦巴山脉区域河南片区部分县（区、县级市）工业及相关产业从业人员在各市分布情况

各项产业名称后数据为从业人员人数与其所占比例

从图19-11可以看出，制造业是带动秦巴山脉区域河南片区就业的主体产业，洛阳市、平顶山市、南阳市秦巴山脉区域制造业从业人员分别占主要行业人员的13.1%、19.6%、28.9%。

从以上数据可以看出，秦巴山脉区域河南片区各类自然资源丰富，但工业基础总体薄弱，工业技术相对落后，工业经济在地区经济发展中的比重较低，工业及相关产业人员就业率低。

三、高新技术产业现状

高新技术产业于对于国民经济发展具有巨大推动作用，相对于传统经济体系，其发展周期更短、递增倍数更大，近年来各地都在传统产业基础上大力发展高新技术产业。2016年秦巴山脉区域河南片区4省辖市部分县（区、县级市）高新技术企业发展情况见表19-3[4-7]。

表19-3　2016年秦巴山脉区域河南片区部分县（区、县级市）高新技术产业主要经济指标

地级市	区域	高新技术产业总产值/亿元	高新技术产业销售产值/亿元	高新技术产业增加值/亿元
洛阳市	全市总计	196.61	195.32	50.39
	栾川县	2.98	2.95	0.46
	嵩县	1.04	1.03	0.26
	汝阳县	11.77	10.89	0.45
	宜阳县	12.97	12.93	1.15
	洛宁县	53.42	53.42	8.27
平顶山市	全市总计			
	鲁山县			
	叶县			
三门峡市	全市总计	545.63		104.62
	陕州区	93.55		17.41
	灵宝市	76.58		12.63
	卢氏县	7.59		1.50
南阳市	全市总计			278.75
	卧龙区			18.30
	南召县			14.14
	镇平县			22.42
	方城县			23.36
	内乡县			12.93
	淅川县			53.37
	西峡县			39.12

注：洛阳市数据为高技术产业数据

洛阳市：2016年结构调整取得新成效，全市高技术产业增加值50.39亿元，同比增长16.8%，六大高成长性制造业（电子信息产业、装备制造业、汽车及零部件产业、食品产业、现代家居产业、服装服饰等）增加值同比增长13.3%，分别高于规模以上工业增速7.9和4.4个百分点。其中秦巴山脉区域5县高技术产业增加值10.59亿元，占洛阳市高技术产业增加值的21%。相比规模以上增加值占全市比例而言，秦巴山脉区域5县高技术产业发展较为迅猛，产业格局正由冶金、化工、建材等传统产业向电子电器、食品生物、新能源、新材料等战略新兴产业转变提升，初步构建起装备制造、食品生物、电子信息、精细化工、新能源、新材料等现代工业发展体系。

平顶山市：2016年，平顶山市高新技术产业实现增加值同比增长25.9%，高

于全市平均增速18.3个百分点，占全市工业增加值的3.7%，同比提高0.5个百分点，拉动全市工业增长0.8个百分点。能源、原材料工业和六大高耗能行业所占比例下降。2016年，能源、原材料工业完成增加值占全市的61.7%，同比下降1.8个百分点；六大高耗能行业完成工业增加值占全市的32.2%，同比下降0.4个百分点。高成长制造业比重提升。2016年，全市六大高成长行业占规模以上工业增加值的比重达到45.2%，同比提升0.9个百分点。

三门峡市：2016年，三门峡市高新技术产业和高成长性产业领先增长。2016年全市高新技术产业共完成工业增加值104.62亿元，比2015年增长9.3%，增速高于全部规模以上工业平均增速2个百分点，拉动全市规模以上工业增长1.6个百分点，占全部规模以上工业增加值的比重为17.0%。其中，2016年秦巴山脉区域陕州区、灵宝市、卢氏县高新技术产业增加值31.54亿元，占全市高新技术产业总价值的30.1%。2016年三门峡市高成长性产业共完成工业增加值91.84亿元，增长13.1%，增速高于全部规模以上工业平均增速5.8个百分点，拉动全市规模以上工业增长1.9个百分点，占全部规模以上工业增加值的比重为14.9%，比2015年提高0.6个百分点。

南阳市：2016年，南阳市高新技术产业实现增加值278.75亿元，同比增长18.0%，占全市规模以上工业增加值的29.4%，拉动全市生产增速4.4个百分点。其中，秦巴山脉区域1区6县高新技术产业增加值183.6亿元，占全市高新技术产业增加值的65.9%。2016年，南阳市六大高成长性产业实现增加值384.46亿元，占全市增加值的41.3%，拉动全市4.3个百分点；电子信息、装备制造和汽车及零部件制造行业增长速度均高于全市平均水平，装备制造和食品产业贡献较大，分别拉动全市生产1.6和1.1个百分点。

第四节　邮电通信业发展概况

邮电行业包括邮政与电信两个方面。邮政行业是基础服务业，近年来随着电商快速发展，农村和跨境快递市场发展迅速，农村快递服务营业网点覆盖率不断提高，邮政和快递企业跨境寄递业务高速增长，对现代农业、制造业、电子商务等关联产业的服务支撑能力持续增强。同时，我国通信能力、电信用户规模和技术水平均实现跨越式发展，邮电通信业已成为国民经济重要的基础性和先导性产业。

近年来，秦巴山脉区域河南片区与全国同步进入邮电业快速发展期，邮电业务总量均有大幅度提升，2011~2016年秦巴山脉区域河南片区4省辖市邮电业务总量见图19-12，秦巴区域洛阳市、平顶山市及2个直辖县、南阳市及1区6县邮电通信及通信网发展情况见表19-4、表19-5、表19-6[4,5,7]。

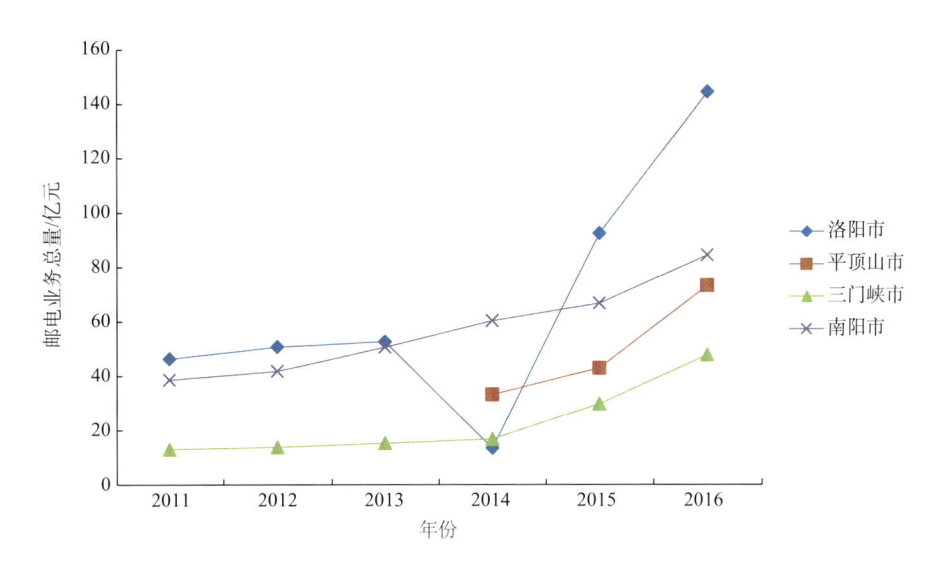

第十九章 秦巴山脉区域河南片区工业与信息化发展现状及特点

图19-12 2011~2016秦巴山脉区域河南片区4省辖市邮电业务总量

表19-4 2011~2016年秦巴山脉区域河南片区洛阳市属邮电指标

年份	邮电业务总量/亿元	邮政业务总量/亿元	电信业务总量/亿元	年末固定电话用户/万户	年末移动电话数/万部	年末互联网用户/万户
2011	46.50	3.20	43.30	128.07	525.33	
2012	50.89	3.17	47.73	113.67	568.73	
2013	52.81	3.58	49.23	115.54	601.26	
2014	73.62	3.69	69.93	110.39	620.24	
2015	92.70	4.18	88.51	98.26	608.85	427.04
2016	144.66	5.28	139.38	84.68	661.47	473.47
2016年比2011年增长	211.10%	65.00%	221.89%	−33.88%	25.92%	10.87%

注：年末互联网用户增长率为2016年相较于2015年的增长率

表19-5 2014~2016年秦巴山脉区域河南片区平顶山市及2个直辖县邮电通信、通信网情况

市（县）	年份	邮电业务总量/亿元	电话机拥有量/万部	年末移动电话用户数/万户	3G移动电话用户数/万户	互联网宽带接入用户数/万户
平顶山市	2014	33.41	40.71	310.06	90.30	42.80
	2015	43.14	36.17	303.63	91.49	39.31
	2016	73.43	31.78	302.85	145.89	42.76
	2016年比2014年增长	119.78%	−21.94%	−2.33%	61.56%	基本持平
叶县	2014	4.06	2.85			
	2015	5.04	2.21	2.21		

续表

市（县）	年份	邮电业务总量/亿元	电话机拥有量/万部	年末移动电话用户数/万户	3G移动电话用户数/万户	互联网宽带接入用户数/万户
叶县	2016	9.85	1.97	1.98		
	2016年比2014年增长	142.61%	−30.88%			
鲁山县	2014	5.21	3.79			
	2015	6.52	3.11	3.11		
	2016	12.32	27.28	2.73		
	2016年比2014年增长	136.47%	619.79%			

表19-6　2016年秦巴山脉区域河南片区南阳市及1区6县邮电通信、通信网情况

县（区、县级市）	邮电业务总量/亿元	邮政业务总量/亿元	电信业务总量/亿元	移动电话交换机容量/万户	移动电话普及率/（部/百人）
南阳市	84.66	7.44	77.22	732	73.2
卧龙区					
南召县	4.83	0.44	4.38	88	
镇平县	6.11	0.52	5.59	132	
方城县	6.22	0.53	5.70	122	
内乡县	4.21	0.40	3.81	103	
淅川县	4.10	0.36	3.74	101	
西峡县	3.75	0.30	3.45	96	

2016年秦巴山脉区域河南片区洛阳市、平顶山市、三门峡市、南阳市邮政电信业务总量分别达到144.66亿元、73.43亿元、47.9亿元、84.66亿元，占河南省邮电总量（2 065.90亿元）的7.0%、3.6%、2.3%和4.1%，分别比2014年增加961.79%、120%、182%和40%（河南省为104%），其中平顶山市的叶县、鲁山县邮政业务总量分别为9.85亿元、12.32亿元，比2014年4.06亿元、5.21亿元增加142.61%和136.47%。南阳市的方城县、镇平县的业务总量均超过6亿元，最低的西峡县业务总量也达到3.75亿元；从南阳1区6县看，移动电话交换机容量最高的镇平县为132万户，常住人口为84.74万人（年末总人口103.89万人），最低的南召县移动电话交换机容量88万户，常住人口为54.21万人（年末总人口65.53万人）；但从南阳市移动电话普及率73.2部/百人看，仍低于全国95.6部/百人和河南省82.8部/百人水平。

近年来，移动电话普及应用、宽带网络技术革新、互联网经济蓬勃发展，家庭智能网关、视频通话、IPTV（交互式网络电视）等融合服务加快发展，促进

邮政业、通信业服务水平持续提质增效。工业和信息化部此前发布的《信息通信行业发展规划（2016—2020年）》明确提出，2020年启动5G[①]商用服务。基于强大通信和带宽能力的5G网络应用，将实现车联网、物联网、智慧城市、无人机网络等，并将进一步应用到工业、医疗、安全等领域，从而极大地促进这些领域的生产效率。5G网络创新的生产方式将为秦巴山脉区域河南片区互联网和经济社会各领域跨界融合、深度应用和"互联网+"经济新业态快速发展提供有力支撑。

第五节　工业及信息化发展存在问题

秦巴山脉区域河南片区工业及信息化发展现状总结如下。

1. 经济社会发展处于中下游水平

秦巴山脉区域河南片区17县（区、县级市）占全省总人口的10.8%、占全省土地总面积的23.87%，17县（区、县级市）中，13个为省级以上贫困县，且人均生产总值低于全国平均水平，最低的鲁山县仅为全国人均生产总值的35.60%，全省人均生产总值的45.14%，片区贫困人口89.28万人，占河南全省贫困人口的比例为15.5%，产业扶贫（脱贫）任重而道远。片区经济社会发展在国家及河南省内均处于中下游水平。

2. 不同区域发展结构和模式差距显著，县域内生发展动力不足

从北坡沿顺时针到南坡的环伏牛山脉半圆弧区域，4个省辖市市域内的人均生产总值、城镇化率和工业经济实力等指标呈递减趋势，工业基础逐渐减弱，工业经济在地区经济发展中的比重逐渐降低。北坡的洛阳市、三门峡市和平顶山市与南坡的南阳市经济社会结构、工业发展模式存在显著区别。秦巴山脉区域河南片区17个县（区、县级市）之间的经济社会发展差距也极为显著，三门峡所辖灵宝市、南阳市所辖西峡县经济社会发展较为突出，而平顶山鲁山县经济欠发达程度最高，大部分县（区、县级市）域内经济社会发展的内生动力普遍较弱。

3. 工业技术相对落后，产业结构矛盾凸显

秦巴山脉区域河南片区狭义范围内的工业企业基本以粗加工工业为主，且企业规模小、数量少、工业技术薄弱，处于产业链的前端，三次产业结构不够合

---

① 第五代移动通信网络。

理。广义范围内的工业企业，总体工业技术相对落后，工业配套不完善，产业链上下游及省级和相邻区域协作配套联系不畅，供需距离过长，生产运输成本高，企业效益差，高技术产业集聚效果不理想。伏牛山北坡的洛阳、平顶山、三门峡三市，传统支柱产业和高载能产业比重较大，工业技术相对落后，经济增长方式仍比较粗放，主要是资源能源采掘加工、冶金建材、装备制造等，工业产品大多数处于竞争链中低端，资源依赖度高，以资源开发和能源输出为主，产能过剩，竞争力不强，经济效益下滑。南坡的南阳市产业中工艺品制造、农林产品和食品加工、医药等产业有一定基础，部分高成长产业发展较为迅速，但企业规模、效益和品牌还有待增强。

4. 区域地处生态环境敏感区，但企业"三高一低"现象普遍

秦巴山脉区域河南片区处于国家南水北调中线水源渠首及上游河道输送区，水资源保护严格，生态环境约束条件较多，工业发展受到诸多限制。但现有企业大部分还是传统产业，高投入、高能耗、高污染、低效益的"三高一低"现象普遍。与河南省全省总体情况类似，能耗强度较高，能源利用效率较低；单位地区生产总值能耗和单位工业增加值能耗，均居全国前列；万元生产总值能耗较高，污染物排放量较大；规模以上高耗能企业占规模以上工业企业的近一半，有色、化工等六大高耗能行业实现增加值占全省工业的比重较高，工业能耗占社会能耗的七成以上，工业节能、降耗、减排工作压力大。

5. 传统产业转型动力不足，新兴产业发展薄弱，信息化程度偏低

传统产业竞争加剧，企业营利能力下降，产业发展受阻，对技术改造、研发创新和信息化建设资金投入有限，传统产业转型提升优化动力不足。受生态环境、土地、资源、交通运输、市场容量、科技力量相对薄弱等诸多因素影响制约，工业项目筛选、引进和建设矛盾突出，电子信息、新兴产业、高技术产业业态成长困难较大。

第二十章　国家工业政策对秦巴山脉区域河南片区发展的指导意义

第一节　国家产业发展战略及部署

习近平总书记在党的十九大报告中指出:"深化供给侧结构性改革。建设现代化经济体系,必须把发展经济的着力点放在实体经济上,把提高供给体系质量作为主攻方向,显著增强我国经济质量优势。加快建设制造强国,加快发展先进制造业,推动互联网、大数据、人工智能和实体经济深度融合,在中高端消费、创新引领、绿色低碳、共享经济、现代供应链、人力资本服务等领域培育新增长点、形成新动能。支持传统产业优化升级,加快发展现代服务业,瞄准国际标准提高水平。促进我国产业迈向全球价值链中高端,培育若干世界级先进制造业集群。"按照习近平新时代中国特色社会主义思想,要推动经济高质量发展,应把重点放在推动产业结构转型升级上,把实体经济做实做强做优,更加重视发展实体经济。制造业是国民经济的主体,是立国之本、兴国之器、强国之基。没有强大的制造业,就没有国家和民族的强盛。打造具有国际竞争力的制造业,是我国提升综合国力、保障国家安全、建设世界强国的必由之路。然而,与世界先进水平相比,中国制造业仍然大而不强,在自主创新能力、资源利用效率、产业结构水平、信息化程度、质量效益等方面差距明显,转型升级和跨越发展的任务紧迫而艰巨。当前,新一轮科技革命和产业变革与我国加快转变经济发展方式形成历史性交会,国际产业分工格局正在重塑,必须紧紧抓住这一重大历史机遇,按照"四个全面"战略布局要求,实施制造强国战略,加强统筹规划和前瞻部署,力争通过三个十年的努力,到中华人民共和国成立一百年时,把我国建设成为引领世界制造业发展的制造强国,为实现中华民族伟大复兴的中国梦打下坚实基础。

党的十八大以来,党中央从坚持和发展中国特色社会主义全局出发,提出并形成了"四个全面"战略布局,即全面建成小康社会、全面深化改革、全面依法治国、全面从严治党的战略布局。

2015年5月8日,国务院正式印发《中国制造2025》。《中国制造2025》是中国政府实施制造强国战略第一个十年的行动纲领。坚持"创新驱动、质量为先、绿色发展、结构优化、人才为本"的基本方针,坚持"市场主导、政府引导,立足当前、着眼长远,整体推进、重点突破,自主发展、开放合作"的基本原则,通过"三步走"实现制造强国的战略目标:第一步,力争用十年时间,迈入制造强国行列。到2020年,基本实现工业化,制造业大国地位进一步巩固,制造业信息化水平大幅提升;掌握一批重点领域关键核心技术,优势领域竞争力进一步增强,产品质量有较大提高;制造业数字化、网络化、智能化取得明显进展;重点行业单位工业增加值能耗、物耗及污染物排放量明显下降。到2025年,制造业整体素质大幅提升,创新能力显著增强,全员劳动生产率明显提高,"两化"融合迈上新台阶;重点行业单位工业增加值能耗、物耗及污染物排放达到世界先进水平;形成一批具有较强国际竞争力的跨国公司和产业集群,在全球产业分工和价值链中的地位明显提升。第二步,到2035年,我国制造业整体达到世界制造强国阵营中等水平。创新能力大幅提升,重点领域发展取得重大突破,整体竞争力明显增强,优势行业形成全球创新引领能力,全面实现工业化。第三步,中华人民共和国成立一百年时,制造业大国地位更加巩固,综合实力进入世界制造强国前列。制造业主要领域具有创新引领能力和明显竞争优势,建成全球领先的技术体系和产业体系。

围绕实现制造强国的战略目标,《中国制造2025》明确了9项战略任务和重点,提出了8个方面的战略支撑和保障。提出了"一二三四五五十"的总体结构。"一"就是从制造业大国向制造业强国转变,最终实现制造业强国的一个目标。"二"就是通过两化融合发展来实现这一目标。党的十八大提出了用信息化和工业化两化深度融合来引领和带动整个制造业的发展,这也是我国制造业所要占据的一个制高点。"三"就是要通过"三步走"的一个战略,大体上每一步用十年左右的时间来实现我国从制造业大国向制造业强国转变的目标。"四"就是确定了四项原则。第一项原则是市场主导、政府引导;第二项原则是既立足当前,又着眼长远;第三项原则是全面推进、重点突破;第四项原则是自主发展和合作共赢。"五五",有两个"五"。一个"五"是有五条方针,即创新驱动、质量为先、绿色发展、结构优化和人才为本。另一个"五"是实行五大工程,包括制造业创新中心建设工程、强化基础工程、智能制造工程、绿色制造工程和高端装备创新工程。"十"是指新一代信息技术产业、高档数控机床和机器人、航空航天装备、海洋工程装备及高技术船舶、先进轨道交通装备、节能与新能源汽车、电力装备、农机装备、新材料、生物医药及高性能医疗器械等十个重点领域。

实行五大工程，从数字制造到智能制造，是制造业发展的必然趋势。智能制造是基于先进的信息技术和制造技术的结合，能够实现实时管理和优化的新型制造系统，包括系统层级、智能功能、全生命周期和产业构成4个方面，每个方面有5个要素。第一，系统层级：设备、控制、车间、企业、协同（行业）。第二，智能功能：资源要素、系统集成、互联互通、信息融合、新型业态。第三，全生命周期：产品设计、研发、生产、物流、服务阶段。第四，产业构成：智能产品（装备）、智能生产、智能服务、工业软件与大数据、工业互联网。目前，世界制造业大国美国、日本、德国、英国及我国都将智能制造视为国际制造业科技竞争的制高点，是新世纪的尖端科学和战略新兴产业，相继提出了振兴制造业的战略计划。以智能制造为核心的"互联网+智能制造"，是新时期实现我国传统产业提质增效和转型发展的战略引擎。

2017年7月8日，国务院印发并实施《新一代人工智能发展规划》。在移动互联网、大数据、超级计算、传感网、脑科学等新理论新技术，以及经济社会发展强烈需求的共同驱动下，人工智能发展加速，已呈现出深度学习、跨界融合、人机协同、群智开放、自主操控等新特征。目前，人工智能技术在生产制造业的应用，极大地提高了生产效率，节省了劳动成本，提升了产品质量和劳动生产率；在金融、医疗、教育、养老、环境保护、城市运行、司法服务等领域的应用，极大地提高了公共服务精准化水平，全面提升了人民生活品质，更加便利了人们的生活。

人工智能是引领未来的战略性技术，世界主要发达国家围绕核心技术、顶尖人才、标准规范等强化部署，力图在新一轮国际科技竞争中掌握主导权；人工智能作为新一轮产业变革的核心驱动力，可以重构生产、分配、交换、消费等经济活动各环节，形成从宏观到微观各领域的智能化新需求，催生新技术、新产品、新产业、新业态、新模式，引起经济结构重大变革，深刻改变人类生产生活方式和思维模式，实现社会生产力的整体跃升；人工智能技术能准确感知、预测、预警基础设施和社会安全运行的重大态势，及时把握群体认知及心理变化，主动决策反应，显著提高社会治理的能力和水平，对有效维护社会稳定具有不可替代的作用。然而，也必须高度重视人工智能可能带来的安全风险挑战，加强前瞻预防与约束引导，最大限度降低风险，确保人工智能安全、可靠、可控发展。

秦巴山脉区域河南片区的绿色循环发展应结合其强生态环境和弱经济基础的基本特征，不能再走其他地区产业发展的老路，应实现"弯道超车，后发赶超"。一方面要对秦巴山脉区域河南片区原有的传统产业提质增效和转型发展；另一方面要大力发展战略新兴产业和高成长性产业，建立现代工业和现代产业体系，促进经济社会快速发展。

第二节　国家对工业与信息化发展的政策和措施

2015年7月1日，国务院发布《关于积极推进"互联网+"行动的指导意见》（国发〔2015〕40号）。该意见提出"互联网+"是把互联网的创新成果与经济社会各领域深度融合，推动技术进步、效率提升和组织变革，提升实体经济创新力和生产力，形成更广泛的以互联网为基础设施和创新要素的经济社会发展新形态。该意见提出了推进"互联网+"的总体思路、基本原则、发展目标，具体如下。

（1）总体思路。顺应世界"互联网+"发展趋势，充分发挥我国互联网的规模优势和应用优势，推动互联网由消费领域向生产领域拓展，加速提升产业发展水平，增强各行业创新能力，构筑经济社会发展新优势和新动能。坚持改革创新和市场需求导向，突出企业的主体作用，大力拓展互联网与经济社会各领域融合的广度和深度。着力深化体制机制改革，释放发展潜力和活力；着力做优存量，推动经济提质增效和转型升级；着力做大增量，培育新兴业态，打造新的增长点；着力创新政府服务模式，夯实网络发展基础，营造安全网络环境，提升公共服务水平。

（2）基本原则。

坚持开放共享，营造开放包容的发展环境，将互联网作为生产生活要素共享的重要平台，最大限度优化资源配置，加快形成以开放、共享为特征的经济社会运行新模式。

坚持融合创新，鼓励传统产业树立互联网思维，积极与"互联网+"相结合。推动互联网向经济社会各领域加速渗透，以融合促创新，最大限度汇聚各类市场要素的创新力量，推动融合性新兴产业成为经济发展新动力和新支柱。

坚持变革转型，充分发挥互联网在促进产业升级及信息化和工业化深度融合中的平台作用，引导要素资源向实体经济集聚，推动生产方式和发展模式变革。创新网络化公共服务模式，大幅提升公共服务能力。

坚持引领跨越，巩固提升我国互联网发展优势，加强重点领域前瞻性布局，以互联网融合创新为突破口，培育壮大新兴产业，引领新一轮科技革命和产业变革，实现跨越式发展。

坚持安全有序，完善互联网融合标准规范和法律法规，增强安全意识，强化安全管理和防护，保障网络安全。建立科学有效的市场监管方式，促进市场有序发展，保护公平竞争，防止形成行业垄断和市场壁垒。

（3）发展目标。到2018年，互联网与经济社会各领域的融合发展进一步深化，基于互联网的新业态成为新的经济增长动力，互联网支撑大众创业、万众创新的作用进一步增强，互联网成为提供公共服务的重要手段，网络经济与实体经济协同互动的发展格局基本形成。

经济发展进一步提质增效。互联网在促进制造业、农业、能源、环保等产业转型升级方面取得积极成效，劳动生产率进一步提高。基于互联网的新兴业态不断涌现，电子商务、互联网金融快速发展，对经济提质增效的促进作用更加凸显。

社会服务进一步便捷普惠。健康医疗、教育、交通等民生领域互联网应用更加丰富，公共服务更加多元，线上线下结合更加紧密。社会服务资源配置不断优化，公众享受到更加公平、高效、优质、便捷的服务。

基础支撑进一步夯实提升。网络设施和产业基础得到有效巩固加强，应用支撑和安全保障能力明显增强。固定宽带网络、新一代移动通信网和下一代互联网加快发展，物联网、云计算等新型基础设施更加完备。人工智能等技术及其产业化能力显著增强。

发展环境进一步开放包容。全社会对互联网融合创新的认识不断深入，互联网融合发展面临的体制机制障碍有效破除，公共数据资源开放取得实质性进展，相关标准规范、信用体系和法律法规逐步完善。

到2025年，网络化、智能化、服务化、协同化的"互联网+"产业生态体系基本完善，"互联网+"新经济形态初步形成，"互联网+"成为经济社会创新发展的重要驱动力量。

2016年5月13日，国务院印发了《关于深化制造业与互联网融合发展的指导意见》，其核心是加快推动制造业转型升级，不断提升"中国制造"竞争新优势，提出了2018年的近期目标和2025年的中长期目标，以及打造两个平台、培育三个模式、提升三个能力的主要任务，内容如下。

（1）目标。在具体目标设置上采用了定量目标和定性目标相结合的方式。到2018年是"打基础"阶段，重点行业骨干企业互联网"双创"平台普及率达到80%，相比2015年底，工业云企业用户翻一番，新产品研发周期缩短12%，库存周转率提高25%，能源利用率提高5%。制造业互联网"双创"平台成为促进制造业转型升级的新动能来源，形成一批示范引领效应较强的制造新模式，初步形成跨界融合的制造业新生态，制造业数字化、网络化、智能化取得明显进展，成为巩固制造业大国地位、加快向制造强国迈进的核心驱动力。到2025年是"上台阶"阶段，力争实现制造业与互联网融合"双创"体系基本完备，融合发展新模式广泛普及，新型制造体系基本形成，制造业综合竞争实力大幅提升。

（2）主要任务。主要任务包括打造两个平台、培育三个模式、提升三个能力。

打造两个平台，即构建基于互联网的大型制造企业"双创"平台、为中小企业服务的第三方"双创"服务平台,营造大、中、小企业协同共进的"双创"新生态。

培育三个模式,即支持鼓励制造企业与互联网企业开展多种形式的跨界合作、融合发展,积极培育网络化协同制造、个性化定制、服务型制造等网络化生产新模式,增强制造企业创新活力和转型动力。

提升三个能力,即增强支撑制造业与互联网融合发展的基础技术、解决方案、安全保障等能力,夯实融合发展基础,激发制造业发展新动能。

(3)支撑能力与措施。从抢占产业竞争制高点、打造产业发展生态系统的角度出发,提出了支撑制造业与互联网融合发展的三个能力和七项措施。

三个能力分别为:一是在制造业与互联网融合发展技术支撑方面,提出要加快自动控制与感知关键技术、工业云与智能服务平台、工业互联网等制造新基础建设,这既是加强工业2.0、3.0"补课"的现实需要,也是支持我国实现工业4.0发展的客观要求;二是在制造业与互联网融合发展解决方案方面,提出实施融合发展系统解决方案能力提升工程,面向重点行业智能制造单元、智能生产线、智能车间、智能工厂建设,培育一批面向重点行业的系统解决方案提供商,组织开展行业应用试点示范,力争形成一批融合发展行业优秀解决方案;三是在制造业与互联网融合安全保障方面,提出实施工业控制系统安全保障能力提升工程,健全完善工业信息安全管理等政策法规和标准体系,开展安全保障试点示范,依托现有科研机构建设安全保障中心,致力于破解制造业与互联网融合面临的安全保障不强的问题。

七项措施是:体制机制、国企改革、财政支持、税收金融、用地用房、人才培养、国际合作等方面加强对融合发展的政策引导和措施保障。

第三节　工业绿色发展目标要求

资源与环境问题是人类面临的共同挑战,推动绿色增长、实施绿色发展是全球主要经济体的共同选择,资源能源利用效率也成为衡量国家制造业竞争力的重要因素,推进绿色发展是提升国际竞争力的必然途径。为落实《中华人民共和国国民经济和社会发展第十三个五年规划纲要》和《中国制造2025》战略部署,加快推进生态文明建设,促进工业绿色发展,2016年7月18日,工业和信息化部制定并发布了《工业绿色发展规划(2016—2020年)》(工信部规〔2016〕225号),内容如下。

(1)指导思想。紧紧围绕资源能源利用效率和清洁生产水平提升,以传统工业绿色化改造为重点,以绿色科技创新为支撑,以法规标准制度建设为保障,实施绿色制造工程，加快构建绿色制造体系，大力发展绿色制造产业，推动绿色产品、绿色工厂、绿色园区和绿色供应链全面发展，建立健全工业绿色发展长效机制，提高绿色国际竞争力，走高效、清洁、低碳、循环的绿色发展道路，推动工业文明与生态文明和谐共融，实现人与自然和谐相处。

（2）基本原则。创新驱动，标准引领；政策引导，市场推动；改造存量，优化增量；全面推进，重点突破。

（3）发展目标。到2020年，绿色发展理念成为工业全领域全过程的普遍要求，工业绿色发展推进机制基本形成，绿色制造产业成为经济增长新引擎和国际竞争新优势，工业绿色发展整体水平显著提升。能源利用效率显著提升；资源利用水平明显提高；清洁生产水平大幅提升；绿色制造产业快速发展；绿色制造体系初步建立。

（4）主要任务。大力推进能效提升，加快实现节约发展；扎实推进清洁生产，大幅减少污染排放；加强资源综合利用，持续推动循环发展；减少温室气体排放，积极促进低碳转型；提升科技支撑能力，促进绿色创新发展；加快构建绿色制造体系，发展壮大绿色制造产业；充分发挥区域比较优势，推进工业绿色协调发展；实施绿色制造+互联网，提升工业绿色智能水平；着力强化标准引领约束，提高绿色发展基础能力；积极开展国际交流合作，促进工业绿色开放发展。

第二十一章 "两化"融合对秦巴山脉区域河南片区构建现代产业体系的意义

第一节 我国制造业与互联网融合发展状况

以互联网为代表的新一代信息通信技术与制造业的融合发展，是全球新一轮科技革命和产业变革的重要特征，也是当前制造业大国竞争的主战场。我国经济要保持中高速增长、迈向中高端水平，必须要形成"大众创业、万众创新"的新动能，制造业是"双创"的载体。把制造业、"互联网+"和"双创"紧密结合起来，进一步深化制造业与互联网融合发展，协同推进"中国制造2025"和"互联网+"行动，推动制造业与互联网融合，有利于形成叠加、聚合和倍增效应，有利于激发"双创"活力、培育新模式新业态，有利于加快新旧发展动能和新旧生产体系的转换。通过优化产业结构有效改善供给，释放新的发展动能，催生一场"新工业革命"，加快制造强国建设[9]。从全国来看，互联网应用呈现从消费领域向制造业领域扩散的态势，新的生产方式、产业形态和商业模式不断涌现。我国互联网在消费领域的融合走在了世界前列，包括秦巴山脉区域河南片区在内的许多县（区、县级市），均建立了电子商务平台，销售当地农副产品和特色工业品，提高了当地产品的品牌知名度，扩大了销售量，也加快了农村脱贫致富的步伐，促进了企业效益的提高，表现在以下四个方面。

（1）互联网广泛融入研发设计各个环节，新型研发组织模式不断涌现。电子、航空、机械等行业骨干企业建立全球多地协同研发体系，家电、服装等行业企业打造客户从设计、研发到配送全过程深度参与的研发体系。

（2）互联网加速向制造业领域渗透融合，涌现出一批新模式新业态。服装、家具等行业正在兴起以大规模个性化定制为主导的新型生产方式。工程机械、电力设备、风机制造等行业服务型制造快速发展，在线监控诊断等产品全生命周期管理服务开始普及。

（3）生产性服务业引领制造业转型升级。2015年电子商务B2B［business-to-business，商家（企业）对商家（企业），意为电子商务交易的供需双方都是商家（企业、公司等）］交易额达13万亿元，钢铁、石化、冶金等行业形成的年交易额超过千亿元、百亿元的电子商务平台分别达到20个以上、50个以上。传统B2C（business-to-customer，商家对客户，直接面向客户进行销售）、C2C（customer-to-customer，客户对客户，意为消费者个人之间的电子商务行为）向大规模个性化定制C2B（customer-to-business，消费者对商家）转变，电子商务从交易平台向生产平台转变。

（4）基于互联网的创业创新载体不断涌现，新的创业创新生态系统加速构建。线上线下紧密互动的创客空间、创新工场、开源社区等创业创新载体快速发展，聚集中小企业、创业者的线上"双创"平台初具规模。

第二节 国内外制造业与互联网融合发展趋势

全球新一轮产业变革的重要特征是以互联网为代表的新一代信息通信技术持续创新并与传统产业融合，互联网开放、共享、协同、去中心化的特征正在推动制造业创新主体、创新流程、创新模式的深刻变革。

（1）移动互联网、工业互联网、开源软硬件、3D[①]打印等新技术的应用推动着创新组织的小型化、分散化和创客化。面向大企业及中、小企业的各类创业创新平台不断涌现，支持"双创"的产业生态正在完善。

（2）企业创新资源的配置方式和组织流程正在从以生产者为中心向以消费者为中心转变。构建客户需求深度挖掘、实时感知、快速响应、及时满足的创新体系日益成为企业的新型能力。

（3）技术创新、业态创新、商业模式创新相互交织、激荡融合。协同创新、迭代创新、众创、众包、众筹、O2O（online to offline，线上到线下）等新的创新模式密集涌现，互联网对创新资源的优化配置不断激发全社会的创新活力，成为制造业转型升级的新动力。

（4）"云""网""端"正逐步成为制造业发展的新基础设施。工业大数据、工业APP、工业软件的集成应用不断激发对工业云的迫切需求，工业网络宽带化、IP[②]化、无线化稳步推进，网络化、智能化的机器设备成为新型制造体系的关键要素。

（5）定制化、服务化成为生产方式变革的新趋势。传统的大批量集中生产方式加快向分散化、个性化定制生产方式转变，产品全生命周期管理、总集成总

---

① 3 Dimensions的简称，三维。
② internet protocol address，互联网协议地址。

承包、精准供应链管理、互联网金融、电子商务等加速重构产业价值链新体系。

（6）构建智能制造产业生态系统是各国产业竞争的焦点。互联网等新技术推动制造过程中人、机器、产品等要素的泛在连接，形成制造、器件、网络、软件、芯片、解决方案等多方参与的协同攻关、标准合作、能力适配、规则共制利益共同体，IIC（Industrial Internet Consortium，工业互联网联盟）、工业4.0平台（Industry 4.0 Platform）作为产业生态发起者、推动者、构建者的地位将不断得到巩固和加强，新的竞争规则正在孕育和形成过程中。

第三节　推进制造业与互联网融合发展存在的问题

在实现价值创造的制造环节等方面，互联网的应用亟待强化，迫切需要发挥互联网聚集优化各类生产要素资源的优势，构建新的生产组织体系和发展模式，存在问题如下。

（1）平台支撑能力不足。制造企业互联网化转型需求迫切，但目前基于互联网的"双创"平台在汇聚整合创业创新资源，带动技术产品、组织管理、经营机制创新方面的潜力远没有发挥出来，同时许多制造企业与互联网企业对"双创"平台建设的复杂性认识不足，对"双创"平台建设的规律认识不清。

（2）应用水平不高。制造业与互联网融合进程面临"综合集成"跨越困境，融合发展面临智能装备集成薄弱、流程管理缺失、组织机构僵化、数据开发应用能力不足等挑战，制造业与互联网融合整体上处于起步阶段。

（3）核心技术薄弱。关键器件长期依赖进口，核心技术受制于人，自动控制与感知关键技术、核心工业软硬件、工业互联网、工业云与智能服务平台等制造业新型基础设施的技术产业支撑能力不足。

（4）安全保障有待加强。新技术、新产品、新模式、新业态的安全模式和安全规则缺失，工业网络、工业控制系统、工业大数据平台安全防护能力薄弱，信息安全测试、评估、验证能力不强。

（5）体制机制亟待完善。制造业与互联网融合带来新业态、新模式，制造业"双创"平台、服务型制造等新业务健康发展需要更加完善的制度环境，需要在科技创新、财税金融、国企改革等方面取得突破。

第四节　片区制造业与互联网融合发展措施

秦巴山脉区域河南片区矿产、农业等自然资源丰富，具有相对优势，但由于该区域环境生态敏感、交通不便、技术信息滞后，资源优势难以转化为经济优势。秦巴山脉区域河南片区只有尽快建立现代工业和现代产业体系，才能促进经济社会快速发展，而该区域目前的产业竞争力仍然处于劣势，只有充分利用和发挥区域外的技术、资金、信息和市场优势，实现传统产业绿色转型，才具有竞争力。

秦巴山脉区域河南片区17县（区、县级市），应抓住目前制造业与互联网融合发展的大趋势，把制造业、"互联网+"和"双创"紧密结合起来，进一步深化制造业与互联网融合发展，域内企业的产业转型应充分发展互联网在消费（电子商务）和制造领域的融合，有4个路径可依赖：①技术创新，包括合作创新、软微创新、非线性集成创新和颠覆性创新，实现从模仿型到自主型的转变。②制造模式改变，包括计算机集成制造、虚拟制造、敏捷制造和柔性制造，实现标准化到个性化改变。③组织优化，包括大中小企业优化敏捷模块化制造、产业集聚形成产业集群网络、龙头企业形成自主型全球制造网络，实现从分散型到集群网络型优化。④绿色制造，包括智能化、信息化、网络化制造，从企业到全产业链、全区域的循环经济模式，实现从低端高耗到集约低碳转变。

第二十二章　河南省对秦巴山脉区域河南片区工业发展的指导意义

第一节　河南省工业发展重点领域及主攻方向

秦巴山脉区域河南片区17县（区、县级市），隶属于河南省西部和西南部的洛阳市、平顶山市、三门峡市和南阳市4个省辖市，2016年2月，河南省人民政府印发《中国制造2025河南行动纲要》中将全省工业发展重点领域划分为3类，同样对秦巴山脉区域河南片区工业发展具有指导意义。第一类是优势领域，河南省在电力装备、农机装备、新材料、生物医药及医疗器械4个领域的部分方向具有全国领先水平。第二类是追赶领域，河南省在新一代信息技术、高档数控机床和机器人、轨道交通装备、节能与新能源汽车4个领域，虽有较大差距，但一直是河南省发展的重点，一些方向具有比较优势，通过努力有望在全国产业布局中争取一席之地。第三类是特色领域，《中国制造2025》重点领域中未涉及，但河南省在冶金矿山成套装备、工程机械、节能环保装备上有基础、有规模、有市场，可作为特色领域加快发展。河南省工业重点领域及主攻方向如表22-1所示。

表22-1　河南省工业重点领域及主攻方向

重点领域	主攻方向
新一代信息技术	智能终端及信息通信设备
	操作系统、工业软件及信息安全产品
	云计算、大数据
	物联网
高档数控机床和机器人	数控机床与基础制造装备
	机器人
轨道交通装备	轨道交通装备
节能与新能源汽车	节能与新能源汽车

续表

重点领域	主攻方向
电力装备	输变电装备
农机装备	农业机械
新材料	新型合金材料（包括先进钢铁材料、先进有色金属材料等）
	新型功能材料及前沿新材料（包括先进石化材料、新型建筑材料、超导材料、纳米材料、石墨烯、生物基材料等）
	超硬材料及先进复合材料（包括超硬材料、高性能碳纤维及复合材料、新型动力锂离子电池关键材料等）
生物医药及医疗器械	生物医药及医药
	医疗器械
冶金矿山成套装备	冶金矿山成套装备（包括矿山、煤炭、水泥、冶金等成套装备）
工程机械	起重机械
	工程施工装备
节能环保装备	节能环保装备
	节能变压器及高效电机

2016年，河南省围绕高端装备制造业、电子信息产业、食品工业、汽车和新能源汽车产业、能源原材料工业转型发展、医药产业、节能环保装备、消费品工业等8个重点产业，印发了《河南省重点产业2016年度行动计划》，制定了10个年度行动计划，分别涵盖高端装备制造业、电子信息产业、食品工业、汽车和新能源汽车产业、能源原材料（煤炭及煤化工部分）工业转型发展、能源原材料（有色、钢铁、建材部分）工业转型发展、医药产业、节能环保装备、消费品工业（现代家居部分）、消费品工业（纺织服装部分）。每一项行动计划都明确了责任单位、工作重点和保障措施。

秦巴山脉区域河南片区生态环境约束条件较多，工业发展受到诸多限制，在区域内"青山、绿水"是基础、根本，也是前提，产业发展追求的是绿色循环发展。一是要摸清区域内产业家底，要不断推动这些产业的技术进步，实现生态环保、提质增效的目标。如果达不到绿色发展要求，就应下定决心，采取关停并转迁等措施。二是在产业引进选择上，要将区域内环境生态要求、资源禀赋、传统优势特色、人文历史特点结合起来，不能为了局部经济发展，将区域外产能过剩行业的企业直接引入区域内，导致原本就有的企业与域外企业同质化竞争中的弱势地位进一步强化。更不能贪一时效益，将落后的"三高一低"产业搬迁到区域内来。三是要在严格遵守秦巴山脉区域河南片区的主体功能区要求的前提下，从其周边范围更大的国土空间范围内，综合统筹4个地级区域中心城市、17县（区、县级市）城区的产业园区，考虑产业布局。按照河南省工业重点领域及主攻方向设置企业，适度超越秦巴山脉区域河南片区范围，打破区域内外企业的狭义观念，形成区域内外的产业化联合体[8]。

第二节　河南省工业绿色转型发展重点工作

河南省以重点领域、重点区域节能减排为着力点，着重围绕工业绿色低碳发展、清洁生产、资源综合利用等各项工作，推动工业绿色转型发展。

由于产业技术水平及政策和认识上的局限，秦巴山脉区域河南片区内现有的一些企业，并不符合绿色循环发展的要求，有些企业还是当地的经济支柱、纳税大户、就业大户，为地方经济做出了重要贡献。对这些企业，要通过不断推动其技术进步，实现生态环保、提质增效目标。如果在一定期限内达不到绿色发展要求，就应坚决采取关停并转迁等措施。河南省工业绿色转型重点工作要求对秦巴山脉区域河南片区仍有指导意义。

1. 积极推进工业绿色低碳发展

为加强政策指导，河南省制定印发《河南省工业领域应对气候变化工作方案》《河南省促进铅酸蓄电池和再生铅产业规范发展的工作方案》《河南省电石、铁合金行业能耗限额标准贯彻实施方案》《河南省有色金属工业节能减排实施方案》《河南省工业企业自愿性清洁生产审核及验收管理暂行办法》等一系列文件，对加快构建低碳排放的工业体系、规范铅酸蓄电池和再生铅行业有序发展、完善有色金属行业能耗限额标准体系、推动重点企业实施节能降耗管理、推进工业清洁生产等工作和绿色低碳发展发挥了积极作用。

2. 推进工业领域煤炭高效清洁利用

按照工业和信息化部、财政部《关于联合组织实施工业领域煤炭清洁高效利用行动计划的通知》（工信部联节〔2015〕45号）的要求，河南省工业和信息化委员会组织郑州、平顶山、三门峡等市，结合当地产业实际，围绕焦化、工业炉窑、煤化工、工业锅炉等重点用煤领域，编制工业领域煤炭清洁高效利用实施方案，组织企业实施煤炭清洁高效利用技术改造，推动煤化工结构优化升级，促进焦化、煤化工与冶金、建材等产业衔接融合，带动提升河南省工业领域煤炭清洁高效利用水平，削减煤炭使用量，防治大气污染，促进环境质量改善。

3. 深入实施工业企业清洁生产

加大重点行业清洁生产技术推广力度。河南省制订了《大气污染防治重点工业行业清洁生产技术推行方案》（豫工信节〔2014〕446号），积极在钢铁、建材、石化、化工、有色等5个重点行业推广应用36项先进适用的清洁生产技术，促进全省重点行业企业实施清洁生产技术改造，提升行业清洁生产水平，降低大气污染物排放强度，从源头预防和减少污染物的产生，大幅减少污染物的产生量和排放量。河南省研究制订并组织实施《河南省工业企业清洁生产水平提升计划》（豫工信节〔2015〕335号），推广应用先进、成熟、适用的清洁生产技术和装备，全面提升工业企业清洁生产水平。河南省组织实施《河南省高风险污染物消减实施计划》（豫工信联节〔2014〕679号），加快实施汞削减、铅削减和高毒农药替代清洁生产重点工程，从源头上削减汞、铅和高毒农药等高风险污染物排放。

加强示范带动。近年来，河南在重点行业中实施了一批工业清洁生产示范项目，培育了一批工业清洁生产的示范企业。通过培育工业清洁生产示范项目和示范企业，发挥行业清洁生产的示范带动作用，推进河南省工业领域清洁生产工作，提高资源利用效率，减少和避免污染物的产生，促进了河南省工业清洁发展。

4. 加快推进资源综合利用

充分发挥国家工业固体废弃物综合利用示范基地和工业绿色低碳转型发展试点城市的示范带动作用，推动河南省工业绿色发展、转型发展，促进工业结构调整，不断提高资源能源利用效率和污染防治水平。加强资源再利用准入行业管理，按照工业和信息化部公布的有色金属、废钢铁、废轮胎、铅再生、铜铝再生等一系列行业准入条件，摸清准入行业企业的基本情况和发展现状，采取有效措施，规范行业发展秩序，提高再生资源综合利用技术水平，促进准入行业健康发展。积极推进机电产品再制造，组织郑州煤矿机械、洛阳轴承、南阳机电和发动机等实施再制造工作，促进全省机电产品再制造产业的发展，不断提高资源综合利用率。

5. 积极推进节能环保产业发展

按照《关于推广应用国家鼓励发展的重大环保技术装备的通知》（豫工信联节〔2015〕41号）要求，推广应用国家鼓励发展的107项重大环保技术装备，组织企业开展形式多样的重大环保技术推广应用，引导企业制订切实可行的重大环保技术装备应用实施计划，加大资金投入力度，积极应用重大环保技术装备，加快技术改造，淘汰落后生产设备。组织环保技术装备生产企业在推广应用重大环保技术装备基础上，加快环保新技术、新产品、新装备研发，扩大优势技术装备（产品）生产规模，着力发展高端环保技术装备（产品），促进河南省环保产业发展。

6. 提升重点行业能效水平

加强重点用能行业能耗标准执行情况监督检查，督促企业严格执行行业能耗标准。组织电解铝行业能耗监督检查,掌握电解铝企业生产量及耗电量,提请价格管理部门执行差别电价政策。加快对现有钢铁、化工、建材、有色、轻工等行业企业能源管理中心的建设,并对已建成的能源管理中心进行验收,带动提升河南省工业企业能源管理水平。实施高耗能行业能效"领跑者"制度,在水泥、平板玻璃行业推进贯彻强制性能耗限额标准。

7. 加强工业节能监察

按照工业和信息化部《2015年工业节能监察重点工作计划》(工信部节函〔2015〕89号)的要求,会同省直有关部门,积极开展电解铝、水泥行业节能电价、差别电价政策执行情况,电石、铁合金行业能耗限额标准贯彻执行情况,电机能效提升计划执行情况,燃煤锅炉节能环保综合提升工程落实情况和能耗限额标准贯彻执行情况等专项监察,充分发挥节能监察在加强节能管理、提高能源利用效率等方面的监督约束作用,促进工业绿色发展。

第三节 河南省产业集聚区提质转型创新发展

河南省正处于加快经济大省向经济强省跨越、加快文化资源大省向文化强省跨越的"两大跨越",实现中原崛起的关键时期。着力推进"三化"(工业化、城镇化、农业现代化)协调发展,加快构建"三大体系"(现代产业体系、现代城镇体系和自主创新体系),走节约集约发展、科学发展和可持续发展的路子,培育区域发展新优势。

按照习近平新时代中国特色社会主义思想,要实现城乡统筹、乡村振兴,促进"三化"协调发展,而产业集聚区就是构建"三大体系"、实现科学发展的有效载体和重要依托,是转变发展方式的战略突破口。产业集聚区与以往的工业园区、开发区不同。早期沿海产业集群发展很多都是无意识的、自发形成的,基础设施、配套、污染治理等相较于产业发展滞后无序。而产业集聚区是以若干特色主导产业为支撑,产业集聚特征明显,产业和城市融合发展,产业结构合理,吸纳就业充分的功能区,优势在于产业集群发展是有意识、统筹规划、注重可持续发展的。产业集聚区既是先进产业集中区、现代化城市功能区和科学发展示范区,也是改革创新试验区。在产业集聚区建设中,需要注重投融资平台、中小企业担保公司、土地整理中心"三个平台"的建设,以及企业(项目)集中布局、产业集群发展、资源集约利用、功能集合构建"四个要素"的有机融合。随着河南各地产业集聚区软硬环境的日趋完善,河南成为沿海产业转移的重要投资地,不少企业从珠三角地区转移落户到河南产业集聚区,特别是一些劳动密集型企业，很多原本打算外出务工人员选择了在当地就业。

河南省2015年8月出台的《关于加快产业集聚区提质转型创新发展的若干意见》，确定了产业集聚区未来的发展目标和提质转型的基本方向，提出了坚持"五规"合一、"四集一转"、产城互动的基本要求，推动产业集聚区发展由规模扩张向量质并重转变、要素高强度投入驱动为主向创新驱动为主转变、粗放消耗型向绿色集约型转变、主要靠优惠政策招商向依靠优质综合服务招商转变、简单的"等靠要"向勇于改革创新转变。

2015年河南省人民政府发布的《关于加快产业集聚区提质转型创新发展的若干意见》确定了产业集聚区提质转型创新发展的主要目标如下：到2020年，产业集聚区"四集一转"发展水平大幅提升，对全省经济社会发展的综合带动作用更加突出，建设成为全省先进制造业主导区、科技创新核心区、产城融合示范区和改革开放先行区。

第一，集聚效应更加凸显。全省产业集聚区规模以上工业主营业务收入超过7万亿元，占全省工业的比重超过60%，对工业增长的贡献率超过70%，产业结构和层次明显提升。

第二，集群优势显著增强。全省形成食品、装备制造、电子信息3个万亿级产业集群，省辖市形成30个左右千亿级主导产业集群，县域形成150个左右百亿级特色产业集群，创建15家以上国家级新型工业化产业示范基地，建设一批全国重要的产业基地。

第三，配套能力明显提升。基础设施、公共服务平台、生产生活性服务设施基本完备，区域创新体系基本建立，形成与产业规模和结构相适应的支撑保障体系。

第四，绿色发展成效显著。产业集聚区单位面积投资强度和产出强度进一步提高，规模以上工业万元增加值能耗较2015年下降20%左右，工业固体废弃物综合利用率达到85%以上，废水集中处理率达到100%，建成一批国家级生态工业示范园区和低碳工业园区。

第五，产城互动加速推进。全省产业集聚区从业人员达到550万人，累计新增200万人左右，成为当地就业岗位的主要来源，产城互动发展机制基本建立。

秦巴山脉区域河南片区具有强生态环境与弱经济基础的矛盾特征，要促进产业发展壮大，迫切要求以提质转型创新发展为主线，突出集群、创新、智慧、绿色发展方向，着力完善功能规划布局，提升集群竞争优势，促进服务功能升级，加快体制机制创新，推动产业集聚区建设上规模、上水平、上层次。在秦巴山脉区域河南片区要实现上述目标，需优化完善规划布局，促进产城互动发展；培育壮大产业集群，提升产业竞争优势；健全公共服务平台体系，提升集群发展支撑能力；强化体制机制创新，提升发展动力活力。

第二十三章　秦巴山脉区域河南片区产业发展的政策和规划要求

党的十八大以来，党中央相继提出要按照人口资源环境相均衡、经济社会生态效益相统一的原则，优化国土空间开发格局；加快实施主体功能区战略，构建科学合理的城市化格局、农业发展格局、生态安全格局。党的十八届三中、四中全会进一步提出，坚定不移实施主体功能区制度，建立国土空间开发保护制度。建立系统完整的生态文明制度体系，用严格的法律制度保护生态环境，将生态文明建设提升到制度层面；党的十八届五中全会提出"创新、协调、绿色、开放、共享"的新发展理念；在制定"十三五"规划时，加强生态文明建设首度被写入五年规划。

党的十九大报告指出，中国社会的主要矛盾已经转化为人民日益增长的美好生活需要和不平衡不充分的发展之间的矛盾。绿色发展领域的"不平衡"，表现为经济发展和生态环境保护的不平衡、人口和资源的不平衡、人与自然的不平衡。绿色发展理念的核心是建设"美丽中国"，"绿水青山就是金山银山"深刻揭示了发展与保护的本质关系，已成为社会普遍共识，引领着中国走上绿色发展之路，这是新时代中国生态文明建设的重要理论创新。习近平总书记在十九大报告中对新时代的新征程做出了总体部署，生态文明建设被提到新的战略高度，生态文明建设被列入中国特色社会主义的总目标、总任务、总体布局中，这是继党的十八大把生态文明建设纳入"五位一体"总体布局后的重大战略安排。坚持人与自然和谐共生，被列入建设新时代中国特色社会主义的十四个基本方略之一。我们要建设的现代化是人与自然和谐共生的现代化，人与自然和谐共生的现代化，突出了实现永续发展的要求，彰显了以习近平同志为核心的党中央对人类文明发展规律、自然规律、经济社会发展规律的认识，丰富和发展了马克思主义的生产力理论。党的十九大报告明确了实现"两个一百年"阶段目标中对生态文明的要求：到2020年，坚决打好污染防治攻坚战；到2035年，生态环境根本好转，美丽中国目标基本实现；到21世纪中叶，建成富强民主文明和谐美丽的社会主义现代化强国。

第一节　河南省对秦巴山脉区域河南片区产业发展思路

河南省对秦巴山脉区域河南片区的产业发展思路是：按照国家对集中连片特殊困难地区发展与扶贫攻坚工作的总体部署及《河南省主体功能区规划》等文件，采取规划引导、项目带动、政策扶持等有力措施，着力加强基础设施建设，培育特色优势产业，改善农村基本生产生活条件，发展卫生医疗等社会事业，努力推进秦巴山脉经济社会可持续发展。

1. 强化规划引导

结合秦巴山脉区域河南片区实际，在制定河南省国民经济和社会发展规划纲要，以及农业和农村专项发展规划、循环经济发展规划时，对适宜秦巴山脉发展的林果业、生态养殖业和绿色种植业提出产业布局和规划目标、发展措施及政策建议，为秦巴山脉区域河南片区的农业农村经济发展明确方向。

2. 着力培育优势产业

依托秦巴山脉区域河南片区的新能源资源特别是风能资源优势，规划建设9个风力发电工程项目，装机容量40万千瓦，总投资44亿元，建成后每年可提供清洁电力9.3亿千瓦·时。洛阳市洛宁县被列入国家绿色能源示范县，建成大型沼气集中供气工程7座，新增沼气用户2.4万个，绿色可再生能源利用量5.2万吨标煤。支持南阳市积极发展小辣椒、食用菌等绿色蔬菜产业，大力发展高标准林果种植基地和速生丰产用材林基地，大力发展生物质能源林，加快建设道地中药材种植基地，做大做强西峡山茱萸、南召辛夷、镇平杜仲、方城裕丹参等中药材品牌，打造高效生态经济示范区。

3. 加大对秦巴山脉区域河南片区生态的补偿力度

根据《全国主体功能区规划》，按照"整体保护、点状开发"的原则，河南省突出区域环境保护和生态建设功能，把提升生态产品提供能力作为地方经济社会发展的主要方向，加大对秦巴山脉区域河南片区生态的补偿支持力度。"十二五"以来，累计下达栾川、卢氏、内乡、淅川、西峡、嵩县、洛宁、鲁山、南召9县和南阳市本级国家重点生态功能区转移支付资金39.58亿元，有效缓解了秦巴山脉内因环境保护对区域财政收入的影响，提高了秦巴山脉生态建设和环境保护能力。

第二节 片区产业集聚区发展现状

秦巴山脉区域河南片区经济相对滞后，就业机会少，在南阳市方城县、内乡县等地区，其县域经济在产业集聚区的带动下，特色产业发展迅速，就业机会越来越多。产业集聚区正在成为市、县经济发展的增长极，城镇居民就业、增收的主渠道，推进工业化和城镇化的"发动机"。外出务工人员的逐步回流正印证了产业集聚区的良性发展趋势，产业集聚区发展之于民生的重要性。

表23-1和表23-2为洛阳市、平顶山市、三门峡市和南阳市4个省辖市属的17县（区、县级市）的产业集聚区发展情况。

表23-1 秦巴山脉区域河南片区产业集聚区主要指标

区域	名称	增加值*/亿元	规模以上工业从业人员年末人数/人	规模以上工业主营业务收入/亿元	固定资产投资完成额/亿元
洛阳市	洛宁县产业集聚区	49.19	31 610	269.75	102.48
	宜阳县产业集聚区	52.81	30 534	275.39	165.45
	栾川县产业集聚区	27.86	9 138	111.8	129.43
	汝阳县产业集聚区	21.31	13 899	67.71	87.51
	嵩县产业集聚区	15.18	8 539	103.67	86.78
平顶山市	叶县产业集聚区	47.38	9 504	190.72	96.09
	鲁山县产业集聚区	18.91	7 262	76.64	60.15
三门峡市	陕州区产业集聚区	26.8	6 007	52.83	75.55
	灵宝市产业集聚区	59.34	32 020	552.27	168.06
	卢氏县产业集聚区	10.17	3 937	44.04	35.75
南阳市	南阳市光电产业集聚区	45.99	12 498	95.83	114.47
	淅川县产业集聚区	84.6	26 099	339.16	156.57
	内乡县产业集聚区	55.46	25 150	236.02	156.03
	镇平县产业集聚区	46.45	25 938	197.59	130.92
	西峡县产业集聚区	97.32	46 886	411.66	175.19
	南召县产业集聚区	19.64	7 082	79.87	73.44
	方城县产业集聚区	25.77	8 535	92.51	88.64
河南省	河南省产业集聚区总计	704.18	4 781 826	51 567.29	20 868.36

资料来源：*数据来源于《三门峡统计年鉴2017》，其余数据来源于《河南统计年鉴2017》

表23-2 秦巴山脉区域河南片区各产业集聚区法人单位数　　单位：个

区域	名称	年份	合计	工业	建筑业	房地产业	批发和零售业	住宿和餐饮业	重点服务业
洛阳市	洛宁县产业集聚区	2014*	31	22		7	1	1	
	宜阳县产业集聚区	2014*	76	72			2	2	
	栾川县产业集聚区	2014*	20	6	3	2	4	2	3
	汝阳县产业集聚区	2014*	19	19					
	嵩县产业集聚区	2014*	11	11					
平顶山市	叶县产业集聚区	2013	26	18	2	2		3	1
		2014	93	32	5	15	17	4	20
		2016	101	36	7	15	19	4	20
	鲁山县产业集聚区	2013	23	19			3		1
		2014	33	28			4		1
		2016	44	37			6		1
三门峡市	陕州区产业集聚区	2013	19	17			2		
		2014	21	19			2		
		2016	21	19			1		
	灵宝市产业集聚区	2013	38	31	2		4		1
		2014	49	40	2		5		2
		2016	49	40	2	1	7		2
	卢氏县产业集聚区	2013	14	14					
		2014	15	15					
		2016	15	15					
南阳市	南阳市光电产业集聚区	2013	80	37	4		36		3
		2014*	116	50	3		57		6
		2016	130	49	9	1	67		4
	南召县产业集聚区	2013	29	27			1	1	
		2014*	34	32			1	1	
		2016	42	39			2	1	
	镇平县产业集聚区	2013	66	56	1	4	1	2	2
		2014*	76	66	1	4	1	2	2
		2016	95	85	1	4	1	2	2
	方城县产业集聚区	2013	61	36	5	9	7	4	
		2014*	52	32	5	8	7		
		2016	73	53	5	9	6		
	内乡县产业集聚区	2013	52	38	2	3	2	4	3
		2014*	62	48	2	3	2	4	3
		2016	74	57	2	3	4	4	4

续表

区域	名称	年份	合计	工业	建筑业	房地产业	批发和零售业	住宿和餐饮业	重点服务业
南阳市	淅川县产业集聚区	2013	59	55			1	3	
		2014*	59	55			1	3	
		2016	157	106	10	3	18	12	8
	西峡县产业集聚区	2013	95	80	2	1	5	3	4
		2014*	130	100	2	1	10	4	13
		2016	129	98	2		10	3	16

资料来源：*数据来源于《河南统计年鉴2015》，其余数据中，2013年数据来源于2014年各市统计年鉴，2016年数据来源于2017年各市统计年鉴

表23-1表明至2016年底秦巴山脉区域河南片区各县（区、县级市）现有的产业聚集区已经初具规模，固定资产投资完成额过百亿元的集聚区占总数的52.94%，工业主营业务收入过百亿的集聚区占总数的58.82%，从业人数已达304 638人。

产业集聚区发展需要政府来引导。政府要做好园区规划、基础配套设施建设，研究制定扶持产业集群发展的政策措施，结合当地实际找准产业定位，引导相关企业进入，为企业提供宽松合适的投融资环境；要建设服务型政府，真诚为企业服务活动，为外来投资企业解除后顾之忧，努力营造亲商、重商、安商、富商的社会氛围；要抓住当前东南沿海向内地产业转移的机遇，积极为客商创造条件。

第三节　信息化发展目标及任务

信息化是当今世界经济和社会发展的大趋势，是我国实现现代化的重要推动力。信息化水平已成为衡量一个国家和地区及城市现代化程度、综合实力和经济成长能力的重要标志。为了尽快适应经济全球化、信息化的总趋势，应大力提高信息技术的利用程度，以信息化带动工业化、城市化和农业产业化，发挥后发优势，推动经济和社会实现跨越式发展。与其他地区一样，秦巴山脉区域河南片区信息化建设也要遵循如下规律。

1. 强力推进电子政务建设

改造升级现有内网设备和应用，构建统一的电子政务内网平台。实现各部门业务网络的顶层互联互通和资源的共享，打造政务资源大数据；大力提升政府网上办公能力，实现市、县、乡办公系统的互通和广泛使用，满足内部办公和管

理决策的需要。完成电子政务外网建设，满足社会管理和公共服务的需要。构建市、县两级中枢集中统一的政府综合门户网站群。通过建设应用系统，加强后台支撑，扩展网站功能，及时更新内容，提供政务信息、行政审批、投诉受理等业务，使政府综合门户网站群成为服务公众和企业的重要窗口与纽带。深化电子政务业务系统应用。大力推进社会管理和公共服务等领域的电子政务建设，完善重点业务应用系统，促进跨部门信息共享和业务协同。

2. 大力推进"两化"融合

充分利用信息技术改造提升传统产业。促进信息技术在工业领域的普及应用，推进设计研发信息化、生产装备数字化、生产过程智能化和经营管理网络化。加快企业内部信息网络建设，推广CAD（computer aided design，计算机辅助设计）等应用软件，提高企业产品设计能力；引导企业实施合理高效的企业资源规划，推广ERP（enterprise resource planning，企业资源规划系统）等管理规划软件，提高企业决策层决策运行能力；积极引进先进的数控系统、工业生产过程控制系统等信息技术，推进企业生产过程控制自动化、集成化和网络化。充分运用信息技术推动高能耗、高物耗和高污染行业的改造。在企业内部管理和对外经营方面广泛使用电子邮箱、互动视频、网上展示交易会等网络应用。认真做好重大信息化项目的建设工作。坚持超前规划、合理布局、统筹兼顾、留有空间、高效运用的原则做好重大项目的建设工作。例如，做好南水北调中线工程水源地和干线工程的电子监控及信息处理工作。着力推进产业集聚区的信息化建设，使其成为"两化融合"的先导区。建设一批信息化示范企业。积极开展中小企业信息化试点，大力支持中小企业信息化普及工程建设。校企联合，推动软件业发展和信息人才队伍建设，为"两化融合"提供人才支撑。

3. 推动电子商务发展

通过互联网等电子工具，使企业内部、供应商、客户和合作伙伴之间，利用电子业务共享信息，实现企业间业务流程的电子化，配合企业内部的电子化生产管理系统，提高企业的生产、库存、流通和资金等各个环节的效率，组织企业的进货和销售。力争建立若干行业性网上交易平台。鼓励企业建立自己的网站、网页等网络专用平台，通过网络媒体宣传和推介产品。鼓励企业充分利用各类贸易专业网站积极开展电子商务，重点发展企业间电子商务和企业与消费者之间的电子商务。以信息技术为支撑，加快传统服务业向现代服务业转变。加快发展网络增值服务、电子金融、现代物流、连锁经营、专业信息服务、咨询中介等新型服务业。鼓励商贸流通企业开展网络营销，实现虚拟市场与实体市场有机结合。

4. 加强信息化基础设施建设

强化规划、组织、协调和指导，加强宽带通信网、数字电视网和下一代互联网等信息基础设施建设，推进电信网、广播电视网、互联网三网融合，大力发展多种形式的宽带接入，加快发展下一代互联网，积极发展第四代移动通信网络，务实推进物联网应用，着力建设有线、地面、卫星传输相结合的覆盖全市的数字电视网络，积极推进电信基础设施共建共享，建成覆盖全市的高速宽带公众信息传输网络。

5. 积极推进信息产业发展

大力推动社会各领域信息化进程，加大招商引资力度，有针对性、选择性地承接产业转移，积极引进电子信息产品的组装、研发企业，重点发展太阳能光伏产品制造、锂电池制造、硅电子产品制造、电路板制造、显示设备、移动终端配套产品等，形成具有特色的电子信息产品制造业；支持电信网络服务业发展，在信息化项目建设过程中，鼓励软件系统研发，扶持软件行业成长，逐步壮大信息产业。

6. 培育发展新技术、新业态

抢抓新一代信息技术发展机遇，积极发展壮大物联网、云计算、大数据、北斗导航等新兴业态，不断壮大业态规模。大力发展物联网产业，鼓励支持物联网企业的引进和培育，鼓励企业加大物联网技术研发，重点培育物联网无线传感器制造企业、物联网集成企业、物联网技术研发企业，重点支持物联网研发平台、智能卡与射频识别技术研发平台、物联网标识应用示范平台建设，鼓励支持物联网在工业、农业、交通、物流、社会管理等方面的应用；培育发展云计算产业，引进和培育云计算企业，加大政策支持力度；推进政府系统云计算的广泛应用，建立政务大数据。鼓励支持行业类技术研发、协同制造等云平台建设；充分利用互联网，促进传统产业的转型升级，落实国务院关于促进"互联网+"的要求，研究制订"互联网+"行动计划，研究制定促进"互联网+"的政策措施。

7. 加快推进公共服务领域和社区信息化建设

全面推进科技、教育、文化、工商、税务、金融、医疗、国土资源、城市管理、劳动就业和社会保障、公共安全等领域的信息化建设，大力提高城市综合服务功能和文明程度。努力建设先进网络文化。加快新闻出版、广播影视、文学艺术、旅游等领域的数字化进程，推进以数字图书馆、数字博物馆、数字档案馆和数字影院等为重点的文化信息资源共享工程建设，促进信息技术在保护民间文化、打造文化精品等方面广泛应用。规范网络文化传播秩序，强化信息内容管理，建设积极健康的网络文化。以建设数字社区为目标，推动包括计算机网络、综合保安管理、家庭智能化、社区服务、电子物业、一卡通便利服务等内容在内的服务项目的建设，完善社区管理和服务功能，提高社区信息化水平。

8.大力推动"智慧城市建设"

建成一批成熟的智慧应用系统，政务、经济、社会管理、民生的智能化水平明显提高，打造经济发展创新持续、城市运行精准高效、公共服务文明便捷、具有现代化气息的智慧名城，进入全国先进行列。

9.加快农业和农村信息化进程

加强信息技术在建设社会主义新农村中的应用，依托现有信息化建设基础、资源，利用公共网络，结合家电下乡深入推进信息下乡工作，扎实推进电话、宽带村村通工程，提高农村电话和宽带普及率，实现信息内容、信息服务和信息终端进乡入村。提升农业服务网站功能，把社会保障、公共卫生、科技教育、文化娱乐等信息系统和网络统一延伸到农村，使广大农民可以直接通过互联网获取信息、发布信息、进行网上交易、享受公共服务，提高农民生活水平和生活质量。实施农业数据采集工程，根据国家建立的统一农业数据采集指标体系，建设农业数据采集分析平台，健全农业信息数据库。引导农村、农业和农民掌握应用信息技术、开发利用信息资源。深入推进农村远程教育，强化农民信息技术使用能力的培训，逐步缩小城乡数字鸿沟。实现气象信息的社会化共享，健全气象灾害公众预警体系。

第二十四章　构建秦巴山脉区域河南片区产业绿色循环发展体系

秦巴山脉区域河南片区属于国家限制开发的重点生态功能区，生态建设任务重，同时，该区域经济基础脆弱，经济社会发展落后于全国和河南省平均水平，脱贫致富、发展社会经济非常迫切。因此，该区域经济发展与生态保护任务异常繁重，两者矛盾也十分突出。

然而，秦巴山脉区域河南片区又具有得天独厚的地理资源、生态资源、文化资源和矿产资源优势，实现跨越发展需要摆脱以往的路径依赖，实现结构优化和动力转换，充分利用现代产业技术与现代网络技术融合发展模式，以生态文明建设为根本，以绿色产业发展为支撑，构建秦巴山脉区域河南片区绿色循环发展体系，强力助推秦巴山脉区域河南片区步入发展快车道。

秦巴山脉区域河南片区要实现绿色循环发展，现实差距在产业，潜在优势在产业，有效支撑也在产业，因而必须加快构建现代产业发展新体系。改造提升传统产业，培育壮大新兴产业，统筹传统产业转型升级和新兴产业培育发展，提高资源配置效率，大力促进第一、二、三产业融合发展形成新业态，聚焦重点产业做长做强产业链。以改革开放创新增强工业转型发展新动力，抓住深化供给侧结构性改革和推进"一带一路"建设机遇，构建现代产业体系。

第一节　构建秦巴山脉区域河南片区产业体系原则

国家的强盛与健全的产业体系密切相关，没有坚实的产业支撑，就没有国家和民族的强盛，产业是强国之基、兴国之本。"两个一百年"奋斗目标和中华民族伟大复兴中国梦，必须有强大的实体经济和产业基础作为支撑，同样，一个省和一个地区经济社会健康发展也必须有坚实的产业支撑基础。

"十三五"时期是我国全面建成小康社会的决胜阶段,是推动经济提质增效升级的关键期。目前,国内外的产业技术和分工格局处于深刻调整期,随着要素比较优势和资源环境约束发生重大趋势性变化,支撑经济高速增长的传统产业发展动力开始减弱,传统产业产能严重过剩,经济发展进入新旧动力转换期,产业转型发展面临新的机遇和挑战。要实现经济保持中高速增长和产业迈向中高端水平的"双目标",迫切需要通过构建产业新体系推动发展方式转变。要顺应国内外发展大势,加快产业转型升级,积极拓展发展空间,努力推动我国产业体系向创新能力强、质量效益好、结构布局合理、可持续发展能力和国际竞争力明显增强的方向发展[10]。

党的十八届五中全会通过的《中共中央关于制定国民经济和社会发展第十三个五年规划的建议》,对构建产业新体系做出全面部署,将对推动产业结构升级和发展方式转变、保持经济持续健康发展、确保如期全面建成小康社会产生重要而深远的影响。按照该文件的精神,结合秦巴山脉区域河南片区"强生态环境"和"弱经济基础"的特点,构建秦巴山脉区域河南片区产业体系要把握好以下原则。

(1)创新驱动。把创新摆在产业发展的核心位置,把增强技术实力作为构建产业体系的战略支点,走创新驱动的产业发展道路。

(2)绿色低碳。把绿色、循环、低碳发展作为基本途径,摆脱高投入、高消耗、高排放和低效益("三高一低")的粗放模式,推动生产方式绿色化,发展绿色产业和绿色产品,走生态文明的产业发展道路。

(3)"两化"融合。信息化和工业化深度融合是打造产业优势的有效途径。智能制造作为主攻方向,引导制造业朝着分工细化、协作紧密的方向发展,要推动生产性服务业与制造业融合发展,走"两化"融合的产业发展道路。

(4)结构优化。新的消费、装备、服务、安全保障需求,对产业结构升级提出新的更高要求。大力推动供给侧改革,实现产业结构和空间布局优化调整。大力发展现代服务业,培育壮大战略性新兴产业,推动传统产业向中高端跃升,走提质增效的产业发展新路。

(5)开放合作。跳出秦巴山脉区域河南片区,从全球、全国和跨省的视野配置产业链和空间分布,加强产业布局和交流合作,走开放合作的产业发展道路。

(6)人才为本。人才是构建产业体系的根本保障,加快在秦巴山脉区域河南片区内培养和吸引产业发展急需的专业技术、经营管理和技能人才,建设素质优良、结构合理的产业人才队伍,走人才引领的产业发展道路。

第二节　构建"秦巴山脉区域河南片区（伏牛山）南北坡绿色循环经济发展示范区"

按照本课题研究提出的"一圈一带二区"为特征的"秦巴山脉区域河南片区（伏牛山）生态-产业协同双向梯度发展模式"，针对秦巴山脉区域河南片区内以行政区划为基础的各县（区、县级市），以及以自然地理为基础的伏牛山北坡和南坡社会、经济、资源禀赋及产业结构的不同特点，强力推进"秦巴山脉区域河南片区（伏牛山）南北坡绿色循环经济发展示范区"建设，如图24-1所示。

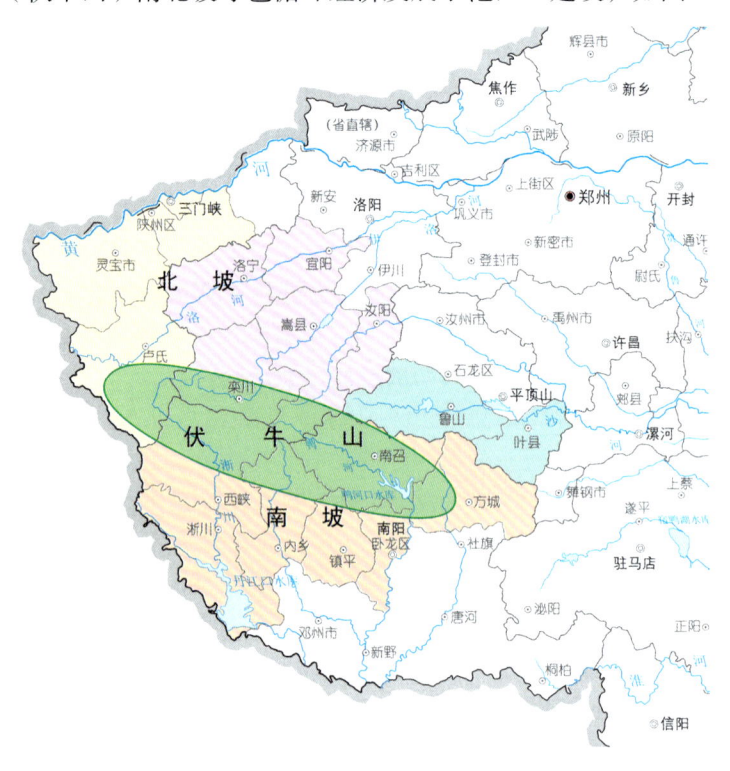

图24-1　"秦巴山脉区域河南片区（伏牛山）南北坡绿色循环经济发展示范区"示意图

通过探寻南北坡不同区情特点的生态保护与产业发展道路，推动南北坡不同示范区绿色循环发展稳步开展，形成以"秦巴山脉区域河南片区（伏牛山）生态保护区"或伏牛山国家公园为核心，以"生态农业区"（过渡区）为中间环，以"循环发展城镇带"为外围强劲向外拉动和反向向内辐射的绿色循环发展空间格局，使秦巴山脉区域河南片区产业发展与生态保护相互反哺与相互支撑，成为"强生态条件下现代产业绿色循环发展"的典范，建成"秦巴山脉区域河南片区（伏牛山）南北坡绿色循环经济发展示范区"。按照《河南省主体功能区规划》，"秦巴山脉区域河南片区（伏牛山）南北坡绿色循环经济发展示范区"的主要功能定位如下。

1. 秦巴山脉区域河南片区（伏牛山）北坡绿色循环经济发展示范区的重点发展区（生态城镇带）

伏牛山北坡的洛阳市、平顶山市和三门峡市属于国家级重点开发区域，该区域的主体功能定位是：支撑全国经济增长的重要增长极，全国重要的高新技术产业、先进制造业和现代服务业基地，能源原材料基地、综合交通枢纽和物流中心，区域性的科技创新中心，全国重要的人口和经济密集区。

建设洛阳副中心城市，加快洛阳城乡一体化示范区建设，优化老城区功能，提升国家历史文化名城和全国重要的制造业基地影响力，增强人口和经济集聚能力。依托洛阳城乡一体化示范区，向南拓展发展空间，密切中心城区与周边县城的联系，推进组团式发展。

做大做强平顶山和三门峡两个区域中心城市。科学编制城镇规划，完善城市功能，提升基础设施水平和公共服务能力，加强生态和历史文化保护，建设集约紧凑、生态宜居、富有特色的现代化城市。支持优化中心城市发展形态，探索组团发展模式，推动形成以中心城市为核心、周边县城和功能区为组团的空间格局。平顶山市发展成为百万人以上城市，三门峡市进入50万人以上城市行列。加强产业分工、基础设施建设、国土资源配置等方面的统筹协调，增强优势互补、资源共享、各具特色的区域整体功能。

通过产业基地化、集群化和园区化发展，促进产业和人口集聚。强化载体功能，积极承接产业转移，促进产城互动，加快先进产业基地、特色产业集群、产业集聚区和专业园区建设，培育发展战略性新兴产业，做大做强战略支撑产业，大力发展现代服务业，形成城镇连绵带和产业密集区，扩大和提升人口、产业集聚规模和水平。

2. 秦巴山脉区域河南片区（伏牛山）南坡绿色循环经济发展示范区重点发展区（生态城镇带）

伏牛山南坡的南阳市属于省级重点开发区域，为重要产业带结点城市。该区域的主体功能定位是：地区性中心城市发展区，人口和经济的重要集聚区，全省城市体系的重要支撑点。通过加快推进城镇化，发挥中心城市依城促产、以城带乡的主导作用，调整优化产业结构和城市空间布局结构，推进城市组团、城乡一体化示范区、中心城区协同发展，重点提升产业集聚区、商务中心区和特色商业区建设水平，进一步提升对周边区域的辐射带动能力。

南阳市发展成为百万人以上城市，壮大所属的县城规模，提升发展水平，增强承接产业转移、参与分工协作、吸纳就业能力，加快产业和人口向县城集聚。因地制宜发展各具特色的小城镇，支持已经形成一定产业和人口规模、基础条件好的中心镇发展成为小城市。加快推进户籍制度改革，全部放开县城以下中小城市户籍限制，加快中等以上城市户籍放开步伐，推动农村人口向城镇转移。加快推进工业化。以产业集聚区为载体，加快企业集中布局、产业集群发展、资源集约利用。大力培育有一定基础优势的战略性新兴产业和高成长绿色产业，做优做强先进装备制造、精品原材料、中高端消费品等特色产业。

统筹城乡协调发展。推动城市基础设施、公共服务和现代文明向农村延伸，推进新农村建设。统筹城乡社会事业发展，逐步实现城乡基本公共服务均等化。统筹城乡劳动就业，加快建立城乡统一的人力资源市场和公平竞争的就业制度。深入推进城乡一体化，逐步实现城乡规划、产业、基础设施、公共服务、劳动就业、社会保障一体化发展。

加快推进农业现代化，稳步提高粮食生产能力，促进农业发展方式向机械化、信息化、规模化、集约化、标准化、生态化和产业化转变。接近中心城市的县（区、县级市）大力发展城市景观农业、会展农业、设施精准农业、休闲农业等都市农业，其他县（区、县级市）大力发展规模高效农业，保障基本农产品生产。

加强生态建设和环境保护。加强工业污染防治和城市生态环境保护，强化农村环境综合整治和农业面源污染防治，大力发展循环经济、绿色经济、低碳经济，促进人口、资源、环境与经济发展相协调。

3. 秦巴山脉区域河南片区（伏牛山）南北坡绿色循环经济发展示范区的生态农业区

伏牛山南北坡农产品主产区，包括洛阳市（洛宁县、宜阳县、汝阳县）、平顶山市（叶县、鲁山县）、三门峡市（灵宝市）、南阳市（南召县、方城县），是国家级农产品主产区，以提供农产品为主体功能，是承担国家粮食生产核心区建设重要任务的农业地区。重点打造城市近郊都市高效农业区、南阳盆地优质粮食生产核心区和豫南山丘区生态绿色特色高效农产品优势区，加强粮食生产加工基地建设，提高粮食综合生产能力和效益；推进优质畜产品生产和加工基地建设，提高农业生产规模化、集约化、标准化和产业化水平。在有条件的县城周边，规划建设一批具有城市"菜篮子"、生态绿化、休闲观光等综合功能的农业园区。

4. 秦巴山脉区域河南片区（伏牛山）南北坡绿色循环经济发展示范区的生态功能区

伏牛山南北坡重点生态功能区是指生态系统重要、关系到较大空间范围生态安全的区域。省级重点生态功能区涉及秦巴山脉区域河南片区部分的有南阳市的淅川县、西峡县、内乡县，三门峡市的卢氏县，洛阳市的栾川县、嵩县等11个县（区、县级市）。其功能定位为保障全省生态安全的主体区域，全省重要的重点生态功能区，人与自然和谐相处的示范区。

秦巴山脉区域河南片区的伏牛山生态功能区属于生物多样性维护类型，生物多样，森林覆盖率高，原始森林和野生珍稀动植物资源丰富，在生物多样性维护方面具有十分重要的意义。目前山地生态环境问题突出，外来物种入侵情况较为严重，生物多样性受到威胁。其发展方向是在已明确的保护区域，保护生物多样性和多种珍稀动物基因库。

秦巴山脉区域河南片区的丹江口水库属于水源涵养功能区类型，是南水北调中线工程源头。目前森林植被虽然得到一定恢复和保护，但森林植被覆盖率仍然不高，水土流失依然严重。因而，该区域要巩固移民成果，调整库区及其上游地区产业结构，加强对工业污染和农村面源污染的治理，做到退耕还林、封山育林、恢复植被、封育草地、扩大湿地、涵养水源。

第三节　以发展现代产业为目标，推进产业体系建设

秦巴山脉区域河南片区构建"伏牛山南北坡绿色循环经济发展示范区"，要充分依赖业已形成的洛阳市、平顶山市、三门峡市和南阳市等中心城市的产业基础，强化传统产业升级改造，构建新型制造体系，发展现代服务业，培育壮大战略性新兴产业。依据秦巴片区内各县（区、县级市）的优势和特点，形成合理的产业布局和配套分工。要强化秦巴山脉区域河南片区内各县（区、县级市）之间、与各省辖市中心城市及省会级中心城市的产业体系关联度和融合度，带动片区内产业发展，支撑产业升级、有效扩大就业、更好满足消费需求、减轻资源环境压力。主要任务如下。

1. 构建新型绿色制造体系

制造业是国民经济的支柱和基础。通过实施"中国制造2025"，加快推动制造业实现智能化、绿色化、服务化。发展智能装备和智能产品，推动生产方式向柔性、智能、精细转变；加强节能环保技术、工艺、装备推广应用，全面推行清洁生产，发展循环经济，提高资源利用效率；强化产品全生命周期绿色管理，构建绿色制造体系，发展壮大绿色制造产业，强化产品全生命周期绿色管理，支持企业推行绿色设计，开发绿色产品，建设绿色工厂，发展绿色工业园区，打造绿色供应链，全面推进绿色制造体系建设，具体措施如下。

（1）开发绿色产品。按照产品全生命周期绿色管理理念，遵循能源资源消

耗最低化、生态环境影响最小化、可再生率最大化原则，大力开展绿色设计示范试点，以点带面，加快开发具有无害化、节能、环保、低耗、高可靠性、长寿命和易回收等特性的绿色产品。积极推进绿色产品第三方评价和认证，发布工业绿色产品目录，引导绿色生产，促进绿色消费。建立各方协作机制，开展典型产品评价试点，建立有效的监管机制。

（2）创建绿色工厂。按照厂房集约化、原料无害化、生产洁净化、废物资源化、能源低碳化的原则分类创建绿色工厂。引导企业按照绿色工厂建设标准建造、改造和管理厂房，集约利用厂区。鼓励企业使用清洁原料，对各种物料严格分选、分别堆放，避免污染。优先选用先进的清洁生产技术和高效末端治理装备，推动水、气、固体污染物资源化和无害化利用，降低厂界环境噪声、震动，减少污染物排放，营造良好的职业卫生环境。采用电热联供、电热冷联供等技术提高工厂一次能源利用率，设置余热回收系统，有效利用工艺过程和设备产生的余（废）热。提高工厂清洁和可再生能源的使用比例，建设厂区光伏电站、储能系统、智能微电网和能管中心。

（3）发展绿色工业园区。以企业集聚化发展、产业生态链接、服务平台建设为重点，推进绿色工业园区建设。优化工业用地布局和结构，提高土地节约集约利用水平。积极利用余热余压废热资源，推行热电联产、分布式能源及光伏储能一体化系统应用，建设园区智能微电网，提高可再生能源使用比例，实现整个园区能源梯级利用。加强水资源循环利用，推动供水、废水等基础设施绿色化改造，加强废水处理和循环再利用。促进园区内企业之间废物资源的交换利用，在企业、园区之间通过链接共生、原料互供和资源共享，提高资源利用效率。推进资源环境统计监测基础能力建设，发展园区信息、技术、商贸等公共服务平台。

2. 适应产业融合需求，推动制造业由生产型向生产服务型转变

适应制造业和生产性服务业融合发展的趋势，引导制造企业延伸服务链条、增加服务环节，推动制造业由生产型向生产服务型转变。构建与生产流程相连接的面向服务的运营平台和交互网络，实现由互联网支撑和覆盖的从生产原料采购到产品使用的整个智能工厂全过程业务流程，催生出全过程智能化、网络化的服务方式，扁平化、虚拟化的生产组织，以及定制化、服务化的产品，实现全国乃至全球范围内产业链的互联互通。改变原有的纵向一体化大批量规模生产的经济模式，快速实现个性化、定制化产品生产。解决企业生产大宗产品产能过剩，而适应性产品却无货可供，同质化竞争等问题，实现产业转型和创新。

3. 发展高成长性的现代服务业

秦巴山脉区域河南片区服务业，尤其是现代服务业比重偏低、质量和水平不

高、结构也不尽合理，应加快发展服务业特别是高成长性的现代服务业，推动生产性服务业向专业化和价值链高端延伸、生活性服务业向精细和高品质转变，深入推进服务业对内对外的开放，推动各类市场主体参与服务供给。

4. 培育壮大战略性新兴产业

战略性新兴产业对经济社会发展全局和长远发展具有重大引领带动作用。节能环保、信息技术、生物、高端装备制造、新能源、新材料、新能源汽车等产业代表着技术突破和市场需求的重点发展方向，要统筹科技研发、产业化、标准制定和应用示范，促进这些产业发展壮大，培育若干领军企业，提升战略性新兴产业对产业升级的支撑引领作用。

5. 加快传统产业优化升级

受要素成本上升、资源环境约束和市场需求限制等因素影响，传统产业的发展遇到较大困难，产能过剩是目前传统产业发展中面临的最突出问题，要统筹考虑经济发展、结构升级、社会稳定等多重因素，注重运用市场机制和经济手段化解过剩产能。但是，传统产业是新兴产业产生和发展的基础，要在传统产业中注入新技术、新管理、新模式，将改造提升传统产业与发展新兴产业结合起来，重点围绕"两化"融合、节能降耗、质量提升、安全生产等领域，推广应用新技术、新工艺、新装备、新材料，更好地满足消费者的高品质需求，强化供给侧改革，提高企业生产技术水平和效益。

强化秦巴山脉片区内外企业之间战略合作和跨行业、跨区域兼并重组，提高规模化、集约化经营水平，培育一批核心竞争力强的企业集团。

6. 建立健全政策体系

既要充分发挥市场的主导作用和企业的主体作用，也要更好发挥政府作用。政府要在深化体制改革、完善政策支持、创造良好环境方面发挥作用。通过建立绿色发展的目标体系、考核办法、奖惩机制，提高绿色经济占整个经济的比重，加大生态考核权重，增强生态指标约束，改变片面追求规模总量指标，推行绿色GDP核算体系。对战略性新兴产业，要注重整合资源，更好地发挥国家产业投资引导基金的作用，发挥产业政策导向和促进竞争功能。同时，要从质量监测、标准体系、信息管理、监管体系等方面综合施策，促进企业提高产品质量；综合考虑资源能源、环境容量、市场空间等因素，调整优化重大生产力布局，促进产业集聚集群发展；健全财税、金融、政府采购等政策，营造有利于产业升级和创新发展的政策环境。

第四节　推进"秦巴山脉区域河南片区（伏牛山）南北坡绿色循环经济发展示范区"建设主要措施

秦巴山脉区域河南片区地处秦巴山脉东端，与我国东南沿海经济发达地区距离最近，便于承接沿海地区产业发展辐射带动和产业协作转移，同时河南省是我国东中西梯度经济发展板块中，具有优越的自然地理节点和综合交通枢纽优势的地区，是国家"一带一路"倡议的"陆带与海路"重要交会区。正在积极实施的国家中原经济区、郑州航空港经济综合实验区、郑洛新国家自主创新示范区等国家战略，将成为区域发展的强劲带动力。

秦巴山脉区域河南片区外围的郑州、洛阳、三门峡、平顶山、南阳5个省辖市具有相对完善的科教、产业、交通等体系，经济社会发育水平较高，对辐射带动秦巴山脉区域河南片区经济发展的潜力巨大，推进"秦巴山脉区域河南片区（伏牛山）南北坡绿色循环经济发展示范区"建设的产业发展主要建议措施如下。

1. 立足强生态条件，加快产业发展

按照"秦巴山脉区域河南片区（伏牛山）生态—产业协同双向梯度发展模式"，重点支持加快发展片区外围"秦巴山脉区域河南片区（伏牛山）循环发展城镇带"产业集聚区，大力发展新型节能环保产业、新能源产业、装备制造、食品、汽车零部件等技术含量高、市场潜力大的高成长性制造业，培育生物医药、新能源、新材料等战略性新兴产业，构建现代工业与现代产业发展体系；实施工矿企业在强生态条件下的绿色循环发展和升级改造战略，积极推进南北坡产业转型升级为高成长性制造业、战略性新兴产业。北坡要加快传统机械制造业、采矿业等产业升级；南坡要加强生物医药、食品等产业的精深加工。

搬迁"秦巴山脉区域河南片区（伏牛山）生态保护区"核心区现有污染负荷大的工业企业至外围"秦巴山脉区域河南片区（伏牛山）循环发展城镇带"的产业聚集区，整合产业集聚区各类企业上下游产业链，延伸产品精深加工产业链，提高资源附加值，确保实现产业链循环运行；加强"秦巴山脉区域河南片区（伏牛山）生态保护区"核心区内现有矿山生态保护与恢复治理，建立矿山地质环境治理长效机制，构建生态安全屏障。大力发展"互联网+"，实施"1+2+3"产业融合发展，以区域内产业发展带动就业。

2. 打造"秦巴山脉区域河南片区（伏牛山）生态保护区"为文化旅游、健康养生产业之地

加强秦巴山脉区域河南片区与邻近的湖北、重庆、陕西、四川和甘肃等省（直辖市）合作，吸引国内外投资，持续推进交通等基础设施建设，实施农村公路改造工程，构建综合交通运输体系，促进各省（直辖市）间交通、信息互联互通与开放共享。借鉴落基山脉国家公园的发展模式、旅游资源保护和班夫特色城镇建设的成功经验，完善相应的设施和功能，增强承载能力，大力推进特色小镇、旅游集镇建设，将"伏牛山生态保护区"建设为"秦巴山脉国家公园"的重要组成部分，全力打造具有国际影响力的文化旅游、休闲、健康养生产业之地。

3. 促进设施农业、特色林果业和畜牧业快速发展，推进产品精深加工

政府提供条件，引导和鼓励"秦巴山脉区域河南片区（伏牛山）生态保护区"内基础条件差、不适宜居住且环境脆弱的贫困村的贫困人员，移民搬迁到"秦巴山脉区域河南片区（伏牛山）循环发展城镇带"产业聚集区或"生态农业区"内，加快推进特色农业发展和精准扶贫，借鉴"互联网+山区特色农业、特色养殖业"的成功经验，在县域建设大数据平台资源共享机制，加强网络销售和网络服务平台建设，培育和发展山区绿色、特色农业（食用菌、特色林果、花卉苗木、中药材等），推进农业现代化建设。基于分子科学、AI（artificial intelligence，人工智能）、物联网云端服务等支持，与智能工厂实现互联互通，实现农作物生长的因素—效果实时精细调控，建立"系统诊断、优化配方、技术组装、科学管理"的精准农业（precision agriculture）系统，从而高效利用各类农业资源改善环境，推进智慧和美丽乡村建设。通过技术进步和扶贫政策的支持，开展优势农业资源精深加工，提高产品附加值，实现与秦巴山脉区域外同步进入小康社会。

4. 发展职业教育，为产业发展提供高素质人力资源队伍

秦巴山脉区域河南片区是"一带"和"一路"的交会之地，处于秦巴山脉东部前沿，距离我国东南沿海经济发达地区较近，具有得天独厚的地缘和人力资源优势。该区域具有包容性强的良好人文、历史和民风基础，应大力发展不同层次、不同类型的教育（普通教育和职业教育），打造"中国职业教育基地"，培养各类紧缺的产业实用技术人才，提高劳动力素质，使他们拥有一定技能后，在更广阔的范围内就业。北坡在洛阳市打造以现代制造业等重工业为基础的职业教育基地；南坡在南阳市打造以现代农业技术、食品和药品精深加工等轻工业为基

础的职业教育基地。同时，以教育为杠杆，撬动相关配套的电子信息等高新技术产业及食品加工、文化旅游等劳动密集型产业发展，引进扶持壮大一批新兴产业企业，增加经济发展活力，不断增强经济实力；引导一大批具有职业技能的年轻人居家就近创业和就业，促进百万人早日脱贫奔小康。

5. 发展人工智能，促进"第六产业"融合性新兴业态形成

促进秦巴山脉区域河南片区工业企业生产及产品与农业产业、服务等产业一体化融合，扶持一、二、三产业相融合衍生的"第六产业"新兴业态。结合秦巴山脉区域河南片区的资源优势，发挥人工智能优势，加强"第六产业"的发展。推动工业企业绿色生产、绿色产品和高效有机农业、优质服务相融合，通过共享资源、技术、管理、品牌、渠道、客户，以及组织网络和产品定制化等，构成秦巴山脉区域河南片区企业新的竞争优势，使产品配送和服务体系高效精准，交易服务便捷全面，产品质量保障和跟踪能力强大及时，客户服务全面周到，从而有利于节约生产和交易成本、增加利润，降低成本、提高产品质量。

第二十五章　总　　结

在国家和地方各级政府的大力支持和帮助下，充分挖掘秦巴山脉区域河南片区优良的生态环境、气候、空气水质、特色农业、人力资源条件，以及环伏牛山4个中心城市围合圈、17县（区、县级市）绿色循环发展城镇带已有的产业优势，通过加大统筹力度，在秦巴山脉区域河南片区集中实施一批教育、卫生、文化、就业、社会保障等民生工程，大力改善生产生活条件，加快重要基础设施建设，消除制约绿色产业发展的瓶颈和障碍。

立足强生态条件，强化生态建设与环境保护，构建现代工业和现代产业体系，大力推进绿色发展。不仅要对秦巴山脉区域河南片区原有传统产业进行提质增效和转型发展，还要做好以下工作：加快发展高成长性制造业，培育战略性新兴产业；打造文化旅游、休闲、健康养生产业之地；促进高效设施农业、特色林果业和畜牧业发展，推进产品精深加工；构建职业教育基地，为产业发展提供高素质人力资源；发展人工智能，促进"第六产业"融合性新兴业态形成，扩大就业创业渠道。

以绿色产业发展推进区域经济社会快速发展，以生态保护和产业发展带动扶贫开发，以扶贫开发促进生态保护和产业发展，使秦巴山脉区域河南片区生态环境进一步好转，到2020年，与河南全省同步实现全面建成小康社会目标，并建立起经济社会可持续发展的良性内在动力机制；到2035年，经济社会发展等综合指标达到河南全省的平均水平，步入全省中等发达地区之列；到2050年，经济社会发展综合指标达到全国平均水平。

参 考 文 献

[1] 河南省工业和信息化委员会. 工业与信息化政策资料汇编[Z]. 2015.
[2] 刘德海. 绿色发展[M]. 南京：江苏人民出版社，2016.
[3] 河南省统计局，国家统计局河南调查总队. 河南统计年鉴2017[M]. 北京：中国统计出版社，2017.
[4] 洛阳市统计局. 洛阳统计年鉴 2017 [M] . 北京：中国统计出版社，2017.
[5] 平顶山市统计局队. 平顶山统计年鉴 2017 [M] . 北京：中国统计出版社，2017.
[6] 三门峡市统计局. 三门峡统计年鉴 2017 [M] . 北京：中国统计出版社，2017.
[7] 南阳市统计局. 南阳统计年鉴 2017 [M] . 北京：中国统计出版社，2017.
[8] 河南省发展和改革委员会，等. 中国工程院"秦巴山脉绿色循环发展战略研究河南省座谈会"会议资料[Z]. 2015.
[9] 李红玉，朱光辉. 中国企业绿色发展报告（2015）[M]. 北京：社会科学文献出版社，2015.
[10] 马凯. 构建产业新体系[N]. 人民日报，2015-11-10，第A6版.

第六篇
秦巴山脉区域河南片区（伏牛山区）绿色城乡空间建设战略研究

第二十六章　秦巴山脉区域河南片区城乡空间发展基础分析

　　本章以秦巴山脉区域河南片区独有的环境资源和城乡空间建设的现状为研究基础，从生态保护、区域协同、城镇化、城乡空间体系、城乡风貌五方面总结发展的优势和困境，确立以生态保护和社会扶贫为总体发展战略目标的重要着眼点，以促进秦巴山脉区域河南片区生态保护、区域协同、城镇化健康有序、城乡空间合理布局、乡土文脉有效传承为出发点的战略构想，同时构建秦巴山脉区域河南片区伏牛山南北坡绿色循环发展示范区，形成"环伏牛山四个中心城市群、伏牛山绿色循环发展城镇带、生态农业区、生态保护区"的空间发展格局。通过一系列战略方法的确定，最后，提出明确生态分区，管制生态环境；形成多层级区域空间协同发展战略；基于绿色循环的产业发展思路优化产业布局；构建绿色循环的山地可持续城镇化及城乡空间组织模式；展开传统城镇及村庄的保护利用，形成城乡特色风貌体系等具体措施。

　　秦巴山脉区域河南片区作为秦巴山脉的重要组成部分，在周边地区整体经济快速发展的大环境下，需要从自身条件出发，明晰以生态环境为基础的背景，对现有的城乡空间建设状况做出合理性的判断，然后才能梳理清楚秦巴山脉区域河南片区绿色循环发展的战略基础。

第一节　绿色发展优势基础

一、生态

（一）水资源

　　秦巴山脉区域河南片区内较大的河流有长江流域的丹江、淇河、丁河、老鹳河、刁河、湍河、白河、赵河；淮河流域的沙河、北汝河、澧河；黄河流域的宏农涧河、洛河、伊河。大部分河流属长江流域，进入汉水，少部分属黄河流域和淮河流域。

秦巴山脉区域河南片区水资源总量相对丰富、水能资源蕴藏量大、水环境质量总体良好，为南水北调中线工程水源保护地。

（二）森林覆盖率

秦巴山脉区域河南片区区内森林植被保存完好，森林覆盖率达51%，复杂多样的生态环境条件，加之人为干扰较小，使本区保存了丰富的生物多样性资源。

（三）山水环境

受地形地貌、资源禀赋、基础设施、区域职能分工等因素的影响，秦巴山脉区域河南片区所涉及的17个县（区、县级市）分布于"深山区"和"山地与平原过渡区"两种地形中，其中有15个位于山地与平原过渡区（洛宁县、宜阳县、嵩县、汝阳县、鲁山县、叶县、陕州区、灵宝市、卧龙区、南召县、镇平县、方城县、内乡县、淅川县、西峡县），2个位于深山区（栾川县、卢氏县），有较大的发展潜力，见表26-1。

表26-1　秦巴山脉区域河南片区17县（区、县级市）与山脉的空间位置分析

省辖市	县（区、县级市）	深山区	山地与平原过渡区
洛阳市	洛宁县		※
	宜阳县		※
	嵩县		※
	汝阳县		※
	栾川县	※	
平顶山市	鲁山县		※
	叶县		※
三门峡市	陕州区		※
	卢氏县	※	
	灵宝市		※
南阳市	卧龙区		※
	南召县		※
	镇平县		※
	方城县		※
	内乡县		※

续表

省辖市	县（区、县级市）	深山区	山地与平原过渡区
南阳市	淅川县		※
	西峡县		※
总计	17	2	15

（1）三门峡市、洛阳市、平顶山市所涉及的县市主要分布在伏牛山北侧，南阳市所涉及的县市主要分布在伏牛山南侧。

（2）卢氏县和栾川县城区位于深山区，其他县（区、县级市）位于山地与平原过渡区，整体形成环伏牛山城镇带。

二、区域协同

（一）旅游资源

三门峡市是黄河文化的重要发祥地之一：老子在灵宝函谷关著有《道德经》五千言；函关古道使人们联想起金戈铁马的古战场；卢氏县被称为"中原净土"和"豫西后花园"，灵宝万亩芦苇荡湿地近乎原生态。

洛阳市历史文化内涵丰厚，洛宁县作为河洛文化的发祥地，有标志中华文明之源的"洛出书处"、文字之源"仓颉造字"、音乐之源"伶伦制管"。杜康仙庄村是中国酒文化的摇篮。栾川县处于伏牛山和老君山范围内。白云山国家森林公园、天池山国家森林公园、木札岭原始生态旅游区、卧龙谷风景区和龙池曼风景区等也都处于洛阳界内。

平顶山市秦巴山脉区域自然旅游资源和人文旅游资源都很丰富。鲁山县的山体、湖泊、温泉、漂流、滑雪等自然旅游资源较为突出；佛教文化、墨子文化、姓氏文化等文化旅游资源丰富。叶县人文资源丰富，"衙署文化、叶公文化、盐文化"成为其三大文化品牌。该区域尧山、中原大佛属于世界级旅游资源，画眉谷、好运谷、尧山大峡谷漂流、森海湾景区、叶县县衙等均为优良级旅游资源。

南阳市伏牛山区森林生态系统保存完好；西峡恐龙蛋化石群和独山玉，更是独具特色的世界级资源。人文资源丰富，主要以汉文化、三国文化为代表；以衙署历史文化和商业历史文化为亮点；以独山玉文化为特色；以渠首、新能源、新技术、新农业为潜力股。宛中地区人文资源较为突出，宛东地区历史建筑保存较好，宛西地区以自然资源最为突出，山水景观优势明显；宛南地区以历史资源和人文景观为主，文物资源较为突出；宛北地区旅游资源基础最好，尤以内乡县衙和宝天曼为突出资源群。

秦巴山脉区域河南片区区域资源优势突出：生态环境优美，水土涵养丰厚，文化遗产突出，矿产储存丰富，为周边区域性中心城市输出大量珍贵资源。

（二）农林资源

秦巴山脉区域河南片区小麦、玉米等粮食作物在种植业产业结构中占较大比例。片区丘陵面积占总面积的60%以上，是典型的山地农业区。种植业既有小麦、玉米、红薯等粮食作物，也包括烟叶、花生等经济作物；以香菇、黄背木耳等品种为代表的食用菌产业也得到迅速发展。

特色林果业发展颇具优势，但品牌效应不足。

传统养殖具有一定规模，特色养殖发展潜力较大。

天然药物资源丰富，包括金银花、连翘、山茱萸、嵩胡、杜仲、丹参等名贵中药材品种。

（三）道路交通

秦巴山脉区域河南片区目前已初步形成以国家高速公路、国道为主干架，省道、县乡道为脉络，外连毗邻省，内通县乡的公路网体系。目前，片区公路网面积密度和人口密度分别为102.75公里/百平方公里和318人/千米^2。片区内95.5%的乡镇已经通了沥青（水泥）路。

道路交通是城市发展的重要因素，便捷的对外交通和内部交通，有利于商贸物流的快速流转、信息的快速交流及各种资源的高效配置和有效利用。

该区域内被高速公路、主要干线公路穿越的地区人均收入水平相对较高，表明在此山地区域，交通对经济的发展影响较大。

三、城镇化

2016年，秦巴山脉区域河南片区总人口共1 161.84万人，人口基数大，城镇化率普遍低于45%，有较大的城镇化潜力。

受城市主干路、地形地貌、产业类型的影响，临近城区的产业布局主要有3种模式：①工业零星分布于城区。工业分布于城区，能够较好地利用城市提供的基础设施，同时由于城区建设用地紧张，未能形成大规模产业区（图26-1）。②工业散布于城区周边。靠近城区周边的区域，建设用地价格相对低廉，同时能够通过城市干道，较为有效地使用城区基础设施，通常与城市居民点没有明显界线（图26-2）。③工业分布于城区外。产业发展规模较大，沿城市对外主干道，在距城市一定距离的区域发展产业园区，能够较好地发挥产业的集聚效应（图26-3）。

第二十六章 秦巴山脉区域河南片区城乡空间发展基础分析

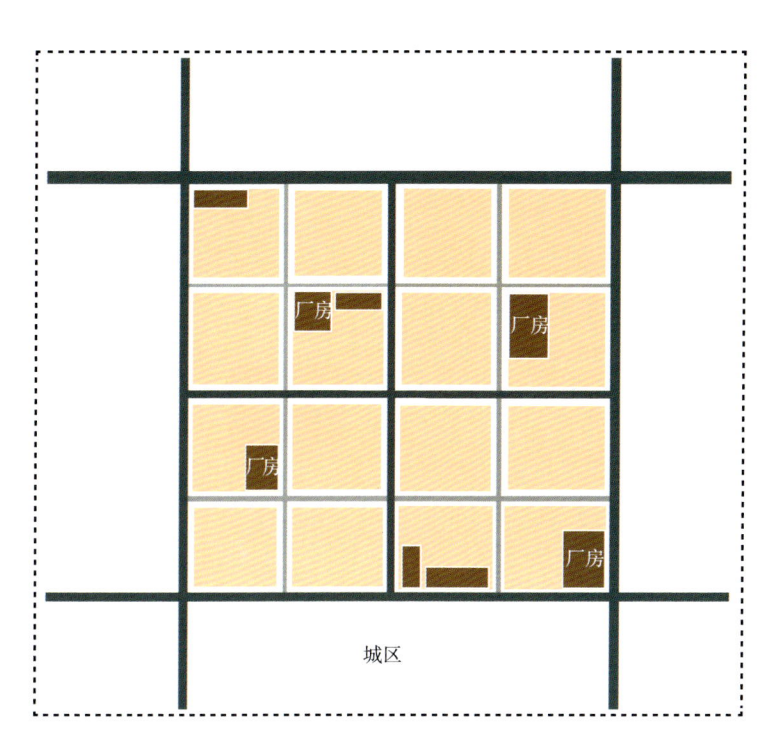

图26-1 "工业零星分布于城区"模式

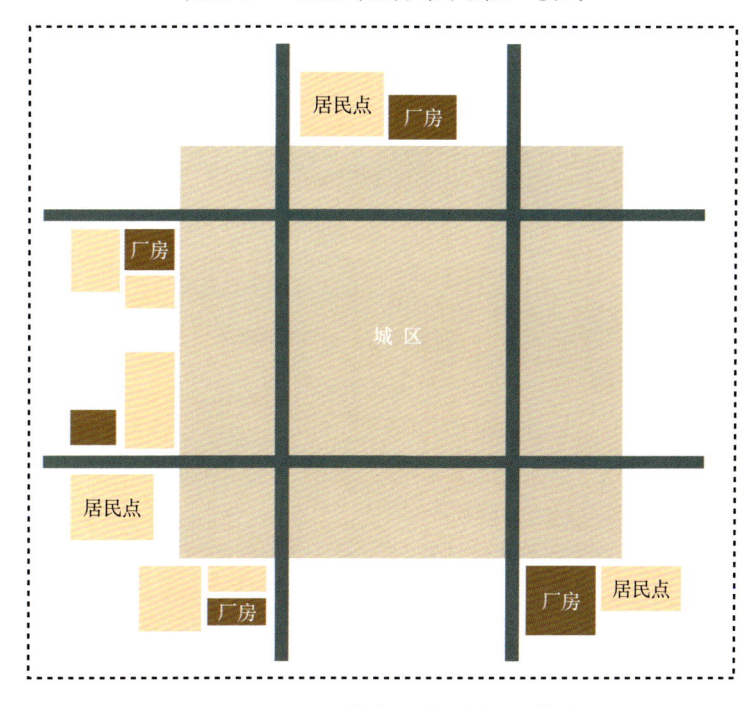

图26-2 "工业散布于城区周边"模式

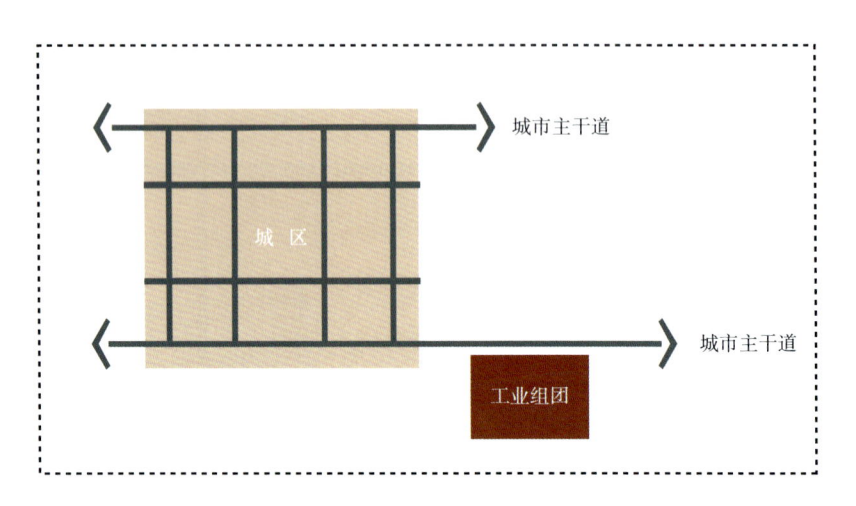

图26-3　"工业分布于城区外"模式

四、城乡空间体系

（一）城乡空间

1. 城乡空间结构

由于山地、河流及坡地等地形的限制，秦巴山脉区域河南片区17个县（区、县级市）城乡空间格局主要分为"点轴分布"和"集中与分散分布"两种类型（图26-4、图26-5）。

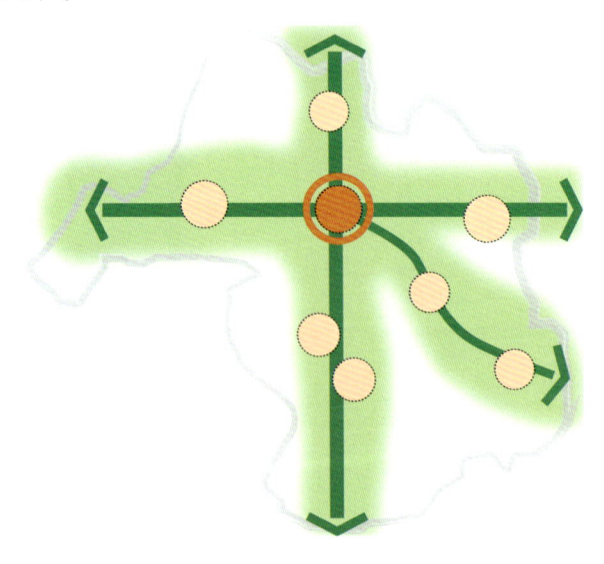

图26-4　城乡空间结构"点轴分布"模式

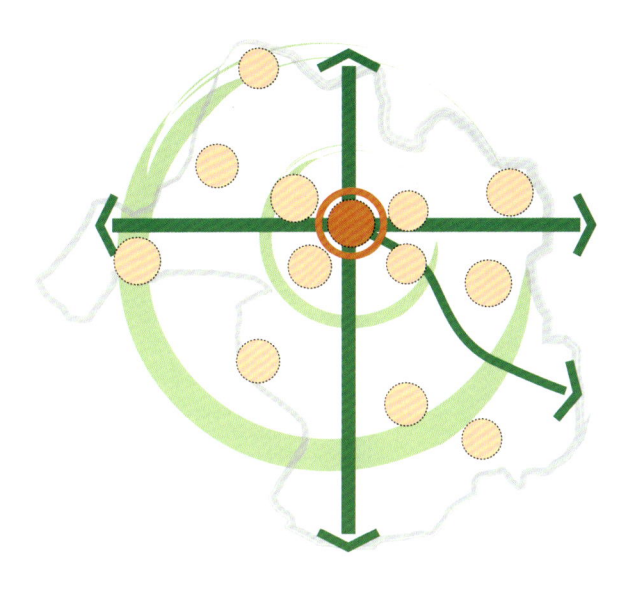

图26-5　城乡空间结构"集中与分散分布"模式

1）"点轴分布"类型的城市特征

以区域内中心城市为发展核心，充分发挥其辐射带动作用；周边重要城镇受地形、水系等相关因素的影响，主要沿交通干线或水系分布，形成城镇发展轴线。秦巴山脉区域河南片区内，呈现"点轴分布"的城镇为：灵宝市、鲁山县、淅川县、卢氏县、洛宁县、嵩县、西峡县、南召县、汝阳县、内乡县。

2）"集中与分散分布"类型的城市特征

以区域内中心城市为发展核心，充分发挥其辐射带动作用；距中心城市距离较近的城镇，与中心城市形成集聚效应，呈现出"集中分布"的空间格局；距中心城市较远的城镇，各自形成集聚中心，呈现出"分散分布"的空间格局。秦巴山脉区域河南片区区域内"集中与分散分布"的城镇为：陕州区、宜阳县、栾川县、叶县、方城县、镇平县、卧龙区。

秦巴山脉区域河南片区17个县（区、县级市）城乡格局呈"点轴分布"的为10个县（区、县级市），"集中与分散分布"的为7个县（区、县级市），见表26-2。

表26-2　秦巴山脉区域河南片区城乡空间结构

省辖市	县（区、县级市）	城乡分布模式
三门峡市	陕州区	集中与分散
	卢氏县	点轴
	灵宝市	点轴

续表

省辖市	县（区、县级市）	城乡分布模式
洛阳市	洛宁县	点轴
	宜阳县	集中与分散
	嵩县	点轴
	汝阳县	点轴
	栾川县	集中与分散
平顶山市	鲁山县	点轴
	叶县	集中与分散
南阳市	卧龙区	集中与分散
	南召县	点轴
	镇平县	集中与分散
	方城县	集中与分散
	内乡县	点轴
	淅川县	点轴
	西峡县	点轴

2.城镇职能等级结构

受区位条件、资源禀赋、城市主导产业、区域分工、城镇发展政策等相关因素的影响，秦巴山脉区域河南片区所涉及县（区、县级市）的职能结构见表26-3。

表26-3　城镇职能结构统计表

省辖市	县（区、县级市）	城市职能	职能描述
洛阳市	汝阳县	矿产加工	以冶金、建材、农副产品加工、矿产品开发和精深加工、旅游为主的县域中心城市
	宜阳县	农副产品加工	以农副产品加工、水泥建材、原煤为主的县域中心城市，为洛阳市区制造业提供配套服务的卫星城
	栾川县	工业、旅游	以钼金银等矿产品深加工、休闲旅游业为支柱的洛阳市南部重点城市，中原城市群重要的休闲旅游度假基地，洛阳市旅游副中心
	洛宁县	农副产品加工	以农副产品加工为主，矿产品开发和加工、旅游业为辅的县域中心城市
	嵩县	农副产品加工	以农副产品加工为主，矿产品开发和加工、旅游业为辅的县域中心城市
平顶山市	鲁山县	旅游服务	重点发展旅游服务业，合力发展电力、化工等产业

续表

省辖市	县（区、县级市）	城市职能	职能描述
平顶山市	叶县	农产品加工	井盐开发和综合利用，打造盐化工基地，加强农产品加工业
三门峡市	灵宝市	综合	全市重要的商品集散地和交通枢纽，工业以黄金采选、机械、食品、化工、轻纺为主的综合性城市
	陕州区	三门峡市中心城区组成部分	区域休疗养地，全市重要的铁路交通枢纽，工业以建材、化工、食品、轻纺和矿泉水加工为主
	卢氏县	综合	工业以食品、电子、农副产品加工、中成药加工为主的山区综合性城镇
南阳市	内乡县	历史文化、旅游	南阳市域次中心城市、历史文化名城，工商业发达、旅游业兴旺、融水、绿、城为一体的环境优美的现代化城市
	淅川县	旅游	南水北调中线源头，以无污染的环保型工业为主导，以旅游业为特色的山水宜居城市
	方城县	矿产加工、开发新能源	以绿色能源、硅材料等新兴产业为主导产业，积极发展绿色食品等传统产业的中等城市
	镇平县	农副产品加工、产业发展	中国玉雕文化中心，特色农业产销基地，东部沿海发达地区产业转移承接地，新型工业城市，城乡一体化发展和谐城市
	南召县	新材料制造、农产品加工	以非金属新材料制造业和农副产品精深加工为主导的生态宜居城市
	卧龙区	南阳市中心城区组成部分	南阳市政治、经济、文化、交通、金融和商贸中心
	西峡县	现代产业	以发展医药、钢铁、汽配等产业为主的现代化生态及旅游城市

从表26-3可以看出：①灵宝市、陕州区、卢氏县、卧龙区为综合服务型城市；②汝阳县、栾川县、方城县是以矿产加工业为主的城市；③宜阳县、洛宁县、嵩县、镇平县是以农副产品加工业为主的城市；④栾川县、鲁山县、内乡县、淅川县主要为文化旅游城市；⑤镇平县和西峡县主要为现代工业城市。

由此可见，秦巴山脉区域河南片区17个县（区、县级市）的职能定位类型多样，发展定位主要依托于山区的矿产资源、文化旅游资源及农业资源，在此基础上进行深度拓展，有较大的发展潜力。

3.城镇规模等级结构

灵宝市为地区副中心城市，其他县（区、县级市）城为中心城镇；2个30万~50万人口城市（灵宝市、镇平县），其他为10万~30万人口城市。

（二）城市空间

1.空间结构

在地形、水系和对外交通干线的影响下，城市的空间结构呈现为条带状（沿河)、团块状(平原地区)、组团状(建设新区或发展工业园区),见图26-6~图26-8。

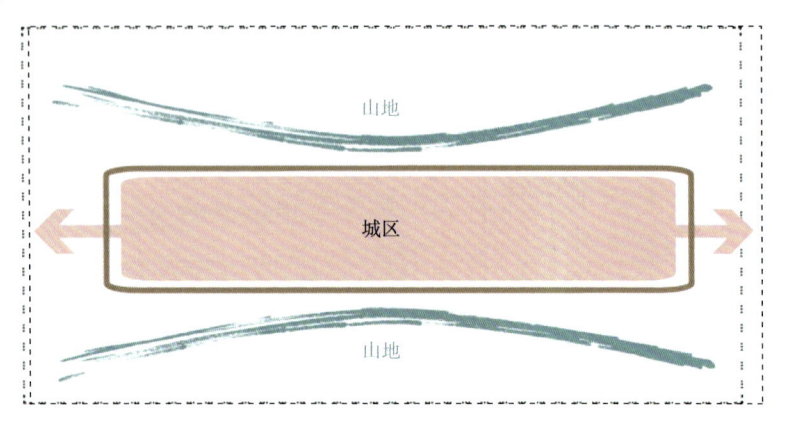

图26-6 "条带状"模式

图26-7 "团块状"模式

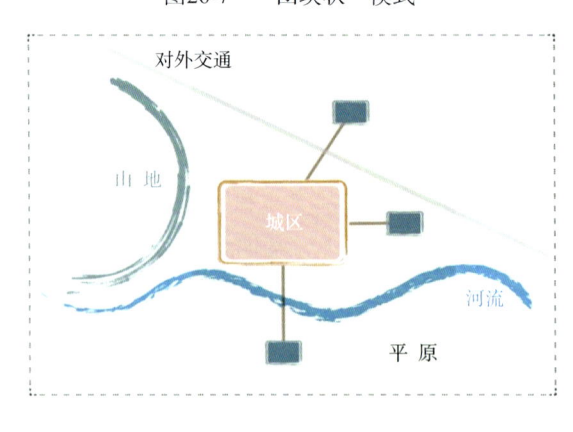

图26-8 "组团状"模式

由图中可以看出：①"条带状"空间结构。由于周边山地的影响，能够用于城市建设的土地被局限在狭长的空间里，城区沿主干道或水系带状分布。②"团块状"空间结构。主城区位于平原地区，周边地势相对平坦，均能用于城市建设，由于主城区的辐射带动作用，临近城区会进行开发建设，整体分布以主城区为中心，呈"团块状"。③"组团状"空间结构。由于周边山地影响，主城区建设用地有限，城市发展需求使得城市跨河或跨越交通干线进行建设，周边建设区域依托主城区，各自快速发展，最终呈现以主城区为核心组团，以周边为发展组团的"组团状"空间结构。

2. 城市的空间结构特征

秦巴山脉城市分布形态有3种类型：①条带状（沿河）4个；②团块状（平原地区）4个；③组团状（建设新区或发展工业园区）9个；其中三门峡、洛阳、平顶山所涉及的县（区、县级市）的城市空间结构主要为团块状和条带状，南阳所涉及的县（区、县级市）的城市空间结构主要为组团状，见表26-4。

表26-4　城市空间结构统计表

省辖市	县（区、县级市）	条带状	团块状	组团状
三门峡市	陕州区			※
	卢氏县	※		
	灵宝市			※
洛阳市	洛宁县	※		
	宜阳县			※
	嵩县	※		
	汝阳县		※	
	栾川县	※		
平顶山市	鲁山县		※	
	叶县			※
南阳市	卧龙区		※	
	南召县		※	
	镇平县			※
	方城县			※
	内乡县			※
	淅川县			※
	西峡县			※
总计	17	4	4	9

（三）村镇发展

多数乡镇依托自身资源或交通等方面的优势，发展社会经济，部分村民已经自发进行土地流转。

五、城乡风貌

（一）人文风貌

秦巴山脉区域河南片区涉及的区域包含国家级历史文化名城2个、国家级历史文化名镇1个、河南省级历史文化名镇3个、河南省级历史文化名村8个，见表26-5。

表26-5　秦巴山脉区域河南片区历史文化名城名镇统计表

省辖市	县（区、县级市）	国家级		省级	
		名城	名镇	名镇	名村
洛阳市	洛宁县	洛阳市			
	宜阳县				
	嵩县				田湖镇程村
	汝阳县				蔡店乡杜康村 小店镇圣王台村
	栾川县				三川镇抱犊寨村
平顶山市	鲁山县				仓头乡仓头村
	叶县				
三门峡市	陕州区				西张村镇庙上村
	卢氏县				
	灵宝市			函谷关镇	
南阳市	卧龙区	南阳市		石桥镇	
	南召县			云阳镇	
	镇平县				
	方城县				
	内乡县				乍曲乡吴垭村
	淅川县			荆紫关镇	盛湾镇土地岭村
	西峡县				
总计		2	1	3	8

该区域历史人文资源丰富，有些市（县）历史建筑集中成片，保留着传统格局和历史风貌，有些村（镇）能够集中反映本地区建筑的文化特色、民族特色。

（二）村落风貌

秦巴山脉区域河南片区有众多形态各异、风情各具、历史悠久的传统村落，这些传统村落体现着当地的传统文化、建筑艺术和村镇空间格局，反映着村落与周边自然环境的和谐关系，都是活着的文化遗产。已评定的传统村落数量为：洛阳市34个，平顶山市12个，三门峡市32个，南阳市16个，见表26-6。

表26-6　秦巴山脉区域河南片区17个县（区、县级市）传统村落分布统计表

省辖市	县（区、县级市）	传统村落数量/个
洛阳市	洛宁县	12
	宜阳县	2
	嵩县	5
	汝阳县	7
	栾川县	8
平顶山市	鲁山县	10
	叶县	2
三门峡市	陕州区	13
	卢氏县	5
	灵宝市	14
南阳市	南召县	4
	镇平县	2
	方城县	5
	内乡县	2
	淅川县	3
	西峡县	0
	卧龙区	0

（三）城市风貌

秦巴山脉区域河南片区所涉及县（区、县级市）多处于山地，周边山林景观较为丰富；河流水系穿越城区，为城区带来活力。由于山地的地形地貌，城市周边山水风貌基础较好，具有独特的城乡风貌塑造潜力，该区域"整体风貌"见图26-9。

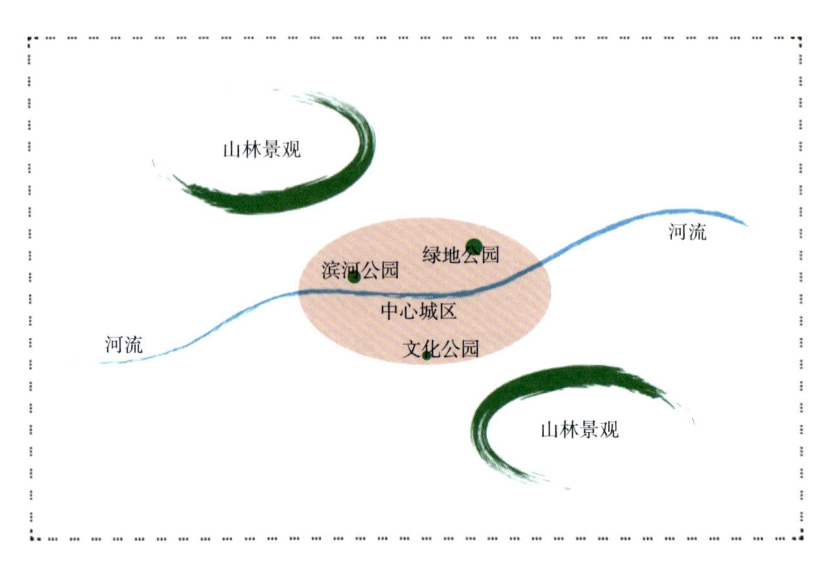

图26-9　秦巴山脉区域河南片区所属城市"整体风貌"模式图

第二节　发展困境

一、生态

（一）山水概况

秦巴山脉区域河南片区内，2个县位于深山区，15个县（区、县级市）位于山地与平原过渡区，由于生态保护等条件的限制，整体经济发展水平不高。秦巴山脉区域河南片区各个省辖市人均水资源量占有量为695立方米，与全国平均占有量2 100立方米相比，不足全国人均水平的1/3，按照国际公认评判标准，仅仅略高于人均500立方米的"极度缺水标准"。

（二）矿产开发

秦巴山脉区域河南片区尾矿数量多、环境污染较严重、产业结构不合理、布局不合理、发展水平低、产业附加值低、所处产业链低端，整体生态环境状况较为危急。秦巴山脉6省（直辖市）尾矿现状见图26-10。

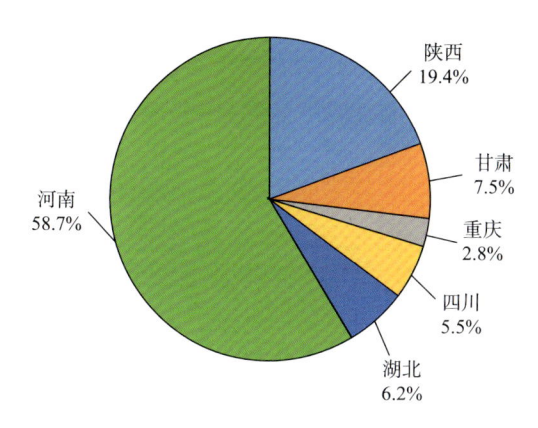

图26-10　秦巴山脉6省（直辖市）尾矿现状对比
各百分比之和不等于100%，是因为进行过舍入修约

（三）生态保护

秦巴山脉区域河南片区作为11个国家集中连片特困地区之一，承担着南水北调中线工程水源保护、生态多样性保护、水土涵养、水土保持等重大任务，且区域内旱、涝、风、雹等多种自然灾害频发，泥石流、山体滑坡等地质灾害频发，经济发展和生态保护矛盾尖锐，产业结构调整受生态环境制约大。

秦巴山脉区域河南片区生态保护与矿产开采矛盾突出；又由于耕地面积少，居民居住分散，日常服务设施严重不足，秦巴山脉生态环境的保护要求一定程度上限制了当地居民传统的生产和生活方式。

二、区域协同

（一）外围互动

秦巴山脉区域河南片区生态资源丰富，但处于边缘化的处境，没有与郑州、西安等区域性中心城市形成协同态势；而周边城市更多的只是利用这里良好的生态资源及文化休闲功能。

周边发达城市对秦巴山脉区域辐射带动不强，未能对该相对贫困区域输入产业、基础配套、旅游服务等资源。各县（区、县级市）发展定位及现实发展方向多以个体为中心，相互之间及与周边中心城市缺乏协同，区域联动发展较弱；但目前在生态环境、旅游产业、大型公共设施等方面已表现出协同发展的需求，见图26-11。

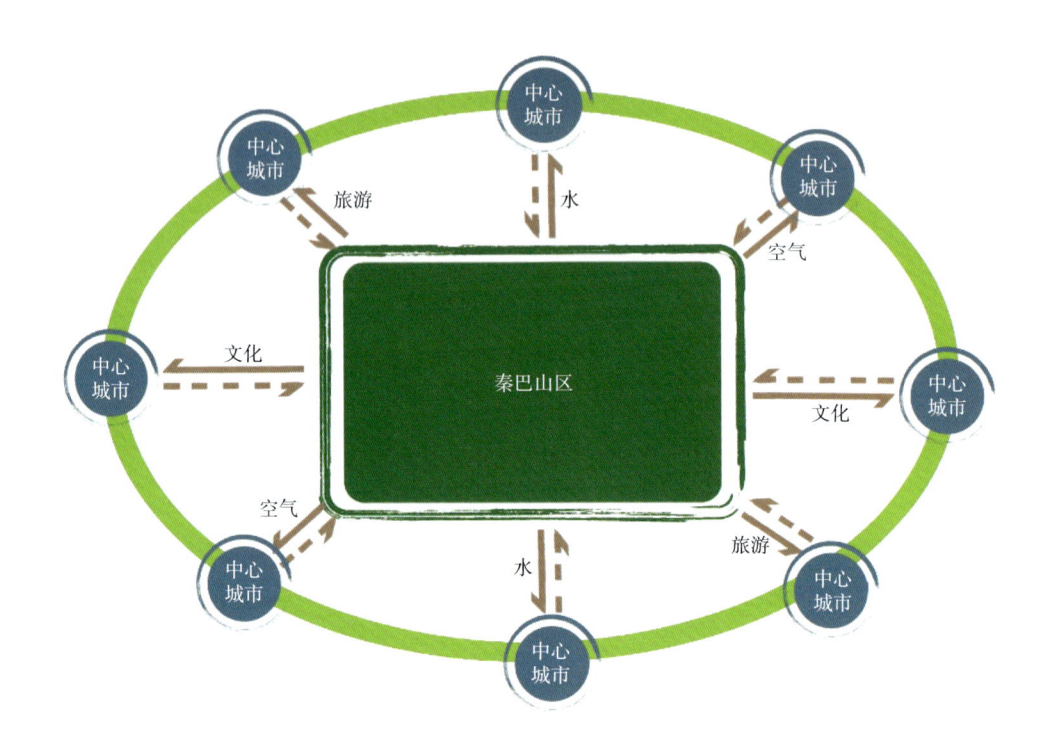

图26-11　秦巴山脉区域河南片区"区域协同"模式

（二）产业发展

秦巴山脉区域河南片区产业发展总体处于较低层次，开发方式粗放、单一，旅游业虽有较大发展，但总体处于较低层次，在更大区域内缺少分工和协同发展，也缺乏与周边区域联动的大型基础设施。

（三）交通网络

秦巴山脉区域河南片区国省干线公路比例较小，总里程只有1.4万千米左右，不到公路网总里程的8%，公路技术等级较低，二级及以上高等级公路里程仅占公路网总里程的6%左右。乡村交通基础设施落后，通沥青（水泥）路的村子不到50%，甚至大山深处还有一些群众靠溜索出行，有等级客运站的乡镇只有总数的47%左右，仅有16%的建制村设有简易站、招呼站或候车亭牌。

目前，仅有中心区域城市洛阳、南阳具有民用机场，但秦巴山脉区域河南片区距离中心城市较远，交通不方便，更缺乏到机场的快速通道。水运航道没有大规模的水运条件，目前区域内正在加快唐河、白河航道的修建，以及丹江上游河道的航运建设。

该区域内省际、县际断头路多，铁路网覆盖范围不足，还有的县整体不通高速公路。机场建设和航空运输严重滞后，水运也处于初期规划阶段，没有有效的水运航道运输。交通运输骨干网络不完善，综合交通运输网络化程度低，制约了区位优势和资源优势的发挥。

三、城镇化

（一）人口情况

1. 人口密度

人口密度受地形地貌、道路交通、公共服务设施配置及产业发展等各种因素的影响。而深山区、山地和平原区又是影响其他相关因素的基础。秦巴山脉区域河南片区区域由于基础设施、公共服务设施、道路交通等配套不足，人口相对较少；大量土地为山地，能进行耕作或生产的区域不多，总体人口密度较低。

该区域人口密度分布特征如下。

（1）2017年中国县域统计年鉴资料显示，2016年，秦巴山脉区域河南片区17个县（区、县级市）平均人口68.3万人，2016年秦巴山脉区域河南片区人口密度318人/千米^2，与全省平均水平646人/千米^{2}相差很远。

（2）深山区人口密度普遍偏低，山地与平原过渡区人口密度较高。深山区能够用于建设的平坦土地较少，公共服务和道路交通等基础设施不足，能够带动就业的产业较少，造成人口密度普遍较低。山地与平原过渡区有发展程度较高的大城市，对人口的吸引能力较强，人口密度较高。

2. 外出人口

秦巴山脉区域河南片区配套设施不完善，当地文化和特色乡村旅游发展处于较低水平，特色种植农业发展不成规模，整体经济效益较低，不能提供足够的工作岗位和报酬，不能对当地人口产生集聚力。为寻求更好的发展，大量劳动力外流，到周边邻近发达城市寻找更好的就业机会。2017年统计数据显示，所涉及17个县（区、县级市），总人口为1 161.68万，常住人口为1 019.89万，外出人口为141.79万（表26-7）。

表26-7 人口外出情况统计表

省辖市	县（区、县级市）	总人口/万人	常住人口/万人	人口外流/万人
三门峡市	陕州区	34.70	34.00	0.70
	卢氏县	36.83	35.68	1.15
	灵宝市	75.06	73.06	2.00

续表

省辖市	县（区、县级市）	总人口/万人	常住人口/万人	人口外流/万人
洛阳市	洛宁县	49.10	43.20	5.90
	宜阳县	69.80	61.20	8.60
	嵩县	60.20	52.10	8.10
	汝阳县	48.50	42.70	5.80
	栾川县	34.20	35.10	-0.90
平顶山市	鲁山县	94.64	78.16	16.48
	叶县	88.34	75.67	12.67
南阳市	卧龙区	99.91	94.80	5.11
	南召县	65.53	54.21	11.32
	镇平县	103.89	84.74	19.15
	方城县	109.73	89.40	20.33
	内乡县	72.19	55.69	16.50
	淅川县	71.86	66.27	5.59
	西峡县	47.20	43.91	3.29
总计	17	1 161.68	1 019.89	141.79

（二）人均收入

秦巴山脉区域是《中国农村扶贫开发纲要（2011—2020年）》确定的11个国家集中连片特困地区之一，伏牛山区是秦巴山脉的重要组成部分，该区域受自然条件、资源禀赋等因素制约，经济社会发展相对落后，贫困呈多发频发态势。总体来看，伏牛山区的贫困状况主要有以下5个特点。

（1）深山区群众行路难、饮水难、就医难、上学难等问题仍未从根本上解决。日常服务设施不配套，不能满足村民日常生活需求。

（2）耕地面积普遍减少，多为岗坡地，不能进行大规模种植，土地相对贫瘠。干旱少雨，农业收入低下。

（3）居住分散，每个行政村均由多个分散的自然村组成，部分行政土地面积超过20平方千米，难以对其提供较为完善的公共服务，难以组织集约化生产。

（4）该区域承担着南水北调中线工程水源保护、生物多样性保护、水土涵养和水土保持等重大任务，受国家政策影响限制开发。

（5）区域内人均地区生产总值和农民人均收入低于全国和各省平均水平，且差距呈现进一步拉大趋势。区域内县与县之间、县内乡镇之间的发展差距也不同程度存在。

（三）城镇化率

秦巴山脉区域河南片区城镇化水平低，产业承载能力弱。2015年底，该区域城镇化率普遍低于45%，与全国57.35%的平均水平相差很大；产业发展水平及产业附加值较低，处于产业链低端，产业承载能力不足。城镇化率统计见图26-12。

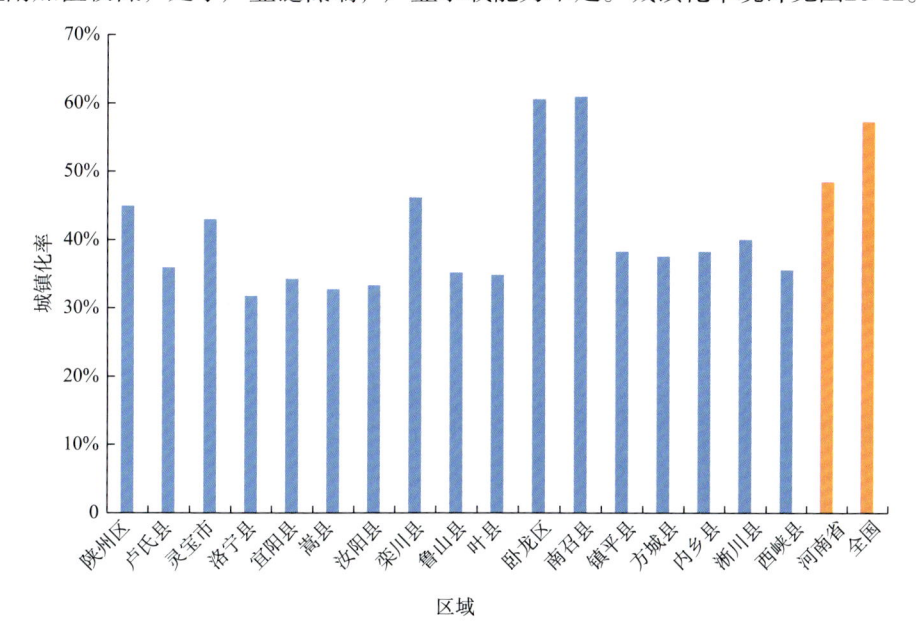

图26-12 2015年秦巴山脉区域河南片区城镇化率统计

该区域人口居住较为分散，人口密度较低。大多数居民点位于山区，受地形和水系的影响，能够用于建设的大面积平坦土地较少，居民点依地形而建，呈现分散布局的特征。

（四）产业发展

1. 矿产

1）矿产资源现状

秦巴山脉区域河南片区三门峡、洛阳、平顶山所涉及的县（区、县级市）主要分布着煤炭、铝（黏）矿及冶金、建材、化工类非金属矿产组合。其中栾川—灵宝区是有色金属和贵金属矿产集中区，95%以上的钼矿资源集中分布在栾川县境内，80%以上的金矿资源集中分布在灵宝市境内。南阳所涉及的县（区）主要分布有高铝三石（蓝晶石、矽线石、红柱石）、石墨等。

2）矿产资源开发利用特征

秦巴山脉区域河南片区矿山开发小、散、乱现象依然存在，矿山规模比例仍待进一步调整。秦巴山脉区域河南片区矿业聚集区内的很多中小型企业在矿产开发过程中没有进行统一规划和正规设计，使矿体受到严重破坏，矿产资源浪费严重。总体来说，矿产资源有待进一步整合和合理开发利用。

部分矿山企业片面追求短期经济效益，矿产资源与矿山废弃物综合利用水平低，以出售原矿和初级矿产品为主，科技含量低，深加工能力弱，资源效益没有得到充分发挥。秦巴山脉区域河南片区矿产年生产能力占秦巴山脉区域6省（直辖市）的55%，尾矿数量占整个秦巴区域的58.7%。

2. 工业

1）工业发展现状

秦巴山脉区域河南片区4个省辖市仅有部分县（区、县级市）被纳入秦巴山脉区域，为更好地反映秦巴山脉区域的工业发展状况，需要将秦巴山脉区域河南片区4个省辖市市域内的所有企业纳入考虑范围。秦巴山脉区域河南片区目前已经形成了一批优势工业企业，如从事农林产品加工业的南阳娃哈哈集团，生物医药产业的西峡宛西制药公司，资源能源加工业的洛阳栾川钼业集团、洛阳石油化工总厂、平顶山中国平煤神马能化集团，机械工业的洛阳中信重机集团、中国一拖集团，冶金建材业的洛阳新安电力集团有限公司（铝业）、伊川电力集团总公司（铝业）、三门峡河南中原黄金冶炼厂有限责任公司等。

三门峡、洛阳、平顶山所涉及的县（区、县级市）以资源、能源加工业，机械工业，冶金建材业为主；南阳所涉及的县（区）以农林产品加工业、食品加工业、生物医药产业、新材料产业、工艺品制造业为主。

三门峡、洛阳、平顶山所涉及的县（区、县级市）产业集聚区入驻的企业数量相对较少，产业结构较为单一；南阳所涉及的县（区）产业集聚区入驻的企业数量相对较多，产业结构较为丰富，见表26-8。

表26-8　2015年秦巴山脉区域河南片区17县（区、县级市）产业集聚区企业数及产业结构

省辖市	县（区、县级市）	合计	工业	建筑业	房地产业	批发和零售业	住宿和餐饮业	重点服务业
洛阳市	汝阳县	15	15					
	宜阳县	71	67		2	2		
	栾川县	20	6	3	2	4	2	3
	洛宁县	29	22		6		1	
	嵩县	10	10					
平顶山市	鲁山县	24	20			3		1

续表

省辖市	县（区、县级市）	合计	工业	建筑业	房地产业	批发和零售业	住宿和餐饮业	重点服务业
平顶山市	叶县	26	18	2	2		3	1
三门峡市	灵宝市	50	40	2	1	5		2
	陕州区	21	19			2		
	卢氏县	15	15					
南阳市	内乡县	52	38	2	3	2	4	3
	淅川县	59	55			1	3	
	方城县	61	36	5	9	7	4	
	镇平县	66	56	1	4	1	2	2
	南召县	29	27			1	1	
	卧龙区	80	37	4		36		3
	西峡县	95	80			5	3	4

2）工业发展特征

秦巴山脉区域河南片区传统产业所占比例大，经济增长方式比较粗放。该区域已有工业主要是资源能源采掘加工、冶金建材、工艺品制造等，工业产品大多数处于竞争链中低端，资源依赖度高，以资源开发和能源输出为主，产能过剩，竞争力不强；农林产品和食品加工、医药等产业虽有一定基础，但企业规模、效益和品牌还有待增强。

该区域产业结构不够优化，工业配套不完善，产业链上下游及省级和相邻区域协作配套联系不畅，供需距离过长，生产运输成本高，企业效益差，高技术产业集聚效果不理想。新型产业发展薄弱，信息化程度偏低等。受生态环境、土地资源、交通运输、市场容量、科技力量相对薄弱等诸多因素影响制约，工业项目的筛选、引进和建设矛盾突出，同时新型产业业态成长困难较大。

四、城乡空间体系

秦巴山脉区域河南片区各县（区、县级市）的发展定位主要依托于山区的矿产资源、文化旅游资源及农业资源，在此基础上进行深度拓展。同时，由于区域协同未能有效实施，相关产业的发展还处于较低阶段，未能形成集聚效应和规模效应。人口规模方面，只有灵宝市为地区副中心城市，30万~50万人口的城市也只有灵宝市和镇平县，区域内发展极核缺失。

（一）城乡协同

秦巴山脉区域河南片区为周边大城市单向提供优质的自然和矿产资源，受经济、产业等方面的辐射带动却特别弱，同时区域交通省与省之间"断头路"较多，不利于整个区域的协调发展。

（二）城市空间

城区方面，秦巴山脉区域河南片区工业厂房与居民点大多呈现混合状态，产业规模效益较低，同时也对居民居住环境造成干扰，发展不成规模。城区道路等级不分明，结构不明确。该区域路网缺乏系统性，需求集中，过分依赖主干路系统，缺乏微循环；多数道路同时承担交通性与生活性功能，交通混乱导致拥堵；城市建设用地阻隔城市廊道。老城区以日常公共服务设施为主，新城区以大型服务设施为主，两者均缺少工业园区，整体系统性和层级性未能构建。

1.道路交通

秦巴山脉区域河南片区道路交通受城区周边地形、城市对外交通等因素的影响，城区道路系统主要分为2种模式：①带状路网。城区建设发展受到两侧山地地形的影响，城市沿穿过城区的对外道路带状分布，垂直于对外交通的道路较为自由分布。②方格网状路网。城区位于平原地区，城市建设能够较为均质地向四周扩展，城市主干道呈方格网状，次干道和支路以主干道为骨架，以方格网形式分布，见图26-13、图26-14。

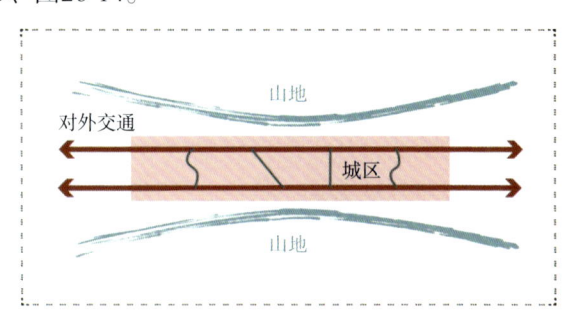

图26-13 "带状路网"模式

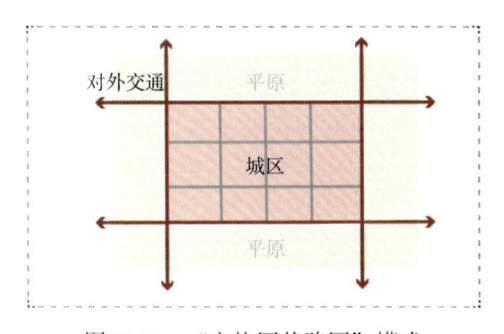

图26-14 "方格网状路网"模式

该区域的道路交通特征为：①城市道路以主干道为主，次要道路和支路严重不足，缺乏微循环；②部分城市片区严重缺乏主干道以外的其他道路系统；③过境交通线路穿越城区，生产性和生活性道路相混杂，影响居民日常生产生活。

2. 公共设施

该区域的公共设施情况为：①老城区的日常服务设施数量分布较多，基础条件好；②为满足新城区居民的生活需要，新城区会设置大型设施，日常设施相对老城区较少；③工业集聚区为满足厂区员工的日常生活需求，也会设置一定数量的日常服务设施。秦巴山脉区域河南片区公共设施布局模式见图26-15。

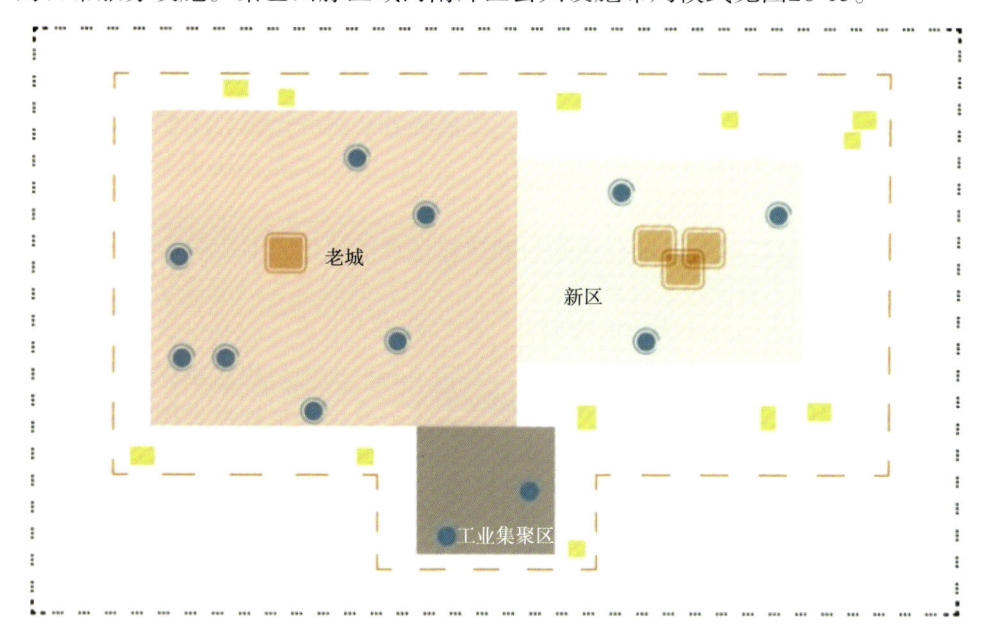

图26-15　秦巴山脉区域河南片区公共设施布局模式

秦巴山脉区域河南片区公共设施布局特征有以下4点：①老城缺乏大型区域性公共设施。早期城市建设对未来城市发展情况评估不足，人口规模预计过少，导致缺乏大型设施。②新区建设雏形多数尚未形成，缺乏日常生活公共设施。新区作为未来城市发展中心，设置了较多大型区域性设施。同时由于各项基础设施配置不完善，人口数量不多，日常生活设施相对较少。③产业集聚区公共设施较为缺乏。产业集聚区人口大多为厂区工人，厂区建设前期，以配置日常生活设施为主。④城区废水处理设施不足，影响周边生态环境。随着城市生活水平的提高，日常废水量逐步增大，现有处理设施很难满足现实需求，废水未加处理直接排放，污染了城区周边生态环境。

（三）镇村发展

1. 乡镇发展

目前，乡镇发展没有太多国家优惠政策大力扶持。就其自身竞争力和人口及产业集聚能力而言，大部分乡镇都呈现出逐步减弱的趋势。

目前，乡镇的发展呈现出以下特征。

（1）产业基础薄弱，产业结构不合理，产业层次低且布局分散。乡（镇）所具有的产业，大多为传统农业、种植业和小型个体手工业，现代农业及服务业发展严重不足，农副产品加工不能形成大的规模，现代工业也只是零星出现和零星分布。由于大多为个体经营，分布较为分散，同时也不能发挥区域协同优势。

（2）公共服务功能较弱。乡（镇）提供的公共服务设施，不能有效解决周边辐射区域村庄居民的日常生活问题，最终导致许多村民直接进入城区，寻求所需的公共服务，乡镇公共服务的职能在逐渐弱化。

（3）多数镇区和乡驻地只起到为周边村庄提供一定公共服务设施的作用，对人口的吸纳能力有限。该区域乡（镇）提供的公共服务，只能满足周边地区村庄居民的基本需要，至于大型医疗服务、较好的养老服务、较高的教育条件及丰富的文化需求，都是不能提供的。最终导致进入镇区的人口越来越少。

（4）乡镇间发展不均衡。现有体制下，多数乡镇都是各自发展，依托自身资源或交通等方面的优势，发展自身的社会经济。不同乡镇所具有各方面的资源和优势不同，同时各自之间缺乏有效的协同和沟通，最终导致发展不均衡。

2. 乡村发展

处于秦巴山脉区域河南片区的村庄，受地形这一先天条件的制约，这里的人们生活多有不便。从产业结构、经济状况、居住条件及教育医疗等方面的现实状况来分析，可发现以下特征。

（1）农业种植结构单一，产业基础薄弱。由于地形的限制，农民不能利用现代农业工具和技术进行耕作；气候条件、土壤和地质条件，又使农民不能进行有效的种植结构调整。如果缺乏矿产等资源优势，工业及第三服务业很难生存和发展。

（2）外出打工比例较高，空心村现象严重。单一种植结构的产业形势，带来的只是微薄的劳动收入，为了更好地生活，获得较好的就业和教育机会，许多年轻的村民开始外出务工。由于城市的收入远高于家里种植所得，返乡的村民很少，空心村现象严重。

（3）部分村民自发进行土地流转。随着外出务工的人员逐渐增多，这些村民所用的土地被闲置下来，村民之间土地的相互流转现象开始出现。留在村里的村民由于耕作土地增加，收入也将增加；外出务工的村民，同时也能获得一些土地的报酬，最终结果是共赢。

（4）村落空间分布较散。山地条件的限制，使得居民房屋选址不能随心所欲，需要挑选较为平整的地方进行房屋建造。最终，房屋都会建在相对平坦的区域，整体呈现出零星分布的村落空间格局。后期随着一些过境公路的修建，部分村落的新居民点开始逐渐沿公路形成。

五、城乡风貌

（一）人文风貌

秦巴山脉区域河南片区历史人文资源丰富，但城镇风貌没有明显的地方特色，对历史人文资源开发利用相对滞后，名镇名村的影响力不足。但随着全球化和快速城镇化对地域文化的影响，特色城乡风貌的保护和延续成为发展中的重要问题。

（二）村落风貌

秦巴山脉区域河南片区传统村落资源相对丰富，但多数地方政府和村民对传统村落的价值和稀缺性认识不足，导致近些年的村庄建设呈现无序的状态，新的建设对传统村落的风貌造成了一定程度的破坏，也给下一步的保护及旅游产业的发展带来了困难。

（三）城市风貌

秦巴山脉区域河南片区城区风貌基地较好，但由于旧城区内还存在相当数量的农村宅基地，沿街大多是低层商业店面，城市内部绿地系统不成体系。周边山水风貌尚未与整个城市形成良好的互动体系，良好的城区风貌资源未能被充分利用，整体风貌特色不突出，传统城区风貌特色未能很好地延续。

第二十七章　秦巴山脉区域河南片区绿色城乡空间发展的战略构想及战略任务

秦巴山脉区域河南片区绿色城乡空间建设战略的构想，应在自身发展状况和外围生存环境分析的基础上，构建顶层设计框架，确立指导思想、发展目标和未来构想，为后期的具体实施作指导。

第一节　指导思想

秦巴山脉区域河南片区城乡空间发展战略的指导思想应围绕十八届五中全会提出的"创新、协调、绿色、开放、共享"五大发展理念，以生态文明建设为根本，强调"生态保护为本"的研究立意，探索"绿水青山就是金山银山"的创新改革型生态发展路径，通过绿色循环发展扶持民生建设，应对地区扶贫与社会经济发展问题，探索生态文明发展路径，保秦巴山脉"净水清风"，释放生态生产力[1]。

从国家层面构建整体性的区域发展策略，支持"一带一路"倡议的实施，破除行政壁垒，实现伟大中国梦。

第二节　总体战略目标

一、生态保护目标

秦巴山脉区域河南片区生态保护目标如下。
（1）划定生态保护红线范围，严格保护各类自然生态空间，划定具有特殊重要生态功能和必须强制性严格保护的区域，如重要水源、生态环境脆弱地区，将其纳入生态保护红线范围，健全国土空间用途管制制度。

（2）建设国家公园，实现资源有效保护和合理利用。国家公园是仅次于自然保护区的一种新型的保护地，并不简单地等同于旅游景区和旅游开发。

（3）大力发展水质监测。建设全面的水环境监测网络，能够客观、准确地了解水环境的整体状况，为环保工作的进一步实施提供坚实可靠的数据及理论。

（4）用制度保护生态环境。健全自然资源资产产权制度和用途管制制度，实行资源有偿使用制度和生态补偿制度，改革生态环境保护管理体制。

（5）坚持生态红线，以生态文明建设力促产业转型升级，发展绿色产业、生态经济，构建高质高效的绿色产业体系。

二、社会扶贫目标

秦巴山脉区域河南片区社会扶贫五大目标如下。

（1）大力实施生态绿色产业扶贫，将特色产业与绿色发展相融合、山区优势与旅游产业互推进、自然资源与生态产品相匹配，实现产业发展、生态保护和群众增收三者有机结合[2]。

（2）"扶贫先扶智，扶智办教育"，发挥职业教育的重要作用，培养经济社会发展需要的各级各类人才，促进特殊困难地区从根本上摆脱贫困[3]。

（3）立足生态优势，实现生态补偿扶贫。结合现行生态保护政策及重大生态工程，采取政府购买服务等多种方式，使有劳动能力的贫困人口、农村低保人口通过参与生态环境保护和建设，实现体面的、有尊严的脱贫[4]。

（4）对生存和发展环境恶劣地区的农村贫困人口实施易地搬迁安置，从根本上改善其生存和发展环境，帮助其脱贫致富。

（5）健全农村最低生活保障制度，逐步提高保障水平，扎实推进社会兜底保障工作，不断加强扶贫开发和农村社会保障制度衔接，有效保障农村困难群众的基本生活，提高贫困人口的生活保障水平[5]。

第三节 城乡空间建设战略构想

以生态保护和社会扶贫为总体发展战略目标的重要着眼点，以促进秦巴山脉区域河南片区生态保护、区域协同、城镇化健康有序、城乡空间合理布局、乡土文脉有效传承为出发点，构建秦巴山脉区域河南片区伏牛山南北坡绿色循环发展示范区，形成"环伏牛山四个中心城市群、伏牛山绿色循环发展城镇带、生态农业区、生态保护区"的空间发展格局。

第四节 城乡空间建设战略任务

秦巴山脉区域河南片区的绿色城乡空间建设，以本章提出的战略设想为指导，从空间管制、区域协同、城镇化、城乡空间布局、城乡风貌等方面，将设想细化为具体的任务和策略，对战略设想进行落地。

1）采取合理的空间管制

生态保护目标在区域生物多样性保护、水源保护和水土涵养等方面的工作任务重大，以此来反思传统发展模式，会发现较多的问题。所以，以生态保护为出发点来探讨秦巴山脉区域河南片区的绿色循环空间发展模式极为重要。需要以生态资源保护为基础，形成科学的生态功能分区，针对不同的功能区要求，采取对应的空间管制措施，以期对空间环境资源的保护与利用进行最优化的配置。

2）形成有效的区域协同

秦巴山脉区域河南片区17个县（区、县级市）所确定的发展定位与现实呈现的发展方向之间缺少协同，并且与区域外的中心城市和相邻省市的区域联动发展也较弱；但目前在生态环境、旅游产业、大型公共设施等方面的建设中已明显呈现出区域协同发展的需求[6]。需要在整体上以更大的视域审视该地区的发展，从多视角出发，以生态功能分区为基础，在产业发展、地理区位等方面形成协同效应，联动区域外围中心城市进行发展，满足生态保护、产业发展及大型基础设施等各方面的协同需求。

3）促进健康有序的城镇化

秦巴山脉区域河南片区城镇化水平低，地区产业对人口的吸纳能力有限，劳动力就地转移困难较多，大量户籍人口外流。为了改变这种现状，需要针对山区的特点和现有的产业特征，对城镇和乡村不同的发展基础进行详细分析，针对其对不同产业的吸纳特点，构建适宜的山地城镇化模式，从而提升对本地人口的吸纳能力和吸引能力，增加就业岗位，提高经济发展水平，减少户籍人口外流。

4）构建均衡的城乡空间布局

秦巴山脉区域河南片区城镇体系空间结构不均衡，受地形地貌和交通干线影响较大，多呈点轴状分布，尚未形成完善的网络体系。城乡空间地域特色缺失，山区空间特色的建设模式尚未形成，需要依据地形、交通等各方面的条件，形成完善的交通网络和城镇发展体系，采取"大分散、小集中"的协同山地城镇化模式和具有山地特色的山区空间发展模式[7,8]。

5）延续乡土性的城乡风貌

秦巴山脉区域河南片区历史文化资源较为丰富，但随着全球化和快速城镇化对地域文化的影响，特色城乡风貌的保护和延续成为发展中的重要问题，需要在保护好原住民、原有生产生活场所和方式的同时，形成旅游休闲产业和生态农业休闲产业联动的发展模式，进而探索符合地域文脉的城乡特色风貌体系，对不同类型的空间环境提出风貌建设的引导系统[9]。

第二十八章　秦巴山脉区域河南片区绿色城乡空间发展的战略思路与方法

秦巴山脉区域河南片区完成绿色城乡空间建设战略任务，需要有效的方法和独特的思路作为支撑，从而做出正确的战略选择，确保整体战略架构高效切实地实现。

第一节　基于生态资源的空间管制战略

面对人地矛盾不断加剧的快速城镇化地区，构建城镇扩展的生态安全格局，判别和保护城市扩张的生态底线，既是实现城镇精明增长的有效途径，也是促进城市健康可持续发展的基础。

利用GIS和RS技术，结合秦巴山脉的特点选取适当的城镇扩展阻力因子，基于城镇空间扩展过程构建城镇增长的生态安全等级格局，指明保障城镇生态安全前提下的城镇用地扩展的趋势和方向，从而形成有效的空间决策[10]。

一、空间管制分区方法

（一）选取分区核心因素——"源"

"源"是指在生态格局与生态过程研究中，能促进生态过程发展的景观类型，是事物或事件向外扩散的起点和基地，具有内部同质性和向四周扩展的能力。由于"源"是针对生态过程而言，所以在确定"源"时必须与待研究的生态过程相结合，生态过程主要是指城镇用地扩展过程，将"源"定义为区域内现有的城镇建设用地。

（二）建立分区模型——阻力累积模型

城镇扩展是水平方向的空间运动，这一运动以现有城镇用地为"源"向周边扩展，是对空间土地利用的竞争性控制和覆盖过程。一般情况下，现状建设密度越小，生态价值越高；生态适宜性越低，生态敏感性越高的地块就越不利于发展城镇建设。

应用最小阻力累积模型建立城镇扩展阻力面需要考虑三方面因素：源、距离、景观面特征。具体实施时可选取景观类型、建设密度、生态价值、生态适宜性、生态敏感性5个要素，建立城镇扩展的阻力因子评价体系，并采用专家打分和GIS空间技术对各阻力因子进行分析与评价。

二、空间管制要素选取

景观类型因子：根据不同土地覆被类型对城镇空间扩展的阻力大小在0~300之间赋予阻力值。

生态敏感性：主要是利用GIS技术对各类生态用地、生态保护区进行缓冲区综合叠加分析，并根据分值大小将其划分为高敏感区、较高敏感区、中度敏感区、较低敏感区和低敏感区。敏感度越低的地区，阻力系数越小，各因子的划分标准与分值可参照表28-1。

表28-1　土地生态敏感性分析

分值	评价因子		
	与主要河流距离/米	与次要河流距离/米	与林地/园地/草地距离/米
8	0~30		
6	31~60	0~10	0~30
4	61~100	11~30	31~60
2	>100	>30	>60

生态适宜性：主要是基于与城镇中心距离、与村中心距离、与主要道路距离、与主要河流距离、与农村居民点距离5个邻域因子进行加权叠加分析，各因子分值及权重见表28-2。随后基于自然断裂聚类方法，将最终适宜性评价结果由高到低划分为5个等级，适宜性等级越高，阻力系数越小。

表28-2　生态适宜性分析

分值	评价因子				
	与城镇中心距离/米	与村中心距离/米	与主要道路距离/米	与主要河流距离/米	与农村居民点距离/米
8	0~500	0~200	0~200	>500	0~50
6	501~1 000	201~500	201~400	201~500	51~100

续表

分值	评价因子					
	与城镇中心距离/米	与村中心距离/米	与主要道路距离/米	与主要河流距离/米	与农村居民点距离/米
4	1 001~1 500	501~1 000	401~600	101~200	101~150
2	>1 500	>1 000	>600	0~100	>150
权重	0.25	0.20	0.20	0.20	0.15

建设密度：是以某个像元为中心的区域网格内的村镇建设用地像元数与总像元数的比值，将城镇用地赋值为1，非城镇用地赋值为0，然后采用9×9移动窗体，计算每个网格的建设密度值，并通过自然断裂法进行聚类分析，将区域内的建设密度从高至低划分为5个等级。

生态价值：是以某个像元为中心的区域网格内的生态用地像元数与总像元数的比值，以生态用地密度来表达生态价值的空间异质性，计算方法和等级划分方法与建设密度因子相同。

在上述单因子评价的基础上，通过专家打分得到城镇扩展各阻力因子赋值结果，见表28-3。

表28-3　城镇扩展阻力值赋值体系

阻力因子	分类或分级	阻力系数	阻力因子	分类或分级	阻力系数
景观类型	城镇用地、农村居民点	0	建设密度、生态适宜性	高	0
	水田、旱地、菜地	20		较高	30
	水产养殖用地、园地	40		中	50
	草地	100		较低	70
	林地、水体	300		低	90
生态敏感性	低	0	生态价值	低	0
	较低	20		较低	20
	中	40		中	40
	较高	100		较高	100
	高	300		高	300

三、构建生态安全格局

基于上述建立的城镇扩展阻力面的空间特征，使用阻力阈值方法划定不同等级的生态安全格局。根据阻力阈值，对城镇扩展阻力面进行重新分类，将其划分为优先建设区、适宜建设区、限制建设区和禁止建设区4个等级的安全格局。

通过生态分区，秦巴山脉的空间资源可以得到更好的保护和利用，从区域层面统筹生态保护和开发建设的关系。

第二节　基于多维视角的区域协同战略

一、基于生态功能分区的生态协同战略

生态功能分区主要反映自然因子和人类影响因子的作用关系。在综合分析各要素的基础上，结合秦巴山脉区域河南片区的实际状况，选取高程、坡度、降水、气温、植被指数和土地利用类型作为备选指标。利用主成分分析的定量分析方法，确认各个指标的权重，以此作为生态分区各等级指标的选择标准。

生态功能分区，是一个区域发展的前提和基础，对于像秦巴山脉区域河南片区的山地区域尤其如此。通过分区，各个区域得以明确自身的优势，整体呈现分工协作态势，在生态安全性得以保障的基础上，有利于形成规模经济，形成地区发展的内生动力，为更大区域的协同发展提供保障。

二、基于产业发展特征的产业协同战略

产业错位是产业升级转换的必然要求，考虑自身基础与条件，根据比较优势发展最有潜力的产业。产业错位发展是力求实现地区经济集约发展与效益最大化。根据秦巴山脉产业错位发展，找准主题、创造富有特色的现代产业集群的甄选原则，秦巴山脉产业错位分为三种类别：梯度转移型、产业配套型和特色产品型。积极培育绿色循环产业，释放生态生产力。

产业统筹旨在加强产业间的联系，充分发挥产业的带动作用，实现产业相互融合、良性互动、协调发展。统筹秦巴山脉产业发展，重点是打破城乡产业分割，加快城乡产业融合，增强城乡产业关联度，促进城乡产业优势互补的一体化发展。拓展并丰富农业产业化的科学内涵，打造连接三次产业、沟通城乡两个地域的产业链。

三、基于地理区位特征的城镇化协同战略

城镇化协同发展是我国经济社会发展的要求，不仅有城乡之间的协同发展，还有区域之间的协同发展。在城镇化过程中，各利益主体之间的利益冲突不可避免。因此，城镇化过程中需要协调各利益主体之间的利益冲突，在承认各利益主体利益合法化的前提下，构建制度化的竞争、市场、契约机制，通过这些机制理性、公平地协调各方利益，从而最大限度保证城镇化的协同发展。

因此，城镇化协同战略可从以下方面展开：政府引导与市场主导相协同；城

镇建设与乡村发展相协同；物的城镇化与人的城镇化相协同[11]。

第三节　基于外向疏解的城镇化发展战略

一、基于城镇化动力分析的分区城镇化战略

根据相关研究，大城市的城镇化，一般用双轮驱动模式，即产业驱动和基本服务驱动[12]；县城用基本服务驱动的城镇化模式。不同地方的发展阶段不同，区别的核心在于县城的具体位置，即是位于经济发展的核心和潜力地区，还是位于经济发展的外围地区，这需要引入分区城镇化。

（一）核心和潜力地区：以城市群为核心的联动型发展策略

位于核心地区和潜力地区的县城，更多是依赖周边特大城市和中心城市的带动作用。小城镇能从特大城市的溢出效应中获益。大城市或特大城市拥有较高的行政级别和规模等级，地位也更加突出。城市行政级别越高，可能获得的资源分配也越多，发展水平也越高；城市的规模越大，对资源和产业的集聚能力越强，就能够供给更多的就业岗位，吸纳更多的人口。

在行政级别难以改变的情况下，相对较低等级的城市依靠自身力量在短期内难以快速提升规模，于是越来越多的城市从区域着手，通过联合周边的大城市甚至小城镇，以城市联盟和区域共建的形式实现一体化发展，提高规模级别。周边小城镇也能从特大城市的溢出效应中获益。

（二）外围地区：以县城发展为核心的均衡型发展策略

城市群是经济发展的核心地区与潜力地区的主体形态，在经济发展的外围地区，县城应成为城镇化发展的主体形态。

县级单位的城镇化具有三方面的优势：①我国庞大的外来务工群体和低收入人群，决定了我国需要把低成本、低风险的城镇化作为重要保障之一；②县级单位能够提供多类型、多层次的就业岗位；③县级单位的城镇发展水平越高，对于农村剩余劳动力的吸纳程度越高，农业向规模化和产业化升级的可能性越大。

将城镇化的中心适当下移，可以避免行政级别较高的城市过多削弱县城的投资、土地指标等资源，使县城与行政级别较高的中心城市在同一平台，实现相对均衡发展。秦巴山脉的多数县城位于山区，其未来的城镇化发展应依循以上思路深入展开。

二、基于生态约束条件分析的城镇化发展战略

通过分析研究区域的生态特征和城镇化动力,识别城镇化发展的关键生态约束条件,判断各区域城镇化发展对生态约束的挑战强度。生态约束一方面是因生态系统承载能力不足而形成的对城镇化的限制,另一方面是为了保护生态环境而形成的对城镇化建设的限制。

在城镇化进程分析方面,则通过分析城镇化动力判断城镇化速度,进而判断城镇化发展对生态环境的胁迫强度。

(一)关键生态约束条件分析及生态约束强度评价

根据秦巴山脉区域河南片区17个县(区、县级市)自然灾害易发性、生态脆弱性分析和生态重要性3项指标,利用判别方法,将该区域的生态约束强度划分为"一般"和"强"2个等级。在生态重要性、生态敏感性与自然灾害易发性一般,生态约束对城镇建设用地的限制也一般的地区,可进行一定强度、一定规模的城镇化活动;对具有重要生态服务功能的地区、生态系统脆弱的地区,或是自然灾害易发的地区,其城镇建设用地的扩张应受到较强的限制,需慎重进行城镇化活动。这一评价应与区域生态功能分区紧密结合。

(二)生态约束条件下的城市规划应对

秦巴山脉有着不同的生态约束条件,或制约或促进,影响着区域城镇化的发展。本章提出生态约束条件下的规划应对技术路线,包含以下4个步骤:①加强前期研究,明确生态约束条件;②根据生态约束条件,确定规划控制内容;③以"生态-城镇"协同发展为导向,确定规划策略,做好"生态-产业"系统规划,选择优势主导产业,根据产业需求和生态约束,确定合理的城镇规模结构和职能结构,以紧凑城市为理念,对各区县中心城区进行规划;④根据生态条件,确定合理的城镇体系布局。

第四节 圈层—放射—网络的城乡空间发展战略

一、构建圈层—放射—网络的城乡发展模式

为构建完整的城市体系,形成自然环境与城市建设动态平衡的有机整体,完

善城市生态系统与城市功能的关系，应以区位优势、产业特征、设施配置等为基础，以交通干线为引导，构建圈层城镇布局。核心圈层是指人口和经济双增长的省辖市，紧密圈层是指以基本服务功能为主的县城，内部圈层是指以农业服务为主的小城镇。各圈层之间主要通过放射状交通干线联系，以"要素集中—职能疏解"等方式带动区域全面发展[13]。

（一）根据生态约束条件，确定规划控制分区

在生态条件约束下，以产业基底为基础进行城镇规模布局。根据城镇化发展速度、主导优势产业及对生态约束的条件强度，将各县（区、县级市）分为"高速城镇化、生态胁迫较强型"、"中速城镇化、生态胁迫一般型"、"低速城镇化、生态胁迫较弱型"和"低速城镇化、生态胁迫较强型"4种类型。其中第一、第二、第三类县（区、县级市）以工业为主导产业，其生态承载力一般，有条件提供一定规模的集中用地来进行工业发展；第四类县（区、县级市）具有独特的自然生态资源，以农林牧渔业和旅游业为主导产业。

（二）依据产业需求和生态约束，确定城镇体系模式

在县域城镇体系规划层面，根据各县（区、县级市）主导产业的空间需求，以及县（区、县级市）的生态约束强度，确定合理的城镇体系发展模式。

第一、第二和第三类县（区、县级市）采取"大集中、小分散"的城镇体系模式。其工业发展强调规模化经营和产业集聚，就是将县中心城市作为主要载体，人口主要向中心城市集中。考虑到第一类县（区、县级市）城镇化动力强及中心城市现状规模，建议将其作为核心圈层城市；考虑到第二、第三类县（区、县级市）较弱的城镇化动力和一般的生态约束强度，建议将其作为紧密圈层县城。在城镇职能上，核心圈层城市承担县生产中心、居住中心和公共服务中心的职能，紧密圈层城市则主要承担县公共服务次中心的职能[14]。

第四类县（区、县级市）采取"大分散、小集中"的城镇体系模式。其以农林牧渔业和旅游业为支柱产业，其生产空间与农村及山区联系紧密，布局分散，同时其生态约束强的特点使其难以提供大规模的集中用地用于产业发展，只能将小城镇作为城镇化的主要载体，人口小规模地集中在分散布局的小城镇中。建议将其作为内部圈层小城镇。在城镇职能上，选择生态承载力强的地区进行重点镇布局，由其承担农副产品加工和旅游接待职能，一般镇则主要承担公共服务职能[15]。

二、建立高效协调的城市空间形态

城市发展空间的有限性，使其对周边环境具有更大的依赖性，从而对城市的

空间格局造成很大的影响。山地城市的空间形态更分散，城市与自然生态空间更易结合，空间融合的关系更容易构建。

在城镇体系布局的基础上，根据实际情况，以紧凑城市为理念，体现区域增长极核作用，优化城市空间形态[16]。通过规划调控手段，引导城镇空间布局建设，构筑生态环境高度融合互补、经济社会与生态协调发展的城市空间格局。

山地城镇空间形态结构不仅与山地地形特征具有一定的适应性。同时，城镇规模与其发展的空间结构存在相互对应的关系，从而使不同等级规模的山地城镇具有以下不同的空间结构。

（1）微型山地城市（人口规模在10万人以下）的空间形态结构考虑集中与分散相结合的布局模式。该结构有利于城镇合理规模发挥城镇职能作用，便于安排生产、生活及各项设施，并能形成最佳效果的城镇人口规模。

（2）小型山地城市（人口规模在10万~20万人）的空间形态结构一般为单中心团块状、带状，少数山地小城镇也发展成为单中心的紧凑组团状结构。单中心团块状山地城镇一般是在建设用地条件较好的基础上发展起来的，城镇基于原有中心向外紧凑扩展。带状山地城镇一般位于山地边坡地段和河谷谷底地区，城镇在老中心的基础上沿着河谷中的主要道路轴带状生长。城镇结构随着城镇空间的发展，慢慢形成扁平化的中心区，以便更好地均衡服务带状城镇空间。

（3）中型山地城市（人口规模在20万~50万人）的空间形态结构多为组团状、放射状，少数城市形成团块状和带状结构。放射状山地城市是城镇从团块状的小城镇向中等城市发展的中间状态，主要因城镇发展空间受到地形地貌、河流水域的限制，城镇在团块状的基础上沿着山谷地交通干道向外围延伸，形成放射状城镇空间结构。

山地城镇是动态发展的有机体，由于城镇空间扩展是一个演进的过程，城镇空间扩展模式既是城镇不同发展时期所呈现的不同运动状态，又是不同城镇在同一时间点所呈现的发展状态。动态发展的山地城镇空间结构应具有弹性成长的空间，应适应城镇发展的方向，并建立明晰的开发时序和调控策略[17, 18]。

第五节　基于乡土文脉的绿色城乡风貌战略

一、建立具有山地城市特色的开放空间风貌

秦巴山脉区域河南片区中的县城和小城镇多数位于典型的山区，山地城镇虽然在用地规模、交通便利性等方面会受到一定的制约，但在特色开放空间体系构

建方面却有着得天独厚的优势。

城市建设与山水环境的关系处理是这一地区城镇开放空间体系塑造中的重要问题，保持原有的山水格局，并构建生态廊道网络，使得城镇的各片区与山水环境融为一体，不仅能够在城镇风貌中彰显地域特色，而且可以很好地保护生态本底，同时还能就近为居民日常活动提供舒适的开放空间。

二、打造具有深厚历史文化底蕴的城乡风貌

中原地区是中华民族和华夏文明的重要发源地，拥有大量宝贵的历史文化遗产，中原经济区将华夏历史文明传承创新区作为战略定位之一。在秦巴山脉区域河南片区的城镇建设中应深度挖掘其历史文化遗产的价值，适宜且充分地利用，才能形成具有历史文化底蕴的城乡风貌，避免一味模仿大城市的建设模式的延续。

这些城市的新区建设，往往呈现快速、粗放的状态，从征地、拆迁到土地出让，以及大规模的建造活动，均表现出以"经济利益"为先的倾向，新区的文化建设相对滞后，地方特色丧失。所以，在新区建设中更应该深度挖掘地域的历史文化价值，形成城镇化中城市新区的文化支撑，并形成具有地域特色的新区城镇风貌，实现城镇的可持续发展。

三、塑造具有建筑特色及农业特色的乡村风貌

建筑作为一种承载人类活动的重要平台，具有物质和精神的双重意义。建筑不但是构成城乡物质环境的主要元素，还体现一个城市或某个地域的自然和人文特征。

每个城市都有反映该城市地方历史文化特征的建筑，不同地域建筑文化有不同的差异，其差异性主要体现在以下几个方面。

（1）建筑形式是体现城市风貌的主要影响因素，不同地域的建筑文化由于受不同地理、道德、风格等民族文化及审美观念的影响，取得的效果不尽相同。在城市实体环境中，建筑是最直接、最强烈地刺激人们视觉器官的元素。观赏建筑群体、辨析其形式特征是认知城市特色的最佳途径。

（2）不同建筑规模的城市，因城市职能、居住人口、建筑使用强度等情况不尽相同，相同功能的建筑，其规模和形制也会有所区别。

（3）地方的建筑材料使建筑形成地方特色。在过去的历史条件下，建筑材料大部分是就地解决。地方建筑材料的颜色、质感及利用形式，往往是城市建筑特色的决定性因素，如秦巴山脉乡土民居中常见的石结构。

（4）历史、人文对建筑形式也有影响，不同的历史背景促成不同的地域建

筑文化。城市和乡村中的特色建筑和文化遗存是形成城乡风貌的基本条件。

每一个城市均应在环境中表现出自己的风貌，这既与城市的自身条件有关，也与城市的规划建设有关。作为城市的硬质景观的主要组成部分的建筑文化，其对一个城市的风貌建设起到重要的作用。

第二十九章　秦巴山脉区域河南片区绿色城乡空间发展的实施策略

秦巴山脉区域河南片区的发展，应以战略设想为指导、以战略任务为具体方向、以战略选择为有效方法，结合自身发展的现实状况，形成秦巴山脉区域河南片区的具体实施措施，有效保护生态环境，科学布局各类产业，合理引导人口集聚，最终从生态环境、区域协同、产业发展、城乡空间布局、城乡风貌等方面，实现绿色循环发展。

第一节　明确生态分区，管制生态环境

一、以生态保护为基础，合理划定生态功能区

（1）山形地貌。秦巴山脉区域河南片区所涉及的17个县（区、县级市）城镇布局具有以下特征：①三门峡、洛阳、平顶山所涉及的县（区、县级市）主要分布在伏牛山北侧，南阳所涉及的县（区）主要分布在伏牛山南侧；②卢氏县和栾川县城区位于深山区，其他县（区、县级市）位于山地与平原过渡区，整体形成环伏牛山城镇带。

（2）水资源。秦巴山脉区域河南片区相对于河南其他地区，人均水资源占有量较为丰富，但就全国和世界范围而言，属于严重缺水地区。南阳地区水资源相对丰富，但受到南水北调水源保护地的影响，水资源占有量依然不足。

（3）生态结构。秦巴山脉承担着南水北调中线工程水源保护、生态多样性保护、水土涵养、水土保持等重大任务，大部分地区处于生态敏感区。

综合以上因素，对秦巴山脉区域河南片区的整体地域进行生态敏感性分析，将该区域划分为生物多样性和特色农业区、城镇发展区、矿产地带恢复涵养区、生态乡村旅游及林地保护区、景观旅游及生态林地区5个生态功能分区。避免集

中建设区在原有行政范围内的无序扩张，从而减少对生态的破坏，使整体的生态系统得以构建。

二、以生态分区为依据，确定相应的发展策略

（1）生物多样性和特色农业区以保护生物多样性为基础，适当发展有机特色农业，充分发挥生态资源和特色农林优势。

（2）城镇发展区以产业发展为核心，形成产业发展集聚区，适当引导周边地区产业向该区域集聚，同时为周边提供更为便捷的基础设施和公共服务设施。

（3）矿产地带恢复涵养区针对矿产开采情况，采取合适的方法恢复该区域的生态功能。

（4）生态乡村旅游及林地保护区将第一、第三产业相结合，发展生态乡村旅游，将生态保护和经济发展相结合。

（5）景观旅游及生态林地区充分发挥山区生态景观优势，积极发展第三产业，以景观旅游的形式与周边产业发展进行协同。

依据生态功能分区的环境管制要求，对秦巴山脉区域河南片区各功能进行合适的主导功能定位，制定相应的管制政策。

三、以生态分区为指导，有序组织城乡区域建设

在秦巴山脉区域河南片区外围形成环秦巴山脉城镇带，作为重点发展区（生态城镇带），积极推进工业化、城镇化，适度集中人口、集聚产业，着力提高综合承载能力。通过优化资源配置，实现资源高效利用，促进绿色发展、循环发展、低碳发展[19]。

第二节　形成多层级区域空间协同发展的战略

一、以中原经济区为视域，寻求区域性的联动发展模式

周边城镇群能对秦巴山脉产生辐射带动作用。充分利用秦巴山脉区域丰富的生态资源，使其与郑州、西安等区域性中心城市形成协同态势；周边城市利用这里良好的生态资源作为文化休闲功能的同时，与秦巴山脉形成协同态势。

依据秦巴山脉区域河南片区的资源禀赋和环境特征，在中原经济区的视域下分析区域战略格局，确定周边区域的联动发展模式。

二、明确秦巴山脉区域河南片区的区域定位，提出差异性发展策略

加强郑州市作为中部区域性中心城市对秦巴山脉区域河南片区的辐射带动作用，加强秦巴山脉区域河南片区与三门峡、洛阳、平顶山、南阳4个省辖市的协同。同时将伏牛山南北坡发展理念进行深化落实，使两个区域各自形成独特的发展思路，完善大型区域性基础设施、道路交通、旅游服务、产业集聚区等方面的配套，将区域资源进行优势整合，引导其合理适宜地发展，并将该区域纳入整个秦巴山脉的国家中央公园体系，从而形成世界级的旅游资源。

最终确定秦巴山脉区域河南片区在区域发展中的定位，提出差异化的发展战略，并且搭建区域合作的平台。

三、分析各区县的发展状况，提出小片区内的发展策略

秦巴山脉区域河南片区各区县之间的联系较弱，大多数区县向上与邻近大城市进行衔接，向下对规模较低的城镇进行辐射。与周边同等规模的城市之间，在生态保护、产业发展、设施建设等方面，各自为政，彼此间未形成协同发展战略，导致自身优势未能发挥，对外竞争力不足。

以小片区的协同为基础，在秦巴山脉区域河南片区城乡和城镇之间进行联合，构建局部地区的微循环发展网络，使整个秦巴山脉区域河南片区自下而上形成发展体系。

第三节 基于绿色循环的产业发展思路优化产业布局

一、依据绿色循环产业布局要求，寻求创新的产城融合路径

调整秦巴山脉区域河南片区现有的产业结构，合理进行产业园区选址，增强基础设施配套，充分发挥土地资源优势，增加产业集聚区的规模，增强人口和产业集聚能力，带动当地房地产业和生产性服务业良性发展。同时加强第一、第三产业的发展，形成精细化的经济增长方式，提高经济效益。

根据绿色循环产业的空间要求，研究不同产业集聚和分散的布局特点，基于工业和商贸服务业集聚发展的特征，深入探讨产城融合的路径，形成集聚程度较高的城镇化区域。

二、凭借现有资源禀赋，探索新型乡村发展模式

增强秦巴山脉区域各景区之间的协同作用，对城乡产业结构进行合理布局；促进文化旅游业快速发展，形成以特色农业观光、自然观光为主的住宿、餐饮等相关服务业体系，带动地区经济可持续发展。

利用秦巴山脉区域河南片区特色农林畜药资源，延长产业发展链条，为周边村民提供就业岗位；减轻对生态环境造成的污染；将特色种植与旅游服务业相结合，形成第一、第三产业联动效应，增加村民整体收入，减少大量户籍人口外流[20]。

最终根据秦巴山脉区域河南片区特色农业与旅游业共生发展所依托的资源分散特征，结合传统特色村落的保护，利用民居提供旅游服务，探索"产居互动"的乡村新型发展模式。

第四节 构建绿色循环的山地可持续城镇化及城乡空间组织模式

一、以人口和产业为基础，采取山地协同的城镇化模式

结合秦巴山脉区域河南片区的生态分区、绿色循环的产业发展思路和现状、人口的就业居住状况特征，采用"大集中、小分散"的协同山地城镇化模式，对产业聚集地和居住地分布进行整体统筹，使产业和人都能流向更加适宜的地区[21]。具体发展方式如下。

在外围城镇带，即县城最集中的区域，重点形成第二、第三产业的集中发展区域，吸纳大量的人口聚居、工作和消费，实现产城互动。在生态核心区，即人口聚集较少的区域，重点依托特色的传统村落，促进第一、第三产业的联动发展，实现产居互动[22]。

秦巴山脉区域河南片区城乡空间建设模式见图29-1。

二、明确城镇职能，形成合理的城乡空间结构

确定合理的城镇村规模和空间结构，形成适宜的城乡体系。

通过对秦巴山脉区域河南片区所涉及的城市职能进行调查，发现：①灵宝市、陕州区、卢氏县、卧龙区为综合服务型城市；②汝阳县、栾川县、方城县是以矿产加工业为主的城市；③宜阳县、洛宁县、嵩县、镇平县是以农副产品加工业为主的城市；④栾川县、鲁山县、内乡县、淅川县为文化旅游型城市；⑤镇平

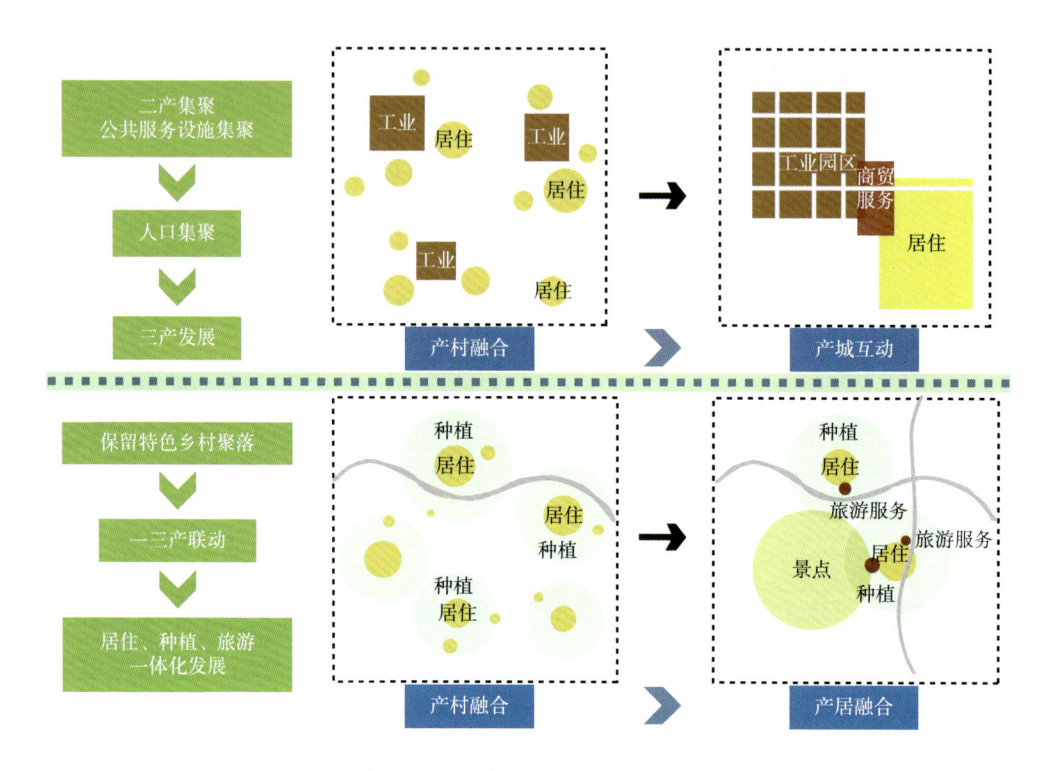

图29-1　秦巴山脉区域河南片区城乡空间建设模式

县和西峡县为现代工业型城市。应通过研究重点城镇的职能，优化其城市结构，提升其城市功能，使其成为就地城镇化的重要空间载体。

由此可以确定，秦巴山脉的区县发展定位应主要依托山区的矿产资源、文化旅游资源及农业资源，在此基础上进行深度拓展，然后结合地形、水系、交通等，有针对性地选取"集中与分散分布"模式和"点轴分布"模式，确定合理的城镇村规模和空间结构，形成适宜的城乡体系。

三、以地形地貌和城镇发展为核心，构建合理城乡空间发展模式

由于地形条件的限制，秦巴山脉区域河南片区中，山区内的人口和产业应采取外向疏解的策略，对大型工矿企业等第二产业进行转移，将其向外围城镇发展带引导。山区着重发展特色种植等第一产业和生态旅游业等第三产业。向外疏解与就地提升相结合，构建合理的城乡空间发展结构。

本章确定秦巴山脉区域河南片区的城乡空间结构为："四山三谷半盆地"，"六线一带四核心"。

四山：崤山、熊耳山、外方山、伏牛山。

三谷：崤山、熊耳山、外方山、伏牛山之间形成的谷地。

半盆地：秦巴山脉所涵盖的南阳盆地的一部分。

六线：联系秦巴山脉各区县的6条重要交通线。这6条交通线由放射型交通线和环形交通线构成，以高速公路形式呈网络状连接。4条放射型交通线以洛阳为中心，目前均已完成，运行良好；深山区（外围）环形交通线正在修建，即将形成；过渡区（贯穿秦巴山脉区域河南片区中心区域）环形交通线部分区域已修建，但不成系统，需进行重点建造。

一带：环秦巴山脉的城镇带。

四核心：以三门峡、洛阳、平顶山、南阳作为秦巴山脉区域河南片区的发展核心，其对整个区域起主要的辐射和带动作用。

秦巴山脉区域河南片区城乡空间布局如图29-2所示。

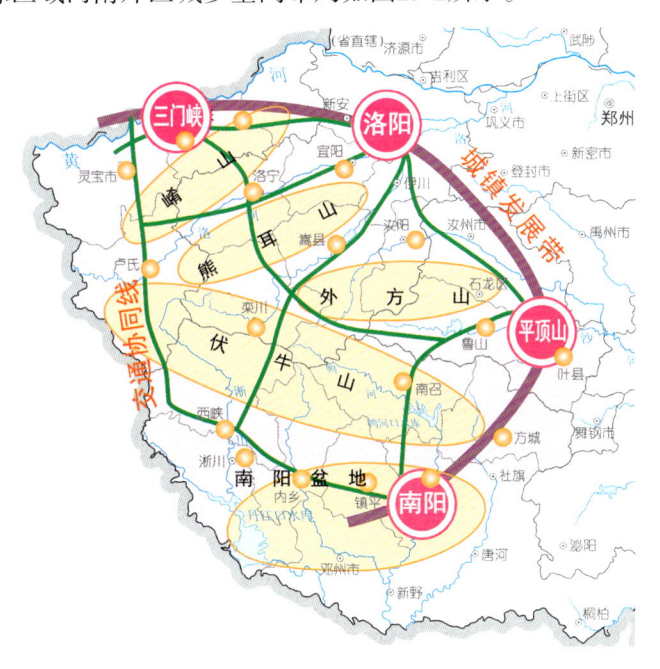

图29-2　秦巴山脉区域河南片区城乡空间布局

第五节　展开传统城镇及村庄的保护利用，形成城乡特色风貌体系

一、根据地方乡土特色，对城乡风貌进行分区

相关研究以河南历史地理、农业区划，以及气候特征、语言系统为线索，依

据河南乡土建筑的内部结构和外部表现特征,将全省划分为四大区域,即豫北地区、豫中豫东地区、豫西地区、豫西南豫南地区。秦巴山脉区域河南片区涉及豫西、豫中、豫西南地区。

1. 豫西地区:洛阳市、三门峡市、平顶山市的鲁山县和汝阳县

豫西地区由于其特殊的自然地形地貌特点,形成各种类型的乡土建筑共存的多样性特征。根据豫西地貌环境的不同,豫西地区乡土建筑也呈现出不同的面貌,在豫西黄土地貌地区,多分布有生土窑洞类型乡土建筑,沿黄河、伊河、洛河、伊洛河河谷地带,多分布有合院式乡土建筑和窑房结合型乡土建筑,在豫西山地地貌地区多分布有山地木构架合院式建筑。

2. 豫中地区:叶县、方城县

豫中地区均位于黄淮平原,乡土建筑院落空间布局多为比较方正的合院形式,但是其院落空间布局呈现出一定的差异性:豫中地区乡土建筑院落空间多为纵向狭长的长方形窄型院落,正房露脸较少;自豫中向豫东逐渐过渡为横向宽阔的方形院落;豫东地区的院落则多为横向宽阔的方形四合院类型,在院落空间布局上和传统北京四合院相近。

3. 豫西南:南阳市(除方城县以外)

豫西南地区乡土建筑总体上呈现出由北向南逐渐趋于"荆楚"地区的地域风貌。豫西南地区的中部和东部受到中原文化和晋商文化的影响较多,而西部和西北部山区受到"荆楚遗风"影响较大。因此豫西南地区呈现出自东北向西南地区逐渐趋于"荆楚"风貌的过渡特点。豫西南地区乡土建筑除西峡县和淅川县局部地区以外,大部分地区偏北方合院式风格和官式建筑风格。同时当地乡土建筑中的公共建筑如山陕会馆等,也多体现出晋商文化之风格。

目前,该地区城市的风貌特色已不明显,但传统村落中的乡土建筑还保持着较为明显的传统建筑特色风貌。在未来的城乡建设中应充分发挥各区域独有的传统建筑文化优势,形成豫中、豫西、豫西南独具特色的城乡风貌景观。

二、依据秦巴山脉区域河南片区城镇特征,提出保护与整治措施

秦巴山脉区域河南片区包括国家级历史文化名城2个、国家级历史文化名镇1个、河南省级历史文化名镇3个、河南省级历史文化名村8个。应充分利用该地区丰富的历史人文资源,形成特色城乡风貌,提高名镇名村的影响力,以地域文脉研究为前提,形成有指引性的风貌建设引导系统,并提出有效的环境

保护与整治措施。

三、以原有乡土特色为基础，探索新型乡村发展模式

增强对传统村落遗产的稀缺性、重要性认识，增加保护力度。完善农村用地政策，减少随意"拆旧建新"导致传统村落"自建性破坏"。制定村庄标准规范，增加地方财政对传统村落保护的投入，增强传统村落乡土建筑保护的技术力量。在保护好原住民、原有生产生活场所和方式的同时，探讨旅游休闲产业和生态农业休闲产业的发展模式。同时，应积极探索传统民居的绿色技术改良，提高其舒适性，以适应现代生活方式的需求。

四、以山水环境为基底，加强城市与自然环境融合

秦巴山脉区域河南片区丰富的自然环境是其自身独特的资源优势，应重新梳理各城镇的山水资源，在城镇规划和建设中加强与周边自然山水环境的有效互动，从而使当地形成具有生态意义的特色风貌。

参 考 文 献

[1] 苏冰涛，李松柏.可持续生计分析框架下秦巴山区"生态贫民"生计范式转变研究[J].农村经济，2014，（1）：96-99.

[2] 邓伟，唐伟.试论中国山区城镇化方向选择及对策[J].山地学报，2013，31（2）：168-173.

[3] 张倩.秦巴山区生态旅游农业建设的策略分析[J].现代园艺，2014，（10）：26.

[4] 覃建雄，张培，陈兴.旅游产业扶贫开发模式与保障机制研究——以秦巴山区为例[J].西南民族大学学报（人文社会科学版），2013，34（7）：134-138.

[5] 唐勇，张命军，秦宏瑶，等.国家集中连片特困地区旅游扶贫开发模式研究——以四川秦巴山区为例[J].资源开发与市场，2013，29（10）：1114-1117.

[6] 许娟，霍小平.秦巴山区乡村建筑的生态设计研究[J].建筑科学与工程学报，2014，31（3）：132-136.

[7] 李姗姗，曹广超，赵鹏飞.秦巴山区农村居民点空间分布及其影响因素分析——以陕西省宁强县为例[J].水土保持研究，2014，21（3）：186-191.

[8] 穆东，杜志平.资源型区域协同发展评价研究[J].中国软科学，2005，（5）：106-113.

[9] 樊尚新，王莉莉，秦社芳，等.陕南山区县域村庄布点规划初探[J].城市规划，2009，33（7）：83-87.

[10] 吴勇.山地城镇空间结构演变研究——以西南地区山地城镇为主[D].重庆大学博士学位论文，2012.

[11] 杨志文，陆立军.欠发达山区推进城镇化的非均衡协同发展之路——基于浙江省云和县"小县大城"战略的分析[J].开发研究，2012，（1）：1-3.

[12] 李华.基于产业空间集聚视角的中国城镇化发展研究[D].武汉大学博士学位论文，2012.

[13] 刘敏，王明田.县域城乡一体化规划路径研究[J].城市发展研究，2015，22（2）：19-22.

[14] 张命军，唐勇.四川秦巴山区旅游扶贫发展战略研究[J].旅游世界·旅游发展研究，2013，（3）：70-74.

[15] 贾长安，李丹霞.陕南秦巴山区扶贫开发的区域战略定位研究[J].江西农业学报，2012，24（9）：182-184.

[16] 席恒，郑子健.秦巴山区区域社会可持续发展的问题与对策[J].西北大学学报（哲学社会科学版），2000，（1）：136-141.

[17] 巩玉红，蔡文华. 陕南秦巴山区资源与环境问题及可持续发展对策[J]. 资源开发与市场，2009，25（12）：1112-1114，1146.

[18] 黄亚平，林小如. 欠发达山区县域新型城镇化路径模式探讨——以湖北省为例[J]. 城市规划，2013，37（7）：17-22.

[19] 袁坤. 中西部山区新型城镇化路径选择研究[J]. 理论与改革，2016，（3）：169-173.

[20] 樊杰，王强，周侃，等. 我国山地城镇化空间组织模式初探[J]. 城市规划，2013，37（5）：9-15.

[21] 郑德高，闫岩，朱郁郁. 分层城镇化和分区城镇化：模式、动力与发展策略[J]. 城市规划学刊，2013，（6）：26-32.

[22] 赵新平，周一星，曹广忠. 小城镇重点战略的困境与实践误区[J]. 城市规划，2002，（10）：36-40.

第七篇
秦巴山脉区域河南片区（伏牛山区）文化旅游产业绿色发展战略研究

第三十章　秦巴山脉区域河南片区旅游业发展概况与评价

秦巴山脉位于中国地理中心腹地，共覆盖包括陕西、四川、重庆、湖北、河南、甘肃六省（直辖市）的20多个市区，在《全国主体功能区规划》中，被确定为生态功能保育区，是国家南水北调中线工程的重要饮用水水源地[1]。秦巴山脉区域河南片区包括17个县（区、县级市），是中国中部地区平均海拔高、人类活动相对稀少、自然生态保存完好的强生态区域，绿色旅游发展优势明显，但是这里总体经济和社会发展水平落后，现有多个国家级贫困县，属于集中连片贫困地区，政府希望通过旅游业的发展改善区域经济状况，带动经济的全面发展。所以，亟须解决生态保护与旅游发展的矛盾。就全局而言，制定合理的旅游发展战略不仅可以更好地保护生态环境，还可以通过旅游业的联动效应，促进该地区的经济增长，推动当地脱贫致富，为可持续发展提供决策依据。

本章以田野调查为基础，在实地调研基础上，结合文献资料整理，辅以数据统计分析方法，对秦巴山脉区域河南片区旅游业绿色循环发展问题展开研究。以生态环境的良性发展和满足人民群众日益增长的旅游休闲消费需求为出发点和落脚点，以优化秦巴山脉区域河南片区绿色旅游发展空间布局为核心，以完善绿色旅游配套服务体系为支撑，坚持尊重自然、顺应自然、保护自然，强化资源保护，注重绿色理念，打造绿色旅游产品，促进绿色消费，探索人与自然和谐共生的可持续发展模式。

第一节　区域旅游业发展概况

秦巴山脉区域河南片区，俗称"八百里伏牛"，即河南省伏牛山区，是中国南北地理分界线的重要组成部分，属于北亚热带向暖温带过渡地带，自然旅游资源丰富；处于中华腹地，人类活动历史悠久，军事地理位置十分重要，具有丰富的历史文化旅游资源。

据统计，秦巴山脉区域河南片区旅游资源涵盖全部8个主类，共7 230个单体。其中，地文景观类旅游资源2 589处，水域风光类旅游资源830处，生物景观类旅游资源779处，天象与气候景观类旅游资源68处，遗址遗迹类旅游资源543处，建筑与设施类旅游资源1 725处，旅游商品类旅游资源404处，人文活动类旅游资源292处。该区域自然旅游资源占59%、人文旅游资源占41%，旅游资源总体上数量众多、种类齐全。秦巴山脉区域河南片区部分旅游资源（群）级别较高，有世界文化遗产点1处（丝绸之路——陕州区崤函古道石壕段遗址），世界地质公园1处（伏牛山世界地质公园），世界生物圈网络成员1处（宝天曼自然保护区）；国家5A级景区4处（伏牛山国家地质公园•恐龙遗址园、尧山•中原大佛景区、老君山•鸡冠洞景区、白云山景区），国家生态旅游示范区2处（尧山•大佛国家生态旅游示范区、重渡沟风景区），全国重点文物保护单位31处，国家级非物质文化遗产23处，国家地质公园3处，国家级森林公园10处，国家级自然保护区6处。此外，还有中国旅游强县2个（栾川县、嵩县），全国特色景观旅游名镇（村）示范点7处。

2017年，河南省共接待海内外游客6.6亿人次，旅游总收入达到6 751亿元。其中，洛阳市接待海内外游客1.24亿人次，约占河南省旅游总人次的18.8%，旅游总收入1 043亿元，占河南省旅游总收入的15.4%；南阳市接待海内外游客5 200万人次，约占河南省旅游总人次的7.9%，旅游总收入280.3亿元，占河南省旅游总收入的4.2%[2]；平顶山市接待海内外游客4 234.6万人次，约占河南省旅游总人次的6.4%，旅游总收入218.6亿元，占河南省旅游总收入的3.2%[3]；三门峡市接待海内外游客3 467.9万人次，约占河南省旅游总人次的5.3%，旅游总收入301亿元，占河南省旅游总收入的4.5%[4]。四个省辖市旅游人数和收入总和分别占河南省旅游总人次和总收入的38.4%、27.3%，是河南省旅游业的重要组成部分。

秦巴山脉区域河南片区旅游业有一定基础，并不断发展创新，"栾川模式""西峡经验""全域嵩县""卢氏扶贫"成为全国旅游业发展的典范。

第二节　绿色旅游发展优势

秦巴山脉区域河南片区既是国家重要的生态功能保育区，也是中华民族重要的发祥地，区位重要，资源丰富，后发优势明显，具有强大的绿色旅游发展潜力。

一、地理中心

（1）秦巴山脉区域河南片区是"中国中央绿肺"的重要组成部分。秦巴山脉区域河南片区平均森林覆盖率为88%，是中国森林碳汇的中央汇集地和植物释氧的核心供给区，生态地位突出。

（2）秦巴山脉区域河南片区是中国南北地理分界线的重要组成部分，长江、黄河、淮河三大水系的分水岭，河南、陕西、湖北三省交界地区，具有多样性的自然和人文资源。

（3）经济地理位置居中。位于关中经济区、武汉经济区、中原经济区的中部位置。

（4）交通地理位置优越。距贯穿我国中部的东西和南北的公路交通通道和铁路交通通道较近。

（5）旅游区位重要。位于中国旅游目的地网络中心位置，伏牛山区与周边众多著名的国内旅游目的地和国家级精品旅游线路之间存在很强的资源互补性，可以充分利用旅游目的地网络中的溢出效应。

二、资源丰富

（1）原生荒野广阔多样。秦巴山脉区域河南片区是中原地区受人类影响相对较小的地区，有些地方还保持了大自然的原生荒野，这里幅员广阔，具有以花岗岩山岳景观、水文景观和动植物景观为主体的原生态景观，这为绿色旅游发展奠定了资源基础。

（2）人文资源品位较高。以宗教文化、军事文化、寻根文化等为主的人文旅游资源品位较高。

（3）旅游吸引物垄断独特。拥有垄断独特的旅游吸引物，包括世界生物圈保护区宝天曼，伏牛山世界地质公园，世界上最大的恐龙蛋化石群，尧山·中原大佛景区，老君山·鸡冠洞景区，白云山等国家5A级景区，长江、黄河、淮河三大水系的分水岭，南水北调的源头，中国保存最完整的古县衙。温泉分布较广，鲁山上汤、中汤、下汤温泉群乃中原最大的温泉群。片区内发育了为数不少的喀斯特洞穴景观，或以观赏面积大、气势宏伟成为北国之首，或以景致独特成为溶洞一奇，或以栖息大量生物成为中原奇观。

三、后发优势

（1）政策优势。多个国家级贫困县，享受国家扶贫的扶持政策，可调配的旅游投入资金较为充足。

（2）生态优势。因"经济后发"留下了相对原始质朴的生态环境，为绿色旅游发展奠定了基础。

（3）发展优势。因发展较晚，可以借鉴更多的发展经验，利用更加先进的技术，可以少走弯路，实现绿色发展。

四、发展机遇

（1）绿色旅游产品需求增加。中国旅游业发展逐步成熟，绿色旅游市场规模不断扩大，同时，随着人口城市化，"回归自然"旅游市场不断壮大，对绿色生态旅游产品的需求亦将不断扩大。

（2）供给更加多元化。南水北调中线工程为该区旅游创造了新的吸引力。智慧旅游的发展为全面提升旅游开发、经营能力提供了新的条件。

（3）可进入性增强。交通条件的改善，体制性和政策性进入壁垒的削弱，将增强该区旅游的可进入性。

五、战略区域

《河南省"十三五"旅游产业发展规划》确定了"十三五"规划期间河南省旅游产业发展的战略布局，"坚持核心带动，轴带扩散，对接周边，以建设旅游目的地为重点，在全省构建'一核两带四区'的旅游产业发展空间格局"[5]。"一核"是指郑州、开封、洛阳三市为全省旅游产业发展的核心区。"两带"是沿黄旅游带和南水北调中线旅游带。"四区"是南太行旅游区、伏牛山旅游区、桐柏—大别山旅游区、豫东平原旅游区。可见，伏牛山旅游区是河南省"十三五"期间旅游业重要的发展战略区域。

第三节　绿色旅游发展劣势

一、供给单一

旅游产品结构单一。现阶段旅游产品以低端市场的观光产品为主，而绿色休闲度假旅游产品、面向高端市场的绿色生态产品及专项旅游产品相对匮乏。

二、品牌薄弱

没有形成整体性绿色旅游品牌。第一，伏牛山地理知名度高，但没有将其转化为绿色旅游品牌。第二，区内某些景区虽已有较高知名度，但尚未取得相得益彰、整体推广的绿色旅游品牌效果。

三、市场不足

区域内旅游发展不平衡,旅游市场占有率低。第一,狭窄的市场规模使旅游经营不能充分利用市场规模效应,从而导致旅游设施和服务达不到旅游者期望的水平。第二,既有的旅游设施和服务利用不充分,旅游业运营的总成本居高不下,经济效益难以提高,市场不足使该区旅游发展陷入低水平的困境中。

四、人才短缺

绿色旅游发展专业人才短缺。第一,中高级旅游管理经营人才严重匮乏。第二,人的观念落后。突出表现在市场意识淡薄及生态意识、服务意识不足等方面。第三,技能短缺,旅游教育、培训能力非常薄弱。突出表现在生态旅游人力资源短缺、合格旅游接待人员严重不足等方面。

五、可进入性差

交通不便,可进入性差。第一,对外通达性差。虽然伏牛山与我国大交通通道的距离比较近,却仅通过国道公路相连,缺少机场和高铁站。第二,对内可达性较差,未形成旅游交通网络体系,景区之间的连接性差,没有便捷的公共交通。第三,部分地区还存在制度性进入障碍。

六、条块分割

伏牛山区旅游发展涉及4市2区15县(县级市)和许多相关部门,目前条块分割严重,没有形成优势互补、利益共享、共同发展的体制机制。

第四节　绿色旅游时空均衡发展评价

为进一步探索秦巴山脉区域河南片区(伏牛山区)旅游的绿色循环发展动态,选取其中15个县(县级市)(2个区不具有可比性),通过构建旅游—社会、旅游—生态、旅游—经济3个系统共9个发展指标,采用绿色均衡度对15个县(县级市)的旅游生态系统,从时间和空间两个维度,测度旅游系统的绿色时空均衡发展水平。在时间维度上是分析2006年到2015年10年间的均衡演化状态,在空间维度上是从县域间、市域间和全域3个层次测度旅游系统绿色均衡水平。

指标选取依据:一类是旅游发展相关指标,如旅游收入、游客量、旅游业从业人口数、旅游景区数量（指3A级及以上景区数量）、自然与文化遗产数量，这些是直接反映区域旅游发展的指标；另一类是社会经济发展相关指标，如农民人均纯收入、搬迁惠及人口数、旅游扶贫效益等。这两类指标成为区域内旅游发展潜力的重要参考指标。最后，结合森林覆盖率和城区空气优良天数两项指标，综合反映区域内绿色旅游综合发展水平，构建绿色旅游指标体系（表30-1）。

表30-1　秦巴山脉区域河南片区绿色旅游指标选取

绿色旅游子系统	指标层
社会进步	旅游业从业人口数/万人
社会进步	搬迁惠及人口数/人
社会进步	自然与文化遗产数量/个
经济发展	旅游收入/亿元
经济发展	农民人均纯收入/元
经济发展	游客量/人次
生态支持	城区空气优良天数/天
生态支持	森林覆盖率/%
生态支持	旅游景区数量/个

资料来源：各县国民经济与社会发展统计公报、各县政府工作报告、各县旅游局网站、各县人民政府网站及相关统计年鉴

在指标体系和数据收集的基础上，进行数据处理和计算。首先对指标进行min-max标准化处理，用熵值法计算得出每个地区9项评价因子的权重值，并计算出15个县（县级市）旅游3个子系统评价因子值［式（30-1）］。利用绿色均衡度评价区域内社会、环境和经济3个子系统之间的发展关系，样本i的绿色均衡度用ε_{ki}表示，见式（30-2）。

$$D_{ki} = \sum_{k=1}^{n} W_{ij} \times X'_{ij} \qquad (30\text{-}1)$$

其中，D_{ki}表示第i个县的评价值；k=1，2，3，…，分别代表第i个县的社会进步评价值、经济发展评价值和生态支持评价值；W_{ij}表示第i个县第j个指标的评价值；X'_{ij}表示区域内n年评价因子的平均值，时间均衡度计算时采用2013~2015年3年的截面数据，空间均衡度计算时采用2006~2015年10年的评价值。

$$\varepsilon_{ki} = \left| 1 - \sigma_{ki} / S_{ki} \right| \qquad (30\text{-}2)$$

其中，ε_{ki}表示第i个县的空间绿色均衡度；S_{ki}表示第i个县的旅游系统评价因子值的平均值，即D_{ki}的平均值；σ_{ki}表示第i个县的旅游系统评价因子值的标准差，即D_{ki}的标准差。

在此基础上，对秦巴山脉区域河南片区绿色旅游从时间和空间维度演化状态进行评价。

一、绿色旅游时间均衡演化评价

以秦巴山脉区域河南片区15个县（县级市）为例，截取2006年到2015年10年间的数据，采用模糊综合评价法从时间维度探索秦巴山脉区域河南片区旅游发展历史演化动态。采用综合评价法计算得知：①区域内15个县（县级市）绿色旅游系统均为弱均衡式的发展，表明整个区域的绿色旅游发展水平较低。②栾川县的绿色旅游发展均衡水平最高，而且远远领先其他县域，表明栾川县的绿色旅游发展水平优于其他县。这得益于栾川县近年来的旅游发展战略方针，栾川县贯彻"旅游立县"和"生态立县"两大战略，从"栾川模式"走向"全景栾川"，这推动了栾川县三大系统朝向绿色旅游的均衡发展。③从15个县域整体来看，排名前5的县还有淅川县、内乡县、嵩县和方城县，其中洛阳包含2个县，南阳包含3个县，因此洛阳片区和南阳片区的总体绿色旅游均衡水平是较高的，而三门峡和平顶山的总体绿色旅游均衡较低（图30-1）。

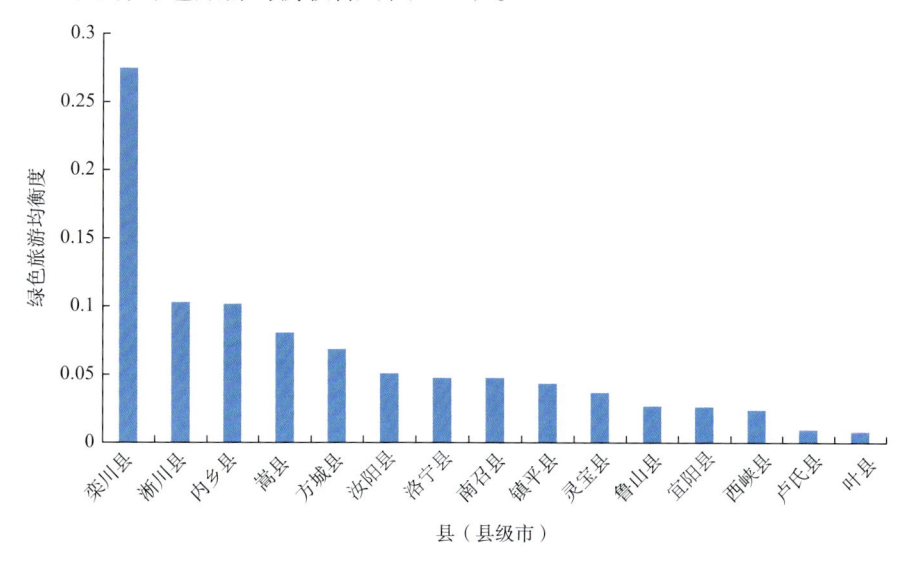

图30-1　县域空间绿色旅游均衡水平评价

二、绿色旅游空间均衡演化评价

1. 县域维度

以秦巴山脉区域河南片区15个县（县级市）为例，截取2015年面板数据，采用模糊综合评价法从空间维度探索秦巴山脉区域河南片区旅游发展空间演化动态。经过绿色均衡度的计算后发现，淅川县的绿色均衡度相比最高，其次是灵宝市，嵩县排在第3位，位于最后3位的是卢氏县、叶县和汝阳县。秦巴山脉区域河南片区15个县（县级市）绿色旅游的发展均衡度差距较大（图30-2）。

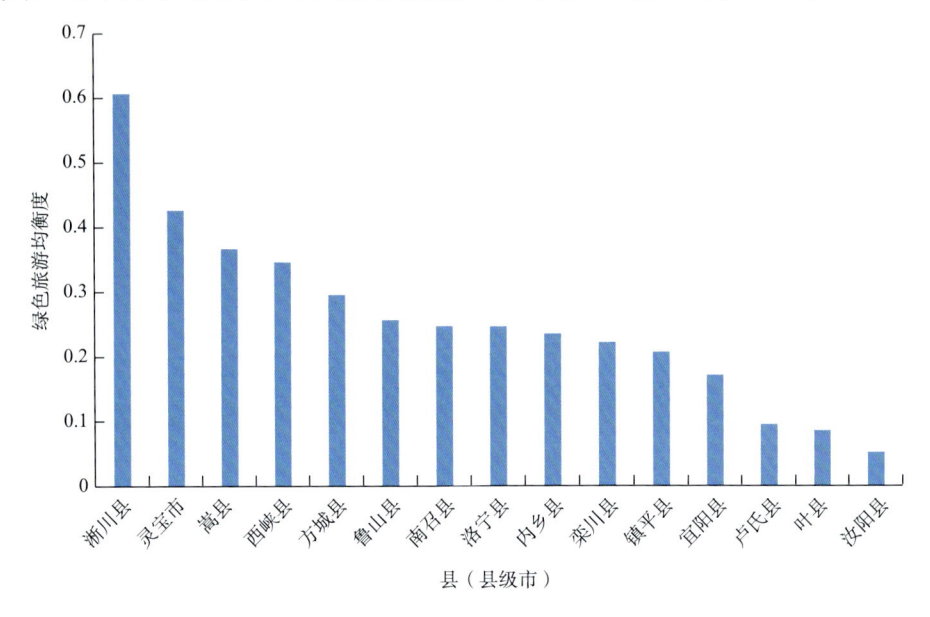

图30-2　县域空间维度绿色旅游均衡水平对比

2. 市域维度

区域内四市域发展都不均衡，相似的是绿色经济发展水平都不高。洛阳市、南阳市和三门峡市的生态子系统绿色发展水平相对较高，而平顶山市的生态子系统发展水平相对不高，相比之下社会子系统发展水平较高[6]。

秦巴山脉区域河南片区贫困县社会层面旅游扶贫的路径，基于地域文化的创新性开发、现代科技的应用、高水平旅游规划的支撑、旅游业及其关联产业链的营造，实现扶观念、扶能力、扶经济、扶资金和扶精神（图30-3）。

3. 全域维度

就区域内旅游发展总体状况看，生态子系统发展水平比社会与经济2个系统更趋近于高水平的均衡，这也正是区域内的发展优势。"绿水青山就是金山银山"，正是说明了绿色旅游资源是发展生产力的重要力量。因此，在旅游业快速发展时期，应当通过绿色旅游带动区域内社会环境改善、经济水平提升、旅游生态系统均衡发展，从而使区域全面走向绿色可持续发展之路（图30-4）[7]。

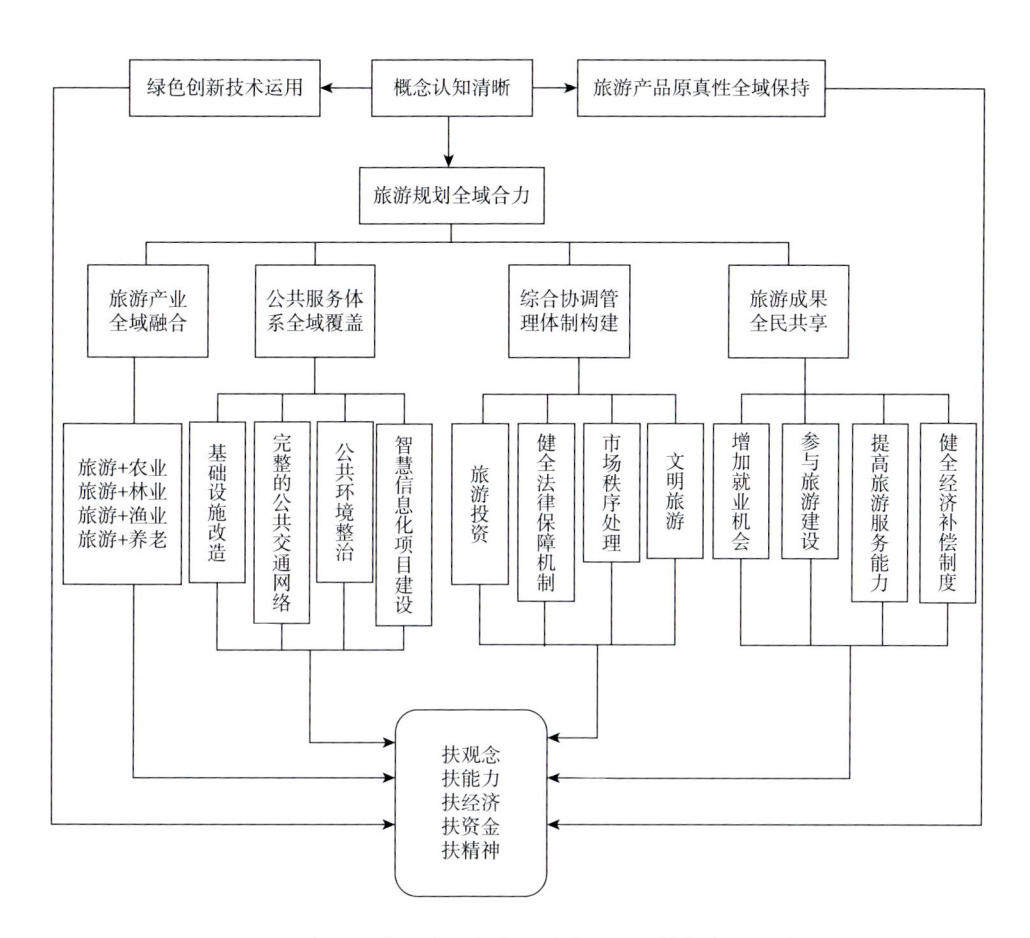

图30-3　秦巴山脉区域河南片区社会层面的扶贫主导型路径

图30-4　全域时间维度绿色旅游均衡水平评价

第三十一章　秦巴山脉区域河南片区绿色旅游发展战略分析

秦巴山脉区域河南片区旅游发展战略的选择要立足中国基本国情和秦巴山脉区域河南片区客观现实，积极应对和主动化解国内外各种不利要素，勇于担当，主动作为，不只为完成旅游业自身的转型发展服务，更要为国家经济转型和社会发展做出新的贡献，这是关系我国发展全局的一场深刻变革。

第一节　绿色旅游发展新内涵

绿色旅游提法的出现时间比较模糊，学术界的提出是在20世纪90年代，当前普遍的观点认为，绿色旅游是以农村、渔村、山村的现实生活为文化资源宝库，以保护和利用自然环境与乡村传统文化为出发点而促使经济发展的一种旅游开发模式，也是现代可持续发展旅游的一种最佳方式。近几年，学者们从不同角度探索了绿色旅游如何发展，从旅游产品的角度，陈玲认为旅游企业不但要全面贯彻"绿色旅游"的理念，在引导旅游供应商提供符合环保要求的旅游产品的同时，也要引导旅游消费者致力于环境保护，形成统一的环保意识，并且节约旅游资源，保护旅游环境，最终实现旅游业的可持续发展[8]；从绿色旅游活动参与主体的角度，杨威构建了低碳经济视角下绿色旅游实现方式的具体框架，即绿色旅游需要通过政府、市场、企业、旅游者四者之间共同作用及相互间的协调配合来实现[9]；从旅游业与其他产业融合的角度，邹统钎提出绿色工业旅游和绿色农业旅游要通过构建由观念、社会经济体制与科学技术三个层次形成的保障体系，来保证绿色旅游经济的正常运转[10]。

现有绿色旅游的概念不能满足时代发展的需要，有关绿色旅游的研究也不能反映当前旅游业亟待绿色发展的诉求。结合当前的国家形势和使命，绿色旅游在新时期有着更加丰富的含义。1993年国际生态旅游协会把生态旅游定义为具有保护自然环境和维护当地人民生活双重责任的旅游活动，而绿色旅游是生态旅游在新时代的延伸和发展方向。生态旅游的内涵着重强调的是对自然景观的保护，是可持续发展的旅游，绿色旅游既包含生态旅游当中的生态系统保护、对当地居民生活的保证，又承担着时代发展的扶贫功能。绿色旅游一方面强调维护自然旅游，不着痕迹，保持旅游本真性，而不是粗制滥造的旅游项目开发；另一方面要求能够通过绿色科学技术的应用来带动当地经济的发展。

中国的绿色旅游，不仅需要挖掘和利用优质的旅游资源，更需要新技术的应用和社区居民的参与；它不仅是一种获得经济来源、改善生存条件的手段，也是一场保护、弘扬优秀传统文化的全民运动，是现代新技术的体现，更是对实现生态系统完整、人民生活富足的"天人合一"目标的追求。

第二节 绿色旅游发展背景分析

秦巴山脉区域河南片区地理位置特殊，生态环境较好，森林资源丰富。实施绿色旅游发展战略，是矫正前期粗放发展模式的重要举措，是贯彻旅游精准扶贫政策的具体方针。

一、新时代：中国旅游业进入新的发展阶段

近几年，世界经济复苏乏力，而旅游业发展却逆势而上。世界旅游业理事会测算，截至2017年，全球旅游业已连续8年实现增长，旅游业对全球生产总值的综合贡献占全球生产总值的10.2%，创造的就业量占全球就业总量的10%。与此同时，中国旅游业发展取得了巨大成就，国际影响力日益增强，旅游大国的地位和作用更加突出，中国旅游业在世界上的影响力与日俱增，进入新的旅游发展阶段。

在新时代，中国旅游业在稳增长、扩内需、调结构、激消费、增就业和提高人民生活质量等方面发挥着更加积极的作用。旅游业发展速度持续全面增长，并高于国民经济增长速度，旅游综合收入增长速度高于游客数量增长速度。预计未来10年，这种"新"变化将成为旅游业发展的"常态"，为旅游业发展带来新的机遇。这要求我们以一种更新的眼光去看待新时代旅游业发展的重要性。其在带动消费、GDP、就业增长的同时，平抑了区域间与城乡间经济发展的差距，实现了环境生态价值、富民扶贫、文化品牌价值、和谐社会建设等一系列良性社会经济效应。

二、新理念：五大发展理念引领旅游发展深刻变革

十八届五中全会提出"创新、协调、绿色、开放、共享"的发展理念。秦

巴山脉区域河南片区的旅游发展以绿色理念为核心，要求旅游目的地的建设和发展要建立严格的绿色生态准入制度，切实处理好资源保护、合理利用和旅游发展的关系，强调"保护优先、自然恢复为主"。秦巴山脉区域河南片区要以绿色为导向，强调绿色低碳循环发展，实施近零碳排放区示范工程，实行最严格的环境保护制度。同时，也要与时代接轨，实行对外开放的战略，与国际对话，促进跨境交流和互利共赢。努力搭建秦巴山脉对外交流的互联共享平台，在改善基础设施的基础上，建立旅游住宿、物流、交通、服务、信息等共享机制，提供更多就业岗位，促进可持续发展，利用后发优势，创建互通联合的旅游目的地。创新理念要求旅游业的发展从传统的资源型模式向创新推动模式转变，致力于拓展新空间、释放新需求、创造新供给。协调理念要求旅游业在推动城乡协调发展方面发挥更加重要的作用，尤其是对于欠发达地区，旅游业在振兴地方经济、统筹区域发展、实施精准扶贫的过程中具有独特的优势和不可替代的作用。

三、新机遇：秦巴山脉旅游业迎来发展黄金期

据中国旅游投资项目库数据显示，2014年全国旅游直接投资7 053亿元，同比增长32%；2015年全年旅游业直接投资超万亿元，达10 072亿元，同比增长42%。未来10~20年将是我国旅游业发展的黄金期。2016~2018年，我国旅游投资总额将达到3万亿元；新增旅游就业180万人，每年带动100万贫困人口通过发展旅游业实现脱贫；基本实现把旅游业培育成国民经济战略性支柱产业的目标，也预示着秦巴山脉区域河南片区休闲刚需的时代全面到来。2017年，河南省旅游总收入6 751亿元，同比增长17.1%，河南省已成为我国旅游业增长最快的地区之一，促使社会投资对河南及其周边地区旅游业充满信心。旅游业被认为是当下我国市场最好的投资领域之一，因此，秦巴山脉应抓住供给侧改革机遇，在促进旅游投资和消费升级方面实现新突破。

四、新任务：旅游扶贫富民任重而急迫

秦巴山脉区域河南片区是我国较大的集中连片贫困地区，也是全国扶贫攻坚的重点功能区。贫困人口数量大而分散，贫困面积分布广泛，个别群众贫困程度深。为消除贫困，我国政府提出到2020年实现农村贫困人口全部脱贫的目标。而国家统计局数据显示，目前秦巴山脉区域河南片区还有多个国家级贫困县和500多万贫困人口，这就意味着要用不到3年的时间解决500多万贫困人口问题，扶贫工作任重而急迫。

目前扶贫开发已经由以解决温饱为主要任务的阶段转入巩固温饱成果、加快脱贫致富、改善生态环境、提高发展能力、缩小发展差距的新阶段。在此阶段，

针对河南片区这个欠发达地区，通过旅游业促进发展、促进扶贫，把旅游扶贫作为产业扶贫和精准扶贫的重要抓手，大力发展乡村旅游、红色旅游、绿色旅游，在扶贫攻坚和全面建设小康社会中更好地发挥旅游业的新主战场作用。

五、新难题：粗放式发展积累了大量问题

秦巴山脉区域河南片区自然旅游资源和文化旅游资源都比较丰富，但是长期以自然旅游资源开发为核心的粗放式旅游发展模式，积累了大量问题。

一是旅游投入大，经济产出少。秦巴山脉区域河南片区15县（县级市）2区，都把旅游业定位为战略性支柱产业，政府、企业都在加大旅游业的投资，但旅游业在国民经济中的贡献比重较小，不足10%。

二是旅游配套支撑体系软硬件建设滞后，游客满意度低。虽然旅行社、住宿、餐饮和交通体系建设初具规模，以厕所为代表的旅游公共服务设施建设卓有成效，但是旅游装备制造水平与激烈的国际竞争环境不相适应，与旅游业爆发式、井喷式市场需求不相适应。

三是旅游总体规模大，但国际化水平低。入境旅游最能代表一个地区旅游业的发展水平，秦巴山脉区域河南片区入境旅游发展阻碍因素较多，国内外税差及流通成本差别与强劲的购物需求不相适应，入境旅游发展有待加强。

四是旅游人才瓶颈日益凸显，旅游管理部门队伍建设、产业发展队伍建设、从业人员素质与旅游高速发展的要求不相适应。旅行社、导游管理体系和产业发展队伍水平与旅游业的快速发展不相适应，旅游新业态人才、高层次人才、复合型人才、经营管理人才更是短缺。

六、新矛盾：市场需求变化与有效供给不足矛盾突出

新时代发展条件下，秦巴山脉区域河南片区呈现出新的旅游业发展矛盾：一是旅游开发与文化生态保护的矛盾；二是旅游投入与产出的矛盾；三是规模扩大与质量提升的矛盾；四是旅游需求多样化与有效供给不足的矛盾。

根据国务院《"十三五"旅游业发展规划》，预计到2020年，中国国内旅游人次接近60亿，人均出游达到4.5次[1]。国内旅游已经成为一种刚需，但秦巴山脉区域河南片区现有旅游产品以自然观光型居多，高品质文化体验型较少，不适应快速增长的大众化、个性化、多样化、多层次的旅游需求。加强文化生态保护、增加旅游投入效益、提升旅游产品质量和增加旅游有效供给等问题亟须解决。

随着中国社会经济的发展和人们生活水平的提升，人们的旅游消费形态不再局限于传统的观光旅游，而是转向休闲旅游、度假旅游、养生旅游、商务旅游、研学旅游、特种旅游等新兴旅游方式，这就要求旅游开发从以景区旅游供给为核

心转向以旅游目的地供给为核心，旅游供给由点向面推进。旅游产品供给不足仍然是秦巴山脉区域河南片区旅游业发展的主要矛盾之一，也是旅游投资大有作为的潜力所在。

七、新政策：助力旅游业发展的政策密集出台

随着中国经济的发展，国民消费实力逐年增长，人们愈加注重休闲度假。2012年以来，《中华人民共和国旅游法》《国民旅游休闲纲要（2013—2020年）》《国务院关于促进旅游业改革发展的若干意见》《关于促进智慧旅游发展的指导意见》《关于进一步加强旅游行业文明旅游工作的指导意见》《国务院办公厅关于进一步促进旅游投资和消费的若干意见》《"十三五"旅游业发展规划》，以及带薪休假制度等一系列利于旅游业发展的法规政策密集出台，规范了旅游业的发展，也为旅游业的绿色发展提供了保障。

对于秦巴山脉区域河南片区而言，国家级贫困县和贫困人口较多，国家制定了一系列扶贫富民政策，秦巴山脉也上升到了国家主体功能区的高度。未来几年，一系列有利于秦巴山脉绿色旅游发展的政策、红利叠加，逐步释放，旅游业由过去的市场推动发展逐步转变为政府作为和旅游部门担当发展，这会进一步推动秦巴山脉区域河南片区旅游业的全面持续发展。

第三节　绿色旅游发展目标与布局原则

一、指导思路

秦巴山脉区域河南片区旅游业发展围绕着创建"伏牛山南北坡绿色循环发展示范区"战略目标，遵循"强生态条件下的现代产业和社会经济发展体系"指导思想，按照"伏牛山绿色循环发展城镇带、生态农业区、生态保护区"功能区划，坚持发展"绿色旅游"主题，抓住生态产业、文化产业和旅游产业三大新兴战略产业的发展机遇，依托秦巴山水和文化遗产的资源禀赋和发展要素，联动不同区域，融合不同产业，发扬区域本土文化，转变产业发展方式，实现旅游精准扶贫，构建秦巴山脉地区旅游发展总体框架[12]。

二、发展目标

逐步将秦巴山脉区域河南片区旅游产业发展成为产业体系完善、产品竞争优势明显、服务系统优良、品牌形象上佳，并能成功引领秦巴地区社会经济全方位

发展的动力产业，以山地康体休闲游、通用航空休闲游等旅游产品为特色，以文化旅游、绿色旅游为主体，打造秦岭中央国家公园核心品牌，使其最终成为国际著名生态文明主题型旅游目的地。

近期目标（2020年）：旅游产业普遍进行转型升级，整资源、调产业、树形象、造舆论、搭平台，初步构架起旅游主题形象鲜明、产品特色突出的文化主题型国家级旅游目的地。

中期目标（2030年）：旅游产业普遍驶入快速发展道路，强化旅游产业集聚区发展，提升产品的吸引力和市场占有率，全面提升旅游服务和旅游管理的国际化水平，构筑鲜明的地区文化特色，初步建成国际级文化旅游目的地。

远期目标（2050年）：旅游产业普遍达到完善成熟水平，形成综合实力强大、关联带动力强劲的复合型文化产业，建成旅游软硬件设施和服务均达到国际先进水平的国际级旅游目的地。

三、战略布局原则

（1）可持续发展原则。可持续发展原则就是要求旅游业、旅游资源、人类生存环境三者协调统一，树立"天人合一"思想。在保护环境的同时，提高目的地居民的生活质量，满足日益增长的旅游需求，为游客提供高质量的旅游服务。秦巴地区的绿色循环发展要求我们在旅游开发时，必须坚持绿色发展理念，保护优先，因地制宜，充分有效地利用资源。

（2）产业融合原则。坚持产业融合原则，即坚持旅游产业与其他相关产业进行融合，形成新的产业或业态，拓展旅游产品和市场，形成旅游产业发展的新动力和新方向，同时也促进相关产业的发展。秦巴山脉区域河南片区是华夏文明的传承地，依托绿色生态、历史文化、民俗风情、宗教文化、珍贵药材等旅游资源，可实现旅游产业与文化产业、工业、农业及中医药业融合发展。构建集绿色循环产业体系、绿色交通支撑体系、水资源保护利用机制、绿色城乡建设模式、文化与旅游信息网络、政策引导保障措施于一体的绿色循环发展引导体系，推动秦巴山脉区域河南片区健康快速发展，实现价值复合化、资源创新化、产品多元化、业态提升化。

（3）区域联动原则。秦巴山脉拥有苍莽的森林、秀丽的山峰、充沛的水资源及丰富多彩的传统历史文化，极具绿色开发潜力。秦巴山脉区域河南片区旅游发展绝不是单个景区或单个区域的发展，而要从秦巴整体角度出发，树立大旅游的观念，加强与区域联合，同时每个区域决不能单独为战、各自为政，各个区域要相互带动，从而联动发展，这样才能做到各区域共享资源、资源互补、共享利益、互惠互利。秦巴山脉应利用其优越的地理位置，加强与区域内各省份及周边旅游经济发达地区的合作，利用不同省份的区域特色和文化特色建立大旅游区。

（4）发扬本土文化原则。秦巴山脉有数千年历史文化的积淀所形成的众多名胜古迹及丰富多彩的民风民俗，华夏的古老文明、祖国的今朝奇迹、南疆的湖光山色、北国的秀丽冰川，在这里得到了巧妙的浓缩和展现。漫长的历史给这块土地留下了南北风格兼备的文化遗迹和文物古迹。例如，南阳的汉文化、三国文化及宗教文化，还有玉石文化、中医文化；洛阳汝阳县的酒文化、栾川县深厚的道家养生文化；平顶山叶县的衙署文化、叶公文化、盐文化。发扬本土文化的原则就是注重保护当地特色文化，在规划中体现各地独有的文化资源，挖掘资源本身的文化内涵，丰富资源的文化内容，增强秦巴旅游区的文化氛围，提高景点的观赏、教育和启迪功能，塑造能震撼人心的高品质本土文化。

第三十二章　秦巴山脉区域河南片区绿色旅游发展战略与空间布局

第一节　绿色旅游发展战略

在分析秦巴山脉区域河南片区的具体发展现状的基础上，考虑"旅游+"发展的时代背景，在全域旅游新型理念的引领下进行战略选择，提出了全域旅游发展战略、"旅游+"跨界融合发展战略、双轮驱动发展战略、荒野保护战略。

一、全域旅游发展战略

全域旅游具体有6个方面的要求：①空间全域。涉及秦巴山脉的所有地区，实现空间全景化发展，达到空间全域，引领秦巴山脉地区旅游设施由以前的重视景点建设转向全面的目的地建设。②产业全域。全域旅游涉及以旅游业为引领的一、二、三全产业链的建设和泛旅游产业建设。以"旅游+"的模式，充分融合一、二、三产业，形成新的社会经济增长点和动力机制，同时要跨越各个行业，形成融合产业。③消费全域。以游客为中心，拉长游客消费链，借力供给侧改革，创新发展秦巴山脉区域旅游供给，试点区域建立免税商店，提升游客消费能力，使旅游消费覆盖整个旅游过程。④时间全域。旅游服务时间延长到全年、全时，一年365天，一天24小时，天天有民俗活动，月月有节日庆典。⑤社会全域。参与旅游发展的受众涉及社会的各个层面、各个阶层，脱贫富民覆盖全民，形成社会全域。增加有效供给，引导旅游需求，实现旅游供求的积极平衡，使当地人民成为旅游发展的最大受益者。⑥监管全域。推进公共服务一体化、旅游监管全覆盖，以确立依法治旅，使各方利益得以保障。

二、"旅游+"跨界融合发展战略

采用融合发展战略，让旅游业与互联网、农业、工业和文化等产业全面融合发展。"旅游+互联网"是旅游业各领域与互联网达到全面融合、互联网成为我国旅游业创新发展的主要动力和重要支撑。现已形成了虚拟旅游、在线旅游等多种新兴业态，以及旅游众创、旅游众筹（旅游+互联网+金融）、旅游众包、旅游众智（旅游+互联网+智人群）和旅游众扶等多种创新发展形式。"旅游+农业"是把农业与旅游业结合在一起，利用农业景观和农村空间吸引游客前来参观的一种新型农业经营形态，即以农、林、牧、副、渔等广泛的农业资源为基础开发旅游产品，并为游客提供特色服务的旅游业的统称。"旅游+工业"是把工业与旅游业结合在一起，有旅游工业和工业旅游两种形式。近年来，秦巴山脉区域河南片区著名工业企业如南阳宛西制药厂、洛阳一拖、洛阳中信集团等相继向游人开放，许多项目获得了政府的高度重视和旅游市场的热烈响应。

三、双轮驱动发展战略

双轮驱动发展战略是指创新驱动发展战略和合作驱动发展战略。创新驱动发展战略是形成以创新为主要引领和支撑的发展模式，实现秦巴山脉在经营制度、投资渠道、智慧管理等方面的创新和突破。创新驱动发展战略有两层含义：一是未来秦巴山脉的旅游发展要靠科技创新驱动，而不是传统的资源和投资驱动；二是创新是为了驱动发展，让当地民众成为最大的受益者，而不是仅仅为了增加地区生产总值。创新驱动发展战略要构建以政府为主导、企业为主体、市场为导向、产学研相结合的技术创新体系。合作驱动发展战略要求秦巴山脉各省市区全面合作，统一整合资源，以全球视野加快推进秦巴山脉旅游体制建设。加强国际国内在相关领域的对话交流和战略合作，促进先进管理模式和发展经验的共享。

四、荒野保护战略

重新认识秦巴山脉区域河南片区强生态区的荒野价值，建立国家荒野地保护系统，在现有荒野区建立国家荒野保护区，保留该区域生态系统中每一个物种和每一个小的生态系统，甚至是独立的生态位，以永久地保护该地区的荒野特性、自然生态环境，以及保留一定的科研、教育、历史价值，而人类只是扮演一个"访客"的角色，回归人与自然的同等地位，以达到高层次的和谐发展。

第二节　绿色旅游发展空间布局

秦巴山脉区域河南片区旅游总体空间布局分为四大板块，即宛西三国休闲度假区、老君山道教生态旅游区、尧山佛教温泉疗养区、豫西乡村民俗风情区四大旅游发展板块，最终形成覆盖全区、辐射周边、延伸线路的旅游网络体系结构。

一、宛西三国休闲度假区

区域范围：卧龙区、镇平县、方城县、南召县、淅川县、内乡县、西峡县。

主体资源：宝天曼自然保护区、丹江口水库风景区、伏牛山老界岭·恐龙遗址园、武侯祠、博望坡等。

功能定位：生态体验游、三国文化游、科考科普游。

在做强观赏型旅游产品的同时，开发参与型和体验型旅游产品，完善旅游产品谱系；重点开发避暑度假、会议接待等非观赏型产品及科考、探险、写生等参与型产品。充分挖掘武侯祠、博望坡等三国文化景区的文化内涵，将其开发成高品质的旅游景点，如开发三国街区，打造三国文化之旅；除文化参观游览外，开发适宜的参与活动，如打造三国主题乐园，开发真人版三国游戏等。完善景区的各项设施建设，包括保护项目、科研项目和旅游项目等主体工程及道路网工程、公用设施工程等辅助工程。建设游客服务中心，打通各景区的连接通道，以形成完善的景区道路系统；配置景区专用巴士或环保电瓶车；建设停车场、星级酒店等服务设施，提高服务接待水平。组建安全救援小组，应急处理突发事件；培训专业的向导，尤其是开发不成熟的景点务必安排向导陪同，以确保游客的安全。

二、老君山道教生态旅游区

区域范围：洛宁县、汝阳县、宜阳县、栾川县、嵩县。

主体资源：花果山国家森林公园、天池山风景区、神灵寨森林公园、鸡冠洞风景区、老君山风景区、白云山国家森林公园等。

功能定位：自然探险游、生态体验游、道家养生游、科考科普游。

在景区涉及的自然保护区的缓冲区和核心区增设围栏禁止游客进入；在自然保护区的实验区建设"生态绿道"，丰富游客的旅游活动，消磨游客时间，避免游客进入自然保护区的核心区，保护核心区的自然荒野性。充分挖掘道教音乐、武术、养生之道等文化内涵，开发道教文化体验之旅、道教养生之旅等，形成高品质道教旅游景点。打造绿色生态型绿道系统，以打通各景区之间的连接通道，形成完善的景区道路系统；配置景区专用巴士或环保电瓶车，建设高水平服务接待设施。积极改造游览步道，增建生态步道；增设厕所、垃圾桶等环卫设施；完善景区的标示解说系统；建设停车场等。建立省属土地监督管理办公室，将土地交由该部门统一管理；景区用地直接向该部门审批，依照土地管理条例减少审批程序，便于景区灵活用地；分步分批搬迁部分居民，严格控制留驻居民的建筑规模,配合景区人口调控管理。

三、尧山佛教温泉疗养区

区域范围:鲁山县、叶县。

主体资源:尧山风景名胜区、中原大佛景区、画眉谷、尧山大峡谷漂流、森海湾景区、尧山滑雪乐园、叶县明代县衙、燕山湖等。

功能定位:生态观光、休闲度假、康体养生。

继续开发森海湾景区、龙潭峡、燕山湖等不成熟景区,提高该区整体旅游品质,并加快旅游专线公路和环线步道的建设,使其与成熟景区形成环线旅游,以"热"带"冷",增加该区游客容量。增设直接通往景区的旅游专线,打通各景区的连接通道,以形成完善的尧山佛教温泉疗养区道路系统,解决交通不便的问题;配置景区专用巴士或环保电瓶车,建设停车场等,解决该区交通问题。设立环境监管部门,安装环境检测系统,配备充足的垃圾箱,随时对该区的环境进行监管,为游客提供优质的生态旅游环境。细分市场,开发温泉旅游精品。根据游客的不同需求,打造面向大众的精品温泉景区和面向小众的高端SPA[①]景区,将温泉与会议、运动游乐、康复疗养、农业等相结合,走温泉大开发之路,提升尧山佛教温泉疗养区的休闲度假功能。

四、豫西乡村民俗风情区

区域范围:陕州区、灵宝市、卢氏县。

主体资源:甘山国家森林公园、陕州区地坑院、荆山黄帝铸鼎原、西坡国家史前遗址公园、国家森林公园亚武山、玉皇山等。

功能定位:民俗风情游、乡村体验游、历史文化游。

开发不同主题的农家院。陕州区的地坑院、剪纸、布艺、社火戏曲,灵宝市的锣鼓、道情皮影、民间刺绣等文化资源丰富,应开发建设织品主题、婚礼主题、社火主题、戏剧主题、皮影主题、刺绣主题等不同主题的农家院,实现"一院一品",为游客提供原生态的生活体验。充分挖掘荆山黄帝铸鼎原、西坡国家史前遗址公园等景区的文化内涵,将其开发成高品质的旅游景点,除文化游览、观赏外,开发适宜的参与性活动,提高人文历史资源的利用程度;充分挖掘豫西剪纸、戏剧、皮影等非物质文化内涵,并将其以多种形式表现出来,提高游客参与性。建立豫西美食区。陕州区大营麻花、五香面豆、陕州糟蛋、观音堂牛肉;灵宝的石子烧饼、脂油烧饼、一生凉粉、甑糕、羊肉汤;卢氏的绿壳鸡蛋、卢氏鸡、卢氏蜂蜜等,美食种类丰富多样,且灵宝是全国有名的金城果乡。在豫西

[①] 矿泉疗养地。

民俗风情区建立美食区，展现豫西美食特色，提升豫西特色美食影响力，增加游客的娱乐性体验。打通各景区的连接通道，以形成完善的景区道路系统；增设厕所、垃圾桶等环卫设施；完善景区的标示解说系统；建设停车场、星级酒店等服务设施，为该区游客提供高质量的服务。

第三节　绿色旅游产品创新

一、绿色旅游产品设计与创新

（一）生态观光旅游产品

1. 森林观光

依托秦巴山脉区域河南片区的七峰山省级森林公园、紫山森林公园、独山森林公园、淅川凤凰山省级森林公园、淅川猴山省级森林公园、大虎岭省级森林公园、栾川倒回沟森林公园等森林公园，以纯生态的森林旅游资源为本底，整合山川秀水等自然景观，形成以白云山国家森林公园、天池山国家森林公园、甘山国家森林公园、亚武山国家森林公园为核心的秦巴山区大森林生态旅游圈，联合发展各个森林公园，构建区域板块的"国家中央森林公园"。

针对境外和省外游客，主推"国家中央森林公园"生态森林观光品牌，具体推出白云山国家森林公园、天池山国家森林公园、甘山国家森林公园、亚武山国家森林公园等旅游产品。针对省内游客，开发与三门峡、洛阳、平顶山、南阳等中心城市较近的独山森林公园、淅川凤凰山省级森林公园、淅川猴山省级森林公园等森林公园，主推"一日观光游"生态旅游产品。针对自驾车游客市场，开发各森林公园的串联道路，打造风景廊道，推出河南秦岭自驾车森林生态观光游。

2. 山岳观光

依托秦巴山脉区域河南片区的独山风景区、二龙山风景区、大曼山景区、龙山风景区、亚武山风景名胜区、老君山景区等山岳风景区，以纯生态的山岳旅游资源为本底，整合山川秀水等自然景观，形成以宝天曼自然保护区、栾川寨沟风景区、尧山风景名胜区为核心的秦巴山区山岳生态旅游圈，联合发展各个山岳风景区，构建区域板块的"国家中央山岳景区"。

针对境外和省外游客，主推"国家中央山岳景区"生态山岳观光品牌，具体推出宝天曼自然保护区、栾川寨沟风景区、尧山风景名胜区等旅游产品。针对省内游客，开发与三门峡、洛阳、平顶山、南阳等中心城市较近的老君山景区伏牛山世界地质公园、栾川九龙山风景区等山岳景区，主推"一日观光游"生态旅游产品。针对自驾车游客市场，开发各山岳景区的串联道路，打造风景廊道，推出河南秦岭自驾车山岳生态观光游。

3. 峡谷观光

依托秦巴山脉区域河南片区的宝天曼峡谷、伏牛大峡谷森林生态旅游区、尧山大峡谷、豫西大峡谷风景区、恐龙谷等峡谷景区，以纯生态的峡谷旅游资源为本底，形成以尧山大峡谷、豫西大峡谷风景区、龙潭峡大峡谷为核心的秦巴山脉峡谷生态旅游圈，联合发展各个山岳风景区，构建区域板块的"国家中央峡谷景区"。

针对境外和省外游客，主推生态峡谷观光品牌，具体推出尧山大峡谷、豫西大峡谷风景区、龙潭峡大峡谷等旅游产品。针对省内游客，开发与三门峡、洛阳、平顶山、南阳等中心城市较近的老君山景区、伏牛山世界地质公园、栾川九龙山风景区等山岳景区，主推"一日观光游"生态旅游产品。针对自驾车游客市场，开发各峡谷景区的串联道路，打造风景廊道，推出河南秦岭自驾车峡谷生态观光游。

4. 农业观光

依托秦巴山脉区域河南片区的10万亩桃园、特色产业村、历史文化村落、高品质有机茶生产地、猕猴桃人工基地等农业园区，以纯生态的农业旅游资源为本底，整合农业园区等景观，形成以大坪清沟休闲农业园区、大红川农业生态观光园、林丰庄园景区为核心的秦巴山脉农业生态旅游圈，联合发展各个农业园区。

针对境外和省外游客，主推生态农业观光品牌，具体推出大坪清沟休闲农业园区、大红川农业生态观光园、林丰庄园景区等旅游产品。针对省内游客，开发与三门峡、洛阳、平顶山、南阳等中心城市较近的蓝莓种植园、万亩桃园、柞蚕基地、木瓜种植园等农业园区，主推"一日观光游"生态旅游产品。针对自驾车游客市场，开发各农业园区的串联道路，打造风景廊道，推出河南秦巴自驾车农业生态观光游。

（二）休闲度假旅游产品

1. 山水休闲

依托秦巴山脉区域河南片区的麒麟湖风景区，洛宁原生态绿竹风情园、西子湖生态示范区、重渡沟、养子沟、昭平湖、燕山湖、尧山亚龙湾水上乐园、三门峡水库等山水景区，以纯生态的山水旅游资源为本底，整合秀丽多姿的山水景观，形成春天观花、夏天避暑、秋天赏叶、冬天滑雪的秦巴山区休闲度假旅游圈，联合发展各个山水度假区。

针对境外和省外游客，主推山水休闲度假品牌，具体推出栾川、洛宁原生态绿竹风情园、西子湖生态示范区、重渡沟等旅游产品。针对省内游客，开发与三门峡、洛阳、平顶山、南阳等中心城市较近的养子沟、昭平湖、燕山湖、尧山亚龙湾水上乐园等山水休闲区，主推"休闲度假游"产品。针对自驾车游客市场，在山水度假区设置绿色生态停车场，开发各山水休闲区的串联道路，确保各山水休闲区的可进入性。

2. 乡村度假

依托秦巴山脉区域河南片区的吴垭石头村、内乡米果酒自酿农家、赤眉油桃沟、洛宁程家大院、张家大院、汝阳杜康仙庄村、栾川最美乡村、嵩县特色民居，如石头部落、陶村民居、鲁山西部山区农家乐等乡村度假区，以纯生态的乡村旅游资源为本底，整合当地文化，形成具有当地特色的秦巴山区传统村落休闲度假旅游圈，联合发展各个乡村度假区。

针对境外和省外游客，主推乡村度假品牌，具体推出吴垭石头村、内乡米果酒自酿农家、洛宁程家大院等旅游产品。针对省内游客，开发与三门峡、洛阳、平顶山、南阳等中心城市较近的汝阳杜康仙庄村、栾川最美乡村、嵩县特色民居，如石头部落、陶村民居、鲁山西部山区农家乐，主推"乡村度假游"产品。针对自驾车游客市场，开发乡村度假区内部的道路及相互间串联道路，确保各乡村度假区的可进入性。

3. 温泉度假

依托秦巴山脉区域河南片区的栾川九龙山温泉、南召莲花温泉水城、西部尧山温泉度假区、陕州区矿温泉等温泉度假区，以纯生态的温泉旅游资源为本底，整合各地温泉资源，形成以鲁山百里温泉养生带为核心的秦巴山区温泉度假旅游圈，联合发展各个温泉度假区。

针对境外和省外游客，主推温泉度假品牌，具体推出鲁山百里温泉养生带等旅游产品。针对省内游客，开发与三门峡、洛阳、平顶山、南阳等中心城市较近的栾川九龙山温泉、南召莲花温泉水城、西部尧山温泉度假区、陕州区矿温泉，主推"温泉度假游"休闲旅游产品。

（三）文化体验旅游产品

1. 宗教文化

依托秦巴山脉区域河南片区的佛教名刹淅川香严寺、法海禅寺、南阳龙兴寺、镇平石佛寺、菩提寺、中兴寺、道教名刹南阳武侯祠、医圣祠、天妃庙、方城炼真宫、内乡范蠡祠、南召县丹霞寺、内乡天宁寺、西峡燃灯寺，道家养生文化区栾川老君山、道教圣地岈山、千年古刹观音寺、函谷关等宗教文化区，以宗教文化旅游资源为本底，整合各地宗教资源，形成以中原大佛为核心的秦巴山区佛教文化旅游圈和以栾川老君山为核心的秦巴山区道家文化旅游圈，联合发展各个宗教文化区。

针对境外和省外游客，主推宗教文化体验品牌，具体推出中原大佛、栾川老君山等旅游产品。针对省内游客，开发与三门峡、洛阳、平顶山、南阳等中心城市较近的淅川香严寺、法海禅寺、道教圣地岈山、千年古刹观音寺、函谷关，主推"文化体验游"产品。

2. 民俗文化

依托秦巴山脉区域河南片区的舞乐百戏、南阳戏曲、民间杂耍、传统工艺美术玉雕、泥塑、剪纸、民间故事、传说、歌谣、社火、歌舞、戏曲等传统民俗文化，以民俗文化旅游资源为本底，整合各地特色民间活动，形成以民俗旅游节、庙会、民间传统节庆为核心的秦巴山区民俗文化旅游圈，联合发展各个民俗体验区。

针对境外和省外游客，主推民俗文化体验品牌，具体推出民俗旅游节、庙会等旅游产品。针对省内游客，开发舞乐百戏、南阳戏曲、民间杂耍、传统工艺美术玉雕、泥塑等，主推"文化体验游"产品。

3. 三国文化

依托秦巴山脉区域河南片区的武侯祠、魏公桥、凤雏台、方城的火烧博望古战场等三国遗址遗迹，以三国文化旅游资源为本底，整合各地三国遗址，形成以三国文化为核心的秦巴山脉三国文化旅游圈，联合发展各个三国文化体验区。

针对境外和省外游客，主推三国文化体验品牌，具体推出三国文化节等旅游产品。针对省内游客，开发武侯祠、魏公桥、凤雏台、方城的火烧博望古战场等，主推"文化体验游"产品。

（四）养生康体旅游产品

1. 森林康体

依托秦巴山脉区域河南片区的森林公园，以纯生态的森林旅游资源为本底，整合山川秀水等自然景观，形成以白云山国家森林公园、天池山国家森林公园、甘山国家森林公园、亚武山国家森林公园为核心的秦巴山区大森林生态旅游圈，联合发展各个森林公园。

针对境外和省外游客，主推生态森林康体品牌，具体推出白云山国家森林公园、天池山国家森林公园、甘山国家森林公园、亚武山国家森林公园等旅游产品。针对省内游客，开发独山森林公园、淅川凤凰山省级森林公园、淅川猴山省级森林公园等森林公园，主推"森林康体游"生态旅游产品。针对自驾车游客市场，开发各森林公园的串联道路，提高空气质量，推出河南秦岭自驾车森林康体游。

2. 温泉养生

依托秦巴山脉区域河南片区的温泉旅游资源，形成以鲁山百里温泉养生带、陕州区矿温泉为核心的秦巴山区温泉养生旅游圈，联合发展各个温泉养生区。

针对境外和省外游客，主推"国家中央温泉养生区"温泉养生品牌，具体推出陕州区矿温泉等旅游产品。针对省内游客，开发栾川九龙山温泉、南召莲花温泉水城、西部尧山温泉度假区，主推"温泉养生游"康体旅游产品。针对自驾车游客市场，设置绿色生态停车场，开发各康体度假区的内部道路及相互间串联道路，确保各温泉养生区的可进入性。

3. 食疗养生

依托秦巴山脉区域河南片区的山茱萸、地黄、山药、茯苓、泽泻、丹皮、杜仲、猴头等药材，以纯生态的药材旅游资源为本底，整合各地药材资源，形成以嵩县嵩胡野生品种基地、鲁山县王云辛夷花种植基地为核心的秦巴山区食疗养生旅游圈，联合发展各个药材种植区。

针对境外和省外游客，主推食疗养生品牌，具体推出嵩县嵩胡生态食疗养生等旅游产品。针对省内游客，开发鲁山县王云辛夷花种植基地，主推"食疗养生游"康体旅游产品。

二、重点旅游产品发展与创新

（一）山地康体休闲游

与秦巴山脉同纬度的落基山脉、阿尔卑斯山脉都是世界著名的山地康体休闲游目的地，说明秦巴山脉具有山地康体休闲游的发展潜力。秦巴山脉高含量的负氧离子、清晰透明的阳光、连绵起伏的远山，都成为吸引各地游客前来运动健身的亮点。按全时域的思维来看，春秋季可开展"翻越绿色秦巴"的山地骑行运动，规划具体的骑行路线，按照国际标准修建专业骑行赛道；夏季以避暑漂流的玩水项目为主，并匹配大型瑜伽训练运动，呼吸天地精华，静神养思，感悟人生；冬季开展滑雪、雪橇等旅游项目。

（二）通用航空休闲游

秦巴山脉区域河南片区土地面积广阔，地形复杂，地势起伏较大，适合发展航空休闲游。河南省规划在2020年前，建成至少9个二类通用机场，地点涵盖4个5A级景区、5个特殊地貌区，初步构建通用航空休闲游体系。

三、国家中央公园旅游廊道建设创新

旅游廊道可以根据各省辖市的公路交通布局现状，自东向西（平顶山—南阳—三门峡—洛阳）形成散布自然山水与人文景观游览点的闭环景观道路。依据伏牛山区各景点的地理分布，结合线路设计，打造环网状生态廊道，廊道景观应突出接近自然的森林景色、田园水系的自然风光、生态野趣的类原始风景及风俗民情的人文景观，并将森林景观、历史文化、餐饮美食、休息住宿等融为一体，发挥生态廊道的多重功能。

第四节　绿色旅游发展保障措施

绿色旅游发展保障措施为其战略实施提供后盾支持。具体从整合营销、生态优先、设施完善、管理体制、社区参与五个方面来开展。

一、整合营销

建立健全市场营销体系，将市场营销工作放在重要位置。秦巴山脉区域河南片区旅游产品在国内外知名度不高，且区位条件不利，这促使它必须加大宣传力度。秦巴山脉区域河南片区需成立专门的营销组织，并与南阳、平顶山、洛阳、三门峡的旅行社密切合作，与河南省其他市及北京、山东、陕西等地的旅游推介组织密切联系，形成由内至外的市场营销体系。科学分析市场现状，细分市场，制定相应的营销组合策略。建设营销网络系统，建立秦巴山脉区域河南片区专门的网站和网络订票系统。加强与国内外知名商业网站、旅游网站和公益网站的合作，如利用新浪、网易、腾讯等网站发布相关信息，加大宣传力度。与携程、去哪儿、同程等合作，拓宽旅游产品销售渠道。跨越地域限制，将秦巴山脉所有景区视为整体，展开联合促销，打开旅游市场。

二、生态优先

生态环境的保护，需要依赖景区开发商、管理者、从业人员和旅游者等多方面的努力。秦巴山脉区域河南片区旅游活动开展的同时，要注重对环保知识的教育和普及，提高环保意识，提倡文明、科学、健康的旅游行为[13]。加强对当地居民的生态文明教育，引导居民生活与生态保护目标相一致。导游的行为对游客具有一定的导向作用，因此必须加强对导游的培训，强化环境意识和环境教育。设立环境保护基金，用于环境的修复、补给。进行旅游环境容量管理，对景区容量的超载和疏载进行调控，并配备有效的解决方案。针对环境十分脆弱的区域，应充分重视对旅游淡季的休养生息和环境补给，实施控制和治理相结合的办法。严格环境监管，实施生态旅游环境监测。通过对旅游区生态系统现状及因旅游活动所造成的生态问题进行检测，定期或随时了解景区的环境质量、资源状况等情况，以便及时采取解决措施，保护景区环境。

三、设施完善

旅游活动由食、住、行、游、购、娱六大要素组成，这就需要建立各种基础设施，完善服务体系。完善交通网络，改善旅游地的交通条件和设施，优化旅游地内部的旅游交通环境，并在主要景区、游客集散地建设与接待规模相适应的停车场。建立旅游引导标志，在主要道路和旅游区点，设置中英文对照的道路交通标志、旅游区（点）引导标志、景点介绍牌、标志牌、导游图等。建立咨询服务系统，在游客主要集散地、商业区、景区，建设多功能旅游咨询服务中心和旅游咨询服务站，形成具有形象宣传、信息咨询、自助查询、紧急救援、旅游投诉、旅游代理预订、旅游纪念品展销等服务功能的旅游散客咨询服务网络，方便散客自助旅游。对秦巴山脉区域河南片区的旅游公厕进行升级改造，根据需要建设一批新的旅游公厕，将公厕建设纳入景区达标的考核指标。同时，根据市场需求、资源条件等设计安排旅游住宿设施、旅游餐饮服务、旅游购物服务等。

四、管理体制

建立完善的绿色发展管理体制，首先必须明确绿色旅游发展的管理主体、监督主体、经营主体及其各自的权、责、利范围。明确管理主体，不能同时赋予多个部门对绿色发展的监管权，以免出现争夺利益、阻碍旅游绿色发展的现象。建立健全监督体系，加大信息透明度，加强对绿色旅游发展的实时监测，引入外部监督、媒体和国际机构的关注，全面约束景区经营不当行为，保证监督措施的公正、有力，进而促进绿色旅游的长远发展。整合区域资源，按照市场经济发展规律建立双方共赢的合作机制，协调各地方政府之间的利益，遵循"品牌共创、开发共建、资源共享、利益共得"的合作原则，推进管理体制和运行机制创新。

五、社区参与

旅游的绿色发展离不开当地居民的支持。秦巴山脉区域河南片区绿色旅游业的发展，要充分尊重当地的文化和风俗习惯，支持当地经济、社会、文化的发展，建立利益共享机制。征求当地居民对旅游规划开发、建设和服务各环节的意见，吸纳当地居民参与绿色旅游的发展。优先考虑使用当地的资源和产品，带动当地相关产业的发展。优先考虑当地居民的就业需求，鼓励当地居民参与到旅游的经营与服务当中[14]。例如，村民当导游、村民参与接待和餐饮经营等，充分体现地域特色，增强景区吸引力。在积极鼓励当地居民参与旅游项目实施的同时，还应注重当地公共设施的建设，将一定的旅游收入用于改善当地的学校条件、医疗环境、道路状况等。只有旅游的发展真正照顾到当地居民的利益，保护资源与环境及开展旅游项目方面的合作才会比较容易开展，从而才会实现旅游的可持续发展。

第三十三章　秦巴山脉区域河南片区绿色旅游发展方向与展望

第一节　绿色旅游循环发展路径

伏牛山区绿色旅游循环发展的实现路径是多维度的，可以形成空间、产业和社会维度的绿色旅游循环发展路径。

一、空间维度的网状布局型发展路径

从空间视角出发，秦巴山脉区域河南片区（伏牛山区）发展要从空间的维度进行整体把控和展开，就是要把整个区域当作一个整体来看待，从整体出发，进行整体规划、开发、管理及营销等，做到全域覆盖、全资源整合，推进旅游村落、旅游小城镇、风景庭院、风景园区、风景厂矿等建设，通过优化区域的旅游空间结构，实现"处处是风景、处处是吸引物"的吸引物全域覆盖格局，同时加强风景道等交通基础设施建设，连接各个吸引物节点，加强全空间文化串联，从而实现空间上的吸引物网状布局，见图33-1。

二、产业维度的叠加融合型发展路径

从产业视角出发，以"旅游+"和"+旅游"为途径，大力推进旅游业与一、二、三产业的融合。随着经济社会和旅游业的不断发展，"旅游+"的内容会越来越多，各地"旅游+"的内容也各有侧重，各有特色，需要因地制宜、因时制宜地选择"旅游+"的优先领域[15]。"+"，可以是工业、农业等大产业，可以是创客、商贸、教育、文化、养生、医疗、休闲运动、文娱等具体业态，也可以是互联网、交通、购物、金融、房地产、科技、信息等关联性和支撑性产业。

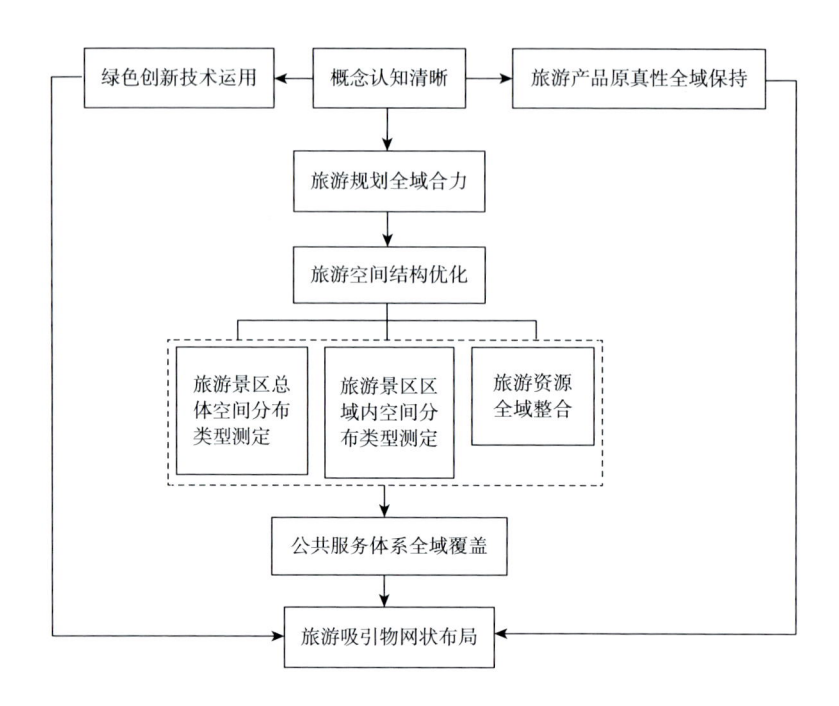

图33-1 秦巴山脉区域河南片区绿色旅游空间层面的吸引物网状布局路径

任何一个融合发展的新兴绿色产业，只要能够将其做强做大，都可以支撑起该区域（伏牛山区）的经济发展，也可以相互叠加，起到更好的支撑作用，具体见图33-2。

三、社会维度的扶贫主导型发展路径

伏牛山区属于强生态区，属于"强生态环境、弱经济基础"地区，因此扶贫也成为该地区旅游发展的重要使命，强生态区需要注重从社会层面出发，通过以扶贫为主导的路径来实现绿色旅游发展。从社会视角出发，以"共享"为核心属性的全域旅游，"共富"的基因已经融入绿色旅游的血液中，承担起了旅游的扶贫功能。以扶贫为主导的社会层面的绿色旅游实现路径主要通过"扶观念、扶精神、扶能力、扶经济、扶资金"等实现精准扶贫，进而实现社会层面的绿色发展。"扶观念"：正确理解绿色旅游概念，树立旅游绿色发展的理念，指导其积极地参与建设绿色旅游，使整个区域的居民既是服务者，又是最大受益者，引导当地居民由旁观者和局外人向参与者和受益者变转变；"扶精神"：主要体现在通过政策的扶持，推进绿色旅游示范区的建设，运用示范区的带头引领作用来帮助居民摆脱精神上的贫困，树立致富的勇气和信心；"扶能力"：能力不足是贫困居民参与旅游业的主要制约因素之一，因此，各地政府和企业应重视旅游培

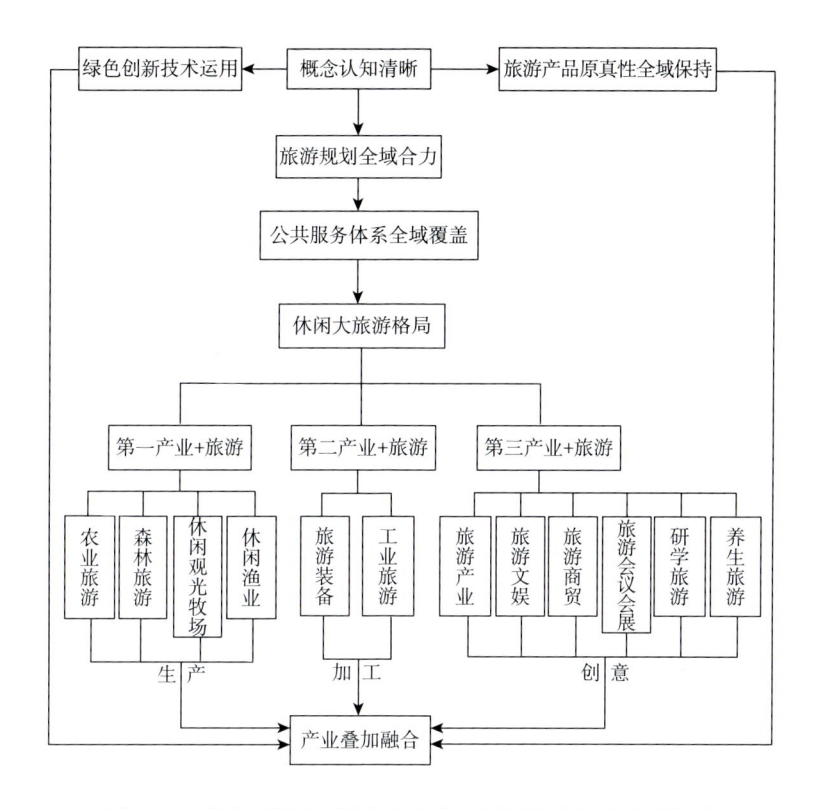

图33-2　秦巴山脉区域河南片区产业层面的叠加融合型路径

训，扩展旅游培训渠道，为特色农产品种植者提供农扶指导，为农家乐经营者等旅游从业人员提供多渠道的管理培训，提升经营者的管理能力、经营理念和服务能力，提升从业人员的基本素质和基本技能；"扶经济"：通过绿色产业的发展，加强旅游与第一产业的融合，促进现代化绿色农业、生态环保产业、康体养老等产业的进一步发展，利用重点景区、重点资源、重点项目构建产业链条，为当地居民提供更多的就业机会，利用产业支撑来促进农民增收，健全经济补偿制度，保障绿色旅游收益；"扶资金"：资金不足及其导致的诸多问题是绿色旅游发展的拦路虎，也是扶贫攻坚的主要难点。政府可以通过加大公共资金的扶持来提升绿色旅游发展的社会和经济环境质量，通过财政补贴整治公共环境、优化基础设施、升级改善乡村公路、升级改造农家宾馆和饭店等，同时通过创新投融资体制，整合金融机构，加大以农村金融创新为抓手的社会资金投入，具体见图33-3。

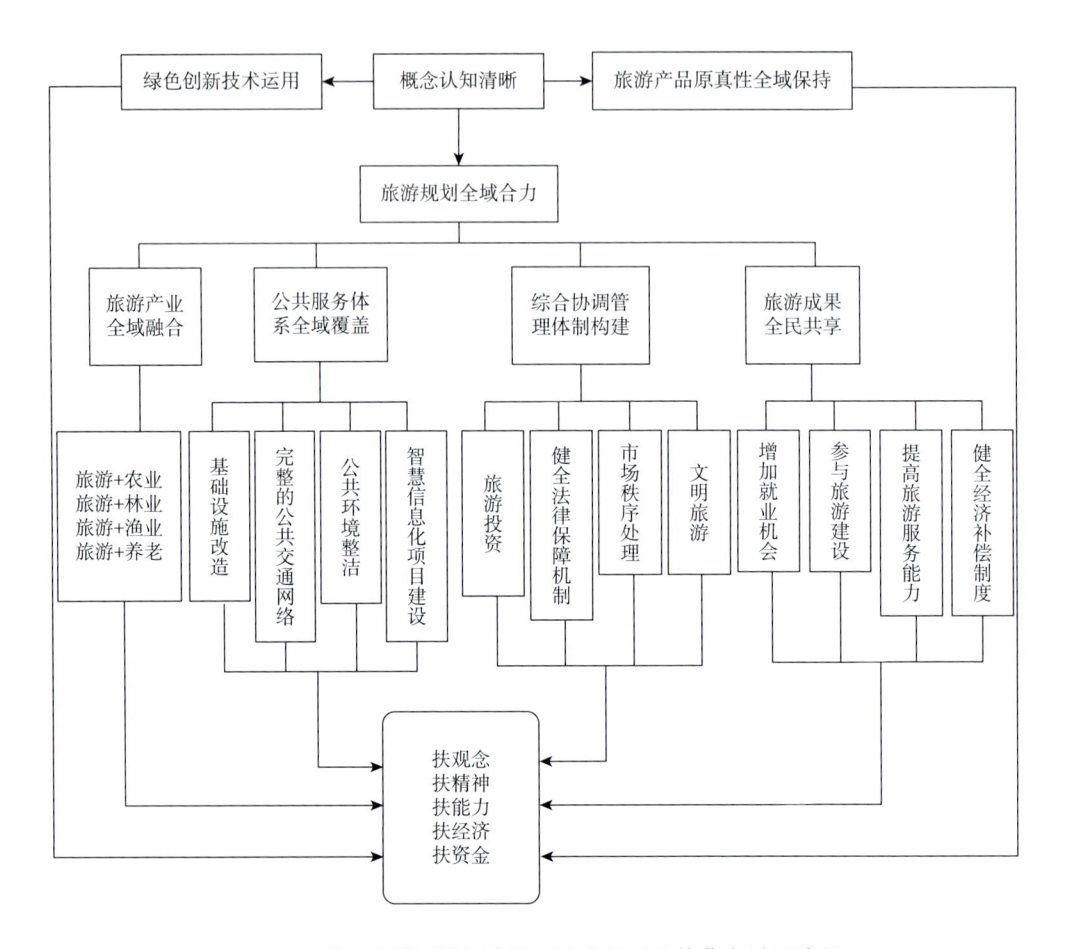

图33-3　秦巴山脉区域河南片区社会层面的扶贫主导型路径

第二节　绿色旅游发展方向

一、制定绿色目标，打造绿色旅游企业

政府可以制定一个合理且稳步前进的发展绿色旅游的目标，扩大绿色旅游的实践区域，为优先被选入的绿色旅游企业提供更好的进入平台，做好政策、技术、资金及其他发展绿色旅游需要的一切必备的后台支撑，为这些绿色旅游认定企业的顺利发展提供稳定的后盾。这不仅可以使这些绿色旅游认证企业得到有力的发展，对后进入企业起到标榜的作用，还可以吸引更多旅游企业进入绿色旅游

的行列。

二、加大生态补偿，助力绿色旅游发展

在实践中，发展绿色旅游需要旅游企业额外支付从表面上看回收利益不大的投入，这就严重阻碍了很大一部分企业进入发展绿色旅游的行列。如果政府给予足够力度的补偿，旅游企业在权衡利弊的情况下，会加大发展绿色旅游的投资力度，且不会因为投资收益的问题，产生饮鸩止渴的行为，而损害可持续发展进程。

三、鼓励社区参与，实现合作共赢发展

在对当地社区居民进行环保理念及环保意识宣传教育的基础上，把社区居民与绿色旅游收益结合起来。社区是绿色旅游发展的重要利益相关者，把两者的利益结合起来，让当地社区居民在享受绿色旅游带来的收益的同时承担一定的维护与发展责任，能更好地促进当地绿色旅游的持续发展。

四、宣传绿色理念，开展绿色旅游营销

在游客直接参与绿色旅游的全过程中，他们本身就是绿色旅游的主要操作者，因此提升其环保意识，使绿色旅游理念深入人心，不仅能得到游客的支持与配合，更能够达到绿色旅游的核心目的，提高游客满意度且实现旅游的可持续循环发展。

五、引进绿色技术，促进旅游持续发展

秦巴山脉区域河南片区的旅游产业发展创新不足，融合度较低，不仅绿色旅游投入有限，而且绿色循环技术应用不足。这不仅仅在于资金投入问题，更在于绿色技术应用于旅游业能否以最小投入获取最大收益的发展问题。绿色技术要贴合旅游发展的需要，更深入更优良地服务于旅游可持续发展。

第三节　绿色旅游发展展望

一、未来地球视角下的绿色发展

未来地球计划中提到，地球的可持续发展面临着诸多艰巨的任务，其中包括努力建立脱碳的社会-经济-生态系统，保卫陆地生物、洁净的水和自然生态资

源，建造健康、具有弹性和物质丰富的城市，以及关注乡村可持续发展等。旅游业的发展走向并不像预期的那样是无烟产业，旅游业的复杂性和综合性的弊端慢慢凸显，旅游活动当中的交通、餐饮、住宿、娱乐、购物等行为，表现出很多的不可持续现象，甚至有些景区建设粗制滥造，不仅没有保护反而严重影响到生态系统和当地居民的生活环境。所以旅游行业警惕先行，让自然旅游、低碳旅游、生态旅游、绿色旅游等旅游概念慢慢渗透到旅游建设当中。伏牛山山地旅游发展有着先天的优势条件，丰富的旅游资源是强大而又脆弱的生产力，强生态环境与弱经济基础的矛盾突出了旅游发展肩负的重要使命，既要通过旅游来更好地保护生态资源，注重自然生态的发展规律，又要将生态资源转化为生产力，形成区域内社会—经济—生态的自组织循环系统。

二、生态旅游示范区高端联动

栾川、嵩县、鲁山、西峡、内乡均为国家级生态示范区，其功能应该得到发挥和应用，在上级政府的扶持、当地政府的规划、各界企业的参与下，各生态示范区不仅应积极推进自身建设，而且应该加强区域联动。进一步把生态示范区建设成区域发展核心，呈核心放射状覆盖全区域。通过打造新型的能源、建筑、交通及公共服务设施，建立生态旅游示范区高端联动机制，对可复制的区域旅游发展模式进行最大限度的推广，引进生态产业投资，进行全方位的区域改造和联合，匹配5A级景区和互联的快速交通，最后形成秦巴山脉区域河南片区的旅游核心竞争力，尽快形成大旅游局面。

三、正确处理人-地关系

旅游活动的发生影响到当地居民的生活和土地的分配与利用，正确地处理人-地关系、人-人关系，是区域进行健康旅游发展的前提[15]。改善人-地关系应从人的角度出发，努力帮助山区人们脱离不稳定的居住环境，远离自然灾难的侵害，然后采取各种措施，给予当地居民一定的生态补偿，来引导人们认识到生态环境保护的重要性及旅游发展的可持续性[16]。人-人关系比较复杂，外来者的进入为当地注入了流动资本，也不可避免地带来了干扰。正确地引导游客进行高素质旅游的前提是有着完备的旅游功能区划分，保证旅游活动最低限度地影响当地居民的正常生活。现今的旅游发展鼓励当地居民有效地参与到旅游经济活动当中，这也是游客与居民进行良好互动的表现，与当地政府有效的规划和引导密不可分。

四、智慧旅游助力秦巴建设

作为旅游产业与信息产业融合的产物，智慧旅游是信息通信技术在旅游产业各环节中综合应用的集成平台，将会给旅游产业的发展带来深刻的变革。智慧旅游的提出契合了旅游产业中以旅游者需求为中心的原则，旨在提升旅游者在旅游活动中的自主性、互动性，为旅游者提供便捷和个性化的旅游信息服务；为旅游监管部门提供及时、高效、全视野的监管信息服务；为旅游企业提供创造更大价值空间的服务平台，并促使其诚信系统的建立，从而全面推动中国旅游产业由大到强发展[17]。

智慧秦巴建设应与秦巴山脉区域河南片区的中期和远期战略目标配套并行，联合17个片区建设智慧旅游指挥中心，通过四大平台——智慧旅游公共服务平台、智慧旅游综合监管平台、智慧旅游电子商务平台和智慧旅游市场营销平台的支撑，形成智慧旅游业态——智慧旅游景区、智慧旅游饭店、智慧旅游餐饮、智慧旅游购物、智慧旅游乡村、智慧旅行社、智慧旅游交通、智慧旅游娱乐建设项目[18]。

在游客服务方面，智慧旅游将区域内景点、旅行社、宾馆、饭店、购物、交通等一系列旅游资源整合在一起，形成基于旅游门户网站、旅游卡及手机终端的综合性旅游应用服务，包括为游客提供查询、推荐、导航、预订、旅游商城、行程规划、作品分享等旅行全程一站式服务。以行业管理为例，智慧旅游将实现客流、安全、环境、导游等数据的抽取汇聚，通过数据挖掘、信息聚合使管理者在一个可视化的界面下进行多维度的展现和智能化的分析，让城市和行业的管理者有的放矢，更好地进行内部管理，进而为行业和游客服务[19]。

五、构建诗意绿色旅居地

希腊学者提出了绿色旅游的重要方面是自然的宁静，旅游地的宁静程度跟区域内的绿色旅游程度有很大关联。旅游地的宁静一定程度上反映了该地生态环境较少受到人类的打扰，生态系统中的动植物有良好的生存环境，而人类也会在宁静的环境当中体验到真正的绿色旅游，达到休憩、观赏、放松身心的目的[20]。杨振之认为，旅游的本质就是"诗意地栖居"，其观点源于德国19世纪浪漫派诗人荷尔德林的一首诗[21]。旅游者期望特殊经历和旅游体验，从而实现在迷茫的世俗生活中短暂地找回自我、回归本我、发现自我的生命意义，因此就需要有绿色的旅游地以支撑诗意地栖居。

就秦巴山脉地区的复杂性而言，科学详细的人居环境选址与规划是必要的，传统的城乡规划建设不能解决山地的问题，甚至会给资源环境和生态平衡带来更大的破坏，不能保障人居环境的质量，也无法实现可持续发展。这就要求对山地人居环境进行建设和研究，并基于山地的实际情况，通过整体、综合、协调的理性思维方式，提出因地制宜的解决方法[22]。山地人居环境建设中，应考虑各种富有山地特征的"场""坝""桥""洞"等场所景观的塑造，借鉴传统山地人居营造的经验，将建筑、规划、园林融为一体，使其各自扮演不同的角色，发挥新的创造[23]。随着密度的增高、建筑体量的增大，应在节约用地的原则下创造具有特色的"建筑—规划—园林"三位一体的山地人居环境，形成诗意的绿色旅居地。

第三十四章　结　　论

　　秦巴山脉区域河南片区自然风景秀丽，文化资源丰富，拥有独树一帜的中原文化山水景观，具备发展绿色旅游的先决条件。因为其既属于集中连片贫困地区，又存在供给单一、品牌薄弱、市场不足、人力资本短缺、可进入性差、条块分割等不利条件，所以区域整体旅游转型升级发展任务相当紧迫。在当今全域旅游发展的时代背景下，采取绿色旅游发展战略来指导秦巴山脉区域河南片区的旅游规划与发展战略具有重要的时代意义。

　　以打造"中国第一个国家公园群"为目标，实施绿色旅游战略，积极推进秦巴山脉区域河南片区旅游业的绿色发展，以现有旅游区为基础，建设一批国家公园，将"国家公园"理念贯穿于伏牛山区旅游区的保护与开发始终，高起点规划，高标准建设，高效能管理，努力将其建设成高品质的国家级中央生态公园，激发旅游区生态保护、经济发展、社会进步的发展潜力，进一步将其建设成为中原最大、在国内别具一格、在国际上具有一定知名度，以山地观光度假为主的大型绿色生态旅游国家公园[24]。

　　为了实现秦巴山脉区域河南片区旅游业的绿色发展，采取政策扶持、资金支持、创新发展等举措，将政府、旅游企业、社区居民融合在绿色旅游的发展战略之中。考虑到区域旅游资源现状及休闲度假时代的发展背景，进行四大空间布局，即宛西三国休闲度假区、老君道教生态旅游区、尧山佛教温泉疗养区、豫西民俗乡村风情区。通过全域旅游发展战略、"旅游+"跨界融合发展战略、双轮驱动发展战略、荒野保护战略，挖掘彰显区域特色的旅游产品，促进产业融合发展，加强跨区域合作，提高管理水平，推进智慧旅游建设等有效措施，秦巴山脉区域河南片区一定能够顺利完成旅游攻坚扶贫的任务，实现人与自然、人与社会、人与人的可持续发展，成为游客心目中诗意的绿色旅居地。

参 考 文 献

[1] 刘炯天.秦巴山脉区域河南片区（伏牛山区）绿色循环发展战略研究[J].中国工程科学，2016，18（5）：80-91.
[2] 南阳市统计局.南阳统计年鉴2017[M].北京：中国统计出版社，2017.
[3] 平顶山市统计局.平顶山统计年鉴2017[M].北京：中国统计出版社，2017.
[4] 三门峡市统计局.三门峡统计年鉴2017[M].北京：中国统计出版社，2017.
[5] 河南省人民政府办公厅.河南省"十三五"旅游产业发展规划[N].郑州日报，2017-09-07.
[6] 文传浩，许芯萍.流域绿色发展、精准扶贫与全域旅游融合发展的理论框架[J].陕西师范大学学报（哲学社会科学版），2018，47（6）：39-46.
[7] 普荣.全域旅游发展背景下绿色旅游供应链构建研究[J].环球市场信息导报，2018，（9）：21-22.
[8] 陈玲.我国大力发展绿色旅游的前景及策略研究[J].商业研究，2005，（16）：195-198.
[9] 尹奎.基于绿色旅游的乡村发展影响因素分析[J].中国农业资源与区划，2019，40（6）：207-213.
[10] 邹统钎.绿色旅游产业发展模式与运行机制[J].中国人口·资源与环境，2005，（4）：43-47.
[11] 河南省人民政府办公厅."十三五"旅游业发展规划[N].中国旅游报，2016-12-27.
[12] 北京大学我国区域经济研究中心.伏牛山旅游总体开发规划[G].河南省旅游局，2010.
[13] 吴国琴.论旅游业绿色转型的困境及其路径[J].河南师范大学学报（哲学社会科学版），2015，42（5）：186-188.
[14] 郭蓓，王子卿，魏东雄，等.绿色旅游产业可持续发展探析——以北京市门头沟区为例[J].农业展望，2017，13（6）：48-52.
[15] 张苗荧.以全域视野发展绿色旅游[N].中国旅游报，2017-02-27.
[16] 徐克帅，朱海森.日本绿色旅游发展及其对我国乡村旅游的启示[J].世界地理研究，2008，（2）：102-109.
[17] 任瀚.智慧旅游定位论析[J].生态经济，2013，（4）：142-145.
[18] 张秀英.信息生态视角下智慧旅游构建与发展路径研究[J].经济问题，2018，（5）：124-128.
[19] 邓贤峰，张晓海.南京市"智慧旅游"总体架构研究[J].旅游论坛，2012，（5）：72-76.
[20] Votsi N P，Mazaris A D，Kallimanis A S，et al. Natural quiet：an additional feature reflecting

green tourism development in conservation areas of Greece[J]. Tourism Management Perspectives. 2014，（11）：10-17.

[21] 杨振之. 论旅游的本质[J]. 旅游学刊，2014，（3）：13-21.
[22] 魏敏. 基于低碳经济视角的绿色旅游发展模式研究[J]. 经济管理，2011，33（2）：102-108.
[23] 唐静，祝小林，王婷婷. 我国乡村旅游绿色发展探讨[J]. 环境保护，2017，45（Z1）：62-64.
[24] 黄小华. 党的十九大报告的四大亮点及其理论贡献[J]. 探索，2017，（6）：9-14.

第八篇
秦巴山脉区域河南片区（伏牛山区）农林畜药绿色循环发展战略研究

第三十五章　秦巴山脉区域河南片区绿色循环农林畜药产业发展现状

第一节　研究背景

秦巴山脉区域河南片区丘陵面积占总面积的60%以上，是典型的山地农业区，农业生产水平较低，17个县（区、县级市）中绝大多数县（区、县级市）人均粮食产量低于河南省平均水平。该区非河南省主要粮食产区，但以小麦玉米高水肥投入为特征的种植业体系，对南水北调中线工程的丹江口水库水质安全带来潜在的农业污染威胁。

秦巴山脉区域河南片区农林畜药资源丰富，具有产业发展的先决条件；但该片区各产业基础仍然比较薄弱，农业产业化水平较低，加上该地区作为国家"中央水库"的生态环境保护任务艰巨等，该片区农业发展过程中的资源开发、环境保护矛盾更加突出，环境压力较大。因此，只有发展具有区域特色的绿色循环农林畜药产业，才能深入推进该片区"三农"问题的快速协调发展，实现保护生态环境、促进产业发展、维持社会稳定的多重目标。

一、研究目的

农业生产力较低、生态环境破坏及农民收入增长缓慢等社会问题严重影响到我国农村经济的可持续性发展。发展农业绿色循环经济是解决"三农"问题的有效举措[1]。将绿色循环农业发展机制合理地运用到农业生产各个环节和产业链上，既能减少资源的消耗，减轻环境的破坏，又能最大限度地释放资源潜力，保持良好的经济与环境效益的平衡。本篇的研究以期达到以下目的。

第一，系统考察秦巴山脉区域河南片区农林畜药产业发展现状，并对其循环发展综合水平进行分析。

第二,深入分析秦巴山脉区域河南片区农林畜药产业现有不同类型的农林畜药产业循环发展模式;对该片区南北两大不同农林畜药产业区域的循环发展模式提出建议,为进一步发展农林畜药产业循环经济模式指明方向。

第三,对影响秦巴山脉区域河南片区农林畜药产业循环经济发展的主要因素进行剖析,提出该片区绿色循环农林畜药产业发展的战略目标、任务和措施,为国家制定出台农林畜药产业循环发展相关政策提供参考。

二、研究意义

秦巴山脉区域河南片区是贫困人口的集中连片区,农业生产力水平低,农业生产方式管理粗放,水体、土质面临潜在的农业污染威胁,农村经济发展落后。该地区面临着既要提高农民生活水平、实现农业与农村经济的可持续发展,又要确保该地区作为我国"中央水库"和"安全命脉"的生态安全[2]。因此,在该地区研究、推行农林畜药产业的绿色循环发展模式,具有重要理论和现实意义,对保护生态环境、提高农产品质量和市场竞争力、提高农民生活水平乃至维护国家和该地区的社会安全稳定意义重大。

三、研究方法

本篇以秦巴山脉区域河南片区农林畜药产业为研究对象,利用循环经济发展理论作为研究指导,坚持理论研究与实践调研相结合、定性分析与定量分析相结合的研究手段,有针对性地分析农林畜药各产业发展现状和区域特点,提出秦巴山脉区域河南片区农林畜药各产业发展循环产业模式的建议与对策。

第二节 农林畜药产业发展状况

一、秦巴山脉区域河南片区种植业生产状况

(一)粮食作物和油料作物生产在片区种植业生产中的布局

粮食作物和油料作物是秦巴山脉区域河南片区17个县(区、县级市)种植业生产的两大作物类型。2016年粮食总产量4 600 868吨(其中小麦总产约2 235 900吨,玉米总产约1 714 300吨),占河南全省粮食总产量(59 466 000吨)的7.74%;该区油料作物产量869 720吨,占河南全省油料作物总产量6 190 900吨的14.05%(表35-1),油料作物产量在全省所占的比重高于粮食作物产量。

表35-1　秦巴山脉区域河南片区粮食、油料作物生产情况

省辖市	县（区、县级市）	粮食总产量/吨	油料总产量/吨
洛阳市	洛宁县	256 017	7 765
	宜阳县	371 196	73 195
	嵩县	207 530	9 657
	汝阳县	179 099	10 874
	栾川县	43 965	947
平顶山市	鲁山县	209 054	21 970
	叶县	606 373	40 503
三门峡市	卢氏县	119 791	881
	陕州区	110 371	3 328
	灵宝市	223 459	8 400
南阳市	南召县	180 316	62 701
	镇平县	502 581	78 401
	方城县	614 725	259 131
	内乡县	318 480	85 246
	淅川县	249 985	133 448
	西峡县	96 287	8 888
	卧龙区	311 639	64 385
合计		4 600 868	869 720

资料来源：河南省及各市2017年统计年鉴

（二）粮食作物种植面积及产量水平

秦巴山脉区域河南片区粮食生产以小麦、玉米为主（表35-2）。在小麦生产方面，2016年该片区17县（区、县级市）小麦累计种植面积502 444公顷，总产量2 235 942吨；玉米累计种植面积381 761公顷，总产量1 714 353吨。两种作物占到该片区粮食作物总播种面积的86.14%，占该片区粮食总产量的85.86%。其中方城县、叶县、镇平县、宜阳县、卧龙区和淅川县6县（区）是该片区内粮食作物小麦、玉米的主要产区，6县（区）小麦、玉米总种植面积489 488公顷，总产量2 402 089吨，分别占整个片区粮食作物种植面积和产量的47.68%和52.21%。需要强调的是，国家南水北调中线工程渠首所在地——淅川县小麦、玉米常年种

植面积维持在50 000公顷以上的种植规模,粮食平均产量只有2.51吨/公顷,远远低于该片区4.68吨/公顷的平均水平[3]。

表35-2 秦巴山脉区域河南片区主要粮食作物播种面积及产量

省辖市	县(区、县级市)	粮食作物播种面积/公顷	小麦播种面积/公顷	玉米播种面积/公顷	小麦产量/吨	玉米产量/吨
洛阳市	洛宁县	63 574	30 266	16 958	132 111	77 599
	宜阳县	88 684	42 101	29 966	182 509	129 300
	嵩县	51 830	23 264	19 782	95 266	87 216
	汝阳县	44 034	19 860	18 041	80 433	64 783
	栾川县	11 317	3 708	6 436	14 526	26 588
平顶山市	鲁山县	58 890	29 833	25 069	108 958	85 158
	叶县	112 093	56 772	49 305	315 943	251 088
三门峡市	卢氏县	32 543	14 282	12 305	57 949	42 284
	陕州区	27 076	12 969	10 607	51 344	46 546
	灵宝市	56 418	26 315	22 048	22 048	92 625
南阳市	南召县	37 160	16 368	8 726	66 714	43 614
	镇平县	97 973	51 163	42 610	272 270	213 949
	方城县	126 530	66 000	41 496	347 990	213 209
	内乡县	65 051	29 510	28 942	153 280	125 815
	淅川县	63 818	34 264	18 248	130 971	69 241
	西峡县	24 295	10 762	8 666	36 591	36 758
	卧龙区	65 222	35 007	22 556	167 039	108 580
	合计	1 026 508	502 444	381 761	2 235 942	1 714 353

资料来源:河南省及各市2017年统计年鉴

二、秦巴山脉区域河南片区食用菌产业发展状况

(一)秦巴山脉区域河南片区食用菌产业

秦巴山脉区域河南片区食用菌主要产地为南召县、方城县、西峡县、内乡县、镇平县和卧龙区,食用菌品种以香菇生产为主,其中西峡县、内乡县、方城县香菇生产规模较大[4]。2016年上述各县区食用菌生产面积合计约4 155.44万平

方米，食用菌产量约12.56万吨，其中西峡县占整个片区食用菌种植面积和产量的74.02%和83.65%。

西峡县地处河南省西南部、秦岭余脉八百里伏牛山腹地、暖温带与北亚热带分界线处，是世界公认的香菇生产"黄金线"。全县总面积3 454平方千米，91.4%的土地面积处于南水北调中线工程水源涵养区，总人口46.96万。境内有林地面积264 132万平方米，森林覆盖率76.8%，全年平均气温15.2℃，相对湿度69%，气候温和，雨量适中，光照充足，具有明显的立体小气候，是有机食品香菇的天然适生地。自1996年以来，西峡县立足于独特的生态优势和自然条件，按照生态经济化、经济生态化的思路，在全县大力推行"基地化种植、标准化管理、品牌化经营、信息化提升"的香菇生产经营模式，建成了沿鹳河香菇生产标准化长廊，形成了"上接基地、中连市场、下游打造骨干龙头出口企业"的完整产业链，是全国有名的干香菇出口货源集散中心、信息交流中心和价格形成中心[5]。2014年，全县已建成香菇专业乡镇15个、专业村110个、标准化基地173处，标准化生产率达到80%以上。年产鲜菇20万吨，年产值达20亿元以上。全县建成香菇保鲜库416个，总库容37 700吨。全县香菇收购企业、门店1 000多家，加工企业100多家，规模以上加工企业29家左右，建立合作社104家，入社农户5 000家以上，带动西峡全县3.5万农户从事香菇生产，有近20万人从事香菇生产和经营，种植香菇的收入占到农民人均纯收入的45%以上，香菇种植成为全县农村的支柱产业和农民的致富产业。2016年秦巴山脉区域河南片区（南阳市）食用菌生产情况见表35-3。

表35-3　2016年秦巴山脉区域河南片区（南阳市）食用菌生产情况

县（区）	食用菌面积/平方米	食用菌产量干重/吨
南召县	3 671 794	11 456
镇平县	1 670 800	2 300
方城县	905 350	3 830
内乡县	3 823 118	1 882
淅川县	—	—
西峡县	30 760 071	105 102
卧龙区	723 328	1 065
片区合计	41 554 461	125 635

"—"表示未列入统计数据

资料来源：《南阳统计年鉴2017》

（二）秦巴山脉区域河南片区香菇资源循环利用生产模式

1. 香菇栽培的生产模式

香菇栽培的生产模式有椴木香菇栽培和袋料香菇栽培两种。椴木栽培技术是指将天然木材砍伐下来，截成段，经过消毒灭菌处理后进行人工接种，然后在林下进行人工栽培管理。适合栽培的食用菌有香菇、银耳、黑木耳、毛木耳、平菇、滑菇等木生食用菌。椴木栽培方法分为人字形栽培方式和短椴木栽培方式，由于此种栽培方式需要使用大量木材，椴木香菇栽培对木材的消耗日趋扩大，与林业矛盾突出，大范围的砍伐山林也给西峡县带来了不可忽视的生态环境问题，而且椴木香菇栽培生产周期长，香菇的产量低，因此从20世纪90年代以后，椴木香菇栽培被袋料香菇栽培所取代。

袋料栽培是利用工农副产品下脚料栽培食用菌的方法。袋料香菇的主要原料是木屑（林木加工废料），除此之外还可以利用各种农作物秸秆，与椴木香菇栽培相比，对木材的消耗量要小得多。原料经处理后可放在室内的栽培床或瓶、袋等容器内接种培养。适合袋料栽培方法的食用菌种类很多，如香菇、银耳、黑木耳、毛木耳、平菇等。此种方法可加扣拱棚，按照栽培方式的不同适当调节拱棚的大小。

2. 香菇栽培的资源循环利用模式

随着香菇生产集约化、机械化程度的提高，日益增长的废菌料对生态环境造成了巨大压力，香菇菌棒经过生长出菇后，会产生废菌料和废旧聚乙烯塑料袋，如果没有合适的处理措施，将会严重污染环境。香菇菌棒出菇后大部分菌棒质地还有较高利用价值，可以用"菌棒—废菌料—菌棒"再利用循环体系栽培其他食用菌类。香菇废菌料也可用作林果业、农作物、花卉种植的肥料，灭菌燃料和农村生活燃料，加工成菌糠饲料喂养牛猪等家畜。实现资源的循环多次利用，从而减少林木资源的消耗，缓解菇林矛盾，提高资源的利用率，降低生产成本，保护生产环境和生态环境，促进香菇产业的可持续发展。

三、秦巴山脉区域河南片区林果业发展状况

秦巴山脉区域河南片区内，林果业发展初具规模和特色，2016年片区内各类水果总产量约353.74万吨。片区主要水果产品有核桃、苹果、猕猴桃等。其中核桃的种植范围最为广泛，在卢氏县、嵩县、栾川县、洛宁县、汝阳县、鲁山县、淅川县等地均有种植，逐步形成了核桃产业的种植及深加工等规模化发展；苹果

生产则以灵宝市最为著名，苹果产业同时也是洛宁县一大特色优势产业；猕猴桃种植则较为集中，大多分布于西峡县境内（表35-4）。

表35-4　2016年秦巴山脉区域河南片区林果业生产情况

省辖市	县（区、县级市）	各种水果总产/吨	核桃/吨	苹果/吨	猕猴桃/吨
洛阳市	洛宁县	397 587	300	335 642	—
	宜阳县	114 413	40	71 995	—
	嵩县	79 256	4 500	28 050	115
	汝阳县	11 066	—	858	—
	栾川县	5 441	3 020	608	500
平顶山市	鲁山县	39 918	—	1 268	—
	叶县	18 337	—	652	—
三门峡市	卢氏县	75 335	30 800	11 789	—
	陕州区	481 727	2 006	410 270	—
	灵宝市	1 572 151	5 587	1 361 406	—
南阳市	南召县	14 064	1 738	4 939	258
	镇平县	8 943	186	1 098	18
	方城县	44 647	4 527	11 968	461
	内乡县	54 475	2 202	6 250	231
	淅川县	61 656	1 198	1 933	—
	西峡县	530 553	8 185	8 881	447 920
	卧龙区	27 877	206	2 138	12
	合计	3 537 446	64 495	2 259 745	449 515

"—"表示未列入统计数据

资料来源：河南省及各市2017年统计年鉴

（一）核桃产业

核桃与扁桃、腰果、榛子并称为世界著名的"四大干果"，是著名的木本油料作物，营养丰富，食用、药用价值极高，是河南的特色经济林木。核桃在河南省栽培历史悠久，具有丰产性好、坚果质量好及树龄古老等特点，是农民重要的经济来源之一。核桃属深根性树种，适应性强，对土壤条件要求不高；树体高大，枝叶繁茂，是绿化荒山荒滩的最佳生态树种之一。核桃树不仅具有优良的生物学特性，还具有优良坚果的经济学特性，也是实现种植业结构调整和生态环境建设高效结合较好的树种之一。

《河南林业生态省建设提升工程规划大纲（2013—2020年）》中提出，解决"三农"问题最现实的选择是调整农村产业结构，充分挖掘林地潜力，不断提高林地单位产出率。发展木本粮油，可以改善人民的膳食结构，提高生活质量，增强后备粮油储备能力，保障粮油安全。全省以发展核桃生产、培育木本粮油主导产业为重点。在林业生态省建设提升工程、林业贴息贷款、国家农业综合开发名优经济林项目等方面向核桃产业化集群和产业基地建设倾斜。规划大纲要求各地林业部门积极争取政府出台核桃产业扶持政策，同时，整合部门资金，支持核桃产业发展[6]。可见核桃生产在河南省林业生产和农村产业结构调整中的地位极为重要。

秦巴山脉区域河南片区内最具有代表性的核桃种植区是卢氏县与洛阳市[7]。卢氏核桃为卢氏县山区特产之一。卢氏县充分利用国家退耕还林优惠政策，大力发展核桃产业，核桃栽植面积不断扩大。目前有核桃2.8万公顷，年产核桃2.7万吨，产值5.46亿元。核桃生产在全国十强县中排名第4位，产量占全省核桃产量的1/3。重点乡核桃产业收入达1 000万元以上，占当地群众人均纯收入的30%以上。截至2014年，洛阳全市形成4.67万公顷的核桃种植基地。核桃在洛阳市境内各县（区、县级市）都有分布，尤以栾川、嵩县、洛宁、汝阳等县种植面积最大。栽植形式以零星栽植及小片栽植为主，栽植的品种以实生大树和少部分良种核桃嫁接苗为主[8]。

（二）苹果产业

由表35-4可知，秦巴山脉区域河南片区2016年苹果总产量约225.97万吨，灵宝市和洛宁县生产规模最大，其中灵宝市苹果产量占整个片区苹果产量的60%。灵宝市作为秦巴山脉区域河南片区内最大的苹果产地，苹果果园面积2015年达到40 854公顷，占该市果园总面积49 361公顷的82.77%[9]。

位于河南省西部的灵宝市寺河山海拔800~1 200米，土质肥沃，雨量充沛，日照充足，昼夜温差大，气候条件得天独厚，是苹果的最佳适生地。当地有着"亚洲第一高山果园"之称。2016年12月，"灵宝苹果"经中国品牌建设促进会评估，品牌系数859，居初级农产品类第九位，全国县级第一位，品牌价值183.40亿元。"灵宝苹果"的品牌影响力不断提升，先后荣获中国生态原产地知名品牌、中国十大名优苹果、国家地理标志保护产品、中国知名品牌、中国名牌农产品、中国果品区域公用品牌50强等称号，连续6年居全国县级苹果品牌价值第一位[10]。2015年灵宝市苹果总产值40.37亿元，占到该市农林牧副渔各业总产值88.02亿元的45.86%，全市人均苹果产业收入5 402元。

（三）猕猴桃产业

由表35-4可知，秦巴山脉区域河南片区2016年猕猴桃产量约44.95万吨，主要产地为南阳市西峡县（2016年产量占片区总产量99.65%）。猕猴桃产业是西峡县因地制宜、发展优势、逐步发展壮大成为具有县域经济特色的一个主导产业。猕猴桃产业发展在西峡从无到有，由小变大，西峡现已成为全国重要的猕猴桃生产基地。近年来，西峡依托优良的地理气候和生态环境资源优势，在大力发展人工猕猴桃基地和开发利用好26 680万平方米野生资源的同时，致力于猕猴桃贮藏和深加工同步发展。截至目前，全县已建成保鲜库75座，贮藏量8 500吨，建成了西峡华邦公司、福莱尔南方航空食品公司和哪吒食品有限公司等一批加工企业，年加工能力达到2万吨，产品主要有果汁、果片、果酱、果酒、罐头5大系列20多个品种，与新郑枣业集团、新西兰安发集团、广东健力宝集团和台湾佳美集团等大型加工企业接洽协商，共同对西峡猕猴桃资源进行开发利用。

西峡县成立了专门的猕猴桃办公室，负责全县的猕猴桃种植、生产管理的宏观调控、技术和市场销售指导等。2015年全县猕猴桃产业果园种植面积达到10 329公顷，产值接近2.0亿元，直接参与猕猴桃产业发展建设人员达到8万多人，猕猴桃重点生产区人均来自猕猴桃产业的收入达到3 000元以上，占全年人均收入的80%以上，先后被国家农业部、国家林业局、国家质量监督检验检疫总局授予"优质猕猴桃生产基地县"、"中国名优特经济林——猕猴桃之乡"和"国家地理标志保护产品"荣誉称号。该县与北京汇源集团、加拿大蒜业集团、日本三义株式会社、四川恩源果业公司等国内外10多家客商建立了猕猴桃长期购销合作关系，实行订单生产收购，鲜果销售市场已覆盖全国16个省（直辖市）40多个大中城市，并打入日本、加拿大、泰国等10多个国家和地区。

四、秦巴山脉区域河南片区畜牧养殖业发展状况

秦巴山脉区域河南片区内生物资源丰富，野生动物种类繁多，林下经济发展迅速，为野生动物繁育和家禽类养殖提供了良好的自然条件。近年来，片区内动物繁育产业得到快速发展，生态养殖产业和野生动物驯养产业逐渐发展成为该地区畜牧业发展的主要经济源头。

（一）生态养殖产业

蛋鸡、肉鸭、肉牛、肉羊饲养主要分布在片区内的叶县、内乡县、淅川县、洛宁县和宜阳县等地。叶县畜牧业产值已占到全县农业总产值的60%，该县饲草资源丰富，发展畜牧养殖条件得天独厚，2016年全县肉类总产量达到10.41万吨，以蛋鸡、肉牛、肉羊、肉鸭养殖为主的规模养殖发展迅速。洛宁县2015年有各类规模养殖场500个左右，其中存栏千只以上养鸡场233个，存栏万只以上肉鸭养殖小区35个，存栏100头以上养猪场105个，50头以上肉牛育肥场80个。洛宁县生态养殖产业多采用"公司+基地+农户"的产业发展模式，培育了年屠宰600万只、产值超亿元，集种鸭饲养、孵化、肉鸭养殖、屠宰加工于一体，产供销"一

条龙"的农业产业化龙头企业——洛阳东汉禽业有限公司等大型规模化养殖加工企业。养猪产业主要分布在叶县、内乡县、宜阳县、淅川县等地,其中,曾被评为全国生猪调出大县的叶县,其标准化养殖小区数量、无公害产地认证企业数量、规模养殖数量均居全省第一。

肉鸡产业主要分布在嵩县(爬树鸡)、卢氏县(卢氏鸡)、鲁山县、洛宁县4县。其中嵩县发展林下土鸡养殖,利用杨树林、核桃林林地约21.4万公顷,注册有"爬树鸡"商标,饲养量达到82万只。卢氏县"卢氏鸡"饲养量达500万只以上,经济效益显著。采用林下养殖土鸡的方式,不仅能较好地解决杂草问题,还可为果园增添有机肥,减少果园虫害的发生,果品的产量和质量都得以提高,销售土鸡又能获得较高的经济效益,可谓一举多得。

南阳黄牛是全国5大良种黄牛之首,其役用性能、肉用性能及适应性能俱佳。1998年南阳黄牛被国家农业部列入首批"国家畜禽品种保护名录",2002年又通过国家质量技术监督总局原产地标记域名注册。片区内镇平县和方城县为南阳黄牛的主要产地。2016年底,两县饲养南阳黄牛8.46万头,全年牛肉产量8 485吨。

(二)野生动物驯养产业

野生动物驯养产业发展迅速,驯养野生动物品种已经扩大到包括山鸡、野猪、大鲵、孔雀、鸵鸟、梅花鹿、鹧鸪、银狐、果子狸、灰雁、观赏龟等11个类型,并建立了相应的育种繁育基地,其中灵宝市和栾川县拥有野生动物繁育基地较多。经调查,野猪、野鸡、孔雀、梅花鹿等多驯养于灵宝市和栾川县,其中以野猪、野鸡为主,此外鹧鸪也是栾川县野生动物繁育主要品种;灵宝市驯养有鸵鸟、大鲵和观赏龟品种。

卢氏县驯养动物包括大鲵、鲟鱼等。卢氏县是中华大鲵的故乡,早在1982年就建立了卢氏县大鲵自然保护区[11]。卢氏县因地制宜,地处黄河、长江两大流域分水岭,自然环境优越,水质优良,非常适宜大鲵、鲟鱼养殖。该县大力发展生态水产养殖产业,取得了较好的成效与收益,其特色水产养殖已经逐步成为山区农民增产增收的致富门路[12]。卢氏县近年来平均每年完成大鲵饲养量3.5万尾,鲟鱼饲养量42万尾,渔业总产量达到2 000吨,实现产值5 500万元左右。

(三)水产养殖产业

水产养殖业主要存在于南召县、淅川县、鲁山县、叶县。其中鲁山县比较典型,该地区充分利用鲁山县8 867公顷的水域面积,以大、中型水库为重点,小型水库及坑、塘等为补充,发展水产养殖,目前全县养殖总面积超过3 335公顷[13]。2014年全县水产品总产量1.13万吨,产值近1.35亿元。另外,境内还有独特的地下温泉5处,温水年涌量达800万立方米,养殖了少量罗非鱼、淡水白鲳、南方大口鲶、甲鱼及美国青蛙等名优热带水产品种。隶属南阳市的镇平县素有"金鱼之乡"之称，其观赏鱼产业历史悠久，其养殖总水面约413.3公顷，开发有鲫种、龙种、文种、蛋种4个品系和寿星、龙睛、水泡眼、鹤顶红等80多个名贵品种，年产成品鱼6 000万尾以上[14]。

（四）蚕桑养殖产业

蚕桑产业主要分布在鲁山县、洛宁县、南召县、卢氏县。鲁山县是河南省一化性柞蚕主产区，生产商建立有春、秋蚕一年两季的养殖模式，全县常年放养柞蚕卵4 800千克，生产鲜柞茧2 000吨，蚕茧产值4 000多万元[15]。洛宁县丘陵坡地面积大，便于植桑养蚕，并且气候温和，蚕桑产业效益较好且劳动强度小。

五、秦巴山脉区域河南片区中药业发展状况

秦巴山脉区域河南片区中药资源丰富，由于独特的地理自然气候环境，该地区孕育了多种天然药物资源，如金银花、连翘、嵩胡、丹参、杜仲、山茱萸等多种名贵中药材品种[16]。片区内著名的药材产地有：①淅川县金银花种植，面积约0.20万公顷，占全国总种植面积的8.33%；②卢氏县连翘种植，面积约3.33万公顷，其产量占全国总产量的25%；③嵩县嵩胡种植，约0.67万公顷；④方城县丹参种植，面积约0.20万公顷；⑤灵宝市杜仲种植，为全球最大的果园式标准化杜仲基地；⑥西峡县山茱萸种植，面积约1.47万公顷，是河南省十大中药材种植基地之一。

（一）金银花种植

金银花种植区主要分布在淅川县、嵩县、卢氏县、内乡县，以淅川县为主。淅川县位于豫、鄂、陕三省交界处，是南水北调中线渠首和水源地，4万公顷的丹江水库镶嵌其中，是一个典型的山区农业县[17]。金银花在淅川县的种植，以福森药业为龙头，2013年在库区及浅山区新建667公顷的金银花示范基地和200公顷育苗基地，力争发展规模3 333公顷，打造全国最大的金银花种植基地。

（二）连翘种植

连翘以河南和山东为主产区。在河南秦巴山脉，主要分布在卢氏县、栾川县、嵩县。其中，卢氏县有中药材1 225种，进入流通领域的有500余种。卢氏的中药材以野生为主，人工种植为辅，中药材野生资源保护面积达6.67万公顷，药材资源总蕴藏量约6.65万吨，进入商品流通领域的有300多个品种，销售量达2万吨，全县以卢氏连翘人工种植和野生抚育为主线，以发展金银花、苦参、丹参等

优势品种规模种植为重点,年产量稳定在2万吨。

(三)嵩胡种植

嵩胡是嵩县境内盛产的药材,嵩县产药1 310余种,素有"天然药库"之称,"嵩胡"更是驰名中外,2004年被列为"国家原产地域保护产品"[18]。顺势药业公司以"公司+基地+农户"的模式,建立柴胡、连翘、丹参、桔梗等中药材种植基地,为药材加工生产获取优质、稳定的原料资源。

(四)丹参种植

方城县万亩野生药用植物抚育园和无公害仿野生裕丹参生产基地,不占用现有耕地,实现了生态环境保护、资源再生及综合利用和药材生产的三重并举,生产出的是近乎天然、道地野生药材,丹参药材含量高于野生药材近1倍,销售价格高出同类药材30%。

(五)杜仲种植

灵宝市杜仲因地处西北黄土高原东缘,具有得天独厚的自然条件和悠久的栽培历史,灵宝杜仲于2006年被确定为国家地理标志保护产品。目前灵宝杜仲基地已发展到3 333公顷,拥有亚洲最大的人工种植良种杜仲生态园基地。灵宝金地杜仲有限公司现还专门研发了杜仲雄花茶和杜仲籽提油技术,并已获得专利,发展潜力巨大。

(六)山茱萸种植

山茱萸为西峡县道地药材,种植历史悠久,早在宋代就有"茂林修行地,桐漆茱萸乡"的美誉[19]。因地处北亚热带和暖温带过渡地带,气候温和,光照充足,雨量适中,四季分明,西峡产的山茱萸具有色红、肉厚、个大、柔软、油润和药味浓等特点,还含有丰富的矿物质元素、氨基酸、多种糖、有机酸、维生素等营养成分和药用成分。西峡山茱萸通过国家地理标志保护产品认证,1.47万公顷山茱萸基地全省首家通过GAP①认证,并被评为"河南省十大中药材种植基地"。

六、秦巴山脉区域河南片区农林畜药产业品牌农产品发展状况

秦巴山脉区域河南片区农林畜药产业品牌农产品发展迅速,地理标志产品知名度得到提高[20]。2015年8月6日,河南出入境检验检疫局召开"生态原产地保护工作"新闻发布会,宣布河南秦巴山脉获批保护产品6个,分别是西峡香菇、

---

① good agriculture practice,良好农业规范。

灵宝苹果、卢氏黑木耳、西峡猕猴桃、西峡仲景香菇酱和卢氏蜂蜜。实施生态原产地产品保护,能够提升产品国际竞争力,突破生态贸易壁垒,获得国际认可。西峡香菇由于申请原产地保护,2015年出口额接近10亿美元,出口到美国、欧盟、俄罗斯、东南亚、拉丁美洲、中亚等国家和地区。灵宝苹果2015年销售额达40.37亿元,较上年增长10.82%。

此外,秦巴山脉有国家地理标志保护产品9个(表35-5),包括西峡山茱萸、南召辛夷、卢氏连翘、嵩县柴胡、卢氏黑木耳、卢氏鸡、西峡猕猴桃、西峡香菇、卢氏核桃等[21]。从获得地理标志保护的产品看,这些产品不仅有着特殊的地理属性,而且品质方面也有着较好的口碑,还蕴含丰富的历史文化内涵,因此这些产品极具开发价值。

表35-5 河南秦巴山脉国家地理标志产品名录

产品名称	地理标志保护范围
西峡山茱萸	西峡县太平镇乡、二郎坪乡、双龙镇、军马河乡、石界河乡、米坪镇、桑坪镇、田关乡、寨根乡、西坪镇、重阳乡、陈阳乡、丁河镇、阳城乡、丹水镇、回车镇、五里桥乡、城关镇;内乡县板场乡、夏馆镇、七里坪乡、马山镇、赤眉镇、余关乡、西庙岗乡、山乍山曲乡;南召县留山镇、小店乡、四棵树乡、白土岗乡、板山坪镇、乔端镇、马市坪乡、崔庄乡34个乡镇现辖行政区域
南召辛夷	南召县小店乡、皇后乡、云阳镇乡、太山庙乡、南河店镇、四棵树乡、板山坪镇、马市坪乡、乔端镇、崔庄乡、白土岗镇、石门乡、皇路店镇、留山镇、城郊乡、城关镇16个乡镇现辖行政区域
卢氏连翘	卢氏县现辖行政区域
嵩县柴胡	嵩县闫庄乡、大坪乡、饭坡乡、德亭乡、白河乡、纸房乡、何村乡、九店乡、木植街乡、黄庄乡、库区乡、大章乡、车村镇、田湖镇、旧县镇、城关镇16个乡镇现辖行政区域
卢氏黑木耳	卢氏县狮子坪乡、沙河乡、双槐树乡、文峪乡、瓦窑沟乡、汤河乡、横涧乡、潘河乡、徐家湾乡、磨沟口乡、木桐乡、官坡镇、范里镇、五里川镇、朱阳关镇、杜关镇、官道口镇、东明镇、城关镇19个乡镇现辖行政区域
卢氏鸡	卢氏县现辖行政区域
西峡猕猴桃	西峡县丹水镇、田关乡、回车镇、五里桥乡、阳城乡、丁河镇、重阳乡、西坪镇、寨根乡、桑坪镇、石界河乡、米坪镇、军马河乡、双龙镇、二朗坪乡、太平镇乡、白羽街道办事处、莲花街道办事处、紫金街道办事处19个乡镇街道办事处现辖行政区域
西峡香菇	西峡县丹水镇、田关乡、阳城乡、回车镇、五里桥乡、丁河镇、重阳乡、西坪镇、寨根乡、桑坪镇、石界河乡、米坪镇、军马河乡、双龙镇、二狼坪乡15个乡镇现辖行政区域
卢氏核桃	卢氏县官坡镇、文峪乡、范里镇、瓦窑沟乡、横涧乡、五里川镇、朱阳关镇、双槐树乡、狮子坪乡、汤河乡、木桐乡、潘河乡、沙河乡、徐家湾乡、磨沟口乡、杜关镇、官道口镇、城关镇、东明镇19个乡镇现辖行政区域

资料来源:河南省质量技术监督局

第三节　农林畜药产业发展存在的突出问题

一、种植业结构不合理，对片区生态环境带来潜在危害

秦巴山脉区域河南片区地势复杂，多为山地、丘陵，平原较少，不适合大面积粮食种植。2016年片区粮食播种总面积约102.65万公顷，粮食单产仅有4 482.05千克/公顷，远远低于河南省粮食单产5 781.17千克/公顷的平均水平。小麦、玉米为主要粮食作物，播种面积约88.42万公顷，占粮食作物播种面积102.65万公顷的86.14%。传统、粗放型的以小麦、玉米为主要作物品种的粮食生产，其高化肥投入可能带来土壤污染、耕地和水质下降，对整个地区尤其是水源保护地和南水北调中线工程库区的生态环境带来潜在的危害。

值得强调的是，南水北调中线工程渠首所在地淅川县，2016年全县小麦、玉米播种面积分别约为3.43万公顷和1.82万公顷；根据调查，按照平均每公顷耕地每年施用氮肥折纯270千克、磷肥折纯120千克计算，仅粮食作物生产就分别消耗氮肥和磷肥1.41万吨和0.62万吨。丹江口水库在淅川境内库岸线长达2 900千米的半岛形山头有1 300多座，与丹江口水库直接接触线长，接触面宽，高化肥投入的粮食生产模式使净化水质杜绝污染的责任显得十分重大。事实上，片区内生产效益较好、施肥投入较少的油料作物和小杂粮作物种植面积比例较小，但经济效益好于现有主要粮食作物生产。因此调整种植业结构，减少小麦玉米等主要粮食作物的种植面积、增加经济和生态效益较好的油料和小杂粮种作物种植迫在眉睫。

二、片区整体经济实力较弱，农林牧渔各产业结构失调

秦巴山脉区域河南片区是典型的集中连片特困地区，该区域有贫困人口89.28万、贫困村1 270个，占河南省贫困人口的15.5%。有国家级和省级贫困县13个（其中国家级11个），国家级贫困县占秦巴山脉地区总贫困县（67个）的16%，占河南省省级以上贫困县（53个，其中国家级38个、省级15个）的25%。该区域经济基础脆弱，对河南省生产总值总体贡献率较低，经济社会发展不仅落后于全国平均水平，而且也落后于河南省平均水平。

片区农林牧渔各产业结构失调，种植业产值比重过大。秦巴山脉区域河南片区17个县（区、县级市）2016年农林牧渔各产业生产总值为862.17万元（不含农林牧渔服务业），其中，种植业产值比重为65.77%，林、牧、渔三个产业比重分

别为5.07%、27.10%和2.04%。显然农林牧渔产值结构中种植业比重过大，林业和渔业产值比重过小，发展严重滞后。另外，农作物种植结构单一，种植业生产中小麦玉米生产比重过大，品牌农产品缺乏，优质粮食比重较小，油菜、薯类等高效、低肥投入的油料和经济作物面积较小，农产品附加值低，市场竞争力不强。

三、片区农业产业化市场体系不完善

秦巴山脉区域河南片区内各县区虽已建立各类农产品专业市场，但缺少足够的市场中介组织和经纪人队伍，影响了农产品的市场流通。促进农林畜药各产业发展的二、三产业相对滞后，特别是龙头企业少、带动力还不够强。农产品加工企业少，长期受资金、规模及环境问题的影响，年加工能力较弱，市场竞争力不强。另外，信息咨询服务体系也还处在初级发展阶段，有待进一步规范和完善。农户与龙头企业、龙头公司和中介组织之间关系松散，未形成规范、完善的技术服务体系。农产品生产过程中管理粗放，产业缺少项目支撑和资金扶持，科技含量低，市场信息不足。

四、片区主体对农业绿色循环发展参与意识不强

在秦巴山脉区域河南片区农林畜药各产业绿色循环发展过程中，各级政府、农民群众、涉农企业及农业合作组织等参与主体对产业绿色循环发展认识不到位，责任心和热情不够。农民大部分不能理解绿色循环发展所带来的效益，缺乏循环发展意识。同时，一方面，在许多农村建设和涉农企业发展过程中还普遍存在着片面追求经济效益的现象；化肥和农药大量甚至超量使用，禽畜粪便随意排放，稻秆、农膜随意焚烧，自然资源遭到过度开采和使用；等等。这种传统、低效、粗放的生产方式不但降低了农产品产出的品质，而且对空气、土壤及水源等自然生态资源都可能造成潜在的污染。另一方面，对农业绿色循环发展认识片面，不能正确理解无公害和绿色农产品的概念、生产过程和标准，片面认为农业绿色循环发展就是在农业生产中不使用或者少使用化肥和农药，事实上无公害、绿色农产品的生产仅仅只是农业绿色循环发展中的一小部分。此外，片区内大量农村人口外出打工，留守农村的劳动力多为老人、妇女和儿童，且文化程度普遍偏低，他们对适用于现代化农业生产的新技术和新方式接受得非常缓慢，导致了农村留守劳动力无法接受和真正理解农业绿色循环发展的意义。

第三十六章　秦巴山脉区域河南片区农林畜药绿色循环发展战略研究

第一节　农林畜药产业发展战略设想

一、指导思想

建立强生态条件下的秦巴山脉区域河南片区现代农业产业体系，积极发展特色高效设施农业和现代农业，培育优质特色农产品品牌，推进设施农业发展。建设相对集中连片种植的规模化、标准化、专业化、特色化的良种繁育和生产基地。

二、主要目标

整合项目资金，完善配套工程，推进粮食丰产科技工程、种子工程、地力提升工程建设，实现粮食生产规模化、产业化。推进畜牧业、林业和园艺等特色农业现代化，推动优势区域加快高效特色产业发展，构建大城市建设与现代农业互促互进发展格局。鼓励城乡一体化示范区建设，逐步改造升级农业园区，打造产业高度融合的都市型现代农业。

现阶段，片区在农林畜药产业发展过程中要采取多种措施提高农民收入，这要求发展绿色农林畜药产业需要追求较高的经济效益；另外，多年来的粗放型工业增长和农林畜药产业生产对农业生态环境产生了较大的破坏作用，这要求在农林畜药产业发展过程中减少化肥、农药、杀虫剂等化工产品的投入，积极采用生物肥料、生物制剂等取代化工类生产资料，对农林畜药产业生产中产生的秸秆、肥料等废弃物要积极回收、循环再利用，实现对生态环境的零排放，从而推动农林畜药产业生产的生态化、高效化。

三、基本原则

（一）系统原则

农林畜药产业循环发展是一个完整的复杂性系统，在采取具体的绿色循环发展模式时必须系统规划，统筹安排。农业经济属于人类的经济活动与自然生态系统相结合的复杂系统，在绿色农林畜药产业发展过程中，政府、科研机构、涉农企业、农民等都对农业循环发展技术、资金及生态环境保护具有协同作用[22]。推动农林畜药产业绿色循环发展战略要坚持一切从实际出发、因地制宜原则，结合不同地区的自然环境和农业经济发展现状及特点，进行系统安排、合理布局，做到有效、有序地推动。

（二）3R和减量化优先的原则

3R原则[减量化（reducing）、再利用（reusing）、再循环（recycling）]是农业循环经济发展的基本原则。农林畜药产业绿色循环发展的根本目标是在农业生产过程的各环节上，积极通过技术创新实现资源节约（资源投入减量化）和循环再利用，减少农业生产的废弃物，提升农业综合效益。利用农业科技创新优化农业经济结构和生产流程，实现农业资源的最大化利用。

通过技术进步延长农林畜药产业生产过程中的物质、能量的使用与流通过程，提高生产技术水平，推广清洁生产，推动现代农林畜药产业的绿色产业化经营，减少农林畜药产业生产对自然资源的过度开发和使用，控制农林畜药产业生产中的农药、化肥的施用量，实现对生态环境的影响程度最小的目标，建设资源节约与生态环境友好的绿色农业发展模式。

（三）政府推动和市场引导原则

发展农业循环经济要在遵循市场经济规律的基础上展开，要在发挥市场配置资源基础性作用的前提下，明确政府、涉农企业、农民在发展农业循环经济过程中的权利、义务和责任。政府应充分运用产业政策引导、法规规范和财政资金及金融扶持等手段，建立有助于农业循环经济发展战略实施的激励与约束机制，消除农业循环经济发展的体制性障碍，涉农企业能够自觉地按照农业生态文明和循环经济理念积极进行发展壮大。各级政府要通过开展宣传教育，建立公众参与和舆论监督机制，使农民和涉农企业认识到发展循环经济是现阶段地区经济发展规律的内在要求，使农业生产资料供应商、农产品销售商、农业生产者等涉农人员把发展农业循环经济当作自己义不容辞的历史责任。引导公众开展"绿色消费"，夯实发展农业循环经济的群众基础。

（四）科技创新与制度创新并重原则

发展现代农林畜药产业绿色循环经济是对传统农业生产方式的重大变革，这需要持续的制度创新和科技创新来引领与支撑。针对现阶段农业循环经济发展所面临的重大瓶颈与现实性需求，推动农业循环经济发展战略的实施需要现代农业技术创新的支撑，加大发展农业循环经济所需要的农业技术创新力度。根据区域农业经济发展实际提出重要的农业循环经济科技支撑项目，积极引进发达国家先进的农业技术，鼓励实力较强的涉农企业与国内外著名科研院所开展"产学研"合作。依靠科技进步，大力推进具有河南秦巴山脉地区特色的重点农产品循环利用和废弃物再生利用技术，解决农业生产中的二次污染问题。从体制机制改革创新上为农业循环经济发展创造良好的社会、制度条件，通过制度创新，改变农业生产者和消费者的行为，引导资本、技术向有利于资源节约和循环利用的现代农业进行投资，逐渐建立资源节约、生态环境保护的农业循环经济技术创新的长效机制。

第二节　农林畜药产业发展战略任务

一、积极发展片区现代农业产业

以质量为导向，重点发展优质粮食、现代畜牧、特色林果、中药材加工、互联网+（智慧）农业五大产业。

1. 优质粮食

改造传统生产模式，发展绿色粮食、有机粮食，提高质量效益；推广和发展食用菌产业（香菇、黑木耳）、绿色小杂粮（谷子等）。

2. 现代畜牧

改造传统养殖模式，大力发展生态养殖产业（南阳黄牛、卢氏鸡、蚕桑）、特色养殖产业（大鲵、鲟鱼、野猪等野生动物驯养产业）。

3. 特色林果

积极打造生态林果业品牌（卢氏核桃、灵宝苹果、西峡猕猴桃），扩大林果业品牌影响力。

4. 中药材加工

积极发展中药材电商，实现中药材种植、销售、加工数字化管理。

5. 互联网+（智慧）农业

从农资销售、中介服务、土地流转，到农业生产、农产品销售，实现整个农业产业链的互联网改造；积极推广建立生鲜电商、农业物联网、农产品交易平台、产业链大数据、土地流转电商等。

二、片区农林畜药产业短中长期发展战略任务

1. 短期战略任务（2016~2020年）

积极调整种植业产业结构，发展特色林果业，促进农民增产增收，提高农民生活质量，全面消除连片贫困区和贫困县，实现农村贫困人口全部脱贫，推进生态循环农业发展，到2020年基本实现区域内农业资源循环利用。

2. 中期战略任务（2020~2030年）

开发具有竞争力的无公害农产品、绿色食品和有机食品，优化调整种养业结构，促进种养循环、农牧结合、农林结合，因地制宜推广节水、节肥、节药等节约型农业技术，到2030年基本实现农业废弃物趋零排放。开发农业旅游观光区，重点发展果品采摘、民俗旅游等生态文化旅游型项目；发展设施农业，引进推广适宜设施栽培的优良品种和成套技术，加强农业生产标准化综合示范区建设，提高农业科技含量和附加值，进一步提高农民收入。

3. 长期战略任务（2030~2050年）

以促进城乡统筹、推进新型城镇化、建设美丽乡村为出发点，调整优化产业结构，提升产业支撑能力。都市生态农业和绿色有机农业全面发展，农民收入大幅度提高。供给保障有力、资源利用高效、产地环境良好、生态系统稳定、农民生活富裕、田园风光优美的农业可持续发展新格局基本确立，全面实现现代化。

第三节　农林畜药产业发展模式

一、农林畜药产业发展模式构建

（一）种植业

在片区种植业农业循环经济发展过程中，要积极构建和完善包括粮食、油料和小杂粮等农作物生产的农业循环经济发展模式。一方面，在水源保护地要大幅度减少化肥投入较多、对农产品品质和水源水质具有潜在危害的小麦玉米传统种植模式；另一方面，逐渐推广包括油料作物、小杂粮、特色农作物等高经济价值、低化肥投入危害的作物品种及种植模式类型，同时积极推广作物秸秆等废弃物资源化处理。在粮食作物生产方面，积极鼓励龙头加工企业进行面食等产品深加工发展，加工中产生的麸皮、稻壳，作为发展养殖业所需要的饲料原料、热能发电的原材料，将养殖业产生的有机肥施放到农田，发电产生的废弃物还可以进行其他化工材料提取；推广薯类、油料等特色农作物、小杂粮种植，在有条件的地方积极开展无公害标准化的减量化和无害化生产。具体来说，种植业循环经济的发展重点应包括以下几个方面。

首先，在种植业生产方面，要积极发展节约型农业。着力发展精细化施肥技术，鼓励农业生产者积极实施和推广测土配方型精细施肥技术，根据土壤特征科学选用化肥，避免过度使用化肥，鼓励农民减少施用或零施用化肥，尽可能施用有机肥。

其次，提升种植业农作物秸秆的综合利用效率。农作物的秸秆处理要因地制宜，坚持循环再利用原则，积极推进农作物秸秆的饲料化、原料化、肥料化、燃料化等再利用技术，着重推广作物秸秆的牲畜过腹还田、机械化还田和腐熟还田。对富含营养成分的红薯、花生和豆类等作物秸秆进行饲料化精细加工；将作物秸秆处理与食用菌产业发展有机结合起来；在有条件的地方积极推广作物秸秆生产沼气技术等，实现作物秸秆的再利用。

（二）林果业

要积极抓住国家建设生态文明战略和退耕还林的部署，积极制定片区内各县市林业循环经济发展规划，着重建设生态廊道、生态能源林等生态林和极具地方特色的核桃、苹果、猕猴桃等经济林。以资源增长、农民增收为目标，以放活经营权、落实处置权、保障收益权为主线，以生态经济双赢为原则，盘活林地资源，积极发展林下经济。推进建立完善的林权流转制度，立体发展林下经济。从林下养鸡、种植中药材逐步走向多元化，推广林粮间作、林瓜间作、林药间作、林菌间作、林下育苗、林下养禽、林下养畜等多种种养模式。特色林果业要严抓果园管理，提升果品质量，调整产品品种结构，顺应市场的需求。培育壮大龙头企业，进一步增加林果业后续精深加工能力，提升产品附加值。对于特色林果，应改变销售理念，实行品牌化营销战略，做大做强品牌影响力，增强品牌知名度，大力发展河南秦巴山脉特色产品。

（三）畜牧业

秦巴山脉区域河南片区适宜的气候和农业条件使其成为重要的猪、羊、牛、鸡和淡水鱼等畜禽鱼养殖业重点区域，长期的农业实践，使其逐渐形成以畜禽、养殖业为主导的新型农业循环经济发展模式。在推动畜禽养殖业循环经济的过程中，要积极实现由传统的数量扩张向质量效益提升的转变；在转变过程中，强调积极推动由"资源—畜禽养殖产品—废弃物"的传统发展模式向"资源—畜禽养殖—废弃物—再利用—再生资源"的现代畜禽养殖业循环经济发展模式转变。

第一，着重推广"农作物—饲料加工—畜禽养殖—粪便、沼气、有机肥料—农作物种植"的生态农业循环链，"牧草、农作物秸秆—饲草加工—草食动物养殖—粪便、沼气、有机肥料—牧草、农作物"的闭合循环链及"农作物秸秆—饲料加工—粪便、沼气、有机肥料—无公害农产品生产"四位一体的农业循环经济产业链。

第二，推进畜禽养殖业的清洁生产与四位一体的发展模式。有条件的县市要鼓励农民、农业生产企业开展种植与养殖相结合的循环生产模式，对于山地丘陵区、湖泊地区，可积极支持农业生产企业和农民建设标准化畜禽养殖场。在进行适度规模养殖过程中推广清洁养殖，做到养殖场的雨污分流、干湿分离，支持综合性养殖业与深加工模式，有效推动中部地区畜禽养殖与农产品加工、深加工，实现一体化的综合性养殖业。

第三，加强畜禽养殖业废弃物的资源化利用。政府要鼓励涉农龙头企业带动、培育和发展农业生态产业链，构建以畜禽鱼养殖业废弃物综合再利用为主体的生态产业体系和循环经济发展方式。在生猪、肉鸡、蛋鸡、奶牛、肉羊等养殖业发展的基础上，积极开发以动物内脏、骨头、血水、羽毛等废弃物为原材料的深加工生产项目。政府可以通过财政税收的方式支持和推动龙头涉农企业积极实施无害化和资源化利用工程。同时，鼓励有条件的龙头企业建设自己的有机肥料加工厂，将畜禽粪便加工成有机肥料。在畜禽养殖业规模化发展的基础上建设废弃物处理场，将畜禽养殖产生的废水经处理后供附近农田灌溉。对畜禽养殖业生产使用的废旧塑料袋、包装箱回收再利用,对禽畜养殖业的毛、皮、骨头等进行精深加工,将其变废为宝。

(四)中药材业

秦巴山脉区域河南片区中药材资源丰富,由于独特的地理自然气候环境,该地区孕育了多种天然药物资源,其中不乏金银花、连翘、嵩胡、丹参、杜仲、山茱萸等名贵中药材品种。

首先,对于丰富的中药材资源,要坚持走"公司+基地+协会+农户"的发展路子,在产业化经营上寻求突破。实施龙头带动战略,引进知名中药企业和鼓励本地非农企业投资中药产业。鼓励通过产权制度改革和企业兼并、联合、重组等多种形式做大做强中药企业,支持骨干企业创办、领办现代特色中药产业,引导中小型中药企业向"专、精、特、新"方向发展,促进中药产业优化升级,催生现代中药产业集群。

其次,要引导中药材种植户加入中药产业合作社,与加工企业建立紧密联系,实现中药材产地加工,减少种养户和企业买卖药材的环节,降低成本,提高效益。合理调控和依法监管中药原材料出口,保护中药资源,优化中药产品出口结构,提高中药出口产品附加值,充分依托互联网+资源,建立数字化管理平台,实行数字化全方位的中药材种植、管理、营销系统。

二、秦巴山脉区域河南片区农业产业发展模式选择

(一)南坡生态农业

秦巴山脉区域河南片区南坡生态农业区范围以南阳市所辖7县(区)为主,该区范围内为北亚热带与暖温带的过渡带,森林覆盖率高,以坡耕地为主,具有一定的农业基础。但耕地资源不足,25°以上的坡耕地利用比例大,乱垦滥伐等生态破坏问题相对突出,潜在的水土流失风险较大。该片区宜发展绿色无公害农业、有机农业和特色农(林果)业等生态农业产业,减小传统农业生产规模。

在部分地区有条件的地方积极发展有机农业,由于有机农业的外部性公益性强,技术含量高,离开政府扶植很难发展。因此要充分发挥政府的经济调控职能,实行财政扶持、信贷支持、农业保护、产业保险等优惠政策。尤其是建立合理的风险投入机制,开辟多元化的融资渠道,安排政策性优惠贷款和生态农业建设转向资金,以保证有计划地开展编制规划、技术培训、交流经验和组织推广工作。应加大对有机农业、有机食品的宣传力度,促使人们提高认识,转变观念。在结构调整中,把效益作为中心,把提高农产品的质量作为主攻方向,把农民增收、农村稳定作为发展目标,通过信息引导、典型示范、以点带面等方法,引导

和教育农民认识和开展有机农业生产。

南坡生态农业发展典型案例——西峡模式：西峡是以林为主的深山县，针对山区耕地稀少、土地瘠薄、粮食产量小、农民收入渠道窄的客观现实，西峡县以"生态经济化、经济生态化"为发展理念，致力打造"百公里猕猴桃长廊、百公里香菇长廊"，建立1.47万公顷山茱萸GAP基地，以科技创新推进"菌果药"特色农业优化升级，形成独具特色的高效生态农业产业集群，实现了经济效益与生态效益的"双赢"[23]。在农村经济发展上，形成了"菌、果、药"三大主导产业：①以香菇为主导的食用菌产业。西峡香菇产量现已稳定在4 000万袋左右，约占全国总产量的1/10，成为全国十大商品香菇基地之一。境内双龙镇香菇市场是全国最大的香菇市场和产品信息、价格形成中心，年交易额10亿元。②以西峡猕猴桃为主导的林果产业。2013年西峡县猕猴桃总产量突破38万吨，是国家林业局命名的"中华猕猴桃之乡"，是全国唯一的"科技兴林示范县"。③以西峡山茱萸、天麻为主导的中药材产业。西峡山茱萸已获得国家"原产地域保护产品"认证，是"中国山茱萸之乡"。该县山茱萸产量占全国总产量的2/3；天麻人工栽培500万穴，是全国最大的天麻基地。

（二）北坡都市生态休闲农业

秦巴山脉区域河南片区北坡靠近洛阳、三门峡、平顶山等主要核心城市，交通条件优越、人口规模大。耕地集中连片，农业生产条件较好。该区宜于充分利用城市人口众多、消费力强的优势，大力打造都市生态休闲农业。因地制宜，制定优惠政策，引导农民进行土地流转，发展壮大家庭农场、生态庄园、草莓采摘园、葡萄采摘园等具有有机种植、休闲观光、果蔬采摘、生态餐饮、农业技术开发推广等特点的新型农业实体形式，使农业休闲体验活动和乡村旅游活动成为农业的新增长点。

北坡都市生态休闲农业发展典型案例——洛阳模式：洛阳市作为北坡的重要组成部分，都市生态农业取得了较大成绩[24]。为加快都市生态农业发展，洛阳市结合当地实际，围绕城乡居民尤其是广大城市市民的需求，坚持用融合发展的理念发展都市生态农业，使都市生态农业在满足城市居民生活需求、拓展城市居民休闲旅游和度假空间的同时，有力地推动农业增效、农民增收和农村和谐。经过几年的发展，洛阳市初步形成了"一中心、六条线、多亮点"的都市生态农业发展布局。一中心，即环城市区打造半小时车程都市生态农业圈；六条线，即沿市区向周边延伸的快速通道布局的休闲农业观光线路；多亮点，即围绕各个县城和分布在适宜发展都市生态农业区域的采摘园、高效农业（牧业）示范园等农业特色点。

洛阳市通过科学合理布局，明确农业战略规划定位，一方面大力发展都市生态农业休闲旅游，另一方面以牡丹为主，积极发展花卉苗木等特色高效农业，实施龙头企业带动，建立特色都市生态农业园区，促进农业集中规模经营，大力发展农副产品深加工及休闲观光、采摘体验、旅游度假等第三产业，着力打造"绿色产品生产基地"、"放心食品加工基地"和"城郊休闲观光旅游和采摘体验基地"，全方位服务于农民增收、农业增效。

三、秦巴山脉区域河南片区农林畜药产业绿色循环协同发展途径

（一）政府推动

各地方政府应对农业循环经济发展的关键性技术研发投入给予支持鼓励，为农林畜药产业循环发展创造良好的发展环境。应完善农林畜药产业循环发展的政策体系，为农民、涉农企业积极参加农业循环发展提供有效支撑，以便于农民、涉农企业等生产主体在充分享受国家优惠政策支持的条件下实现农业循环的健康发展。

在推动农民、涉农企业循环发展的过程中要抓住国家推动经济发展方式转变和实施"三化同步"①发展战略的重大历史机遇，积极推动城乡统筹发展和改革公共服务体系。以引进、消化、吸收国际先进的农林畜药产业技术并进行创新为重点，及时引进大批的发达国家和地区的生态项目到秦巴山脉区域河南片区落户。在招商引资过程中要瞄准国际国内龙头涉农企业和重大现代农业科技攻关项目，以便于更好地推进秦巴山脉区域河南片区循环发展技术、管理效能的提升。

（二）政府、企业、金融机构等三方协同合作

秦巴山脉区域河南片区农林畜药产业的发展是一个复杂系统，触及涉农企业、科技与金融等支撑机构和政府的三方协同关系。中央政府与地方政府，涉农企业（包括农业经营者、农民等）和支撑机构中的金融、科技、中介服务机构等都是理性的，涉农企业和支撑机构追求经济效益最大化，政府追求社会经济的全面发展。由农林畜药产业发展的三方博弈模型分析可知，三方中任何一方的投入为零，农业循环经济就不可能实现协同发展。地方政府为了推动本地农林畜药产业循环发展，对涉农企业提供全面的政策支持和公共服务，通过出台相关政策为农林畜药产业协同发展营造宽松环境，提供优质服务；金融、科研等支撑机构在对涉农企业的经营管理水平和发展实力等情况进行调查研究的基础上，结合政府提供的政策优惠，做出是否对涉农企业提供技术、信息及资金支持的决定。

（三）涉农龙头企业带动

注重培育涉农企业中的龙头企业，完善地区农林畜药产业技术的持续创新和

---

① 在工业化、城镇化深入发展中同步推进农业现代化。

扩散机制。龙头企业的辐射带动作用包括经济方面和技术方面。经济方面如龙头企业的规模经济能够带来区域农业经济增长，并对其上下游企业带来经济辐射效益；在技术方面，资源、信息、技术的共享交流，使得相关企业在农林畜药产业循环发展、技术研发、生产等领域获得较高水平的提升。

同时注重培育农林畜药产业龙头企业的相关配套企业。在推动农林畜药产业循环发展的过程中，要在支持涉农龙头企业发展农林畜药产业循环经济的同时，积极发展相关配套企业，从而提升农林畜药产业循环经济发展的企业自组织演化能力，增强其根植性，提高农业循环经济发展的后续动力。

总之，为了促进中部地区农林畜药产业循环经济发展，要最大限度地发挥农林畜药产业循环经济发展中的企业间网络关系对网络资源获取、资源配置和资源整合能力的促进作用，逐步建立一个政府他组织引导、企业自组织主导、科技链与产业链联动的农林畜药产业循环经济的协同发展体系，实现农业循环经济的可持续发展。

第四节　农林畜药产业发展战略措施

1. 优化农业生产结构，调整种植业产业布局；改造传统种养模式，加大农业生产的供给侧改革

在优化农业生产结构和区域布局方面，树立大食物观，面向片区农林畜药产业资源，全方位、多途径开发食物资源，满足日益多元化的食物消费需求，改变现有的粮食生产"统治"大半个农业"江山"的局面。基本形成与市场需求相适应、与资源禀赋相匹配的现代农林畜药产业结构和区域布局，提高农业综合效益。启动实施种植业结构调整规划，调减南坡生态农业区非优势区小麦、玉米作物种植面积，扩大油料作物、小杂粮生产规模。加快现代畜牧业建设，根据片区环境容量调整区域养殖布局，优化畜禽养殖结构，发展特色养殖业和草食畜牧业，形成以规模化生产、集约化经营为主导的产业发展格局。启动实施种养结合循环农业示范工程，推动种养结合、农牧循环发展。大力发展优质特色杂粮、特色经济林、木本油料、竹藤花卉、林下经济等产业。

具体来讲，秦巴山脉区域河南片区农林畜药各产业生产的供给侧改革主要包括：现有粮食作物生产规模急需压缩，改变小麦玉米高肥料投入、低经济效益的生产模式，积极发展绿色粮食、有机粮食，提高质量效益；推广和发展食用菌（香菇、黑木耳）产业、绿色小杂粮（谷子等）产业；改造传统养殖模式，大力发展生态养殖产业（南阳黄牛、卢氏鸡、蚕桑）、特色养殖产业（大鲵、鲟鱼、野猪

等野生动物驯养产业)。

2. 推进特色林果业转型升级,实现林果业产业化经营,加快市场流通体系的建设

目前片区内林果业发展存在问题包括高效优良林果产品生产基地欠缺、营销主体林果产业品牌保护意识不强、市场营销体系不完善及林果业政策保障力度不够等,这些都制约着片区林果业的进一步发展。因此,林果业必须进行转型升级。产业链视角下的林果业延伸,应充分利用集群优势政策,实现林果业的全面发展,促进片区千家万户果农增收和农村经济的发展,不断提高特色林果业的综合生产能力和整体发展水平,实现特色林果业的提质增效与转型升级。

重点加强特色林果业生产基地建设,改变现有基地分散、规模小而低效的状况。在原有的基础上扩大无公害果品示范基地的建设规模,增加反季节果品产量,逐步取代市场需求少、果品质量差、产出水平低的传统物种。特色林果业通过不断调整结构、优化布局,严格控制产品质量安全,使产品能够满足国内外市场需求。要合理配置早、中、晚熟及精深加工的品种,充分满足市场的消费需求,以市场为导向,建立和完善与市场机制相适应的良种苗木繁育及供应的体系,选育抗逆性强、品质好、市场需求量大且效益高的树种,提高良种繁育普及率。改变经营机制,利用产业化经营来吸引国内外大型企业和集团公司发展林果加工业。通过扶持、引进、建立一批龙头企业和实施品牌发展策略,积极推进林果业集约化经营。

引导和加强片区内农业龙头企业在现代农业领域的渗透,扩张产业链、产品链和技术链,增强龙头企业的市场竞争力和辐射带动力。对优势明显、发展前景良好的都市农业龙头企业进行重点扶持和培养,完善其组织管理制度,提高其经营能力,提升其品牌意识,拓展其品牌附加价值;鼓励龙头企业在邻接城市群中进行跨区域、跨行业的联合与合作。

3. 合理制定秦巴山脉区域河南片区中药材产业发展中长期规划,实现中药材品种的合理布局、安全生产

根据片区内中药材生产的优势区域、资源禀赋、现有基础和产业特征制定中药材产业发展的中长期规划,明确片区中药材产业发展的重点工作和措施,强化政策扶持、科技支撑、主体培育、品牌引领和中医药文化促进,提升片区中药材品牌影响力和安全生产意识。按照优势区域布局规划,引导和鼓励制药企业和饮片加工企业,与基地农户共同建立规范化、标准化中药材生产基地和加工基地。实施中药材生产基地信息体系建设。组织生产基地进行示范推广,实现生产全过程"二维码"追溯管理,为行业、生产企业树立良好的品牌信誉。开展中药材农

药登记试验，规范农药使用。通过推进中药材标准化、安全生产专项整治和质量安全风险评估，提升总体质量安全水平。

4. 积极发展绿色粮食、林果业、中药材电商，实现绿色粮食、林果业生产和中药材种植的销售、加工数字化管理，大力发展互联网+（智慧）农业

加大政府推动力量，培育片区农林畜药产业区域性的公共品牌的注册和保护，提升中药材电子商务平台建设；以品牌为引领，积极拓展产业发展空间。通过强化营销网络建设，参加展览销售活动，提高产品知名度，打造品牌效应，加大区内外投资的力度。充分合理运用物流配送和现代服务业，将优质特色的林果产品、中药材产品引进超市销售，并利用新型营销方式，拓宽销售渠道。从农资销售、中介服务、土地流转，到农业生产、农产品销售，实现整个农业产业链的互联网改造；积极推广建立生鲜电商、农业物联网、农产品交易平台、产业链大数据、土地流转电商等。建立行业协会，协助推动特色农产品的产业化经营。

5. 提升人才保障，培养农林畜药产业发展的科技人才

加强农林畜药产业生产管理、科研、教育、推广队伍建设，加强技术培训，健全基层生产管理、技术推广和产业协会体系。充分发挥技术创新与推广服务团队、中药产业联盟等的作用，设计中药材产业链关键技术攻关项目，培养一支强有力的农林畜药产业发展的科技队伍，满足产业快速发展对科技和人才的迫切需求。

为确保农林畜药产业循环经济建设的顺利开展和进行，在农业循环经济发展战略实施过程中，首先需要广大农民和涉农企业人员具备农业循环经济意识，树立发展农业循环经济理念，这就需要构建并完善农业循环经济宣传和培训机制，在农村积极塑造农业循环经济价值观，推动绿色、生态、高效、环保的生产、生活和消费文化氛围和农业循环经济文化体系的建设，逐渐转变农民和涉农企业人员的思想意识。加强地区农村基础教育的建设，提高粮食主产区农民的基本文化知识和生态文明素养；以县为单位，构建完善的涉农技能培训机制，根据农业循环经济的发展需要，常年开设现代生态农业技术、循环经济发展技能培训班，积极培养大批既掌握现代农业生产技术，又具有农业循环经济理念的农业生产和经营队伍。

完善人才激励机制。人才是有效整合资金、技术与信息等资源的核心要素，并且是构成农业循环经济健康发展的核心要素。河南省在推动农业循环经济发展实施的过程中要积极完善人才供给与保障机制，加大人才培育、开发与激励的支持力度。加大对外开放力度，创新高层次农业技术人才的引进、使用、激励等保障机制。

6.完善公共政策保障，完善生态环境保护政策和公共配套设施供给政策

为了更好地推动农业循环经济发展战略的实施，要积极健全农业循环经济和农业生态环境的补偿机制。动员众多的农民、涉农企业职工等参与到农业循环经济发展战略的实施过程之中，使具有长期经济效益、生态效益和社会效益的项目得到支持与鼓励，对农业生态环境保护与发展农业循环经济做出适当的补偿与管理规定。通过完善的农业生态环境保护制度，鼓励农业生产资料供应商、农业生产者（农民、农业生产企业）、农产品销售商、社会公众（消费者及非政府组织）、政府、支撑机构等相关主体积极参与到农业循环经济发展战略的实施之中，建立健全农业循环经济发展战略实施过程中的包括绿色生态环境保护、规范和激励等方面的绿色生态环保制度，明确各级政府部门、涉农单位的农业循环经济推进责任，鼓励涉农企业、农民和社会公众为农业循环经济发展战略的有效实施做出努力。

完善的公共配套设施是提升农业综合生产能力的基本条件，是各级地方政府支持农业经济和农村社会发展的重要方式，对农业循环经济发展战略的实施存在着制约作用。为此，在市场经济条件下需要进一步完善农业公共配套设施供给政策。加大农村水电、道路、能源、通信等农村公共基础设施建设投入，加强人畜饮水工程、农村沼气等小型公共设施建设，从而减少农业循环经济及其绿色、生态农产品的生产经营成本，提高农业循环经济发展的经济效益和生态效益。

在工业化、城镇化和农业现代化同步推进的背景下发展农业循环经济离不开完善的公共配套服务体系。目前，片区尚未建立起完善、高效的农业社会化服务体系，一些地方的农业生产经营者、涉农企业在农业循环经济发展过程中还很难得到优质种苗、有机肥料、高效农药、资金信贷等高效服务。因此，政府在农业循环经济发展战略实施过程中有必要加快转变其职能，完善公共服务供给政策及其对农业循环经济的支持、引导、培养与保障作用。

第五节　研究结论

秦巴山脉区域河南片区农林畜药资源丰富，具有产业发展的先决条件。但该片区在农业发展过程中，传统粗放的资源利用、开发模式与作为国家"中央水库"的环境保护之间矛盾突出，资源保护和环境压力较大。

对秦巴山脉区域河南片区农林畜药产业发展现状及存在的问题进行研究，结果表明：第一，粮食作物和油料作物是秦巴山脉区域河南片区种植业生产的两

大作物类型，粮食产量占绝对优势；粮食生产中又以小麦、玉米为主。甚至国家南水北调中线工程渠首所在地——淅川县小麦、玉米常年种植面积维持在5.0万公顷以上，其高水肥投入模式对水源地生态保护带来潜在危害。秦巴山脉区域河南片区食用菌生产具有较好的基础，以香菇生产为主，其中西峡县、内乡县、方城县香菇生产规模较大，香菇种植成为当地的支柱产业和农民的致富产业。林果业发展也初具规模和特色，片区主要果类产品有核桃、苹果、猕猴桃等，逐步形成了核桃产业的种植及深加工等规模化发展。片区内生物资源丰富，野生动物种类繁多，林下经济发展迅速，为野生动物繁育和家禽类养殖提供了良好的自然条件。片区中草药资源丰富，孕育有多种天然药物资源，如金银花、连翘、嵩胡、丹参、杜仲、山茱萸等名贵中药材品种。片区农林畜药产业品牌农产品发展迅速，地理标志产品知名度得到提高。第二，秦巴山脉区域河南片区农林畜药产业发展存在的突出问题包括：①种植业结构不合理，传统、粗放型的以小麦、玉米为主要作物品种的粮食生产，其高化肥投入可能带来土壤污染、耕地和水质下降，对整个地区尤其是水源保护地和南水北调中线工程库区的生态环境带来潜在的危害。②片区整体经济实力较弱，农林牧渔产值结构中种植业比重过大，林业和渔业比重产值比重过小，发展严重滞后。农作物种植结构单一，种植业生产中小麦玉米生产比重过大，品牌农产品缺乏，优质粮食比重较低，油菜、薯类等高效、低肥投入的油料和经济作物种植面积较小，农产品附加值低，市场竞争力不强。③片区内农业产业化市场体系不完善。片区内各县区虽已建立各类农产品专业市场，但缺少足够的市场中介组织和经纪人队伍，影响了农产品的市场流通。

根据秦巴山脉区域河南片区农林畜药产业发展现状和存在的问题，提出片区内发展绿色循环农业各产业的战略思路：①积极发展现代农业产业，以质量为导向，重点发展优质粮食、现代畜牧、特色林果、中药材加工、互联网+（智慧）农业五大产业。②片区南、北坡农业分向发展，有针对性地发展南坡生态农业、北坡都市农业。片区南坡在结构调整中，充分利用生态资源优势，加大生态农业推广力度，建立无公害、绿色食品、有机食品生产基地；片区北坡充分利用城市人口多，消费能力强、交通便捷等优势，大力打造生态农业、休闲旅游，引导土地流转，发展壮大家庭农场、生态庄园、草莓采摘园、葡萄采摘园等具有有机种植、休闲观光、果蔬采摘、生态餐饮、农业技术开发推广等特点的新型农业实体形式。

提出推进秦巴山脉区域河南片区农林畜药产业发展的重点措施建议：①改造传统种植模式，加大农业生产的供给侧改革。积极发展绿色粮食、有机粮食，提高质量效益；发展食用菌（香菇、黑木耳）产业、绿色小杂粮（谷子等）产业；改造传统养殖模式，大力发展生态养殖产业（南阳黄牛、卢氏鸡、蚕桑）、特色养殖产业（大鲵、鲟鱼、野猪等野生动物驯养产业）；加大宣传和质量管理，积极打造生态林果业、中药材品牌，扩大林果业和中药材品牌影响力和竞争力。②积极发展林果业、中药材电商，实现林果业生产和中药材种植的销售、加工数字化管理，大力发展互联网+（智慧）农业。从农资销售、中介服务、土地流转，到农业生产、农产品销售，实现整个农业产业链的互联网改造；积极推广建立生鲜电商、农业物联网、农产品交易平台、产业链大数据、土地流转电商等。建立行业协会，协助推动特色农产品的产业化经营。③根据片区内中药材生产的优势区域、资源禀赋、现有基础和产业特征制定中药材产业发展的中长期规划，明确片区中药材产业发展的重点工作和措施，强化政策扶持、科技支撑、主体培育、品牌引领和中医药文化促进，提升片区中药材的品牌影响力和安全生产意识。④引导和加强片区内农业龙头企业在现代农业领域的渗透，扩张产业链、产品链和技术链，增强龙头企业的市场竞争力和辐射带动力。对优势明显、发展前景良好的都市农业龙头企业进行重点扶持和培养，完善其组织管理制度，提高其经营能力，提升其品牌意识，拓展其品牌附加价值；鼓励龙头企业在邻接城市群中进行跨区域、跨行业的联合与合作。

参 考 文 献

[1] 崔小年.以绿色发展理念引领河南农业发展的思路与对策[J].农业部管理干部学院学报，2018，（1）：46-49.
[2] 刘旭，梅旭荣，杨正礼，等.秦巴山脉农林畜药绿色循环发展战略研究[J].中国工程科学，2016，18（5）：24-30.
[3] 李可.河南低碳农业发展对策探析[J].农村·农业·农民（B版），2012，（1）：42-43.
[4] 李芬妮，张俊飚，姚文杰，等.中国食用菌产业技术对非合作与发展研究[J].中国工程科学，2019，（4）：105-110.
[5] 河南省统计局，国家统计局河南调查总队.河南统计年鉴2016[M].北京：中国统计出版社，2016.
[6] 高海生，朱凤妹，李润丰.我国核桃加工产业的生产现状与发展趋势[J].经济林研究，2008，（3）：119-126.
[7] 阿格阿富.花椒、核桃产业发展中的问题和措施[J].中国林业经济，2018，（1）：32-33.
[8] 吕秋菊.改革开放40年山核桃产业发展阶段识别——基于产业生命周期视角[J].江西农业学报，2018，30（11）：119-123.
[9] 程存刚，赵德英.新形势下我国苹果产业的发展定位与趋势[J].中国果树，2019，195（1）：7-13.
[10] 王雅.河南灵宝苹果产业发展存在的问题及对策[J].中外企业家，2014，（27）：34-35.
[11] 郑合勋，王小明.卢氏县大鲵种群年龄结构和性比的初步研究[J].动物学杂志，2004，39（6）：50-53.
[12] 郑合勋，王才安，葛荫榕.卢氏县的大鲵资源[J].河南大学学报（自然版），1992，（4）：51-56.
[13] 张玉芳.鲁山县水产养殖发展探讨[J].现代农业科技，2013，（24）：301，303.
[14] 李泳，邓奇志，张金东.镇平县观赏鱼产业现状调查[J].河南农业，2011，（3）：41.
[15] 陈忠艺.鲁山县柞蚕业发展之我见[J].中国蚕业，2014，（3）：53-54.
[16] 南阳市人民政府.我市中医药产业发展的现状和思考[J].南阳市人民政府公报，2014，（10）：20-23.
[17] 洛阳市统计局.洛阳统计年鉴2016[M].北京：中国统计出版社，2016.

[18] 史亚芳.嵩县柴胡规范化生产技术规程[J].中国现代中药,2012,(1):29-31.
[19] 王建春,何银玲,李素,等.河南西峡山茱萸低产林改造措施[J].现代园艺,2015,(8):214.
[20] 刘婷.河南特色农业产业集群发展策略研究[J].农村经济与科技,2015,(10):156-158.
[21] 刘之杨,孙志国,胡再.河南秦巴山片区名优特产的地理标志保护与品牌建设[J].安徽农业科学,2014,(7):2142-2143.
[22] 王国印.论循环经济的本质与政策启示[J].中国软科学,2012,(1):26-38.
[23] 赵泽轩,郭大鹏."绿色信贷"与特色农业互生共长——河南西峡县农信社支持当地特色农业发展纪实[J].中国农村金融,2011,(12):67-68.
[24] 王先菊.河南新农村建设中的生态农业研究[J].农业经济,2012,(1):41-43.

第九篇
秦巴山脉区域河南片区（伏牛山区）绿色循环发展政策体系研究

第三十七章　秦巴山脉区域河南片区绿色循环发展政策现状及实施效果

绿色循环发展既是一种全新的发展理念，更是一场前所未有的伟大实践。从经济学角度看，绿色循环发展很大部分属于"市场失灵"领域，单纯靠市场机制和独立经济主体无法实现，需要政府的积极作为和政策的大力助推。由政府部门推出的一系列旨在推动绿色循环发展的法律法规、战略规划、经济政策、制度措施等，都属于绿色循环发展政策。"绿色循环发展政策作为综合复杂的政策体系，包括保障区域可持续发展战略目标的法律、法规、规划、制度、措施等内容，既涉及社会经济价值链的不同阶段，也涉及体系内部各种政策工具的设计、组织、搭配及建构"[1]。

西方国家在大力实施生态环境保护的时候，其工业化和城市化已经或者接近完成，经济走向高度发达，基本经济制度也比较完善，因此，它们在促进绿色发展、制定绿色发展政策时，更多地倾向于"环境政策"，"经济发展"的任务并不紧迫。我国则不同，我国经济还处于"发展中"，工业化和城市化还没有完成，保护生态环境的任务紧迫，促进经济发展的任务也很艰巨。在秦巴山脉区域河南片区，这种矛盾更加尖锐，这是构建秦巴山脉区域河南片区绿色循环发展政策体系的出发点。对现有绿色循环发展政策进行梳理，考察其实施效果，探究其存在的问题和不足，是构建绿色循环发展政策体系的前提。

第一节　绿色循环发展政策现状

就秦巴山脉区域河南片区而言，绿色循环发展政策包括两个层面。一是全国性（普适性）的绿色循环发展政策，这些政策是指导和规范秦巴山脉区域河南片区绿色循环发展的主要指针，是绿色循环发展政策的主体。二是针对秦巴山脉区域河南片区绿色循环发展制定的相关政策，这方面的政策还比较少，主要是围绕南水北调工程和扶贫开发等出台的一些政策，其他相关政策比较分散。本篇首先梳理全国性（普适性）的绿色循环发展政策，接下来针对该区域的南水北调和扶贫开发的政策进行分析。其他相关绿色循环发展的政策，前面各篇章的研究中已经分别涉及，本篇不再赘述。

一、全国性绿色循环发展政策演变

我国绿色循环发展政策经历了单纯"环境保护"政策—"环境保护与经济发展兼顾"政策—"绿色循环发展"政策三个阶段。

（一）单纯"环境保护"政策阶段（1972~1991年）

1972年6月5~6日，我国政府派代表参加在瑞典斯德哥尔摩召开的联合国人类环境会议。1973年召开第一次全国环境保护会议，制定了第一个具有法规性质的环境保护文件——《关于保护和改善环境的若干规定》。以此为开端，我国陆续颁布了一些环境保护法规政策，如《工业"三废"排放试行标准》（1973年）、《中华人民共和国防止沿海水域污染暂行规定》（1974年）、《放射防护规定（内部试行）》（1974年）。1978年2月，五届人大一次会议通过的《中华人民共和国宪法》规定，"国家保护环境和自然资源，防治污染和其他公害"。这一时期我国的环境保护政策主要限于一些重点工程、重点企业的污染防治领域。

改革开放后，环境保护工作进一步受到重视。1979年颁布《中华人民共和国环境保护法（试行）》，把我国环境保护方面的基本方针、任务和政策，用法律的形式确定下来。随后的十余年，我国进入环境保护法律和政策制定的小高潮时期，出台6部污染防治法规，颁布8部资源法。1989年12月，正式颁布《中华人民共和国环境保护法》，该法共分6章47条，分别为总则、环境监督管理、保护和改善环境、防治环境污染和其他公害、法律责任、附则。

这一时期，我国的环境保护政策是典型的"命令—控制型"政策，这是环境保护工作的基础。限于当时的认识水平，不同程度地存在重经济发展而轻环境保护的现象，甚至环境保护工作服从且让步于经济发展[2]。加之改革开放后乡镇企业大发展，村村点火、户户冒烟，经济发展迅猛，环境保护政策的实施虽然取得一些成效，但污染急剧扩大。

（二）"环境保护与经济发展兼顾"政策阶段（1992~2012年）

1992年10月召开的中共十四大明确了我国经济体制改革的基本方向，提出要建设社会主义市场经济，将探索社会主义市场经济体制建设的改革推向纵深。与此同时，我国的环境保护政策建设也进入一个新阶段，突出表现为以下几个方面。

第一，政策制定的目的和理念不断升华。1994年3月，我国出台《中国21世纪人口、环境与发展白皮书》，首次明确提出可持续发展战略，实现资源可持续利用。1996年7月，在第四次全国环境保护会议上，江泽民提出"确保环境安全"的概念，表明环境保护在经济发展中的地位大大提升。

第二，环境保护政策制定更加注重持续性和规划性。1994年通过《中国21世纪议程》和《全国环境保护工作纲要（1993—1998年）》，1998年继续实施《全国环境保护工作纲要（1998—2002年）》。

第三，环境保护法律法规进一步健全。这一时期，修改和制定了10余部污染防治法律法规，通过《中华人民共和国清洁生产促进法》等环境保护法规。修改后的《中华人民共和国刑法》增加了"破坏环境资源保护罪""环境保护监督渎职罪"的规定。

第四，更加强调经济政策手段。开展大气排污交易政策试点工作，从1993年开始在全国21个省（自治区、直辖市）试点建立环保投资公司；开展招标试点，将竞争机制引入环境影响评价市场；全面推行排污许可证制度；开征二氧化硫排污费；提高排污收费标准；推行环境标志制度；等等[3]。

（三）"绿色循环发展"政策阶段（2013年至今）

党的十八大将生态文明建设纳入中国特色社会主义建设"五位一体"总体布局，党中央对生态文明建设做出顶层设计和总体部署，建立了生态文明建设国家治理体系。我国的经济社会发展全面走向绿色循环发展道路，与此相适应，绿色循环发展政策体系构建进入了快车道。

第一，更加注重顶层设计、行动规划与综合治理方面的政策设计。2015年党中央、国务院先后印发了《关于加快推进生态文明建设的意见》和《生态文明体制改革总体方案》，确立我国生态文明建设的总体目标和生态文明体制改革总体实施方案。尤其是十八届五中全会通过的《中共中央关于制定国民经济和社会发展第十三个五年规划的建议》，提出了五大发展理念，对我国的绿色循环发展做出了最系统、最全面、最完整的阐述，也为我国绿色循环发展政策体系的制定和完善指明了方向，提出了更高的要求。

第二，开始制定生态环保的空间规划。早在2010年，国务院印发《全国主体功能区规划》，这是我国设计实施的国家顶层生态空间规划，为生态环境保护及因地制宜地推动绿色循环发展奠定了良好基础。2014年制定的《河南省主体功能区规划》对省内秦巴地区的功能定位是省级重点生态功能区，对重点生态功能区各种开发活动进行管制，控制开发强度，严禁损害生态环境的各类开发活动。主体功能区的确定，在生态环境建设、生态保护补偿、产业准入标准等方面提出了明确的要求。

第三，立法层次更高、标准更高、更加严厉。2014年，出台"史上最严"的

《中华人民共和国环境保护法》。为加强与《中华人民共和国环境保护法》的衔接，陆续出台《中华人民共和国水污染防治法》《中华人民共和国土壤污染防治法》《中华人民共和国核安全法》等法规，积极推动环境影响评价法、固体废物污染环境防治法、建设项目环境管理条例等法律法规的制（修）订工作。推出《关于实行最严格水资源管理制度的意见》（2012年）、《实行最严格水资源管理制度考核办法》（2013年）等法律法规。

第四，政策制定向绿色循环发展的纵深挺进。更加注重环保标准体系的完善，高度重视健全自然资源资产产权制度和用途管制制度，大力完善生态环境监管制度，更加强调资源节约、循环利用和生态保护和修复，以及严守资源环境生态红线等方面的制度和政策设计。政策的覆盖范围也由以前的生产和建设领域，延伸到包装运输、生活消费及废弃物处理领域；由事后的污染治理到事中监督管理及事前预防的全过程管理；由污染治理到生物多样性保护，再到自然生态环境修复等。

第五，环境政策的执行尤其是环境监管执法趋严、趋实。2012年，环境保护部制定《环境监察办法》，用于加强和规范环境监察工作，提升环境监察效能。2014年，《中华人民共和国环境保护法》中首次明确环境监察机构的法律地位，规定环境保护主管部门委托的环境监察机构有权对排放污染物的企事业单位和其他生产经营者进行现场检查。2016年，中共中央办公厅、国务院办公厅印发《关于省以下环保机构监测监察执法垂直管理制度改革试点工作的指导意见》，统筹解决跨区域、跨流域环境问题的监测监察工作。河南省在《关于转发国家重点生态功能区县域生态环境质量监测评价与考核指标体系实施细则（试行）的通知》（豫环办〔2014〕135号）中，不仅制定了地表水、大气的监测指标，还规定了具体的考核指标和监督机制。

二、南水北调工程的环境保护政策

河南省是南水北调中线工程中干线最长、占地最多、移民征迁任务最重、投资最大的省份。南水北调工程的生态环境保护，不仅关系到供水质量，更关系到秦巴山脉区域河南片区的生态环境改善。国家围绕南水北调工程制定了一系列环保政策，可以划分为征地移民政策、水污染防治政策和生态补偿政策三类。

（一）征地移民政策

为保障移民权益，推进经济社会发展，我国相应出台了一系列移民法律法规和政策，主要有《中华人民共和国土地管理法》《中华人民共和国物权法》《基本农田保护条例》《大中型水利水电工程建设征地补偿和移民安置条例》等。在此基础上，对南水北调工程中涉及移民的相关政策进行了有针对性的调整，具体包括《南水北调工程建设征地补偿和移民安置暂行办法》（2005年）、《南水北调工程建设移民安置监测评估暂行办法》（2005年）、《南水北调工程建设征地补偿和移民安置资金管理办法（试行）》（2005年）、《河南省南水北调受水区供水配套工程建设征迁安置实施管理暂行办法》（2012年）。这些政策的制定和实施，较好地指导了该工程的移民工作。

（二）水污染防治政策

水污染防治政策包括水源地污染防治及总干渠绿化建设两方面政策。水源地污染防治的政策主要有：国家发展和改革委员会2006年制定的《关于建立丹江口库区及上游水污染防治和水土保持部际联席会议制度的通知》，国家发展和改革委员会办公厅、水利部办公厅制定的《关于做好丹江口库区及上游水土保持项目前期工作的通知》（2007年），国务院出台的《关于南水北调工程水土保持有关事宜的通知》（2007年），以及国务院南水北调办推出的《关于划定南水北调中线一期工程总干渠两侧水源地保护区工作的通知》（2006年）等，这些法律法规对保护水源地水质发挥了重要的指导作用。

河南省南水北调办、环保厅、水利厅、国土资源厅等部门也相继发布系列文件，如《河南省南水北调中线工程水源地水质保护实施意见》（2003年）、《南水北调中线一期工程总干渠（河南段）两侧水源保护区划定方案》（2010年）、《河南省人民政府办公厅关于转发河南省辖丹江口库区及上游水污染防治和水土保持"十二五"规划实施方案的通知》（2013年）等。各地市也积极响应，南阳市委、市政府专门出台了《关于建立南水北调中线工程保水质护运行长效机制的意见》（宛发〔2015〕1号），平顶山市委、市政府2017年出台的《关于打赢水污染防治攻坚战的意见》中专门提到保护南水北调中线一期工程总干渠水质问题，这些政策的出台对合理保护水源地水质发挥了重要作用。

南水北调工程总干渠两侧的绿化和环境保护至关重要，为了指导总干渠沿线防护林和绿化工程建设，南水北调中线建管局先后制定了《南水北调中线防护林及绿化工程养护管理标准（试行）》《南水北调中线防护林及绿化工程养护管理制度（试行）》等一系列制度办法和操作手册。南水北调中线建管局与国家林业局共同编制《南水北调中线干线工程两侧生态带建设规划》《南水北调中线干线工程防护林及绿化工程设计技术导则》《南水北调中线生态文化旅游产业带规划纲要》等制度性文件。

（三）生态补偿政策

目前，国家和河南省围绕南水北调工程的生态补偿政策，大多分散在上述的移民搬迁政策和环境保护政策中。专门性的生态补偿政策主要有：2011年财政部颁布的《国家重点生态功能区转移支付办法》、河南省政府部门出台的《河南省水环境生态补偿暂行办法》（2010年）、《关于河南省水环境生态补偿暂行办法的补充通知》（2012年）和《南水北调中线水源区生态补偿资金考核分配办法》（2012年）等。总体来看，专门的、系统的生态补偿法规条文和政策文件还不多见，这也是今后完善绿色循环发展政策的一个重要领域。

三、扶贫开发方面的政策

秦巴山脉区域河南片区地处山区，城镇化水平较低，贫困问题比较突出，是国家新一轮扶贫开发攻坚战主战场中涉及县市较多的片区。近年，国家对集中连片特困地区的扶贫开发工作高度重视，出台一系列针对性的政策。这些政策一方面体现在《中国农村扶贫开发纲要（2011—2020年）》（中发〔2011〕10号）、《中华人民共和国国民经济和社会发展第十二个五年规划纲要》（2011年）、《中共中央国务院关于深入实施西部大开发战略的若干意见》（中发〔2010〕11号）、《全国主体功能区规划》（国发〔2010〕46号）和《关于下发集中连片特殊困难地区分县名单的通知》（国开发〔2011〕7号）等相关重要文件中。另外，结合秦巴山区域情况，2012年国务院通过《关于秦巴山片区区域发展与扶贫攻坚规划（2011—2020年）》。该规划要求按照"区域发展带动扶贫开发，扶贫开发促进区域发展"基本思路，提出了秦巴山片区区域发展和扶贫工作的总体要求、空间布局及重点任务等，从宏观上为扶贫开发指明了方向。

河南省根据国家的要求，依托本地情况，制定了相应的具体政策。2013年河南省发展和改革委员会正式印发《关于秦巴山脉大别山片区（河南省）区域发展与扶贫攻坚实施规划》《河南省秦巴山脉集中连片特殊困难地区林业扶贫攻坚规划》等政策文件，提出要落实国家扶贫开发的号召，培育当地特色优势产业，以发展促脱贫，通过精准扶贫，带动当地经济快速发展。河南省把2016年作为打响脱贫攻坚战的开战之年，制定了以《打赢脱贫攻坚战的实施意见》为总纲，以《开展"三带三帮三扶一兜底"活动实施方案》等16个政策性文件为补充的"1+N"脱贫攻坚政策体系，提出"全党动员、全面参与，共同打好脱贫攻坚战"。

四、其他绿色循环发展政策

秦巴山脉区域河南片区的4个地市先后制定了本地区的"十三五"规划，对本地区的生态环境提出今后发展的整体要求，并围绕绿色循环发展的主题制定相应的政策，如南阳市制定了《南阳市建设中原经济区高效生态经济示范市总体方案》（2012年）、《南阳国家森林城市建设总体规划》（2014年）等；平顶山市制定了《平顶山市循环经济发展"十三五"规划（草案）》（2015年）、《平顶山市碧水工程行动计划》（2016年）等；三门峡市制定了《三门峡市循环经济发展规划》（2007年）、《陕州区城区燃煤锅炉（设施）大气污染整治实施方案》（2013年）、《陕州区2014年度大气污染防治实施方案》、《陕州区蓝天工程实施细则》（2015年）；洛阳市制定了《洛阳市循环经济试点实施方案》（2011年）、《洛阳市公共机构节约能源资源"十三五"规划》（2016年）等。

第二节 政策实施的总体成效

绿色循环发展政策的不断完善和实施，使秦巴山脉区域河南片区在污染防治、节能减排及扶贫开发方面有了保障，而且随着"绿色""环保"理念的不断增强，各地在开展工作的过程中都注意加强绿色环保建设，并取得了较好的成效。

一、污染防治政策效果显著

洛阳市在"十二五"期间，地区生产总值年均增长9.6%，6项主要的环保指标4降2升，总体呈现下降趋势，尤其是工业废气排放量下降58%，虽然废水排放量有所上升，也仅仅上升了6%（表37-1）。洛阳市在生态环境保护方面主要强调城市的宜居性，以强力推进水系和水环境建设为重点，以切实改善环境质量为导向，让良好生态成为经济社会发展的"绿色动力"。

表37-1 洛阳市"十二五"期间绿色循环经济方面的数据

年份	烟（粉）尘排放总量/吨	废水排放量/万吨	工业废气排放量/亿立方米	一般工业固体废物产生量/万吨	二氧化硫排放量/吨	化学需氧量排放量/吨
2011	61 924.74	28 427.25	11 074.35	2 806.61	199 049.9	72 876.69
2012	51 035.23	28 410.32	6 564.17	2 992.72	161 859.03	69 123.06
2013	56 611.14	29 503.83	6 208.21	3 294.48	142 917.8	67 518.44
2014	63 064.03	29 392.29	5 782.72	3 460.47	130 989.87	66 369.15
2015	57 857.9	30 158.93	4 650.81	3 039.82	148 980.27	65 676.7

资料来源：河南省环境保护厅官方网站

南阳市在"十二五"期间，地区生产总值年均增长9.5%，6项主要的环保指标3降3升，总体呈现缓慢下降趋势。其中二氧化硫排放量下降29.8%，一般工业固体废物产生量下降了32.1%（表37-2）。南阳市通过深入推进蓝天工程、碧水工程、乡村清洁工程和环境保护综合整治行动，完成造林面积22.37万公顷，森林覆盖率达到35.8%，城市绿色"颜值"显著提升。丹江口水库水质稳定保持Ⅱ类以上标准，白河及鸭河口水库水生态得到有效恢复，内河治理工程有序推进，河流断面水质实现在线监控。

表37-2 南阳市"十二五"期间绿色循环经济方面的数据

年份	烟（粉）尘排放总量/吨	废水排放量/万吨	工业废气排放量/亿立方米	一般工业固体废物产生量/万吨	二氧化硫排放量/吨	化学需氧量排放量/吨
2011	27 761.1	23 508.93	2 046.62	609.23	84 096.18	88 900.21
2012	23 812.26	23 994.64	1 826.75	545.15	69 172.26	89 918.57
2013	21 904.15	26 064.87	1 755.88	452.55	74 803.93	83 105.8
2014	32 987.17	26 313.46	1 979.32	481.53	69 579.68	82 095.21
2015	28 810.27	25 578.5	2 465.37	413.43	59 029.8	74 975.87

资料来源：河南省环境保护厅官方网站

平顶山市和三门峡市的污染防治也取得长足进展。平顶山市是一个典型的资源型城市，环保压力较大。"十二五"期间地区生产总值年均增长7.1%，平顶山市通过推进资源集约节约利用和污染防治，深化了大气环境综合整治，其中万元生产总值能耗比"十一五"末下降25.7%。清洁生产和资源循环利用体系得到完善，能源资源开发利用效率大幅提高，能源和水资源消耗、建设用地、碳排放总量得到有效控制，主要污染物排放总量大幅减少。三门峡市在"十二五"期间，地区生产总值年均增长9.3%，烟（粉）尘排放总量、废水排放量、工业废气排放量、一般工业固体废物产生量、二氧化硫排放量和化学需氧量排放量6项主要的环保指标5降1升，下降趋势明显。其中二氧化硫排放量下降26.7%，化学需氧量排放量下降22.67%。

二、绿色产业结构不断优化

秦巴山脉区域河南片区产业结构的一个重要特征就是资源开发型产业所占比例较高，如三门峡市2013年规模以上采矿企业资产总值占工业总值的47%。其中，灵宝市一度采金业发达，随着资源的逐渐枯竭，2009年被国家定为第二批资源枯竭型城市。近年来，灵宝市政府在推动产业转型的过程中，高度重视绿色循环发展，根据当地自然条件的优势，开发建设了金地杜仲产业园区等多处特色种植园。该产业园区拥有占地10万亩的杜仲种植基地，被中国林学会杜仲研究会称为"中国第一杜仲籽园"，是国内唯一收集39个杜仲品种的中华杜仲文化园，已开发产品包括杜仲籽油软胶囊、杜仲洋参软胶囊、杜仲雄花茶等，市场前景看好。

南阳市大力支持发展小辣椒、食用菌等绿色蔬菜产业，鼓励发展林果种植基地和速生丰产用材林，加快建设中药材种植基地等。

旅游业因其能有效减少资源和能源的浪费、提高经济效益，受到各地政府高度重视，将旅游开放和绿色环保相结合，让经济逐渐走向良性发展。平顶山现有5A级国家风景区1个，4A级国家风景区4个，2014年旅游业收入达到155亿元。在平顶山的发展规划中，旅游业已经成为重点发展行业。"十二五"期间，河南省重点支持了洛阳栾川县老君山文化生态旅游、南阳市内乡县宝天曼生态旅游等6个旅游和文化产业项目。

"十二五"期间，河南省依托秦巴山脉地区优势，充分开发利用太阳能、风能等新能源。规划建设9个风力发电工程项目，装机容量40万千瓦·时，总投资44亿元，建成后每年可以提供清洁电力9.3亿千瓦·时。洛宁县建成大型沼气集中供气工程7座，新增沼气用户2.4万个，绿色可再生能源利用量5.2万吨标准煤。

三、企业逐渐走向循环发展

企业负责人或者高管人员的生态环保意识逐步增强，他们对国家出台的相关生态环保法规和政策也都高度关注。在组织企业生产过程中，大多考虑了绿色循环发展方面的政策要求，尤其注意不突破生态环境保护政策的"底线"。

河南省平顶山神鹰盐业有限责任公司100万吨/年精制盐项目是利用叶县丰富的岩盐资源，遵照"环保、低碳"的科学理念建设的高新技术示范项目。该项目打破传统的五效蒸发制盐工艺，采用国际先进的热压制盐技术，不燃煤，零排放。该技术使热能在生产过程中被反复循环使用，以最大限度节约能源。该公司不断延长循环经济产业链，用生产盐制品产生的氯气开发生产氯产品及PVC（poly vinyl chloride，聚氯乙烯）树脂及制品，废弃物基本"吃干榨净"。

叶县双汇牧业有限公司15万头商品猪生产基地十分重视绿色循环生产，养殖场为了处理生猪废弃物，建有大型沼气处理池，利用沼气处理池的沼气发电；将沼液通过管道输送到周围田间地头，充当肥料；将沼渣送到专门的生产车间，生产有机肥，基本实现废弃物零排放。

四、扶贫开发政策成效突出

秦巴山脉区域河南片区不少地方地处山区，经济比较落后，有些属于河南省贫困县，扶贫开发一直是当地政府出台政策的关注点。"十二五"期间，河南省政府累计安排秦巴山脉区域河南片区专项资金42.6亿元，用于支持基层农业技术推广服务体系建设、退耕还林、荒山荒地造林、国有林场棚户区改造、动物防疫体系建设等350个项目的建设。加大以工代赈的政策扶持力度，安排以工代赈资金6.65亿元，重点建设与脱贫致富有关的农村中小型基础设施，建设乡村道路1 710千米，桥梁23座，保护耕地0.01万公顷，新增灌溉面积0.1万公顷，治理水土流失面积0.75公顷，解决饮水困难1 200人，安置农村贫困人口53 168人。

第三节 政策体系构建及实施中存在的问题

尽管秦巴山脉区域河南片区绿色循环经济发展的政策不断完善，政策实施成效显著，但是也要看到，现在的政策体系还存在一些问题。

一、政策理念和目标需要升华

理念决定政策的质量，目标是政策的旨归。理念是否先进，目标是否精准，决定着政策的质量和水平。目前秦巴山脉区域河南片区绿色循环发展的理念相对落后，原则和目标还不够明确精准。国家和省级政府虽然确定了该片区为主体生态功能区，但该区域绿色循环发展政策制定的原则和目标没有明确。省级政府和地市级政府对这一地区实现绿色循环发展的重要性认识还有待提高。该区域的绿色循环发展还主要停留在执行国家和省级政府的相关法律政策上，甚至地方政府在处理经济发展和环境保护关系上有不正确认识。受传统政绩考核的影响，一些基层政府仍存在追求短期政绩而缺乏自觉主动推动绿色循环发展的意识和行动，地方政府把精力仍然较多地放在招商引资和项目建设上，对环境保护形式上重视、操作上轻视。

二、政策体系需要进一步健全

秦巴山脉区域河南片区的绿色循环发展政策，目前仍处于少、散、乱状态，形不成系统，不少政策还处于"单打独斗"状态，形不成合力。一是缺少整体上的政策顶层设计和行动规划（计划）。二是现有政策主要集中于南水北调水源地保护、扶贫开发、生物资源保护等少数领域，而一些经济性政策如税收、价格、金融政策等很不完善，尤其是绿色产业发展及绿色城市化、绿色科技和教育等支持政策还很有限。三是一些政策的标准、层次和法律效力相对较低，如生态补偿政策，存在补偿标准较低、政策法律效力不高、执行效果打折扣等问题。南阳市的西峡、淅川等县，为南水北调工程水源地保护付出了巨大的代价，获得的生态补偿非常有限。四是绿色循环法律规制还没有"全覆盖"，现行法律法规80%以上分布于生产经营活动领域，而在仓储保管、交通运输、生活消费、废弃物处理等领域还存在空白。五是我国环境保护标准建设相对滞后，不仅总量不足，环境保护标准还没有全覆盖，而且结构不合理，五类环境标准中，环境质量标准、环境基础类标准及污染物排放标准相对较少。

三、政策区域间协调性需增强

首先是河南省的南阳、洛阳、平顶山和三门峡四个省辖市及其他县级市统筹协调不足，完整连续的自然生态环境系统由不同行政区和行政部门横向纵向分割，各省辖市、县级市和职能部门各自为政，分头行动，缺乏统筹协调和统一行动。其次是秦巴山脉所涉及的甘肃、陕西、湖北、四川、河南、重庆等省（直辖市）缺少协调联动，对整个秦巴山脉区域的绿色循环发展缺乏统一规划指导。最后是国际政策的协调缺失，在秦巴山脉的保护与开发过程中，各地应积极与国际社会取得联系，加强合作与开发，共同促进该地区绿色循环经济的发展。例如，世界银行的贷款主要用于改善成员国的基础设施，可以申请该类贷款用于支持秦巴山脉区域河南片区的绿色循环发展项目。

四、政策手段和机制需要改善

绿色循环发展政策在制定和实施中存在"四强四弱"现象：法律法规等限制性的"命令—控制型"政策制定较多，实施较强，而经济政策等激励性的"市场型"政策相对较弱；对传统产业污染治理经验丰富、手段强，而对新型绿色产业发展的支持政策相对较弱；对治理污染、生态建设等直接性的"环境保护"政策制定和实施较为强化，而对加快人口和产业集中、绿色科技和教育等基础性的绿色循环发展政策制定和实施相对较弱；政府促进环境保护的努力不断加强，但企业和广大人民的参与性、积极性相对较弱。

五、政策的贯彻实施有待强化

一是缺乏完善高效的体制机制保证，地方环保部门的执法权威性还不高，不少环保政策在执行实施中打了折扣。二是不少指导性的文件、政策甚至法规缺乏具体的实施细则，地方政府执行起来比较困难。三是政策执行的绩效考核比较简单，不受重视，一些地方仅仅满足于不出大的生态事件。四是局部生态环境恶化的趋势还没有得到控制，农村废水垃圾、生活废弃物污染问题比较突出；仍然存在矿产资源开发秩序混乱，偷采、乱采，尾矿就地堆放，废水渗液直排等现象；仍然存在个别企业违法排污、超标排污、偷排漏排等现象。

第三十八章　绿色循环发展政策构建的国际经验与启示

欧盟、美国、日本、澳大利亚等被普遍认为是绿色循环发展的先驱，政府和公众较早地意识到环境保护的重要性，较早地制定了促进绿色循环发展的各项法律法规和政策体系，为其他国家绿色循环发展政策的制定和执行提供了范本和宝贵的经验。本章选取欧盟、美国、日本作为典型案例，观察其环境政策的演变过程和特征，为秦巴山脉绿色循环发展政策的制定提供借鉴。

第一节　欧盟环境政策的演变与特征

20世纪70年代以来，欧盟形成的有关环境保护的法律法规和各项政策达1 000多项，在这些众多的法规政策中，"欧盟环境行动规划"具有独特的地位，是其他政策法规的基础和依据。

一、欧盟环境政策的形成和发展（1973~1986年）

20世纪五六十年代，欧共体的环境政策处于萌芽状态，针对污染问题，各国分别进行污染治理的立法，如英国的《清洁大气法》、《清洁河流法》和《生活环境舒适法》等；联邦德国的《空气污染控制法》《废弃物管理法》等。各国不同的环境法令和环境标准，造成跨国商品流动的障碍和市场竞争的不公平。1972年，欧共体巴黎峰会首次提出在共同体内部建立共同环境保护政策框架。

1973年12月，欧共体理事会通过欧共体《第一个环境行动规划》（1973~1976年）[4]。在这个行动规划中，欧共体明确提出环境政策的目标：提高生活和环境质量，改善生活和环境条件。该规划第一次提出环境行动的11条原则，主要包括：预防胜于事后治理，全过程考虑环境影响，污染者付费，控制跨国污染，欧共体在公众获取信息、接受环境教育方面发挥作用等。该规划提出的环境政策内容主要包括3部分：减少污染和有害物、提高环境质量、在有关环境保护的国际组织中采取协同行动。欧共体第一个环境行动规划为欧盟未来的环境政策奠定了基础。

1977年5月，欧共体理事会通过《第二个环境行动规划》（1977~1981年），该规划是上个行动规划的延续和扩展，它再次强调第一个行动规划的政策原则和目标，规定未来4年环境政策的主要内容，包括动植物保护，对土地、环境和自然的无害化利用和管理，同时把防治水污染和大气污染的措施提到更重要的地位，对噪声污染提出了更广泛更具体的措施[5]。

1983年2月，欧共体理事会通过《第三个环境行动规划》（1982~1986年）[6]。在前两个规划的基础上，面对新出现的环境问题，如跨境污染、土壤污染、废物急剧增多等问题，该规划指出：环境政策的目标"不但要保护人类健康、自然和环境，而且要在规划与组织经济和社会发展问题时充分考虑如何合理利用自然资源"。该规划增加了一些新的原则：环境政策应与欧共体其他经济社会政策综合考虑，提出污染者付费的具体措施，强化环境政策的预防性特征等。该规划还认识到发展中国家的污染问题，建议欧共体国家与发展中国家合作时应考虑到其环境、人口和资源状况。

二、欧盟环境政策充分发展阶段（1987~1991年）

1987年生效的《单一欧洲法》开启了欧洲环境政策的新时期。从1987年到1991年（《欧洲联盟条约》缔结），欧共体共颁布200多项环境政策法令，使其环境政策得到了进一步的发展。

《单一欧洲法》在原来的"欧洲经济共同体条约"中增加了"环境保护"的内容。新增的第100A条通过引入理事会多数表决和合作程序的内容，努力使各种环境保护的政策和法令趋于一致。第130R条第1款规定了欧共体环境行动的目标：保持、保护和改善环境质量；保护人类健康；节约和合理地利用自然资源。这3个目标是环境保护行动的指导思想。第130R条第2款提出了环境保护的原则：预备原则、预防原则、就近原则、污染者付费原则。《单一欧洲法》通过第100A条及第130R条确立了欧共体机构制定环境保护措施的权力。第100S条授权理事会可以在环境保护方面采取行动。

1987年12月，欧共体理事会通过《第四个环境行动规划》（1987~1992年）[7]。该规划分为九个部分，其中第二部分规定了环境政策的总方向，即与农业、工业、能源、地区等政策的一体化；第三部分明确多种控制污染的具体方法；第四部分划定噪声污染、大气污染、海水污染、化学品污染、核安全等几个特别的行动领域。

《第四个环境行动规划》在形式和内容上明显不同于前面的规划。从形式上看，该规划列出了对待污染的各种方法：多种介质方法、从源头即原材料着眼的方法等。从内容上看，该规划增加了一些新的观念：建立严格的环境标准、注重环境立法与实施、获得并公布环境信息、注重公众的环境教育等。

《第四个环境行动规划》强调将环境政策和其他社会经济政策一体化和融合在一起，如与农业政策、工业政策、运输政策等的综合考虑。阿尔卑斯山区的开发政策就是多部门、多种政策综合运用的实例。

三、欧盟环境政策的成熟阶段（1992年至今）

1991年12月，欧共体12国通过《欧洲联盟条约》，欧共体发展成为欧盟。欧盟的出现进一步提升了环境保护在欧盟政策体系中的地位。欧盟环境政策由此进入可持续发展战略阶段。在这一阶段，欧盟的环境观念把环境问题看成一个有关人类可持续发展的问题，这是一个根本性的转变。欧盟的《第五个环境行动规划》与《第六个环境行动规划》实际上也是可持续发展战略。

1993年，欧盟通过"迈向可持续性——关于环境与可持续发展的共同体政策和行动的计划"，即《第五个环境行动规划》（1993~2000年）[8]。该规划包含内容很多，是所有规划中篇幅最大的，其内容至今有效，是欧盟可持续发展战略的起点。主要包括三大部分。第一部分全面规划了迈向可持续发展的欧盟环境政策，内容包括政策目标、政策主题、政策工具和手段的扩展等。第二部分用专门的篇幅讨论了环境政策的国际化问题。第三部分设定了7个优先发展的目标：自然资源的可持续管理、污染控制的一体化、提高城市环境质量等。

2002年，欧盟通过了名为"环境2010，我们的未来，我们的选择"的《第六个环境行动规划》（2001~2010年）[9]。此规划内容共有八章，主要确定了未来10年欧盟环境政策的目标、实施原则、优先领域等。具体内容分为以下三方面：第一，确定了为达到环境保护目标的5个方式，促进现行法令的实施；环境政策和其他政策的一体化；鼓励市场机制的环境政策；公共环境保护的教育与引导；土地绿化使用规划和管理决策的有效性。第二，在4个重点领域实施可持续发展，这4个领域是：应对气候变化，保护自然野生动物、环境和健康，自然资源的可持续利用及废物管理。第三，加强国际合作，共同面对可持续发展问题。

2012年12月，欧盟出台《第七个环境行动规划》（2012~2020年），第七个规划的提名为"在地球的生态极限下，生活得更好"，"创新和循环的经济模式会带给我们繁荣与健康的环境，在这种经济体系中，不会浪费资源，实现自然资源的可持续利用，保护、重视与恢复生物多样性，增强社会适应力"[10]。

《第七个环境行动规划》为欧盟环境政策的制定提供了合理的框架结构，并将短期、中期和长期的目标结合起来。此规划确定了三大关键领域：保护支撑人类经济繁荣和福祉的自然资源、促进资源效率提高向低碳社会转变、避免人类受环境健康危机的威胁。保护支撑人类经济繁荣和福祉的自然资源，其中包括生物多样性、土壤资源、水、海洋、空气、气候等各方面的保护战略与相关政策指令，大概包括19项指令。促进资源效率提高向低碳社会转变，其中涉及废弃物、能源、交通、水、设计与创新等多个方面，包括8个总体战略、9个政策指令。避免人类受环境健康危机的威胁，其中包含空气质量、饮用水质量、城市废水处理、浴水、噪声、化学品、气候等多个方面的环境政策，大约8项总体战略、11项相关政策指令。

1973年欧共体制定《第一个环境行动规划》，到今天共制定实施了7个环境规划，有1 000多项指令、规定和决策，已形成一个完善的环境政策体系，为全球环境政策的制定与执行树立了榜样与风向标。

四、欧盟环境政策的特征

总结这40多年欧盟环境政策的演变，可以看出以下几个方面的特征。

1. 环境政策目标不断丰富和精细化

1973年的欧共体《第一个环境行动规划》提出，环境政策的目标是"提高生活和环境质量，改善生活和环境条件"；1987年的第三个环境规划提出，环境政策的目标是"保护人类健康及自然和环境、合理利用自然资源"；20世纪90年代的《第五个环境行动规划》提出要"保持、保护和促进环境质量；保护人类健康；合理利用自然资源；充分考虑环境政策的国际化"。欧盟的环境政策目标增加到4个。之后，欧盟的环境政策目标逐渐精细化，更具有针对性和操作性。例如，《第七个环境行动规划（草案）》提出的环境政策目标是"保护自然资源；发展资源节约、绿色和有竞争力的低碳经济；使环境立法的效力最大化；使欧盟公民的健康免于环境的压力和危险；保证对气候环境和气候政策的投资；促进环境政策的一体化；促进欧盟城市的可持续发展；在地区和国际问题上增强欧盟的影响力"。通过欧盟环境政策的目标，也可以看出环保理念的变化：从最初的末端污染治理到后来的预防和主动规划，再到绿色经济和低碳经济。

2. 环境政策的原则不断完善和强化

在欧共体的第一至第四个环境行动规划中，提出11项原则，包括从源头控制污染和有害物、预防优先、污染者付费、防止跨界污染、培养公共的环保意识等。在《第六个环境行动规划》中，强调了辅助性、尊重多样性、污染者付费、防备和预防、源头控制等环境政策的实施原则。2012年的《第七个环境行动规划》明确提出"欧盟的环境政策是建立在污染者付费原则、防备原则、预防原则和源头控制原则基础上的"。欧盟环境政策所遵循的原则很多，其中不断强化的核心原则主要包括污染者付费原则、防备原则、预防原则和源头控制原则。

3. 环境政策内容日渐充实

第一和第二个环境行动规划中，环境保护的主要领域是水环境保护、空气污染防治和噪声污染防治。第三个和第四个环境行动规划中，环境保护的重点领域扩展到固体废弃物管理、危险化学品管理、核安全等领域。20世纪90年代，随着可持续发展理念和战略的提出，欧盟环境保护的重点领域进一步扩展到生物保护、自然遗产保护等全新领域。至此，欧盟已经形成了比较完善的包括水环境保护、空气污染防治、噪声污染防治、固体废弃物管理、危险化学品管理、核安全、生物保护、自然遗产保护等8个领域的相关环境政策。

4. 内部环境政策一体化趋势和外部国际合作化趋势都在加强

内部环境政策一体化趋势主要是指欧盟将环境问题纳入其他政策领域。环境政策的一体化开始于1983年的《第三个环境行动规划》，该规划强调一定要将"环境问题纳入欧盟的其他政策中"。1987年的《单一欧洲法》明确规定，"环境保护必须成为共同体其他政策的一个组成部分"。之后，《第四个环境行动规划》在题为"政策总方向"的第二部分提出，环境因素是基础性因素，欧共体在制定农业、工业、地区、能源、交通和旅游等政策时都要充分考虑环境因素。第五和第六个环境行动规划无不贯穿一体化的要求。《第七个环境行动规划（草案）》明确规定要提高环境政策的一体化和融合性。

1973年的《第一个环境行动规划》就提出了环境问题的国际化合作。第二和第三个环境行动规划还专门规划了欧共体和发展中国家的环境合作问题。1993年的《第五个环境行动规划》在环境政策国际化历史上具有里程碑的意义，该规划用13节的篇幅全面规划了欧盟环境政策的国际化问题。第五和第六个环境行动规划设定的优先领域如气候变化、保护自然和生物多样性、提高自然资源的可持续利用水平等都是国际化程度很高的环境问题。《第七个环境行动规划（草案）》提出，许多环境挑战，如减少温室气体排放、延缓生物多样性和生态系统的退化等问题都是全球性的，需要在全球范围内全面合作才能加以解决。

第二节　美国环境政策的演变与特征

美国环境政策的制定历经了环境政策的初期阶段、环境政策立法的"黄金时代"和环境政策立法的"僵局时代"。

一、环境政策的初期阶段（1969年以前）

20世纪五六十年代是美国公共环保意识迅速萌发的年代，尤其是1962年蕾切尔·卡森的《寂静的春天》一书出版，更激起人们对环境的危机感。不过，1969年之前，政府在环保政策的制定和执行方面并没有太大的表现，这一时期通过的比较重要的环保法律有1964年的《荒野法案》和《土地和水资源保护基金法案》，这两个法案有效地保护了土地开发。在其他方面，环境保护的政策法规较少，甚至长期以来，政府认为空气和水污染等的治理是地方性事务，不是国家层面议事日程的事情。虽然早在1899年就通过了《废弃物法案》，但是人们根本无视该法案，照常往水中倾倒垃圾，造成水质污染。直到1948年，美国政府制定《联邦水污染控制法》（也称《清洁水法》），1963年，颁布《清洁空气法》，各州开始制定本州的空气和水质标准，但是仍然少有联邦政府统一制定的全国性环境标准。

二、环境政策立法的"黄金时代"（1969~1980年）

1969年，美国国会通过《国家环境政策法》，标志着环境保护成为国家的基本政策，也意味着此后联邦政府将在环境保护上承担更为重要的责任。法案规定，联邦政府将会同州和地方政府采取切实可行的措施"创造保护人与自然和平共处的自然环境"。

随着社会公共环保意识的加强，国会在20世纪70年代相继制定了一系列新的环保法案，内容包括空气和水的保护、杀虫剂的管制、濒危物种的保护、危险化学品的控制、海洋和大陆架的保护、公共土地的监管。通过的具体法案有《联邦灭虫剂、灭鼠剂法》《水生哺乳动物保护法》《噪声控制法》《海洋管理法》《濒危物种法》《安全饮用水法》《有毒物质控制法》《资源保护和恢复法》《联邦土地和管理法》《国家森林法》。1977年国会还对《清洁空气法》和《联邦水污染控制法》进行了修订。

此外，环境保护的体制机制在这一时期也有了突破性的进展。1970年成立国家环境保护局。到20世纪70年代末，美国已经基本上建成了一个较为完善的环保体系，它由一系列覆盖面较广的环境保护法及以环保局为代表的环境保护行政机构组成。

经过十多年的努力，美国在环境保护方面取得了巨大的进展，因此美国的环境史学家称20世纪70年代是美国历史上的"环保的10年"。

不过，在美国环保政策的实施过程中，也暴露出一些问题，引发了社会的激烈讨论和部分工商企业对环保政策的抵触。首先，有人指责用于污染控制的巨额投资，直接影响了美国的经济发展速度，影响了工商企业投资生产的积极性；其次是对国家环境管制模式的质疑，政府利用行政手段对环境问题直接进行干预，即环境政策主要是"命令-控制"模式，市场手段较少，引起崇尚自由市场经济的许多人士的不满。

三、环境政策立法的"僵局时代"（1981年至今）

进入20世纪80年代，美国的环保政策开始艰难跋涉的泥沼阶段。从20世纪80年代开始到今天，仅通过或更新了少数几部环境法，一些亟须立法解决的新环境问题和需更新的环境法都因为激烈的矛盾争论而进展缓慢。

1981年，里根入主白宫，开始改革计划，致力于通过增税来促进国家经济复兴，所以他的环保政策必须服从和服务于经济发展这一根本目标。里根宣布制定环保政策的4条原则：采用"成本-收益分析"方法决定环境管制的价值是否得当；尽可能多地运用自由市场体制分配资源；将环境保护的责任下放给地方；继续与他国合作解决全球环境问题。在具体的环保政策上，与前几任总统相比，里根在其任内所通过的环保政策和法律屈指可数。美国环境史学家将里根任期称为"环保政策的停滞"阶段。

布什时期联邦政府环保政策明显不同于里根时期，它既有积极的环保政策、环境规划，也有在反环境保护主义力量支持下维护其既得利益、通过行政命令阻碍环境管制的一面。"布什政府的环境记录是混杂的。"不过，值得肯定的是，布什在推动美国环保政策的变革方面有所创新，尤其是新的《清洁空气法》，注重市场的政策工具在美国环保中的运用，而这一点也为其后任所继承。

克林顿政府力图在打破"环保政策的停滞"、建立环境保护主义者和工商业的环保共识上有所作为。1994年克林顿政府的"可持续经济与环境的森林计划"被认为很好地体现了这些。1995年，白宫出台《可持续发展的能源战略——为竞争经济提供清洁和安全的能源》报告，把能源的持续发展与提高国家的经济竞争力、环境保护和保障国家安全联系在一起。在空气政策方面，克林顿政府要求环保局每隔5年重新评估美国空气质量标准。对于污染场所的清理，克林顿给予了相当高的优先处理权。克林顿政府还重视建立公众查询和获取环境资源信息的制度，让公众也有环境信息知情权，提高公众环保意识和热情。

总体来说，美国环境政策的特征是"有效、参与、可持续、公平、低成本和高效益"。20世纪80年代以来，美国的环境政策出现了停滞和摇摆，但是随着公共环保意识的加强，美国的环境政策仍在继续沿着绿色的道路前行。

第三节　日本环境政策的演变与特征

日本环境保护政策大致经过污染及其治理阶段、政策协调和规划阶段、寻求环境问题国际化合作和主导权三个阶段。

一、污染及其治理阶段（1955~1975年）

20世纪50年代中期，日本经济高速发展，同时带来严重的污染问题，环境政策和环境治理应运而生。从20世纪60年代起日本开始实施严厉的环境政策。这一时期环境政策的特点表现为：①政策目标明确，政策控制的重点围绕某些特定污染类型；②行政干预效果明显，而且注重发挥地方机构的作用，由于地方机构对当地情况更为了解，其"行政指导"的作用更为明显；③注重"依法治污"，这一时期，日本出台了大量的环境保护法规，日本政府和民众也越来越多地通过法律手段解决环境问题，这为日本建立完备的环境法律体系奠定了基础。尤其是1970年因为环境问题召开了特别国会，史称"环保国会"。在此次国会上，修改并制定14项与公害有关的法律、法规，从而为以后有效实施环境政策奠定了坚实的法律基础。

二、政策协调和规划阶段（1976~1989年）

经过第一阶段污染治理，"日本在许多防治公害的战斗中取得了胜利，但是在提高环境质量的战斗中还没有取得胜利"[1]。随着人们对环境问题认识越来越深入，保护环境由末端污染治理措施转到主动、预先地资源保护和高效利用，由单一环境政策转到全面综合防治，由片面追求经济高速发展，转向生态、社会、经济全面规划和协调发展，即这一时期的环境政策重点是规划和协调。其明显特征为：在法制上确立了"环境权"，将享受良好环境的权利作为基本人权；将环境确认为公共托管财产，国家或地方公共团体对其负有责任，这是环境理论上的一大突破；建立环境影响评价机制，为有效执行环境政策，强调不同行政部门之间协调配合。

三、寻求环境问题国际化合作和主导权阶段（1990年至今）

20世纪90年代，日本环境政策开始注重国际化合作，因为日本政府意识到，环境问题不是一个国家的问题，而需要邻国、国际社会的共同努力。

进入20世纪90年代，日本开始了"环境外交"。积极参与国际环境立法活动，如参加联合国环境署、世界贸易组织的活动和谈判等；重视环境保护的国际合作，提供资金、技术和智力支援，如在巴西环境发展会议上日本的支援资金是最多的；日本还通过"环保技术国际转让中心"将不少日本在世界领先的环保技术转让出去，这大大提高了日本在环保国际合作中的声望。日本加强与发展中国家的联系，通过"绿色和平协力队"为发展中国家培训环保人员，传授环保知识。

通过日本政府和公众几十年的共同努力，日本已经成为环境保护工作做得最好的国家之一。总结日本的环境政策，具有以下几个特征：注重环境立法；将环境保护和产业结构调整相结合；注重发展环境科学，发挥科技在节约资源、提高效率方面的作用；注重环境教育，提高公众共同环保的意识。

第四节　国际经验对中国绿色循环发展政策的启示

各国的环境政策呈现出不同的发展演变过程和特征，欧盟的环境政策具有很强的规划性、前瞻性和整体性，在环境行动规划的指导下，各国的环保行动和政策具有很好的协调性和统一性。美国的环保政策强调其经济性、高效性，环保政策和经济发展并行，不能因为环保而阻碍经济发展。日本的环保政策一方面注重环境立法、产业结构调整，另一方面强调环保科技的研发和公共环保意识的培养。这些不同的环境保护政策为我国制定绿色循环发展政策提供了借鉴。

一、环境行动规划和制度安排是绿色循环发展政策的基础和总路线图

欧盟从1973年至今，共制定了7个环境行动规划，规划中制定了环境政策的目标、原则及具体措施。欧盟环境行动规划在欧盟环境保护政策方面具有独特的地位和作用，超越了欧盟众多的环境指令和条例。它是对欧盟基本立法中有关环境问题规定的具体化和详细化，同时又是欧盟环境指令、条例、决定等二次立法的直接依据。以7个环境行动规划为依据，各国根据具体情况，分别制定各自的环境保护政策，达1 000多项。所以环境行动规划在指导欧盟各国进行环境保护方面起到了基础和总路线图的作用。

美国的《国家环境政策法》是世界上最早的环境基本法之一，该法在美国环境保护史上具有里程碑式的重要意义。该法规定，在国家层面上配置各类资源，调整与平衡各个政治集团的既得利益，具有纲领性法律的地位。

日本在20世纪70年代，通过"环保国会"也在国家层面构建起了系统的环境保护法律体系，为以后实施环境政策打下了坚实的法律基础。

组织机构整合、环保权能建设是环境保护政策发挥效能的制度保障。法国于1971年创设环境保护部，之后经过不断调整与重组，2007年环保部门合并了生态

部、能源部与可持续发展部及区域与规划委员会等部委的关键职能，在国家部委中具备较高的行政级别和管理权限。美国于1970年成立专门负责环境保护的政府机构，后来升格为国家环境保护局。英国经过漫长的改组、调整，于1996年设立了环境局，把原本分散于许多管理机构的环境保护和污染防治职能集中于一个统一机构。

二、规制型政策和市场型政策并重

"命令-控制型"政策工具表现为一系列禁止性规定，包括法律法规、环境标准、技术标准等，是环境保护、绿色发展的基础政策。而"市场化"工具表现为税收、产品定价、专项补贴、绿色信贷等，利用市场机制引导企业、居民、社会向"绿色"方向发展。

欧盟、美国、日本等在绿色发展、环境保护方面都制定了比较严格与完善的法律法规和标准。德国1972年通过了第一部环保法《垃圾处理法》，20世纪90年代初环境保护被写入国家《基本法》，德国联邦及各州环境法律法规达8 000多部，同时实施欧盟的约400个相关法规，其成为具有最为完备的环境立法和最为严格细致的环境标准的国家。北欧各国已形成以《环境基本法》为基础，基本法、综合法、单行法相互补充、相互配合的完整绿色法律体系。

欧盟为促进节能减排理念从"谁污染，谁付费"到"谁环保，谁受益"的转变，各国综合性地推出财税政策、专项补贴、市场机制等许多环境税收激励政策，促使企业从末端治理到提前预防。加拿大政府设立的"生态礼物项目"，旨在保护全国重要生态区。项目规定，凡自愿将生态脆弱的经营土地转换为环境保护用途者，均免除其土地税。在德国，如果居民家庭承包一段河流的清理与保护工作，可以享受收入的减免税政策。丹麦政府为推动零碳经济，利用财政补贴和价格激励推动可再生能源的发展，如风能发电进入电网可获得价格优惠，对生物质能发电采取财政补贴。

环境税也是国外常用的市场化工具。20世纪90年代，丹麦形成以能源税为核心，包括水、垃圾废水、塑料袋等16种环境税收体系。同期，挪威开始征收绿色税，包括二氧化碳税、石油税、柴油税、电力消耗税、车辆登记税和饮料容器税等11个税种。这些税种导向清晰，对减少垃圾、降低碳排放效果明显。

三、加强绿色发展的文化建设和公民教育

环境教育是提高社会公众的环保意识、培养公众可持续发展价值观的有效途径。民间非政府组织成为宣传环保理念并践行环保生活的主要力量，欧美国家为这些非政府环境组织者提供了宽松的发展空间，如"地球之友""绿色和平""世

界自然基金"等环境团体数量激增,它们通过正式或非正式的渠道向环境决策者提供专家建议,影响决策方向。

日本环境政策革新突出强调环境教育和公众参与,日本把环境教育作为一项基本政策写入法律,不仅通过《环境教育法》对公众进行一般性的系统性环境教育,而且通过专门立法进行具体的激发教育。例如,《环境基本法》第25条、《推进形成循环型社会基本法》第27条等对国民环境资源意识教育、环境资源教育和学习制度等作了具体规定。

瑞典教育大纲包含环境保护、绿色发展、可持续发展等内容,相关管理部门还颁布《环境学校的特性》《绿色学校奖条例》等办法引导学校进行绿色建设。挪威相关部门为教师编写《消费教育资源手册》,内容涉及详细的绿色消费教学指导性建议,为教师有效开展绿色消费教学起到了重要作用。

四、重视发展环境科学技术

"技术改变生活",科学技术进步改善了人类的生产生活方式。日本非常注重依靠科学技术开发资源,提高资源的利用效率,从而达到保护环境、实现可持续发展的目的。日本的"官、学、研"三者互为支持,相互补充,技术研究的重点从公害治理技术到有关地球环境保护相关技术等许多领域。

近年来,生态创新一直是欧盟环境政策的重点内容。生态创新行动计划目的在于加快各成员国的生态创新进程,并推动各项创新技术进入市场,从而提升资源利用效率和保护环境。生态创新行动计划从需求、供给政策,以及行业政策和金融工具应用上做出了具体规划,包括通过环境立法和政策促进生态创新、制定新的环保标准推动生态创新、挖掘新兴技术等七个方面的内容。

五、建立公共沟通协商的渠道和机制

国外在推进绿色发展时,不仅注重政府和企业的作用,也重视社会公众的主体作用,包括社会中介和个体的作用。在绿色发展的政策制定、实施、监测、评估等各环节建立宣传、协商、参与的渠道,尤其是重视和利益相关者的沟通,保证政策的实施效果。

欧盟的环境政策十分重视利益相关者的参与,如在欧盟《第七个环境行动规划》制定过程中,首先提出300多个环境问题并对全欧盟范围内的政府、非政府组织、企业、个人进行了意见咨询,听取利益相关者的意见和建议。

澳大利亚2007年实施"水法"前首先进行了政府部门间的沟通,以加强其与其他政策的协调性,然后,政府与社区、农民协会、灌溉协会等利益相关者也进行了充分的沟通,并听取专家、科学研究组织的建议。

第三十九章　秦巴山脉区域河南片区绿色循环发展政策体系构建的依据

构建秦巴山脉区域河南片区绿色循环发展政策体系，首先要明确该区域绿色循环发展的战略定位；其次，必须明确构建和完善政策体系的指导思想和基本原则；同时，要有充分的理论依据及对政策运行机制的把握。

第一节　政策体系构建的出发点

秦巴山脉区域河南片区绿色循环发展政策体系构建的出发点，是该区域绿色循环发展的战略定位。根据之前的研究成果，秦巴山脉区域河南片区绿色循环发展的战略定位为：以"三门峡—洛阳—平顶山—南阳"为广域环秦巴山脉中心城市圈，17县（区、县级市）为狭域片区节点城镇，建设环伏牛山中心城市圈（围合外缘）、绿色循环城镇发展带［17个县（区、县级市）散点分布］、生态农业区（过渡区）、生态保护区（内核）的"一圈一带二区"。从外缘到内核，生态保护强度逐步增大，从内核到外缘，产业发展强度逐步增大，形成创新的"伏牛山生态-产业协同双向梯度发展"模式。以"伏牛山生态保护区"为核心、"生态农业区（绿色循环城镇带）"为过渡区的中间环、"绿色循环发展城市圈"为外围强劲拉动和辐射的绿色循环发展空间格局，使秦巴山脉区域河南片区产业发展与生态保护相互反哺与相互支撑，成为"强生态条件下现代产业绿色循环发展"的典范[12]。

一、绿色循环发展城市圈

依托洛阳、平顶山、南阳和三门峡4个省辖市（指城市区）及有发展潜力的县级市（县城），加快推进工业化、城市化，优化投资环境，拉大城市框架，强化基础设施建设，着力提高综合承载能力，集聚产业，以此带动山区人口大规模迁入就业。设想未来20年，4个省辖市及若干县市的市区常住人口增加1倍，则可以较大规模地疏散秦巴山脉区域河南片区的人口。例如，2015年洛阳市市辖区（即城市区，不含县城和建制镇）常住人口为215.77万人，通过拉大城市框架，加快人口集中，到2035年发展为400万人口以上规模，则有可能转移该市秦巴山区上百万人口。通过市场化途径、扶贫搬迁途径及生态移民等多元化途径，积极鼓励引导农村人口向城市迁移，加快秦巴山区人口向4个直辖城市中心城区及17个县（区、县级市）的城区迁移，有效疏散山区人口。

二、绿色循环发展城镇带及生态农业区

地处河南片区17县（区、县级市）外围的若干县城，包括灵宝、洛宁、宜阳、汝阳、鲁山、叶县、方城、镇平及邓州［邓州不在17县（区、县级市）范围，但已被列入河南省"十三五"规划纲要重点建设的节点城市］，加快城市发展，成为吸收山区人口的第二梯队城市（绿色循环发展城镇带）。积极发展特色高效设施农业和现代农业，培育优势特色农产品品牌，推进设施农业发展。建设相对集中连片种植的规模化、标准化、专业化、特色化的良种繁育和生产基地。引导农村人口、山区人口向县城及一些中心城镇集中，形成适度规模的产业和人口集聚，进一步实现"人退林进"，减少山区人口，同时也就减少了山区经济活动。

三、生态保护区

基于优越的生态条件及特色地域文化，以生态建设与环境保护为主，适度发展文化旅游、中药材产业、林果业及水经济产业，限制其他生产建设活动，构建国家公园有机组成部分。随着周边城市的发展，该区域大批人口迁出，人口不断减少，给大自然更多的休养生息机会。与此同时，结合行政区划调整，可以将一些人口极少的乡镇合并甚至取消，创造更多、更广阔一些的"无人区"。

第二节　政策体系构建的理论依据

一、全面深化改革理论

全面深化改革是"四个全面"战略布局的重要组成部分，也是绿色循环发展的根本性依据。我国经济体制改革的基本目标是建立完善的社会主义市场经济体

制，使市场在资源配置中发挥决定性的作用。市场经济是人类经济社会发展到一定阶段的必然选择，是促进经济社会发展的根本性体制机制。我国经济发展需要发挥市场机制的根本性、决定性作用，同样，绿色循环发展也需要发挥市场机制的根本性、决定性作用，如产业结构优化调整、人口迁移、私人投资和企业选址等主要依靠市场机制引导。

中国共产党十八届三中全会通过的《中共中央关于全面深化改革若干重大问题的决定》指出"全面深化改革的总目标是完善和发展中国特色社会主义制度，推进国家治理体系和治理能力现代化"，"市场决定资源配置是市场经济的一般规律，健全社会主义市场经济体制必须遵循这条规律，着力解决市场体系不完善、政府干预过多和监管不到位问题。必须积极稳妥从广度和深度上推进市场化改革，大幅度减少政府对资源的直接配置，推动资源配置依据市场规则、市场价格、市场竞争实现效益最大化和效率最优化"。该决定还进一步指出"紧紧围绕建设美丽中国，深化生态文明体制改革，加快建立生态文明制度，健全国土空间开发、资源节约利用、生态环境保护的体制机制，推动形成人与自然和谐发展现代化建设新格局"。

因此，制定绿色循环发展政策、构建绿色循环发展政策体系，绝不是否定市场经济机制的作用，不是排斥和阻碍市场机制，而是要顺应市场经济机制、完善市场经济体制。正是从这个角度出发，人们通常将绿色循环发展的政策划分为促进和完善市场机制作用的政策，以及弥补与矫正市场失灵的政策两大类。而这两类政策都需要充分依托和尊重市场机制的决定性作用。

二、市场失灵理论

无论是马克思主义经济学，还是现代西方经济学，一个重要的理论分支是充分认识和论证了市场体制机制的缺陷和弊端——市场失灵。马克思的《资本论》深入系统地研究了资本主义市场经济的经济运动规律，同时也对市场经济下市场失灵问题进行了最深刻、最系统、最科学的剖析，它不仅研究了"公共的悲剧"、收入分配不公平、剥削和压榨、生态环境破坏、欺诈和蒙骗、盲目性和无秩序性及经济危机等种种市场失灵现象，而且更加深刻科学地解释了市场失灵的根源。现代西方经济学也建立了较为完整的市场失灵理论，并将其作为指导政府发挥职能作用的重要理论依据。正如美国财政经济学家理查·A.穆斯格雷夫说的"市场机制事实上无法单独发挥全部经济职能"[13]。就自然生态环境而言，市场失灵主要表现在：第一，市场机制自发作用无法保护和建设自然生态环境，因而自然生态环境是一种典型的公共产品；第二，经济活动中大量的外部负效应（污染）严重地破坏自然生态环境，需要政府机制加以保护和修复；第三，在强自然生态功能的山区环境下，人们的经济活动往往受到自然生态的限制而导致收入普遍偏低，需要政府加以矫正。总之，秦巴山脉区域的绿色循环发展具有明显的外溢性和公共品属性，这是国家和省级层面制定相关政策体系，支持该地区绿色循环发展的重要依据。

三、新型城市化道路

城市化是实现工业化、人类经济社会走向发达的必经之路。近代以来，所有发达国家都经历了农村人口持续大规模向城市迁移的过程，这一过程的结果是，农村人口所占比重不断下降、城市人口所占比重不断上升。工业化、城市化及农村人口大迁移，是近代以来人类经济社会发展的基本路径，同样也是绿色循环发展的基本路径。城市化是社会经济可持续发展根本途径，这是因为：首先，城市化更有利于控制人口数量、提高人口质量；其次，大量工业集中于城市，有利于技术改造和集中治理污染，有利于循环型园区的建设；再次，城市化有利于土地资源的节约，城市生产和生活占用较少的土地，随着城市化的推进，大量农村人口迁移到城市，可以析出大量的农村土地转变为绿地；最后，城市化可以使"人从大自然深处退出来"，实现"人退林进"，大自然得以"休养生息"，这是"以自然恢复为主"的真谛所在。

因此，绿色循环发展某种程度上就是绿色城市化发展，推动绿色城市化的政策应该成为绿色循环发展政策的核心和重点。

秦巴山脉区域河南片区4个直辖城市及周边地区工业基础相对较好，城市体系发展完备。河南省4个市区人口在100万以上的城市，有3个在这一区域，分别是洛阳、平顶山和南阳。河南省"十三五"发展规划中，强调重点支持洛阳、南阳和三门峡3个城市的发展。规划纲要指出："巩固提升洛阳中原城市群副中心城市地位，建设全国重要的先进制造业基地和国际文化旅游名城"，"强化省际交界地区中心城市功能。支持三门峡建设晋陕豫黄河金三角地区中心城市，南阳建设豫鄂陕省际区域性中心城市，邓州建设丹江口库区区域中心城市"。

如何依托地区性中心城市区位优势和经济基础，进一步拉大城市框架，加强城市基础设施建设，加快对农村人口的吸纳，加快绿色城市化发展，是构建秦巴山脉区域河南片区绿色循环发展政策的重要内容。

四、科技和文明的进步

加快科技和文明的进步是绿色循环发展政策的关键。如前所述，绿色循环发展的主要内容有三个方面：生产和生活中减少污染及污染物的防治、资源节约和循环利用、自然生态环境系统修复和建设。无论哪个方面，要取得重大成效，表面上看是各种生态环境保护的法律和规制发挥了作用，但实质上是绿色科技进步的支撑，是人类文明进步的推动。虽然科技和文明并不直接促成绿色循环发展，但是，它们是绿色循环发展的根基，尤其是社会文明的进步，它不仅是经济社会发展及绿色循环发展的基础和原动力，也是经济社会发展的根本目标。

科学技术的快速发展，需要更多的科技工作者付出艰辛的劳动，这有赖于全社会的高度重视，尤其有赖于政府的大力倡导和支持。科技进步的基础在于教育。同样，社会文明的进步更需要教育和教化。因此，推动科技进步和教育发展的政策，是制定和完善绿色循环发展政策的重要一环。河南省乃至国家也应制定相关的政策措施，进一步支持该区域科技和教育的发展，推动社会文明的进步，形成保护生态环境、绿色循环发展的社会文化环境。

第三节　政策体系构建的原则和目标

一、指导思想

围绕十八届五中全会提出的"创新、协调、绿色、开放、共享"五大发展理念，以生态文明建设为根本，强调"生态保护为本"的研究立意，探索"绿水青山就是金山银山"的创新改革型生态发展路径，通过绿色循环发展扶持民生建设，应对地区扶贫与经济社会发展问题，探索生态文明发展路径，保秦巴"净水清风"，释放生态生产力。从国家层面构建整体性的区域发展策略，支撑"一带一路"倡议的实施，破除行政壁垒，实现伟大中国梦。

在秦巴山脉绿色循环发展整体指导思想下，河南片区绿色循环发展政策体系的指导思想为：构建强生态条件下的现代产业和社会经济发展体系。

二、基本原则

1. 生态文明优先原则

把生态文明作为发展的第一要务，把绿色发展、循环发展、低碳发展作为根本指针，以深化改革、创新驱动为动力，以绿色循环工程技术为支撑。

2. 前瞻性原则

任何政策大致都可以分为应急性政策和发展性政策，应急性政策主要用于弥补障碍和克服结构性困难，发展性政策着力于打造"新的经济发展态势"，发挥地区优势，提高地区核心竞争力。政策具有战略和引导作用，所以应该具有前瞻性和长远性，而不是对现状问题的修补，所以应加强政策的前瞻性。

3. 系统性原则

绿色循环发展是一个系统工程，政策体系设计应体现系统全面的理念，这包含几方面的内容：实现从数字上的减排到以质量改善为纲的绿色发展；从末端治理到以全过程和提前防控为主；从各地区的各自为战到区域层面的系统开发、发展；从单纯考虑生态、绿色、环境治理到与节能减排、优化国土空间格局、产业结构调整升级等结合起来。

发展绿色循环经济有六个环节：资源开采、运输、生产、流通分配、消费和废弃物处理处置。根据联合国环境规划署对可持续生产与消费政策的评估，政策干预主要集中在生产环节，而对资源开采阶段、消费阶段和废弃物处理处置阶段干预较少，即目前80%的政策努力应对的是只有20%的生态和环境风险，导致政策作用环节错位。因此，在继续关注生产环节的同时，未来特别需要在自然资源开采、消费和废弃物处理处置环节加强政策干预的力度，采用系统工程的"全过程"管理思路制定相关政策，优化已有的政策体系。

4. 综合性原则

我国政策大多是主管部门出台的单一政策，部门协作和联合的政策较少，如农业政策、产业政策、水资源管理政策等。跨部门综合性政策有利于政策从被动地平衡地区之间差异转为主动地提高效率和增加竞争力。例如，单纯的直接补偿转向地区经济开发，传统的农业政策转向鼓励乡村景观、农业观光旅游等多样化发展，单纯的政府主导型扶贫政策转向动员社会多方力量并加强国际合作。

5. 协作性原则

秦巴山脉地区分布着区域性的人文地理景观，由于自然地理的延续性和历史发展的长期性，形成了各具特色的山区文化带，若人为地利用行政区划将其分割，将会影响其整体景观的呈现，所以4个地市间应加强协调和协作。有两条路径：一是"自上而下"，从全省层面制定秦巴山脉整体性的保护和开发策略，以指导区域发展；二是"自下而上"，地方从联合和发展的角度，成立打破行政边界的跨区工作团体[14]。

三、政策目标

1. 加快建设河南省重点生态主体功能区

主体功能区是指基于不同区域的资源环境承载能力、现有开发密度和发展潜力等，将特定区域确定为特定主体功能定位类型的一种空间单元。秦巴山脉区域河南片区属于限制开发区和禁止开发区，是国家和河南省重点生态功能区。构建完善的绿色循环发展政策体系，是建设河南省重点生态功能区的重要保障。

2. 实现经济发展和自然生态良性互动

秦巴山脉区域河南片区半数以上区域属于国家特困地区，也是全省经济欠发达地区。通过政策法规的制定与实施，将该区域的人口和经济向中心城市（镇）集中发展，为生态腾出更多的大自然空间，发展资源节约、低碳排放的有竞争力的绿色经济，将秦巴山脉地区建成我国绿色经济增长极和可持续发展的示范区，建成"伏牛山脉南北坡绿色循环发展示范区"和我国重要的生态安全屏障。

3. 促进人与自然和谐共生

自然是人类生存之本、发展之基。发展必须处理好人与自然的关系，从无节制单向索取自然，转向有度有序利用自然，促进人与自然和谐共生。政策的制定和完善首先要以人的安全和健康为第一目标，使该区域人民的健康免于环境的压力和危险。通过政策的制定和执行，提高人们的生活环境质量，改善生活环境条件，保护人们的健康，提高人们的福利。

4. 促进城市的可持续发展

城市是经济社会发展的火车头，是经济发展的重要载体，同时，随着人口向城市大幅度迁移，城市越来越成为"人类的家园"。通过政策的制定和执行，促进人口加速向城市转移，加大城市投资和基础设施建设，建设绿色工厂、绿色建筑、绿色基础设施，发展绿色城市。

第四节 政策工具与政策机制

政策工具是实现政策目标的手段、措施和过程，主要的政策手段（工具）包括法律、指示、规划、财政、金融、价格、宣传、公众参与、志愿者行为等。政策机制主要是指政策决策程序、运行过程及政策目标群体的行为选择,从决策程序来看,是科学化民主化的决策,还是主观独断的决策;从运行过程来看,是公开透明的实施政策,还是不公开不透明的实施政策;从政策目标群体的行为选择来看,是强制性的政策实施,还是引导性的抑或选择性(自愿性)政策实施。政策工具的选择及政策机制的运用,是构建绿色循环发展政策体系的重要一环。政策理念和政策目标都是通过形式多样的政策工具,经由一定的政策机制传导而最终实现的。

一、"市场化工具"和"命令-控制型工具"

在国外,资源环境政策工具通常按照它们的作用方式不同分为"市场化工具"和"命令-控制型工具"[15]。

市场化政策工具是指运用政策调整、干预或者优化市场,通过市场机制引导企业和居民,市场机制所发挥的作用将更有利于减少污染、保护环境及促进资源节约和循环利用。例如,对于污染征税,将外部成本内在化;对保护环境行为给予税收减免或者财政补贴,将外部效益内在化;建立碳市场和碳交易;支持绿色金融。"市场化工具"与"命令—控制型工具"的区别,主要不在于强制还是自愿,而在于它是否依托市场、作用于市场,发挥市场在资源配置上的决定性作用。

"命令—控制型工具"表现为一系列禁止性规定,包括各种行政法规、环境标准、技术标准等,它们是环境保护、节约资源的重要政策工具,对于绿色循环经济的发展而言是基础政策。例如,禁止农业生产中使用剧毒农药,禁止农业生产中使用某些转基因种子等。只有严厉"堵住"那些不利于环境保护和资源节约的行为,才更有利于把它们疏导到符合绿色循环经济发展的目标上来。从这个意义上看,传统的"命令—控制型工具"是循环经济发展的基础和前提,与"市场化工具"具有同等重要的意义,这也是发达国家绿色循环经济发展的一个基本经验。

二、政策工具与政策机制的统一

随着绿色循环经济发展实践的推广和人们对资源环境保护意识的提升,绿色循环发展的管理主体、管理手段趋向多元化,大量的政策工具不断涌现,其中世界银行提出的划分标准得到较为普遍的认可,将政策工具划分为四类:直接规制、利用市场、创建市场、公共参与[16]。

政策的本质是利益调整。绿色循环经济政策就是调节经济发展各相关主体的利益关系，通过政策干预，建立有利于循环经济发展的利益驱动机制。

在市场经济下，通过价格调节把分散的市场主体联系在一起，从而解决了生产什么、生产多少、如何生产及为谁生产的问题。这里的核心是生产者的贡献和利益具有相对应的关系，调节的手段就是价格的波动。一般来说，从供给方面看，一种商品的价格提高了，意味着生产方存在较大的利益，就会多产出；价格下降，生产就会减少。而从需求方来看，商品价格的提高，意味着付出较高的成本，人们对它的需求就会减少；价格下降，需求就会增加。因此，促进绿色循环经济发展的关键就是如何采取合理的价格形成机制，使价格成为促进资源节约利用的最基础的力量。因此利用市场的政策工具也是促进绿色循环经济发展的最基础、最主要的工具。

绿色经济发展和生态环境保护具有很强的外部性，具有公共物品的特性，这些领域会存在市场失灵现象，这时需要政府干预和规制，即规制性政策。

利益驱动机制是绿色循环经济政策工具背后的基本机制。按照政策工具的管理主体、管理手段，又可将政策机制分为强制性机制、选择性机制、引导性机制和补偿性机制（表39-1）。

表39-1　绿色循环经济政策工具与政策机制

政策工具类型	政策工具内容	政策机制
直接规制	法规、条例、实施办法、标准、禁令、许可证、限额	强制性机制
利用市场	环境税、使用费、资源定价、专项基金、专项补贴、绿色信贷、绿色采购	选择性机制 引导性机制 补偿性机制
创建市场	产权创建、自愿协议、许可配额交易	选择性机制 引导性机制
公共参与	公众参与、信息披露、技术转移、对话合作、环境听证	引导性机制

强制性机制的管理主体是现代政府，即国家行政体制，其管理手段主要是规制性政策；选择性机制的管理主体是市场，通过利用市场来促进对目标的完成；引导性机制的管理主体是混合型的，通过政府创建市场，之后将利益各方推向市场，利用市场促进目标的完成；补偿性机制的管理主体也是政府，其主要通过补贴等手段对利益进行调整。

三、方针性政策和工具性政策

在我国，从政策手段看，绿色循环经济发展政策呈现方针性政策和工具性政策相结合的特点。方针性政策是中央政府的纲领性和目标性政策，为发展循环经济提供了思想基础和目标方向。这类政策包括指导性政策文件，如国家社会经济发展的五年规划、国家主体功能区规划、国务院关于促进循环经济发展的意见等。工具性政策是针对循环经济各相关主体的强制性或引导性政策，它是直接管制政策、经济激励政策和自愿性政策的结合。

方针性政策需要借助于工具性政策，才能实现其目标，从行政行为看，方针性政策反映的是政府的意向和期望，工具性政策是一系列具体的、有针对性的直接影响市场经济主体行为的、可操作性的政策手段。所以，方针性政策最终目标能否实现，关键在于能否制定、实施恰当的工具性政策。

第四十章　秦巴山脉区域河南片区绿色循环发展政策体系构建的思路

秦巴山脉区域河南片区绿色循环发展政策体系的构建，既要充分学习借鉴欧美及日本等发达经济体环境政策构建的经验，也需要体现本区域的特殊性，不仅要保护环境，更要促进发展，实现绿色循环发展。绿色循环发展的政策体系构建要充分考虑经济体制机制的改革和完善，考虑城市化和人口迁移、扶贫开发等。绿色循环发展政策体系构建，需要中央、省及地市级政府的共同作为，协调推进。本章在上一章研究的基础上，将绿色循环发展政策分为三大类：即规制型政策（命令—控制型政策）、市场型政策（经济性政策）和基础型政策。

第一节　规制型政策体系

规制型政策主要包括各种法律、法规、条例、实施办法等法规，也包括环境标准、规划、行动计划等。

一、健全绿色法规体系

1.健全全国性环境保护法律

2015年10月，党的十八届五中全会通过的《中共中央关于制定国民经济和社会发展第十三个五年规划的建议》，明确提出"坚持绿色发展，着力改善生态环境"，为健全和完善我国绿色循环发展法规政策提出了更高要求，也提供了理论指导。一是要围绕加快主体生态功能区建设，制定主体功能区建设的相关法律和政策。二是要将环境保护法律法规由生产领域延伸到流通、交换、仓储、生活消费、废弃物处理等领域。三是要进一步完善污染防治领域的法律法规。针对土壤污染防治，需尽快出台土壤污染防治法、土壤污染防治行动计划等法律法规。针对资源节约和循环利用，在《中华人民共和国循环经济促进法》的基础上，针对其中提出的"节能、节水、节地、节矿、节材"要求，需要制定相应的法律条例，如制定物品包装条例、废弃物管理条例、家用电器回收法等。

2. 制定秦巴山区投资法

阿尔卑斯山地区国家制定的山区投资政策，可以为我们提供借鉴。瑞士的《山区投资法》是国家层面非常重要的政策，它其实并不是通常意义上的法律，而是把与山区公共政策的每一个相关领域都囊括其中，是通过对其共有基础设施（道路、教育、医疗等）的投资改善山区生活水平的综合性政策[16]。

我国应充分借鉴瑞士经验，制定秦巴山区投资法，涵盖基础设施投资、项目投资、农业投资等多个领域，以解决秦巴山区脱贫致富发展和生态保护的主要问题。

二、完善环境保护标准

经过40余年的发展，尤其是"十二五"时期的努力，国家已经建立了1 697项环境标准。2017年4月，环境保护部印发了《国家环境保护标准"十三五"发展规划》。根据该规划，"十三五"期间，环境保护部将全力推动约900项环保标准的修订工作，将发布约800项环保标准。同时，建议深化环保标准的信息化建设，提高标准管理的规范性和高效性。河南省要根据秦巴山脉区域河南片区建设国家主体生态功能区的需要，抓紧制定针对河南片区生态环境、绿色循环发展的标准体系。

三、制定相关发展规划

1. 制定秦巴山脉绿色循环发展总体规划

建议国家成立中央层面的秦巴山脉区域绿色循环发展协调机构，指导和支持秦巴山脉区域加快发展绿色循环经济，制定和实施绿色循环发展政策。在区域协调机构的指导下，制定秦巴山脉绿色循环发展的总体规划和专项规划，明确战略任务和发展目标，细化发展路径，解决发展过程中政策"碎片化"和"空白化"的问题，围绕保护生态环境，对区域内的基础设施、产业布局、水林矿资源保护等重大问题进行统一规划，加强合作。将秦巴山脉区域打造成为国土空间科学开发先导区、绿色循环低碳发展先行区、城乡人居环境建设示范区、生态文明制度创新实验区。

2.制定河南片区绿色循环发展规划

在国家总体规划的指导下,结合河南片区实际,编制秦巴山脉区域河南片区绿色循环发展规划。明确绿色循环发展的战略定位和方向、战略实施步骤及实施措施。战略规划要包括经济和产业发展指标、污染防治指标、资源节约利用和循环利用指标、生态系统建设指标,以及城市化指标、科技和教育等发展任务等。将总体发展规划上升为省级规划,放在与郑洛新国家自主创新示范区、郑州航空港经济综合实验区等同等重要的位置,全省上下高度重视。在总体规划基础上,进一步制定专项性规划,如《秦巴山脉区域河南片区扶贫开发规划》《秦巴山脉区域河南片区全民节能(节水)行动计划》《秦巴山脉区域河南片区旅游开发整体规划》等。

四、构建自然保护地政策体系

秦巴山脉国家保护地可以分为中央和省级两个层面,内容包括国家公园、自然保护区、森林公园、地质公园、湿地公园等。

1.国家层面的相关政策建议

应尽快出台建立统一规范的"秦巴山脉国家公园"政策措施,明确公园的范围、功能定位、管理体制、保护措施及资金支持等。尽快出台政策,将现有比较分散的、数量较多的国家自然保护区、地质公园、森林公园等进行整合,集中连片,规范化管理,尤其是限制旅游开发的深度和强度,限制过度的经济利益追求,确保经济利益服从于生态环境保护。

2.省级层面的政策建议

一方面,省级政府要配合国家保护政策,制定相应的实施细则、财政支持措施、保护区人口迁移及产业开发限制政策。另一方面,要建立更多的省级自然保护区、生态公园等,严格控制人类的经济社会活动对这些地区的干扰和破坏。

五、建立健全环境资源产权制度

探索建立秦巴山脉区域河南片区自然资源产权管理制度,开展对自然资源的确权登记,明确自然资源资产的所有者、监管者及其责任,理清各类空间开发、利用和保护的边界。建立秦巴山脉区域河南片区自然资源资产统计核算制度,摸清区域内自然资源的存量、增量和减量等基本情况。积极探索建立健全秦巴山脉区域河南片区用能权、用水权、排污权、碳排放权的初始分配制度。

第二节　市场型政策体系

市场型政策主要包括财税政策、产业政策、金融政策、价格政策和生态补偿政策等。

一、完善绿色财税政策体系

首先是绿色税收政策。建立健全税收体制，实行绿色税制结构，即以是否符合环境资源保护及环境优劣程度为衡量标准。扩大资源税的范围，提高消费税比重，尽快开征能源税，将排污费改为污染税，如碳税、污染产品税。绿色税收政策还包括加税机制与减税机制，根据经济主体的经济行为对资源环境的破坏程度，实行有弹性的累进税制；而对经济主体减轻对生态环境的影响程度或者保护程度，实行有弹性的累退税制。

其次是绿色支出政策。绿色支出政策包括绿色投资政策、绿色采购政策、绿色转移支付政策等。

二、健全绿色产业政策体系

一是出台秦巴山脉区域河南片区产业准入法规和政策，提出较为明确的产业发展范围，引导产业向各级各类城市或者城镇集中发展。二是引导地方制定产业发展战略规划，引导产业有序适度发展，制定产业发展的各种标准。三是实施严格的环境准入制度，国家层面出台产业准入负面清单，严禁经济开发活动进入生态核心区，评估旅游区游客承载量，利用大数据系统监测景区人数。四是引导适应山区经济发展的产业，如旅游产业、高品质的农业产品、中药材生产、水产品产业等，以及一些高科技产业和服务门类（如保健产业）等。五是制定有针对性的产业扶持政策，如产业技术进步支持政策、产业节约资源利用和循环利用支持政策，建立环保产业发展基金，加大对环保产业的投入。

三、构建绿色金融政策体系

探索创建"绿色秦巴山区银行"，用于支持秦巴山区的绿色植被保护、退耕还林及补偿山区农民出现的损失，对区域内节能减排项目、绿色环保工程、绿色技术研发等提供长期、低利率的信贷资金支持。构建金融业服务低碳循环经济的长效机制，激励商业银行等金融机构积极支持该区域绿色循环发展。积极推动绿色金融产品的创新，如绿色基金、绿色保险、绿色资产抵押债券等产品。在风险可控的前提下，探索采矿权、节能环保预期收益和排污权抵押等融资模式。大力支持该区域节能环保企业发行债券和发行股票融资。

四、形成绿色价格政策体系

在建立健全用能权、用水权、排污权、碳排放权初始分配制度的基础上，培育和发展各类交易市场。进一步健全公共资源产品的价格体系，如对南水北调的水实行优质水高价政策，对水源地实行水"购买"政策，而对用水地区、单位和个人实行"市场价"。尽快建立完善碳交易、水交易、清洁空气交易等市场，以市场激励手段代替传统的补贴手段。

五、构建生态补偿政策体系

《中共中央关于制定国民经济和社会发展第十三个五年规划的建议》指出："加大对农产品主产区和重点生态功能区的转移支付力度，强化激励性补偿，建立横向和流域生态补偿机制。"建立和完善对秦巴山脉区域河南片区的生态补偿政策体系，是完善绿色循环发展政策体系的重要组成部分。

1. 尽快摸清现有生态补偿政策分布

自20世纪90年代初我国探索建立森林生态效益补偿制度以来，国家有关生态补偿措施不断扩大，但是专门的生态补偿法律政策还不多。现行的生态补偿政策大都是蕴含在其他各类生态环境保护法律政策和产业、区域发展政策中，比较分散、杂乱，根据这些政策，国家总体上投入了巨大的资金，但因部门太多、渠道分散、使用混乱、交叉重叠，形不成合力，资金使用效果不显著。因此，需要对各类生态补偿政策进行梳理、汇总，加以研究，做到熟悉政策。

2. 整合建立系统的秦巴山脉区域河南片区生态补偿政策

在调查研究现有生态补偿政策分布、熟悉政策的基础上，结合现有理论研究成果，整合现有分散的生态补偿政策，构建系统性的针对秦巴山脉区域河南片区的生态补偿政策。国家层面可以制定"生态主体功能区生态补偿法"，作为母法来整合规范各类生态补偿政策，协调相关子法。河南省可以制定"秦巴山脉区域河南片区生态补偿实施办法"，确定生态补偿的原则、目的、总量控制、主要领域、使用管理等。与各部门法、专门法中有关的生态补偿政策相协调。建立生态补偿资金筹措、运用、管理和监督的运行机制。

3. 当务之急是加快完善南水北调工程生态补偿政策

南水北调中线工程水源地围绕该工程进行的所有环境保护的努力，付出了巨大的代价，做出了两个层面的生态环境贡献：一是为受水地提供源源不断的优质水产品，二是更加优良的生态环境为周围地区提供优质生态服务（碳汇氧源）。因此，对南水北调工程水源地及沿线地区的生态补偿，也应体现这两个方面的效益。今后完善水源地生态补偿政策需要注意以下几点：一是要综合统计核算水源地付出的各种代价，将其作为生态补偿的基本标准；二是要针对目前主要生态补偿标准偏低问题，适当提高补偿标准；三是通过资源税、碳排放权收费及南水北调水权交易等筹措稳定的生态补偿资金；四是对现有的分散凌乱的生态补偿政策进行整合，按大类统筹安排，发挥整体效应；五是加强生态补偿政策实施的监督和管理，建立规范有效的考核标准体系。

第三节　基础型政策

该类政策的作用相对独立，针对某些领域，虽然不是直接作用于生态环保，却是绿色循环发展的基础，主要包括加快推进城市化政策、支持绿色科技发展政策、支持教育发展政策、进一步完善扶贫开发政策及提高国民生态文明素质政策等。

一、加快推进城市化政策

秦巴山脉区域河南片区17县（区、县级市）人口数量多、密度大，是导致经济建设与生态环境矛盾的根源，也是绿色循环发展所必须首先解决的焦点问题之一。解决的根本措施是疏解人口密度，根本途径是加快城市化。而这一切需要国家和省级层面的诸多政策支持。

1. 促进和激励产业向地区性中心城市集中发展的政策

产业向城镇集中发展是经济发展的基本规律，产业集中发展也是城市经济实力壮大、城市规模扩张的基础，同时也是城市吸纳农村转移人口的基础和前提。要彻底改变秦巴山区工业化过度分散的状况，促进产业向省辖市、县级市和中心城镇转移。这需要制定一系列切实可行的政策措施，如国家和省级财政和金融政策给予该片区城市建设的大力支持、鼓励产业向城镇集中发展的政策、限制产业企业在农村分散发展的政策等。

2. 促进和激励人口向地区性中心城市迁移的政策

通过深化制度改革和更加富有进取性的政策，破除人口自由流动的障碍。秦巴山脉区域河南片区可以探索完全放开户籍制度，由农民自由选择进入各级各类的城市。放宽农村土地政策，即使农民户口迁入城镇，仍然不放弃承包地和宅基地的经营权和所有权。依法推进农村土地流转，提高土地的利用效率和效益，提高农民收入，使进城的农民通过土地出售获得一定的"资本原始积累"，以便在城市有一个学习技能、寻找工作的过渡期。

3. 加快健全绿色城市发展和建设的政策体系

随着城市规模的扩张，城市建设规模扩大对资源能源的消耗、对生态环境的冲击越来越大。在全球范围内，城市约占能源相关的碳排放总量的70%。因此，在城市化过程中，需高度重视构建绿色城市发展和建设的政策体系，如城市绿色基础设施建设政策、绿色节能建筑政策、城市土地资源的节约和高效利用政策、城市绿色交通政策等。

二、支持绿色科技发展政策

绿色科技是指在推动经济社会发展的同时，有助于节能降耗减排、污染防治、循环经济和自然生态系统修复和建设的科学技术。绿色科技创新的公共品属性和外溢性，决定了其需要政府公共部门的大力支持，制定一系列的法律和政策。

1. 重视和宣传绿色科技的政策

当前，人们对绿色科技的认识还十分有限，绿色科技理念还远没有深入人心，企业的研发活动仍然围绕低成本、高利润的"短平快"项目展开。因此，需要政府部门加大宣传力度，使绿色科技理念深入人心，使绿色科技人才奔涌而出。

2. 制定系统的激励约束政策

一方面，要建立起财政补贴、税收优惠、政策性金融、商业性金融、产业基金等一揽子激励绿色科技创新和绿色科技成果应用的政策工具。另一方面，通过税收惩罚、限制贷款、限制直接融资等约束性政策限制伴生污染的传统科技发展，通过排污收费、排污权交易、排污许可证制度等手段推动企业绿色科技创新，使企业成为绿色科技创新的主体。尤其是政府要激励和支持针对秦巴山脉区域河南片区绿色循环发展和生态环境保护的绿色科技活动，制定推动绿色科技产学研结合的政策。

3. 鼓励先进绿色技术引进和利用的政策

当前，欧盟、美国、日本等发达国家和地区的绿色科技遥遥领先，引领世界潮流。制定并完善相关政策，鼓励企业、科研机构和社会团体积极引进国外先进绿色科技成果，鼓励和支持与发达国家进行绿色科技创新交流合作，在引进国外先进绿色技术的基础上消化吸收、再创新，提高我国绿色科技创新水平。通过补贴、税收减免等政策支持和鼓励企业积极引进国外先进的污染防治和循环经济技术，支持和鼓励企业进行技术改造。

4. 制定最大限度激励绿色科技工作者的政策

制定引导资本、人才向绿色科技创新领域流动的政策，制定切实提高绿色科研人员收入和待遇的政策，给予绿色科研人员尤其是做出重大科研成果的人员以崇高的荣誉。对从事绿色科技基础性、理论性研究的科研人员，更应该给予大力支持。

三、支持教育发展政策

教育是提高人口综合素质和人类文明的根本途径，也是解决地区贫困问题的根本途径，更是实现绿色循环发展的基础。

1. 加强基础教育的政策

制订秦巴山脉区域河南片区基础教育提升计划，实施基础教育提升工程。增加财政转移支付，促进基础教育设施集中，建设标准化学校和标准化班级，大幅度改善山区基础教育条件，尽快实现基础教育资源的均等化。制订山区中小学教师教学能力提升计划，鼓励大学生到山区中小学任教，加大对山区中小学教师的补贴和培训力度。建议河南省制定灵活的引进教育水平较高地区的教师资源的政策，如实施"退休教师支援山区教育计划"和"城乡教师轮岗计划"，鼓励大中城市退休教师支持山区教育。

2. 扩大接受高等教育人口的政策

在国家鼓励高校扩大对贫困地区招生规模的政策框架下，鼓励省内大学扩大对秦巴山脉区域河南片区的招生规模。支持该地区高水平大学发展，制订专门的教育支持计划，对四个省辖市现有高等学校给予专门的资金支持。尤其是抓住洛阳市建设河南省副中心城市的机遇，鼓励和支持洛阳做大做强高等教育、成为河南省重要的高等教育中心。鼓励发展更多的民办高等教育，使这些地区涌现更多的大学。

3. 鼓励发展绿色职业教育的政策

大力鼓励该地区发展职业教育，提高劳动力技能和综合素质，推动绿色技能培训。鼓励大中型企业兴办为本企业和行业服务的职业教育，拨付专项资金支持秦巴山脉区域河南片区大中企业试行"学徒制"职业教育模式。鼓励民间机构开展职业教育，并给予相应财政补贴。加强对15~25岁年轻人的职业培训教育，使其有一技之长，适应现代转型社会的发展。出台政策鼓励对山区居民实行免费的短期培训教育，如食用菌种植技术、大棚精品菜种植技术、动物饲养技术、互联网使用技术等。

4. 增加绿色教育课程的政策

教育部门应通过制定政策和文件，将生态环境保护和绿色发展等课程和内容安排进各级各类教育机构中，健全环境资源教育和学习制度，要求生态环保、绿色发展、绿色消费等内容进教材、进课程，作为提高学生综合素质和道德修养的一项重要课程。培养学生形成强烈的生态环保意识、环境保护责任和担当，培养学生形成节约、节俭的美德，教会学生养成绿色消费方式，对学生从小就灌输绿色发展的理念。鼓励学校开展绿色教学，颁布"绿色学校标准""绿色学校奖励条例"等。

四、进一步完善扶贫开发政策

秦巴山脉区域河南片区社会贫困问题突出。作为重要的生态主体功能区，其贫困问题的原因与一般平原农区及较发达城市群地区不同，主要原因在于"强生态环境建设背景下的'一方水土养不起一方人'"。其他的原因依次是因病致贫、因学致贫、劳动能力弱或无劳动能力致贫等。因此，完善扶贫开发政策应注重以下几个方面。

1. 升华扶贫开发政策理念

生态主体功能区的扶贫，与其他功能区扶贫要区别开来。受保护自然生态环境的制约，在贫困人口所在的村、乡镇实施脱贫致富，这种"原地帮扶"的扶贫模式行不通，不宜搞村村（户户）"三通"（通路、通水、通电），而应该通过大规模迁移人口，较大幅度减少该区域的贫困人口，大力鼓励促进贫困人口迁移到经济较发达城市就业,这才是最佳的扶贫开发方式。

2. 强化扶贫搬迁政策

要制定更加富于进取意义的扶贫搬迁政策,帮助更多的贫困人口走出那些本来就不应该发展经济也不适宜发展经济的"大山深处","给自然留出足够的恢复空间"。当然,要更多地选择市场型政策工具,引导激励山区农民迁移到城市就业。

3. 完善投资扶贫政策

一是中央政府要加大对该地区的扶贫投资力度,投资应主要用于县城及以上城市基础设施建设,增强这些城市吸纳人口的能力。二是省级政府要加大资金投入,支持县城及以上城市经济发展,促进当地(尤其是贫困地)人口就业。

4. 出台现有扶贫政策的实施细则和具体办法

我国已经形成了比较完善的精准扶贫政策体系,包含产业扶贫、转移就业扶贫、易地扶贫搬迁、教育扶贫、救济式扶贫、生态扶贫和资产收益扶贫七个方面的精准政策及完善贫困治理体制机制的政策措施。就秦巴山脉区域河南片区而言,当务之急是各级地方政府要依据中央的政策,因地制宜地制定相应的实施细则和具体办法,如贫困人口的识别办法、扶贫资金分配使用办法、扶贫脱困的基本方法措施等。

五、提高国民生态文明素质政策

国民综合素质的提高,尤其是生态文明素质的提高,是绿色循环发展的重要支撑。因此,要加紧制定鼓励绿色文化建设和对公民进行环境教育的政策。

1. 建立环境教育政策法规

要尽快出台"环境教育法"等法规,明确各级环保部门加强环境宣传教育的职责,给予专项经费支持,加强资源环境省情和生态价值观教育,加强绿色循环发展政策法律教育,培养公民树立环境意识,推动全社会形成绿色循环发展的自觉行动,形成提倡节约、反对浪费的自觉风气。

2. 加强关键人员的环境教育

制定相关政策,在对各级党政领导干部的教育和培训中增加生态环保方面的知识和法治教育,提高这部分人的生态文明意识,增强其绿色循环发展观念。制定相应政策措施，推动对各级各类企业高管层的生态环保知识和法律意识的教育。

3. 建立鼓励全体社会成员积极参与环保的政策

一是抓紧制定鼓励、引导、规范民间非政府环保组织参与环保活动的法律和政策，为非政府环保组织提供宽松的发展空间。二是建立健全公众参与机制，激励人民群众广泛参与绿色循环发展，建设绿色循环型社会，形成绿色循环发展的广泛监督。三是引导公众形成绿色消费习惯，逐步形成节约、健康、有利于绿色、循环经济发展的生活方式和消费方式，自觉节水、节能、垃圾分类、回收利用废弃物，减少使用一次性物品，优先购买有环保标志的绿色产品等；鼓励社区居民进行建筑节能改造，如对家庭安装使用太阳能进行补贴。

第四节　绿色循环发展政策体系的实施保障

制定绿色循环发展政策、完善政策体系固然重要，但提高绿色循环发展政策的实施效果也至关重要。因此，完善政策实施保障体系，也应被纳入政策体系的设计之中。

一、体制改革和完善制度

1. 推进政府职能转变

继续弱化省辖市和县级市政府的经济发展职能，强化其生态环境保护职能。进一步理清各级政府职能部门的环境保护职能，明确分工，探索组建统筹区内环境保护和绿色循环发展的综合机构，改变"条块化""碎片化"的管理体制。

2. 灵活调整县以下乡镇行政建制

现有的山区县级和乡镇级行政区划分过细过密，人为增加了重点主体生态功能区的条块分割，为更大范围的自然保护区建设、国家生态公园建设等设置了障碍。伴随着工业化和城镇化的推进，山区人口大量外迁，人口密度下降，可以适当调整县以下尤其是乡镇的行政建制，通过对其进行撤销或合并，扩大基层行政区面积。

3. 改革环境保护管理体制

按照《中共中央关于制定国民经济和社会发展第十三个五年规划的建议》的

要求，大胆尝试，积极探索实行省以下环保机构监测监察执法垂直管理制度，探索建立秦巴山脉区域河南片区统一的实时在线环境监控系统，健全环境信息公布制度，积极开展环保督察巡视，严格环保执法。

二、加强跨区域协作

1. 签署《秦巴山脉绿色循环发展公约》

借鉴阿尔卑斯山区开发与保护的经验，建议各省市共同签署《秦巴山脉绿色循环发展公约》，约定对秦巴山脉区域进行统一有序的保护和开发，各省市间应相互协调相关的政策与方案，对矿藏资源开发、水资源利用、山区农业林业、生态保护、土壤保护、旅游业和交通等给予指导。

2. 建立秦巴山脉区域大数据中心

收集秦巴山脉区域六省市经济发展、扶贫攻坚、科技教育、社会人文、生态保护、防灾抗灾等基础数据，并整合在统一的大平台上，形成秦巴山脉绿色循环发展的数据资源库，建设秦巴山脉大数据中心。设立秦巴山脉区域数据管理机构，利用大数据中心对秦巴山脉的水林矿藏资源的开发与保护、土壤农业舆情、旅游人数强度、生态环境等各方面进行监测和预告。

3. 成立秦巴山脉区域乡村保护协会

在城镇化的过程中兼顾保护传统村落文化，保护乡村的自然景观与传统的人文景观，保护城镇村庄的历史风貌，建立具有秦巴山脉区域特色的乡村庄园。通过美丽乡村建设，将城市休闲旅游、养生养老、创意设计、亲子教育等庞大旺盛需求与原生态的乡村环境、乡村文化与乡村村落对接融和，引导市民下乡、村民返乡，打造全新的乡村生活社区，引领"新型乡居生活"。

三、建立科学的考核评价体系

1. 建立科学系统的绿色循环经济发展评价考核体系

把资源、生态等环境约束性指标纳入考核体系，用绿色GDP考核指标科学、客观地评价区域发展质量；完善与绿色GDP核算相关的法律法规、政策制度，明确核算范围，细化责任追究；建立资源环境生态红线管控、自然资源资产离任审计、生态环境损害赔偿和追究责任等方面的制度，构建科学的绿色生态考核评价体系。

2.建立政策执行效果评价反馈和督导体系

探索建立绿色循环发展政策执行情况和执行效果的反馈和评价指标体系,对各级各部门执行绿色循环发展政策情况进行跟踪观察,对政策实施效果显著的部门给予奖励和激励,而对于政策实施效果不显著的部门给予必要的惩罚。

探索建立覆盖该区域所有资源环境要素的监测预警网络体系,将各类开发活动控制在资源环境承载能力之内,提高环境风险防控和突发环境事件应急能力。

四、提高各级政府和职能部门的政策执行力

加强环境执法部门和相关政策执行部门队伍建设,引进高素质人才,加强队伍教育和培训,提高其理论水平和业务能力,提高执法队伍综合素质,提高环境执法人员的能力、责任心和担当意识,增强其工作的积极性和主动性。提高环境执法部门的行政级别,或者由省辖市和县级市的主要领导担任环境执法部门的领导,增强环境执法的权威性。加强公检法司部门及财政税收等部门的支持和配合,以形成环境执法协同合力。对污染和破坏自然生态环境的案件,做到有案必查,有查必果,有案必罚,结果公开。

参 考 文 献

[1] 鱼晓惠，周庆华，刘培丹. 秦巴山地区绿色循环发展现行政策体系分析[J]. 生态经济，2016，（6）：129-133，178.

[2] 竺效，丁霖文. 绿色发展理念与环境立法创新[J]. 法治与社会发展，2016，（2）：179-192.

[3] 张连辉、赵凌云. 1953-2003年间中国环境保护政策的历史演变[J]. 中国经济史研究，2007，（4）：122-123.

[4] European Communities. Programme of Action of the European Communities on the Environment[R]. Official Journal of the European Union，1973.

[5] European Communities. On the Continuation and Implementation of a European Community Policy and Action Programme on the Environment[R]. Official Journal of the European Union，1976.

[6] European Communities. On the Continuation and Implementation of a European Community Policy and Action Programme on the Environment（1982-1986）[R]. Official Journal of the European Communities，1983.

[7] European Communities. On the Continuation and Implementation of a European Community Policy and Action Programme on the Environment（1987-1992）[R]. Official Journal of the European Communities，1987.

[8] European Communities. Towards Sustainability—A Community Programme of Policy and Action in Relation to the Environment and Sustainable Development[R]. Official Journal of the European Communities，1993.

[9] European Communities. Environment 2010：Our Future，Our Choice-6th EU Environment Action Programme[R]. Office for Official Publications of the European Communities，2001.

[10] European Communities. On a General Union Environment Action Programme to 2020：Living Well，Within the Limits of Our Planet[R]. Brussels：European Commission，2012.

[11] OECD. Greening the Global Economy：the Skills Challenges[R]. ILO 2011 and Enabling Local Green Growth，2012.

[12] 刘炯天. 秦巴山脉区域河南片区（伏牛山区）绿色循环发展战略研究[J]. 中国工程科学，2016，（18）：80-91.

[13] 穆斯格雷夫 C A. 美国财政理论与实践[M]. 邓子基，等译. 北京：中国财政经济出版社，1987：14.
[14] 陈宇琳. 阿尔卑斯山地区的政策演变及瑞士经验评述与启示[J]. 国际城市规划，2007，（6）：63-68.
[15] 伯特尼 P R，史蒂文斯 R N. 环境保护与公共政策[M]. 穆贤清，方志伟译. 上海：上海人民出版社，2004：47.
[16] 哈密尔顿 K. 里约后五年：环境政策的创新[M]. 张庆丰译. 北京：中国环境科学出版社，1998：22-31.

"秦巴山脉区域河南片区绿色循环发展战略研究"大事记

（2014~2018年）

2014年

11月13日　"秦巴山脉绿色循环发展战略研究"立项预研会在北京中国工程院召开。会议由中国工程院副院长、项目组长徐德龙院士主持，邀请各位院士、专家及相关人员出席会议，就本项目立项意义、实施方案、预期成果、课题组成员及任务分工等进行讨论。受河南课题组负责人刘炯天院士指派，郑州大学汤建伟、蔡玉平、黄进勇、韩桂洪等参会。

2015年

2月9日　"秦巴山脉区域河南片区绿色循环发展战略研究"课题启动研讨论证会在郑州大学召开，邀请的各专题领域专家、河南课题组各专题研究人员与会。河南课题组负责人刘炯天院士主持会议，提出本课题应基于秦巴山脉区域河南片区"强生态环境"和"弱经济基础"特点，构建"强生态条件下的现代产业绿色循环发展体系"战略思路，要求河南课题组理清研究思路，分解研究内容、任务，做好工作安排。课题研究分为8个专题：交通、水资源、矿产资源、工业信息、城乡建设、文化旅游、农林畜药和政策建议等，确定专题负责人、研究任务、工作推进时间表，各专题领域专家提出研究建议。会后建立"秦巴山脉河南课题组"QQ群，共享各自收集的调研资料，讨论研究问题，保持良好沟通。

2月28日　"秦巴山脉绿色循环发展战略研究"项目地方组课题启动会在陕西西安市召开。会议由中国工程院副院长、项目组长徐德龙院士主持，各地方课题组负责人及主要成员出席会议。河南课题组负责人刘炯天院士出席会议，面向秦巴山脉区域其他各地方课题组，提出应"构建强生态条件下的现代产业绿色循环发展体系"战略思路。河南课题组汇报课题调研和研究进展情况，以及调研和研究内容、研究思路及创新点、实施方案、工作计划、调研计划、调研提纲、人员分工等。项目组要求各地方课题组应明确在各省（直辖市）秦巴山脉区域辖区范围内，围绕交通、水资源、矿产资源、工业信息、城乡建设、文化旅游、农林畜药和政策建议等8个领域的绿色循环发展战略问题开展研究，会议还就课题研究意义和做好课题研究工作提出了许多建议。

3月29日　"秦巴山脉区域河南片区绿色循环发展战略研究"课题组在郑州大学召开工作会议。汤建伟教授传达了项目组总体工作要求，通报了项目组确定的河南片区区域：洛阳市、平顶山市、三门峡市和南阳市4省辖市属17县（区、县级市）范围。课题组各专题小组汇报了前一段时间的工作启动情况，针对存在的问题，会议要求各专题小组应抓紧拟定调研提纲，开展调研工作，并从多方渠道收集权威数据。河南课题组成员汤建伟教授等随后到河南省发展和改革委员会、河南省工业和信息化委员会、河南省统计局、河南省扶贫办、河南省地质勘查局、河南省地图社、河南省图书馆、郑州市新华书店等单位调研并收集资料信息。

4月23日　中国工程院副院长、项目组长徐德龙院士在北京中国工程院主持召开中国工程院重大咨询项目"秦巴山脉绿色循环发展战略研究"（2015-ZD-05）项目启动会，会议邀请国家发展和改革委员会、工业和信息化部、环境保护部等部委领导和项目顾问专家等参会指导。河南课题组负责人刘炯天院士出席会议并发表指导性建议，河南课题组在2月28日地方组课题启动会专家指导的基础上，重新凝练了研究内容，进一步突出重点，在会议上做了工作汇报。

4月28~30日　项目组长徐德龙院士在陕西省商洛市主持召开"秦巴山脉绿色循环发展战略研究"座谈及陕西省实地调研会。会议邀请项目顾问徐匡迪等院士与会，河南课题组汤建伟教授参加会议，汇报河南课题组工作模式和研究思路及调研、研究进展，并参加实地调研。

5月20日　河南课题组成员汤建伟教授等再次到访河南省统计局，调研秦巴山脉区域河南片区4省辖市及所辖17县（区、县级市）各项统计数据。2015~2017年课题研究期间，河南省统计局连续提供每年度的《河南统计年鉴》及洛阳市、平顶山市、三门峡市和南阳市4省辖市的统计年鉴等许多宝贵资料和信息，河南课题组各专题小组及项目综合组也共享了上述资料信息，保证了项目及课题调研和研究工作的顺利完成，赢得了项目综合组的称赞。

5月28~31日　河南课题组成员汤建伟教授等参加湖北省联合调研，听取了湖北省和十堰市、襄阳市等地政府及相关职能部门领导介绍，了解丹江口水库开展"优水优用"，大力发展水经济的产业发展思路。河南课题组汇报了"秦巴山脉绿色循环发展战略研究"河南省调研和研究进展情况，对十堰经济技术开发区、丹江口水库实地考察。

6月23~28日　项目组与河南课题组联合在河南省洛阳市召开"秦巴山脉绿色循环发展战略研究"项目河南省地方调研座谈和实地调研会。中国工程院副院长徐德龙院士介绍项目情况，河南省政府党组成员、省委农村工作领导小组副组长赵顷霖，中国工程院院士、郑州大学校长、河南课题组负责人刘炯天教授，洛阳市领导分别致辞。河南省发展和改革委员会、工业和信息化委员会、国土资源厅、交通厅、水利厅、住建厅、农业厅、林业厅、环保厅、旅游局、扶贫办等省直部门领导及南阳市、三门峡市、平顶山市领导发言，介绍基本情况、面临问题和发展思路。河南省4省辖市属的17县（区、县级市），洛阳市辖洛宁县、宜阳县、嵩县、汝阳县、栾川县，平顶山市辖鲁山县、叶县，三门峡市辖陕州区、卢氏县、灵宝市，南阳市辖卧龙区、南召县、镇平县、方城县、内乡县、淅川县、西峡县等领导发言介绍基本情况、面临问题和发展思路，与项目组就调研内容、调研资料等情况展开交流讨论。三门峡市、平顶山市企业代表介绍企业发展情况。

6月25日　河南课题组考察洛阳中信重工机械股份有限公司、中国一拖集团有限公司、黄河小浪底水利枢纽。

6月26日　河南课题组考察伊川电力集团（洛阳市伊川县）、河南金源黄金矿业有限责任公司（洛阳市嵩县）、洛阳栾川钼业集团股份有限公司（洛阳市栾川县）。

6月27日　河南课题组考察伏牛山脉，到南阳市西峡食用菌农业产业化示范区、西峡宛西制药、淅川县九重镇陶岔渠首枢纽工程（南水北调中线工程的组成部分，世界上最大的自流引水工程）考察。

6月28日　河南课题组考察河南天冠集团生物质循环利用项目、南阳市城乡一体化示范区（南阳新区）、国家新能源高技术产业基地、河南省生物高技术产业基地、张仲景医药文化产业集聚区。

7~8月，河南课题组在暑假期间，集中在郑州大学化工与能源学院召开各专题汇报研讨会，强调要充分利用暑假时间，结合各自领域专题，通过邀请专家、调研、收集权威资料等方式开展研讨，撰写调研报告，拟定研究报告大纲，分析各研究领域战略定位和重点研究课题，同时提出要加快工作进度，提高工作质量。

7月13日　河南课题组到河南省发展和改革委员会、河南省工业和信息化委员会、河南省国土资源厅调研，收集相关资料数据，交流课题研究工作思路。

7月27日　为保证河南课题组整体研究报告共性统一、个性鲜明，针对课题专题领域特点不同，河南课题组集中整理并确定了"秦巴山脉区域河南片区绿色循环发展战略研究"研究报告（大纲），要求河南课题组各专题小组参考执行，并提交项目组。

10月20日　河南课题组召开课题研讨会，要求各专题小组完善和更新调研资料，汇总形成"秦巴山脉区域河南片区绿色循环发展战略研究（调研报告）"，同时根据调研资料和数据反映和表征，研讨其内涵意义，获得"秦巴山脉区域河南片区绿色循环发展战略研究"调研结论，为做好"秦巴山脉区域河南片区绿色循环发展战略研究"奠定基础。

11月16~17日　项目组在中国工程院召开"秦巴山脉绿色循环发展战略研究"项目中期研讨会。中国工程院院士、郑州大学校长、河南课题组负责人刘炯天教授参加会议并对各课题调研和研究情况进行了点评，课题组成员汤建伟、蔡玉平、李建东等参加会议，河南课题组汇报了前期主要工作，调研报告主要内容及调研结论；研究报告初步的亮点性研究结论及成果。会上，项目综合组要求各课题组进一步完善调研报告，提供各省市基础数据，并对秦巴山脉核心区范围进行了重新核定，要求按照最新范围对调研报告进行修改完善。

11月27日　河南课题组将收集到的《河南统计年鉴2015》《洛阳市统计年鉴2015》《南阳市统计年鉴2015》《平顶山市统计年鉴2015》《三门峡市统计年鉴2015》上传至QQ群里，同时还下载其他课题组上传的4省1直辖市及8省辖市最新年鉴和中国县域统计年鉴，供各专题组共享参考。

12月3日　河南课题组在郑州大学召开会议，讨论课题研究中期汇报主要内容。

12月7日　经河南课题组负责人刘炯天院士审核后指示，秦巴山脉区域河南片区各专题的调研和研究工作，应着重围绕着构建"强生态条件下的现代产业和经济社会发展体系"战略指导思想，创建"伏牛山南北坡绿色循环发展示范区"战略目标，从各专题领域角度探讨贯彻上述指导思想和目标的动力及作用模式，研究如何将生态保护与产业发展矛盾有机统一的创新体制机制。

12月8日　河南课题组向项目组提交修改后的河南课题组研究中期汇报。

12月10日　"秦巴山脉绿色循环发展战略研究"中期汇报会在北京中国工程院召开。中国工程院副院长徐德龙院士对河南课题组汇报中凝练的指导思想和战略目标给予肯定。河南课题组结合本次中期汇报会提出下一步工作要求：①继续整理完善"调研报告"，保证事实清楚，数据翔实且准确可靠，文字流畅，结论客观，将优势和劣势阐述清楚。②继续开展"研究报告"内容研究和撰写，各专题组在"调研报告"基础上，围绕着创建"伏牛山南北坡绿色循环发展示范区"战略目标，遵循"强生态条件下的现代产业和社会经济发展体系"指导思想，按照"伏牛山绿色循环发展城镇带、生态农业区、生态保护区"功能区划，在保护生态的前提下，加快绿色产业发展（工业与信息、矿业、农林畜药、文化旅游、水经济等产业），同时做好空间布局（城乡发展）和基础条件（交通、水资源）支撑，打造先进制造业、高成长服务业、现代农业基地，提出两个一百年及近期、中期和远期发展目标，进一步凝练研究内容，重点研究题目，提出基于秦巴一体、河南特色经济社会发展途径和措施，以战略为主，同时也适度考虑战术规划层面（宏观、中观和微观兼具）。③项目组决定2016年在西安举办首届"秦巴论坛"，要求各专题组结合河南片区领域特点积极撰写论文。

12月26日　"秦巴山脉绿色循环发展战略研究"项目研讨会在西安建筑科技大学召开，针对各课题组的研究报告内容、数据等问题，提出修改意见，并开展协调交流。

2016年

1月6日　中国工程院向国务院呈报《中国工程院关于呈报协同推进秦巴山区生态主体功能区建设和扶贫开发工作建议的报告》，河南课题组参与了报告的修改完善工作，并提出了一些完善建议。呈报国务院后得到国家领导高度重视，国务院总理李克强和副总理张高丽均做了重要批示。

1月9日　河南课题组与河南省扶贫办联系调研，获得秦巴山脉区域河南片区2014年贫困人口数据，并转发给项目综合组汇总研究。

2月2日　河南课题组初步完成"秦巴山脉区域河南片区绿色循环发展战略研究（调研报告）"初稿。

3月28日　"秦巴山脉绿色循环发展战略研究"项目进展工作会议在北京中国工程院召开。会议主要内容：①通报了"秦巴论坛"筹备情况，决定将论坛从5月推迟到9月在西安召开，各课题组要进一步凝练研究内容，并撰写会议论文。②传达了上报国务院建议批示情况。③各课题组汇报研究内容，项目组要求继续推进研究报告撰写工作。

4月13日　河南课题组传达"中国工程科技论坛——秦巴论坛"筹备组通知：①论坛时间确定为2016年9月11~13日，论文截稿日期调整为5月31日；②各专题组推荐领域内一名国内专家作大会分会场主报告；③各地方组推荐本省市秦巴山区范围内具有代表性的企业、园区、森林公园等参与论坛。

7月15日　河南课题组提交"秦巴山脉区域河南片区绿色循环发展战略研究（调研报告）"（终稿）和"秦巴山脉区域河南片区绿色循环发展战略研究"（初稿）。

8月23日　河南课题组对"秦巴宣言"讨论稿做了认真修改，并反馈给"中国工程科技论坛——秦巴论坛"筹备组。项目组要求各课题组将"调研报告"和"研究报告"融合为1个综合报告+8个专题分报告形式。

9月11~13日　"中国工程科技论坛——秦巴论坛"在西安国际会议中心举行。会议由中国工程院、科学技术部和秦巴山脉地区五省一市政府联合主办，国家相关部委协办，国内外400多位领导、专家学者出席本次论坛。开幕式及大会报告之后分为4个分论坛，郑州大学校长、中国工程院刘炯天院士在9月13日"秦巴论坛——绿色与创新发展分论坛"作专题报告"秦巴山脉区域河南片区（伏牛山区）绿色循环发展战略研究"，汤建伟教授主持该分论坛，并在"秦巴论坛——文化与城乡发展分论坛"作"秦巴山脉区域河南片区（伏牛山区）工业绿色循环发展思考"报告。河南省人民政府、省发展和改革委员会在"秦巴论坛——开放与共享发展分论坛"发言。为推动秦巴山脉地区多省市跨行政区域创新、协调、绿色、开放、共享发展，经各方协商，形成《秦巴宣言》。

河南组17人参加本次秦巴论坛，提交会议论文4篇：《秦巴山脉区域河南片区（伏牛山区）工业绿色循环发展思考》《河南秦巴山脉旅游资源可持续发展对策研究》《可持续背景下河南秦巴山脉绿色旅游发展战略研究》《绿色交通理念在河南秦巴山脉生态保护区综合交通体系构建的应用》。

9月15日　河南课题组负责人刘炯天院士撰写的"秦巴山脉区域河南片区（伏牛山区）绿色循环发展战略研究"在《中国工程科学》2016年第18卷第5期发表，英文版：Liu Jiongtian. "The Green and Circular Development Strategy of the Qinba Mountains Area in the Henan Region（the Funiu Mountains）of China"发表于"Strategic Study of CAE"。

11月18日　河南课题组提交"秦巴山脉区域河南片区绿色循环发展战略研究"综合研究报告（摘要版）。报告研究了秦巴山脉区域河南片区（伏牛山区）特色区情，提出该区域绿色循环发展战略实施方案，创新"伏牛山生态-产业协同双向梯度发展"模式，构建"伏牛山南北坡绿色循环经济发展示范区"。

2017年

1月8日　项目组在西安建筑科技大学召开"秦巴山脉绿色循环发展战略研究"项目第十六次会议（研究报告讨论会）。河南课题组汇报"秦巴山脉区域河南片区绿色循环发展战略研究"报告（未定稿）。项目组确定在科学出版社出版中国工程院重大咨询项目"秦巴山脉区域绿色循环发展战略研究"系列丛书，安排筹备图书出版相关事宜。

2月25日　河南课题组围绕着秦巴山脉区域河南片区面临的突出问题、绿色循环发展战略及重点推进措施建议，凝练完成3 000字左右的核心研究结论，提交项目组以纳入项目综合研究报告。

3月2日　全国人大代表、郑州大学副校长张倩红教授基于"秦巴山脉区域河南片区（伏牛山区）绿色循环发展"课题调研情况和初步研究结论，在十二届全国人大会议上就脱贫攻坚提出建议、提案：构建中央和地方协同、省际合作的大扶贫格局，促进包括河南省伏牛山区在内的秦巴山区扶贫工作。

3月14日　河南课题组按照河南省和4省辖市最新的2016年统计年鉴，将"秦巴山脉区域河南片区绿色循环发展战略研究"报告中全部数据更新至2015年。按项目组要求，课题研究成果已确定由科学出版社出版，丛书将列入国家"十三五"重大图书出版计划，河南卷单独成册。

4月1日　"秦巴山脉绿色循环发展战略研究"项目综合组在西安市召开研究报告定稿汇报会。会前河南课题组负责人刘炯天院士指导并审核了"秦巴山脉区域河南片区绿色循环发展战略研究"报告主要内容。项目定于4月15日在中国工程院进行结题答辩。

4月5日　河南课题组组织"秦巴山脉区域河南片区绿色循环发展战略研究报告"统稿审读研讨会，完成的5万字研究报告由项目综合组统一提交中国工程院。

6月2日　"秦巴山脉区域河南片区绿色循环发展战略研究"课题结题会在郑州大学召开。河南课题组负责人刘炯天院士主持会议，课题组总结了"秦巴山脉区域河南片区（伏牛山区）绿色循环发展战略研究"的研究历程和主要研究结论，8个专题负责人分别汇报了各自专题领域的研究内容及结论，特邀顾问专家针对每个专题进行了详细点评，并对完善各专题研究工作及书稿《秦巴山脉区域绿色循环发展战略研究（河南卷）》各章提出了建议。6月10日，河南课题组修改统稿后，将书稿通过项目组转交科学出版社。

10月18日　为庆祝党的十九大胜利召开，河南课题组负责人刘炯天院士在当天出版的《河南日报》第10版（理论版）头条显著位置发表"贯彻绿色循环发展理念 助力伏牛山区经济社会发展"重要文章。

2018年

5~10月　5月17日河南课题组依据2017年河南省及洛阳市、平顶山市、三门峡市、南阳市4省辖市的统计年鉴，更新《秦巴山脉区域绿色循环发展战略研究（河南卷）》校样书稿中的数据，6月15日书稿纸版校对稿按时寄回科学出版社。7~10月进一步完善书稿相关内容，补充《秦巴山脉区域绿色循环发展战略研究（河南卷）》"序"和"大事记"等。